LA LECTURE ILLUSTRÉE

5 Cent.

JEAN CASSE-TÊTE

par Louis NOIR

5 Centimes LA LIVRAISON

25 Centimes LA SÉRIE

Bibliothèque des Publications Illustrées, 9, rue de Verneuil, PARIS

NOTE DE L'ÉDITEUR

A la demande générale de notre Clientèle et à raison de l'immense succès des **Bâtards de Borgia**, par Albert BLANQUET, roman par lequel nous avons inauguré notre collection de Publications Illustrées, *Les Cinq Centimes*, Édition de luxe, très-soignée, quoique seulement

à **5** centimes la livraison et **25** centimes la série;

Nous offrons au Public un nouveau recueil, La Lecture Illustrée, qui débute par une véritable bonne fortune littéraire :

JEAN CASSE-TÊTE
par Louis NOIR

l'auteur populaire par excellence.

De même que les Cinq Centimes, la Lecture Illustrée ne publie qu'un seul roman à la fois, ce qui permet de brocher et conserver chaque œuvre spéciale.

2 Livraisons à 5 cent. par semaine

Une Série à 25 cent. — Les 2ᵉ et 4ᵉ Dimanches de chaque mois.

Abonnement, à partir du 15 juin 1878, aux Séries expédiées franco : 8 fr. par année, contre un mandat-poste, à l'ordre de l'Éditeur DEGORCE-CADOT, 9, rue de Verneuil.

Romans de Louis NOIR *qui seront expédiés franco, contre mandat-poste, des prix indiqués, à l'ordre de l'éditeur Degorce-Cadot.*

Le Coupeur de têtes	2 40	La Folle de Quiberon	1 80	*Romans d'Albert* BLANQUET *qui seront expédiés aux mêmes conditions :*	
Le Lion du Soudan	2 40	Grands jours de l'armée d'Afrique	1 80		
Jean qui tue	2 40	Campagne de Crimée	6 »		
Jean Chacal	1 20	Campagnes d'Italie	3 »	Le Parc aux Cerfs	1 20
Le Roi des Jungles	1 80	Le Corsaire aux cheveux d'or	1 80	Un Sérail royal	1 20
La Tombe ouverte	1 20			Le Triomphe de Mˡˡᵉ Diane	1 20

EN VENTE PARTOUT

La *Lecture Illustrée* publiant JEAN CASSE-TÊTE, ainsi que les *Cinq Centimes* publiant LES BATARDS DE BORGIA.

Le Catalogue général de la Librairie Degorce-Cadot, 9, rue de Verneuil, sera envoyé franco à qui le demandera par lettre affranchie.

JEAN CASSE-TÊTE

GRAND ROMAN D'AVENTURES

Par LOUIS NOIR

AVANT-PROPOS

Où il est parlé des chasseurs d'autruches en général et de Jean Casse-Tête en particulier.

L'œuvre que nous écrivons est historique; le type de Jean Casse-Tête est connu; le drame dont il a été le héros est aujourd'hui, à courte distance pourtant, une des légendes les plus populaires de l'Algérie.

Jean Casse-Tête était un de ces rudes *coureurs de bois*, buveurs de sables, tueurs de panthères et de lions qui sont les dignes émules des trappeurs de Fenimore Cooper.

L'Algérie, comme autrefois l'Amérique, est la terre promise des chasseurs; le gibier y foisonne. En France il faut battre la plaine et la montagne pour tuer un lièvre; encore revient-on souvent *bredouille*.

En Afrique, aussitôt que l'on a mis le pied hors d'une tribu, les lièvres vous partent dans les jambes et les perdrix s'envolent sous le canon de votre fusil. Dans les environs des redoutes, il n'est pas rare d'abattre dix pièces en une heure. Mais, outre le plaisir de tirer souvent, on éprouve en Afrique des émotions profondes et soudaines, que recherchent avidement les natures énergiques.

A chaque instant la poursuite du gibier est semée d'incidents inattendus, tantôt terribles, tantôt amusants, toujours étranges, qui lui donnent le charme de l'imprévu et l'attrait puissant du danger. Les scènes de chasse se déroulent au milieu des sites les plus variés et les plus pittoresques où se heurtent les contrastes si tranchés des paysages algériens. Au printemps, à peine a-t-on quitté les villes, que l'on se trouve au milieu des solitudes profondes et mystérieuses que la civilisation n'a pas encore déflorées; la nature a conservé son aspect sauvage et ses grâces virginales; l'air est saturé de l'âcre parfum des fleurs tropicales, la terre est couverte d'une végétation luxuriante, le soleil resplendit dans l'azur d'un ciel d'une limpidité inconnue dans nos climats brumeux. Et pas d'entraves, pas d'ennuis! on jouit d'une liberté entière, pourvu que l'on s'enfonce à quelques lieues du littoral, dans les territoires de chasse.

Nous ne voulons médire de personne, et nous convenons que la silhouette d'un beau gendarme, se dressant au milieu d'un champ, a quelque chose de majestueux. Mais les plus belles médailles ont un revers, et le revers du gendarme est le procès-verbal, qui n'a rien d'agréable.

Il faut avouer pourtant que, pour les natures craintives, la chasse algérienne a des inconvénients : en guettant un lièvre, on peut se trouver en face d'un lion. Mais les lions ne sont pas aussi nombreux que les grains de sable, et ils ne sont dangereux qu'à la nuit tombante. Comme tous les animaux de race féline, le lion ne voit pas bien clair tant que le soleil est sur l'horizon. Lorsque l'on rencontre un lion avant le crépuscule, il est rare qu'il soit à jeun ; aussi, moitié par paresse, moitié par insouciance, se montre-t-il assez débonnaire envers les voyageurs qui se trouvent sur son chemin : rien ne dispose à l'indulgence comme d'avoir bien dîné. Il ne faudrait pas, l'heure de la retraite passée, se fier à la générosité du lion : ventre affamé est sans pitié. C'est l'avis de tous ceux qui ont étudié ses mœurs.

Il y a en Algérie de nombreux tueurs de lions; mais ce sera particulièrement l'honneur des Larrer, des Jean Casse-Tête, des Chassaing, des Jules Gérard d'avoir osé les premiers, parmi les Européens, se mesurer seul avec le plus grand et le plus redoutable carnassier de la création.

Seul!

Il faut déjà être trois fois brave pour oser s'aventurer dans les ravins d'Afrique, quand les ténèbres viennent ajouter leurs embûches aux dangers qu'ils recèlent. La nuit, en Algérie, est pleine de bruissements étranges, inexplicables, qui forment une harmonie plaintive et mystérieuse dont l'âme est profondément troublée.

Des formes bizarres surgissent dans l'obscurité, des ombres fantastiques paraissent et disparaissent avec une incroyable rapidité, les fantômes de l'imagination surexcitée se mêlent aux réalités monstrueuses, et tous ces êtres effrayants dansent une sarabande infernale autour de l'homme isolé au milieu de ces causes de terreur.

Qu'on se figure, après cette mise en scène, deux prunelles fulgurantes, séparées par deux largeurs de main, étincelant soudain derrière un buisson, et l'on aura une idée du courage qu'il a fallu à M. Jules Gérard pour tirer son premier lion. Après lui, M. Bombonnel, qui avait abattu une vingtaine de panthères, s'est mis à chasser le lion en compagnie de M. Chassaing. Dans une seule nuit, ils en ont abattu cinq.

Nulle terre au monde ne foisonne en gibier comme l'Algérie ; pour en donner une idée, citons un fait.

Jean Casse-Tête, qui exploitait alors la plaine du Rio-Salado, avait reçu commande de cent cinquante lapins pour un repas de corps. Il les fournit en quatre jours. C'est lui qui a découvert le vallon de Kamarata, où les lièvres pullulent au point que, selon son expression, *on ne peut faire un pas sans en écraser un.*

Moins connu en France que M. Jules Gérard, Jean n'en est pas moins un tueur de lions. Il a eu l'audace de tirer sur une lionne avec un fusil chargé de chevrotines. Il pensait que le coup ferait balle. La lionne, blessée légèrement, bondit sur lui; il la tua à coups de couteau. Il nous a montré la peau de cette lionne; une partie de son épaule a été enlevée par un coup de griffe. Selon nous, c'est là un des plus périlleux combats corps à corps qui ait été soutenu par un homme contre une bête féroce.

Jean faisait un grand commerce de fourrures; peut-être quelques-unes de nos lectrices ont une descente de lit fournie par lui au commerce parisien.

Il y a des Français et des indigènes qui s'enfoncent dans le désert pour y chasser l'autruche, dont les plumes se payent très-cher. Entourés d'ennemis, vivant au milieu d'embûches continuelles, ces chasseurs ont une existence pleine d'aventures émouvantes.

Jean Casse-Tête était de ceux-là.

PROLOGUE. — LES TROIS RIVAUX

I

Où Jean Casse-Tête a des pressentiments.

A l'ouest de nos possessions algériennes, sur les confins du Maroc, s'élève le port de Nemours, position militaire importante, centre d'un commerce assez considérable.

Coquettement bâtie en amphithéâtre, la ville est animée par le va-et-vient d'une active population; dans ses rues s'entre-croisent et se heurtent des soldats de toutes armes, des matelots de toutes nations, des juifs aux robes traînantes, des Catalans à la veste chamarrée, des Maures au turban de cachemire, des Arabes aux majestueux burnous. En quelques minutes on y voit défiler devant soi les types les plus variés et les costumes les plus divers.

Les canons de ses remparts donnent à cette petite ville un air belliqueux et provoquant qui séduit; du large, elle est pittoresque; sous les rayons étincelants du soleil d'Afrique, ses blanches maisons se détachent joyeusement du fond bleu de la mer qui les baigne, et de la masse noire des falaises dont elles escaladent les flancs abrupts.

Cette petite ville avait, comme toutes celles des confins militaires, une maison de commandement où résidait le gouverneur du cercle.

Jean Casse-Tête attendait quelque chose ou quelqu'un en costume de chasseur devant cette maison.

Il portait un costume moitié européen, moitié oriental, qui lui donnait le plus étrange aspect.

Un souronal, large culotte turque, descendait jusqu'à la moitié de ses mollets nerveux que couvraient des guêtres de peau tannées et garnies de poil. Une blouse de toile blanche tombait à peine jusqu'à sa taille, laissant voir une ceinture qui retenait tout un arsenal de pistolets et de poignards. Sa tête était couverte d'un immense chapeau de paille orné d'une plume d'autruche, et dont les bords immenses ne laissaient apercevoir que sa barbe rousse et inculte. A l'ombre de cette coiffure démesurée, le chien du braconnier était assis regardant son maître qui s'appuyait sur sa carabine.

Jean Casse-Tête semblait fortement s'ennuyer et murmurait entre ses dents des choses très-désagréables pour celui qui le faisait attendre.

— Ce d'Obigny, disait-il, qui me fait faire le pied de grue !

« C'est inouï.

« Il est secrétaire du gouverneur, et par conséquent un personnage.

« Mais je me moque des personnages comme d'une bouffée de tabac après trois pipes fumées.

« Il est marquis !

« Je me moque des marquis comme d'une cartouche brûlée.

« Je ne lui connais qu'un titre à mon estime ; c'est d'être comme moi un tueur de lions, un chasseur.

« Mais entre chasseurs on se doit des égards, et il en manque vis-à-vis de moi, — un ami, — un compagnon de nuit, — un homme qui a *pris des sangs* avec lui ! »

En ce moment le chien du chasseur fit un mouvement, et eut le malheur d'attirer sur lui l'attention de son maître.

— Tiens, toi ! fit-il.

Et il lui allongea un coup de pied.

Le chien bondit, fit un trajet de deux pas en l'air tant le coup avait été violent, et il retomba sur le flanc.

Le chasseur le regarda sournoisement du coin de l'œil.

La pauvre bête se tordait douloureusement, mais ne soufflait pas ; on aurait pu la croire muette.

Pas un cri !

Pas une plainte !

— Ah, tu te formes ! fit le chasseur.

« Tu ne hurles plus quand on te bat ; tu sais te taire.

« Très-bien.

« Tu seras un bon chien. »

La satisfaction calma un peu sa mauvaise humeur, et il dit en entendant un bruit de pas dans le couloir de la maison de commandement :

— Tiens ! il se décide à venir.

En effet, un maréchal des logis de spahis, jeune homme de très-grande mine et d'une rare distinction, frappa sur l'épaule de Jean Casse-Tête en lui disant familièrement :

— Tu dois être furieux... comme toujours... Tu as attendu ?

Jean Casse-Tête répondit brutalement :

— C'est d'un mauvais camarade de laisser devant une porte un vieux chasseur comme moi ; tu n'as pas de respect pour notre profession, et tu es trop marquis.

— Pourquoi n'es-tu pas resté comme je t'en priais dans le cabinet d'attente ; tu aurais été fort bien là pour passer quelques minutes ?

— J'aurais eu l'air de faire antichambre, et je ne veux pas que le vieux Jean, qui n'a jamais eu besoin de personne, passe pour solliciter des grâces.

« Je me moque des gouverneurs de cercle et de province comme d'une chique de tabac mâchée. »

D'Obigny était arrivé depuis un an seulement aux spahis ; il avait été décoré deux mois après son entrée au régiment ; après les six mois réglementaires il était brigadier ; six mois plus tard il passait maréchal des logis ; il avait montré tant d'audace qu'il était question de lui appliquer l'exception dite d'état de guerre, et de le nommer sous-lieutenant avant les délais légaux.

C'est qu'aussi jamais le burnous rouge des spahis n'avait été porté avec tant d'audace, de grâce, d'intelligence et de noblesse.

D'Obigny était grand, svelte ; une taille très-mince et de larges épaules lui donnaient les apparences de l'élégance dans la force ; il avait une belle tête méridionale, mate sous la chevelure et la barbe noires, allongée en un ovale parfait avec une très-belle ligne formée par le front haut et pur, par le nez fin, droit, aux narines minces et mobiles, par la rencontre des lèvres d'une bouche charmante, — le seul trait un peu efféminé de ce type, — enfin par l'arête du menton creusé d'une fossette que l'on devinait par la conformation de la barbe.

L'œil du jeune homme était léonin ; brun, profond, plein d'éclairs.

Il y avait en lui une telle perfection de formes, une allure si aristocratique, un cachet de distinction si parfait que, sous ce burnous arabe, on eût cru voir réalisé le rêve de Chateaubriand : le Dernier des Abencérages.

Le spahi se mit à rire.

— Mon cher, dit-il, tu es ridicule à force de vanité.

— Possible ! fit le chasseur.

« Mais je te défends de me dire de ces choses-là, d'Obigny. »

Et il regarda avec un air de menace le jeune homme, qui fronça le sourcil et toisa le chasseur avec un évident dédain.

— Maître Jean, dit-il, vous le prenez de bien haut avec moi.

— Et, toi, tu es bien insolent.

« Crois-tu, parce que tu es joli garçon, noble, chamarré de rouge et d'or, que tu as le droit de me trouver ridicule ? »

D'Obigny sentit où le bât blessait le chasseur.

— Voilà, lui dit-il, plusieurs mois que nous nous connaissons.

« Nous avons vécu souvent de la même vie, et partagé les mêmes dangers ; nous devrions être animés l'un pour l'autre de sentiments loyaux et sympathiques.

« Malgré mes avances, tu es toujours resté maussade et jaloux.

« Tu n'es pas beau.

« Est-ce ma faute ?

« Tu ressembles à un sanglier furieux.

« En suis-je responsable ?

« Tu es grossier.

« Tu es sans instruction.

« Tu n'as pas d'éducation.

« Est-ce une raison pour me haïr ?

« Je te déclare que ton envie, qui te rend agressif, commence à me devenir odieuse, et que je finirai par te mépriser. »

Au mot mépriser, Jean Casse-Tête mit la main à la garde de son couteau.

D'Obigny haussa les épaules.

— Ne tire pas ta lame, fit-il.

« C'est peine perdue.

— J'ai pourtant bien envie de te la planter dans le cœur.

« Tu viens de m'insulter.

— Tu es d'une susceptibilité extrême, mon pauvre Jean.

« Mais laisse-moi te dire que, froissé ou non, tu ne tireras pas le couteau contre moi aujourd'hui.

« Nous partons demain matin en expédition, et, jusqu'à la fin de la campagne, je ne m'appartiens plus.

— Alors, tu vas retirer le mot ridicule, dit le chasseur, auquel cette qualification pesait et qui tourmentait son poignard.

— Soit ! fit d'Obigny.

« Je me rétracte... pour aujourd'hui ; mais dans un mois, en rentrant ici avec la colonne, je te dirai, avec une conviction profonde : Jean, tu es ridicule ! »

Les yeux du chasseur s'emplirent d'éclairs, les veines de son cou se gonflèrent, ses narines se dilatèrent, il fit deux pas en arrière, posa son fusil contre le mur, tira son couteau, et dit d'un air féroce et d'une voix étranglée :

— En garde !

« Je vais te tuer de suite, moi. »

D'Obigny ne bougea pas.

Les bras croisés, la lèvre méprisante, l'œil froid, il regarda son adversaire.

— En garde ! répéta Jean Casse-Tête.

« En garde, ou je te crève d'un coup, comme un chien que tu es. »

D'Obigny garda la même immobilité, le même silence.

JEAN CASSE-TÊTE. 9

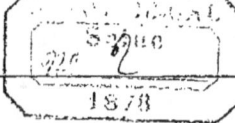

— Mais tu n'as donc rien dans les veines! rugit le chasseur.
« Défends-toi donc !
« Es-tu lâche ?
— Tu m'as vu attaquer un lion, que tu n'osais pas aborder dans son repaire, et que tu ne voulais abattre qu'à l'affût.
« Tu m'as vu souriant, quand tu écumais sous les balles.

« Tu m'as vu, le couteau au poing, abattre cinq hommes autour de toi blessé et hors d'état de me seconder.

« Et tu me demandes si je suis lâche ?

« Moi, je te dis que ce n'est pas le fait d'un homme sérieux, d'un coureur de bois, de s'emporter comme une femme, de glapir comme une hyène, de prendre feu pour une petite piqûre d'amour-propre.

« Dompter sa colère est le premier triomphe qu'un homme de caractère doit remporter ; si tu as de la volonté, fais-le voir.

« Calme-toi.

« Je rougis de tes emportements.

« Comment...

« Je te promets de te répéter, quand je serai libre, la plaisanterie amicale que tu prends pour une injure, et de t'en donner raison.

« Tu ne veux pas attendre !

« C'est une impatience d'enfant.

« Nos compagnons de chasse sauraient cela, ils en riraient. »

Le chasseur, confus, mais toujours irrité, remit son couteau dans sa gaîne, en disant :

— Assez de sermons.

« Dans un mois, je te planterai mon couteau dans la gorge.

« Au revoir. »

Et il saisit brusquement son fusil.

Mais d'Obigny l'arrêta.

— Un instant ! fit-il.

— Non ! dit d'un ton farouche le coureur de bois.

« Entre nous c'est fini.

— L'amitié est coupée de moi à toi, soit ! dit d'Obigny.

« Mais les affaires ? »

Au mot affaires, le chasseur dressa les oreilles, comme un cheval qui entend le sifflet de son maître.

— Oui ! fit-il.

« Il y a une affaire à traiter.

« C'est vrai.

« Tu m'as demandé.

« Ce n'est pas pour rien.

« Que veux-tu ?

— Te faire gagner cinq cents francs.

L'œil cupide du chasseur s'alluma.

— Oh ! oh ! fit-il.

« Cent douros !

« Belle somme !

« Que faut-il faire ?
— Peu de chose.
« Nous aider.
— A quoi !
— A battre l'ennemi.
— Vous n'avez donc pas assez de soldats ?
« Vous recrutez ?
— Des guides, oui.
« Des troupes, non.
— Ah ! fit le chasseur.
« C'est comme guide que tu veux m'engager ?
— Ça te va-t-il ?
— Oui.
« Mais il faut savoir qui vous allez combattre ; car il y a des tribus contre lesquelles je ne marcherais pas, ayant pacte d'amitié avec elles.
— Oh ! sois tranquille.
« L'expédition est dirigée contre les Beni-Snassenn, tes ennemis.
— Alors, j'en suis.
— Le prix te va ?
— Oui.
« Seulement, je voudrais la croix d'honneur, par-dessus le marché. »
Et il jeta un regard haineux sur d'Obigny, en lui disant :
— Je veux la décoration... comme toi.
— Encore l'envie ! fit le jeune homme.
« Pauvre Jean.
— Garde ta pitié pour toi, dit le chasseur avec un éclat de rage.
« Oui, je suis envieux.
« Oui, je suis jaloux.
« Oui, je trouve que tu es plus beau, plus heureux, plus brave même que moi, et ça me gêne, et ça finira... le plus tôt possible. »
Le spahi se mit à rire.
— Mais comment faut-il donc m'y prendre pour te désarmer ? fit-il.
« Je te rends tous les services imaginables, et je te fais gagner le plus d'argent que je peux ; tu le sais.
« Je ne t'ai jamais causé un chagrin ni un dommage.
« Je voudrais être pour toi un ami, et tu t'y refuses sans cesse.
« Voyons, que faut-il faire pour que tu oublies tes injustes préventions ? »
Le jeune homme dit cela d'un ton si charmant, que le chasseur se sentit vaincu ; sa tête se dérida.
— Voilà que tu me prends par mon faible, dit-il ; es-tu malin !

« Jamais je n'ai vu de singe plus adroit que toi ; seulement, au lieu de voler des oranges, tu voles, toi, le cœur des gens.

« Mais, au fond, je sens bien que tout cela ce sont des paroles.

« Tu te moques pas mal de moi.

— Et pourquoi diable, vieil animal sauvage, tiendrais-je à ton amitié, si, malgré tes airs bourrus, je ne t'aimais pas ?

« J'ai quelque chose qui me pousse à rechercher ton affection.

« Il me semble que tu es, au fond, une excellente pâte d'homme. »

Jean Casse-Tête avait oublié toute colère, et il dodelinait la tête.

— Va, va ! disait-il.

« Continue.

« Flatte-moi.

« Tu t'y connais à dompter les bêtes fauves ; tu m'assouplis.

« Que veux-tu, en somme ?

— Faire pacte d'amitié avec toi.

— Eh bien ! ça me flatte ; mais je refuse.

— Pourquoi ?

— Un pressentiment.

« J'ai une idée qu'il y aura du sang entre nous.

— Le meilleur moyen d'éviter ce malheur, c'est de conclure le pacte.

— Décidément, non.

« J'écoute toujours les voies secrètes ; elles me crient de refuser.

« Le pacte fait, tu deviendrais, selon la coutume des chasseurs, un être sacré pour moi, et c'est ce que je ne veux pas.

« Restons libres.

— Soit ! dit le spahi.

Et un nuage passa sur son front.

— En somme, fit le coureur de bois, nous serons bons camarades.

« J'oublie notre querelle.

« Ne m'en veux pas.

« Chaque fois que j'ai négligé d'écouter un pressentiment, il m'en a cuit.

« Allons conclure le marché.

— Le gouverneur t'attend.

« Viens. »

D'Obigny introduisit Jean Casse-Tête chez le colonel commandant la redoute.

II

Où Jean Casse-Tête jure de se faire décorer.

Par sa position sur les frontières du Maroc, Nemours est une des villes les plus importantes de l'Algérie, quoique des moins considérables.

C'est plutôt une redoute qu'une véritable cité.

Elle est cependant le centre d'une colonisation assez vaste qui s'étend autour d'elle, en dehors de ses murs.

Un système de postes fortifiés défend les concessions à un périmètre de quelques kilomètres à la ronde; mais si ces postes surveillent assez la campagne pour prévenir la place de l'approche d'une forte armée ennemie, ils ne sauraient empêcher des petites bandes de *saraigs* (voleurs) de pénétrer sur le territoire et d'attaquer les voyageurs isolés, de tenter des coups de main sur les fermes mal gardées et de faire des razzias.

Aussi les concessions sont-elles presque toutes de véritables petites forteresses.

Depuis quelque temps Nemours était commandée par un nouveau gouverneur, homme d'audace, qui avait purgé le pays des nombreuses *sagas* (bandes) par lesquelles il était mis à sac, il méditait même en ce moment de frapper un grand coup contre la sauvage tribu des Beni-Snassenn d'où partaient la plupart des bandes.

Le colonel reçut Jean Casse-Tête avec une politesse froide, il n'eut pour lui rien de la raideur des militaires.

— Monsieur, lui dit-il, vous m'êtes chaudement recommandé par le marquis d'Obigny ; je suis décidé à vous employer comme guide et à vous bien payer, si vous y consentez.

Jean fut frappé du ton dont le gouverneur lui parlait.

Le mot monsieur, surtout, l'intrigua beaucoup, car il est peu employé vis-à-vis des chasseurs de profession connus.

— Mon colonel, dit-il, votre offre me va ; j'ai accepté.

— Vous vous engagez à conduire la colonne partout où je le désirerai ?

— Oui, mon colonel.

— Et vous nous jurez une fidélité et une discrétion à toute épreuve ?

— J'en donne parole.

— Bien ! fit le colonel.

« Je prends acte de l'engagement. »

D'Obigny intervint.

— Mon colonel, dit-il, Jean Casse-Tête est un très-brave chasseur.

— Je le sais.

— Il a tué des lions et des panthères ; il a rendu des services aux tribus alliées en les débarrassant de bêtes fauves dangereuses.

« Jean désirerait la croix. »

Le gouverneur regarda le chasseur en face.

— Monsieur, lui dit-il, je ne puis vous faire porter sur les états de proposition jusqu'à nouvel ordre, et voici mes raisons :

« La croix est une récompense d'honneur ; on la gagne par le dévouement.

« Vous avez tué des lions.

« C'est très-bien.

« C'est d'un grand courage.

« Mais vous faites prix pour cela avec les tribus ; elles vous payent.

« Vous ne pouvez aspirer à une récompense d'honneur pour un fait qui a l'argent pour mobile et comme but. »

Jean fit la grimace.

Comme il avait l'esprit juste, il répondit sans se fâcher :

— Ceci est logique.

« Mais si je fais une action d'éclat gratis, aurai-je des chances ?

— Comme tout soldat de la colonne ! dit le gouverneur.

— Eh bien, dit Jean, soyez tranquille.

— Demain à l'aube, dit le gouverneur, nous quitterons Nemours.

— Bien.

« Je serai prêt.

— Si, d'ici là, d'Obigny ou vous trouvez une combinaison pour enlever le Bab-el-Mansour, par où je compte entrer dans les montagnes, vous me préviendrez.

— J'y penserai ! dit le chasseur.

« Est-ce tout, mon colonel ?

— Oui.

« Vous pouvez vous retirer. »

Le chasseur salua et sortit avec d'Obigny, auquel il dit :

— C'est bien.

« C'est même très-bien.

« Tu as agi en bon compagnon.

— A quel propos ? demanda d'Obigny.

— Pour la croix.

— C'était bien facile.

— Ça ne fait rien.

« Je te suis reconnaissant.

« Mais explique-moi l'affaire du Bab-el-Mansour, je te prie.

— Voici ! fit d'Obigny.

« Ce n'est pas à un vieux routier comme toi que j'expliquerai qu'une armée ne peut pas facilement pénétrer dans des montagnes aussi escarpées que celles des Beni-Snassenn.

« Elles ont, comme tu sais, des défilés qui donnent accès sur les plateaux, et que l'on appelle des *babs*, des portes, comme nous dirions, nous autres Français.

« Or, le colonel voudrait entrer par le Bab-el-Mansour (porte de la Gloire), parce que si une fois il pouvait s'établir dans ce défilé, il serait sur la plus haute crête et dominerait toute la contrée.

« L'expédition serait menée rapidement de haut en bas au lieu d'aller de bas en haut, comme cela s'est fait jusqu'ici.

« Mais le Bab-el-Mansour est très-difficile à prendre.

« Si toutes les forces des Beni-Snassenn s'y réunissaient, nous serions rejetés au bas des pentes, quelques tentatives que nous fissions.

« Il s'agit de combiner une attaque qui nous livre cette gorge.

— Moi je connais le terrain ; mais je ne comprends rien à ce que vous appelez vos manœuvres stratégiques.

« Si l'on veut de bons sentiers, j'en indiquerai, et des meilleurs.

« Pour le reste, bonsoir.

« Ce n'est pas mon affaire. »

Et il tendit la main à d'Obigny :

— Au revoir ! dit-il.

« A demain.

« Je te remercie.

Ils se séparèrent.

D'Orbigny s'en alla faire ses préparatifs pour tuer son lion.

Jean Casse-Tête, lui, s'en fut vers une boutique juive ; il demanda à un jeune Israélite qui s'y trouvait :

— Lévy est-il revenu ?

— Non, sidi Casse-Tête, répondit humblement le jeune homme.

On voyait qu'il tremblait devant le chasseur.

— Din Allah ! (sacré Dieu) c'est désagréable.

« Reviendra-t-il cette nuit ?

— Je ne sais.

— Je pars demain.

« Écoute-moi.

« J'ai envoyé ton père déclarer au senor Morales que c'était à moi qu'étaient dus les trente mille francs de billets, que je voulais épouser sa fille, que je l'épouserais...

« Il faut que ton père me rende compte de sa mission.

« En conséquence, tu viendras rejoindre la colonne où elle sera, et tu m'apporteras des nouvelles.

« Qu'on veille sur la petite.

« Si elle voulait se marier en mon absence, qu'on me prévienne.

« Je reviendrais tuer le prétendu.

« Là-dessus, fais-moi une solide provision de bonne poudre et de balles, arrange mes bibelots et viens me trouver une heure avant l'aube... à moins que ton père n'arrive; alors, qu'il vienne tout de suite. »

Et il s'en fut assez joyeux.

Il ne se doutait guère que son pressentiment serait justifié, et que d'Obigny était son rival.

III

Où d'Obigny trouve une occasion de tuer un lion et de voir une jolie fille.

A peine Jean Casse-Tête se fut-il éloigné que d'Obigny remarqua sur la place un jeune colon d'environ seize ans qui lui souriait d'un air charmant en fumant sa cigarette, et qui le salua gracieusement.

D'Obigny observa ce garçon avec sympathie.

C'était le type des gamins de Paris : brave, hardi, gouailleur; l'intelligence pétillait sur sa figure fine et railleuse ; il avait les traits pâles et délicats, la chevelure châtain clair, les yeux bleus et fort beaux.

Ses gestes étaient ceux du quartier Saint-Antoine.

Il aborda d'Obigny d'une façon adroite, avec un regard câlin.

— Monsieur le marquis, lui dit-il finement au lieu de l'interpeller par son grade de maréchal des logis, monsieur le marquis, fit-il, permettez-moi de vous faire savoir une chose intéressante qui vous expliquera pourquoi je me permets de vous déranger.

D'Obigny regarda attentivement ce jeune garçon et sourit.

— D'où vient, lui dit-il, que tu sais que je suis marquis ?

— Parce que j'ai vu souvent sur le boulevard, devant le café Anglais, un très-beau gentilhomme qui s'appelait d'Obigny, qui avait de très-jolies maîtresses, et qui me donnait souvent des pièces de vingt sous quand je venais ramasser des bouts de cigares et que je disais des mots amusants devant lui.

— Alors, fit d'Obigny avec bonhomie, nous sommes de vieilles connaissances.

— Et nous n'avons pas à nous deux l'âge d'un vieux, pourtant...

— Que me veux-tu dire ?

— En quatre mots, voici la chose.

« Il s'agit d'un lion.

« Vous tuez ces bêtes-là, dit-on ; il paraît que ça vous fait plaisir.

— Et tu en connais un ?

— Oui.

— Particulièrement !

— Vous plaisantez.

« Eh bien ! pas particulièrement, c'est vrai ; mais si nous ne nous sommes pas parlé, nous nous sommes rencontrés d'assez près.

Sur un rocher... j'ai vu le corps énorme de mon lion (page 20).

— Ah bast!
« Conte-moi cela.
— Imaginez-vous que je revenais de Nedranah, un soir, vers huit heures.
— Seul ?
— Seul.
— Tu es bien hardi.

— Je suis Parisien.

— Tu ne mens pas, n'est-ce pas?

— Je vous jure que non.

D'Obigny observa cette petite tête intelligente et fière, et se convainquit de la loyauté de ce garçon.

— Je te crois, lui dit-il.

« Continue.

— Donc, je revenais.

« Tout à coup, dans les broussailles, il me sembla voir deux gros charbons qui semblaient me lancer des flammes.

Ils étaient séparés d'un pied.

« Ma foi, j'ai eu très-peur.

— Tu avais deviné que c'était le lion qui te regardait?

— Non.

« Mais j'ai entendu du bruit dans les lentisques où il était.

« C'était sa queue qui battait dans les buissons avec force.

— Qu'as-tu fait?

— Là, j'ai compris que j'étais en face d'une bête fauve énorme.

« J'ai avisé un chêne-liège très-élevé et j'ai couru à lui.

« Il était temps.

— Le lion vint à toi?

— Il sortit de la broussaille en trottinant assez lourdement.

« Il poussait des grognements sourds et il soufflait.

— Tu as eu de la chance.

« Il venait seulement de s'éveiller, et il y voyait encore trouble après son lourd sommeil du jour.

— Est-ce vrai ou est-ce une moquerie, ce que vous dites-là?

— C'est vrai.

« Je crois ce que tu me dis ; fais-moi l'honneur d'ajouter foi à ce que je t'affirme, car je connais très-bien les mœurs des lions.

— Je me disais que peut-être vous me preniez pour un blagueur, et que vous imaginiez de me plaisanter en supposant que ce lion n'était pas très-bien réveillé.

— Va!

« Le lion est comme nous.

« S'il ne se frotte pas les yeux en s'éveillant, c'est qu'il a des griffes aux pattes ; la différence entre lui et nous, c'est qu'il fait du jour sa nuit.

— Bon !

« Je retiendrai ça.

— Continue.

— Je me lançai à corps perdu sur le tronc du chêne, et je ne fus pas long à en atteindre le sommet.

« Le lion, qui m'aurait pincé en s'élançant, arriva trop tard.

« Il se mit à me regarder pendant que je grimpais encore.

— Ça l'intéressait ! fit d'Obigny. Ce lion n'a jamais été dans les gorges de la Chiffa, et il n'a point vu de singes ; il se demandait comment les hommes s'y prenaient pour atteindre la cime des arbres.

« Que fit-il ?

— Il s'est posé sur son derrière, comme font les chiens.

— Et puis ?

— Il m'a regardé.

Ici, le Parisien hésita.

— Qu'as-tu ?

— Je n'ose vous dire mon idée.

— Pourquoi ?

— J'aurais peut-être l'air d'un idiot en vous disant ça.

— Peut-être que non.

« Essaye.

— Il m'a semblé que ce lion ne nourrissait aucune intention méchante à mon sujet, et qu'il me contemplait simplement comme une bête curieuse à voir.

« Ses gros yeux avaient même l'air bon.

— Mon ami, tu ne te trompais pas.

« Le lion qui n'a pas faim n'attaque personne, et il est plein de mansuétude quand on a pour lui le respect auquel il a droit.

« Moi qui te parle, j'ai rencontré nez à nez un lion à deux heures après midi ; mon fusil n'était chargé qu'à plomb.

« Le lion était en travers d'un sentier que je suivais ; un coude me le masquait ; je me heurtai presque contre lui.

« Il tourna négligemment la tête de mon côté, et ne se dérangea pas.

« J'eus le temps de me jeter dans les couverts près de là, de décharger mon fusil, de le recharger avec soin de deux balles, et de viser mon lion à travers la feuillée en prenant bien mon temps.

— Il fut tué ?

— Roide.

« C'était mon second.

— Mais va ton train.

« Que fis-tu ?

— Rien.

« J'attendis.

« Le lion resta bien dix minutes sous mon chêne-liège.

« Moi, je ne bougeais pas.

« Alors le lion partit.

« Je me gardai bien de descendre.

« Au bout d'un quart d'heure, mon animal poussa un rugissement, et je me tournai du côté d'où il partait.

« Sur un rocher qui dominait le pays, aux derniers reflets du crépuscule, se détachant tout noir sur l'horizon, j'ai vu le corps énorme de mon lion qui formait une très-forte masse sombre.

— Tudieu !

« Comme tu parles bien quand tu t'y mets, mon cher ami.

— J'ai beaucoup lu.

Et Paul reprit :

— Bientôt le lion disparut dans une direction opposée à celle de Nemours, et je me hasardai à revenir à la ferme.

— Et tu veux que je te tue cet animal-là, mon garçon ?

— Je voudrais le tuer avec vous ; je tire déjà assez bien.

— Oh ! oh! voilà de l'ambition.

« Mais, mon ami, tu me donnes des indications bien vagues.

« Comment retrouverai-je ton lion ; n'as-tu pas des renseignements sur ses habitudes ; car, crois-le, si près d'un chemin, il était assez loin de son repaire ?

— Pas tant que vous pensez.

« Le repaire est à un kilomètre de là, tout au plus.

— Tu l'as donc vu ?

— Oui.

— En es-tu sûr ?

Le jeune homme tira de sa poche un morceau de papier plié en quatre, et il le tendit à d'Obigny.

— Voyez là-dedans ! dit-il.

— Qu'est-ce ?

— Voyez-toujours.

D'Obigny déplia le papier, et en tira une touffe de poils.

— Des poils du lion ! fit-il.

« Très-bien. »

Mais Paul tira un autre morceau de papier et le tendit.

— Et cela ? fit-il.

Le marquis tira quelques fragments d'os du second papier.

— Je vois ce que c'est ! fit-il. Tu as trouvé ces os dans les excréments du lion, qui en avale mêlés avec la chair.

— Oui, dit le Parisien.

— Ainsi, à ton âge, tu as eu l'audace d'entrer dans un repaire ?

— Ce n'était pas dangereux.

« Je vous dirai que mon ambition étant de tuer des lions, comme vous, j'ai voulu commencer mon apprentissage.

« Je me suis donc résolu à savoir où gîtait mon lion.

« J'ai reconnu le premier soir qu'inévitablement il descemdait de la crête du Djebel-el-Salem à chaque tombée de nuit.

« Il venait boire à un ruisseau qui coule dans le ravin de Nedîranah, et que côtoie le chemin qui ramène de cette ville à Nemours ; c'est à la lhauteur du tremble bleu, un peu plus bas que le tombeau des chasseurs.

« Quand il a bu, il remonte sur un rocher, inspecte la campagne et file tantôt dans une direction, tantôt dans une autre.

« J'ai pensé, qu'il faudrait l'attendre près de la source.

— Pourquoi ?

— Parce que je me disais qu'avant de boire, il devait ne penser qu'à l'eau et être moins défiant.

— Mon ami, dit le marquis avec un sentiment non dissimulé d'estime, tu es remarquablement brave et intelligent.

— Merci bien.

— Tu feras quelque jour un très-bon tueur de panthères et de lions.

— Vrai, monsieur le marquis ?

« Alors vous m'emmenez ?

— Pas ce soir.

— Pourquoi donc ?

— Parce qu'il faut que tu me casses un œuf à trente pas avec une seule balle, cinq fois de suite.

« Tu n'es pas de cette force ?

— Non.

— Eh bien, mon garçon, viens à moi quand tu pourras tenter cette épreuve, et je te jure que je te ferai tuer ton lion.

— Merci bien, monsieur le marquis.

« Dites donc, il y a la concession des figuiers à quelque dlistance de l'endroit où vous tuerez votre lion.

— Pourquoi me dis-tu cela ?

— Parce que vous pourriez venir nous chercher, on vous aiderait à rapporter la bête.

— Eh ! c'est bien du dérangement. J'éveillerai plutôt les Kabyles d'un village voisin.

— Vous manquerez l'occasion de recevoir les vifs remercîments d'une très-jolie fille qui est la nièce du maître de la ferme.

— Peuh ! fit le marquis. Je n'ai pas le temps de m'occuper d'amour.

« On va partir en expédition.

— Cependant vous sembliez, à la dernière revue, regarder beaucoup mademoiselle Ritta.

— Comment ! fit d'Obigny joyeux, cette charmante blonde est la fille du señor Moralès, le propriétaire des Figuiers ?

— Elle-même.

— Je l'ai tant cherchée !

— Et on ne vous a pas renseigné ?

— Non.

« Je me suis fait énumérer toutes les jeunes personnes un peu remarquables des environs, et l'on m'a cité la senora Ritta Moralès ; mais j'ai cru que ce n'était pas elle que j'avais tant admirée !

— Pourquoi donc ?

— Comment supposer qu'une Espagnole fût aussi blonde !

« Mon ami, ce soir même, sois certain que je te tuerai ton lion.

— Et moi, au coup de feu, j'emmènerai toute la ferme à votre rencontre

— Sauf ta jeune maîtresse.

— Ah ! monsieur le marquis, comme vous comprenez à demi-mot.

Le marquis sourit.

— Tu tiens donc bien à ce que j'épouse cette jeune fille ?

— C'est tout naturel.

« Vous deviendriez mon protecteur.

« Vous ferez un beau chemin militaire ; moi, je m'engagerai.

« Je serai votre soldat.

« Vous m'apprendrez à tuer les lions et les Arabes.

« Je ferai aussi une très-belle carrière sous vos ordres.

— J'en accepte l'augure.

« Va ! »

Et le marquis tendit au Parisien une pièce de cinq francs.

Celui-ci refusa.

— J'aimerais mieux autre chose.

— Quoi donc ?

— Une poignée de main.

— Ton nom ?

— Paul.

— Eh bien, Paul, voici ma main.

Le jeune homme serra la main tendue et s'en alla tout joyeux.

IV

Où l'on voit le juif Lévy faire ses petites affaires.

Les juifs d'Algérie sont très-nombreux et forment une vaste corporation.

Leurs mœurs sont très-curieuses à étudier, et les types sont bizarres.

Le juif a deux faces.

Il est, avec le chrétien et l'arabe, — avec ses maîtres, — un roué coquin, vil et bas; il se livre à des trafics odieux; il maquignonne chevaux, conscience, femmes et enfants des autres, vertus, honneurs; tout lui est bon pour commercer.

Il est sans foi ni loi.

Il ment avec une audace inouïe et une platitude sans bornes.

Bref, il a toutes les ruses de l'opprimé contre l'oppresseur.

Chez lui, en famille, avec les siens, il est de relations sûres; il a la vie la plus honnête, la plus respectable.

Ce n'est plus le même homme.

En somme, il n'est pas responsable des vices que la servitude lui a imposés en Algérie; il n'y a de coupables que ses oppresseurs musulmans, intolérables et dédaigneux.

Pendant que les événements que nous venons de décrire se passaient à Nemours, une scène de trahison s'accomplissait à cinq lieues de là, au rocher des *Deux Frères*, près de la frontière du Maroc.

C'est un site sauvage, bordé à quelque distance par un bois sacré qui entoure la couba (le tombeau) d'un saint, sidi Mohammed-Ben-Ibrahim.

La forêt est peu étendue, mais très-épaisse; elle est sillonnée de ravins profonds, et elle domine un vallon escarpé, en forme d'entonnoir sans issue.

On y entre par un défilé étroit, et l'on ne peut en sortir que par le même passage; partout ailleurs les pentes escarpées surplombant.

Imprudence rare!

Des Beni-Snassenn au nombre de quarante environ, étaient venus du Maroc, et ils avaient audacieusement établi des gourbis de feuillage au milieu de l'entonnoir qui s'appelait, dans le pays, le *Vallon sans eau*.

Ils se trouvaient à plusieurs lieues de leurs territoires, en plein pays ennemi, dans un campement très-désavantageux, qu'il était impossible de défendre.

Ils ne pouvaient fuir en cas d'attaque, ils eussent été pris.

Et ils semblaient très-insoucieux de tous périls.

D'ordinaire les sagas se cachaient dans les rochers; celle-là se montrait en plein soleil avec une témérité surprenante.

Les armes, abandonnées aux portes des gourbis, les vêtements déposés à terre, les fourneaux de cuisine allumés, tout attestait une incompréhensible sécurité.

Cette saga était commandée cependant par un des plus grands chefs Beni-Snassenn, Saïda-Ben-Blenou.

C'était l'amin el-oumena des tribus de l'Ouest.

L'amin est une espèce de maire élu chaque année ; l'amin el-oumena est le chef de tous les anciens d'une confédération.

Ce Saïda avait, dans toute la montagne, une immense réputation de bravoure, d'habileté, de sagacité.

Dans toutes les expéditions, il était chouaf (espion) ; c'est lui qui précédait la marche de la troupe ; éclairait ses pas ; s'exposant à toutes les surprises, à tous les dangers.

Aussi, comme chouaf, avait-il la meilleure part du butin.

Il était en même temps l'éclaireur et le maître de la bande qu'il conduisait en razzia ; il était l'œil et la tête, disaient ses compatriotes.

Ces sagas ou bandes se composaient de gens très-hardis, avides de butin et de pillage ; ils venaient écumer le territoire français, comme les forbans écument la mer.

Ils vivent cachés pendant le jour aux creux des grottes, et ils n'agissent que la nuit ; leur coup fait, ils se réfugient dans leurs repaires, connus d'eux seuls, et de là dans leurs montagnes inaccessibles.

Saïda était un très-beau guerrier ; il avait une taille svelte ; on le comparait au palmier ; il était noir de cheveux et blanc de peau, malgré ses nombreuses expéditions ; on disait qu'il avait été baigné dans du lait à sa naissance.

Il était de race mauresque par son père, un des pirates de Djemmaa avant notre conquête, et il avait du sang circassien dans les veines par sa mère : une esclave achetée fort cher sur le marché d'Alger.

Cette origine expliquait l'admirable régularité de ses traits aquilins, le bleu limpide de ses yeux, la finesse soyeuse de sa barbe, son élégance et sa supériorité intellectuelle sur les siens.

Seul de tous ses hommes, il était très-élégamment vêtu.

Les autres semblaient plus pauvres que des mendiants.

A cela, une raison.

Le saraîg (voleur), souvent traqué, perd souvent ses vêtements.

Pour bien voler, la nuit, l'on est nu dans beaucoup de circonstances ; on dépose tous ses effets dans un trou de roc ; quand l'on a pénétré dans le douar, enlevé la mule ou le cheval que l'on convoitait, on vient reprendre son vieux burnous ; mais on n'en a pas toujours le temps ; aussi les voleurs sont-ils déplorablement vêtus en Algérie.

Les quarante vauriens qui entouraient Saïda avaient des mines patibulaires ; comme les Beni-Snassenn offrent refuge à tous les ennemis du Maroc, de l'Espagne

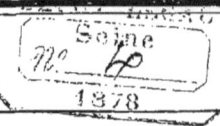

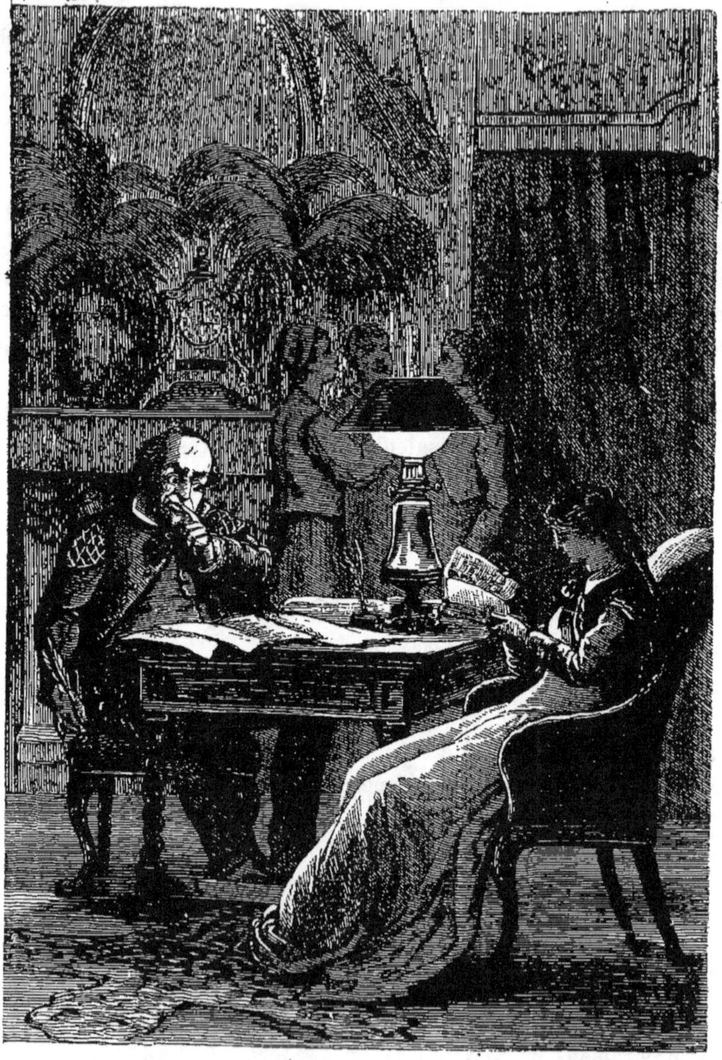

En Algérie, les Espagnols sont très-nombreux (page 32).

et de la France, il en résulte que chez eux les scélérats de toute espèce abondent.

Tout Arabe, tout Kabyle qui a commis un mauvais coup, file vers leurs montagnes et y fuit la vengeance et la loi.

Tout soldat français qui déserte va se réfugier chez eux.

Les forçats des présides espagnoles de la côte barbaresque trouvent, en s'évadant, asile dans cette tribu de voleurs.

Enfin, le Maroc lui fournit, chaque année, plus de cent brigands qui ont peur des chaouchs après un mauvais coup.

On conçoit ce que doit être une tribu aussi mêlée, et quelle tourbe de bandits intrépides doit former pareille émigration.

Lorsqu'un homme, connu par ses talents de guerrier, voulait lever une troupe, c'était bientôt fait ; il n'avait qu'à faire un appel, et on se présentait en foule ; il choisissait.

Saïda n'avait jamais voulu plus de trente ou quarante hommes, et, autant que possible, les mêmes à chaque fois.

Avec eux il accomplissait des entreprises vraiment extraordinaires.

Aussi les Beni-Snassenn, en cas de guerre avec la France ou le Maroc, le reconnaissaient-ils pour le chef de toute la montagne.

Pour le moment, très-indifférent au péril, lui d'ordinaire si prudent et si bien gardé, Saïda fumait nonchalamment son chibouque à l'ombre d'un immense caroubier.

Un petit nègre, son esclave, lui éventait la figure, car, quoiqu'on fût en hiver et que les nuits fussent très-fraîches, les journées n'en étaient pas moins très-chaudes.

Il semblait rêver et rester étranger à ce qui se passait.

Tout à coup, des cimes du vallon, une voix de chacal glapit.

Il aperçut un Beni-Snassenn qui, sortant du bois sacré, agitait son burnous d'une certaine façon en haut du vallon.

Saïda siffla légèrement.

Un de ses hommes, endormis sous les gourbis, vint vers le chef.

C'était son kalifat, son lieutenant.

— On nous annonce de là-haut, dit-il, l'arrivée de quelqu'un.

« Réponds. »

Le kalifat lança un rauquement d'hyène admirablement imité, et il fit des deux bras étendus un signe convenu.

Le Beni-Snassenn qui avait donné l'éveil disparut soudain.

Bientôt on vit s'avancer timidement dans le défilé un juif.

C'était un homme entre deux âges, affectant la débilité.

Il s'approchait, humble et courbé en deux sur son bâton.

Saïda ne se dérangea pas.

Le juif s'inclina devant lui avec la plus respectueuse humilité.

— Salut sur toi et ta race, Saïda ; que Jéhovah te couvre de bonheur.

— Salut ! dit le chef.

« Tu viens tard.

« Voilà deux fois douze heures que je t'ai fait prévenir de ma présence.

— Seigneur (sidi), je te prie de ne pas m'en vouloir.

« J'ai fait mon possible.

« On est très-surveillé.

— Toi !

« Surveillé !

« Et qui veux-tu, parmi les Français, qui s'occupe d'un être d'aussi peu d'importance que toi ; un juif, moins qu'un chien de race.

— Ah ! sidi, il y a près du gouverneur actuel un kodja (secrétaire) qui est bien l'homme le plus défiant du monde.

Saïda fronça le sourcil.

— Encore ce kodja ! fit-il.

« C'est un djenounn, cet homme.

— Un vrai diable, en effet.

« Il sait tout.

— Enfin, te voici.

« Je t'ai mandé pour deux choses.

« D'abord, je veux savoir ce qui se passe à Nemours, ce qu'on y fait.

« Il paraît que près de cinq cents hommes y sont arrivés de Tlemcen ?

— C'est vrai.

— Et un bateau à vapeur a amené des troupes et des munitions ?

— Et des vivres.

— Combien de troupes ?

— Un bataillon de zouaves.

— Allah ! fit Saïda.

« Mais cela donne environ quinze cents hommes de renfort.

— Sans compter que, cette nuit même, il y aura encore un débarquement.

— Es-tu sûr ?

— Oui.

« J'ai su par les marins indigènes que l'on avait ordre de tenir les chalands prêts.

— Mais nous allons avoir une expédition alors ; je m'en doutais.

« Je suis ici pour cela.

« Il faudrait savoir quand ces Français quitteront Nemours pour venir à nous.

— Si je l'apprends, je te renseignerai.

« En attendant, détache toujours quelques chouafs (espions) pour surveiller la sortie.

— Y a-t-il beaucoup de canons ? demanda Saïda, que l'artillerie effrayait, comme tous ses camarades de la montagne.

— Je sais qu'il y a au moins douze pièces de montagne, portées à dos de mulets.

— Ces Français ! fit Saïda.

« Ils ont tout pour eux.

« Ce n'est pas difficile d'être vainqueur avec des canons.

— Achètes-en, fit le juif.
— A qui ?
— A moi.
— Tu m'en vendrais ?
— Certainement.
— Que ne l'as-tu dit plus tôt !
— Pense-t-on à tout ?
« Puis, c'est cher.
— Un appel aux tribus nous fournira la somme nécessaire.
« Quand aurais-tu ces canons ?
— Dans un mois.
— L'expédition sera commencée.
— Ce sera pour un autre fois.
— Nous reparlerons de cela.
« Causons du kodja.
« J'ai une dent contre lui.
— Que t'a-t-il fait ?
— Cet homme est une épine enfoncée dans le coussin de mon divan.
« Chaque nuit je me pique au souvenir de ce qu'il a osé contre moi.
— Qu'est-ce ?
— Ce d'Obigny, déguisé en Kabyle, est venu me demander l'hospitalité.
« Il s'est adressé à moi.
« Je suis amin.
« Il était tout naturel de loger cet étranger, c'était mon devoir.
« Je l'ai fait.
« Il a joué son rôle si bien que je m'y suis trompé.
— Mais... le langage ?
— Il parle sans accent tous nos dialectes ; il a le don des langues.
— Et rien ne l'a trahi ?
— Rien.
« Il m'a fait parler.
« Il a eu l'air d'être mon admirateur, et il m'a fait conter mes expéditions.
« Ses flatteries endormaient ma sagacité et ma prudence.
— Il paraît qu'il sait ensorceler son monde, celui-là.
« J'aimerais mieux être chargé d'assouplir un lion que lui.
— Bref, dit Saïda, je lui ai dit une foule de choses cachées.
« Il sait comment nous volons.
« Il a nos secrets.
« Je lui ai même indiqué certaines cachettes, certains repaires.
« Il m'a soutiré toutes ces révélations avec une finesse de chacal.
« Enfin, cet homme est un chouaf (espion) très-redoutable.

« Il va conduire l'expédition.

— Quoiqu'il ne soit que sous-officier, tout le monde le regarde comme le lieutenant du gouverneur.

« Mais comment avez-vous su depuis que ce Kabyle de contrebande était d'Obigny?

— Parce qu'il m'a envoyé, par raillerie, une quenouille de femme, en me faisant dire que je n'étais qu'une fille bavarde et étourdie.

« Il faut que je me venge.

— Comment?

— J'ai compté sur toi.

— Oh! sidi, comment veux-tu que moi, juif, je t'aide en ceci?

— Un humble chien aide bien le chasseur! fit Saïda en souriant.

« Écoute. »

Il montrait le vallon.

— Ici, dit-il, tu le sais, est mort le fameux agha de Nedranah.

— Mahomet, qu'Elaï-Laseri avait su attirer dans un piége.

« Il y a vingt ans, avant que les Français fussent maîtres de Nemours.

— Eh bien! je vais tendre au kodja la même embuscade.

« Tu vas aller le trouver, et tu lui diras que tu revenais de Ousda.

« Que, passant par ici, tu m'as aperçu dans le Vallon sans eau, avec une quarantaine d'hommes;

« Que l'on peut prendre.

« Je serais une fameuse proie.

« D'Obigny tentera de m'enlever, et il périra ici même.

« Tu lui diras qu'il ne faut pas prendre plus de deux escadrons.

« Il les guidera certainement.

« Nous envelopperons cette troupe.

— Avec quarante hommes?

Saïda regarda Lévy.

— Juif, dit-il, le danger qu'il y a d'user des traîtres, c'est qu'il faut avoir foi en eux, et ce sont des hommes douteux.

« Mais tu te souviens de la façon dont j'ai arrangé Cahen, ton cousin.

« Il nous avait vendus.

« Je l'ai pris une nuit, à Tlemcen même, ficelé comme un paquet de tapis, et emporté dans nos montagnes, où je l'ai brûlé vif. »

Jacob pâlit.

— Attends-toi, dit Saïda, à pareil sort si un jour tu nous vends.

— Mais, dit Lévy, jamais tu n'as eu plus fidèle serviteur que moi.

— Jusqu'ici, c'est vrai.

« T'ai-je bien payé?

— Oui.

— Continue à me servir.

« Si je suis content, les douros pleuvront dans ta robe.

— Sidi, je te jure que tu seras satisfait de ton esclave.

« Mais vous êtes bien peu de monde pour accomplir ce projet.

— Imbécile.

« J'ai là-haut, dans la forêt, plus de mille guerriers.

— Dans le bois sacré ? fit le juif.

— Certainement.

— Il est défendu à tout bon croyant de le profaner en y entrant.

— Aussi, n'y suis-je point, moi.

« Ceux qui s'y cachent sont des renégats, des déserteurs.

« Car, cette fois, j'ai fait un appel général à ces gens-là.

— Et, fit le juif, tu ne crains pas que le kodja (secrétaire) ne se défie ?

— Il est Français.

« Il doit ignorer l'histoire de notre pays et le massacre des gens de Nedranah par le nègre Elaï-Laseri, le roi des chemins.

— S'il se défiait ?

— Il ne viendrait pas.

« Je ne risque que cela. »

Puis, avec un regard sombre :

— J'irais le chercher.

— A Nemours ?

— A Nemours même...

— Tu oserais.

— Pourquoi pas ?

« La lutte est engagée entre ce jeune homme et moi.

« Il faut s'attendre à des choses vraiment surprenantes.

« Nous aurons des combats de géants. »

Puis il ajouta :

— Il est, comme moi, chouaf, comme moi jeune, beau et brave ; comme moi avide de gloire ; ce sera une joute superbe.

« Le vainqueur aura une grande gloire.

« Le vaincu mourra sans honte. »

Ce descendant des Maures chevaleresques de l'Espagne parlait comme un musulman du moyen âge au temps des tournois.

Le juif restait planté devant le jeune homme.

— Pars ! lui dit celui-ci.

— Un instant !

« Quelle sera ma récompense ? »

Saïda le toisa.

— Chien ! fit-il.

« Tu mériterais le bâton.

« Ne t'ai-je pas dit, une fois pour toutes, qu'il fallait pour le salaire se fier à ma générosité ?

— Seigneur, ne te fâche pas.

« De connaître le chiffre de douros qu'on doit gagner, ça donne du courage.

— Évalue ce que ça vaut, et dis-toi que mon cœur vaut mieux que ta tête.

« Ce que ta tête calculera, je le doublerai, moi qui ai la main ouverte.

« Va ! »

Le juif baisa le pan du haïque de Saïda et il se retira.

Il remarqua en s'en allant que le chef le regardait avec hésitation, comme quelqu'un qui n'a pas encore tout dit.

Jacob revint.

— Sidi ! fit-il ; il me semble que tu veux encore parler ?

— Ah ! dit le jeune homme en riant, tu devines ça, vieux chacal !

« Eh bien ! c'est vrai.

« Mais il s'agit du secret de mon cœur, et je te conseille de le garder.

— Je serai comme une tombe.

— Sache donc qu'il est aux Figuiers une jeune Espagnole.

— Elle se nomme Ritta.

« Tu l'as vue ?

— Vue et admirée.

« Je la veux pour femme.

— Et ta favorite...

« Tu ne l'aimes donc plus ?

— Toujours passionnément.

« Mais j'ai le cœur assez large pour enfermer deux amours.

— Et tu comptes enlever Ritta ?

— Oui.

« Il faudra que tu me détailles le nombre de gens qui sont dans la ferme, et que tu me renseignes sur les moyens de défense et d'attaque.

— Bien ! dit le juif.

« Aujourd'hui même j'ai à faire aux Figuiers.

« Au revoir, Saïda.

« Allah te garde.

— Sois heureux, Lévy.

« Au revoir. »

Et ils se quittèrent.

— Par la barbe de Salomon ! dit le juif, voilà une fille qui sera disputée.

« Jean Casse-Tête et Saïda vont se battre avec fureur. »

Et il se rendit aux Figuiers.

V

Des Espagnols en général et du seigneur en particulier.

A l'époque où se déroulait le drame que nous entreprenons de raconter, la petite ville de Nemours, redoute française et port de mer, voisine du Maroc, servait de refuge à de nombreuses familles espagnoles que les événements d'Espagne avaient chassés de leur patrie.

En Algérie les Espagnols, et surtout les Catalans, sont très nombreux et forment une classe importante de la colonisation.

Avant d'entrer dans les péripéties des aventures émouvantes dont l'Homme à la panthère fut le héros, nos lecteurs nous sauront gré sans doute de leur dire ce que sont les Espagnols dans nos possessions algériennes, car c'est par l'amour du célèbre chasseur de fauves d'Obigny pour une jeune fille catalane, que fut causée la longue suite d'événements extraordinaires dont la frontière algérienne fut le théâtre de ce côté.

Rien de plus curieux, de plus tranché que les mœurs et les types des Espagnols dans notre colonie.

Ils habitent surtout la province d'Oran ; ils sont agriculteurs, muletiers, marchands d'oranges ou pêcheurs. Ils portent le costume national de leur pays : une veste bariolée de couleurs bizarres, des pantalons très-larges, des espadrilles et un sombrero. Amateurs de sérénades, ils vont le soir par les rues d'Oran jouant de la guitare et chantant d'une voix nasillarde des romances ennuyeuses. La femme sous les fenêtres de laquelle un galant s'arrête pour lui psalmodier son amour avec un air lamentable, doit être peu charmée d'une pareille musique. On croirait entendre un *de Profundis* avec le monotone accompagnement de la guitare.

S'il faut en croire la chronique scandaleuse, les Espagnoles préfèrent à ces lamentations ennuyeuses les galants propos que les Français ont le privilége de savoir murmurer aux oreilles féminines.

Les Espagnoles qu'on rencontre à Oran sont belles parfois, jolies souvent, piquantes toujours ; avec de longs et magnifiques cheveux noirs, avec des yeux qui resplendissent sous des sourcils hardiment dessinés, elles ont des pieds mignons, des mains d'enfant et une taille admirablement prise. Le dimanche, les femmes d'une même famille dansent sous les grands arbres des ravins d'Afrique au son des castagnettes et des guitares.

C'est un charmant spectacle.

Capable d'un dévouement sans bornes, une femme espagnole se venge cruellement d'une infidélité. Un officier avait abandonné une jeune fille, originaire de Carthagène, pour aller contracter en France un mariage projeté par sa famille.

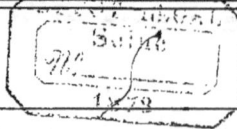

Le juif Jacob, qui n'est que le prête-nom d'un autre (page 36).

Le matin même du jour de la cérémonie nuptiale on le trouva poignardé dans son lit : une jeune fille assise sur une chaise semblait dormir. On essaya en vain de l'éveiller ; elle avait le cœur traversé par la lame d'un stylet. L'Espagnole s'était vengée et suicidée ensuite. En revanche, bien différentes en cela des dames françaises, qui n'aiment pas à s'expatrier, les Espagnoles suivent au bout du monde l'homme qu'elles ont choisi.

Un officier d'infanterie fut fort étonné, un jour, de voir entrer sous sa tente, en Crimée, une jeune Castillane qu'il avait laissée à Oran. Pendant toute la campagne, elle tint un petit établissement à Kamiesch et parvint même à réaliser une petite fortune. Elle mena une conduite si exemplaire, que l'officier, à la fin de la guerre, donna sa démission pour l'épouser. Il a depuis obtenu une fort belle concession, que l'on évalue maintenant à une centaine de mille francs. Il n'a pas eu, dit-on, à se repentir de son mariage.

Si les femmes espagnoles n'éprouvent aucune répulsion pour les Français, il n'en est pas de même de leurs frères et de leurs maris, qui nous ont voué une haine féroce.

Ils ne vivent qu'entre eux et évitent toute relation avec nous.

A chaque instant des rixes éclatent entre les hommes des deux nations, rixes sanglantes qui se terminent à coups de couteau.

Il faut espérer que cet état de choses cessera peu à peu, grâce à des rapports plus fréquents, grâce surtout à MM. les gendarmes, dont le tricorne a une influence civilisatrice incontestable.

Tels sont les Espagnols et surtout les Catalans.

Parmi ceux qui étaient établis aux environs de Nemours, se trouvait un vieux gentilhomme dont la noblesse remontait à l'époque des rois Maures de Grenade, ce qui constitue déjà une belle ligne d'aïeux ; mais le senor Moralès y Binda y Carera y Blanquo, etc., prétendait gravement descendre d'un fils de Pompée établi en Espagne après la bataille de Pharsale.

Le senor Moralès, carliste espagnol, s'était battu avec acharnement pour son prétendant, et à la suite du triomphe du parti opposé, il avait dû émigrer précipitamment avec sa nièce.

Ses biens avaient été mis sous séquestre.

Arrivé à Nemours, il avait sollicité et obtenu une concession du gouverneur.

On lui avait donné un charmant territoire que l'on appelait les Figuiers.

Il vivait là avec un certain luxe apparent, quoiqu'il fût fort gêné en réalité. Depuis une année qu'il était établi, ce noble hidalgo sentait chaque jour qu'en empruntant une forte somme à un certain juif, nommé Jacob, qui n'était qu'un prête-nom, il avait commis une imprudence que sa nièce, une enfant charmante, pourrait bien payer de son bonheur.

VI

Où l'Homme à la panthère apparaît à propos d'un lion.

A l'époque où commence cette histoire, les frontières du Maroc étaient peu sûres ; les concessions établies à quelque distance de Nemours étaient mises en état de résister à un coup de main des bandes de voleurs (saracqs en arabe) qui exploitaient la lisière de notre territoire.

Aux Figuiers, le senor Moralès avait fait prendre les précautions d'usage; mais rien n'était encore venu les justifier; le gouverneur du cercle avait purgé le pays de plusieurs bandes, et rien ne faisait prévoir les terribles luttes qui devaient bientôt commencer dans cette contrée.

Ce soir-là tout était calme dans la concession des Figuiers.

Moralès et ses serviteurs étaient assis auprès d'un grand feu dans la grande salle de la ferme.

C'était pendant l'hiver.

La nuit était froide et claire, le vent de la mer hurlait dans les ravins; les arbres craquaient sous ses coups d'aile, et une pluie fine fouettait les vitres. Les colons, frileux comme tous les Algériens, se pressaient autour du foyer où flambaient joyeusement des broussailles de jujubier.

Comme toutes les constructions bâties depuis la conquête, cette métairie offrait un caractère mixte; les murailles de pierre, les croisées aux volets verts, les portes aux battants de chêne ne la distinguaient pas des maisons de campagne françaises; mais l'œil y cherchait en vain une toiture de tuiles ou d'ardoises. Elle était remplacée par une terrasse de fleurs et de plantes grimpantes formant un dôme de verdure. L'entrée principale était précédée d'une cour, entourée d'un mur qui s'adossait aux ailes du bâtiment.

A l'intérieur de cette habitation régnait un luxe rustique, sauvage même, qui charmait les yeux par le mélange du confort européen au faste oriental. A côté des peaux de tigre s'étalaient des fauteuils de velours; les instruments de labour gisaient au-dessous des fusils aux garnitures d'argent; une guitare espagnole était accrochée près d'un chibouck turc; les sombreros se mêlaient aux calottes marocaines, les burnous aux mantilles, les babouches mauresques aux bottines parisiennes.

La présence de la nièce de Moralès donnait à toute la maison un cachet d'élégance. A mille détails charmants on reconnaissait la main d'une jeune fille.

Le vieil hidalgo avait amené à Nemours une vraie perle d'Espagne; rien de ravissant comme cette enfant qui lisait dans un coin un vieux roman de chevalerie comme la littérature espagnole en a tant produit, roman de cape et d'épée s'il en fut, plein de merveilleuses histoires et de péripéties émouvantes.

Un Européen eût donné dix-huit ans à cette jeune fille qui en avait quinze à peine; mais dont le climat avait développé hâtivement les formes capricieuses. Elle était blonde, d'un blond coloré par le soleil d'Afrique; sa chevelure, opulente et splendide, descendait sur de fines épaules en longues tresses soyeuses qui ondulaient à chaque pas de la mule, et laissaient échapper les fauves et chatoyants reflets de l'or en fusion illuminé par l'éclat métallique de ses magnifiques cheveux; la pâle figure de cette jeune fille était empreinte d'une mélancolie craintive et douce qui faisait songer à ces gazelles poétiques qui servent de terme de comparaison aux amoureux de l'Orient; sans l'étincelle de fièvre qui animait ses grands yeux d'un bleu sombre, on eût pris la nièce de l'hidalgo pour un lis d'Angleterre, et c'était une rose des Espagnes.

Moralès était en face d'une table de chêne et faisait ses comptes.

C'était une tâche ardue; le vieil hidalgo suait sang et eau sans trouver de solutions satisfaisantes à ses additions.

Moralès était un gros homme de soixante ans environ; très-ventru, très-joufflu; fort peu distingué malgré sa noblesse et ses prétentions; il ressemblait à une incarnation de Sancho Pança quant au physique; par malheur, au moral, il n'avait ni le bon sens ni la bonne humeur de l'écuyer de don Quichotte.

Une douzaine de ménages catalans, serviteurs fidèles de Moralès qui l'avaient suivi en exil, se livraient aux soins ordinaires que demande une concession importante.

Un ancien zouave, nommé Michel, engagé comme jardinier, se livrait sur des graines diverses à un travail fastidieux.

Une jeune fille de quinze ans, très-femme déjà, une Catalane fort charmante, brunette et accorte, qui était la servante de Ritta, caquetait çà et là, lutinant l'un et l'autre, et surtout le jeune homme de seize ans que nous connaissons, Paul, un Parisien des faubourgs, devenu à Nemours orphelin de père et de mère.

Il était fort intelligent et dévoué; mais rebelle à tout frein.

Au demeurant, détesté des serviteurs espagnols et de Moralès, aimé de la femme de chambre Paquita, défendu par Ritta et compagnon du zouave et du kabile Akmet.

Celui-ci exerçait les fonctions importantes de chasseur dans la ferme, qu'il pourvoyait de son gibier.

C'était un type énergique de cette race de fer qui habite les montagnes Karas: force, loyauté, courage et justice étaient empreintes sur sa face puissante.

Un peu solennel, Akmet se déridait avec Paul qu'il affectionnait.

Le Kabyle et le Parisien, qui sortaient de la chasse, nettoyaient leurs fusils.

Le Parisien poussa du coude le Kabyle en lui disant:

— Akmet, regarde donc le patron qui sue de grosses gouttes sur ses livres de compte; voilà déjà deux heures qu'il fait des additions.

Le Kabyle regarda attentivement Moralès et dit:

— Je n'aurais pas cru cette petite plume si légère à la main et si lourde à la tête; c'est fatigant de compter.

— Ça dépend, fit Paul: quand on calcule ses gains, ça ne fatigue pas; mais quand on trouve de la perte au total, ça vous met de la sueur au front.

— La récolte était belle cependant, et nous avons bien travaillé.

— Oui, mais le patron a voulu tout faire en grand sans avoir le premier sou; il a emprunté; l'usure le ronge! il est entre les mains du juif Jacob, qui n'est peut-être que le prête-nom d'un autre. Qui sait ce qui va se passer?

— Crois-tu que la ruine menace ce toit ?

— Je suis bien sûr que le patron ne pourra pas payer les créances échues, on vendra tout ; à moins que mon idée ne réussisse.

— Quelle idée ?

— Plus tard... je te dirai cela.

— Si tu échoues, il faudra nous faire chasseurs d'antilopes et d'autruches ; nous irons au désert.

Jetant un regard sur Moralès et sur Ritta, le Kabyle dit :

— Cette petite gazelle qui rêve là a toujours été douce pour nous, et son vieux chacal pelé d'oncle, qui aboie toujours, est ennuyeux ; mais au fond il a toujours été très-bon pour nous ; le Prophète a dit :

« N'abandonnez pas pendant les mauvais jours le maître auquel vous avez dû l'abondance dans la prospérité. »

— Il parlait bien, ton vieux bédouin de Prophète.

« Mais, dit Paul, que veux-tu faire pour notre hidalgo de patron ?

— Nous l'emmènerons au Soudan.

— Pour chasser ?

— Non ; mais il s'établira dans un ksour du Sahara et il y fera le commerce de fourrures et de dépouilles d'autruches ; nous lui établirons un crédit sur le produit de nos chasses.

— Et tu crois que le senor Moralès, un grand d'Espagne de première classe, l'homme du monde le plus entiché de sa noblesse, consentira à faire un métier !

— Le Coran a dit :

« Le métier n'honore pas l'homme ; c'est l'homme qui honore la profession. »

— Votre Coran m'a l'air de ressembler au cahier à proverbes qu'on vend deux sous sur le Pont-Neuf.

« Il doit y avoir aussi des calembours dans votre Coran ?

« Mais, mon vieux, crois bien que, malgré le Prophète, malgré les proverbes, malgré tout, le patron ne consentira jamais à devenir commerçant.

— Il est cultivateur, cependant.

« Avant de venir en Algérie, il a demandé une concession au gouvernement et on la lui a donnée.

— Pour lui, ce n'est pas la même chose.

« En Espagne, il vivait sur ses terres, entouré de femmes.

« L'exploitation du sol ne fait pas déchoir, dit-il souvent, quand le sol vous appartient ; il ne cesse pas ici d'être, comme il était en Catalogne, un seigneur terrien.

— Mais pourquoi a-t-il quitté sa patrie ?

— Parce qu'il s'est révolté contre la reine. Il a été banni et l'on a mis le séquestre sur ses biens ; il ne touche plus un maravédi, par abréviation un radis, comme on dit à Paris.

— C'est un mauvais esprit qui lui a soufflé l'idée de se mettre dans la révolte ; voilà sa jolie fille sans mari ; car vous autres Français, au lieu d'acheter vos femmes, vous vous faites acheter par elles.

— Elles ont une consolation ; ce sont elles qui portent les culottes.

— Que le vieux chacal vienne ou reste, m'accompagnes-tu au désert ?

— Certainement je te suivrai ! et ceux qui me traitent de gamin verront bien que je suis un homme quand j'aurai tué mon premier lion.

« A propos de lion, il va y avoir du nouveau cette nuit dans le ravin des Génies, des Djenouns, comme vous dites.

— Que se passera-t-il ?

— Des choses curieuses... toujours à propos de mon idée ; j'ai combiné ça.

« Ah ! mademoiselle vient à nous. »

Ritta s'était levée et s'approchait de Paul.

— Monsieur Paul, en avez-vous fini avec votre arme ?

— Et vous, Akmet, votre fusil est-il bien en état ?

Paul à part murmura :

— Quel amour de fille !

« Elle m'appelle *monsieur* ; son père me traite de galopin, de muchacho, mais sa politesse lui vaudra un mari. »

Akmet répondit à Ritta :

— Nous sommes prêts ; faut-il vous accompagner, mademoiselle ?

Il avait appris à employer cette appellation.

— Oui, dit Ritta.

Et au Parisien :

— Paul, faites seller mon cheval ; nous allons au Miroir des Djenouns !

— Mademoiselle, il se fait tard, et chaque soir, depuis huit jours, à la brune, un lion vient boire à la source qui est au pied du rocher.

Ritta parut contrariée.

— Vous avez peur, monsieur Paul ? dit-elle du ton d'un sincère étonnement.

Paul, piqué, riposta :

— Pour vous, oui, mademoiselle.

— Moi, je ne crains rien avec deux bons fusils, portés par deux braves serviteurs ; du haut du Miroir des Djenouns on découvre la Méditerranée, et j'aime à songer devant l'immensité de ses flots bleus. Vous ne redoutez pas le lion, vous, Akmet ?

Le Kabyle hocha la tête.

— Le chasseur à longue crinière est ce que je crains le plus après Allah, dit-il ; aller le braver, c'est commettre une imprudence, à moins que d'être tueur de lions par métier ; mais pour vous plaire j'irai où vous voudrez.

Ritta sourit.

— Merci, Akmet.

« Du reste soyez tranquille ; il court des histoires ridicules sur ce lion ; je crois qu'il n'existe pas, car nous ne l'avons jamais entendu rugir.

— Parce que sa voix est emportée par le vent de mer qui souffle chaque nuit ; mais tenez, ce soir la brise souffle de terre, le soleil est bas sur la montagne, je parierais que nous allons entendre ce seigneur à la grosse tête.

— Est-ce bien terrible, ce cri? demanda Ritta.

En ce moment le rugissement du lion éclata non loin de là.

Tout le monde se leva avec effroi.

Paul dit d'un air narquois :

— Mademoiselle, le voilà ; c'est une basse-taille qui pourrait concourir pour l'Opéra.

VII

D'une apparition inattendue.

Toute la ferme semblait en proie à la terreur.

C'est que le lion est un animal terrible ; pour ne pas fuir, quand la crinière hérissée, la lèvre contractée par un rictus menaçant, vous tenant sous son œil, le lion s'apprête à bondir, il faut avoir un courage spécial, formé de tous les autres, et qui est à la fois le sang-froid britannique, l'intrépidité flamande, le flegme allemand et la bravoure française. On compte les hommes qui ont tué des lions, et ils ne sont pas nombreux. Les chasseurs les plus braves, quand ils entendent le rugissement du lion, ne sortent ni de leur tente ni de leur gourbi.

Ce rugissement est sourd et profond au début comme le roulement lointain d'une cataracte ; il suit une gamme ascendante de sons rauques et impétueux ; comme le souffle du vent dans une tourmente, il éclate avec le fracas du tonnerre, puis il va en s'affaiblissant de note en note, comme une détonation d'artillerie qui se perd d'écho en écho. Tous ceux qui entendent ce cri croient sentir la terre trembler.

Jamais jusque-là, de la ferme, on n'avait entendu le lion rugir.

Moralès s'était levé et avait demandé avec un grand trouble :

— Qu'est cela ?

Ritta s'était rapidement remise en songeant que les murs de la ferme protégeaient celle-ci.

— Mon oncle, c'est le lion.

— Si près de nous ! dit-il.

— Il se promène en voisin, fit Paul. Dites-donc, patron, vous n'allez pas lui faire quelque politesse ?

— Drôle ? vas-y toi-même.

Paul sourit.

— Si je n'y vais pas cette nuit, fit-il, ce n'est pas ma faute ; mais ce qui est différé n'est pas perdu.

Moralès haussa les épaules.

— Toi, gamin ! tu braveras le lion ? fit-il.

Paul haussa les épaules plus que n'avait fait son patron et dit avec aigreur :

— Oui, moi.

« Et si le marquis d'Obigny avait voulu m'emmener, je l'aurais suivi. »

Ritta prêta l'oreille à ce nom.

— Monsieur d'Obigny ! vous le connaissez.

— Oui, mademoiselle ; mais vous aussi, je crois.

Ritta rougit beaucoup.

— J'en ai entendu parler comme tout le monde, fit-elle.

« On le dit très-brave et il paraîtrait qu'il a tué beaucoup de panthères et de lions.

— Pas autant que Jules Gérard, mais ça viendra.

— Vous lui avez parlé ?

— A cause de ce lion qui m'embêtait ; je me disais qu'un soir ou l'autre il nous dévorerait, et je me suis promis de lui faire conter un mot par le marquis.

— Vous ne lui avez pas parlé de moi, je suppose ?

— Ma foi, mademoiselle, vous ne me l'aviez pas défendu ; je lui ai dit deux mots qui ont paru lui faire plaisir.

Moralès intervint à ce mot ; il était furieux.

— Je te tirerai les oreilles ; un drôle de ton espèce ne doit jamais dire un mot sur une senora.

Paul n'aimait pas les épithètes désagréables.

— Patron, dit-il, je ne serai jamais si drôle que vous quand vous posez pour la solennité.

Moralès leva le bras.

Paul s'esquiva.

La main de l'hidalgo retomba dans le vide.

Moralès poussa le juron favori des Catalans.

— Caramba ! fit-il.

Paul, riant, dit en se tenant près de la porte :

— Senor, en giflant comme ça les airs, vous me faites l'effet de votre compatriote don Quichotte, qui se battait avec les moulins à vent.

Moralès outré prit une pose digne et s'écria :

— Je te chasse, misérable ! sors d'ici.

Paul attendait là l'hidalgo.

— Bien, patron, fit-il ; on s'en va ; réglez-moi mon compte.

Et il dit en a-parté :

« Pas le sou. »

JEAN CASSE-TÊTE. 41

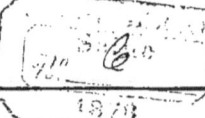

A l'affût du lion.

Moralès se radoucit forcément.

— Demain, petit faquin, fit-il.

Et il alla reprendre ses comptes.

Ritta, qui avait donné des signes d'impatience pendant tout le temps de cette scène, dit au Parisien :

— Eh bien ! monsieur Paul, continuez-vous ?

Le jeune homme reprit la conversation où il l'avait laissée.

— Mademoiselle, je vous assure que je n'ai dit que des choses sensées et convenables ; mon plan était de nous débarrasser du lion, dont j'avais étudié la piste.

Un serviteur espagnol dit d'un air de mépris :

— Un bien petit limier pour une si grosse proie.

Paul toisa l'interrupteur.

— Oh ! toi, Alonzo, tu ne disais pas ça ce matin quand je t'ai administré ta pile ; tu as eu beau vouloir jouer du couteau, tu as vu comme je t'ai démonté : une, deux...

Il prit la pause du chausson.

Alonzo se retira sans souffler mot ; le Parisien l'avait fortement rossé, tout jeune qu'il fût.

— Ils sont bien insolents avec moi, les Espagnols de votre père, mademoiselle, dit-il ; en revanche vous êtes bien bonne ; aussi... vous me remercierez plus tard si je réussis.

Ritta tenait sans doute énormément à savoir ce que le marquis avait dit, car elle s'écria :

— En grâce, finissez donc vos histoires ; vous ne terminez rien, monsieur Paul.

— Nous y voici, fit le Parisien :

« J'ai donc relevé la piste du lion et je suis allé trouver le marquis, qui est à Nemours depuis deux mois avec le nouvel escadron où il est maréchal des logis.

« Je lui ai dit qu'il ferait bien plaisir à une jolie personne si sa carabine la débarrassait d'un dangereux voisin. »

— Quelle imprudence ! fit Ritta.

« Mais c'est m'engager, cela ; c'est compromettant.

Paul prit son air goguenard.

— Là ! là, fit-il ; attendez.

« Je lui ai expliqué que je venais de mon propre mouvement ; mais qu'à coup sûr vous seriez reconnaissante en apprenant que la chose était faite. »

Ritta, enchantée au fond, demanda :

— Et que vous a-t-il dit ?

— D'abord, répondit-il, il a paru indifférent... pas au lion... à vous.

« Mais je lui ai insinué que vous étiez cette jeune personne qu'il avait tant regardée à Nemours, le jour de la revue. »

Ritta, dissimulant :

— Ah ! il m'avait regardée...

Paul protesta contre la fausseté féminine.

— Oh ! les filles ! murmura-t-il tout bas.

Et tout haut :

— Il ne vous avait pas quittée du regard.

— Et qu'a-t-il répondu ?

— Il a eu l'air enchanté, et il m'a accablé de questions quand il a appris qu'il s'agissait de vous. Il a même laissé échapper ce mot :

— Moi qui l'ai tant cherchée !

— Comment ! il avait essayé de me revoir ?

— Je le crois.

« J'ai remarqué qu'au moment de votre brusque départ, il causait avec le gouverneur ; j'étais demeuré sur la place ; je l'ai vu parcourir tous les groupes et s'en aller très-dépité. »

— Êtes-vous bien sûr de ce que vous avancez ?

Paul, bas et s'approchant :

— Mademoiselle, ce jeune homme vous aime, vrai comme la poignée de main qu'il m'a donnée dans la joie de savoir qui vous étiez et où il pourrait vous revoir.

Ritta, très-émue :

— Et vous l'avez envoyé tuer ce lion ?

— Il y serait allé de lui-même un jour ou l'autre, puisque c'est son idée de tuer les lions, je dirais presque que c'est son état.

En ce moment Paul fut brusquement interrompu par un bruit violent qui éclatait dehors au milieu des aboiements furieux des chiens.

Il sauta sur son fusil et sortit, suivi d'Akmet, pour aller voir ce qui se passait.

Moralès devint plus pâle et chacun se sentit troublé.

VIII

D'un juif qui vient annoncer des choses désagréables.

A peine Paul était-il dehors qu'on l'entendit rire aux éclats.

Presque aussitôt un juif, en robe longue, un colporteur, muni de sa boîte, se précipita dans la salle avec terreur, en criant :

— Fermez les portes !

« Prenez garde !

« Il vient.

« Je l'ai vu !

« Dieu d'Israël, qu'il est gros !

« Il a failli m'avaler d'une bouchée.

« Par pitié ! une chaise, de l'eau ! »

Ritta lui fit apporter un verre d'eau.

— Merci ! merci ! Ouf ! ça va mieux, puis il se tourna vers la fenêtre avec inquiétude.

« Si il allait entrer par la fenêtre !

— Vous parlez du lion ?
— De qui parlerai-je, sinon de lui.
« Quelle bête monstrueuse !
« Fermez les volets.
« Il est capable de tout.
— Tu l'as donc vu de près, père Lévy ?
— A le toucher ! Il n'avait qu'à étendre la griffe pour me terrasser ; il m'a épargné par la protection de Dieu !
— Avec ça que le bon Dieu s'occuperait d'un vieux filou de ton espèce, lui dit Paul ; le lion ne t'a pas mangé parce qu'il préfère aller croquer un bon mouton. Il ne voudrait pas d'une vieille carcasse de juif.

Le juif se remit un peu au milieu des rires de tous, et il avisa le maître de la concession :
— Senor Moralès, dit-il, j'étais venu pour vous entretenir de nos petites affaires.
— La peur ne lui fait pas oublier l'usure, murmura Paul.

Moralès entraîna à part Jacob, qui lui dit :
— Senor, il s'agit des billets que vous avez souscrits, serez-vous prêt pour payer ?
— Je n'ai pas retiré de la récolte autant que je l'espérais, répondit Moralès, j'ai pensé que tu voudrais bien attendre, moyennant un bon intérêt.
— Senor, les billets ne sont plus en mes mains.

Moralès pâlit.
— Ainsi il faudra... payer ?
— Peut-être !
— Explique-toi.
— Les billets sont passés à l'ordre de Jacques Sanglier.
— Ce sauvage, ce bandit, ce misérable qui a osé me demander la main de ma nièce.
— Et qui veut l'épouser plus que jamais, il peut vous ruiner.
— J'aime mieux cela que lui donner Ritta.
— Senor, un bon avis.
« Jean Casse-Tête ne craint rien ; si vous poussez la résistance jusqu'à laisser vendre cette concession, il prendrait les grands moyens.
— Lesquels ?
— Il a son couteau, sa carabine et son audace.
« Il tuerait autant d'hommes qu'il en faudrait pour enlever mademoiselle Ritta.
— Mais il y a des lois.
— Ici, sur le littoral, en territoire français, oui, il y a des lois, quoiqu'on les

viole souvent; mais au désert, mais au Maroc, mais au Soudan, un hardi compagnon ne relève que de sa force.

A ce moment Ritta s'approcha et écouta.

— Jamais! entends-tu, je ne céderai; les menaces n'y font rien.

« Du reste, je vais marier Ritta à quelque brave officier qui la défendra.

— Son fiancé, fût-il général, mourrait avant d'être son mari.

« Jean Casse-Tête l'a juré. »

Ritta murmura :

— Jean Casse-Tête !

— Encore cet homme, ah ! je sens bien que ce juif ne ment pas, et que le misérable est capable de tout; on dit de lui d'horribles choses. »

Elle s'éloigna.

Lévy semblait vouloir continuer sa plaidoirie en faveur de Jean Casse-Tête ; mais Paul dit à Akmet :

— Voilà le juif qui ennuie le patron, attends un peu.

Il passa derrière lui, et imita l'aboiement d'un chien.

Le juif bondit de peur.

Paul se releva et fit semblant de crier après un chien.

— A bas, Turc ; père Lévy, gare à vos mollets!

Le juif, effrayé, gagna la porte, aux grands éclats de rire de l'assistance.

IX

Où il est raconté de curieuses histoires sur les lions, et où Ritta profite de l'attention des auditeurs pour questionner le Parisien sur le marquis d'Obigny.

Après avoir débarrassé Moralès de Lévy, Paul s'approcha de Robert et lui dit :

— Occupe donc les gens de la ferme.

« J'ai à parler à mademoiselle Ritta ; il faut que tu contes des histoires de bêtes féroces pour qu'on ne s'occupe pas de nous.

— C'est bon ! dit Robert.

« Tu vas voir. »

Et grâce à lui, quand le juif fut parti, la conversation, qui avait roulé sur les lions, continua entre les gens de la ferme; Moralès avait l'air d'écouter; en réalité, il s'était mis à songer au piètre état de ses affaires, puis, peu à peu, il s'était endormi.

Il avait eu tort, car Robert, qui en savait long sur les lions, racontait de singulières choses.

— Comment, monsieur Robert, lui demandait Paquita, le lion n'a pas pu rejoindre ce cavalier.

— Non, mademoiselle, dit l'ex-zouave; le lion fait des bonds énormes, mais il ne court pas bien. Il lui est impossible de rattraper un cheval lancé au galop. Les cavaliers arabes, quand ils peuvent l'attirer dans une plaine, en viennent à bout facilement et sans risques. Ils le criblent de balles à distance, en maintenant leurs coursiers hors de la portée de ses élans.

— Et vous dites, demanda un Espagnol, que le meilleur moyen de prendre la bête est de la chasser à cheval et en nombre, ou bien à l'affût et seul ?

— Oui, fit Robert, plusieurs cavaliers ont des chances d'abattre un lion ; plusieurs fantassins ne font que se gêner réciproquement; du moins, c'est ce que Jules Gérard m'a dit un soir, au camp; il était alors simple soldat comme moi, mais il en était à son troisième lion.

Robert reprit avec une nuance de mépris :

— On prend aussi le lion dans des fosses recouvertes de branches d'arbres et d'une couche de terre; c'est ordinairement le moyen le moins dangereux de s'en emparer. Mais si le lion a une famille, ses rugissements l'avertissent du malheur qui lui est arrivé ; alors la femelle et les petits accourent à son secours. Près de notre bivac de Tigdetemps un lion noir étant tombé dans une fosse pendant la nuit, les Arabes vinrent le matin pour le tuer à coups de fusil. Comme ils étaient rassemblés autour du trou, un rugissement éclata derrière eux, un autre à gauche, un troisième en face ; les malheureux étaient cernés par la famille du prisonnier, qui fit un carnage effroyable. Une dizaine d'hommes restèrent sur le terrain, et les autres s'enfuirent presque tous affreusement mutilés.

« Après cet exploit, la femelle, grattant la terre avec ses griffes, parvint à faire un chemin en pente douce au mâle, qui sortit de sa prison. Et voilà précisément où l'intelligence des lions éclate : dans la vengeance. A peine délivré, le lion alla droit au douar suivi des siens.

« Il ne laissa pas une tente debout, pas un mouton vivant; heureusement les habitants, à son approche, s'étaient enfuis.

— J'ai entendu affirmer, dit un Espagnol, que le lion détestait les nègres ?

— Quand un lion est attaqué, il bondit sur l'homme qui a tiré le premier ou qui paraît commander aux autres, dit Robert; s'il y a un nègre dans la troupe qui vient l'assaillir, il s'acharne sur lui de préférence à tout autre.

— Pourquoi ? fit Paquita.

— On ne sait.

« Les nègres, quand ils parlent du lion, se montrent très-fiers de l'attention délicate avec laquelle ils s'occupent d'eux ; ils prétendent que le lion les prend pour des diables, ce qui les flatte.

— Mais, fit Paquita, pourquoi ne se met-on pas sur des arbres pour tirer le lion ?

— On a essayé, fit le vieux zouave en souriant. Tenez, je me souviens d'une chasse faite par les fantassins du 54ᵉ dans les conditions dont vous parlez, jeunesse.

« Il y avait dans un régiment, nouvellement arrivé en Afrique, un sergent qui désirait tuer un lion ; ce sergent commandait un détachement de cinquante hommes, chargés de couper du bois dans une forêt où un lion avait fait élection de domicile. Le sergent se procura une chèvre et emmena ces cinquante hommes, munis de leurs fusils, à l'affût dans la forêt. Il plaça ses soldats sur des arbres très-élevés, qui bordaient une fontaine où le lion avait l'habitude de venir boire avant de commencer sa tournée. La chèvre fut attachée à un piquet au pied des arbres pour servir d'appât. Après avoir pris toutes ces dispositions, le sergent fit l'honneur au plus vieux caporal de grimper sur le figuier où il était juché ; il s'installa commodément un peu au-dessus dudit caporal, comme l'exigeait la hiérarchie, et il recommanda à tout son monde de ne tirer que sur son ordre. Sur ce, chacun alluma sa pipe, et l'on attendit le lion en fumant.

« Le soleil était couché depuis une heure quand il apparut tout à coup ; il avait aperçu à travers la feuillée le feu des pipes, et il avait compris que quelque chose d'extraordinaire se passait. Mais il n'en avança pas moins bravement jusque sous les arbres, promena de branche en branche son regard menaçant, et poussa un rugissement effroyable.

« Le sergent, glacé de terreur, s'évanouit sur sa branche ; une dizaine d'hommes laissèrent tomber d'effroi leurs fusils à terre ; un caporal dégringola en bas de son perchoir ; les dents des moins poltrons s'entre-choquaient ; il y eut un conscrit qui cria : au voleur !

« Heureusement pour celui qui était à terre, le lion vit la chèvre qui se débattait pour fuir, et la préféra à l'homme étendu qui lui sembla mort. Il étrangla la chèvre et l'emporta.

« Les malheureux soldats n'osèrent quitter leurs arbres que le lendemain à l'aube.

« Le sergent perdit pour toujours l'envie de tuer des lions ; quant au caporal qui était tombé, il eut cette étrange maladie qu'on appelle *la peur du lion.*

— Avez-vous vu des lions de près, monsieur Robert, demanda-t-on curieusement ?

— De très-près ; mais je ne les ai jamais tirés ; ils passaient, je passais. Rarement le jour, n'ayant pas faim, le lion vous attaque.

« J'ai rencontré un jour un lion noir.

— Il y en a donc de plusieurs couleurs ?

— Il y a deux espèces de lions ; l'une la plus petite, la plus basse sur patte, la plus trapue et la plus forte, a le poil noir ; l'autre a le pelage fauve.

« Il y a aussi des lions tout blancs de vieillesse ; on parlait beaucoup, pendant notre séjour en Algérie, d'un de ces vieux lions qui était devenu aveugle, et que ses lionceaux nourrissaient. Il avait une taille colossale, et son repaire était situé non loin de Collo. On a affirmé qu'autour de ce repaire il y avait tant d'ossements entassés, que l'on en aurait rempli plusieurs chariots.

— On l'a donc tué ?

— Non. Il est mort de vieillesse.

— Est-ce que ça vit seul ou bien avec sa femelle, les lions ? demanda Paquita que ces mœurs intimes intéressaient.

— Mademoiselle, le lion est bon époux et bon père ; il a l'instinct de la famille ; il ne quitte sa femelle, lorsqu'il la quitte toutefois, que quand les lionceaux ont trois ans. Il fait avec le plus grand soin l'éducation de ses rejetons ; il va souvent chercher dans les troupeaux des Arabes sept ou huit têtes de bétail, et il les amène devant sa progéniture ; à laquelle il apprend comment se donnent un coup de dent et un coup de griffe.

« Parfois les lionceaux, au lieu de prendre les leçons de leur père au sérieux, s'amusent à jouer avec la proie ; ils reçoivent des corrections, qui, pour être paternelles, n'en sont pas moins rudes, ce qui semble prouver que les lions connaissent l'adage célèbre : « Qui aime bien châtie bien. »

— Robert, fit un Espagnol, vous nous avez dit que le lion ne courait pas vite ; comment fait-il pour chasser les animaux légers ?

— Mes enfants, dit Robert, je vous en ai déjà dit long sur le Saïda (le chasseur), comme disent les Arabes ; vous m'accablez de questions.

« Enfin, je veux bien vous dire encore que le lion ne chasse jamais ; quand il a faim, il entre dans un douar, choisit le plus beau mouton ou le bœuf le plus gros, et il l'emporte. Quand il ne veut pas se charger d'un fardeau, il n'étrangle pas sa proie.

« Il saisit une de ses oreilles entre ses dents, et à grands coups de queue force l'animal à avancer ; les baudets seuls se refusent à suivre complaisamment ce terrible cicérone. Ils se roidissent de toutes leurs forces, et tirent sur leur oreille, que le lion serre de plus en plus fort, jusqu'au moment où elle lui reste dans la gueule. Alors le baudet prend le galop, et réussit parfois à s'échapper. »

Robert, quoiqu'il en eût dit, continua à parler encore des lions ; pendant qu'il tenait tout le monde suspendu à ses lèvres, Ritta questionnait ardemment Paul sur le compte de d'Obigny.

— Monsieur Paul, lui demandait-elle, quand ce juif qui a une si mauvaise figure est entré, vous me parliez de M. d'Obigny ; je vous avoue que l'histoire de ce jeune homme m'intéresse.

« Vous me disiez qu'il tuait des lions.

— Et aussi des panthères, mademoiselle.

— Vous ajoutiez que c'était... son état.

— A peu près ; il s'est fait soldat par pauvreté, et chasseur par goût.

« Vous n'imaginez pas comme il aime à se chamailler avec les bêtes féroces.

« C'est une manie.

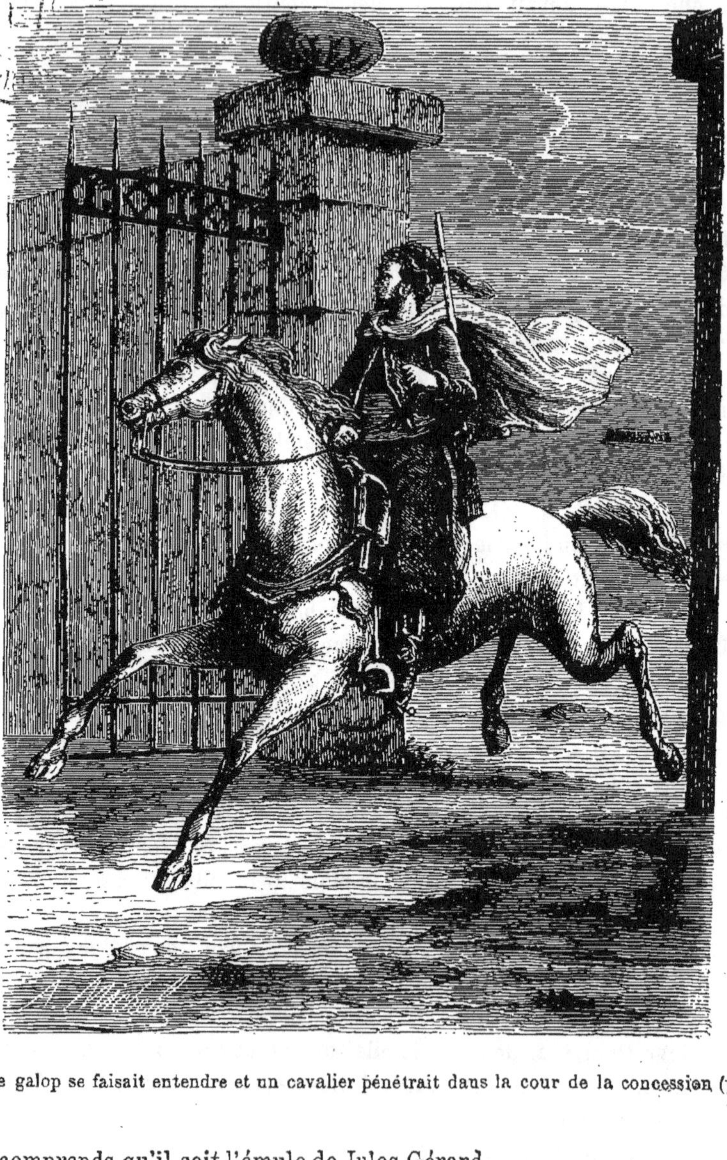

Un rapide galop se faisait entendre et un cavalier pénétrait dans la cour de la concession (page 51).

— Je comprends qu'il soit l'émule de Jules Gérard.
« Mais pourquoi est-il entré dans l'armée comme simple soldat?
— Il avait passé l'âge où l'on se fait admettre à Saint-Cyr, et il était ruiné ; il s'est engagé.
Êtes-vous sûr qu'il n'est pas riche? demanda Ritta tout heureuse, et qui semblait ravie que le marquis ne fût pas millionnaire.

— J'ai pris mes renseignements, fit Paul.

« Le marquis était très-riche ; mais il a dépensé presque toute sa fortune.

— Pour les femmes ?

Non, mademoiselle.

« Pour sauver du déshonneur l'un de ses amis, un armateur qui allait faire faillite ; il paraît que lui et cet armateur étaient comme deux frères ; le négociant s'est tué en voyant qu'il allait manquer à ses engagements, M. d'Obigny a payé toutes ses dettes, a rétabli les affaires de la veuve, qui a trois enfants, et il n'a gardé pour lui que trois mille francs de rente.

— C'est admirable !

« C'est d'un cœur généreux.

— Une main d'or toujours ouverte, répondit Akmet.

— Il ne pouvait plus vivre en Europe en gentilhomme, reprit Paul, il est venu en Algérie pour y mener l'existence de chasseur, qui est peu dispendieuse.

« Comme il est très-brave et très-aventureux, la chasse aux lions l'a tenté, et il a imité Jules Gérard.

— Et vous croyez que cette nuit ?

— Ce soir-même... à la source... sous le Miroir aux Djenouns... Vous entendrez le coup de fusil d'ici.

— Ah ! mon Dieu.

Ritta s'assit, pâle et défaillante. Paul la laissa à ses émotions.

— Akmet, mon vieux, vint-il dire au Kabyle, tu devines mon plan ?

— Tu veux marier notre petite gazelle au tueur de lions ?

— C'est cela.

« Entre nous, je crois que ça réussira sans rien compromettre, j'ai donné à comprendre au marquis que j'entraînerais tout le monde, sauf mademoiselle, hors la concession, vers le corps du lion aussitôt le coup de fusil tiré.

« Il n'est pas sot, il profitera du moment pour venir ici.

— Et les deux amoureux gazouilleront leur premier chant d'amour.

— Mon vieux Kabyle, tu es d'un poétique à faire trembler.

« Bon ! du nouveau. »

Un coup de fusil venait de retentir à mille pas de la ferme ; le bruit, répercuté par les rocs, avait été interrompu par un rugissement terrible apporté d'écho en écho du ravin des Djenouns à la concession des Figuiers.

Moralès se réveilla en sursaut.

Ritta pâlit.

Le Parisien se leva frémissant.

Tout le monde écouta.

Un second rugissement suivit le premier, mais presque au même instant un coup de feu vibra dans le lointain.

— Le lion est mort ! dit le Kabyle.

— Le marquis d'Obigny a tenu sa promesse, fit Moralès.

« Vite que l'on allume les torches pour le recevoir.

« Je ne croyais pas avoir à le complimenter sitôt. Senorita, ajouta-t-il, en parlant à sa nièce, veuillez, je vous prie, faire préparer une collation ; nous autres, allons à la rencontre du chasseur.

Et il emmena tout son monde.

Ritta resta seule dans la ferme.

X

Comment l'amour vient aux filles.

Tous les serviteurs de Moralès, le noble hidalgo à leur tête, quittèrent précipitamment la ferme ; ils couraient, munis de torches, dans la direction d'où le bruit était venu.

Déjà l'on entendait les clameurs et les joyeux *yous-yous* d'un douar des M'sirdas, voisin du Miroir des Djenouns (démons), et dont les habitants s'étaient précipités dans la direction d'où le coup était parti ; ils menaient grand train, le tapage était répercuté par les échos.

Ritta était restée seule à la concession ; elle attendait, en frémissant, la visite annoncée.

Elle était pâle et frémissante, se rappelant le jour de cette revue où son cœur avait parlé pour la première fois.

A cette revue, elle avait remarqué M. d'Obigny, et le souvenir de ce jeune homme, admirablement beau sous son splendide uniforme, n'avait cessé de la préoccuper.

Elle l'avait revu cent fois depuis dans ses rêveries, lui souriant, et, par la pensée, elle le quittait peu.

C'était depuis sa rencontre qu'elle allait chaque soir songer sur la roche des Djenouns ; et, certes, une mère se serait aperçue que Ritta était à la veille d'une grande passion.

A cette heure, presque sûre d'être aimée, d'après ce que Paul lui avait raconté, elle attendait, frémissante, l'arrivée du marquis ; mais une ombre se dressait dans sa joie : c'était la silhouette sinistre de Jean Casse-Tête.

Dix minutes à peine s'étaient écoulées qu'un rapide galop se faisait entendre, et qu'un cavalier pénétrait dans la cour de la concession.

C'était d'Obigny.

Il sauta à terre et pénétra dans la grande salle ; Ritta jeta un léger cri à la vue du nouveau venu.

Il était drapé dans son burnous avec une gracieuse majesté ; il avait en main sa carabine, et sur ses doigts perlaient quelques gouttes de sang.

Ritta se tenait debout devant le jeune homme, confuse sans motif, pâle et toute surprise, le sein gonflé, le cœur palpitant comme à l'approche de grands événements.

D'Obigny, avec l'aisance d'un gentilhomme, salua courtoisement, déposa son arme le long du mur, et s'approchant de Ritta, lui dit en souriant :

— Je suis entré brusquement, senorita, je crois même que je vous ai fait peur. Je savais que le seigneur Moralès possédait un nièce charmante, et si j'avais pensé vous causer ce trouble, je me serais gardé de me présenter dans la concession avec autant de sans-gêne.

Ritta était en effet fort émue : on eût dit qu'elle avait peur.

Mais la voix du spahi avait des intonations si douces et si caressantes, que Ritta se sentit à l'aise devant lui.

— Il faut, dit-elle, pardonner à une jeune fille timide l'accueil embarrassé qu'elle vous fait, senor ; quand on est poltronne, le cœur bat bien fort en présence d'un homme qui vient de tuer un lion.

Cette excuse naïve, pleine d'admiration voilée, charma le spahi ; il regarda Ritta, qui avait abaissé ses paupières, et il devina tous les trésors de candide tendresse que devait contenir ce cœur de quinze ans.

Il ne répondait pas.

Elle leva les yeux, étonnée de son silence. Leurs regards se rencontrèrent ; celui du spahi, étincelant déjà de tout ce feu qu'allume une passion naissante ; celui de Ritta était humide, caressant. Tous deux éloquents et dévoilant l'état de l'âme.

Les femmes savent toutes comprendre le langage des yeux ; Ritta lut dans le cœur du spahi des révélations qui effrayèrent un peu son inexpérience ; elle eut peur d'épeler jusqu'au bout le mot amour, et elle baissa la tête.

Elle aperçut la main ensanglantée du jeune homme.

— Vous êtes blessé ? s'écria-t-elle.

— Presque rien, fit d'Obigny. Le lion n'était pas tout à fait mort quand je me suis approché ; un coup de griffe m'a effleuré l'épiderme. De grâce, ne vous inquiétez pas pour si peu.

Mais Ritta n'écoutait plus.

Elle était sortie, légère, avait couru dans sa chambre, avait pris un mouchoir de batiste dans un tiroir, de l'eau dans un vase ; elle passa devant un miroir, que fit étinceler sa bougie ; elle s'arrêta trois secondes à peine, mais elle s'arrêta.

Le miroir lui montra son ravissant visage ; elle releva une boucle de cheveux, sourit, et revint auprès du chasseur.

— Vous allez me permettre de vous panser ? demanda-t-elle.

Et, sans attendre la réponse, elle fit asseoir d'Obigny, se mit à ses genoux avec une enfantine gentillesse, déchira le mouchoir, lava la blessure et l'entoura délicatement.

— Vous êtes mille fois trop bonne, senorita, dit d'Obigny, touché de ce vif intérêt.

— Trop bonne !... oh ! non...

Ils se regardèrent encore, mais cette fois plus longuement ; le spahi prit les deux mains de la jeune fille dans les siennes, les porta à ses lèvres et y déposa un baiser.

Elle rougit, se dégagea et s'enfuit.

XI

Le lion mort fait son entrée aux Figuiers.

En ce moment, un grand bruit retentissait au dehors. Le vieux Moralès et ses serviteurs ramenaient le lion tué par d'Obigny ; un grand nombre d'Arabes des tribus voisines étaient accourus ; ils formaient un cortége autour du cadavre, porté par deux mulets réunis côte à côte.

L'entrée se fit triomphalement aux flambeaux. La mort d'un lion est une véritable fête pour les indigènes.

L'animal fut déposé en grande pompe au milieu de la cour ; une grande masse de monde l'entourait.

Un lion dans le voisinage d'une tribu lui fait subir de très-grandes pertes en bétail ; voici, d'après le général Marguerite (voir *sa Première chasse*), les désastres que la bête tuée par d'Obigny avait causés aux M'sirdas :

Chevaux, juments ou poulains.	3
Bœufs ou vaches.	25
Moutons ou brebis.	75

Soit une valeur de cinq mille francs environ, prélevée sur une tribu qui ne compte pas plus de cent tentes.

On conçoit l'irritation des indigènes contre ce lion, et surtout celle des M'sirdas ; par contre, l'on s'imagine leur joie d'en être débarrassés.

Ils furent longtemps à repaître leurs yeux du spectacle de ce magnifique animal étendu à nos pieds ; ils étaient pour ainsi dire fascinés...

Les Arabes des environs, attirés par le bruit de la lutte, vinrent aussi contempler l'ennemi de leurs troupeaux. Hommes, femmes, enfants, rangés autour de lui, parlaient et gesticulaient avec véhémence.

Ceux du douar, aux dépens desquels il s'était nourri quelques jours, ne lui ménagèrent pas les reproches.

« Dieu a enfin pris justice sur toi, lui dirent-ils. — C'est la vengeance des brebis que tu as mangées, qui pèse sur ta destinée ! — Ton jour est arrivé, et c'est ce jour qui t'acquitte de la dette du sang ! »

Des jeunes gens, moins mesurés dans leur rancune, lui disaient : « Hé, fils de chien, tu as trouvé d'autres adversaires que des bœufs et des moutons ! — La poudre t'a mangé à son tour, les balles t'ont cassé les os ! »

Les femmes, plus surexcitées que les hommes, peut-être, lui jetèrent aussi leurs bravades à la face. — « O brandon de feu, voleur de nuit, mangeur du bien des pauvres ! Tu ne rugiras plus près de nos tentes ! Tu ne feras plus peur à nos enfants !!! »

Et tous, en s'extasiant, répétaient : « Quelle tête ! ô Dieu, mon maître ! Quelles pattes puissantes ! Quelles griffes pour déchirer la chair ! Quelles dents pour moudre les os !

« Oui, c'est bien là le roi des animaux (1). »

Cependant Moralès était allé au-devant de d'Obigny, dans l'intérieur de la concession, et lui avait fait l'accueil le plus empressé.

Le vieil hidalgo savait que d'Obigny était d'aussi bonne noblesse que lui ; il se montra affable jusqu'à l'exagération.

— Monsieur le marquis, lui dit-il, soyez le bienvenu chez moi : je suis aussi honoré de votre présence sous mon toit que s'il s'agissait du Cid, dont vous avez la bravoure et la générosité.

— Señor, dit d'Obigny en souriant, vous exagérez un peu ; mais je vous remercie très-vivement de cette courtoisie.

Le jeune homme éprouvait le besoin de justifier son arrivée inattendue à la concession, en l'absence des habitants dont, logiquement, il dut attendre la venue.

— Senor, dit-il, vous me pardonnez, je pense, de m'être présenté chez vous en votre absence. Je tenais à tuer le lion pour vous, en votre nom et au nom de votre charmante nièce ; je voulais vous faire présent de sa peau en abandonnant sa chair aux Arabes.

« L'ayant tué, je tenais à vous prévenir de cet heureux coup.

« Aussi avais-je pris mes précautions.

« Il est vrai qu'elles étaient parfaitement inutiles, puisque, contre mon attente, vous accouriez de vous-même au lieu du combat.

« Dans un douar voisin de mon embuscade, un Arabe me tenait un cheval tout prêt et avait l'ordre de l'amener aussitôt que le coup de fusil aurait été tiré.

« Je ne savais pas si la détonation serait entendue de la ferme, et je voulais vous prévenir.

« Mais le vent portait de votre côté.

« Voilà le lion chez vous, senor, me faites-vous le plaisir de l'accepter ?

— Oh ! monsieur le marquis, s'écria Moralès au comble de la joie, c'est un cadeau royal.

— Me permettrez-vous d'offrir ce bras à la senorita pour lui faire voir l'animal, qui est curieux à regarder ?

---

(1) Toutes ces exclamations sont traduites textuellement par le général Marguerite, témoin et acteur dans cette scène.

— Certes oui ! s'écria Moralès.

Et il chercha des yeux Ritta ; mais celle-ci avait déjà, toute joyeuse, passé sa main sous le bras du beau tueur de lions.

D'Obigny voulut s'approcher du corps de son lion ; il sortit de la ferme et pénétra dans la cour, ayant Ritta à ses côtés ; celle-ci se suspendait légère à ce bras vaillant.

Plusieurs fois ses yeux rencontrèrent amoureusement ceux de d'Obigny, qui, du regard, lui mettait cent baisers sur les lèvres.

Ils n'avançaient que difficilement.

La cour était pleine d'Arabes, qui s'approchaient du tueur de lions avec toutes les marques d'un profond respect, ils baisaient son burnous, touchaient sa main, le priaient de poser son doigt sur le canon de leurs fusils.

Ritta voyait tout cela avec surprise et ravissement.

Ces hommages à la bravoure, reçus par le tueur de lions, lui donnaient un prestige bien fait pour séduire un cœur d'Espagnole.

Ritta se sentit à lui pour toujours.

Moralès, pendant que les Arabes se livraient à leurs manifestations, faisait préparer une collation, et il vint chercher son hôte en grande cérémonie pour lui offrir la place du maître.

Serviteurs et gens des tribus formèrent comme un cercle d'honneur, et c'était, certes, une scène pittoresque que ce repas de nuit pris au milieu d'un site sauvage et grandiose, dans une concession algérienne, à deux pas du Maroc, avec un lion mort près de la table du souper, et, comme comparses de ce tableau dramatique, une centaine de Kabyles, d'Arabes, d'Espagnols et de colons français formant les plus bizarres contrastes.

D'Obigny et Ritta échangèrent avec délices, au milieu de cette fête originale, les milles preuves d'amour que deux amants placés l'un près de l'autre, en pareil cas, peuvent se donner.

Le jeune homme put glisser à l'oreille de Ritta cette recommandation :

— Une demi-heure après mon départ, soyez à votre fenêtre. Je reviendrai.

Elle rougit beaucoup, ainsi qu'il lui était arrivé souvent cette nuit-là ; mais elle n'osa dire non.

XII

Où la lune éclaire les fiançailles d'une jolie fille et d'un beau garçon

Lorsque la collation fut terminée, après force toasts et acclamations, d'Obigny prit congé du senor Moralès et de son monde.

Ritta et son oncle accompagnèrent le jeune homme jusqu'à la porte, et ils le regardèrent filer vers Nemours à franc étrier.

— Brave et noble! fit Moralès; voilà le mari qu'il vous faudrait, Ritta.

Celle-ci sourit.

Moralès reprit :

— Par malheur, nous sommes pauvres, et nous le serons tant que le roi légitime ne sera pas assis sur son trône en Espagne.

— Croyez-vous donc, demanda Ritta, que M. d'Obigny tienne à la fortune ?

— Mon enfant, il n'a lui-même qu'une faible pension.

— C'est vrai; mais je suis persuadée qu'il fait peu de cas d'une dot.

Et elle rentra, laissant Moralès un peu étonné du ton péremptoire dont elle avait fait cette déclaration.

— Pauvre petite ! fit-il; elle ne doute de rien et l'aime déjà !

« Ce maudit Jacques Sanglier me gêne fort, décidément.

« Si le marquis venait à me demander Ritta, je serais fort perplexe. »

Le vieil hidalgo s'en fut dans son lit, rêver à des *moyens impossibles* pour arranger ses affaires.

Pendant ce temps, tout le monde se couchait à la ferme, sauf deux colons : c'étaient Paul et Akmet.

Ils s'en furent dehors, fusil sur l'épaule, et disparurent dans la broussaille en prenant des précautions.

Ils s'embusquèrent dans des touffes de palmiers.

Une fois là, ils causèrent.

— Ah çà ! dit Paul, j'espère, sidi Akmet, que tu ne vas pas longtemps me faire une pareille tête ?

« Qu'as-tu ?

— Ce que nous faisons me répugne profondément, dit le Kabyle; le lion n'est pas un chacal; je ne suis pas un espion de jeune fille, moi.

— Et qui te dit que nous allons moucharder la petite demoiselle Ritta ?

— Que faisons-nous donc ici ?

— Nous veillons.

— Sur quoi ?

— Sur la fenêtre de notre maîtresse et sur ses amours.

— C'est mal à nous.

« Le prophète a dit :

« Laissez s'aimer ceux qui s'aiment et ne vous interposez pas entre eux.

— Bon ! Encore le Coran ! Tu m'ennuies, avec ton prophète !

« Voici ce dont il s'agit, mon vieux, et c'est une bonne action.

« Regarde à deux cents pas de nous, sous ce caroubier.

— Eh ! fit le Kabyle, par la barbe de Mahomet, voilà un homme qui se cache à l'abri du tronc noueux de l'arbre.

— Que peut-il faire là ?

— Espionner.

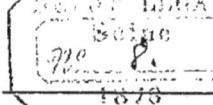

Montant sur la selle dont il se fit un piédestal (page 62).

— Comprends-tu, maintenant?
— Oui. Nous allons surveiller ce gaillard-là et nous en emparer.
— Qui supposes-tu que ce soit?
— Peut-être bien Jacques Sanglier.
— Il sera dur de l'arrêter.
— Bast! fit Paul.

« A tout hasard.

« Ma balle vaut la sienne. »

Puis il ajouta :

— C'est à toi, vieux chasseur et expert en ces sortes de choses, à me montrer ce qu'il faut faire pour l'approcher sans qu'il s'en doute.

— Suis-moi ! fit le Kabyle.

Et il se mit à ramper vers le caroubier à travers les broussailles.

Ils parvinrent ainsi à vingt pas de l'arbre derrière lequel se tenait réellement un homme accroupi.

Akmet dit à Paul :

— Arme ton fusil.

L'on entendit craquer les chiens.

L'homme caché se leva.

Le Kabyle lui cria :

— Qui que tu sois, pas un pas, pas un geste, ou tu es mort.

Et il ajouta :

— Mon compagnon te tient en joue, si tu bouges, nous tirons.

Une voix traînante et suppliante cria avec un accent nasillard :

— En grâce, ne me faites pas de mal ; je suis un pauvre juif.

Paul se prit à rire.

— Tiens ! dit-il, cette vieille canaille de père Lévy.

— Oui, monsieur Paul, c'est moi ; ne me tirez pas dessus.

— Es-tu seul, vieux bandit ? demanda le jeune homme.

— Oui ! dit Lévy.

— Eh bien, avance.

Le juif s'approcha tremblant.

— Écoute, carcan infect, lui dit Paul, je sais ce que tu fais là.

— J'attends le jour pour rentrer à Nemours ; on n'ouvrirait pas les portes pour un pauvre homme comme moi.

— Blagueur ! Tu as vingt villages aux alentours où tu trouveras un asile sûr ; si, poltron comme tu es, tu restes là, évidemment tu as un but et un intérêt.

« Tu espionnes la concession.

« Tu veux connaître les secrets de notre jeune maîtresse.

« Attends. »

Et il dit à Akmet :

— Fais-le coucher.

— Pourquoi ? fit le Kabyle.

— Pour le bâtonner.

Le juif protesta.

— Vous allez me battre ! dit-il.

— Oui ! fit Paul.

« Aujourd'hui dix coups de bâton ; demain cinquante si je te reprends à faire ce métier.

— Ceci est juste, dit Akmet ; un espion doit être bâtonné.

Il empoigna tranquillement Jacob par le cou et lui dit :

— Couche-toi.

« Ne crie pas.

« Ne remue pas. »

Il montra son fusil et ajouta avec un geste de menace :

— Gare à toi !

Paul avait coupé un bout de brûle-capote ; il en fit un matrague (bâton) respectable.

Le juif essaya bien d'une supplication ; mais Akmet, intraitable, le coucha en joue.

Le juif dut se résigner ; les Kabyles passent généralement pour gens très-sérieux qui tiennent ce qu'ils promettent.

Paul retroussa ses manches, et prenant délicatement la robe du père Lévy, il la releva, montrant à la lune blanche une lune des plus noires et de l'aspect le plus laid ; le patient poussa un gémissement sourd ; Paul, ricanant, lui dit :

— Tu n'y es pas encore.

Puis il fit tournoyer son bâton et en appliqua un coup.

Le juif fit un saut de carpe.

— Ah ! vieux drôle, fit le Parisien ; ça te cuit, n'est-ce pas ?

« Eh bien, souviens-toi !

« Tu es usurier.

« Tu es filou.

« Tu as causé la mort et la ruine de plus de vingt personnes par tes intrigues odieuses.

« Tu ne mérites pas de pitié ! »

Et il continua à frapper en comptant dix coups ; à chaque fois, Lévy poussait un long gémissement et se relevait à demi.

— Voilà ton compte réglé, dit Paul, tu peux f..... le camp.

Le juif s'était dressé tout tremblotant et grinçait des dents ; mais il se maîtrisait.

— Tu as la rage au ventre, dit Paul ; ce n'est pourtant là qu'un à-compte.

« Rappelle-toi que si jamais tu te mêles des affaires de la concession, tu seras plus vigoureusement battu, et je ne m'en tiendrai pas là.

« File ! »

Lévy ne se le fit pas dire deux fois et disparut.

— Voilà un dangereux espion écarté ! dit Paul au Kabyle.

— Et un ennemi mortel pour toi ! dit le Kabyle.

— Oh !.., un juif...

— Crains-tu les vipères ?
— Oui.
— Crains plus encore les juifs ; ils ont le venin mortel.
Puis il ajouta :
— Et maintenant que notre devoir est rempli, rentrons.
— Aussi bien, dit Paul, les deux amoureux ont dû se donner rendez-vous, et le marquis va venir. Il serait petit et mesquin de rester là, comme des imbéciles, à regarder les deux amoureux s'embrasser par la fenêtre.

Ils se dirigèrent tous deux vers la ferme.

XIII

Où l'on s'aime au clair de lune.

Cinq minutes après le départ de Lévy, toute la ferme étant endormie, à l'exception de Paul et du Kabyle, qui venaient à peine de se coucher, Ritta, à la fenêtre de sa chambre, entendit au loin les pas d'un cheval qui s'approchait lentement.

Elle supposa que c'était celui du marquis d'Obigny.

Cet homme qui s'aventurait ainsi, seul, dans la nuit, au milieu des dangers de toutes sortes, des embûches de tous genres tendus dans ces parages, ce vaillant cœur que rien ne troublait, lui parut le type idéal du mari rêvé.

Brave, élégant, chevaleresque, désintéressé, noble, il était de plus d'une beauté mâle et prestigieuse.

Elle eut peur de toutes ses séductions et se demanda comment elle lui résisterait, s'il voulait plus qu'un baiser.

Elle frissonna à cette idée et se sentit au cœur une crainte telle, qu'elle redouta l'isolement de sa faiblesse.

Appelons Paquita, pensa-t-elle.

A deux, les femmes sont fortes pour résister à l'amant d'une seule.

Ritta, dans une pièce voisine, appela sa femme de chambre qui accourut enchantée, car elle se doutait de ce qui allait se passer, et une fillette adore toujours voir se dérouler une scène d'amour.

— Paquita, ma mignonne, dit Ritta, je vais te confier mon secret.
— Je le connais, senora, dit la petite avec un sourire.
— Tu as deviné ?
— Comme c'est difficile !

Et montrant son petit doigt à la naissance de la première phalange :
— Tenez ! fit-elle, je n'exagère pas ; vous lui faisiez des yeux grands comme cela ; des yeux brûlants comme des volcans, et vous aviez des sourires qui semblaient lui dire les plus douces choses.

— Comment, dit Ritta, j'ai pu laisser voir tout cela ?

— Sainte madone! cela et d'autres choses.
— Quoi encore?
« Tu m'effraies.
— Lorsque son pied effleurait le vôtre, sous la table.....
— Comment! tu supposes qu'il aurait osé se permettre cette licence?
— Je ne suppose pas, je suis sûre : on vous voyait rougir à chaque fois.
— Paquita.....
— Senorita, ceci est vrai ; pourquoi ne pas l'avouer franchement ?
« Et lorsqu'il s'est baissé pour ramasser cette fourchette que vous aviez laissée tomber, tant votre trouble était grand !
— J'étais un peu étourdie.
— Beaucoup émue !
« Si vous vous étiez vue, pâle, le sang au cœur, quand il vous a baisé la main avant de se relever, car il a mis là un baiser ardent sur vos doigts.
— Paquita, tu inventes des choses.....
— Suis-je seule à avoir eu des yeux, par hasard?
— Comment! d'autres ont fait les mêmes remarques que toi?
— Certainement.
« Monsieur Paul, par exemple.
« Il se disait ; mon idée de mariage va grand train ; l'on dansera bientôt ici.
— Ce pauvre garçon !
« Il m'aime beaucoup.
« C'est lui qui a eu l'heureuse idée de m'amener ici M. d'Obigny.
« Enfin, bref, je te l'avoue, Paquita, j'aime le marquis !
— A la bonne heure !
« Voilà de la franchise.
— Je t'ai priée de me tenir compagnie, parce que seule, si ce jeune homme est entreprenant, je ne sais ce qui arriverait.
— Eh! eh! fit Paquita, me voilà bien vengée, senorita.
— De qui?
— De vous !
— Que vous avais-je fait?
— Vous avez été sans pitié.
— Pour toi?
— Oui, certes !
« Est-ce que je n'aime pas ce maudit petit Parisien, venu ici pour le désespoir de mes nuits et le tourment de mes jours ?
« Et quand, par malheur, le drôle me prend un baiser audacieux, alors que je m'y attends le moins, lorsque surprise, sans défense, je le laisse fourrager d'une main leste mon corsage, vous me grondez impitoyablement.
« Mais vous voilà aimante et aimée à votre tour : vous allez voir combien il est

cruel, quand on a le feu dans l'âme, de mettre de la glace sur son visage, de dire non, quand le cœur crie ; de résister quand on voudrait se rendre.

— Mais du moins moi, Paquita, j'ai assez de raison pour chercher une protection, et je te bénirai lorsque tu me gronderas, si je fais quelque imprudence.

« Voilà son cheval. »

En effet, d'Obigny accourait au galop de sa monture.

Ritta fut saisie d'un tremblement nerveux en voyant le spahi déboucher d'un bouquet d'arbres et se diriger vers la fenêtre qui donnait sur les derrières de la concession, dans un verger non clos.

Il arriva jusqu'au pied du mur et la salua silencieusement.

Le cœur de la jeune fille battait à se rompre ; elle fit signe à Paquita de s'avancer auprès d'elle.

Le spahi rangea son cheval contre le mur, lui dit quelques mots en arabe, après l'avoir flatté de la main, et se soulevant sur ses étriers, il s'en dégagea ; montant sur la selle dont il se fit un piédestal, ce qui le haussa de telle sorte que sa tête toucha presque celle de Ritta.

— Senorita, lui dit-il, me voici revenu près de vous pour obtenir la confirmation d'espérances rapidement conçues, mais qu'il me serait mortellement douloureux d'abandonner.

« Avant de demander votre main au senor Moralès je viens vous demander à vous-même si vous m'aimez ?

— De tout mon cœur, dit naïvement Ritta en tendant sa main au jeune homme.

Celui-ci baisa amoureusement les doigts mignons de cette charmante Catalane ; mais un mouvement de son cheval faillit le renverser.

Ritta poussa un petit cri...

— Vous avez manqué tomber, dit-elle ; j'ai eu peur.

— Et moi aussi, dit d'Obigny en riant ; j'ai eu peur... d'être ridicule en roulant sur l'herbe comme une masse.

Puis, profitant de cet incident, il demanda, mais presque timidement :

— Si vous avez quelque confiance en moi et dans la présence de cette jeune personne (il désignait Paquita), je vous prierais de me laisser entrer chez vous respectueusement.

« Je suis trop galant homme pour abuser de cette faveur insigne et je vous assure que le marquis d'Obigny se gardera de toute entreprise que vous pourriez lui reprocher ensuite.

Ritta était très-indécise.

— Vraiment, dit-elle, je n'ose.

— Préférez-vous me voir exposé à la honte d'une chute ?

« Si pareille mésaventure m'arrivait, je ne me présenterais plus devant vous.

— Mais, monsieur, que penser d'une jeune personne qui reçoit, la nuit, un amoureux dans sa chambre ? Que penseriez-vous vous-même ?

— Je me dirais que cette senorita avait mis loyalement sa réputation à la discrétion d'un gentilhomme qui n'a jamais failli aux lois de l'honneur.

« Je vous jure, Ritta, que ma situation est intenable et que vous me blesseriez en doutant de mes intentions.

« Quand on veut épouser une jeune fille, on ne gâte pas son bonheur à venir en l'empoisonnant par le souvenir d'une faiblesse de sa fiancée. »

En ce moment, Paquita, en vraie Catalane, frappa du pied avec impatience.

— Ah! caballero! fit-elle; pour un Français, que vous êtes peu vif en amour; vous devriez déjà être ici aux pieds de la senorita!

— Si c'est là, dit Ritta en riant, le secours que tu m'as promis, je ne puis compter que sur moi-même.

— Et sur moi, fit d'Obigny.

Il saisit la balustrade de la croisée et s'éleva à la force du poignet jusqu'au rebord du mur.

Ritta voulut lui tendre les mains et lui aider; quand il fut sur l'appui de la fenêtre, il l'enjamba sans quitter le col de Ritta, auquel il avait enroulé son bras gauche; cet enlacement dégénéra bientôt en une étreinte passionnée.

Ces deux jeunes gens étaient si beaux, si sincèrement épris, si bien faits l'un pour l'autre, qu'il devait éclater à leur première rencontre une de ces passions auxquelles on s'abandonne dès la première entrevue.

Ces amours sont faites autant de désirs brûlants que de douces tendresses; ce sont des amours complètes, où l'on se donne sans réserve, où les cœurs volent l'un vers l'autre, où les âmes se perdent dans des élans irrésistibles.

Ritta, éperdue, se sentait envahie dans les bras de d'Obigny par une langueur délicieuse qui abattait en elle toute volonté et la livrait, enivrée, à ses baisers; ses lèvres montèrent aux siennes et s'y suspendirent; ce fut un doux et long embrassement.

Ils oubliaient si bien la présence de Paquita, ces deux têtes de vingt ans se perdirent si complétement, que la jeune fille crut devoir intervenir.

— Senorita, dit-elle, je crois que j'entends les pas de votre oncle.

Ce fut pour les deux amoureux comme la chute d'une cascade glacée.

— Ah! sainte madone! fit Ritta, dans quel embarras nous voici.

Déjà d'Obigny allait sauter par la fenêtre, quand Paquita, riant, dit au marquis, prêt à enjamber la balustrade:

— Quoi, marquis! vous avez peur du senor Moralès, qui est à demi podagre, et vous vous sauvez devant lui quand vous allez attaquer les lions dans leurs repaires?

— Ah! friponne, lui dit d'Obigny, riant à son tour, voici une mauvaise farce; tu me la payeras cher, et je marierai ton Paul à quelque jolie Française.

— Monsieur le marquis, c'était pour exécuter les ordres de mademoiselle que j'ai poussé le cri d'alarme.

« Au train dont vous alliez, encore un peu j'allais en voir de belles !

Ritta, confuse, s'était cachée la tête dans ses deux mains.

Elle vint tout à coup embrasser Paquita et lui dit :

— Ah ! tu as eu bien raison ; sans toi je serais perdue !

Puis à d'Obigny, avec une grâce et une humilité touchantes :

— Monsieur mon fiancé, lui dit-elle, pensez-en ce que vous voudrez, mais je vous avoue que je vous aime trop pour vous résister, et qu'il ne faudra en rien compter sur moi, vis-à-vis de vous.

« En conséquence, je vous supplie de me jurer que vous ne monterez plus jamais dans cette chambre ; ce sera la première et la dernière fois jusqu'au jour de notre mariage.

« Voyons, jurez.

« Soyez gentil.

— Ma foi ! dit d'Obigny, vous avez raison, Ritta, et je m'engage à m'exposer aux culbutes du haut de mon cheval plutôt que de risquer ici de vous faire faire un faux pas.

Elle mit ses deux mains dans les siennes avec effusion pour le remercier.

— On m'avait bien dit, fit-elle, que vous aviez un grand cœur, et je vous jure de vous récompenser en étant la meilleure petite maîtresse du monde quand je serai votre femme.

Elle lui tendit son front.

Il passa des flammes dans le regard de d'Obigny, qui mit deux baisers sur les cheveux blonds de sa fiancée.

— Là ! là ! tout doux ! fit Paquita ; ne vous emportez point.

« Ça va recommencer.

« Au feu !

« Voilà un cœur qui s'enflamme.

— Paquita, dit d'Obigny, tu es trop sévère ; un baiser au front.

— M. le marquis, dit-elle, on commence par là, c'est bien ; mais qui sait où l'on finirait ?

« Repassez par la fenêtre.

— Encore une minute.

Ritta avait repris un peu de volonté et de sang-froid.

— Restez, fit-elle.

« J'ai à vous parler.

Elle lui montra une chaise.

— Asseyez-vous là, dit-elle ; moi ici, à distance ; causons.

Le marquis s'amusa de cet enfantillage.

— Nous aurons l'air, dit-il, de nous bouder, si nous nous tenons éloignés.

— J'aime mieux cela, dit Ritta ; quand je me rapproche trop près, je suis comme

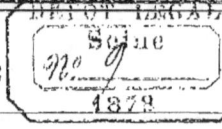

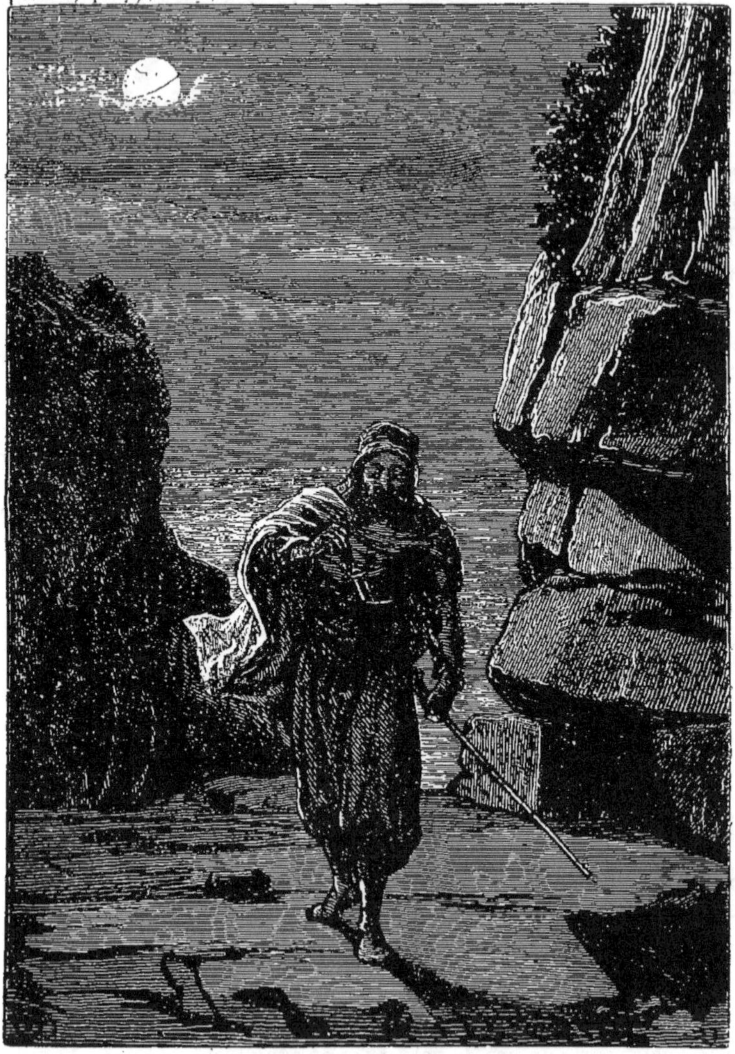

Chaque touffe de palmiers pouvait recéler une panthère (page 69).

le morceau de fer attiré par l'aimant; pour échapper à cette dangereuse attraction, je me mets à trois pas de vous, et ça suffit à peine.

— Eh bien, monsieur le marquis, s'exclama Paquita, j'espère qu'on vous adore et qu'on ne vous le cache pas.

— Aussi me voyez-vous confus de tant de bonheur; c'est à ce point que je crains bien de payer ma joie de ce soir par quelque profond chagrin.

Cette phrase amena Ritta à songer qu'il y avait à l'horizon une ombre menaçante : celle de Jean Casse-Tête.

— Mon cher caballero, dit-elle, il faut payer la félicité par une contrariété ; on dit que les plaisirs sans mélange sont fatals.

— Et vous avez quelque ennui à me faire essuyer, Ritta ? demanda le jeune homme.

— Une contrainte, au moins.

— Laquelle ?

— Tout d'abord, je suis pauvre !

D'Obigny eut un geste significatif qu'elle arrêta de la main ; se rapprochant presque insensiblement :

— Mon ami, dit-elle, je ne vous ferai pas l'injure de croire que je vous affligerais en vous annonçant que je suis sans dot.

« Je sais bien que vous m'aimez pour moi sans souci d'autre chose.

« Mais il m'est impossible de vous épouser tant que certaines questions d'intérêt, — questions très-graves, — ne seront pas vidées, ce qui pourra tarder.

— Longtemps ?

— Quelques mois.

Le visage assombri de d'Obigny se rasséréna.

— Quelques mois, fit-il ; cela tombe, ma foi, très-bien !

— Pourquoi ?

— Parce que nous partons ce matin même, à l'aube, en expédition.

Ritta pâlit.

— Vous allez vous battre !

— Il le faut bien.

— J'ai dans l'âme un froid mortel ; vous m'avez annoncé cela presque gaiement.

— Ma chère Ritta, je vais vous expliquer le secret de cette gaieté.

« Vous êtes sans dot.

« Je suis réduit à ne posséder que trois mille livres de rentes.

« C'est trop peu pour vivre.

— Je vivrai de rien.

— Ritta, mon enfant, ne croyez pas que ce soit chose facile que de passer toute sa vie dans la médiocrité sans espoir de fortune.

« Je veux devenir général.

— Qu'importe ; avec une grande passion dans l'âme, l'on se passe de tout.

— Vous oubliez que l'on n'est pas deux dans un ménage.

« Il y a des enfants charmants, pour la détresse desquels on se sent dévoré de soucis et de tristesse amère.

— C'est vrai ! dit-elle.

— Aussi, ne devez-vous pas trouver étrange que j'aime les occasions de faire ma fortune militaire.

« Savez-vous que, cette fois, je puis revenir de cette expédition sous-lieutenant, ce qui change absolument ma position ; car vous ne sauriez être la femme d'un simple sous-officier.

— Pourquoi pas ?

— Parce que les femmes de sergents sont d'ordinaire des vivandières ; parce qu'il y a des usages, des préjugés qu'il ne faut pas froisser, parce que ce serait chose difficile, presque impossible que vous portassiez mon titre, sans que je fusse au moins officier.

— Mon ami, dit-elle, il est fort heureux pour vous que certaines impossibilités momentanées, impossibilités absolues, viennent au secours de vos préjugés ; car je vous déclare que je n'aurais pas attendu votre nomination.

« Je vous aurais sommé de m'épouser sur-le-champ, et je crois que vous m'aimez trop pour que vous eussiez désobéi.

— Je crois, dit-il, que j'eusse fait cette folie.

« Mais je ne serai pas longtemps sous-officier.

« Songez que l'expédition que l'on va faire, je l'ai préparée.

« Déguisé en colporteur kabyle, j'ai pénétré dans les tribus Beni-Snassenn, et j'ai relevé les plans de toutes leurs montagnes ; on me devra le succès.

— Comme vous vous exposez !

— Moins que vous ne le supposez ; je parle très-bien l'arabe.

— Si l'on vous reconnaissait !

— C'est très-difficile.

« J'ai des recommandations en règle, données par des marabouts célèbres.

— Je ne vais plus vivre maintenant ; comment supporterai-je vos absences quand nous serons mariés ?

— Ma chère Ritta, les émotions sont les meilleures garanties de la durée de l'amour ; nous nous aimerons mille fois mieux après des dangers courus, au retour des razzias hardies.

Ritta semblait peu convaincue :

— Ne seriez-vous pas jalouse, vous, Espagnole ; demanda d'Obigny, espérant toucher une corde sensible ?

Il avait réussi.

— Oh ! dit-elle, jalouse à vous tuer si vous me trompiez.

— Eh bien, dit-il, vous ne me verrez que dans l'intervalle de nos expéditions ; c'est vous dire que je ne vous quitterai une seconde dans ces moments bien heureux.

« Donc, pas de jalousie possible.

« Quant au temps passé à la guerre, vous savez que rarement une cantinière vaut un regard d'homme bien élevé.

« Par conséquent, vous serez débarrassée du tourment mortel de la jalousie ; ce sera une compensation.

— Ah! pauvre ami, fit-elle, de quel leure vous vous bercez.

« Vous ne savez donc pas ce que c'est que la jalousie?

« Tenez, je vais vous dire une chose affreuse, mais qui vous prouvera jusqu'où cette passion peut aller.

« Vous m'avez parlé d'enfants auxquels il faudra constituer l'aisance.

« Je me suis sentie blessée par cette sollicitude pour ces êtres qui seront pourtant vous et moi réunis.

« Voilà à quel point je pousse l'exclusive passion que j'éprouve pour vous.

« Je haïrai votre cheval.

« Je haïrai vos amis.

« Je haïrai vos chiens.

« Je haïrai tout ce que vous aimerez. »

Ritta était superbe dans cette déclaration de guerre à tout ce qui toucherait à son mari; d'Obigny admira comment cette nature blonde et douce s'était tout à coup transformée.

Ritta s'arrêta soudain :

— Mais, dit-elle, je cacherai mes tourments, ils vous feraient souffrir.

— Pas du tout, chère enfant; je tiens énormément, au contraire, à être rigoureusement tyrannisé sur ce point.

« J'adore que ma femme soit jalouse comme une tigresse.

« Point d'amour sans cela.

— Vrai.

« Vous voudrez bien souffrir que je dispute vos regards même à une fleur, même à une étoile.

— Oui, dit-il; et je vous jure que près de vous étoiles et fleurs me distrairaient peu.

A cette affirmation, elle se leva pour venir tomber dans ses bras.

— Oh! je suis trop heureuse! s'écria-t-elle.

Et cette fois encore Paquita dut intervenir.

La lune se levait à deux heures du matin.

Déjà son aube argentait les monts Traras, Paquita montra les cimes rosées du Djebel en disant :

— Mes beaux amoureux, voici la lune; elle est dans son plein et resplendit comme un soleil; il y aurait imprudence à rester ensemble; il faut vous séparer.

Une larme vint aux yeux de Ritta, qui donna à son fiancé le dernier baiser, avec un soupir lourd de regrets et gros de désirs.

— Adieu! dit-elle en sanglotant.

Et lui, plus ému qu'il n'eût voulu le paraître, bondit vers la fenêtre, car il étouffait.

— Senorita! dit Paquita, vous avez oublié de lui parler de la contrainte que vous vouliez lui imposer.

Ritta appela d'Obigny.

— Cher, dit-elle, j'ai oublié de vous recommander par-dessus tout de taire nos amours.

— Je vous le promets, fit-il.

— Et comme la lune émergeait de derrière les crêtes, il apparut rayonnant dans un jet d'argent qui se jouait sur la pourpre de son burnous ; il était merveilleusement ainsi.

— Au revoir : dans un mois ! s'écria-t-il.

Et il disparut comme une vision.

Ritta s'évanouit, désespérée.

— Si je n'avais pas été là, pourtant ! dit Paquita.

XIV

Du danger de donner à un juif des coups de bâton sur le bas des reins.

Lévy, après avoir été battu par Paul, se releva et s'enfuit.

Il est assez d'usage de mépriser les juifs et de les croire sans courage, sans rancune, sans honneur, sans dignité.

Rien de plus sot que ce préjugé.

Les juifs, en Orient, sont exécrés des Arabes, maltraités, méprisés ; il en résulte que cette race opprimée doit contracter certains vices inévitables chez les nations asservies.

Le juif, vis-à-vis de ses maîtres, est obséquieux, menteur et voleur.

Quoi de plus naturel !

A la force il oppose la ruse ; à la tyrannie, l'hypocrisie.

Mais il est tout autre vis-à-vis de ses co-religionnaires.

Les juifs, sur lesquels l'injure paraît glisser si légèrement, sont très-vindicatifs ; lorsque l'occasion de se venger est venue, ils ne la perdent jamais et sont impitoyables.

Aussi Lévy, bâtonné, devenait-il un ennemi redoutable.

Paul, avec la légèreté d'un Parisien, venait de s'attirer une haine qui devait lui être fatale quelque jour.

Le juif se dirigea rapidement sur Nemours.

Il était bien dangereux de traverser ainsi la campagne à cette heure ; les buissons de jujubiers étaient autant d'embuscades où pouvaient être cachés des voleurs ; chaque touffe de palmiers pouvait recéler une panthère.

Lévy, demi-courbé et frémissant encore de rage et de douleur, s'avançait l'œil au guet, surveillant les broussailles.

Les juifs ont un courage spécial ; ils sont à la fois audacieux et poltrons.

Ils bravent tous les dangers pour gagner quelques douros ; mais, dans le péril, ils sont très-peu soucieux d'avoir une attitude digne ; ils laissent voir leur terreur et ne cherchent qu'à fuir.

Il est vrai qu'ils y réussissent presque toujours, grâce à leur adresse

Du reste, ils savent se faire si petits, qu'ils glissent, insaisissables, là où d'autres laisseraient leur peau.

Ainsi Lévy, en ce moment, était moins menacé qu'il ne le paraissait.

Les voleurs !

N'était-il point le recéleur de toutes leurs bandes ?

Les panthères et les lions ?

Ne préfèrent-ils pas un mouton à la chair coriace d'un juif ?

Lévy, dans ses voyages de nuit, regardait avec attention devant, derrière, à droite, à gauche, cherchant les yeux brillants des fauves.

Découvrait-il dans l'obscurité, deux gerbes magnétiques dardées sur lui, il se jetait à terre brusquement.

Outre que les panthères et les lions n'aiment que la viande vivante, ils ont une répugnance assez grande pour le goût âcre qui se dégage des vêtements crasseux des juifs, et cette odeur les écarte.

Au lieu de bondir sur l'homme tombé, la bête fauve s'en approchait, le flairait, puis elle s'en allait.

Dix ou douze fois il en avait été ainsi, soit pour Lévy lui-même, soit pour des membres de sa famille ; aussi, comme beaucoup de juifs, avait-il grande confiance dans ce singulier procédé.

Il gagna Nemours sans encombre, et vint frapper à la porte.

— Qui vive ? demanda la sentinelle.

— Officier ! répondit hardiment Jacob.

Le portier-consigne se leva, réveillé par la sentinelle.

— Qui est là ? demanda-t-il.

— Moi ! fit Lévy !

— Qui, toi ?

— Lévy !

— Va-t-en au diable, sale juif de quatre sous ! fit le portier avec mauvaise humeur.

Et il dit à la sentinelle :

— Tu me déranges pour un Iaoudi ; c'est ridicule.

— Je ne savais pas ! dit le factionnaire ; ce brigand-là m'a répondu : officier !

— Tu aurais dû regarder par le mâchicoulis, et voir si c'était vrai.

Jacob ne voulait pas coucher dehors.

— Sergent ! cria-t-il au portier-consigne, j'apporte au gouverneur des nouvelles très-graves.

— Blagues ! fit le sergent.

— Vous me ferez accompagner chez lui par deux hommes de garde ; vous verrez bien si je n'ai pas un entretien avec lui.

— Plaisantes-tu !

« Qu'est-ce qu'un juif comme toi peut avoir à faire avec le commandant de place ?

— Est-ce qu'un juif n'a pas des yeux pour voir ?

« Je sais qu'il y a une expédition projetée pour demain.

« Le gouverneur sera très-heureux de savoir ce qui m'est arrivé au ravin des Djenouns cette nuit. »

Le sergent, trompé, ouvrit la porte en maugréant.

— Me fais-tu accompagner ? lui demanda Lévy ; tu verras si je mens.

— File ton chemin ! dit le portier. Je m'informerai demain de la vérité, et gare à toi si tu as menti !

— Oh ! fit Lévy, tu ne crierais pas de la sorte si je te mettais un douro dans la main, comme font les officiers qui n'ont pas la permission de la nuit, et vont la passer chez leurs maîtresses, dans le village espagnol.

Le sergent allongea son pied vers le derrière du juif.

— Prends garde ! fit celui-ci.

« Je vais chez le commandant. »

Le pied du sergent retomba de la position horizontale à la position verticale ; il resta stupéfait de l'audace du juif qui le bravait, lui, une autorité.

Jacob s'en fut en ricanant.

A distance, il réfléchit.

— Voyons ! se dit-il, causons ensemble, mon ami Lévy.

« Nous avons eu des petites conversations qui ont été le point de départ de très-jolis profits.

Et il eut un rire sec d'avare satisfait, qui sonna comme un coup de crécelle.

Il reprit, se causant à lui-même :

— J'ai économisé cinq francs en inventant un mensonge pour rentrer ; c'est déjà très-bien ; mais j'ai reçu dix coups de bâton.

« Il faut que quelqu'un me les paie cette nuit.

« A combien le coup ?

« Dix francs.

« Donc, cent francs.

« Si je tirais à vue sur la caisse du gouverneur ?

« Je livrerai ce jeune marquis d'Obigny à Saïda, et je me ferai payer par le marquis lui-même comme si je lui vendais le Beni-Snasseun.

« Eh ! eh ! c'est cela. »

Et, décidé, il hâta le pas.

XV

A bon rat, bon chat.

En chemin Lévy ébouriffa ses cheveux, mit sa vieille robe jaune en désordre, se donna l'air très-déchiré, très-battu.

Il arriva de la sorte à la maison dite de commandement.

Un planton en permanence lui demanda ce qu'il voulait.

— Parler au kodja du commandant! dit Lévy.

— Impossible! fit le planton.

« Il est à peine jour; le marquis ne te recevra pas; il dort.

— J'apporte des nouvelles de la tribu des Beni-Snassenn! dit-il.

Le planton hésitait.

— Sois sûr, dit Jacob, que le marquis sera content de moi.

Le planton se décida.

D'Obigny, rentré depuis cinq minutes, venait à peine de fermer l'œil; il espérait dormir quelques heures et rejoindre la colonne; mais il était infatigable.

— Amène ce juif! dit-il au planton.

Lévy fut introduit.

Il salua le commandant avec toute la bassesse dont un israélite est capable envers plus fort que lui.

D'Obigny lui demanda, en faisant peser son regard sur lui :

— Pourquoi viens-tu?

« Qui es-tu?

« Parle net. »

Et il sonna.

Le planton parut,

— Mon chaouch! ordonna-t-il.

Lévy fit la grimace.

Le chaouch n'est autre chose que le fonctionnaire arabe chargé d'administrer les coups de bâton.

Lévy, très-décontenancé, se dit qu'il était en présence d'un homme peu facile à tromper, et il résolut de jouer serré.

— Sidi kodja, dit-il, je viens te prévenir que Saïda, le fameux amin des Beni-Snassenn, rôde aux environs de Nemours; je l'ai vu cette nuit.

Et, montrant la trace des coups reçus, il ajouta d'un air dolent :

— Il m'a battu cette nuit.

— Tu n'as pas dit ton nom, fit d'Obigny.

— Je me nomme Lévy.

D'Obigny fit un signe au chaouch qui venait d'entrer.

Nous enlèverons le *Bab* en un tour de main (page 77).

Celui-ci se plaça derrière le juif, tout tremblant de peur.

Déjà d'Obigny feuilletait un carnet qui ne le quittait jamais.

Ce carnet contenait, en notes d'une écriture microscopique, des renseignements sur un grand nombre d'individus qui ne se doutaient guère être surveillés.

D'Obigny, après avoir trouvé une page entière de détails sur maître Lévy, lui dit en souriant :

— Tu es recéleur, père Lévy !

Le juif balbutia :

— Sidi, je vous assure que l'on vous a trompé.

— Premier mensonge.

Et il fit une barre au crayon sur un papier imprimé, qui contenait la formule suivante :

Bureau arabe de Nemours.

Bon pour :

Coups de bâton.

Prison.

Cachot.

Silo.

Maître Lévy voyait qu'en face de la colonne des coups de bâton d'Obigny avait fait une barre.

Il comprit.

— Du temps des Turcs, dit-il, j'ai bien fait l'usure et même le recel ; mais depuis que les Français sont venus faire régner la justice dans le pays, je ne me suis plus compromis à acheter du butin volé.

— Deuxième mensonge, accompagné d'une flatterie, fit d'Obigny.

Et il traça deux barres nouvelles, au grand désarroi de Lévy.

— Tu as, lui dit-il, reçu, il y a quelques jours, un avis.

« Tu es parti la nuit.

« Tu as vu Saïda, le plus fameux voleur des Beni-Snassenn ; il est en expédition sur notre territoire en cet instant.

« Saïda t'a remis de fortes valeurs en bijoux, et tu les as vendues, à Tlemcen, à un juif qui les a fait passer à Oran, d'où elles iront à Alger.

« C'est ainsi que vous dépistez la justice, vous autres juifs. »

Lévy était consterné.

D'Obigny reprit :

— Tu as été porter à Saïda vingt-cinq mille francs en pièces d'or françaises et espagnoles — et en trois fois.

Tout cela était l'exacte vérité.

Le juif se sentit perdu.

D'Obigny reprit encore :

— Tu as prétendu n'avoir touché que ces vingt-cinq mille francs.

« Tu volais le voleur.

« Tu avais reçu trente et un mille cinq cent soixante-et-dix francs.

« Avoues-tu ?

Jacob tomba aux pieds du marquis.

— C'est vrai, fit-il.

« Grâce !

D'Obigny prit sa plume et biffa les trois traits qu'il avait marqués à la colonne des coups de bâton.

— Aveu complet! dit-il.

« Grâce des coups. »

Lévy se sentit transporté tout à coup de l'enfer au troisième ciel; il se croyait entièrement sauvé.

Mais le secrétaire reprit :

— Reste la question du recel d'objets volés à main armée.

Il ouvrit un code militaire et lut l'article suivant :

« Vol à main armée suivi de mort, — mort. »

Puis il passa à l'article recel.

« Recel, — même peine que le crime. »

Il fixa alors Lévy.

— Mon gaillard, dit-il, je vais te livrer aux conseils de guerre.

Et en frisant sa moustache :

— Ton affaire est claire.

Lévy était, certes, plus mort que vif; il se sentait défaillir.

— Ah! pensa-t-il, je suis en face d'un terrible homme.

Puis, à part lui :

— Fatale idée que d'avoir accepté la mission de Saïda.

D'Obigny, voyant l'état où était Lévy, jugea le moment propice pour en obtenir ce qu'il voulait.

— Maître fourbe, lui dit-il, tu venais à moi avec un but?

« Parle.

« J'attends. »

Lévy pensa qu'il ne pouvait gagner sa grâce qu'en trahissant Saïda, et il dit au gouverneur :

— Je me doutais que tu savais tout; la vie que je mène me pesait; je vais te prévenir d'un danger qui te menace; je voulais te proposer d'être ton espion au lieu d'être celui de Saïda.

D'Obigny reprit gravement sa plume et retraça un trait.

— Encore un mensonge!

« Tu venais tout simplement pour m'apporter un faux avis.

Le juif était atterré.

D'Obigny regarda son chaouch.

— Voilà un homme qui te passera bientôt par les mains, Mehemet; sa condamnation est certaine et sera méritée.

Mehemet laissa tomber sur le juif un long regard.

— S'il plaît à Dieu (nach Allah), j'espère l'accommoder de la bonne façon.

« Il a été bien dur pour mon pauvre frère, auquel il a refusé un prêt de vingt douros pour acheter une vache. »

Lévy se repentit amèrement d'avoir refusé quoi que ce fût à un parent du farouche Mehemet qui décapitait les condamnés avec un art infini.

D'Obigny suivait toute cette scène avec intérêt.

— Maître Lévy, dit-il, vous décidez-vous à me dire franchement ce qui vous amenait à la maison de commandement ?

— Sidi, dit Lévy très-vite et très-bas ; j'ai vu Saïda cette nuit.

— Où ?

— Au rocher des Deux-Frères, au-delà de Nedromah.

« Il t'y a dressé une embuscade.

— Après ? fit d'Obigny.

— Je devais, continua le juif en baissant la tête, t'avertir que Saïda se trouvait dans le Vallon sans eau, et que tu pourrais l'y surprendre.

« Je devais t'affirmer qu'il n'avait avec lui que peu de monde.

« Tu te serais engagé dans le Vallon sans eau avec un ou deux escadrons, et, des rochers des Deux-Frères, trois mille Beni-Snassenn auraient fondu sur toi.

— Bien imaginé, fit d'Obigny.

Puis il ajouta :

— Mais ce piége est connu ; l'agha de Nedramah a été exterminé avec son goum en cet endroit par Elaï Lasiri.

— Comme ceci est de l'histoire arabe, fit le juif, comme tu es nouveau dans la province, comme tu passes pour téméraire, Saïda espérait que tu serais pris dans le filet tendu sous tes pas.

— Comment dois-tu lui faire savoir que je donne dans son piége ?

— En lui expédiant l'un de mes fils ou de mes neveux.

— Bien ! fit d'Obigny.

Et il dit au juif :

— Maître Lévy, fais monter celui de tes enfants que tu veux envoyer à Saïda.

— Pourquoi ?

— T'ai-je permis de me questionner ?

Le juif chargea le chaouch de faire venir son plus jeune enfant.

— Pourquoi pas l'aîné ? demanda d'Obigny.

— Parce que je prévois ce que tu veux faire et qu'il y a danger de mort ; il vaut mieux que le plus jeune de mes enfants périsse que le plus âgé et le plus capable de faire vivre la famille.

D'Obigny fit signe au chaouch qu'il pouvait faire la commission.

— Maître Lévy, dit-il ensuite au juif, tu vas être enfermé sous clé et bien gardé ; tâche donc de donner bonne consigne à ton enfant ; ta tête me répond de ta véracité.

« Voici le message que tu vas envoyer à Saïda.

« Ton fils lui dira que j'ai flairé le piége, connaissant l'histoire du raw maudit et me défiant de toi; que te voyant arrêté, la famille, qui savait de quoi il s'agissait, l'envoie prévenir de se mettre sur ses gardes.

Le juif était très-étonné.

— Ton fils ajoutera que de nombreuses troupes sont sorties de Nemours et se dirigent vers les frontières, très à droite du rocher des Deux-Frères, afin d'envahir le pays Beni-Snassenn du côté de la Maghnia.

« Je ne défends pas à ton messager de se faire payer ses avis par Saïda.

Et d'Obigny appela un caporal de garde.

— Prenez deux hommes, lui dit-il, restez ici et veillez à ce que ce juif ne sorte pas et ne communique qu'avec son fils qui va venir et que vous laisserez ensuite sortir librement.

Le caporal obéit.

D'Obigny s'en fut alors réveiller, lui-même, le gouverneur.

— Mon colonel, lui dit-il, hier vous m'avez fait l'honneur de me communiquer vos craintes au sujet de l'enlèvement du Bab-el-Mansour (la porte de la gloire).

— J'avoue, mon cher marquis, que cette opération me semble pleine de périls, et que je crains un insuccès.

— Eh bien, mon colonel, je suis sûr que vous réussirez.

« Parce que personne ou presque personne ne se trouvera au Bab-el-Mansour pour empêcher le passer ceux qui s'y présenteront demain dans la nuit; les Beni-Snassenn seront ailleurs.

— Et où donc?

— Du côté de Garouban, où je les envoie avec Saïda.

— Et ils obéiront à vos ordres? demanda le gouverneur en riant.

— Oui, mon colonel.

Il raconta son aventure avec Jacob.

— Oh! oh! dit le gouverneur, voilà qui est bien heureux.

« Croyez-vous que Saïda ajoutera foi au récit du jeune homme?

— Oh! aveuglément.

« Jamais on n'entre chez les Beni Snassenn par un autre chemin que celui qui est en face de Garrouban.

« Du reste, mon colonel, la colonne, si vous le voulez bien, partira avec vous ce matin dans la direction de ce fort et semblera réaliser le plan annoncé par le juif, puis après deux jours de marche elle coupera droit par la route du Kiss pour venir me rejoindre au Bab-el-Mansour dont je me serai emparé.

« Je partirai à l'improviste avec cinq cents chevaux des goums (contingents arabes alliés), gens sûrs, que je connais et qui sont ennemis mortels des Beni-Snassenn; nous enlèverons le bab en un tour de main, à l'improviste.

« Toutes les forces des Beni-Snassenn se seront portées vers Garrouban.

— Mais elles reviendront sur vous, fit observer le gouverneur.

— Pas beaucoup plus vite que votre colonne, mon colonel.

— Et vous pourrez tenir ce défilé avec vos Arabes ?
— Mon colonel, cette gorge est dominée par une zaoua (1).

« Elle est très-solide, très-bien disposée, et contiendra tout mon monde.

« De là, nous dominons le défilé et nous empêchons l'ennemi de l'occuper ; l'armée pourra s'y engager sans crainte.

« Je ne vous demanderai en fait de troupes françaises, que quatre artilleurs pour servir deux pièces de montagne que nous emporterons à dos de mulets.

« Avec ces pièces, je m'ouvrirai les portes de la zaoua à coups de boulets ; puis ensuite à travers des embrasures que nous pratiquerons dans les murailles, elles seront braquées sur les deux pentes du défilé et balaieront les Beni-Snassenn qui chercheraient à s'opposer à notre ascension.

— Pourquoi ne prenez-vous que ces quatre Français ? demanda le gouverneur.
— Parce que je tiens essentiellement à commander cette expédition pour en avoir tout l'honneur, mon colonel.

« Je ne suis que sous-officier, et si vous me donniez une troupe française, un chef, supérieur à moi, prendrait la direction.

« Or, j'espère, si je réussis, seul, avec mes Arabes, passer sous-lieutenant, et cela m'est bien nécessaire, car je désire me marier.

— Ici ?... à Nemours ?... fit le gouverneur.
— Oui, mon colonel.
— Avec qui ?

« Il n'y a pas une femme pour vous.
— Pardon, mon colonel.

« Aux Figuiers...
— Ah ! c'est vrai ! fit le gouverneur.

« Mademoiselle Ritta.

« Une fort jolie personne, noble, mais très-pauvre, mon cher marquis.

— Mack-Allah ! (s'il plaît à Dieu), dit d'Obigny employant la formule arabe, je deviendrai riche.

— Je tâcherai de vous y aider, fit le colonel ; réussissez en cette affaire et je vous assure votre sous-lieutenance. »

Et ils se séparèrent sur cette promesse.

---

(1) La zaoua est une sorte de mosquée, à la fois couvent et séminaire ; on y élève les futurs marabouts et l'on y reçoit les mendiants et les voyageurs ; on dirait d'un monastère chrétien du moyen âge.

XVI

Comment dormait Jean Casse-Tête.

Le juif, après sa malencontreuse rencontre avec d'Obigny, s'en retourna chez lui en méditant sur les inconvénients de son rôle traître.

Il était très-menacé et il risquait sa tête.

Saïda ne badinait pas.

Le juif, en rentrant chez lui, trouva son fils aîné très-inquiet.

— Père, lui dit le jeune homme, Jean Casse-Tête est venu.

— Je le pensais.

— Il va servir de guide à la colonne qui part, et il faut que tu ailles lui parler sur-le-champ ; il t'attend.

— Bon ! fit Lévy.

« Quand il va savoir...

« Quelle rage ! »

Et il s'en alla trouver Jean.

Celui-ci avait des habitudes de chasseur ; il ne faisait pas grands frais pour se loger dans les villes.

Il y campait.

Que ce fût une cité ou un bourg, jamais il ne faisait à un toit l'honneur de se reposer dessous.

Il étalait sa tente de fin coton, étendait le pan de son burnous imperméable qui lui servait de natte, et il était là aussi bien qu'un prince dans son palais.

Quand venait l'aube ou l'heure de partir, il roulait sa tente, — très-menue, — en ceinture, et plaçait son pan de burnous replié dans sa gibecière ; tout était dit.

Comme Bias et les escargots, Jean emportait sa maison sur son dos.

Singulier homme.

Aussi avait-il un profond mépris pour tous ceux qui avaient besoin de tout l'attirail civilisé pour vivre.

Le chasseur avait coutume de dresser sa tente, à Nemours, sur le bord de la mer, dont les vagues, disait-il, le berçaient très-mollement et l'endormaient.

Le juif se dirigea du côté du port, et il aperçut, en effet, le cône de toile sous lequel reposait le chasseur.

Son chien montait la garde autour de son maître.

Gare à qui s'aventurait trop près et ne reculait pas après le premier avertissement ; le chien sautait sur l'imprudent.

Lévy savait cela.

Il tenait à ses mollets.

Il se mit donc à appeler maître Jean d'une voix sonore

Le chasseur se leva.

Habitué à voir de loin la nuit, il reconnut Lévy à distance.

— Avance! lui dit-il.

— Appaise ton chien.

— N'aie pas peur.

« Une fois que je suis éveillé et debout, mon chien ne bronche plus. »

En effet, le chien était redevenu muet et immobile.

Lévy s'approcha.

— Allah te garde! maître, dit-il ; que ta nuit soit bonne.

— Allah !

« Je m'en f...iche !

« Je ne reconnais que ma carabine pour mon dieu ! fit le chasseur.

« Quant à ma nuit, voilà au moins dix fois que je suis réveillé par des imbéciles qui veulent savoir qui je suis.

« Désormais je coucherai hors Nemours.

« Parle.

« As-tu vu le senor Moralès ?

— Oui, fit le juif.

— Lui as-tu dit la chose ?

— Oui, maître.

— Eh bien ?

— Je crains qu'il ne te donne point sa nièce, laquelle, du reste, ne voudrait pas de toi.

— Cette bégueule !

« Et l'oncle payera ?

— Non !

— Alors je les ruine.

— Ils se laisseront ruiner.

— Et j'aurai la fille tout de même.

— Hum ! hum !

— Tu en doutes ?

— Un peu.

— Je vais te rosser pour te permettre ce doute injurieux.

— Mais je te jure que ce mariage est hérissé de difficultés.

« La belle a un galant.

« Imagine-toi que cette nuit d'Obigny a tué un lion.

— Ah ! ce sournois !

« Il ne m'avait rien dit.

« Après ?

— Il a rapporté le lion aux Figuiers.

Les yeux de Jean flambèrent.

BIBLIOTHÈQUE NATIONALE R.F.
DÉPÔT LÉGAL Seine 1878

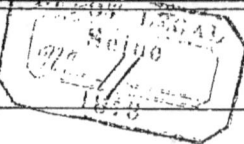

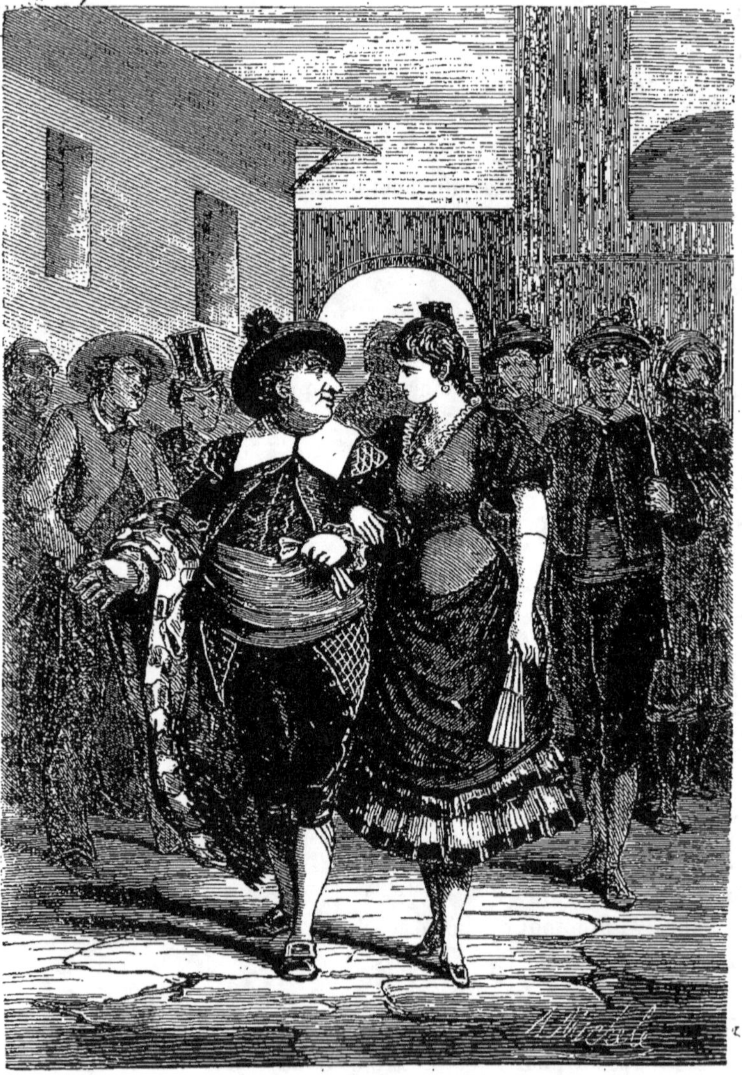

Tu serais un grand politique en Jupon (page 88).

— Il aime Ritta? dit-il.

— Peut-être !

« Je ne sais.

« En tout cas, ils se parlaient hier pour la première fois.

— Tu en es sûr?

— Certain.

— Continue.

Le chasseur était sur le gril ; il bouillait d'impatience.

— D'Obigny, après avoir tué son lion et mangé la collation qu'on lui a offerte, est remonté à cheval.

« Il est retourné à Nemours.

— Mais.... l'amoureux.

— Je ne le connais pas.

— Imbécile !

« Je t'aurais donné cinq douros pour apprendre son nom.

— J'ai fait mon possible.

« Comme en me retirant j'ai, pour des raisons à moi, fait le tour de la maison, observant bien tous les abords, je me suis aperçu que Ritta était à sa fenêtre.

— Elle attendait ?

— Précisément.

— Il fallait te cacher.

— Je l'ai fait.

« Surviennent deux personnes de la ferme, et j'ai été battu.

« Dix coups de bâton.

« C'était pour toi.

« Je me suis sauvé.

— Demonio ! fit Jean.

« Voilà qui est désagréable.

— Oh oui !

« C'est très-dur.

« Ils tapaient fort.

— Sacré niais !

« Je ne te parle pas de tes coups ; mais de ce que tu n'en as pas su davantage.

« Ne soupçonnes-tu personne ?

— Non.

« D'Obigny connaît à peine cette jeune fille ; ce n'est pas lui.

« Les deux serviteurs étaient dans le secret ; donc l'intrigue dure depuis quelque temps, et je te le répète, d'Obigny n'avait jamais parlé à Ritta.

— Il faudra surveiller cela attentivement.

— Je le crois bien.

« On pourrait t'enlever ta future.

— J'y mettrai bon ordre.

« Je la veux.

« Au retour de l'expédition, je l'emporte un beau soir.

— Où cela ?

— Au désert.

« La loi française n'y est point reconnue, et quiconque y vient avec une femme la possède sous la protection des imans, des cadis, des scheiks et tout le tremblement des autorités civiles et religieuses.

Le juif n'avait pas fini.

— Maître, dit-il encore, j'ai pour toi une vénération spéciale.

— Tu as raison.

« Mon couteau frappe bien.

— Ce n'est pas par peur, c'est par sympathie que je te sers.

— Vieux farceur !

— Je vais t'en donner la preuve.

— Gratis ?

— Non, mais au rabais.

« Je sais qu'un homme, un indigène, a nourri le dessein d'enlever Ritta.

— Encore un autre amoureux !

— Et redoutable.

« A tout autre qu'à toi, je demanderais cent francs pour dire le nom de cet homme ; à toi, je n'en demande que cinquante.

— Voilà ce que tu appelles du dévouement ? usurier infect !

— La preuve, c'est que je me contente de cinquante francs.

— Avec deux napoléons tu seras content, vieux voleur.

— Tu m'exploites.

— Quel toupet !

« C'est toi qui m'égorges.

« Tiens !

« Voilà deux pièces d'or.

« Parle. »

Le juif regarda les deux pièces au clair de lune.

Il les fit sonner.

— Oh ! oh ! dit-il.

« En voilà une qui est fausse.

— Tu veux rire.

— Non.

« C'est sérieux.

« C'est une pièce des Beni-Yaya, qui imitent très-bien les monnaies françaises depuis bientôt sept ans.

« Ces gens sont habiles.

— Rends la pièce, fit Jean d'un ton bourru ; je la passerai à un autre.

Le juif sourit.

— Jean, dit-il, un conseil.

« N'essaie jamais de me faire prendre un faux napoléon pour un vrai.

« C'est peine perdue.

« Autant vaudrait chercher à te faire prendre une autruche femelle pour une mâle.

— C'est bon ! fit le chasseur.

« En fait de filouterie, je sais qu'il n'y a pas à vous en remontrer. »

Et il donna une pièce vraie à la place de la fausse.

Ce brave Jean n'était pas la délicatesse même.

En revenant du désert il passait chez les Beni-Yaya, tribu kabyle du Jurjura.

Ces montagnards savent parfaitement faire la fausse monnaie ; avant notre arrivée ils fabriquaient des piastres, des sequins, des douros.

Nous venus, ils se mirent à imiter notre monnaie d'or (1).

---

(1) Nous tenons, pour établir la véracité de nos récits, à reproduire un rapport du général Daumas sur les faux-monnayeurs kabyles.

Depuis un temps immémorial, les Kabyles établis à Ayt-el-Arba, village considérable de la tribu des Beni-Yanni, se livrent à cette coupable industrie ; nous disons industrie, car, pour la plupart d'entre eux, la fabrication de la fausse monnaie n'a pas d'autre caractère. Dans une société dépourvue de lois répressives, la notion du juste et de l'injuste se perd peu à peu, et le crime cesse d'être crime à force de demeurer impuni.

La position du repaire de ces faux-monnayeurs est au sommet d'une montagne, protégée par un défilé très-étroit et presque inaccessible. C'est là qu'à l'abri de toute attaque, ils imitent les monnaies de cuivre, d'argent et d'or de tous les pays. Les matières premières leur sont fournies en partie par les mines voisines. Le cuivre, l'argent, leur viennent, soit de la côte barbaresque, soit du Sahara, par des hommes qui, attirés par l'appât du gain, achètent avec des pièces de bon aloi, des monnaies fausses, qu'ils paient sur le pied de vingt-cinq pour cent de la valeur qu'elles représentent.

La simple inspection d'une pièce contrefaite prouve que le procédé employé pour l'obtenir est généralement celui de la fusion. Toutes les pièces présentent, en effet, un diamètre tant soit peu inférieur à celui des modèles, résultat forcé du retrait qu'elles ont subi par le refroidissement à la sortie du moule provenant des pièces véritables. Le relief des figures, des lettres, est ordinairement mal accusé, et l'aspect du métal terne ou cuivreux. Cependant, beaucoup de ces fausses monnaies trompent le premier coup d'œil ; quelques-unes même exigent un minutieux examen.

Quant à nous, nous nous rappelons avoir eu en notre possession un certain nombre de douros d'Espagne, appelés par les Arabes *douros bou medfa*. Ces pièces avaient à un tel point non-seulement l'apparence, mais encore le son et le poids des douros véritables, qu'un banquier d'Alger, malgré notre affirmation qu'ils étaient faux, nous avait offert de nous les échanger contre de belles et bonnes pièces de cinq francs.

Les moyens de répression employés par les Turcs pour s'opposer à l'invasion de la fausse monnaie, étaient en tout conformes aux procédés arbitraires et despotiques que pouvait alors se permettre l'autorité. Trois ans avant l'entrée des Français à Alger, la fausse monnaie s'était multipliée d'une manière effrayante. L'Agha Yahia, qui jouissait d'une grande réputation chez les Arabes, furieux de voir sa surveillance en défaut, fit arrêter un même jour sur les marchés d'Alger, de Constantine, de Sétif et de Bône, les hommes de toutes les tribus connus pour se livrer à l'émission de la fausse monnaie. On incarcéra de la sorte une centaine d'individus que le pacha annonça l'intention de mettre à mort, si on ne lui livrait les moules et matrices qui servaient à la fabrication. Les gens d'Ayt-el-Arba, pour sauver leurs frères, envoyèrent tous leurs instruments, et les prisonniers ne furent remis en liberté qu'après avoir en outre payé une forte amende. Cet échec éprouvé par les faux-monnayeurs ne les dégoûta pas d'un métier aussi lucratif. Ayt-el-Arba ne perdit rien de sa prospérité, et le nombre des colporteurs n'en fut aucunement diminué.

Hâtons-nous de le dire, les individus qui se livrent à cette industrie coupable sont méprisés par les gens de bien ; on ne saurait donc en rendre solidaires tous les habitants du Jurjura. Si elle se perpétue dans leurs montagnes, c'est en vertu du principe de non-intervention des tribus dans les affaires des autres : il plaît à tel village de faire de la fausse monnaie, il en est libre, mais à condition que la tolérance dont on use à son égard ne portera pas préjudice à des Kabyles, et que le produit sera écoulé au dehors.

Maître Jean s'était exécuté. Le juif lui dit :

— Eh bien, l'homme qui veut t'enlever Ritta est un Beni-Snassenn; il se nomme Saïda.

— Ah! fit Jean, c'est ainsi. Eh bien, je vais tout mettre en œuvre pour que les Beni-Snassenn reçoivent des Français une fameuse raclée.

Et il recommanda au juif :

— Veille surtout.

« Veille attentivement.

« Tu me préviendras s'il se passe quelque chose d'extraordinaire. »

Et, sur ce, Jean, très-anxieux au sujet de ces projets de mariage, se retira sous sa tente en maudissant le sort qui lui envoyait tant de rivaux.

PREMIÈRE PARTIE

I

Où il est parlé des colons d'Algérie, et de la manière dont les étudiants et les chapeliers cultivaient la terre.

L'expédition avait eu lieu ; toutes les conséquences que les événements accomplis à la concession des Figuiers, un mois auparavant, devaient entraîner, vont se dérouler en un drame palpitant; mais avant d'aborder ce récit, puisqu'il est l'histoire de la colonisation, disons un mot de celle-ci :

Jusqu'à l'époque où se déroulent les péripéties de la fameuse lutte que nous allons décrire, les tentatives faites pour peupler l'Algérie de familles françaises n'avaient pas été heureuses.

Les militaires, chargés de répartir sur le territoire algérien le flot de l'émigration, s'occupèrent bien plus de les placer dans une forte situation stratégique, que dans de bonnes conditions de culture.

Tel village fut élevé près d'un marais, tel autre à une lieue de toute fontaine; plusieurs au milieu d'un terrain rocailleux.

Il est facile de comprendre pourquoi tant d'argent a été inutilement dépensé, pourquoi tant de colons se sont lassés et ont repassé la mer.

Mais les colons eux-mêmes eurent de grands torts ; un grand nombre d'entre eux vint en Algérie, croyant y réaliser, sans travail, une fortune considérable.

Qu'on nous permette de le dire, il y en eut trop, beaucoup trop, qui, ayant mal fait leurs affaires en France, soit par paresse, soit par suite de débauche, se figuraient les rétablir en Afrique sans se corriger de leurs vices.

D'autres ne furent coupables que d'imprévoyance. Ayant une profession industrielle, ils allaient défricher le sol sans avoir jamais manié ni la pioche ni la bêche; ils avaient de la bonne volonté, mais cela ne suffit pas pour faire un bon laboureur. Témoin ce brave homme de chapelier qui, pour ensemencer un champ, faisait des petits trous en terre avec un bâton pointu, déposait un grain de blé dans chaque trou, et trouvait que la besogne n'avançait pas vite. Il retourna à ses feutres, rue Quincampoix, et il eut raison.

Que de gens peu sérieux ont émigré !

Un étudiant du quartier latin avait obtenu une concession, et l'exploitait avec une étudiante; pendant qu'il piochait, sa compagne l'abritait contre le soleil avec une ombrelle de soie. L'étudiant travaillait ainsi pendant une heure, le plus gravement du monde, après quoi il se reposait toute la journée. En trois mois il défricha huit mètres carrés de terrain, et encore laissa-t-il debout une grosse touffe de palmier nain, sous prétexte *qu'elle faisait bien dans le paysage*.

Le gouvernement fournissait à ces émigrants une certaine somme, une paire de bœufs et une maison ; mais au bout de deux ans, le colon devait avoir remboursé les avances ; faute de quoi sa concession était vendue. Or, la première année, la récolte manquait presque toujours, par suite de l'inexpérience des cultivateurs ; la seconde année, elle ne rapportait pas assez pour payer. De tous les systèmes, celui des avances par l'Etat est peut-être le plus mauvais. « Après tout, se dit le colon, ce n'est pas mon argent qui est exposé, » et au premier obstacle il laisse la pioche de côté, vit deux ans à fainéanter, puis se fait rapatrier.

A la suite des insuccès forcés qui ont suivi les tentatives de colonisation, l'Algérie est tombée en défaveur dans l'opinion publique ; il y a parmi les masses une foule de préjugés sur cette magnifique contrée.

Parce que, à la suite d'expéditions lointaines, des soldats ont eu la fièvre et ont été atteints d'ophthalmie, on a conclu que l'Algérie était insalubre. On oublie que ces mêmes soldats, installés dans les camps ou dans les garnisons, jouissent d'une meilleure santé qu'en France ; la statistique mortuaire des régiments en fait foi.

Parce que des villages établis dans les marais de la Mitidja ont été désolés par des épidémies, on a prétendu qu'en Afrique le choléra était en permanence ; or, Alger, Oran, Tlemcen, Milianah, etc., etc., sont les cités les plus saines du monde, de l'aveu de tous les voyageurs. Les Anglais, qui se connaissent en résidence, ont formé une colonie d'hiver à Alger ; au nombre de trois ou quatre cents valétudinaires, ils y passent la mauvaise saison ; ils s'en trouvent si bien, que chaque année le nombre de ceux qui viennent y rétablir leur santé augmente considérablement.

En France, nous avons une quantité vraiment effrayante de maladies qui font des victimes nombreuses : fièvres typhoïdes, fièvres cérébrales, rhumes et fluxions de poitrine, etc., etc., la nomenclature serait trop longue à détailler.

En Algérie, il n'y a qu'une seule maladie, et elle n'est pas dangereuse : c'est la fièvre intermittente, dont la quinine guérit facilement. Et quel climat! jamais de neige, jamais de longues pluies, même en hiver. En France, il faut compter avec les orages pendant les plus beaux jours de l'été. On dit : « Nous irons à la campagne dimanche, s'il ne pleut pas. »

En Afrique, on est sûr qu'il ne pleuvra pas pendant cinq mois au moins.

Quant à la chaleur, sans doute elle est écrasante pour le soldat en marche, dans le sud ; mais dans les villes, sur une profondeur de cinquante lieues, elle est plus supportable qu'en France. Nous allons expliquer comment cette assertion, qui peut sembler paradoxale, est vraie de tout point.

En Algérie, la disposition des maisons, l'hygiène qu'on suit et les coutumes adoptées permettent de passer la canicule sans en ressentir les effets.

Citons, par exemple, la sieste que tout le monde observe, même les travailleurs et les soldats.

Chez nous, l'atmosphère est chargée de vapeurs humides que le soleil chauffe ; il en résulte pour nous une température de fournaise qui énerve et fatigue. En Afrique, l'air est sec, et, par conséquent, vif et frais ; on respire à l'aise.

Si l'on accuse l'Algérie d'être une terre malsaine, l'on ne peut nier son étonnante fertilité. Pendant l'occupation romaine, elle nourrissait dix millions d'habitants et approvisionnait de son superflu une partie de l'empire ; on l'appelait le grenier de Rome.

Aujourd'hui des colons sérieux sont venus, en trop petit nombre, il est vrai, mais ils ont réussi pleinement. Dans trois magnifiques villages, aux environs de Tlemcen, on a obtenu des résultats très-encourageants. La vigne vient à merveille, et le blé rend bien plus que dans la Beauce. Milianah, Mascara, Aïn-Temoutchen, Meserghin et tant d'autres villes ou villages sont en pleine prospérité. Partout où un travail consciencieux a été soutenu par un peu d'or, le sol a été fécondé.

Nous croyons être agréable à nos lecteurs en disant quelques mots des vins d'Afrique, ils ressemblent à ceux d'Italie. Ils sont très-riches en alcool et ont beaucoup de bouquet. Mascara produit une blanquette très-agréable, et qui aura un jour une grande réputation.

Pour en finir avec les productions, rappelons que le coton de la colonie a été très-remarqué à l'exposition de Londres, et que le tabac se vend un franc la livre à Oran.

Dans un avenir prochain, nous croyons que l'Algérie verra s'ouvrir pour elle de brillantes perspectives.

Il n'en était pas encore ainsi, lorsqu'en 1847, Nemours, en fête, célébrait le retour de l'expédition que nous avons vue s'engager, et qui préluda à notre drame, dont les péripéties vont se dérouler terribles et émouvantes.

II

D'une revue dans laquelle ne figurait pas le marquis d'Obigny.

Sur la place de Nemours, la population bigarrée de la ville était assemblée devant les troupes en ligne.

On considérait avec une certaine surprise, parmi les spectateurs, le senor Moralès, qui, suivi de sa nièce, venait de faire une entrée trop solennelle, escorté par tous ses serviteurs en armes.

Les Espagnols, en tenue de gala, avaient un air si charlatanesque, que, sans l'admirable beauté de Ritta qu'admirait la foule, on eût ri à haute voix des prétentions affichées par Moralès.

Ritta comprit, avec le tact d'une femme délicate, que si l'on saluait sa beauté par des acclamations flatteuses, on accueillait par des sourires railleurs l'entourage de son oncle ; elle se pencha vers lui et lui dit avec cette douceur câline qui sait tout obtenir :

— Voulez-vous me faire plaisir, mon oncle ?

— Certes, oui, petite, répondit l'hidalgo. Que désires-tu ?

— Je souhaite que vous donniez quelques douros à vos gens ; il fait une chaleur étouffante, ils iraient se désaltérer.

— Un instant, fit Moralès, peste, comme tu es bonne pour ces drôles-là ; j'irai parler au gouverneur, et ils attendront jusque-là ; je tiens pour cette entrevue, — et il appuya sur ce mot, — à être entouré de tout mon monde.

Puis sentencieusement :

— Belle escorte convient à noble cavalerie !

Ritta sourit finement.

— Je crois, mon oncle, que vous avez tort, dit-elle ; garder près de vous vos gens vêtus à l'espagnole est impolitique. Le gouverneur, qui est Français, pourrait en prendre ombrage.

Moralès regarda sa nièce avec surprise ; la remarque l'avait frappé.

— Tu as du tact, dit-il ; tu serais un grand politique en jupon, mon enfant.

Et tirant de sa ceinture quelques pièces de menue monnaie, il les laissa tomber dédaigneusement devant ses serviteurs.

— Allons, vous autres ! dit-il, on n'a plus besoin de vos services !

Les deux nègres se précipitèrent sur l'argent sans vergogne ; les deux Français firent mine de se baisser, mais l'amour-propre les retint. Quant au Kabyle et au Parisien, ils restèrent impassibles.

Le Parisien était tout jeune, mais il se considérait comme un homme fait. Quand par hasard on ne le traitait pas avec une déférence suffisante, il se fâchait sérieu-

Ils s'extasiaient à admirer deux nègres dansant un congo *(page 91).*

sement. Plusieurs fois les deux nègres des Figuiers avaient appris à leurs dépens que l'adresse triomphe presque toujours de la force.

Froissé par les hautaines façons du signor Moralès, le Parisien lui dit d'un ton ironique et narquois :

— Il faudrait voir, patron, à ne pas nous traiter comme des kelbs (chiens).

— Que dit ce muchacho (gamin), fit le Catalan d'un ton méprisant, et en toisant le jeune homme.

Celui-ci allait riposter quand Ritta s'interposa :

— Je vous en prie, mon oncle, dit-elle tout bas à Moralès, ménagez Paul. C'est le plus intelligent et le plus dévoué de nos travailleurs.

— Un insolent ! grommela Moralès.

Le Parisien intervint :

— Fier, oui ! insolent, non !

La discussion s'envenimait.

— Mon oncle, dit Ritta avec autorité, mais très-bas, ce Français a raison. Mieux valait offrir gracieusement une gratification que lancer une aumône d'une manière humiliante.

Puis, tirant de sa poche une mignonne petite bourse, elle la tendit au Parisien en lui disant :

— Tenez, monsieur Paul, faites-moi l'amitié d'accepter ceci, et d'aller boire à la santé de mon oncle.

Le jeune homme fut désarmé.

— Combien vous êtes bonne, mademoiselle, mais votre oncle...

— Chut ! fit Ritta en souriant.

Paul se tut, pirouetta sur ses talons, passa son bras sous celui du Kabyle, qui ne permettait qu'à lui cette familiarité, et il emmena tous ses compagnons en sifflant un air en vogue dans les faubourgs de Paris, lorsque dix années auparavant il les avait quittés.

Moralès regarda d'un air de regret son escorte qui s'éloignait ; l'arrivée du gouverneur l'arracha bientôt à cette préoccupation.

Le cortège d'un chef de bureau arabe dans un cercle de frontière important offre un spectacle saisissant.

Le luxe de l'Orient étincelle sur les uniformes ; les coursiers numides bondissent avec une fougue indicible ; le soleil fait resplendir les armes ; les burnous de pourpre arabes tranchent sur les tuniques bleues des chasseurs d'Afrique ; les chevaux hennissent et se cabrent ; les rauques acclamations de guerriers indigènes se mêlent au cliquetis des yatagans ; c'est une éblouissante cavalcade qui passe rapide, tumultueuse, échevelée : une fantasia ! seul mot qui puisse peindre le brio d'un pareil spectacle.

Lorsque parut le gouverneur, la foule cria : Vivat ! elle saluait en lui le vainqueur des redoutables tribus Beni-Snassenn (enfants maudits), qui avaient bloqué la redoute pendant un mois. L'enthousiasme fut grand ; quand il se fut un peu calmé, chacun chercha à se caser pour le défilé.

Trois mille hommes environ étaient rangés en bataille sur le bord de la mer ; ils faisaient face à la ville, et formaient une ligne composée d'un bataillon de ligne, d'un bataillon de turcos et de trois compagnies de zouaves ; une batterie d'artillerie (obusiers de montagne), plus trois escadrons de cavalerie se repliaient en potence sur la place.

Ces troupes, bronzées par le soleil, amaigries par les fatigues, avaient cet aspect rude, un peu sauvage même, mais admirablement guerrier, qui caractérise notre armée d'Afrique sous les képis usés, sous les turbans fanés, les fronts étaient contractés par un pli menaçant des sourcils habitués à se froncer en face du péril; les yeux flamboyaient et semblaient avoir emprunté une profondeur et un éclat étranges aux solitudes qu'ils avaient longtemps contemplées. Ils étaient comme empreints du reflet de quelque lointain mirage. Les mains, par un mouvement instinctif, serraient avec force les armes au repos, toujours prêtes à s'en servir en raison de la fréquence des attaques imprévues. L'attitude de ces soldats était celle d'hommes accoutumés à braver la mort sur les champs de bataille; ils avaient l'assurance de ceux qui se sentent intrépides, jointe à la stoïque indifférence de ceux qui ont dompté la souffrance en façonnant leurs corps à la disette et aux fatigues.

Ces troupes étaient sous les ordres de ce colonel, célèbre déjà par une pointe hardie poussée sur les cimes neigeuses de l'Ouarenseri (œil du monde, en arabe); comme nous l'avons déjà dit, ce brillant officier occupait depuis peu le poste important de Nemours, et il venait de se signaler par un audacieux coup de main.

Un mois après son arrivée, il avait quitté la ville au milieu de la nuit avec la garnison; les colons s'étaient éveillés le lendemain n'ayant pour les défendre que les malades et quelques artilleurs. Pendant un jour, on était resté sans nouvelles du gouverneur et de sa petite colonne engagée au cœur même des pays ennemis. Enfin, la veille du jour où ce récit commence, le colonel était rentré après avoir frappé de tels coups de tonnerre, que les tribus effrayées avaient opéré leur soumission complète.

On sait quelle part d'Obigny avait eue à ce succès; mais on le cherchait en vain des yeux.

Il était absent, et l'on s'en inquiétait.

Les colons, reconnaissants, faisaient fête à la garnison; le commerce entrevoyait enfin l'heure propice où il pourrait rétablir ses communications avec Tlemcen et les mines du Garouban. Du reste, la population civile tenait de près à l'armée; elle était émerveillée des talents du gouverneur et de la surprenante rapidité avec laquelle elle avait été menée.

Les gens de Moralès, dont l'un, Michel, avait été zouave, devisaient à ce sujet; ils s'étaient attablés devant un café d'où ils s'extasiaient à admirer deux nègres dansant un *congo* des plus réussis.

Le Kabyle Akmet seul restait debout, après avoir serré précieusement sa part de gratification dans un foulard attaché à sa ceinture.

Paul lui offrit un cigare qui fut refusé.

— Pourquoi diable ne fumes-tu pas et ne bois-tu pas comme nous? demanda le jeune homme.

— Parce que, répondit le Kabyle, quand l'aigle descend de l'Atlas dans la plaine, c'est pour y saisir une proie et regagner ensuite son aire à tire d'aile.

— Ce qui veut dire en langage ordinaire, reprit le Parisien, que tu es venu ici afin de ramasser un petit magot qui te permettra de t'établir dans ton douar natal, d'y prendre femme et d'y cultiver le champ paternel. Connu, connu, mon vieux, c'est l'histoire des Savoyards et des Auvergnats qui font nos commissions à Paris, et qui sont les Kabyles de la France. On a beau voyager, on voit toujours les mêmes binettes. Allons, mon vieux, garde ton argent, prends place à la table, et régale-toi d'un fin cocouedji (café) que je vais te payer ; car tu ne veux pas de vin, n'est-ce pas ?

Abdallah fit signe que non.

— Qui croirait que le même prophète a défendu le vin et permis quatre femmes. Bacchus et l'amour vont si bien ensemble pourtant!

Et sur cette réflexion philosophique, maître Paul aspira une bouffée de tabac.

— Eh! vous autres! dit un des Français nommé Robert ; regardez donc le vieux Moralès ! Il se démonte le cou pour saluer le gouverneur.

— On dirait un magot chinois, observa l'autre Français en riant.

— Vieille ganache! reprit le Parisien, il va crever de plaisir, le gouverneur l'a salué en passant, et il se donne un torticolis pour répondre à ce signe que le colonel lui a fait du bout du doigt; le vieux bonhomme est vaniteux comme un dindon.

— Mademoiselle Ritta est toute pâle de colère, observa Robert.

— Elle n'a point pâli pour cela, dit le Parisien en souriant finement.

— Bah! et pourquoi?

— Parce qu'elle est triste.

— A son âge, avec une jolie figure qui plaît à tout le monde, c'est étonnant.

— Pas étonnant du tout au contraire, dit le Parisien ; elle est triste parce qu'on n'a pas de nouvelle de M. d'Obigny, qui peut-être est mort à cette heure.

— Sais-tu ce qu'on raconte à ce sujet? demanda Robert.

— Ça n'a rien de gai, répondit Paul. Quoique simple sous-officier, il était le bras droit du colonel, c'est lui qui est allé dans les tribus, déguisé en mendiant pour étudier le terrain; c'est lui qui a guidé la colonne et l'a sauvée de bien des mauvais pas. Eh bien! au moment où l'on allait rentrer à Nemours, il a disparu, et l'on ignore ce qu'il est devenu.

— Le tueur de panthères n'est pas mort! dit le Kabyle.

— Le tueur de panthères est mort, insista Robert. On a beau avoir l'œil américain et le cœur français, à force de battre le briquet sur un baril de poudre, on finit par sauter.

— Quel dommage! il avait un si bel avenir, s'écria Paul; il serait devenu général. Savez-vous que quand il a abattu son dernier lion, le cinquième, le gouverneur général lui a envoyé une carabine d'honneur?

— Il ne l'avait pas volée.

— Et dire que voilà trois ans que je l'ai vu sur le boulevard des Italiens, mis avec un chic ébouriffant, menant un train de prince, un vrai dandy, quoi !

— Qu'est-ce qui l'a donc décidé à quitter Paris ?

— Es-tu bête, Robert, de me faire de ces questions-là. Pourquoi es-tu venu en Afrique, toi ?

— Pour me battre, changer d'existence, voir du pays.

— Eh bien ! moi aussi, lui aussi. On finit par s'ennuyer d'être incrusté dans sa ville, comme un escargot dans sa coquille ; et on commence son tour du monde par l'Algérie. Seulement, M. d'Obigny, étant ruiné et marquis, il a été poussé de plus par le désir de faire une belle fortune militaire.

— Si, comme on le dit, le marquis d'Obigny est mort, mademoiselle Ritta aura perdu en lui un joli parti, un beau mari, un galant homme. C'est un garçon magnifique, qui portait son burnous et son turban d'une manière superbe. Je suis sûr qu'il aurait été décoré et nommé sous-lieutenant ; dans cette bicoque, les maris de cette trempe ne sont pas communs.

— Si le diamant est rare, la perle l'est aussi, observa sentencieusement le Kabyle.

— Traduis-nous ta pensée en langage moins figuré, Abdallah, on ne te comprend jamais, dit le Parisien ; en France, tu serais de l'Académie, si tu voulais, car on y fait entrer ceux qui écrivent comme tu parles.

— Il veut sans doute comparer mademoiselle Ritta au marquis, dit Robert.

— On ne compare pas l'olivier à la vigne, et cependant ils marient leur feuillage, reprit le Kabyle.

— Quelle poétique façon de s'exprimer ces Kabyles vous ont ! exclama Paul. Abdallah a raison, les deux amoureux ne se ressemblent pas ; mademoiselle Ritta est gentille, douce, mignonne à croquer, c'est une gazelle enfin. Tandis que le tueur de panthères, avec son air imposant, ses grandes manières et son œil gris qui flambe, ressemble au lion qu'il chasse dans ses moments perdus.

En ce moment, Paul dit :

— Tiens ! tiens ! tiens !

Robert demanda :

— Quoi donc ?

— Jean Casse-Tête !

— Eh bien ? fit-on.

— Il a parlé au juif Lévy.

— Après ?

— C'est que vous ne savez pas, vous autres...

— Qu'y a-t-il donc ?

— Je vais vous conter ça ! fit Paul.

Et il s'assit commodément pour commencer ses révélations.

Paul ne quitta pas de l'œil le chasseur Jean Casse-Tête.

— Eh! fit-il, comme il lorgne mademoiselle Ritta; si le marquis voyait cela, il ferait bien vite baisser les yeux à ce rustre.

— Heuh! fit Robert, Jean est un terrible homme, et brave et hardi à ne craindre personne.

— Mon vieux, dit Paul, il y a de cela un mois, j'ai vu une fois regarder en face Jean Casse-Tête (vous savez, ce coureur des bois que tout le monde craint). Eh bien! il lui a fait baisser la tête.

— Ils sont amis pourtant!

— Comme un chien associé à un chat, un vautour à un aigle.

— Mais on dit qu'ils se sont sauvé la vie.

— C'est vrai; le spahi a délivré le braconnier de huit ou dix Arabes qui étaient en train de le décapiter; et, dernièrement, Jean Casse-Tête, apprenant qu'un chef kabyle retenait le marquis prisonnier, a mis le feu au village de ce chef, et profité du désordre pour rendre la liberté à son camarade. Pourtant, au fond, ils ne s'aiment guère, et ils ne seront peut-être pas longtemps sans se haïr.

— Pourquoi?

— Je les crois rivaux d'amours.

— Allons donc! rivaux! Jusqu'ici, le braconnier n'a pas encore chassé sur les terres du spahi; loin de faire les yeux doux à la nièce du patron, il la regardé toujours d'un air furieux.

— Bah! il ne faut pas se fier à l'apparence, Jean Casse-Tête a des yeux trop méchants pour les adoucir; mais il a peut-être une manière à lui de courtiser les femmes! Si le marquis n'est pas mort, par hasard, attendez-vous à une catastrophe le jour où Jean Casse-Tête apprendra que le tueur de lions peut épouser mademoiselle Ritta.

— Mais ce mariage est-il bien avancé?

— Oui.

— Vraiment, le beau spahi et mademoiselle Ritta auraient roucoulé la chanson des amours?

— Entendons-nous; dans cette romance-là il y a trois couplets; le premier commence par un sourire, le second est entrecoupé par des baisers, le troisième se termine par des soupirs. J'ai vu le sourire, j'ai entendu le baiser, puis le refrain ordinaire, toujours sur le même air: M'aimes-tu? — Je t'aime. Mais c'est là tout. Le pauvre garçon, s'il est mort, aura laissé la chanson inachevée.

— Le tueur de lions n'est pas encore au paradis des braves, dit le Kabyle d'un ton convaincu.

— Abdallah, encore une fois, qu'en sais-tu?

— Quand une jeune fille de nos montagnes, répondit le Kabyle, a son fiancé loin d'elle, gagnant sa dot, s'il arrive malheur au jeune homme, elle ressemble à un palmier courbé par un orage; sa tête tombe sur son sein. Mais si son amant est sur les sentiers du retour, elle interroge, inquiète, tous les points de l'horizon, pareille à une fleur qu'agite la brise, en lui apportant les frais parfums de la mer. Regardez la perle d'Espagne, et vous verrez qu'au lieu d'être ternie par la peur, elle étincelle sous un rayon d'espérance.

— En voilà des mots pour dire qu'elle a un pressentiment! Mes enfants, encore une bouteille, n'est-ce pas? demanda le Parisien, il est fameux ce vin-là.

— Attention! fit Robert, qui avait été longtemps zouave et qui connaissait les manœuvres. On va distribuer les croix, et puis on fera un défilé en tiroir, qui aura son charme, les compagnies s'entre-mêleront, comme les chaînes des danseurs dans une contredanse. Voilà le secrétaire du bureau arabe qui appelle les décorés, il y en a six.

— Quelle chance ils ont! s'écria le Parisien. Est-ce beau d'être nommé chevalier de la Légion d'honneur! Oh! si j'avais dix-sept ans!

— Eh bien! demanda Robert, que ferais-tu?

— Je m'engagerais, et je gagnerais la croix d'honneur.

— Ou une croix de bois sous un palmier, avec une inscription, si on a le temps de t'en faire une, riposta Robert.

— Silence! le colonel fait lire un message du gouvernement.

En effet, les commandements résonnèrent sur toute la ligne, les soldats mirent l'arme au bras, et les fourriers lurent, devant chaque compagnie, une lettre du maréchal (Bugeaud), où la garnison était citée à l'ordre de l'armée; puis le colonel se rapprocha de la ligne de bataille, et ordonna de former le cercle; le mouvement s'exécuta, les colons se pressèrent derrière les rangs, pour voir ce qui allait se passer; les serviteurs de Moralès se dérangèrent comme tout le monde. Il se fit un profond silence.

Le colonel reprit la parole, il avait l'air profondément triste; il rappela à ses soldats les glorieux épisodes de l'expédition, et les remercia de l'énergie et de la bravoure qu'ils avaient déployées, puis il leur parla du jeune sous-officier de spahis qui avait disparu; les paroles d'éloges et de regrets qu'il consacra trouvèrent un écho sympathique dans toutes les poitrines. Il n'est pas une armée au monde qui se passionne plus ardemment que l'armée d'Afrique pour les chefs qu'elle estime et pour le héros qu'elle aime. D'Obigny était un de ces types chevaleresques dont les soldats s'affolent; il n'était bruit dans les camps que de ses exploits merveilleux. A l'autre extrémité de la colonie, où il n'avait jamais paru, on racontait sa vie comme l'on raconte une légende, et quand un bataillon passait de la frontière du Maroc à celle de Tunis, on demandait aux soldats : Avez-vous vu le tueur de lions?

Deux fois la colonne avait été cernée; deux fois il l'avait fait passer entre les goums (troupes ennemies qui l'entouraient); le colonel annonça que d'Obigny avait été décoré; que, dans le cas où l'on n'aurait pas de ses nouvelles, il lui ferait ériger un tombeau dans le cimetière de la route, et que sur la pierre tumulaire il ferait placer sa croix d'honneur. Les troupes et la population étaient profondément émues.

— Eh bien! oui, je m'engagerai, disait le Parisien, quitte à être tué, je mourrais content si j'étais sûr d'avoir une oraison funèbre comme celle-là. Tenez, voyez, il y a des zouaves qui ont les larmes aux yeux.

— Ah! dame, fit Robert, c'est qu'un régiment, c'est une famille, et les zouaves ont perdu dans d'Obigny le meilleur de leurs frères d'armes ; il était toujours à l'avant-garde avec eux.

— Allons, bon! voilà mademoiselle Ritta qui s'évanouit. Ce n'est pas étonnant, le discours du gouvernement lui a brisé le cœur.

III

Où il est prouvé qu'Abdallah avait raison.

Au moment où Ritta s'évanouissait, il se fit une rumeur dans la foule, qui s'ouvrit tumultueusement.

Tout à coup une voix cria :

— Regardez, chrétiens, Abdallah ne s'est pas trompé, le tueur de lions arrive.

Un galop rapide venait de se faire entendre. Un cavalier traversait la foule qui s'écartait sur son passage en criant :

— C'est lui! c'est lui!

Et Paul reconnut d'Obigny. Le jeune sous-officier tenait un indigène garrotté et couché en travers de sa selle. En arrivant près du gouverneur, il enleva son coursier, lui faisant exécuter une de ces voltes magnifiques par lesquelles les Arabes arrêtent court leurs montures, et il salua son supérieur avec calme; puis il fit rouler à terre l'homme qu'il avait amené prisonnier en disant :

— Mon colonel, je vous présente le shérif Ben-Moussa, l'instigateur de la dernière révolte; lequel, vous le savez, n'avait pas voulu se soumettre et continuait à prêcher l'insurrection aux tribus.

Cette capture était de la plus haute importance.

Ben-Moussa avait sur les Arabes un prestige prodigieux.

— Tudieu! d'Obigny, dit le gouverneur en serrant cordialement la main du jeune homme qui sourit, nous avons eu peur de ne plus vous revoir. Venez que je vous embrasse. C'est l'accolade de chevalerie que je vous donne; vous êtes décoré et sous-lieutenant.

Le colonel tendit une croix au jeune homme; il était plus ému que lui.

Les zouaves étaient radieux. Ils acclamèrent le jeune spahi, et les vivats éclatèrent sur tous les points; le nom du colonel se mêlait au sien.

Paul avait couru vers Ritta et lui avait glissé à l'oreille un mot qui avait aus-

C'est dans ce lieu périlleux que se donnent rendez-vous ces bandes de voleurs (page 104).

sitôt fait revenir la jeune fille à la vie. Son oncle la tenait dans ses bras quand le Parisien lui dit : M. d'Obigny est revenu. Elle avait ouvert les yeux aussitôt, et du regard, elle avait cherché son fiancé. Celui-ci, insensible au triomphe qu'il obtenait, sondait tous les groupes pour l'apercevoir. Un éclair de joie illumina sa mâle figure quand son œil rencontra ceux de la jeune fille.

Ben-Moussa fut remis aux mains de deux gendarmes maures.

D'Obigny remonta à cheval et voulut se perdre dans le cortége du colonel; mais celui-ci le retint à ses côtés, et il donna des ordres pour le défilé.

Les troupes se massèrent, puis, au son des fanfares, elles défilèrent devant le gouverneur.

— Tonnerre! disait l'ex-zouave Robert, quel entrain!

« Les pieds ne touchent pas le sol, les sacs ne pèsent rien sur l'épaule. »

Et, perdus dans la foule, ne songeant plus à boire, les serviteurs du vieux Moralès regardèrent passer les soldats jusqu'au dernier.

Quand la revue fut terminée, Paul poussa un ouf! significatif.

— Il fait rudement soif? dit-il, en avons-nous avalé de la poussière! Retournons au café.

Et de nouveau ils s'attablèrent tous; seulement le Parisien parvint à décider Abdallah à vider plusieurs verres d'anisette, lui jurant que dans cette liqueur il n'entrait pas une goutte de raisin.

Le Kabyle tenait à ne pas contrarier son ami Paul, et il eut la faiblesse d'accepter nonobstant le prophète et sa loi.

Les nègres recommencèrent à boire du rhum et les Français du vin d'Espagne.

Le gouverneur, toujours entouré de sa brillante escorte, quittait la place lorsque, tout à coup, un cri d'effroi retentit.

— Un cheval qui se cabre et une femme qui a peur! fit Paul.

« Tiens, c'est Mademoiselle; elle se rassure un peu.

— Quel cheval fougueux monte le marquis! dit Robert attentif; se démène-t-il cet animal-là! Il jettera son cavalier à terre.

— Allons donc! le tueur de lions a des poignets d'acier si sa bête a des jarrets de fer! Je parie qu'il l'a éperonnée exprès, tout en ayant l'air de ne pouvoir la calmer; il s'approche de Mademoiselle. Est-il malin, le marquis. Elle n'a plus peur, mademoiselle Ritta. Elle a compris. Bon, il lui a parlé : c'est un rendez-vous pour ce soir... Aussi son cheval s'en va-t-il au petit pas; le regard de la senorita l'accompagne. Du vin! versez du vin, mes enfants! Elle a ordonné de vider nos verres à la santé du vieux patron. J'aime mieux boire à son bonheur!

C'était un intrépide buveur que le petit Parisien; mais on lui tint tête. Le Kabyle prenait goût à l'anisette; il en vida un flacon. Quoique toujours calme et grave, il sentit son cerveau se troubler, et comme il faut qu'un homme ivre manifeste son exaltation d'une façon ou d'une autre, Abdallah traduisit par la musique les mouvements désordonnés de son âme. Il sortit de sa poche une petite flûte comme en portent les pâtres indigènes, et il en tira des sons aigus et précipités.

Aussitôt les deux nègres, peu soucieux de l'honneur des Espagnes, jetèrent leurs vestes catalanes et se mirent à danser avec la grâce des ours que l'on voit balancer sur les places publiques; ils y joignirent même des cris sauvages qui achevèrent de rendre l'illusion complète.

— Martin lui-même ne ferait pas mieux, dit le Parisien, et comme il était gris, ainsi que ses compagnons, ils apportèrent à l'orchestre un renfort considérable en frappant les verres les uns contre les autres.

Ce bal burlesque se prolongea longtemps, et il se forma un attroupement autour des serviteurs du vieux Moralès.

Celui-ci, songeant à regagner sa ferme, cherchait ses gens; il vit avec fureur l'état dans lequel ils se trouvaient. Heureusement, Ritta lui fit observer qu'il se compromettrait en se commettant avec des ivrognes.

— Retournons aux Figuiers, ma nièce, dit l'Espagnol; nous y retrouverons au moins deux serviteurs fidèles : aussi sont-ils Catalans! S'ils étaient ici nous n'irions pas seuls par les chemins comme de petites gens.

Et le vieux Moralès s'éloigna avec Ritta, qui souriait de sa colère.

IV

Où Jean Casse-Tête et d'Obigny projettent de tuer une panthère.

Deux heures plus tard d'Obigny, après une longue conférence avec le gouverneur, rentrait au quartier de la cavalerie où il conduisait son cheval. Il s'entendit appeler familièrement; il se retourna surpris et se trouva en face de Jean Casse-Tête.

— Parbleu! Jean, je suis content de te voir; comment vas-tu? dit le tueur de lions.

— Comme un caroubier qui sent une terre profonde sous ses racines, répondit Casse-Tête.

« Et toi?

— Je me porte fort bien, mais je suis fatigué comme un coursier qui a chassé la gazelle.

— Tant pis! fit Jean Casse-Tête.

— Et pourquoi?

— J'ai relevé les traces d'une panthère dans le ravin de Djemmaa et je l'abattrai cette nuit.

« Je venais te prier d'être de la partie; la bête étant vieille, énorme, à en juger par l'empreinte, et très-rusée.

« Je pourrais être surpris par derrière, si je m'embusquais seul.

« Elle a déjà mangé de l'homme, je le parierais, et elle est très-méfiante.

« Elle mesure deux mètres cinquante de la tête à la queue. »

Après avoir dit cela avec l'assurance d'un homme sûr de son fait, le braconnier tira une pipe de racine de bruyère du fond de sa poche et il battit le briquet pour l'allumer.

Quand la pipe flamba, le braconnier secoua l'amadou, qui tomba sur le dos du son chien.

Le poil roussit, mais l'animal se contenta de se rouler sur le sable sans hurler.

— Tu brûles ton chien, Jean, dit d'Obigny.

— C'est exprès, répondit tranquillement le braconnier, ça l'habitue à ne pas crier quoiqu'il arrive.

« Le jour où tu m'as sauvé, les Beni-Snassenn ne m'avaient pris qu'à cause d'un maudit kelb (chien) sur la patte duquel j'avais marché, et qui s'était mis à gémir. Depuis, je dresse mes chiens à souffrir sans broncher. Je les grille de temps en temps; la première fois, ils donnent de la voix; je leur casse un jonc sur l'échine, et, au bout d'un certain temps, ils sont devenus muets comme des poissons. En voici un qui ne soufflerait pas au milieu des charbons ardents. Mais, parle, acceptes-tu mon offre?

— Je ne puis te répondre positivement oui, je ne voudrais pas te dire non. J'ai une affaire à traiter; si je l'ai terminée assez tôt, je me trouverai à dix heures près de la porte qui donne sur le ravin de Nedromah; si tu ne me trouves pas là, pars sans moi.

Ici le chasseur réfléchit un instant, tira deux ou trois bouffées de sa pipe, puis il parut enfin prendre une décision.

— D'Obigny, dit-il, si tu ne viens pas, c'est une séparation très-longue; je médite un plan qui ne te regarde pas, et dont je ne te dirai rien, mais qui me forcera à gagner le Sahara et à y rester; dans le cas où je ne te verrais pas cette nuit, je dois te demander sur quel pied nous continuerions nos relations au cas où nous nous rencontrerions au désert?

— Mais, comme autrefois; en amis.

— Autrefois, nous n'étions pas amis.

— Plaisantes?

— Pas du tout. L'amitié n'est possible qu'entre deux égaux, et comme tu m'avais sauvé, mes jours t'appartenaient; j'étais presque ton esclave. De là bien des colères et des défiances contre toi. Maintenant, si cela te convient, Jean Casse-Tête te propose le pacte de sang.

— J'accepte d'autant plus volontiers que je ne vois pas ce qui pourrait nous séparer.

— Un rien.

— Mais quoi? enfin.

— Une discussion sur la chasse.

Le spahi sourit.

— Une dispute sur le partage du butin.

Il sourit encore.

Une femme!...

Le spahi ne sourit plus; toutefois il tendit la main à Jean Casse-Tête et lui dit :

— Jean, deux hommes qui ont chassé si souvent ensemble, ne doivent pas se considérer comme étrangers ; soyons frères et espérons que nos amours ne feront pas de tort à notre amitié.

— Espérons, dit le coureur des bois.

« En tous cas, exceptons les femmes du pacte, qui serait rompu si une jupe se jetait entre nous deux.

— C'est dit.

Ils échangèrent une poignée de mains cordiale et se séparèrent.

Jean Casse-Tête se dirigea vers la concession du vieux Moralès.

Le coureur des bois était un de ces enfants perdus de la colonisation qui ne savent pas à quels parents ils doivent le jour ni à quelle nation ils appartiennent. Orphelin à cinq ans sur la place d'Alger, pâtre à six ans dans la plaine de la Mitidja, mousse à onze ans sur une balancelle, prisonnier des pirates du Riff à quatorze, il avait fini par se faire chasseur de profession. Il osait, lui aussi, attaquer les lions, mais dans le but unique de toucher la prime de cinquante francs, allouée par le gouvernement à qui détruit une bête fauve, plus une sorte d'impôt convenu préalablement avec les cheiks des villages que gênaient ces dangereux voisins. Aussi avait-il une renommée moins brillante que celle d'Obigny, qui, en plein jour comme à minuit, était prêt à accourir dès qu'on lui signalait une piste.

Quand Jean Casse-Tête fut en face de la métairie, il s'arrêta un instant, puis il se décida à entrer.

Moralès le reçut avec un sourire sur la porte de sa demeure et il l'introduisit dans une salle où il s'enferma avec lui.

Ils restèrent au moins deux heures ensemble.

Moralès ne souriait plus quand il reconduisit le farouche braconnier.

— Tâchez, senor, dit ce dernier, de décider Ritta ; car, demain, vous aurez à choisir entre les deux propositions que je vous ai faites. Si elle accepte, j'allumerai ma pipe avec les papiers que vous savez. Dans le cas contraire, je les remettrai à certaines gens qui en feront un tout autre usage. N'oubliez pas non plus, senor, que par-dessus tout j'ai un couteau de chasse que je sais manier, et que le désert n'est pas loin pour un coureur de bois.

Moralès répondit : J'y songerai, avec une fermeté qui parut étonner le braconnier.

Le Catalan salua le braconnier et rentra chez lui.

Paul et les autres serviteurs revenaient en chantant le long des chemins ; ils aperçurent Jean Casse-Tête.

— Eh ! eh ! dit le Parisien, voilà le coureur des bois qui sort de la ferme. Je vous disais bien qu'il avait une manière à lui de courtiser les femmes.

— Bah ? riposta Robert, il peut faire ce qu'il voudra, la senora aime M. d'Obigny, elle en est aimée ; nous irons bientôt à la noce, malgré les visites de ce braconnier à la sinistre figure.

Et ils continuèrent leur chemin en chantant; les deux nègres s'arrêtaient à chaque instant pour danser, et Abdallah jouait de sa petite flûte; ils s'amusèrent si longtemps le long de la route bordée de buissons d'aloës et de verts cactus, qu'ils n'arrivèrent qu'à la nuit tombante.

Moralès gronda, tempêta, jura; mais ils étaient tous d'humeur trop charmante pour s'en inquiéter.

L'heure du souper vint mettre fin aux doléances du Catalan, qui monta dans la chambre de Ritta.

La jeune fille attendait le spahi à huit heures, elle déclara être fort fatiguée; elle se fit apporter son repas dans sa chambre et s'y enferma.

Moralès se trouva seul dans la salle à manger; il en profita pour réfléchir longuement sur les dernières paroles de Jean Casse-Tête; sans doute ses idées n'avaient rien de gai, car son front ne se dérida pas un seul instant.

Lorsque d'Obigny avait eu son premier rendez-vous, il était venu avec son cheval se ranger derrière la ferme, contre un mur qui donnait sur un petit pré. La jeune fille ouvrant sa fenêtre, les deux fiancés avaient causé à l'aise, protégés par l'ombre de la nuit.

Vers huit heures, Ritta se pencha par sa croisée; le spahi accourut fou de joie.

— Ritta, ma chère petite Ritta, tu m'aimes toujours?... dit d'Obigny en l'embrassant avec fougue.

— Oh! vous n'en doutez pas, répondit la jeune fille. Vous savez bien que pendant cette longue absence je n'ai fait que pleurer et prier pour vous.

« Ne demandez plus si je vous aime, dit-elle en lui présentant son livre d'heures, dont les pages étaient effacées par des larmes.

« J'essayais de lire à la Vierge les litanies qui la touchent, continua-t-elle, mais les pleurs m'empêchaient de voir; je voulais la supplier pour vous, ma voix s'éteignait dans un sanglot...

« Ce matin, quand j'ai cru que vous étiez tué, j'ai failli mourir. Mais maintenant, Charles, ne restez pas là, je vous en supplie.

— Pourquoi cette rigueur? Lorsque je suis parti pour cette expédition, vous m'avez fait espérer qu'au retour je pourrais demander votre main à votre oncle. Plusieurs fois déjà mon espérance a été trompée; aujourd'hui je veux vaincre votre résistance obstinée à me révéler l'étrange secret qui pèse sur notre destinée à tous deux et nous empêche de nous unir.

La jeune fille éprouvait une émotion pénible, et les mots : c'est impossible! tombèrent de ses lèvres hésitantes.

D'Obigny fut saisi d'une agitation qu'il ne pouvait maîtriser.

— Ah! Charles, dit Ritta avec une expression de reproche indéfinissable, vous savez bien que mon cœur est à vous, à vous seul! Voyons, calmez-vous et causons doucement, voulez-vous?

Vaincu par la voix touchante de Ritta, le spahi s'arrêta et reprit sa première position.

— Je sais, lui dit-elle, que l'on blâme celle qui consent à se trouver seule en face de son futur époux; eh bien! si vous me promettez de ne plus me demander mon secret et d'être patient, je vous permettrai de venir ici chaque soir. Nous passerons de longues heures à causer ensemble.

D'Obigny voulut parler, elle l'en empêcha.

— Je sais ce que vous allez me dire, fit-elle; vous voudriez ne plus me quitter du tout.

« Mais il faut être un peu raisonnable! Pensez donc, nous voir chaque jour et longtemps! N'êtes-vous pas joyeux? Il me semble que l'on ne peut rien désirer de plus.

D'Obigny n'osa pas la contredire, il accepta sa proposition, mais avec l'arrière-pensée bien arrêtée de deviner le mystérieux obstacle qui entravait ses projets d'union.

Ce qui inquiétait le spahi, c'est que Ritta, comme presque toutes les orphelines, avait une intelligence vive et précoce des choses de la vie. Aussi sa curiosité était-elle d'autant plus éveillée qu'il était passionnément épris et convaincu de la réalité d'un secret étrange.

L'espoir de le découvrir bientôt lui rendit sa gaieté.

Vers neuf heures, un bruit de pas se fit entendre.

— Pars vite, dit Ritta; c'est mon oncle qui vient me souhaiter une bonne nuit.

— D'Obigny se glissa le long du mur et disparut.

— A demain! lui cria Ritta en lui envoyant un baiser.

Puis elle courut ouvrir à son oncle, qui, la croyant indisposée, venait prendre de ses nouvelles avant de se coucher.

— Tu as le teint animé, tu as la fièvre, mon enfant, dit le vieux Catalan en regardant sa nièce. Veux-tu que je t'envoie ta camériste?

— Merci, mon oncle, je me sens beaucoup mieux maintenant, répondit-elle.

Moralès ne s'était pas trompé; Ritta avait la fièvre. Mais seule, une mère en eût deviné la cause.

V

Quel gibier les deux chasseurs, d'Obigny et Jean Casse-Tête, trouvèrent dans le ravin de Djemmaa au lieu de la panthère.

Quelques minutes avant dix heures, Jean Casse-Tête, à la porte de Nemours, attendait d'Obigny pour s'engager à la recherche de la panthère dans le ravin de Djemmaa.

C'est une gorge profonde qui ouvre un passage vers la mer à un ruisseau descendu du sommet de Traras ; creusée par une éruption volcanique, son aspect est extrêmement varié et pittoresque. Tantôt le torrent coule entre deux murailles hautes et nues, dures et polies comme du marbre, qui resplendissent au soleil, pareilles à d'immenses miroirs d'acier encadrés par la sombre verdure de quelque cactus grimpant à travers les fentes de la pierre.

Bientôt la scène se transforme : les pentes du ravin s'adoucissent et se couvrent d'une végétation luxuriante ; des milliers d'oiseaux chantent sous les lentisques et les tamarins. Les cours d'eau disparaissent sous des buissons de lauriers roses et de jujubiers, les rives sont bordées par des pelouses d'un vert émeraude qu'émaillent les fleurs éclatantes des prairies algériennes.

Puis, tout à coup, sans transition à ce passage enchanteur, succède un site d'un caractère imposant. Les traces du cataclysme qui l'ont formé sont encore visibles comme au premier jour ; les rochers, fondus par l'action dévorante du feu souterrain, broyés par la résistance des couches supérieures, tordus par l'effort gigantesque d'une convulsion du sol, sont entassés les uns sur les autres dans une horrible confusion. Leurs groupes titanesques se dressent, comme des géants de porphyre, avec une hardiesse de pose inouïe, au-dessus de gouffres affreux, pleins de mystère et d'effroi, en face desquels l'âme souffre attristée.

Une légende arabe raconte que ces abîmes ont été creusés en une nuit de vengeance par l'esprit du mal, qui, de sa griffe puissante, a déchiré la nature jusqu'aux entrailles. A proximité de Nemours et de Nedromah, sillonné par un chemin de trois lieues qui mène d'une ville à l'autre, dominé çà et là par quelques douars kabyles penchés sur ces cîmes escarpées, le ravin de Djemmaa n'offre que peu de danger pendant le jour. Mais, quand du haut des montagnes la nuit jette sur la plaine son bleu manteau semé d'étoiles, cette gorge profonde s'emplit de bruits menaçants et se peuple de fantômes étranges. Ses teintes sont sillonnées par les yeux phosphorescents des bêtes fauves en quête d'une proie ; ses échos retentissent des hurlements lamentables que poussent les hyènes affamées ; les rauques aboiements des chacals se mêlent aux rugissements du lion, et le vent de mer qui s'est levé passe en mugissant au-dessus des abîmes.

C'est dans ce lieu périlleux que se donnent rendez-vous ces bandes de voleurs nocturnes que les Arabes appellent des *brouillards*, peignant par ce seul mot les précautions dont ces sinistres maraudeurs s'entourent.

Tant que le soleil luit à l'horizon, ces bandits se tiennent cachés dans les grottes insondées que le tremblement de terre a ouvertes au flanc du défilé, et, quand il a disparu derrière l'Atlas, ils sortent par troupes pour aller semer la terreur au loin.

C'est cependant dans ce ravin que Jean Casse-Tête devait attaquer la panthère, bravant à la fois ses griffes redoutables et le poignard des assassins.

Le coureur des bois n'avait pas amené ses chiens ; il attendait, fumant sa pipe, que l'extinction des feux sonnât au quartier de cavalerie. Si, à la dernière vibration

Le chouaf El-Saïda.

de la trompette d'Obigny n'avait pas paru, il était disposé à partir sans lui. Bientôt, dans le silence de la nuit, les notes de cette sonnerie retentirent lentes et prolongées comme le tintement du couvre-feu, toutes les lumières s'éteignirent dans la redoute. On eût dit que l'ange du sommeil passait au-dessus de la ville, soufflant les flambeaux du pan de sa robe sombre et traînante.

Le braconnier se leva, comme la sentinelle ouvrait la porte, pour laisser passer le spahi.

Les deux chasseurs se serrèrent la main. Le spahi alluma son cigare à la pipe de Jean Casse-Tête ; il en aspira quelques bouffées, et interrogea le ciel.

— Il sera difficile de bien viser ce soir, dit-il ; le vent souffle, et dans quelques heures nous aurons des nuages.

— C'est pourquoi j'ai pris du papier blanc pour en garnir le guidon de mon fusil, afin de l'apercevoir, répondit le braconnier.

— J'ai mieux que cela, Jean.

— Quoi donc ?

— Du phosphore qui brille quand on l'a frotté un peu.

— En as-tu déjà essayé ?

— Oui, lorsque j'ai tué mon dernier lion.

— Il faudra que j'en essaye aussi.

— Crois-tu que nous rencontrerons sûrement la panthère ?

— J'en suis certain. La dame à la longue échine (la panthère) suit toujours le même chemin pour rentrer à son repaire.

— Elle a donc des habitudes régulières, celle-là ?

— Oui, cela tient à la position de son gîte, que je n'ai pu découvrir encore au juste, mais qui doit être proche du miroir des Démons. Comme c'est une bête qui craint l'eau, elle passe le ruisseau sur le pont de bois que l'on a jeté près de cet endroit.

— Y a-t-il des buissons sur la rive où nous l'attendrons ?

— J'ai préparé une embuscade de pierres.

— A quoi bon ce rempart ? fit le spahi d'un ton dédaigneux.

— Tu chasses en amateur, dit le braconnier, moi en homme de métier. Tu ne prends aucune précaution ; c'est une folie téméraire. Moi, je ne trouve jamais de trous assez profonds ni d'arbres assez hauts pour m'abriter ; c'est une sage prudence.

— Que veux-tu, Jean ? chacun a sa manière de combattre. J'aime à ne voir que le canon de ma carabine entre mon ennemi et moi ; c'est déjà une lâcheté d'employer la poudre contre une bête qui tombe foudroyée sans avoir pu se servir de sa force et de ses dents. Pour que les chances fussent égales et la lutte loyale, il faudrait attaquer le lion à l'arme blanche.

— Chut ! fit Jean Casse-Tête avec mauvaise humeur ; nous entrons dans la gorge.

A cet endroit, en effet, les talus du ravin se resserraient et se hérissaient de rocs qui surplombaient au-dessus du sentier, formant une voûte sombre par laquelle les pâles rayons de la lune étaient arrêtés.

Les deux chasseurs se turent ; ils visitèrent les amorces de leurs pistolets, assurèrent la capsule de leur carabine qu'ils prirent en main, puis ils firent jouer dans leurs gaînes leurs longs couteaux arabes.

L'œil au guet, l'oreille au vent, le cou tendu, ils s'engagèrent dans le défilé, surveillant chaque roche et chaque broussaille. Au moindre bruit ils s'arrêtaient; plusieurs fois même ils se jetèrent à plat ventre et enfin, au bout d'une heure; ils aperçurent le pont de bois.

D'Obigny et son compagnon, par un mouvement léger et rapide, se jetèrent dans le lit du torrent.

Une fois à l'abri, le spahi murmura à l'oreille de Jean Casse-Tête le mot : Beni-Snassenn !

— Oui, répondit le braconnier, attention ! et ils se tinrent prêts à tout, car les saracqs (voleurs) de cette tribu étaient les plus redoutables de toute l'Algérie.

Les Beni-Snassenn sont des Kabyles qui occupent, entre nos possessions et le Maroc, une arête de l'Atlas, dont un chaînon, s'avançant dans la Méditerranée, forme la presqu'île qui sert d'asile aux pirates du Riff.

Les douars des Beni-Snassenn étaient construits comme des nids de vautours, à d'inaccessibles hauteurs. Depuis un temps immémorial ils servaient de refuge à tous les criminels des états barbaresques, qui, chaque année, en grossissaient la population, et entretenaient ses instincts de pillage et de férocité. Aussi les hommes de cette tribu ne vivaient-ils que du profit de leurs sanglantes razzias ; dans la saison des récoltes, ils descendaient en grand nombre sur les villages de la plaine, ils tuaient, renversaient et incendiaient tout ce qu'ils trouvaient sur leur passage, et ils regagnaient leurs retraites inabordables chargés de butin, poussant devant eux les troupeaux, en laissant une longue traînée de feu et de sang. Depuis l'établissement des redoutes de Zebdou et de la Magrinia par les Français, ces pirates de l'ouest n'osaient plus s'aventurer par goums (troupes armées) sur notre territoire, mais ils s'organisaient en brouillards (bandes de voleurs de nuit).

Ces petites troupes d'assassins poussaient des pointes hardies jusqu'à Tlemcen, jusqu'à Oran même, se cachant le jour, marchant la nuit en envoyant des chouafs (espions) sur les marchés et autour des concessions pour sonder le terrain et préparer les coups de main.

Sur le rapport de ces émissaires, ils attaquaient les caravanes, les fermes, les douars même, et jusqu'aux petits détachements de soldats qui vont d'un fort à l'autre.

Leur point de ralliement était précisément le ravin de Djemmaa ; c'est pourquoi Jean Casse-Tête et d'Obigny supposaient être en présence d'un brouillard Beni-Snassenn.

Pendant quelques instants, aucun indice ne justifia leurs craintes ; mais un cri de chacal, qui semblait venir de fort loin, retentit et fut suivi d'un autre qui parut venir de plus loin encore.

Les deux chasseurs, connaissant les habitudes des saracqs, comprirent que c'était un chouaf qui donnait un signal d'arrêt, auquel répondait la bande qu'il précédait ; ils ne tardèrent pas, du reste, à l'apercevoir, quoiqu'à la façon dont il avait imité l'aboiement du chacal on eût pu le supposer à une grande distance. Cet effet de ventriloquie s'obtient en disposant la main d'une certaine manière devant les lèvres.

Le chouaf rampait sur le sentier avec précaution, écoutant attentivement, sondant les ténèbres ; il avait, lui aussi, saisi quelques légers sons, et il cherchait à en connaître la cause.

— Il se défie, murmura Jean Casse-Tête ; s'il nous découvre, il faut fuir.

— Impossible, répondit d'Obigny ; le brouillard nous donnerait la chasse, le sentier est étroit ; nous recevrions plus de vingt décharges avant d'avoir gagné de l'avance.

— Que faire ? L'espion va nous voir.

— Le laisser approcher, le tuer, et donner le signal d'avance à la bande, s'il nous découvre, qui continuera son chemin sans se douter de la mort de son guide.

— Bien ! fit Jean Casse-Tête, un coup de couteau au cœur pour qu'il ne crie pas...

Et ils se turent.

Pendant que cette conversation avait lieu, si sourde qu'un souffle caressait à peine l'oreille des chasseurs, le chouaf examinait le sol pour découvrir des empreintes ; heureusement, les chaussures des chasseurs n'en avaient pas laissé sur le roc. Rassuré, n'entendant rien, le chouaf imita le hurlement plaintif de l'hyène, pour que la troupe se remit en marche, et lui-même il se releva en s'éloignant. Deux minutes après, une centaine de saracqs défilèrent un à un, si près du spahi et de Jean Casse-Tête, qu'ils sentaient le vent que faisaient leurs burnous en marchant.

Quand ils eurent disparu, Jean Casse-Tête, impassible, ne poussa même pas le soupir de satisfaction qui s'échappe de la poitrine des plus braves lorsqu'un terrible danger est conjuré.

— Ces vautours, dit-il, vont s'abattre quelque part ; le diable rouge (le feu) dansera ce soir sur un toit. Les affaires des colons ne me regardent pas ; mais je crains bien que les Beni-Snassenn n'aillent incendier les Figuiers.

D'Obigny tressaillit.

— On peut le savoir, fit-il.

— Et comment ?

— En le demandant au chouaf.

— Es-tu fou ?

— Pas le moins du monde, si je tenais le chouaf, je le ferais parler ; car je le connais, c'est El-Saïda (la panthère).

— Oui, mais il faudrait le tenir.

— C'est mon affaire, il faut longer la mer pour aller aux Figuiers, et par un sentier que j'ai découvert, nous pouvons gagner une demi-heure d'avance sur les saracqs que je veux rejoindre ; donc, nous pouvons causer.

— A quoi bon rester ici ? fit le braconnier impatient, secourons les Figuiers sans perdre une minute.

— Quel empressement tu mets à venir en aide à des gens dont tu te soucies fort peu ordinairement! Ne m'as-tu pas dit vingt fois qu'ils ne valaient ni une amorce de ta carabine, ni une goutte de sueur? C'est à un Espagnol pourtant qu'appartient la métairie des Figuiers.

— C'est vrai, répondit Jean Casse-Tête avec embarras.

— Pourquoi tant de zèle, alors?

— Parce que j'aime quelqu'un sous le toit de Moralès.

— Un homme?

— Non.

— Une femme?

— Oui.

— Son nom?

— Ritta.

VI

Comment d'Obigny prit les révélations de son rival.

— Et tu aimes Ritta ! toi ! s'écria d'Obigny ?

Jean Casse-Tête fut quelques instants sans répondre ; il trouvait l'exclamation de son compagnon au moins étrange.

— Pourquoi, demanda-t-il n'aurais-je pas d'amour pour cette jeune fille ?

— Parce que, répondit énergiquement d'Obigny, la gazelle ne s'unira pas au sanglier.

— C'est-à-dire que je suis trop rude, trop grossier pour elle.

« J'en conviens, mais en revanche, je suis riche, je gagne beaucoup et ne dépense rien.

— On n'achète pas une Européenne comme une moucaire (femme arabe).

— J'ai cependant payé Ritta en bonne monnaie au vieux Moralès, et sous peu de jours il me la livrera par devant le curé de Nemours. »

D'Obigny sentait une formidable colère gronder dans sa poitrine, mais il se contint pour tout savoir.

— Je n'aurais jamais cru Moralès assez avare pour vendre sa nièce.

« Il est loin d'être ladre, le pauvre seigneur; au contraire, sa concession ne peut suffire à ses folles largesses; il s'endette chaque jour.

— Il compte rentrer dans son pays et recouvrer sa fortune mise en séquestre ; mais en attendant, nul ne veut lui prêter de l'or sur des domaines confisqués par le gouverneur.

« Comme j'avais envie de faire ma femme de Ritta ; j'ai acheté toutes les créances qu'un juif de Tlemcen avait contre lui ; le jour où je l'exigerai, il sera jeté en prison ; sa nièce mendira son pain, ou moi, Jean Casse-Tête, je l'épouserai malgré sa répugnance.

— Et tu penses être heureux en épousant une femme qui te détestera ?

— Mon poignard me sera un sûr garant de sa fidélité.

— Mais si un rival aimé, capable de payer les dettes de Moralès, se présentait, que ferais-tu ?

— Je le tuerais ; du reste, j'ai prévenu la jeune fille. Elle sait que de la chapelle à la chambre nuptiale son mari rencontrerait Jean Casse-Tête.

Et le chasseur se mit à vociférer.

D'Obigny comprenait enfin le mystère que Ritta lui cachait ; il avait en face de lui l'homme qui, par une trame odieuse, avait longtemps torturé sa fiancée et retardé son bonheur impatiemment désiré.

— Tu es un misérable, Jean, s'écria-t-il, et ta conduite est aussi lâche que celle d'une hyène.

Le braconnier fit un geste de surprise. Il ne pouvait pas croire qu'une insulte semblable lui fut adressée par son compagnon.

— Décidément, dit-il en le regardant avec attention, tu es fou !

— Tais-toi, répondit d'Obigny, et écoute ; je suis fiancé à Ritta ; toute discussion est inutile. Quand même j'essayerais de te faire comprendre l'odieux de ton action, je ne réussirais pas. On n'empêche le tigre d'égorger les troupeaux qu'en le tuant ; jamais on ne parviendra à lui faire paître l'herbe des prairies, au lieu de sucer le sang des victimes.

« Nous suivons un sentier où nous ne pouvons marcher à deux ; il faut que l'un de nous périsse.

Jean Casse-Tête comprit tout ; il fit un bond en arrière, tira son poignard, qui étincela dans l'ombre, et il poussa un véritable rugissement de bête fauve.

— Défends-toi, cria-t-il à d'Obigny, défends-toi, car je veux, ce soir, livrer ton cadavre en pâture aux chacals.

D'Obigny ne bougea pas.

— Remets ton couteau à ta ceinture, dit-il, nous ne pouvons pas nous battre ce soir ; il faut sauver Ritta, si les Beni-Snassenn attaquent la concession.

— C'est vrai, murmura le braconnier en essuyant du revers de sa manche la sueur que la rage avait fait perler à son front.

D'Obigny reprit :

— Soyons unis jusqu'à l'aurore, Jean ; que nos carabines soient sœurs encore ; que nos balles trouent ensemble les poitrines des Beni-Snassenn. Quand le soleil se lèvera, éclairant notre triomphe, nos mains se détacheront l'une de l'autre, et nos fers chercheront le chemin de nos cœurs, poussés par la haine.

— Soit ; mais si Ritta n'est pas menacée, nous viderons la querelle de suite.

— Nous saurons bientôt à quoi nous en tenir ; je vais m'emparer du chouaf El-Saïda, pour connaître le but de ceux qu'il guide.

— Mais si nous allions de suite à la ferme ?

— Il est important de nous débarrasser d'abord d'El-Saïda ; c'est un ennemi dangereux, qui exerce sur ses compagnons un grand prestige.

« S'il reste avec eux, je ne réponds pas du salut de la concession.

— Partons de suite, dit Jean, car j'ai soif de ton sang, et j'ai hâte de te planter mon poignard dans le cœur.

— Jean, pas de menaces inutiles : deux hommes qui, sans pâlir, ont affronté la mort ensemble, doivent, sans s'insulter, se battre comme deux lions se disputant un territoire de chasse, et non grogner comme deux kelbs (chiens) qui veulent ronger un os.

Et le spahi, en disant ces mots avec une hauteur dédaigneuse, jeta sa carabine sur son épaule, et se dirigea vers la mer, par le chemin dont il avait parlé.

Jean Casse-Tête le suivit en crispant convulsivement ses doigts sur la crosse de son arme.

VII

Où Saïda apparaît pour disparaître promptement.

Une heure après, les deux chasseurs arrivaient à la montagne rocheuse que borde, sur la gauche, la rade de Nemours. Une forte brise, soufflant du nord, soulevait la Méditerranée, dont les flots déferlaient avec violence contre les falaises et s'engouffraient avec un bruit terrible dans les grottes sous-marines, creusées par un remous incessant.

Du choc des eaux jaillissaient dans l'air des colonnes humides, qui y restaient suspendues en vapeurs glacées.

Une brume épaisse montait au-dessus de la mer, et la lune, à demi-voilée, jetait sur la crête argentée des vagues, des reflets fantastiques qui faisaient miroiter ses rayons à travers les gerbes d'écume phosphorescente.

Parfois un coup de vent passait, plus rapide, sur les ondes, poussant à la côte d'énormes lames qui s'abattaient sur les rochers et les ébranlaient sur leur base : on eut dit que la Méditerranée, en fureur, cherchait à briser la barrière de granit qui la tenait enfermée dans son lit.

D'Obigny s'arrêta en face du magnifique tableau qui se déroulait à ses pieds ; il écouta les mugissements de la tempête, et laissa errer son regard sur l'immensité des flots.

Puis, se tournant vers Jean Casse-Tête, il lui dit :

— Beau spectacle, n'est-ce pas ? On dirait des millions de lions hurlant ensemble.

Le braconnier jeta sur d'Obigny un coup d'œil chargé de haine, et il lui répondit d'une voix rauque, dans le langage coloré des chasseurs de bois.

— La colère fouette mon sang dans mes veines, comme le vent, de son aile puissante, balaye cette mer en furie.

D'Obigny vit dans cette allusion une nouvelle menace ; son œil s'illumina d'un éclair dont, malgré les ténèbres, son visage resplendit, superbe de dédain et d'énergie, il croisa ses bras sur sa poitrine, et dit :

— Tiens, Jean, tu me fais pitié ; nous venons de courir l'espace d'une lieue, et ta voix n'a cessé d'agacer mon oreille, comme la crécelle fêlée d'un crieur de nuit agace les bourgeois d'Oran dans leur sommeil. Ton âme est donc bien faible, qu'elle ne peut supporter la douleur sans se plaindre ? Tu as un rival qui te disputera celle que tu aimes ! Est-ce une raison pour crier comme une poularde prise au piége, comme un kelb (chien) battu ? A quoi bon les clameurs, les reproches, les insultes ? Bientôt les Beni-Snassenn vont venir ; s'ils ne veulent pas brûler les Figuiers, si nos bras ne sont pas nécessaires au salut de Ritta, ici même, à cette place, j'attendrai ton choc, et l'un de nous roulera dans l'abîme, où les flots lui serviront de linceul.

Jean Casse-Tête, dompté par la supériorité du caractère de d'Obigny, se tut, dévorant sa fureur.

Le spahi s'était hissé sur un bloc de pierre qui dominait le sentier ; il avait préparé une longue corde de soie qu'il portait toujours sur lui.

Dans sa carrière aventureuse, il avait compris de quelle utilité pouvait être une corde souple et solide, servant tout à la fois d'échelle, de lasso, de lien même ; du reste, les Hadjoutes (les fameux cavaliers rouges de la Metidja) se servaient, eux aussi, d'un nœud coulant qu'ils lançaient à de grandes distances sur les soldats français, afin de les capturer ; et d'Obigny, qui les avait combattus, avait adopté cette arme.

— Que faut-il faire ? demanda le braconnier en regardant les dispositions de son compagnon.

— Attendre répondit celui-ci.

La réponse ne plut pas à Jean Casse-Tête ; il s'accroupit en grommelant près du spahi.

— Chut ! fit celui-ci.

Le braconnier cessa de gronder, mais, en attendant le moment d'agir, il songeait à la fatalité étrange qui le forçait à faire cause commune avec un homme qu'il exécrait.

De rage, il enfonçait ses ongles dans sa poitrine velue.

Enfin, l'espion parut : toujours défiant, il affleurait à peine le sol de son pied léger, et, au milieu des ténèbres sa marche aérienne, son burnous sombre, son air mystérieux, le faisaient ressembler à un fantôme errant sur les grèves.

Eh bien! tu te trompes, ta Meriem te trahit! (page 115).

A son aspect, le spahi s'était ramassé sur lui-même, prêt à bondir comme une panthère guettant sa proie.

Quand le Beni-Snassenn eut dépassé d'un pas le rocher où les chasseurs se tenaient, d'Obigny lui lança son lasso avec une sûreté de main si grande, que le chouaf, étranglé par le nœud coulant, ne put pousser un cri; son premier mouvement fut d'essayer de dégager son cou; mais le spahi l'enleva vigoureusement et l'attira sur le rocher, où les deux chasseurs le garrotèrent et le bâillonnèrent.

Jean Casse-Tête ne connaissait pas l'usage du lasso, dont son compagnon ne s'était jamais servi devant lui; il ne comprenait pas très-bien comment la capture s'était faite ; il regardait d'Obigny avec surprise, mais l'heure n'était pas propice aux explications.

D'Obigny plaça le prisonnier sur son épaule, et, sautant de roche en roche, il parvint au bas de la falaise.

La mer mugissait avec tant de force, que d'Obigny n'hésita pas à rendre au prisonnier la liberté de la parole.

Le chouaf, du reste, comprit que tout appel à ses compagnons serait inutile.

Avec la froide résignation des musulmans, qui conservent en face de la mort une impassibilité admirable, il attendit, calme et stoïque.

— Te voilà pris au filet, méchant oiseau de nuit, dit Jean Casse-Tête ironiquement.

— Je ne suis pas un hibou, répondit fièrement le chouaf, mais un lion tombé dans un piége et insulté par un lâche.

— Alouf-el-raba (sanglier de la forêt), c'est à Jean Casse-Tête que tu parles.

— Ben-joudï (fils du juif), riposta le chouaf.

« Sache que je suis El-Saïda (la panthère), et que, parmi les guerriers, je passe pour un vaillant.

— Tu as tort d'insulter El-Saïda, dit d'Obigny, c'est un des plus braves guerriers de l'Atlas.

Le chouaf leva la tête, tout surpris.

— Qui es-tu donc ? demanda-t-il au spahi.

— Le tueur de lions, répondit simplement celui-ci.

— Oh ! le prophète soit béni ! s'écria le Beni-Snassenn, je ne mourrai donc pas sous un yatagan vulgaire, j'aurai un glorieux trépas.

D'Obigny sourit.

— Tu reverras les montagnes, dit-il, car l'heure d'entrer dans le paradis des braves n'est pas sonnée pour toi. Je t'ai reconnu tout à l'heure au ravin de Djemmaa, et comme je désirais savoir les desseins de tes frères, je t'ai fait prisonnier; j'attends maintenant que tu parles.

— A ma place, trahirais-tu tes compagnons? demanda le chouaf.

— Din Allah (Dieu sacré)! s'écria Jean Casse-Tête, nous perdons notre temps. Dépêche-toi de siffler, vipère, ou mon poignard te déliera la langue.

— Je croyais Jean Casse-Tête un guerrier, fit avec mépris le Beni-Snassenn; mais je vois que c'est une vieille femme hargneuse.

Le braconnier, exaspéré, leva sa crosse de fusil sur le prisonnier, mais le spahi le repoussa rudement.

— Silence! dit-il en français, où nous ne saurons rien.

Puis, se tournant vers le Beni-Snassenn, il reprit :
— Ta vas parler, El-Saïda.
— Oh! fit le chouaf souriant.
— Tu vas parler, reprit le tueur de lions. Écoute, tu as une femme belle comme une houri, la fleur de tes montagnes; cette femme, tu l'aimes, tu en es fou; c'est afin de la parer comme une sultane que tu braves la mort chaque nuit.

« Et tu crois que, en ton absence, elle songe à l'époux chéri qui se bat loin d'elle? Et tu es bien sûr de posséder son cœur; n'est-ce pas, El-Saïda? Eh bien? tu te trompes.

« Ta Meriemm te trahit.
— Par Allah! tu en as menti! s'écria le Beni-Snassenn; si tu disais vrai, je la jetterais en pâture à mes chiens, quoique je ne tienne plus à son amour depuis quelques mois.
— El-Saïda, le tueur de lions n'a jamais menti.

Les Arabes et les Kabyles sont impitoyables quand leur honneur conjugal est outragé; ils ne pardonnent jamais; n'eussent-ils pour leur femme que de l'indifférence.

— Aussi Saïda, quoiqu'il n'aimât plus Meriemm depuis qu'il avait projeté l'enlèvement de Ritta, était-il en une telle exaltation de vengeance qu'il eut un éclat de folie.

Il s'écria :
— Malédiction! c'est la vérité, car ta parole est sacrée comme le Coran. Je suis trahi par Meriemm (Marie) et déshonoré.

Puis, se tordant de rage, le chouaf ajouta :
— Ainsi, moi, El-Saïda le farouche, El-Saïda le terrible, moi dont on craint la colère comme on craint le simoun, je suis le jouet d'une créature aussi frêle que le roseau des lacs!

« Adieu, tueur de lions, toi qui connais l'outrage, tu sauras comment je l'ai puni! »

Et le chouaf voulut s'élancer; mais le spahi se plaça devant lui, laissant tomber ces mots :
— Tu oublies que tu es captif!

L'effet de cette phrase fut magique.

Le Beni-Snassenn se jeta aux genoux de d'Obigny.
— Par la mère qui t'a nourri, dit-il, par Allah qui guide tes balles à l'œil des lions, par ta vengeance, si tu en couves une dans ta poitrine, laisse-moi partir!

« Veux-tu un esclave qui te servira comme un marabout (prêtre) sert Dieu? Veux-tu un cœur qui t'aimera comme un enfant aime son père? Accorde-moi quatre jours de liberté, et je reviendrai te reconnaître pour mon maître.

« Donne-moi le nom de mon rival, et ma vie t'appartiendra. »

L'accent du Beni-Snassenn était si émouvant, que Jean Casse-Tête lui dit:

— Dis-nous où vont tes frères, et tu seras libre.

— Hâte-toi! ajouta d'Obigny.

— C'est aux Figuiers, répondit le chouaf; maintenant, que de vos lèvres sorte ce nom que j'attends, et livrez-moi l'espace.

— C'est le fils du marabout de ton village qui est ton rival, dit le spahi.

« Maintenant, El-Saïda, je souhaite que le prophète protége ta vengeance.

— Merci, tueur de lions, merci; je pars, que ton Dieu te garde!

Et le Beni-Snassenn, sans perdre un instant, prit le chemin des montagnes.

— Est-ce que, vraiment, tu viens de dire la vérité?

— Oui, répondit le spahi; mais l'épouse infidèle est en sûreté maintenant, car je sais que le père d'El-Saïda a supris son secret, et l'a menacée de la dénoncer à son fils lorsqu'il serait de retour. Meriemm a fui; si je n'avais été certain qu'en rentrant chez lui Saïda serait averti de la trahison de Meriemm, je n'aurais rien dit. Allons, hâtons-nous, il faut courir aux Figuiers, et y arriver avant le brouillard (bande de voleurs).

Et, pour ne pas rencontrer les saracqs, les chasseurs coupèrent à travers les broussailles, jusqu'à ce qu'ils crurent avoir dépassés la bande.

Lorsqu'ils furent près des Figuiers, tout était silencieux. Les habitants dormaient profondément; les chiens seuls, en entendant des bruits de pas dans le voisinage, se mirent à hurler.

D'Obigny sonna énergiquement à la porte principale; Paul, le Parisien, accourut.

— Qui est-là? demanda-t-il.

— Des amis, ouvrez vite; les Beni-Snassenn vont attaquer la concession.

— En voilà une chance! s'écria le Parisien joyeux, nous allons nous battre; attendez, monsieur d'Obigny, attendez.

Et, comme il avait reconnu la voix du spahi, il s'empressa de l'introduire.

— Mille tonnerres! Jean Casse-Tête est de la fête aussi, dit-il en apercevant le braconnier; eh bien! ils vont recevoir une fameuse danse, les saracqs.

Les autres serviteurs ne tardèrent pas à remplir la cour, et le vieux Moralès lui-même se montra à une fenêtre, s'informant avec colère de la cause du bruit.

— Levez-vous, patron, lui cria le Parisien : on va faire le siége de votre bicoque; c'est un fameux honneur pour elle et pour vous.

Moralès se hâta de descendre, accompagné de deux domestiques catalans qui avaient sa confiance.

— Comment, monsieur d'Obigny, dit-il, est-ce que les Beni-Snassenn oseraient, si près de Nemours, faire une tentative sur ma concession?

— Avec ça qu'ils se gênent, les gaillards, observa le Parisien.

— Il n'y a plus une minute à perdre, senor, répondit d'Obigny. Dans quelques instants nous aurons sur les bras un brouillard très-nombreux.

Moralès dissimula l'inquiétude que lui causaient ces paroles sous un grand air de dignité.

— Allumez des torches, ordonna-t-il, préparez les armes; barricadez les portes; et il continuait à donner des ordres comme un châtelain d'un castel du royaume de Léon eût fait en apprenant que son fief allait être attaqué par les musulmans. Faites chauffer de l'huile bouillante, disait-il; apportez des échelles; entassez des pierres; que...

— Senor, dit Jean Casse-Tête, vous ne connaissez pas la guerre. Laissez-nous organiser la défense.

— Cré tonnerre! s'écria le Parisien, comme il y allait le patron! de l'huile bouillante, des pierres, des cuirasses et des lances, comme le Cid du sieur Corneille au Théâtre-Français.

« Sont-ils poseurs, ces Espagnols!

— Éteignez les lumières! dit d'Obigny, prenant le commandement avec cet accent d'autorité auquel rien ne résiste dans les circonstances périlleuses; faites silence et prenez des pioches. Que chacun pratique un trou à la muraille pour y passer un fusil.

« Allons, vite!

Les serviteurs obéirent.

— Vous, senor, continua le spahi, éveillez mademoiselle Ritta; nous avons besoin de sa chambre pour surveiller l'autre face du bâtiment.

« Avez-vous deux hommes bien sûrs?

— Oui, monsieur; mes deux Catalans.

— Sont-ils bons tireurs?

— Excellents.

— Monsieur d'Obigny, ce n'est pas vrai, fit observer le Parisien; l'autre fois ils ont manqué un sanglier à trente pas, dans le ruisseau qui coule près d'ici.

D'Obigny sourit à Paul, lequel, en faisant cette révélation ajouta:

— Prenez Robert et Yousouf, le nègre, monsieur d'Obigny.

« Robert a été zouave, je ne vous dis que ça; quant au nègre, il a si peur de Robert, que devant cent canons il ne broncherait pas, si l'ancien zouave lui ordonnait de rester en place.

— Merci du conseil, mon garçon, répondit le spahi. Senor, veuillez, je vous prie, installer à leur poste le Français et le noir.

En ce moment, les femmes des colons accouraient, effrayées, s'informant de ce qui se passait; elles étaient trois, plus une négresse, qui poussaient des cris perçants; Yousouf, son mari, étouffa ses clameurs par une correction qui obtint un résultat satisfaisant; les trois autres femmes étaient des Catalanes; elles sanglotaient au milieu de la cour.

— Faites rentrer ces pleureuses, cria Jean Casse-Tête brutalement.

« Les larmes mouillent la poudre. »

L'un des Catalans dit quelques mots en espagnol aux trois femmes, c'étaient de ces reproches qui fouettent les natures vigoureuses.

Les Espagnoles relevèrent fièrement la tête, essuyèrent leurs yeux et se placèrent près de leurs maris, déclarant vouloir recharger leurs fusils.

— Bon! dit le Parisien, du moment où nous avons des amazones, nous sommes invincibles.

« Vous battrez-vous aussi, Paquita? demanda-t-il à la camériste de Ritta, qui venait d'accourir.

— Oh! Dios mio! Dios mio! s'écria la camériste. Nous sommes donc attaqués, monsieur Paul?

— Oui, ma belle petite Paquita, répondit le Parisien, je vais vous prouver que je suis un homme, à vous, qui me traitez d'enfant.

D'Obigny, pendant qu'on établissait les créneaux dans la muraille, faisait rassembler les fusils et les munitions au milieu de la cour.

Il y avait en tout onze hommes qui pouvaient disposer d'une vingtaine d'armes à feu; la poudre ne manquait pas; les colons semblaient déterminés à se battre avec vigueur.

D'Obigny, après avoir calculé toutes les chances de succès, espéra sauver la concession.

Il monta sur la terrasse de la maison, pour tâcher d'apercevoir l'ennemi; il ne put percer l'obscurité. Seulement il entendit le cri du chacal et un houhoulement de hibou.

Il tressaillit.

Ce houhoulement était le cri particulier d'une seconde bande.

Au lieu d'avoir à lutter contre une seule troupe de brigands, il allait en avoir deux à repousser.

L'une d'elles, la seconde, était une fameuse bande de coupe-jarrets que commandait El-Alouf, le successeur du célèbre Elaï-Lasiri, dont nous avons déjà raconté les exploits.

D'Obigny redescendit inquiet.

Une forme blanche se dessina dans la cour.

C'était Ritta.

VIII

La défense.

Jean Casse-Tête entendit, lui aussi, le houhoulement du hibou; il savait que c'était le cri de ralliement du Brouillard Sanglant, et il douta du succès.

Il jeta un coup d'œil sur la situation; neuf colons occupaient les créneaux, deux autres défendaient les derrières de la maison à une fenêtre, où ils pouvaient facilement se maintenir.

Les munitions abondaient, mais El-Alouf, le chef du Brouillard Sanglant qu'il avait reconstitué à la mort du fameux bandit Elaï-Lasiri, avait une réputation d'audace et d'habileté que de sanglants exploits lui avaient acquise depuis longtemps.

Quand le braconnier vit d'Obigny, il alla vers lui et lui dit :

— Tu as sans doute reconnu à quels ennemis nous aurons à faire ?

— Oui, Jean ; mais il faut cacher cela à nos colons, ils s'épouvanteraient.

« Chut ! fit-il en montrant Ritta. »

La jeune fille s'approchait, enveloppée dans un burnous blanc, les cheveux épars sur les épaules, plus pâle encore que d'habitude, mais calme, presque souriante.

Seulement son sourire avait quelque chose de profondément triste, cette tranquillité frappa le braconnier.

— En vérité, dit-il, mademoiselle Ritta est admirable de sang-froid.

— Je n'ai pas peur, monsieur, parce que la mort n'effraie pas ceux qui souffrent, et pour qui elle est une délivrance.

« Je suis certaine de ne pas tomber vivante aux mains des Beni-Snassenn, c'est la seule chose que je pourrais redouter. »

Et Ritta lança à Jean un de ces regards de gazelle blessée qui remuent le cœur du chasseur le plus farouche.

Le spahi cherchait à décider Ritta à se mettre à l'abri dans les appartements ; mais elle refusa avec une persistance qu'il ne put vaincre.

Moralès avait fait museler les chiens ; d'Obigny ordonna de les laisser aboyer.

Les Beni-Snassenn, inquiets déjà de la disparition de leur chouaf, se seraient défiés d'un calme trop profond.

Les chiens, lâchés, se mirent à hurler d'une façon sinistre ; la lune, obscurcie par les nuages, ne répandait qu'une clarté blafarde, qui donnait aux objets des formes bizarres et incertaines ; le vent faisait grincer la girouette rouillée de la terrasse, et les défenseurs de la métairie, rangés contre la muraille, regardaient avec anxiété à travers les meurtrières improvisées.

Ritta s'était placée auprès de son fiancé.

— Quand vous jugerez que tout est perdu, vous me préviendrez, n'est-ce pas, Charles, lui dit-elle ?

— Je te sauverai, Ritta, lui répondit-il, le danger n'est pas aussi grand que tu le crois.

— N'importe, Charles, j'exige que vous me juriez de m'avertir quand tout sera désespéré.

D'Obigny hésitait, mais elle le supplia d'une voix si douce, qu'il promit.

— Je vous remercie, lui dit-elle, et je suis plus tranquille.

« Maintenant, donnez-moi votre poignard, il me semble qu'il me sera plus facile de mourir si je me sers d'une arme vous ayant appartenu, et, d'une main rapide, elle écarta le burnous du jeune homme, et prit à sa ceinture un couteau de chasse.

En ce moment les chiens aboyèrent avec force.

L'ennemi approchait, le spahi revint à lui, il laissa tomber son burnous à ses pieds, et il apparut à sa fiancée dans le magnifique uniforme de la cavalerie indigène ; le jeune homme avait aussi une mâle et fière beauté.

Ritta l'admirait, ne songeant qu'à lui, le couvrant du regard, suivant tous ses mouvements.

Paul, au créneau voisin, contemplait toute cette scène ; et il disait à son ami le Kabyle :

— L'aime-t-elle ! l'aime-t-elle ! quelle crâne petite femme !

Le spahi, tout à ce qui se passait au dehors, surveillait les abords de la ferme. Selon ses ordres, on devait attendre son commandement pour tirer.

Bientôt un Beni-Snassenn se montra sur le chemin ; il examina la concession avec un soin extrême, puis il s'éloigna.

D'Obigny jeta un coup d'œil sur son monde, il vit chacun à son poste ; chaque colon avait derrière lui son fusil chargé et ses pistolets à sa ceinture.

Jean Casse-Tête, lui aussi, inspectait les défenseurs de la ferme ; les regards des deux rivaux se rencontrèrent, il en jaillit un éclair de haine.

— Misérable ! gronda sourdement le spahi, je te tuerai !

Ritta entendit cette sourde exclamation.

— Tu sais donc tout, demanda-t-elle effrayée ?

— Oui ! répondit d'Obigny.

— Oh ! mon Dieu ! fit-elle en joignant les mains, il est capable de t'assassiner.

— Enfant ! mon bras vaut bien son bras, et mon cœur vaut mieux que le sien ; je te vengerai et tu seras ma femme.

Un rayon d'espérance illumina le front de la jeune fille, mais il disparut bien vite.

Paul venait de prononcer le mot : attention !

A travers son créneau, d'Obigny vit s'avancer le Brouillard Sanglant, reconnaissable aux burnous noirs et aux chichias rouges des hommes qui le composaient, et dont le nombre s'élevait à cent au moins.

Plus disciplinés, mieux organisés que les autres, ces bandits avançaient avec ordre vers la concession.

Une vingtaine d'entre eux portaient un arbre énorme, abattu pour servir de bélier et enfoncer la porte ; les autres les escortaient le fusil en main.

D'Obigny pensa à Robert et au nègre qui se tenaient dans la chambre de Ritta,

La concession des Figuiers était devenue un véritable camp (page 128).

il leur dépêcha une femme en leur recommandant d'entasser des meubles contre la fenêtre, tout en se ménageant des jours ; il espérait que les meubles formeraient une barricade assez solide pour arrêter les bandits du premier brouillard qui tenteraient un assaut sur les derrières de la concession.

Puis une idée subite traversa son cerveau : il ordonna à deux autres femmes de lui apporter toutes les carafes et les alcardzas de la maison, de les remplir de poudre et d'y placer une mèche.

Quand il revint à son créneau, il vit les saracqs à dix pas de l'entrée principale. Les chiens continuaient à hurler avec un redoublement de rage, les figures sauvages des bandits avaient une expression de férocité révoltante, les colons éprouvèrent cette angoisse poignante qui n'est pas la peur, puisque les plus braves y sont sujets, mais qui en est le principe.

C'est la révolte des sens en face de la mort, la contraction des nerfs qu'irrrite une commotion physique, l'instinct de la conservation qui domine un instant toutes les forces de l'âme. Chez les lâches, cette émotion grandit rapidement, envahit tout leur être, paralyse toutes leurs facultés, et les rend stupidement inertes ; ou si elle leur laisse une lueur de raison, un reste de vigueur, ils les emploient à fuir.

Chez les braves, cette sensation est fugitive, la volonté la surmonte, et le moral triomphe du physique. C'est cette lutte intérieure que les Arabes ont si bien définie : savoir tenir son âme en face du danger.

Depuis trop longtemps d'Obigny avait dompté cette défaillance de la chair pour ne pas être entièrement maître de lui-même.

Comme les bandits allaient lancer le madrier contre la porte, il cria : feu ! d'une voix sonore ; neuf balles allèrent trouer les poitrines des Beni-Snassenn, qui poussèrent des cris de sauvages ; ceux qui tenaient l'arbre le lâchèrent, car une douzaine d'entre eux étaient blessés, quelques projectiles ayant fait coup double.

Mais El-Alouf ordonna de redresser le madrier, et les saracqs tinrent bon ; une seconde décharge jeta encore sur le sol une seconde partie de ceux qui soutenaient l'énorme pièce de bois.

Les bandits poussèrent encore la clameur des batailles dont ils ont l'habitude d'assourdir leurs adversaires, et une troisième fois le bélier fut relevé. Les colons, à coups de pistolets cassèrent la tête à quinze ou seize de ces misérables, et, grâce au désordre où ils les mirent, ils purent recharger leurs fusils et achever leur déroute.

Malgré El-Alouf, dont on entendait la voix, les saracqs reculèrent peu à peu, puis ils s'enfuirent.

Le Brouillard Sanglant laissait une quarantaine de morts sur le terrain.

D'Obigny, dès qu'il les vit battre en retraite, courut au secours de Robert, qui avait sur les bras la bande rencontrée par les chasseurs au ravin du Djemmaa.

L'attaque avait commencé aussi de ce côté. Les bandits essayaient d'escalader la muraille contre laquelle ils avaient dressé un arbre garni de ses branches. Ils s'en servaient comme d'une échelle.

Robert et le nègre les recevaient à coups de fusils ; mais la mort de quatre ou cinq hommes ne les avaient pas découragés. Ils étaient en train de redresser l'arbre renversé par la chute d'un mort.

D'Obigny jugea la situation et trouva un plan qu'il voulut exécuter sur-le-champ ; il envoya Yousouf chercher une hache, et quand il fut revenu, il ordonna à ses deux hommes de se retirer en ajoutant quelques instructions pour Robert.

Quand il fut seul dans la chambre, il débarrassa la fenêtre et montrant sa tête couverte de la calotte rouge indigène que portent les spahis, et pareille à celle des gens du Brouillard Sanglant, il cria aux assaillants en langue kabyle :

— Frères, êtes-vous là ?

— Oui, répondit un des saracqs.

— Montez vite, car le feu est à la ferme ; nous aurons à peine le temps de la piller.

Les saracqs crurent que le Brouillard Sanglant était maître de la concession, et qu'un de leurs alliés les appelait, ils s'empressèrent de grimper le long de l'arbre.

Le spahi attendait, caché dans l'ombre, sa hache à la main.

Quand le premier bandit sauta dans la chambre obscure, la hache du tueur de lions retomba en sifflant sur la tête du saracq, dont le corps inerte roula sur le parquet.

Un autre succéda au premier ; il eut le même sort.

Puis un troisième, puis un quatrième, et ainsi jusqu'au moment où les Beni-Snassenn, n'entendant que le bruit sourd des corps s'abattant sur le carreau, conçurent quelques soupçons et cessèrent de monter.

Alors d'Obigny appela Robert et le nègre pour enlever les cadavres ; ils en transportèrent dix-sept dans une pièce voisine.

Les saracqs hêlaient du dehors leurs camarades, qu'ils croyaient vivants ; nul ne répondait.

Enfin d'Obigny, ayant jeté sur son épaule le burnous d'un des morts, se montra à la croisée

— Fissa, fissa, (vite, vite), cria-t-il, que faites-vous donc ? L'incendie s'allume rapidement, il va tout ronger ; nous perdrons le plus riche butin.

Les brigands, rassurés, se disputèrent à qui atteindrait plus tôt le sommet de l'arbre ; deux par deux ils envahissaient la chambre qui était vide.

Ils cherchaient la porte ; ils ne la trouvaient pas.

Enfin ils la reconnurent à tâtons, et, ne pouvant l'ouvrir, ils firent de grands efforts pour la défoncer.

Mais comme elle cédait, sept ou huit détonations successives retentirent ; une confusion épouvantable se mit parmi les assaillants.

C'étaient des carafes, garnies de poudre et de mèches, qui éclataient comme des obus, lançant des débris de verre dans toutes les directions.

D'Obigny avait ordonné à Robert de demander aux femmes ces bombes improvisées qu'il avait fait préparer, et de les tenir à sa diposition.

Au moment où la porte s'ouvrait, il les avait lancées dans la chambre de Ritta, après avoir allumé les mèches.

Les Beni-Snassenn perdirent la tête; ils voulurent sortir ; mais la hache de d'Obigny abattit tous ceux qui s'élancèrent dehors.

Pendant quelques minutes, les plus effrayantes imprécations se mêlèrent au bruit des bombes qui s'enflammèrent les unes après les autres ; puis il se fit un silence de mort.

D'Obigny et ses deux compagnons se décidèrent à pénétrer dans la chambre ; une fumée épaisse faillit les étouffer.

Le vieux Moralès, muni d'une lanterne, se montra accompagné de Jean Casse-Tête, qui, voyant les bandits tranquilles du côté de la cour, venait prêter secours au spahi.

Quand Jean Casse-Tête entrevit d'Obigny la hache à la main, au mliieu d'une auréole de fumée à demi-transparente, les narines dilatées, le front radieux d'audace, les cheveux jetés en arrière, contemplant l'affreux carnage qu'il venait de faire, il lui sembla si grand, si magnifique d'attitude, si rayonnant de beauté, qu'il s'arrêta sur le seuil, frappé d'un respect presque religieux.

Mais derrière lui, une voix qui murmura : — Charles, mon Charles, où es-tu ? lui rappela que d'Obigny était son rival, la jalousie le mordit au cœur, et il regagna la cour.

Le spahi, pour éviter à Ritta la vue du sang, la prit dans ses bras, la porta dans une chambre où il l'enferma, malgré sa résistance et ses pleurs.

La fusillade avait recommencé dans la cour.

La situation était terrible ; El-Alouf, en homme habile, avait pris promptement un parti après son premier échec.

Il y avait à droite du principal bâtiment une construction séparée servant de grange, sur le toit de laquelle on dominait la cour.

Il y avait fait grimper tous ses hommes ; et de là, les bandits dirigeaient un feu plongeant sur les défenseurs de la concession.

D'un coup d'œil, le tueur de lions comprit la gravité du péril.

— Tiens ferme, Jean Casse-Tête, s'écria-t-il, je vais vous sauver tous !

Et il disparut dans les appartements.

— Où diable peut-il aller? se demanda le braconnier ; il a parfois de drôles d'idées, ce d'Obigny ! mais la circonstance est critique.

En effet, les balles pleuvaient dans la cour et, malgré l'obscurité, elles étaient si bien dirigées qu'elles s'applatissaient contre le mur.

L'un des Français tomba raide mort sur le pavé.

— Tonnerre ! dit le Parisien, et d'un, ça commence à chauffer cette fois.

Le jeune homme tâta son camarade ; le cœur ne battait plus.

— C'est dommage, dit-il avec la philosophie d'un vrai gamin des faubourgs ; c'était un bon vivant. Tu ne videras plus ton verre, pauvre vieux.

— Les démons ! grondait Jean Casse-Tête, ils nous démonteront un à un.

Il entrevit un des bandits qui se dressait sur le toit, et qui, malgré les ténèbres, se détachait sur le fond sombre de l'horizon ; il le coucha en joue, visa longtemps et tira.

Le corps roula sur la pente des tuiles, traversa l'espace et vint rebondir sur le sol.

— Eh bien ! vous n'avez pas volé votre surnom, vous, exclama Paul, vous avez dû casser la tête de ce bandit, car il a porté la main à son front.

Puis, soudain, le Parisien s'écria :

— V'lan ! blessé, j'ai un trou à la peau ; satané coquin, je te vois, toi, attends un peu !

Et Paul tira un coup de feu, qui jeta un second saracq en bas du toit.

— Comment trouvez-vous la réponse du berger à la bergère, monsieur Casse-Tête ? demanda le Parisien.

— Si tu laisses couler ton sang, répondit le braconnier, tu ne parleras pas tant tout à l'heure.

Une plainte lui fit tourner la tête. Un homme tombait.

— Tonnerre ! ça va mal, dit le chasseur.

Le Kabyle Abdallah s'était rapproché de son ami Paul et le pansait.

Les Catalans et le braconnier continuaient à tirer au juger sur l'ennemi.

Mais la lune, déchirant les nuages, mit en lumière toute la concession, et la position devint tout à coup désespérée.

Les saracqs purent diriger leurs décharges avec justesse, et il y eut une pluie de plomb si intense et si incessante, que les Catalans commencèrent à perdre contenance, et le vieux Moralès, malgré toute sa fierté, donna des signes d'épouvante.

— Abdallah, dit le braconnier au Kabyle, casse la tête au premier poltron qui se sauvera ; toi, Paul, passe-moi les fusils ; je les vois maintenant, les gredins, je vais les descendre par douzaines.

Jean, à mesure que grandissait le danger, s'exhalta aussi ; il grimpa sur le mur, s'y plaça à califourchon, sans se soucier du péril, et commença à décharger sans relâche les armes qu'on lui passait.

A chaque coup un saracq était démonté ; mais le toit était garni.

Le miracle qui protégeait le braconnier contre les blessures ne pouvait durer.

Paul se conduisait en héros.

Tout à coup on entendit une voix qui criait :

— Tiens bon, Jean, tiens bon. La victoire est à nous !

C'était celle du spahi, il fut bientôt auprès du braconnier ; il était calme et rayonnant, comme un homme sûr d'un triomphe.

— Señor Moralès, dit-il, montez près de votre nièce, et priez-la de se mettre à sa croisée. Vous resterez près d'elle.

Le vieux Catalan ne se le fit pas dire deux fois ; tant son courage l'avait abandonné.

— Monsieur d'Obigny, il y a donc du nouveau? demanda Paul.

— Tu vas assister, comme bouquet final de ce drame, à un magnifique incendie qui brûlera nos ennemis, dit le spahi au Parisien.

— J'ai vu ça au cirque ; c'est un peu joli, allez.

— Eh bien! tu vas être aux premières loges pour assister à un spectacle semblable.

— Comment ça ?

— Regarde !

Des gerbes embrasées venaient de s'élancer au-dessus de la toiture crevassée de la grange ; une vive lueur se répandit dans la campagne, éclairant au loin l'horizon.

Le feu, jaillissant partout à la fois, entourait les bandits, qui hurlaient de désespoir.

Le toit s'écroula sur eux.

Les colons, muets, groupés autour de d'Obigny, le contemplaient avec admiration.

— Le tueur de lions, déguisé en Beni-Snassenn avec les vêtements d'un mort, s'était glissé dehors par la fenêtre de Ritta, et il était allé répandre sur la paille serrée dans la grange un petit baril de poudre. Il avait mis le feu à cette traînée de salpêtre, et l'incendie, allumé sur tous les points, n'avait pas tardé à embraser tout le bâtiment.

D'Obigny, grâce à son costume et aux précautions qu'il avait prises, n'avait pas même été remarqué des saracqs; il était sans blessures !... la concession était sauvée.

IX

Le testament.

D'après les ordres de d'Obigny, on tint fermées les portes de la ferme, en attendant le jour. On ne savait pas au juste combien les saracqs avaient perdu des leurs, et il pouvait encore en rester un assez grand nombre pour qu'ils fussent assez redoutables.

Le spahi songea alors à rejoindre Ritta, qui s'était retirée dans la ferme ; mais Jean Casse-Tête lui barra le passage.

— Jean, fais place ; la promesse que je t'ai faite au bord de la mer sera tenue.

— Quand ?

— Nous nous battrons au soleil levant, répondit d'Obigny. Nous le verrons dans une demi-heure.

— C'est bien long ; mais, soit.

Le braconnier s'assit dans la cour, sa carabine entre les jambes, les yeux fixés sur l'orient, le front pensif.

Le spahi monta à l'étage supérieur de la maison et chercha Moralès.

— Señor, lui dit-il, quand il l'eut trouvé, voudriez-vous me faire donner de quoi écrire?

— Sans doute, monsieur d'Obigny, sans doute ; mais n'éprouvez-vous pas le besoin de vous reposer, après cette nuit épouvantable?

— Non, señor, non ; je vous prie seulement de m'envoyer le Kabyle Abdallah, Paul le Parisien et le zouave Robert.

— J'y cours, monsieur.

Et Moralès s'éloigna.

Bientôt les trois personnes que d'Obigny avait demandées arrivèrent ; le spahi leur fit signe de s'asseoir, puis il prit une feuille de papier, de l'encre, une plume, et il écrivit ses dernières volontés.

Il laissait à Ritta toute sa fortune, en lui recommandant tous ceux qui avaient concouru à sauver la ferme.

Les trois témoins apposèrent leurs signatures au bas du testament. D'Obigny le plia, le scella et le remit au Kabyle.

— Abdallah, lui dit-il, tu vas porter cela au gouverneur, plus une lettre que je vais te confier. Paul et Robert t'accompagneront.

— Si le sanglier tuait le lion, dit le montagnard, il y aurait un œil pour veiller sur la gazelle, et ce serait le mien.

D'Obigny comprit que le Kabyle se doutait de la chose ; il lui tendit la main en disant :

— Je te remercie, Abdallah, et je compte sur toi.

— Vous pouvez aussi avoir confiance en nous, dit le Parisien ; Robert et moi avons juré de protéger mademoiselle Ritta.

L'aube rougissait déjà le sommet de l'Atlas, quand un bruit de chevaux se fit entendre.

D'Obigny se leva, et aperçut un escadron de spahis rangé en dehors de la ferme, sur le chemin.

Il descendit dans la cour au-devant du commandant, qui, à la première nouvelle de l'incendie, était accouru, sur l'ordre du gouverneur, au secours des Figuiers.

Mais ce secours était inutile, et le commandant n'avait plus qu'à féliciter d'Obigny sur sa valeur et sa vive intelligence des choses de la guerre.

Le seigneur Moralès, qui réparait, avec l'aide de ses serviteurs, le désordre causé par la lutte, s'apprêta alors à pratiquer de son mieux les devoirs de l'hospitalité. D'Obigny, mettant sur le compte de cette nuit terrible son impérieux besoin de repos, s'excusa de ne pas prendre part au déjeuner que le vieil hidalgo offrait au commandant et à ses officiers.

La concession des Figuiers était ainsi devenue un véritable camp, et d'Obigny pensait avec joie que les Beni-Snassenn qui avaient pu échapper au désastre ne devaient guère, devant un déploiement de forces considérables, tenter une nouvelle attaque.

La vie de sa chère Ritta était donc en sûreté. D'Obigny voulut la revoir encore. Il trouva la jeune fille brisée par l'émotion et les fatigues de la nuit, assoupie sur un divan. Il la contempla avec extase, craignant qu'elle ne devinât, dans l'émotion d'un adieu suprême, ce qui allait se passer, et il partit sans l'éveiller.

D'Obigny, en quittant Ritta, se dirigea vers le Miroir des Djenouns.

Il savait que son rival l'attendait au pied des rochers.

Le site était sauvage, et jamais poëte n'eût rêvé, pour un duel, cadre plus pittoresque et plus sévère que celui-là.

Qu'on s'imagine un bloc de granit poli, et rendu brillant par les suintements d'une source qui, du haut du ravin, s'étendait lentement le long de la crête du roc et s'épandait goutte à goutte sur toute sa surface, lui donnant juste l'humidité nécessaire pour le faire resplendir quand le soleil l'éclairait de ses rayons.

On eût dit réellement alors un miroir gigantesque et rutilant.

En ce moment, l'aurore qui pointait donnait au roc des reflets rosés qui produisaient un éblouissement sur le regard.

Le ruisseau de Djemmaa roulait à vingt pas de là sous les lenstiques, et les oiseaux chantaient, dans les bouquets de jujubiers en fleurs, leurs refrains du réveil avec une joie bruyante.

Au pied du miroir, une pelouse unie et verdoyante s'étendait en tapis, admirable terrain de combat : pas une pierre, pas un défaut dans le sol ; rien qui pût gêner pour la lutte.

Non loin de là, à une centaine de mètres, se dressait un amoncellement de pierres énormes creusées d'anfractuosités.

Au moment où d'Obigny arriva, croyant trouver en cet endroit Jean Casse-Tête, il ne l'y vit point et il s'en étonna.

C'était le lieu de rendez-vous.

Le vieux chasseur était en retard.

Mais dans un trou de renard (il y en a beaucoup en Afrique) agrandi de main d'homme et dissimulé sous des lianes, se trouvaient six hommes cachés à tous regards curieux.

Parmi eux Saïda.

La sentinelle, placée en vedette, vint le prévenir qu'elle avait vu d'Obigny.

— Sidi, dit-elle, voici le tueur de lions qui s'avance.

Saïda eut un râle de joie étouffé.

— Heureusement ! fit-il.

« Voilà l'occasion demandée.

« Je ne rentrerai pas au village déshonoré, et j'y amènerai un captif.

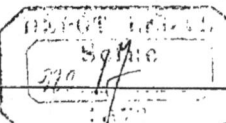

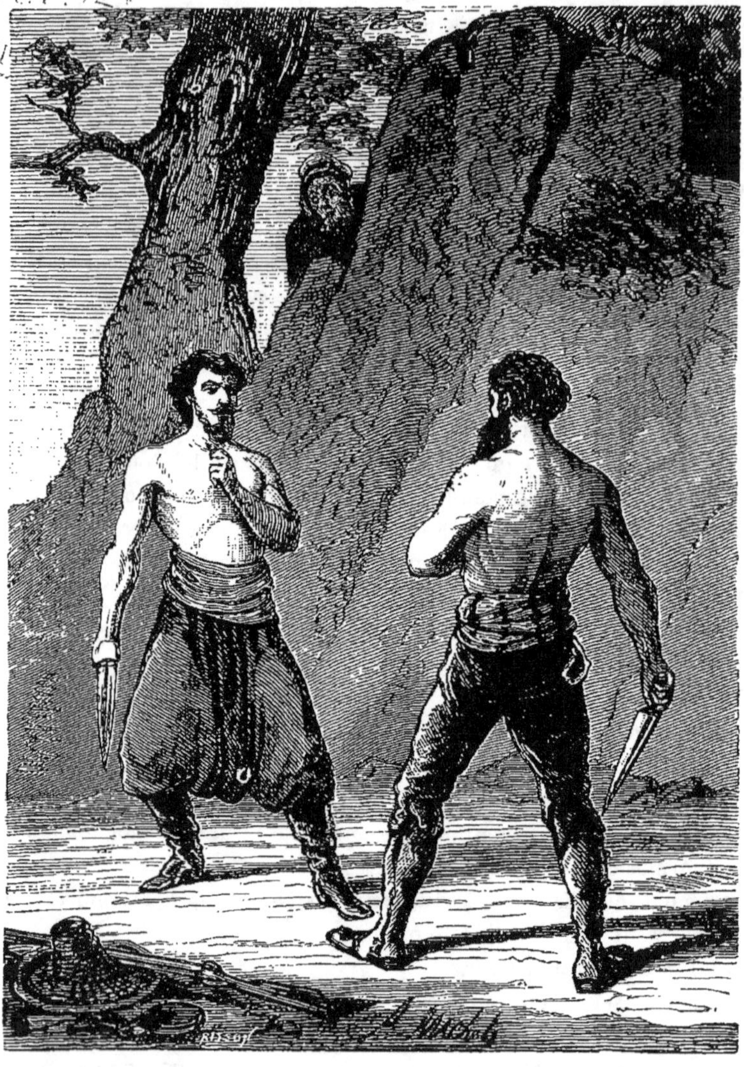

Les deux adversaires apparurent le couteau au poing (page 134).

« Ma faute sera lavée. »

Il regarda par l'ouverture.

— C'est bien lui ! fit-il.

« Je le reconnais. »

Puis il se retourna vers ses compagnons, tous gens de sa maison.

Un chef indigène est toujours environné d'une certaine quantité de serviteurs à lui personnellement dévoués, et que l'on peut considérer comme autrefois les écuyers d'un chevalier.

— Mes amis, dit Saïda, mes chers camarades, je compte sur vous.

« Il me faut le tueur de lions aujourd'hui mort ou vivant.

« Nous suivrons sa piste, et nous l'enlèverons coûte que coûte. »

Le secrétaire, le kodja, l'ami de Saïda, le chef des siens après lui, Mécaoud, l'ancien lieutenant du Roi des Chemins, qui avait refusé de commander une partie du Brouillard Sanglant sous El-Alouf, dit à Saïda en souriant :

— Maître, calme tes impatiences.

« Cet homme est à nous.

« Déjà nous le tenons sous nos fusils, et pour échapper, il faudrait qu'il fût dix fois protégé par le Prophète, qui se gardera bien de sauver de nos balles un infidèle. »

Saïda sourit.

C'était un de ces rares esprits, fils des anciens colons romains, qui ont conservé une certaine dose de philosophie sceptique.

Il y a quelques-unes de ces anciennes familles italiennes, établies en Afrique lors de l'invasion des Vandales, qui se réfugièrent dans les montagnes ; elles y ont conservé les traditions de Rome.

Saïda dit :

— Laissez le Prophète.

« Qu'avons-nous à l'évoquer ?

« Comptons sur nous. »

Puis, avec un soupir :

— Ce maudit d'Obigny m'a dupé.

« Cette nuit, il m'a affirmé qu'une de mes femmes me trompait.

« Aussi ai-je couru au village, et ma troupe a-t-elle été privée de son chef.

« Mais, en arrivant, j'ai trouvé que ma maison était vide de la coupable qui avait déjà fui à Tlemcen avec son amant.

« Le tueur de lions avait pour but de m'écarter de la lutte.

« Oh ! cet homme est doublé d'un chacal, et il est très-rusé. »

Saïda n'osait tout dire.

Il cachait aux siens qu'il avait révélé le secret dans l'attaque des Figuiers.

— Par Allah ! dit Mécaoud, chef, tu t'exagères singulièrement les choses.

« Tu disais tout à l'heure que ton absence, cette nuit, te déshonorait.

« Qui de nous ne t'excuse ?

« Qui donc reste froid en apprenant qu'il est trompé par une favorite ?

« Tu as manqué à l'attaque.

« Mais aussi quelles bonnes raisons tu avais !

— N'importe ! fit Saïda.

« Si je prenais ce tueur de lions, nul n'aurait de reproche à me faire !

« Quelle capture ! »

Puis il ajouta :

— Soyons prudents.

« Peut-être est-il suivi.

« Pourquoi est-il ici ?

« Pourquoi seul ?

— Eh ! dit Mécaoud, qui supposerait qu'après l'échec de cette nuit, nous osons rester dans le ravin de Djemmaa ?

« On nous croit tous en fuite.

— Quel désastre ! fit un Beni-Snassenn.

— Quelle ruine !

— Il ne reste pas le quart de la saga qui soit intact !

Et, sur ce, Saïda soupira.

— Quant au Brouillard Sanglant, dit Mécaoud, dix hommes survivent à peine !

Et avec une joie mal contenue :

— Je l'avais prédit.

« Quand je me suis proposé pour remplacer Elaï-Lisiri comme chef à cette bande, j'ai été repoussé par elle.

« Le second, oui, disaient les hommes ; le premier, non, jamais !

« Et pourquoi ?

« Parce que je suis djouad (noble), et que l'on se défie de moi.

« Parce que je suis un chef dur et ami de la discipline.

« Qu'advint-il ?

« Ils prirent El-Alouf.

« Avec El-Alouf il leur est arrivé une catastrophe. »

En ce moment, la sentinelle dit :

— Chut !

« Voilà le tueur de lions qui se dirige en plein vers nous.

— Préparez vos armes ! ordonna Saïda avec une joie vive.

« Qu'on ne tire que sur mon ordre. »

Puis, très-étonné :

— Ah !

« Un autre homme.

« Le Casse-Tête !

« Deux au lieu d'un. »

Et ses yeux s'illuminèrent.

— Comment ! fit Mécaoud.

« Jean Casse-Tête !

« Ici !

— Oui, dit Saïda.

« Nous jouons de bonheur.

— Ah! celui-là, tu le hais?
— Il a été brutal avec moi; puis il est mon rival auprès de Ritta.

« Je le ferais mourir à petit feu avec un sensible plaisir. »

Il couva son ennemi avec des yeux ardents et, d'avance, selon le mot arabe, il lui dardait, par le regard, les lames de couteau dans le corps.

Ce qui distingue les indigènes, en Algérie, surtout ceux des montagnes, c'est un extrême sang-froid dans la lutte.

Saïda et les siens auraient pu, depuis quelques instants, cribler de balles les deux chasseurs; mais ils se contenaient.

Ils préféraient les avoir vivants, ce qui était bien plus glorieux.

Ils étaient là, tous les six, courbés sur leurs armes et attendant.

La sentinelle, avec Saïda, voyait seule les deux chasseurs.

Les autres se tenaient préparés.

Jean Casse-Tête vers son ennemi, qui se trouvait debout à vingt pas du terrier au plus, et qui regardait d'une façon bizarre se lever ce soleil qui, pour lui, pouvait être le dernier.

En entendant Jean Casse-Tête venir, il se retourna tout à coup:
— Ah! fit-il.

« Enfin!

« Te voilà!

— Oui, dit Jean Casse-Tête.

« C'est moi!

« Et en retard encore.

« Jamais cela ne m'est arrivé. »

D'Obigny dit:
— Mieux vaut tard que jamais.
— Ecoute, lui dit le chasseur, je veux te dire les causes de ce retard.

« Tu te battras quand même, n'est-ce pas, d'Obigny?
— Oui! dit celui-ci.

« Mais pourquoi cette question?
— Parce que je viens de faire une chose qui te ferait peut-être changer d'idée si je te la confiais avant que tu m'aies juré de jouer du couteau avec moi.
— Oh! fit d'Obigny, sois tranquille.

« Je fais serment de te tuer ou d'être tué par toi.
— Eh bien! s'écria Jean, moi, je me suis assuré une vengeance.

« Si je meurs, j'assure ma fortune, elle est considérable, à qui t'assassinera, quel qu'il soit.

« Et il y a nombre d'individus qui, pour toucher une belle somme, te planteront leur couteau dans la poitrine.

« Tu n'épouseras point Ritta. »

D'Obigny, indifférent:

— Maître Jean, vous êtes une vile canaille, dit-il avec dédain.

Et lui montrant la pelouse :

— Je puis vous assurer qu'avant dix minutes, vous serez étendu sur cette belle herbe que voilà.

Jean tressaillit.

— Toi... ou... moi! protesta-t-il.

— Non, vous! dit d'Obigny.

« Venez! »

Les Beni-Snassenn allaient tirer en voyant les deux chasseurs s'éloigner.

Leur chef les arrêta.

— Attendez! dit-il.

« N'avez-vous pas entendu qu'ils veulent se battre tous deux !

Mécaoud se mit à rire.

— En effet, dit-il.

« Ils vont se disputer la jeune fille de la concession.

« Ils aiment tous deux la belle Ritta; le juif ne t'avait pas prévenu que tu avais un deuxième rival.

— Très-utile, celui-là! fit Saïda.

« Et la preuve, c'est que se surveillant tous deux, ils se sont gênés.

« Se gênant, ils se massacrent.

« Mais je tiens à tenir ces deux hommes vivants en mes mains. »

En ce moment, les deux adversaires touchaient déjà à la pelouse.

Saïda dit à Mécaoud :

— A ton idée, comment devons-nous faire pour nous emparer d'eux?

« Tu es l'ancien lieutenant d'Elaï-Lasiri, tu dois connaître quelque bon tour qui nous servira en cette occasion importante.

« Voyons, que faire ? »

Mécaoud, en effet, était un homme précieux pour ces sortes de choses ; il avait tout un arsenal de ruses en réserve.

Il s'avança au bord du trou et regarda au dehors :

— Sidi, dit-il à Saïda, tu vas prendre tes cinq hommes avec toi.

— Bon !

— Tu te cacheras dans cette touffe épaisse de palmiers-nains.

— Pourquoi ?

— Parce que je vais attirer à moi, sur ce trou, les deux chasseurs.

— Comment ?

— En imitant le cri de la panthère, ils quitteront tout.

« L'instinct du chasseur l'emportera sur leur haine.

« Puis ils craindront, pendant leur lutte, d'être dérangés.

« La panthère pourrait leur tomber dessus et manger vainqueur et vaincu.

— Mécaoud, voilà une bonne idée.

— On en a parfois comme cela.

« Mais as-tu bien remarqué la position de la broussaille ?

« Elle est juste sur le passage des chasseurs venant de la pelouse ici ; vous les laisserez passer et les saisirez par derrière.

— Avec nos cordes en poil de chameau ? dit Saïda défaisant la sienne.

« C'est au lasso que d'Obigny m'a pris, c'est au lasso que je le prends.

« Venez. »

Et les Beni-Snassenn sortirent du trou en rampant silencieusement.

A peine étaient-ils installés, que le combat commençait entre les chasseurs.

D'Obigny avait inspecté le terrain, enlevé quelques pierres.

Jean Casse-Tête avait retiré ses chaussures pour être sûr de son pied ; il avait mis ses habits bas sur ses armes en faisceau.

D'Obigny, à son tour, avait ôté son burnous et sa veste.

Les deux adversaires apparurent le torse nu et le couteau au poing.

Tous deux savaient manier cette arme ; d'Obigny connaissait théoriquement, par l'enseignement de la salle d'armes, le jeu du stylet ; Jean Casse-Tête avait pratiqué le coup de poignard avec les Espagnols de la colonie.

Tous deux tenaient leur arme au poing, le manche vers la terre, la pointe au ciel, contrairement à l'idée que se font beaucoup de gens sur la façon dont on manie le couteau : les coups se portent de bas en haut.

De cette sorte, la pointe, rencontrant le ventre ou les côtes, pénètre plus facilement que quand on allonge ses coups de haut en bas ; on ne frappe alors que la tête.

Le crâne résiste et casse les lames.

Souvent aussi, les os très-durs de l'épaule émoussent le poignard.

D'autre part, les parades sont faciles ; on arrête l'avant-bras levé et plié ; tandis que dans les coups de bas en haut, en parant sur le bras tendu, on risque de rencontrer la pointe de l'arme, et l'on arrive tard à la rencontre du coup.

Aussi, jamais les Espagnols ne prennent-ils cette pose théâtrale que l'on voit souvent dans certaines pièces à nos acteurs ayant à représenter un duel au couteau.

Tout au contraire, ils sont ramassés sur eux-mêmes, souples, et la pointe de l'arme toujours dirigée comme une défense de sanglier au ventre de l'adversaire.

Pendant un moment, Saïda put croire que le duel allait commencer trop tôt, car Mécaoud n'agissait point.

On n'entendait rien.

Mais l'adroit jeune homme avait commencé à souffler comme les panthères.

Cette respiration courte, haletante, de la bête à l'affût, Saïda, qui s'attendait à un hurlement, ne la remarquait point.

Plus exercés, les chasseurs, eux, levèrent presqu'en même temps la main gauche.

Signe de trêve.
Ils écoutèrent.
Sa respiration devint plus distincte.
— Oh! oh! fit Saïda à l'oreille d'un des siens; comme ce Mécaoud est habile.
« Voilà que les chasseurs s'y trompent. »
C'était, en effet, un coup de maître de ne pas avoir commencé par un rugissement; peut-être les deux chasseurs se fussent-ils défié.
— Entends-tu? fit d'Obigny.
— Parbleu! fit Jean Casse-Tête.
Et avec mauvaise humeur :
— Est-ce qu'il est écrit que nous n'en finirons pas avec ce duel?
D'Obigny sourit.
— La vie te pèse donc bien? dit-il; car je vais te tuer.
— Par ma barbe! dit Jean, tu m'agaces avec tes prétentions.
« Au diable la panthère!
« Au couteau!
« De suite! »
Et il se remit en garde.
— Es-tu sot! fit d'Obigny.
« Toujours irritable.
« Tu ne peux supporter une plaisanterie. »
Et montrant la direction d'où partait des rauquements déjà plus prononcés.
— La dame à la longue échine est là, fit-il; elle attend.
« S'il te plaît de finir ensemble sous sa griffe, j'accepte.
« Pourtant, ce genre de mort me paraît bête et me répugne.
— Alors, dit Jean, ne me parle plus de ta prétendue supériorité.
— Je ne faisais que te donner un avis charitable, mon pauvre Jean.
« Te voyant tenir ton couteau trop haut, ton bras gauche trop plié, tes hanches trop cambrées, ta tête trop penchée, je me suis dit : voilà un homme mort.
« Je te prévenais.
« Je ne suis pas un homme à tuer pour le plaisir de répandre du sang.
« Si tu avais voulu renoncer à Ritta, on aurait remis ce duel.
— Jamais!
— Qui sait?
« Quand tu vas te voir désarmé par un coup que je connais, tu réfléchiras. »
Jean s'impatientait.
— La panthère va bondir! dit-il.
D'Obigny haussa les épaules.
— Tu mens! fit-il.
« Tu sais que tu mens.
« Tu connais trop la bête.

« Elle ne bondit que quelques minutes après un silence absolu.

« Pour le moment, elle hésite à sortir de son terrier; n'ayant pas faim, elle ne tient pas à se battre, et cherche seulement à nous écarter de son voisinage en nous intimidant.

« Prenons notre temps. »

Et, toujours armé de son imperturbable sang-froid, d'Obigny prit son fusil, visita les amorces et parut satisfait.

Il se tourna vers Jean.

— Si après avoir été désarmé tu persistes à continuer la lutte, lui dit-il, il faudra bien que je tue Jean Casse-Tête.

« Avec ton caractère, ce dénouement est le plus probable, par malheur.

« Eh bien! je te veux donner un beau linceul de chasseur, digne de toi.

« Je t'envelopperai dans la fourrure de la bête que nous allons abattre. »

Jean devint jaune.

La rage l'étouffait.

— D'Obigny, s'écria-t-il, un mot de plus et je t'envoie une balle.

— De la perfidie!

— Non!

« Je te préviens.

« Je sens que la patience m'échappe. »

D'Obigny eut un petit rire sec.

— Pauvre Jean! fit-il.

Puis, montrant la direction du trou, il dit à son compagnon :

— En avant!

« Et du calme.

« Pour ta dernière, tâche de bien loger la balle au bon endroit. »

Jean eut un moment de désespoir; il regarda d'Obigny avec fureur, trépigna un instant, grinça des dents, puis rugit.

— Je voudrais, s'écria-t-il, être cent lions et avoir cent gueules pour te dévorer et te broyer dans mes mâchoires!

« Tu me fais souffrir le martyre avec tes allures de vainqueur.

« Mais tout cela se paiera!

— Maître Jean, dit d'Obigny, c'est une leçon que je vous donne.

« Tout à l'heure vous vous êtes conduit comme un goujat en m'annonçant que vous aviez mis ma tête à prix, ce qui est d'un gredin.

« Moi, je vous montre ce qu'un galant homme, sans se salir les mains, peut faire endurer de torture à un être grossier comme vous.

« Maintenant, silence.

« Tuons proprement cette panthère. »

Toujours dompté en fin de compte, Jean baissa la tête sous prétexte de faire jouer la batterie de son fusil.

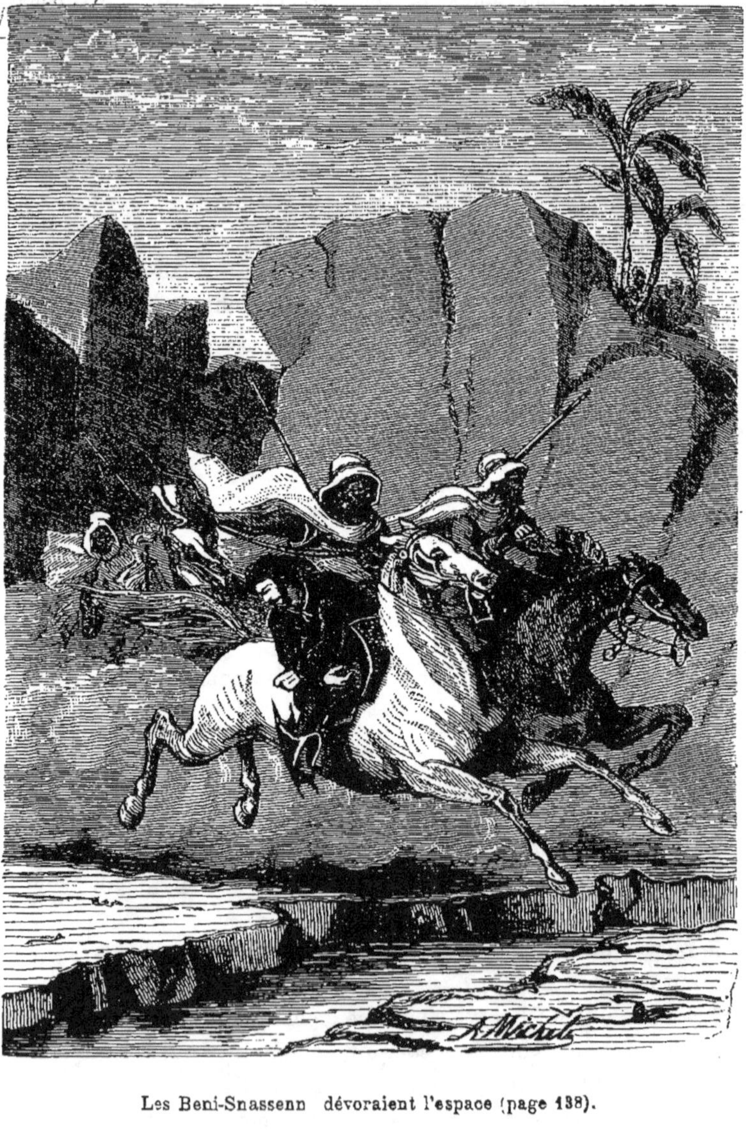

Les Beni-Snassenn dévoraient l'espace (page 138).

— Y es-tu? demanda d'Obigny.
— Oui, dit Jean.
— Marchons alors.
Et ils s'avancèrent vers le trou.

XI

Où Jean manque de dignité.

A peine les deux chasseurs eurent-ils dépassé le buisson des palmiers-nains où les Beni-Snassenn étaient embusqués, que ceux-ci bondirent en lançant leurs cordes en lassos sur les deux Européens.

Ceux-ci furent saisis par les nœuds coulants ; étranglés, paralysés.

— En moins de quelques secondes, ils se trouvèrent garrottés.

Saïda siffla.

Deux cavaliers parurent, amenant six chevaux en laisse à leurs compagnons.

Devant sa monture, Saïda plaça d'Obigny ; Mécaoud prit Jean.

On partit.

Les Beni-Snassenn dévoraient l'espace, redoutant d'être poursuivis.

Une heure plus tard, hors de portée, ayant dépassé la frontière, ils s'arrêtèrent pour laisser souffler les chevaux.

On déposa à terre les prisonniers.

Saïda, malgré la gravité ordinaire aux indigènes, laissait percer sa joie.

Il fit délier les captifs.

Jean Casse-Tête, selon son habitude, se mit à vociférer.

— Sacrés hiboux ! fit-il.

« Oiseaux de nuit !

— C'est par trahison que vous m'avez pris ; c'est par guet-apens.

« Sans cela...

« Vous êtes un tas de lâches !

— Tais-toi donc ! dit d'Obigny.

« Tu es fou.

« Tu manques de dignité. »

Ce rappel à la raison produisit son effet sur le vieux chasseur.

Il se tut.

Mais Saïda lui dit :

— Ah ! ah ! Jean !

« Te voilà en mes mains.

« Tu m'appelles hibou !

« Tu n'es qu'une vieille corneille bavarde et déplumée !

« Tu nous reproches la ruse.

« Et toi ?

« N'as-tu pas rusé l'autre nuit ? »

Mais l'avertissement de d'Obigny avait produit son effet.

Jean se tut.

D'Obigny dit avec un sourire à Saïda, qui l'observait du coin de l'œil :

— Nous voici manche à manche, sidi ; je t'ai pris, tu m'as pris.

« C'est fort bien joué.

— N'est-ce pas ? fit Saïda.

— On voit que tu es un homme de sang romain ; tu es supérieur à ce monde qui t'entoure, et je t'en félicite.

Puis il reprit :

— Il y a pourtant ici un véritable artiste en ruses, et je voudrais le saluer.

— C'est de celui qui imitait la panthère que tu veux parler ?

— Oui.

— Eh bien ! le voici.

« Mécaoud, approche.

« Le tueur de lions veut te voir.

— Grand honneur ! dit Mécaoud.

Et s'inclinant avec courtoisie :

— Je suis très-heureux d'avoir contribué à la capture d'un grand chef comme toi, dit-il. Cela suffit pour illustrer un homme.

— Oh ! fit d'Obigny, tu n'es pas un inconnu dans les montagnes.

« Tu étais fameux déjà sous les ordres du célèbre Elaï-Lasiri.

« Je tenais à te faire mes compliments sur la façon dont tu imites la panthère ; c'est, ma foi, fort remarquable. »

Puis avec désinvolture :

— Et, maintenant que nous voilà pris, je vais vous demander une grâce.

— Laquelle ?

— C'est de me promettre d'envoyer, à la concession des Figuiers, une boucle de mes cheveux à la nièce du senor Moralès.

« Ce sera un souvenir.

— Je te le promets ! dit Saïda.

« Elle aura même mieux.

« Je ferai planter ta tête coupée devant sa fenêtre. »

D'Obigny ne broncha pas.

— Alors, dit-il, elle prendra elle-même un souvenir de moi.

Puis il se tut.

Mécaoud dit bas à son chef :

— Oh ! c'est un homme.

« Tu ne l'intimideras pas.

— Laisse donc.

« Tu vas voir ! »

Et il reprit :

— Du reste, elle aura de quoi se consoler, cette belle fille.

« Je vais l'enlever sous peu. »

D'Obigny sourit.

— Tu doutes ? fit Saïda.

— On douterait à moins.

— Tu ne seras plus là.

— Il y a toujours des cœurs vaillants et des bras intrépides à la ferme.

« Pour la prendre, il te faudrait enfoncer les murs avec des canons. »

Saïda parut frappé d'une idée subite, et il sourit de plaisir.

— D'Obigny, dit-il, merci.

« Tu m'as donné un bon moyen.

« C'est vrai.

« Il faut du canon.

« J'en aurai un.

« Je sais où le prendre. »

Et il reprit :

— Tu connais le Bordj-el-Djemm ?

— Le fort du Sang ?

— Oui.

« Il y a là quatre artilleurs, un canon, six turcos, douze fantassins.

« Demain, ce fortin sera en mon pouvoir avec son petit canon de montagne.

« Demain soir, ce canon battra les murs des Figuiers de ses boulets.

« Demain, Ritta sera à moi.

— Et comment prendras-tu ce fort ?

« Ceci est mon secret.

« Sois certain que je l'enlèverai. »

Et le front du chef rayonnait.

Puis cruellement :

— Tu perds la vie ! fit-il.

« On va te torturer dans nos montagnes ; mais tu seras consolé, en mourant, sachant que ta Ritta sera heureuse avec un chef comme moi ; ce sera une sultane ; je veux, pour m'en faire aimer, lui tailler un royaume dans le Sahara. »

D'Obigny haussa les épaules.

— Tu ne la posséderas qu'une fois par la violence, dit-il.

« Elle se tuera. »

Puis il tourna la tête vers Jean.

— En vérité, dit-il à son ami, ces Arabes et ces Beni-Snassenn sont incroyables de fatuité ; ils s'imaginent qu'une Européenne de race pourrait aimer des gens comme eux, des peaux noires !

Et avec un dédain suprême :

— Des demi-singes ! fit-il.

Saïda eut un éclair dans le regard ; mais il jugea de sa dignité de se contenir.

— On verra, fit-il, ta gazelle me lécher les mains, tueur de lions !

« Les femmes sont femmes partout.

« Ritta t'a aimé parce que tu es brave, généreux ; je serai plus brave, plus généreux que toi.

« Elle m'adorera. »

Puis à cinq hommes :

— Vous autres, dit-il, conduisez les prisonniers dans nos montagnes.

« Sur votre tête, vous en répondez.

« Nous, nous allons recruter les douze hommes qu'il nous faut pour nous emparer du fort El-Djmm, qui sera pris cette nuit.

Et il fit signe à Mécaoud.

Ils piquèrent des deux et disparurent.

Quant à d'Obigny et à Jean Casse-Tête, ils s'acheminèrent à pied vers les montagnes Béni-Snassenn sous bonne escorte.

— Crois-tu qu'il réussira ? demanda Jean.

— J'en suis sûr?

« Il a trouvé un plan. »

Et d'Obigny eut un profond soupir.

— Après tout, fit Jean, nous allons mourir.

« La petite se tuera.

« C'est peut-être mieux.

« Une bonne extermination générale, cela termine toute querelle. »

Et il sifflota un air de chasse.

XII

Le fort El-Djem.

Le fort El-Djemm, ou fort du Sang, est une espèce de petite redoute ou de blokaus qui est placé sur la route de Tlemcen à Nemours.

Ce fortin marque une étape.

On l'a construit pour protéger nos détachements isolés circulant d'une ville à l'autre, et trouvant dans ces petits postes un abri.

Les Arabes ont ceci de particulier qu'il leur est difficile d'adopter les canons.

On se demande comment les tribus n'ont pas d'artillerie.

La réponse est bien simple.

Les canons sont lourds, embarrassants à traîner, et ils exigent l'organisation permanente d'un corps d'artillerie.

Or, chez les Arabes, gens de décampement rapide, de courses, de promenades incessantes sur un vaste terrain, une batterie d'artillerie serait trop gênante.

Comment s'embarrasser de cela ?

Puis, où trouver des artilleurs ?

Personne ne consentirait à servir d'une façon permanente, à moins d'une solde
Et qui solderait ?

Il en résulte que le moindre mur est un rempart infranchissable pour une armée indigène, un petit blokhaus l'arrête net.

Le fortin El-Djemm, qui n'avait pas deux cents mètres de tour, était tout simplement une sorte d'enclos de murailles, percé de créneaux aux angles qui faisaient bastions.

Une très-minuscule garnison suffisait à la garde de ce poste.

Il y avait là quelques turcos, atteints d'infirmités contractées à la guerre, et qui faisaient le service de vétérans.

Une escouade de la ligne, sous les ordres d'un sergent, tenait la place.

C'était peu de chose.

Trois artilleurs et un canon formaient, du reste, une force respectable et suffisante pour enlever aux indigènes tout espoir de réussir dans un assaut, qu'ils n'osaient pas tenter, du reste.

Telle était la situation.

Eloigné de vingt lieues de la frontière du Maroc, le fortin se trouvait au milieu d'un pays très-calme depuis quelques années.

La garnison était confiante.

Que craindre ?

Les douars voisins étaient très-dévoués et se montraient très-amis.

Mais Saïda avait imaginé une ruse infernale, et qui devait réussir.

En quittant ses prisonniers, il dit à Mécaoud, qui était très-intrigué :

— Sais-tu où nous allons ?

— Non ! dit Mécaoud.

— A Nemours.

— Pas dans la ville, je pense ?

— Par Allah !

« Es-tu fou ?

« Nous resterons aux portes.

« Je ferai mander le juif Lévy.

« Et tu comptes sur ce brave pour t'aider à enlever le fort ?

— Certainement.

« Il me fournira ce qui m'est nécessaire.

« En route. »

Trois heures après, un émissaire de Saïda allait quérir maître Jacob.

Celui-ci accourut bientôt, sur sa mule, au-devant de Saïda.

Le juif échangea avec lui ces interminables salems de la politesse orientale, puis il lui dit d'un air fin en le raillant :

— Tu n'as pas été heureux.

« Les Figuiers t'ont résisté.

« Il y a cent onze cadavres que l'on enlève en ce moment du rain.

« Mais c'était presque inutile, car ils sont réduits à l'état de cendre.

« Ah! d'Obigny t'a bien brûlé ton monde, mon cher (cadour) Saïda.

— Ce ne sont pas mes hommes qui ont sauté avec le hangar, dit Saïda.

« Tes sarcasmes, maître juif, s'adressent au Brouillard Sanglant, il a son chef.

« Moi, Saïda, j'ai enlevé le brûleur de mouslems (musulmans), pour qu'il soit brûlé lui-même par mes femmes.

« D'Obigny est pris. »

Le juif ignorait cela.

— Ah! fit-il, cela change tout.

— C'est très-bien.

« Je te félicite. »

Et il ajouta :

— C'est d'autant mieux que je sais maintenant qu'il aimait Ritta.

— Je ne l'ignorais pas.

— Cette capture fait les affaires de mon ami Jean Casse-Tête.

— Jean est pris aussi. »

Sur cette déclaration, maître Lévy reprit son air humble et comprit que Saïda était toujours un très-grand et très-redoutable chef.

Il s'inclina.

— Tu es le roi des saracqs (voleurs), dit-il.

« Salut à toi. »

Puis il demanda :

— Que veux-tu, toi?

— Maître fourbe, qui déjà relevais la tête en me croyant vaincu, je veux de toi plus de dévouement, je veux que tu me serves mieux ;

« Je ne veux pas que tu aies à l'avenir cet air impertinent que tu prenais tout à l'heure.

Et à Mécaoüd ;

— Vingt coups de plat de yatagan à ce drôle, mon cher Mécaoud, dit-il.

Et malgré prières, supplications, protestations, Lévy reçut les coups.

Cet homme était destiné à être roué par les uns et les autres.

Quand l'exécution fut terminée, Saïda dit d'un ton bref :

— Il me faut dans deux heures, ici même, une trentaine d'uniformes français de différentes armes ; va et dépêche-toi.

« N'oublie pas un uniforme d'officier très-grand.

— Mais...

— Va, te dis-je.

« Si un juif comme toi n'achetait pas leurs effets aux soldats qui veulent boire du vin et de l'eau-de-vie, il ne saurait pas son métier, et tu sais le tien, vieux bandit ! »

Lévy partit.

A heure fixe, Saïda recevait l'envoi qu'il avait demandé.

Dans l'intervalle, il avait fait rassembler sa saga disséminée.

Ses hommes, par groupes, s'étaient dispersés dans les solitudes du ravin et s'y tenaient dans leurs repaires accoutumés.

Saïda choisit parmi eux une dizaine de déserteurs français, d'Espagnols renégats et de Maltais, et il leur dit en leur donnant les uniformes français apportés par Lévy :

— Habillez-vous en soldats.

Puis, à une douzaine d'autres il distribua des vestes de turco et de zouave.

Cela fait, il donna l'uniforme d'officier à un homme qui avait servi dans la légion étrangère, et il lui dit :

— Tu vas prendre le fort El-Djemm.

— Moi ! fit l'autre.

» Et comment ?

— Tu entreras au fort, comme chargé de conduire un convoi de malades.

« Je te procurerai des mulets et une voiture de colon, ce qui sera facile à trouver.

« Ces malades seront censés évacués de Nemours sur l'hôpital de Tlemcen.

— Bon !

« Je vois la chose.

« Je sais mon rôle.

— Tu entres au fort.

— C'est facile.

— Tu te rends compte de la situation.

— En un clin d'œil.

« J'ai été soldat.

« Le métier me connaît.

— Ton monde courra d'abord au canon, puis vous expédierez la garnison.

— Très-bien.

« Que ferons-nous du fort ?

— Rien.

« Vous l'abandonnerez.

« Vous amènerez seulement au plus vite le canon avec les munitions.

— Où cela ?

— Aux Figuiers.

« Nous vous y attendrons. »

Le déserteur était enchanté.

Prendre un fort.

Pour lui, c'était conquérir une grande influence dans sa tribu.

Saïda le savait.

— Tu vas prendre le fort El-Djemm?
— Moi! fit l'autre.   (page 144).

Il grisa d'enthousiasme ce misérable et lui souffla le désir de réussir.

Cet homme partit avec les siens.

L'histoire a enregistré la prise de cette redoute par quelques hommes.

Ce fut un coup d'une rare audace et d'une grande adresse.

Toute la garnison fut égorgée, le canon fut enlevé, et, le soir même, Saïda recevait avis que vers minuit il verrait arriver la pièce.

En conséquence, il prit toutes ses précautions pour l'attaque des Figuiers.

XIII

Le second assaut.

A la concession, tout le monde était fort inquiet de l'absence prolongée de d'Obigny, et Ritta était d'une tristesse mortelle.

Paul et le Kabyle Akmet ne savaient que penser ; ils s'étaient mis en quête. Rien ne fut découvert.

Le soir venu, ces deux jeunes gens prirent toutes les précautions que la prudence suggérait ; mais ils se disaient qu'à si courte distance les Beni-Snassenn n'oseraient pas remuer.

La ferme s'endormit sous la bonne garde des chiens vigilants.

Pendant ce temps, Saïda faisait ses préparatifs avec une grande habileté.

A onze heures, la *saga* (bande), rassemblée et grossie de recrues, entourait la concession ; à minuit, le canon arrivait avec des munitions.

Saïda, dans sa joie, embrassa la pièce.

Il couva du regard la chambre où dormait Ritta, et dit au canon :

— C'est toi, medfa, qui vas lui porter mon premier baiser; travaille bien.

Puis il fit traîner le petit obusier en grand silence devant la porte principale.

Mais les chiens aboyèrent avec fureur.

En un clin d'œil la ferme tout entière fut sur pied.

— Encore eux ! s'écria Moralès.

— Oui, dit Paul.

— Et l'on va en découdre.

— Cette fois, ils n'ont plus le hangar pour nous fusiller, dit Akmet.

— Mais, fit Robert, nous sommes perdus, ils ont un canon avec eux.

Et il montra la pièce.

Dès lors le sombre sentiment de la défaite plana sur les colons.

Ils prirent bravement leurs postes ; mais la défaite pesait sur eux.

Ritta, à genoux, pria désespérément.

Moralès courut enterrer quelques papiers importants, et l'on attendit l'attaque avec une anxiété terrible.

XIV

Combat.

Les Beni-Snassenn engagèrent le feu avec vigueur.

Ils se sentaient inhabiles à pointer le canon et ils voulaient se rapprocher de la ferme aussi près que possible.

Dans ce but, ils fusillaient les défenseurs avec acharnement, afin de couvrir ceux qui plaçaient le canon en batterie.

Ceci prit un certain temps.

Paul organisa la défense avec une rare intelligence et beaucoup de vigueur.

Il plaça son monde aux créneaux, profita des leçons de d'Obigny, qu'il avait retenues, et, par son énergie, il prit sur ses hommes un ascendant complet.

On lui obéit à la baguette.

Il obtint de Ritta qu'elle se retirât dans sa chambre.

Il exigea de Moralès qu'il se tût et ne se mêlât de rien.

Il engagea les siens à ménager leur poudre et à tirer à coups sûrs.

Les Beni-Snassenn avaient trouvé les arbres élagués autour de la ferme; ils en dominaient la cour.

Ils ne pouvaient donc viser qu'aux meurtrières; chose difficile.

On leur répondait lentement.

Toutefois, en quelques minutes ils eurent trois morts et dix blessés.

Les colons n'envoyaient leurs coups de feu qu'en sentant bien l'ennemi au bout de leur carabine.

La confiance se rétablit dans la concession; on y espéra la victoire.

Mais voilà que des derrières de la maison un homme accourut.

Il annonçait à Paul que les montagnards avaient un canon.

C'était à n'y pas croire.

Le jeune homme courut à une meurtrière, et il vit, en effet, une trentaine d'hommes établissant l'obusier sur un affût.

— Les gredins! fit-il.

« C'est un canon enlevé à la colonne; ils vont démolir la ferme. »

Puis il fit appeler presque tout son monde en face de l'obusier.

— Mes camarades, dit-il, si la pièce fait feu huit fois seulement, nous serons tous flambés; c'est certain.

« Du sang froid.

« Démolissons tous ces gredins-là et empêchons-les de charger.

« Avec du calme et de l'adresse, nous en viendrons à bout. »

Et il donna l'exemple.

Il appuya sa carabine au créneau, visa, tira, et tua un montagnard.

— Un! fit-il.

Il prit un autre fusil.

Même succès.

— Deux! dit-il.

Les colons virent les Kabyles s'inquiéter de ce double succès.

Leurs tirailleurs redoublèrent leur fusillade et poussèrent des clameurs de menace.

Les gens occupés au mortier se hâtèrent, mais douze bons chasseurs ou anciens soldats les criblèrent de balles.

Il en tomba dix-sept en un clin d'œil et les autres reculèrent.

Un homme accourut à eux.

C'était Saïda.

Il leur reprocha leur lâcheté.

Il les ramena.

Mais la fusillade intense abattit encore sept hommes.

Il fut impossible de maintenir le reste sous ce feu dévorant.

Saïda recula.

Les colons poussèrent un hourrah.

En ce moment Ritta, en prières, regarda le combat par une percée de sa fenêtre, elle espéra que l'attaque échouerait.

Le canon restait abandonné.

Mais bientôt une centaine de montagnards, munis d'arbres coupés, s'élancèrent vers la ferme avec des cris stridents.

Ils tentaient l'assaut.

Le but de Saïda était d'occuper les défenseurs de la ferme par cette attaque; il comptait, par cette diversion, pouvoir installer l'obusier et le tenir prêt à tonner.

Les Kabyles appuyèrent leurs échelles improvisées aux murs et grimpèrent.

Ce fut une lutte terrible.

Elle fut courte.

D'après les conseils de d'Obigny, on avait acheté un millier de tirelires qu'on avait bourrées de poudre; on avait fait ainsi des grenades meurtrières.

Les colons les lancèrent sur les assaillants, qui en furent criblés.

Ils battirent en retraite.

Mais le canon était chargé.

Il envoya son premier projectile.

Celui-ci passa dans l'air en sifflant et vint s'abattre sur le toit; il le défonça, creva deux plafonds et éclata au rez-de-chaussée, allumant un commencement d'incendie; une fumée épaisse emplit la ferme.

— Ne bougez pas! cria Paul.

« Tout le monde à son poste!

« Je me charge d'éteindre le feu; mais qu'on retire à outrance sur les artilleurs. »

Et il disparut.

Il fit appeler Ritta.

Elle priait toujours.

— Allons, mademoiselle! lui dit-il, levez-vous et aidez-nous.

« La ferme brûle.

« Vous, votre père, les femmes, allez l'éteindre; courez aux seaux d'eau.

— Et vous?

— Moi, je réponds de tout.

Il revint aux créneaux.

Les Kabyles, malgré le feu, envoyèrent en ce moment un second obus.

Celui-là toucha le mur.

Il y fit une brèche, à six mètres du sol; trop haut de beaucoup.

— Tonnerre de Dieu ! dit Paul, vous êtes donc tous des poules mouillées !

« Tremblerait-on, par hasard ?

« Visons mieux.

Et, sous son influence, les colons, plus maîtres d'eux, firent mieux qu'auparavant; les montagnards s'abattirent sous les balles.

Il leur fallut encore reculer.

Cette seconde retraite fut saluée, comme la première, par les clameurs joyeuses des colons et les hurlements de rage de l'ennemi.

Tout à coup la campagne redevint silencieuse; tout bruit de lutte cessa.

— Ils ont fui, dit un colon.

— Non ! dit Paul.

« Ils nous préparent quelque mauvais tour; veillons bien partout.

« Je vais voir les femmes.

« L'incendie doit être éteint. »

Il courut vers Ritta.

Elle avait réussi dans sa mission, et Paul l'en remercia chaudement.

— Ah! mademoiselle, dit-il, quand le tueur de panthères reviendra, je lui dirai combien vous avez été gaillarde.

« Il sera bien fier.

— Espérez-vous nous sauver ?

— Grand espoir j'en ai.

« Laissez-moi passer.

« Je vais à Akmet. »

Il avait laissé son ami dans la cour ; il reçut de lui l'assurance que, de ce côté, tout se passait très-bien.

Il retourna vers les derrières de la maison, du côté du canon.

Il arriva pour voir les montagnards sortir des fourrés avec des charges de fagots et des troncs d'arbres abattus.

Ils en entourèrent le canon.

De cette façon, ils ne laissaient qu'une embrasure pour la gueule de l'obusier et mettaient les servants à l'abri des balles.

Saïda venait d'improviser une batterie couverte en un instant.

Les colons regardèrent Paul.

Tous étaient fort pâles.

Que faire ?

— Allons ! dit-il ; il faut se dévouer pour vous sauver tous.
Et il demanda :
— Si le canon était hors d'état de tirer, défendriez-vous la ferme ?
— Oui ! firent-ils.
— Vous tiendriez sans faiblir ?
— Oui !
— Bien !
« Je vais tâcher d'éteindre le feu de ce sacré obusier du diable.
« Résistez énergiquement.
« Adieu !
— Mais, où vas-tu ?
— Peu importe.

Il fut trouver Akmet, après s'être muni de différents objets dont il avait besoin.
Il l'entraîna à l'écart.
— Akmet, fit-il, nous sommes perdus et tous les autres avec nous.
— Pourquoi ?
— Le canon est abrité.
« On ne peut plus tuer ses servants.
— La ferme est prise, alors ?
— Non, si tu veux.
« Nous pouvons mourir en sauvant tous nos camarades et mademoiselle Ritta.
— Ah ! fit Akmet.
Et il réfléchit un instant.
Puis il dit :
— Ça me va.
« Que faire ?
— M'habiller en indigène, comme toi.
Akmet courut chercher un burnous et l'apporta à son ami.
Il lui fit une toilette kabyle.
Un obus arriva contre la concession.
— Diable ! fit Paul.
« Ça va mal.
« Dépêchons. »
Et à Ritta, qui accourait :
— Mademoiselle, dit-il, nous allons tâcher de vous sauver, Akmet et moi.
« Si vous en réchappez, songez à sa femme et à ses petits enfants.
« Adieu !
Une jeune fille parut.
C'était la soubrette de Ritta.
Elle sanglottait.
— Oh ! oh ! fit Paul.

« On m'aime, il paraît.

« Adieu! mignonne. »

Et ils se glissèrent dehors.

Ils rampèrent sur le sol.

— Où allons-nous? fit Akmet.

— Suis-moi! fit Paul.

Il gagna, en rampant, un ruisseau qui, à sec pour l'instant, coulait autour de la concession et se dirigeait sur Nemours.

Il en suivit le lit.

Il allait, armé et prudent.

Comme il le supposait, les Kabyles étaient, pour la plupart, autour du canon; des vedettes éparses veillaient seules à l'entour de la concession, prêtes à signaler les évasions.

Mais, chose prévue aussi par Paul, les deux vedettes qu'il s'attendait à voir garder le ruisseau, étaient distraites.

Elles écoutaient et regardaient le bombardement commencé.

Paul les vit distinctement, montées sur les berges et se haussant dans un fourré; il les désigna à son compagnon.

Ils purent ainsi passer tous deux et sans éveiller l'attention.

Une fois à distance, ils firent rapidement un détour pour se trouver en arrière, à mille pas environ de la pièce qui tirait.

Là, ils tinrent conseil.

Les obus continuaient à battre en brèche les Figuiers, y faisant des ouvertures.

Paul dit rapidement à Akmet :

— Voici mon idée :

« Je veux enclouer le canon.

— Qu'est-ce que c'est que ça,

« Enclouer?

« Je ne comprends pas.

— C'est boucher la lumière de l'obusier avec ce clou et ce marteau.

Il montra les deux outils.

— Bon! fit Akmet.

« Je saisis.

« Mais comment s'y prendre?

— Nous allons arriver en courant jusqu'au chef qui commande les Beni-Snassenn.

« Je suppose que c'est Saïda.

« Il ne nous connaît pas.

« Nous nous donnerons comme deux rôdeurs de nuit, deux coupe-jarrets.

« Nous lui offrirons nos services.

« Moi, je serai censé un déserteur.

« Toi, un Trara insoumis.

« Est-ce possible ?

— Très-possible.

« Mais ensuite ?

— Tu lui diras que je sais manier un obusier mieux que ses hommes.

« Je serai censé sorti d'un régiment d'artilleurs français.

— Bon ! dit Akmet.

— Il me laissera approcher de l'obusier et je l'enclouerai.

— Et après ?

— Après ? il ne sera plus bon à rien.

— Mais nous ?

— Ils nous tueront !

« A moins que...

« A moins d'une veine surprenante ; le coup fait, je me sauve.

« Tâche d'en faire autant.

— On essaiera.

« Allons.

— Il est grand temps.

« Le mur va crouler. »

Les deux hommes s'avancèrent bravement, courant vers les montagnards. Dès qu'on les entendit, on se précipita au-devant d'eux.

— Salut, frères ! cria Akmet.

« Nous venons en amis.

« Ne tirez pas ! »

Les armes abaissées se relevèrent.

Akmet demanda :

— Qui est le chef ?

— Moi ! dit une voix.

Saïda s'avança.

— Qui êtes-vous ?

« Que voulez-vous ?

— Nous sommes des amis.

« Moi, je suis un Trara qui n'ai pas voulu me soumettre.

« J'erre par les chemins.

« Mon compagnon est un canonnier français qui s'est sauvé.

« Nous nous sommes mis coupeurs de route et nous nous cachons dans les grottes du grand ravin de Djemmaa Maghazouet.

« Nous avons entendu le canon et nous sommes venus voir la lutte.

« Mon ami propose, moyennant part de butin, de tirer l'obusier.

« Il connaît mieux le métier que vous.

« Ça te va-t-il, chef ?

Paul les vit distinctement, montées sur les berges.   (page 151).

— Oui ! dit Saïda.

Paul eut dans les yeux un éclair de joie et d'espérance.

On le conduisit vers la pièce avec son ami ; elle avait cessé de tirer.

On les attendait

Paul remarqua, à gauche du canon placé sur un petit mamelon, un ravin profond de vingt mètres ; il conduisait vers Nemours et roulait les eaux d'une petite rivière, dite des Trembles.

C'était un cours d'eau fangeuse, vaste par endroits, torrentueux par autres.

Akmet répondit par un autre coup de coude à celui de son ami.

Paul remarqua que les obus mal pointés n'avaient pas frappé au même point, et que trois brèches étaient ouvertes, il est vrai, mais trop haut.

Il eut un tressaillement de plaisir et pensa que son dévouement ne serait pas inutile.

Il se pencha sur la pièce, disant quelques mots en arabe, faisant ses observations.

Il envoya des hommes en avant pour débarrasser quelques broussailles; il fit ranger tous les autres à droite.

Puis il mit une main à sa ceinture et en tira son clou.

Il saisit le marteau de l'autre main, le dissimulant sous le burnous.

Il s'avança, engagea la pointe du clou dans la lumière et l'enfonça de la façon la plus adroite et sans bruit.

Pour ce, il eut l'air d'essuyer avec le pan du burnous le bronze, humide de la rosée nocturne, et il amortit le bruit du coup en frappant sur l'étoffe placée entre la tête du clou et le marteau.

Pas un montagnard ne se douta de ce qu'il faisait là.

Du reste, rien de plus plausible que la fable fabriquée par Paul; comment imaginer que deux hommes oseraient ainsi, seuls, tenter quelque chose contre une bande entière ?

Donc, voyant qu'aucun soupçon ne s'était élevé, Paul cria :

— Préparez la mèche !

Et il plaça de la poudre, en tas assez gros, autour du clou.

Puis, très-habilement, il répandit une traînée le long de l'affût.

Alors il eut l'air de pointer.

Il se recula et continua alors la traînée jusqu'au tas d'obus placé en arrière de l'obusier et tous chargés.

A ce, il usa toute sa poire à poudre, mais peu lui importait.

Tout à coup, il dit à l'homme qui tenait la mèche allumée :

— Nar ! (feu).

Le montagnard abaissa sa mèche, et une grande flamme s'éleva, courut le long de la traînée, atteignit les projectiles, les alluma en un clin d'œil.

Il y eut un instant de stupéfaction.

Paul et Akmet en profitèrent pour sauter d'un bond dans le ravin.

Les obus commencèrent à rouler en tous sens, dansant une infernale sarabande.

Ils éclatèrent.

Ce fut une longue série d'explosions.

Une trentaine de montagnards se mirent à la poursuite des fuyards.

Mais ceux-ci avaient sauté dans la fange très-épaisse.

Leur chute avait été amortie.

Ils avaient pu franchir le ruisseau, s'engouffrer dans le ravin, gagner de l'avance, escalader l'autre rampe et disparaître.

XV

Inutile dévouement.

Devant la ferme, les explosions se succédaient dangereuses.

Les Beni-Snassenn fuyaient les projectiles roulants.

Enfin, le dernier éclata.

Alors Saïda revint tristement à son canon hors de service.

Il était consterné.

Mais c'était un homme de tête, difficile à abattre.

Il remarqua que les brèches pouvaient livrer passage à plusieurs hommes à la fois, et que si elles étaient plus basses, on pourrait passer.

Il résolut, ne pouvant les abaisser, de hausser le sol vers elles.

A cet effet, il ordonna à chacun de ses Kabyles de prendre plusieurs fagots et de se jeter tous ensemble vers la concession avec ces branchages.

En les amoncelant, on formait une surélévation du terrain sous les brèches.

De cette façon, on y entrait de plein-pied en quelque sorte.

Il recommanda de jeter des burnous sur les fascines, pour que le pied trouvât un tapis unis.

C'était, certes, un trait de haute capacité militaire qu'il donnait là.

Nos officiers en furent très-surpris plus tard, en se rendant compte des moyens qu'il avait employés pour réussir.

Cent soixante hommes s'élancèrent donc à la fois, jetèrent leurs fardeaux sous les murs, malgré la fusillade, formèrent une sorte de talus jusqu'aux brèches, et passèrent sur ces branchages.

Les colons opposèrent une résistance héroïque et désespérée à l'assaut.

Mais ils furent tués.

Les montagnards passèrent.

Ritta s'était admirablement conduite.

Le feu avait pris encore une fois; elle l'avait éteint avec ses femmes.

Mais tout à coup son oncle accourut effaré, en criant à tue-tête :

— Les voilà !

« Les voilà !

Ritta, très-froidement, demanda :

— Sont-ils entrés ?

— Oui, mon enfant !

Et le vieil Espagnol se tordait les mains avec désespoir.

On entendait le bruit de la lutte et les râles des mourants.

Ritta vit tout perdu.

— Mon oncle, dit-elle, il faut faire votre devoir et me sauver.

— Impossible !

— C'est facile, au contraire.

« Je ne vous demande pas de m'arracher à la mort, mais à la honte

« Tirez sur moi.

« Vous avez votre pistolet.

« Pas de faiblesse !

« Tirez ! »

Moralès hésitait.

— Ah ! fit-elle.

« Seriez-vous lâche ! don senor y Moralès ?

Le vieillard releva la tête, reprit son calme et dit simplement :

— Ma fille, tu as raison.

Il l'embrassa, des larmes dans les yeux : elle se mit à genoux.

— Tirez ! fit-elle.

Et elle baissa la tête.

Moralès l'ajusta.

En ce moment la porte de la salle où se passait cette scène s'abattait avec fracas, et Saïda paraissait à la tête de ses Beni-Snassenn,

Saïda, en entrant dans la salle, vit le bras de Moralès armé d'un pistolet et tendu vers Ritta.

Il comprit que le vieillard allait tuer sa nièce,

Il lui envoya une balle.

Le pauvre homme tomba baigné dans son sang aux pieds de la jeune fille.

Celle-ci s'évanouit.

Saïda courut à elle.

D'une main nerveuse il l'enleva et l'entraîna dehors.

La ferme fut abandonnée au pillage des hommes de la bande.

Saïda, avec une trentaine de fidèles seulement, retourna vers son village.

Il ramenait et le canon rechargé sur les mulets quoique encloué, et la jeune fille qui fut bâillonnée.

Le chef la portait sur un bon cheval en travers de sa selle.

Par bonheur pour les rares survivants et survivantes de ce drame, les montagnards songèrent d'abord à voler.

Ils poussaient du pied les corps étendus, quand ils en trouvaient un qui les gênait, et ne s'en occupaient pas pour l'instant.

Quand ils eurent tout fouillé, ils s'apprêtèrent à couper les têtes ; mais soudain des coups de feu éclatèrent.

Les vedettes donnaient l'alarme.

Et en un clin d'œil toute la bande s'enfuit hors de la ferme.

Les vedettes annonçaient l'arrivée de cavaliers français venus de Nemours.

Les Kabiles se mirent à fuir du côté de leurs montagnes, vers l'ouest.

Du nord, la brise apportait le bruit des sabots de cent ou deux cents chevaux galoppant précipitamment vers les Figuiers.

Chargés de butin, les Beni-Snassenu riaient de la triste mine que feraient les Français en ne trouvant plus rien à la ferme.

Tout à coup, un peloton de trente ou quarante spahis et chasseurs d'Afrique déboucha d'un coude du sentier ; il tomba à l'improviste sur les fugitifs.

Ceux-ci furent foulés aux pieds des chevaux, sabrés, massacrés.

A la tête de ce peloton, deux hommes se montraient acharnés.

C'étaient Paul et Akmet.

Ils avaient couru vers Nemours chercher du renfort et l'amenaient.

Ils avaient prévenu le gouverneur que deux cents Beni-Snassenn seulement ravageaient les Figuiers, et ils avaient proposé de leur couper la retraite.

Ce qui avait été fait.

Le reste des cavaliers accourut, et acheva la besogne sanglante qui était commencée ; peu de bandits échappèrent.

Paul et Akmet coururent à la ferme, cherchant Ritta partout, mais en vain.

Ne la trouvant pas, ils comprirent ce qui avait dû se passer.

Elle était enlevée.

Il ne restait plus qu'à soigner les blessés, ce que tout le monde fit avec l'empressement le plus charitable.

On les transporta tous à Nemours, parmi eux, le senor Moralès.

Le pauvre homme avait eu une côte brisée et un doigt coupé.

On envoya en reconnaissance deux pelotons qui revinrent.

Ils annonçaient qu'ils avaient découvert la trace d'une troupe de cavaliers ; mais qu'elle avait une très-grande avance.

Impossible de la rejoindre.

Il fallut rentrer à Nemours.

On ne laissa personne aux Figuiers.

XVI

La torture.

On se souvient que les Beni-Snassenn, sur l'ordre de Saïda, avaient emmené d'Obigny et Jean prisonniers avec eux.

Ils furent d'abord portés à dos d'homme par les montagnards.

Plus tard, ils furent hissés sur deux mulets et attachés aux selles.

La coutume kabile est de couper la tête, sur le champ de bataille, à tout Français que l'on trouve mort ou blessé.

Parfois, il arrive que l'on emmène les captifs pour les torturer.

Jean et d'Obigny conjecturèrent que tel serait leur sort.

Ils ne se trompaient pas sur les intentions de leurs ennemis.

Après une heure de marche, le convoi qui les escortait arrivait au village même de Saïda, que connaissait bien d'Obigny pour y être souvent venu,

Ce village était un des plus puissants de tout le pays Beni-Snassenn.

Pour l'instant, il était presque vide de ses guerriers partis en expédition.

Un combat continuait au loin, illuminant les ténèbres de lueurs et reemplissant la nuit de bruits qui venaient mourir sur la grande crête où Wardall était bâti.

Le bourg était rempli de femmes, de vieillards et d'enfants.

A l'arrivée, on débanda les yeux des deux prisonniers,

Ils virent que ceux qui les accompagnaient étaient presque tous des hommes plus ou moins blessés.

L'un d'eux poussa un cri d'appel presque retentissant.

Aussitôt une clameur lui répondit, suivie de cent autres.

La population accourut.

Elle se précipita au-devant de l'escorte, la saluant d'acclamations.

Les femmes demandaient de loin :

— Guerriers !

« Dans les plis des burnous qu'apportez-vous aux femmes Beni-Snasseenn ?

« Est-ce la victoire ? »

Et les Kabiles de répondre :

— Femmes, la victoire est encore dans la main d'Allah à cette heure..

« On se bat.

« Mais nous venons vous livrer des roumis capturés par nous. »

Une longue explosion de joie féroce saluat cette nouvelle heureuse.

On voyait partout les traces de l'incendie allumé par une colonne française opérant dans l'Atlas.

Le village avait flambé.

Beaucoup de toits s'étaient effondrés, et nombre de maisons n'avaient que leurs quatre murs debout et noircis par la fumée.

Les guerriers, comme ils l'avaient dit, livrèrent les prisonniers aux femmes.

Il était indigne d'eux de les faire souffrir ; un homme coupe la tête de son ennemi et ne lui inflige pas de tortures.

Donc ils se retirèrent.

Un millier de femmes, exaspérées par l'incendie du village, entouraient les deux mulets et vociféraient.

— Au feu ! criaient-elles.

« Au feu, les chiens ! »

« Au feu, les roumis ! »

Et elles entraînèrent les mulets vers un grand arbre, hors du village.

L'habitude est de suspendre ou d'attacher le prisonnier à un arbre et d'allumer autour de lui un bûcher de broussailles.

Mort épouvantable !

Supplice affreux !

Nous, qui racontons ce drame, avons assisté, à l'attaque des Beni-Kouffi (1856), à l'un de ces meurtres par la flamme.

Nous avions brûlé un village avec un millier de zouaves de notre régiment, et nous battions en retraite sur notre camp.

Tout à coup, l'un de nous aperçut en avant du village, au milieu des femmes, un prisonnier français de la légion étrangère (2ᵉ régiment) qui s'agitait au-dessus d'un immense brasier, pendu qu'il était à un olivier sur une crête.

Nous poussâmes une charge.

Elle nous coûta vingt-sept hommes ; mais le malheureux fut délivré.

Il avait la langue clouée sous le menton ; il était châtré, et son corps, outre les brûlures, portait la trace de cinquante-sept coups de couteau enfoncés seulement d'un ou deux centimètres pour qu'il vécût plus longtemps.

Il mourut après une agonie atroce.

Nous avons cité ce fait pour donner une idée de la façon dont s'accomplissent les vengeances des montagnards algériens.

Donc, d'Obigny et Jean furent amenés près d'un figuier.

On les descendit à terre.

Les femmes s'armèrent.

Qui d'un bâton.

Qui d'une houe.

Qui d'un couteau.

Beaucoup se contentèrent de leurs épingles mauresques, longues comme des stylets.

Elles débâillonnèrent et débarrassèrent de ses liens Jean d'abord, sauf ceux des poignets.

Dès qu'il put parler, le farouche chasseur répondit aux injures :

— Chien ! hurlaient les femmes.

« Misérable !

« Tu vas mourir. »

Et toutes les mains armées s'étendaient vers le vieux coureur de bois.

— Eh bien, filles de hyènes et de chacals, fit-il en ricanant, on mourra !

« On mourra !

« Mon seul regret serait de ne pas tomber sous la dent d'un lion.

« Vous autres, truies galeuses, vous souillez tout ce que vous touchez ! »

Ces paroles mirent le comble au déchaînement des femmes.

Elles frappèrent avec des bâtons, des couteaux, des épingles, le chasseur qui les insultait ; il resta tête haute sous cette grêle de coups.

Mais il avait les jambes libres.

Tout à coup il lança un coup de pied à une mégère d'une façon si rude qu'il lui creva les intestins dans le ventre.

Elle tomba en hurlant.

Il se dégagea en jouant de ses gros souliers contre les jambes des femmes; il cassa plus d'un os et broya plus d'un pied.

Il se fit un grand cercle.

Comme des panthères acharnées, tenues à distance par un porc-épic, elles écumaient, hennissaient, vociféraient, mais n'approchaient pas.

Jean ricanait.

— Ah! fit-il.

« Déjà lasses !

« Voilà, ma foi, de jolies femelles de porc que vous autres.

» Ohé, catins sordides !

« Ohé, descendantes des punaises de l'arche de Noé, insectes immondes !

« Ohé, mères de bâtards !

« Mais venez donc !

« Je vous en dirai comme ça, des vérités, jusqu'à ce que je sois mort.

« Et mort, mes chairs palpitantes crieront encore contre vous toutes :

« Guenons infectes !

« Viande impure !

« Femmes souillées !

« Et, dans la plaine où l'on vous méprise, les échos répondront et renverront l'injure. »

C'étaient plus qu'elles n'en pouvaient supporter; elles bondirent contre Jean.

Ce fut une mêlée effrayante.

Il fut abattu, roulé, foulé, mordu, déchiré, troué, garrotté par des centaines de mains.

Il est vrai qu'à coups de dents il coupa des doigts et enleva des morceaux de chair à des joues qui n'en guérirent jamais.

Il fut amené contre l'arbre.

On le tint là, la tête elle-même immobilisée par des cordes.

Alors il cria encore :

— Vous me tuez !

« Je m'en f...!

« J'ai ouvert la panse d'une de vous; j'ai mangé de votre chair empoisonnée, carognes !

« Je me suis vengé ! »

Et il continua à vomir les imprécations les plus virulentes que sa riche imagination et sa violence lui suggéraient en foule.

Les femmes répondaient.

Seriez-vous lâche, senor Moralès? (page 156).

Elles frappaient.

Mais, maintenant que le chasseur était immobile, elles mesuraient les coups.

Jamais tortionnaire ne fut plus savant en son art qu'une Kabyle.

Elles graduaient la souffrance avec un talent, un instinct merveilleux.

Mais elles se souvinrent de l'autre prisonnier et furent à lui.

Elles délaissèrent un instant le vieux Jean, qui se garda de se taire.

D'Obigny, dans la nuit, n'avait pas été reconnu par les femmes.
Plusieurs l'avaient vu auparavant.
Tout à coup l'une d'elles dit :
— C'est le d'Obigny.
« C'est l'homme à la panthère !
« C'est lui ! »
Et toutes répétèrent ces mots.
La réputation de d'Obigny s'étendait de l'est à l'ouest de l'Algérie.
On l'admirait.
Nos ennemis, eux-mêmes, lui rendaient pleine et entière justice.
Debout, devant les femmes étonnées, il apparaissait calme et fier.
Un bizarre sentiment de surprise se peignait sur toutes les figures.
Une d'elles s'approcha.
Elle demanda :
— Tu es le tueur de panthères ?
— Oui ! fit-il.
« C'est moi !
— Tu t'es donc laissé prendre vivant, toi, si brave et si rusé !
— Je me battais ! dit d'Obigny.
« Je luttais avec Jean Casse-Tête que voici, là à cet arbre.
— Ah ! firent les femmes.
« Ah ! tu es l'ennemi de ce vieux scélérat qui nous appelle truies ?
— Oui ! fit d'Obigny.
L'affaire prenait pour lui une tournure excellente ; il le sentit.
Jean aussi.
Il s'écria :
— Ce serait vraiment trop fort, d'Obigny, que tu sois délivré et que l'on me tue comme un chien galeux, moi, ton compagnon !
« Tu es un lâche si tu acceptes la pitié de ces drôlesses-là !
Et le vieux chasseur écumait.
D'Obigny le toisa.
Le dialogue avait lieu en français.
Les femmes écoutaient.
D'Obigny riposta :
— Que dis-tu donc ?
« Suis-je ton ami ?
« Suis-je ton obligé ?
« Te dois-je rien ?
« Tant pis pour toi, si ces femmes veulent ta mort et non la mienne. »
Puis il ajouta :
— Tu as donc bien peur du trépas, qu'il te faut un compagnon pour l'affronter !

Jean s'écria :

— La mort !

« Je l'ai mille fois bravée.

« La mort !

« Je ne la crains pas.

« Mais te voir survivre, voilà ce que je ne veux pas, d'Obigny.

— Vouloir impuissant !

Une femme intervint :

— Que dit-il ? fit-elle.

— Il pense que vous ne voulez pas me tuer, et ça le froisse, fit d'Obigny.

Elles se mirent toutes à se parler à voix basse et à délibérer.

Jean devint furieux.

Il vit bien qu'elles prenaient en admiration le tueur de panthères.

Il écumait de colère.

— Comment ! pensait-il.

« Je mourrais !

« Il vivrait !

« Quoi ! il épouserait Ritta !

« Quoi ! je serais vaincu ! »

Et tout en lui se révoltait à cette pensée, tout son être frémissait.

Il eut soudain une idée.

Elle le calma.

— Femmes ! appela-t-il.

Elles vinrent à lui.

— Que veux-tu ?

— Vous dire une vérité.

— Laquelle ?

— Vous allez faire grâce à votre plus cruel ennemi. Écoutez-moi.

On prêta l'oreille.

— Par ma carabine, par mon honneur, par tout ce que j'ai de plus sacré, je jure que je vais être vrai comme le Coran.

« D'Obigny est celui qui a fait incendier vos villages par les goums.

« C'est lui qui a donné tous les moyens de vous nuire ; il est le bras droit du général français.

« Si je mens, qu'il le dise.

« Est-ce vrai, d'Obigny ?

Cette révélation fit une sensation profonde parmi les femmes.

— Parle ! crièrent-elles.

« Démens-le ! »

Mais lui, froidement :

— Il a dit vrai !

Il se fit un grand silence.
D'Obigny le rompit :
— Jean, fit-il, tu es un misérable ! je te croyais incapable de cette bassesse.
« Je te haïssais.
« Je te méprise. »
Puis avec mollesse :
— Femmes, tuez-moi !
« Jamais vous n'aurez torturé guerrier plus dangereux pour votre patrie. »
Elles s'avancèrent muettes.
Elles se décidaient avec peine.
Cet homme exerçait sur ce troupeau femelle une action immense.
Tout à coup une belle fille s'avança et, se plaçant devant lui :
— Tiens ! dit-elle, tu sais que l'anaya d'une vierge est sacré.
L'anaya est un mot qui, en ce sens, équivaut à celui de protection manifestée par un signe extérieur donné par le protecteur.
L'anaya d'une femme est sa ceinture, ou son anneau ou son foulard.
On respecte toujours, dans sa tribu, celui d'une jeune fille pucelle.
Le prisonnier de guerre qu'elle couvre ainsi de sa protection l'épouse.
Il devient membre de la tribu.
— Tu sais, répéta la jeune fille, ce que c'est que l'anaya d'une Kabyle ?
« Veux-tu le mien ? »
— Enfant, dit-il, merci.
« Je refuse. »
Elle se cabra.
— Suis-je donc laide ? fit-elle.
Et ses yeux étincelèrent de fierté blessée.
— Non ! dit-il.
« Tu es belle comme la jument que le cavalier n'a pas encore montée.
« Tu es un soleil.
« Tu m'éblouis. »
Elle rayonna.
— Pourquoi ce refus ? fit-elle.
— Parce que je suis Français et que je veux rester Français.
La jeune fille fut parler à des matrones, et elle revint à d'Obigny.
— Tu pourras, fit-elle, rester étranger aux guerres que nous ferons contre les tiens.
« On te le permettra.
« Tu ne lutteras que du côté du Maroc, ennemi des tiens comme de nous.
« Puis, tu tueras les fauves qui désolent nos montagnes et mangent nos troupeaux.
« Veux-tu ma main ? »

En ce moment une voix cria :

— Il ne peut se marier !

C'était celle de Jean.

— Il aime une Espagnole ! dit-il.

« Il la rejoindra.

« Il t'abandonnera.

« C'est pour cette fille que nous nous battions tous deux cette nuit.

« Prends garde ! Il te trahirait. »

D'Obigny domina la voix de Jean :

— Non, fit-il, je ne trahirai pas, parce que je n'accepterai pas.

« C'est vrai.

« Je suis le fiancé d'une fille de Nemours, à qui j'ai juré de n'aimer qu'elle.

« Au prix de ma vie, je ne romprai pas un engagement sacré. »

Puis il ajouta :

— Mais, je le proclame, libre, je t'eusse aimée, toi qui me sauvais.

La jeune fille déposa un baiser et une larme sur le front de cet héroïque soldat (historique), et s'éloigna en pleurant.

Alors les femmes s'avancèrent.

— D'Obigny, dirent-elles, tu veux mourir, tu mourras donc !

« Mais, pour ta loyauté, nous voulons t'épargner les hontes de la torture.

« Tu seras seulement poignardé.

« Puis, nous allons te faire un beau trépas en te vengeant cruellement.

« Nous te laissons assister à l'agonie de ton ennemi, qui sera brûlé. »

D'Obigny jeta un regard de haine triomphante à Jean et lui dit :

— Tu vois !

« Elles aussi te reprochent la bassesse de ton infâme délation ! »

Puis aux femmes :

— Allez.

« J'attends ! »

On eût dit que c'était lui qui commandait à cette foule.

Elle n'attendait que le signal.

Des feuilles sèches, des branches d'arbres furent entassées autour de Jean, qui hurlait avec un délire de rage :

— Brûlez !

« Brûlez !

« Mes cendres, portées aux quatre coins du monde par les vents, crieront :

« Les femmes des Beni-Snassenn sont des truies immondes.

« Des truies ?

« Des truies ! »

Rien ne saurait rendre l'effet de cette voix tonnant l'injure.

Les femmes s'en exaspéraient.

Elles allumèrent le bûcher.

La fumée tourbillonna, ardente, autour du vieux chasseur.

Mille voix essayèrent de couvrir la sienne par des clameurs.

Lui, dominant tout, hurlait :

« Des truies !

« Des truies ! »

La flamme s'éleva jusqu'à la cime de l'arbre.

Jean brûlait.

Il brûlait, mais il hurlait :

— Truies !

« Truies ! »

Et l'insulte vibrait dans les airs.

Tout à coup, un homme à cheval déboucha au milieu de la foule.

Elle s'écarta.

C'était Saïda !

Il accourait à toute bride.

Trois cavaliers le suivaient.

Ils entourèrent tous quatre le bûcher et en dispersèrent les branches ; ils étouffèrent promptement la flamme.

— Truies !

« Truies ! » hurlait Jean.

Il avait fermé les yeux et ne voyait plus rien autour de lui.

Tout à coup, il se sentit ruisseler sous l'eau de plusieurs gourdes.

C'étaient les cavaliers qui éteignaient le feu sur ses vêtements.

A peine était-il échaudé.

Il continua :

— Truies !

« Truies ! »

Mais il ouvrit les yeux.

Il reconnut Saïda.

Il vit le feu éteint.

Il vit les gourdes étendues sur sa tête et le rafraîchissant.

Il resta stupéfait.

— Ah çà ! fit-il.

« Qu'est-ce qui se passe ?

« Saïda, réponds ? »

Le chef dit :

— Je suspends la torture.

— Pourquoi ?

— Pour t'offrir rançon.

— A quel prix ?

— A bas prix.

« Je veux un renseignement.

— Sur quoi?

— Sur les Français.

— Bon!

« Une trahison?

— Eh bien! oui.

« Tu n'es pas Français, toi?

— Je ne sais de qui je suis né.

— Alors, peu t'importe de parler?

« Puis, tu n'es pas délicat.

— Qui t'a dit cela?

— Tout le monde!

— Tout le monde ment.

« Je tiens mes serments.

— Les serments, c'est vrai, tu les tiens.

« Mais as-tu donc fait serment aux généraux français sur quelque chose?

— Oui.

« Guide, j'ai juré de ne jamais nuire en rien aux colonnes françaises. »

Jean, quand l'idée de Ritta ne troublait pas sa conscience, avait vivace le sentiment de l'honneur.

Il avait peu de scrupules; mais, pour tout au monde, il n'eût pas violé un serment.

Le front de Saïda s'assombrit.

Les femmes, en ce moment, le pressaient et criaient de toutes leurs forces:

— A mort!

« A mort ce porc!

« Saïda, livre-le! »

Lui, prit un bâton.

La main levée, il cria :

— Ro (allez-vous-en)!

Elles ne reculèrent pas.

Il frappa.

Ce fut un grand bruit.

Mais elles firent place.

Elles criaient:

— Tu méprises ta femme!

« Tu méprises tes sœurs!

« Tu méprises ta mère!

Saïda demanda :

— Et pourquoi?

« Que s'est-il passé? »

Les femmes ripostèrent :

— N'as-tu pas entendu?

« Es-tu sourd?

« Il nous a crié que nous étions des truies ! »

Saïda se mit à rire.

— Qu'est-ce que ça vous fait? dit-il.

« Vous avez beau appeler homme un alouf-el-rabaa (cochon des forêts); il restera toujours ce qu'il est, n'est-ce pas?

« Qu'on vous appelle truie, qu'est-ce que ça peut vous faire, femmes traras?

« Allons!

« Dispersez-vous. »

En ce moment se manifesta leur intérêt pour le tueur de lions.

Elles le désignèrent.

— Et celui-là? firent-elles.

— S'il ne parle pas, il mourra.

— Eh bien! observèrent-elles, s'il doit mourir, rappelle-toi qu'il faut seulement le frapper d'une balle ou d'un poignard.

« Nous l'avons décidé ainsi. »

Saïda dit en souriant :

— Il ne vous a pas appelées truies!

« Ça se voit.

« On fera ce que vous désirez.

« Toutes chez vous.

« Rentrez ! »

Elles se retirèrent.

Saïda vint à d'Obigny.

— La bonne nuit sur toi! dit-il.

Et il lui tendit la main.

D'Obigny la lui serra.

— Sur toi des heures propices! fit-il.

« Qui t'amène?

— Le besoin de te sauver.

— M'es-tu donc si dévoué?

« Ne sais-tu pas quelle tête est ma tête et quel bras est mon bras?

« Tu m'étonnes, amin.

« Sauver un homme aussi dangereux que moi est une folie.

— Oh! fit Saïda, on y mettra ses conditions, et l'on fera marché.

— Je refuserai.

— D'avance?

— Oui.

Et toutes les mains armées s'étendaiemt vers le vieux coureur de bois. (Page 159.)

« Tu ne peux me proposer qu'un marché avantageux pour moi, mais ruineux pour ma patrie; je ne le ferai point.
— Oh! fit Saïda.
« Tu parles trop vite.
« On verra.
— Je te défie de me faire faire la moindre trahison, Saïda.

L'amin fit signe à ses hommes de s'éloigner, et dit bas à d'Obigny.
— J'ai bien trahi, moi.
— Moi, je suis moi.
« Je ne t'imiterai pas.
— Nous verrons, te dis-je.
Et tout haut.
— D'Obigny, j'ai pris deux cents hommes pour marcher vers Nemours.
— Tu ne l'as pas enlevé.
— Mais avant d'arriver à Nemours, il y a une petite concession.
— Les Figuiers ?
— Tu l'as dit.
« Je les ai attaqués.
— Ils ont été bien défendus.
« Ils l'ont été encore. »
D'Obigny, toutefois, en disant ceci, pâlit légèrement, et il eut froid au cœur.
L'amin continua :
— Tu n'étais plus là.
« Jean Casse-Tête n'y était plus.
« Je me suis emparé de la concession.
— On se défiait.
« On a fait bonne garde.
« J'ai ordonné d'abattre un pavillon et de boucher toutes les fenêtres donnant sur les derrières du bâtiment.
« Il n'y a plus, de ce côté, que des meurtrières à passer un fusil de rempart.
« Saïda, tu as échoué.
— A moins que je n'aie eu de quoi ouvrir une forte brèche dans les murs.
— Il faudrait du canon.
— J'en ai pris un.
D'Obigny devint livide.
Le chef continua :
— Oui, j'ai eu un canon.
« J'ai eu deux caissons.
« Nous avons enlevé ça aux Français, le flissa au poing, cette nuit.
« Tu me crois, n'est-ce pas ?
« Je ne mens jamais.
— Je crois ! fit d'Obigny.
— Eh bien ! reprit Saïda, tu comprendras ce que j'ai fait, tueur.
« J'ai abattu un pan de mur, enlevé ta maîtresse ; on l'amène ici.
« Et ici même, sous tes yeux, elle sera nue, garrottée, impuissante avant peu.
« Alors, je promettrai la liberté à ce vieux Jean Casse-Tête, qui est là.
— Et pourquoi la liberté à cet homme ?

— Pour que lui, ton rival, viole ta maîtresse sous tes yeux.

« Nous verrons si tu parleras pour éviter ce traitement à Ritta.

« Tu m'as montré comment on faisait trahir ses serments à un brave.

« Moi, j'ai fait mieux, ou du moins je vais encore faire mieux que toi. »

Et Saïda reprit :

— Tu es atterré.

« Tu te sens vaincu.

« Voyons, d'Obigny, cède.

« Épargne-moi cette violence.

« Épargne à ta fiancée d'être traînée jusqu'ici par nous.

« Que décides-tu ? »

D'Obigny fit un effort énergique, et dit :

— Me taire.

— Alors, à bientôt !

Et l'amin appela les femmes.

— Je vous confie les deux prisonniers, leur dit-il avec un ton d'autorité solennel.

« Vous en répondez.

« Que, toujours, quatre d'entre vous restent près d'eux et les surveillent avec soin.

« Des vieillards et des blessés armés seront aussi en sentinelles.

« Songez que le salut de la tribu dépend de ces deux hommes à cette heure. »

Et, après avoir embrassé sa fille et ses trois femmes, l'amin partit.

On le salua de yous-yous prolongés ; puis on emmena les deux prisonniers.

En chemin, Jean fut battu.

Mais, tout à coup, il s'écria :

— Femmes, écoutez-moi.

Elles prêtèrent l'oreille.

— J'ai dit, fit-il, que vous étiez des truies, et je m'en repens maintenant.

« Je voulais vous faire enrager.

« Mais, puisqu'on ne me tue pas, je déclare que, comme toute l'Algérie, je vous proclame, vous, femmes Beni-Snassenn, fort belles, fort sages, fort aimables et gracieuses. »

Cette profession de foi changea du tout au tout les dispositions de la foule, et l'on cessa de battre le vieux chasseur.

Sous ses poils rudes, ses lèvres riaient de ce revirement soudain.

Il fut placé, avec d'Obigny, dans une espèce de salle servant de mosquée au village et aussi d'école.

Jean demanda :

— Doit-on nous garder longtemps ici ?

— Peut-être ! firent les femmes.

— Allons, dit Jean, mes jolies gazelles, donnez-nous à manger et à boire.

Les femmes furent chercher des galettes, du mouton en couscoussou et du lait aigri avec de l'eau claire d'une source.

Les deux chasseurs mangèrent.

XVII

Du pacte qui fut conclu entre Jean Casse-Tête et d'Obigny au sujet de leur évasion.

D'Obigny était affreusement tourmenté par ce qui allait se passer.

Il ne doutait pas que Saïda n'eût dit la vérité et n'eût un canon.

Il comprit que la ferme était ou serait prise inévitablement par l'amin.

De plus, toutes les chances étaient pour ce dernier dans sa tentative.

Peu de troupes à Nemours.

Toutes étaient presque occupées à opérer dans les montagnes en ce moment.

On ne devait pas faire bonne garde à la concession, rassuré que l'on devait être en croyant les montagnards retenus dans leurs territoires par les colonnes expéditionnaires expédiées contre eux.

Bref, l'avenir était sombre.

D'Obigny n'avait pas vu Saïda parler à Jean de ses projets.

Il pensa que ce dernier ignorait les intentions du chef, et il résolut de parer d'abord à ce danger, particulièrement poignant, que Jean violât la jeune fille, ce qui lui semblait double souffrance, double déshonneur.

En conséquence, il le sonda d'abord.

— Jean ! demanda-t-il en français.

Celui-ci d'un ton rogue :

— Quoi ?

— Ne penses-tu pas que deux hommes unis sont plus forts qu'isolés ?

— Parbleu !

— Ne vois-tu pas luire à l'horizon l'espoir de nous évader ?

— Si.

— Veux-tu faire trêve à notre haine et nous entr'aider ?

— Hum !

« Ça me déplaît bien.

— A ton aise.

« Mais nous perdons des chances en agissant chacun pour nous-même.

— Soit.

« Aidons-nous.

— Alors, pour preuve de bonne fraternité, je vais te révéler un projet de Saïda.

« Mais, auparavant, un mot.

« Aimes-tu toujours Ritta ?

— En mourant, je ne regrettais qu'elle.

— Eh bien ! elle est menacée.

— Par qui ?

— Par l'amin.

« Il l'a enlevée.

« Il faudrait fuir avant qu'il fût arrivé ici.

— On tâchera.

Et le chasseur eut un regard sombre pour les femmes qui l'entouraient.

D'Obigny reprit :

— Prêtons-nous le serment ?

— Oui, il faut jurer.

« Mais dicte la formule.

— La voici :

« Nous nous engageons à ne fuir qu'ensemble et à nous entr'aider l'un l'autre.

« Nous jurons de sauver Ritta et de la ramener aux Figuiers.

« Une fois rendue à son père, nous nous battrons à mort.

« Mais, auparavant, quoi qu'il arrive, elle ne sera ni à toi, ni à moi.

— Bien ! dit Jean.

« C'est juré.

« Maintenant, rumine tes plans.

« Je vais penser aussi.

« Nous trouverons bien quelque chose à nous deux, que diable ! »

Et ils mangèrent et burent en silence.

Ils méditaient leur plan d'évasion.

Leur premier soin devait être de se débarrasser de leurs liens gênants.

Ils étaient attachés avec des cordes faites d'alfa grossièrement tressé.

Jean trouva derrière lui, par hasard, un vieux pot ébréché.

Il servait à contenir de l'eau.

Le vieux chasseur demanda aux femmes arabes à fumer une sipsi (pipe).

On lui en bourra une.

On la mit à ses lèvres, on l'alluma, et il put en aspirer les bouffées.

— Tu ne fumes pas ? demanda-t-il à son compagnon qui semblait dormir.

— Si ! fit d'Obigny.

Il comprit que c'était un avis donné par le vieux chasseur.

Il l'imita.

Ils causèrent.

Ils parlèrent guerres et chasses en langue kabyle, aventures galantes, légendes, et on les écouta avec intérêt.

C'était surtout d'Obigny qui causait au début ; et l'assistance était suspendue

à ses lèvres; nul, plus que l'Algérien, n'est amateur de récits bien narrés.
Jean approuvait par exclamations les dires de son ami.
Ces exclamations lui servaient à attirer son attention sur le vase ébréché.
— J'ai ! faisait-il.
Puis un peu plus tard :
— Vase !
Puis encore :
— Cassé... bords, coupants.
D'Obigny répondit entre deux phrases ce mot laconique et significatif :
— Compris.
Enfin Jean dit :
— Fait.
Alors d'Obigny se plaignit d'être mal assis, et il proposa de changer de place.
Ce fut fait.
Jean lui succéda comme conteur, et intéressa son monde.
Pendant ce temps, d'Obigny, à son tour, coupait un tour de ses liens.
Un seul tour.
C'était suffisant pour l'instant.
La chose faite, il dit :
— J'ai sommeil.
« Je dors. »
Et lâchant sa pipe, il se mit à faire mine de ronfler consciencieusement.
Déjà, peu à peu, les têtes kabyles s'alourdissaient autour d'eux.
Jean, intrépide, contait toujours; mais le sommeil gagnait l'auditoire.
Alors le vieux chasseur souhaita la bonne nuit à tous, et se coucha près de d'Obigny; il laissa passer une demi-heure avant de parler.
Puis, à voix basse, d'un souffle à peine distinct, il dit à son compagnon :
— Il y a ici seulement trois hommes, dont un blessé à la jambe.
« Les deux autres ont des balles dans les bras qu'ils portent en sautoir.
— Je le vois ! fit d'Obigny.
— Il y a six femmes ! ajouta le vieux chasseur; mais c'est peu de chose.
« Elles dorment !
« Les hommes, très-abattus, sont alourdis, et luttent contre le sommeil.
— Je devine.
« Nous allons bondir sur eux, les désarmer, et fuir après les avoir tués.
— Oui.
« Mais pour retarder la poursuite, il faut incendier tout le village.
— Comment ?
— Ne vois-tu pas dehors les reflets d'un feu qui flambe encore ?
« Il a servi à cuire le couscoussou que l'on nous a donné cette nuit.
— Bon !

« On jettera des brandons sur les toits ; ces bicoques flamberont vite.

« Je crois qu'il serait bon, toutefois, d'éteindre ici la lumière.

— Certainement.

— Je vais demander du feu pour rallumer ma pipe à l'un des hommes.

« Ça n'éveillera pas les femmes.

« Puis je renverserai la lampe brûlante en la lançant au visage de l'homme.

« Nous bondirons aussitôt.

— C'est dit.

— Défais les liens de tes pieds.

— Je vais y travailler.

Ils se mirent à défaire les cordes qui entravaient leurs jarrets, et, toutefois, ils les disposèrent pour qu'elles parussent toujours demeurer intactes.

— Es-tu prêt ? fit d'Obigny.

— Oui ! dit Jean.

— J'agis, alors.

Et, se levant, il demanda doucement à l'un des veilleurs :

— Jaouley gib el nar el sipsi.

« Jeune homme, donne-moi du feu pour allumer ma pipe. »

Le guerrier apporta la lampe.

D'Obigny fit mine d'allumer son tabac, mais, soudain, d'un revers de main, il plaqua huile, mèche brûlante, lampe sur le visage du montagnard.

Celui-ci fut aveuglé.

Il poussa un cri.

La lampe était éteinte.

Tous et toutes se levèrent.

Les chasseurs avaient calculé leur élan ; ils tombèrent sur les deux blessés.

En un instant ils furent désarmés, poignardés et terrassés.

Les chasseurs saisirent leurs burnous, s'en couvrirent et se glissèrent dehors.

Les femmes, effarées, se saisissaient l'une l'autre au dedans.

Les deux chasseurs coururent au feu ; il n'y avait personne auprès du foyer.

Ils saisirent chacun un tison, et le lancèrent sur un toit.

Ils crièrent alors :

— El nar !

« El nar !

« Le feu ! »

Tout le village fut sur pied, car dans ces villages l'incendie est un fléau terrible, en raison des toits de chaume.

On crut que l'incendie était cause du bruit entendu dans la maison où les prisonniers étaient précédemment détenus.

On y courut.

Pendant ce temps, les deux chasseurs fuyaient et gagnaient la campagne.

Déjà une flamme immense couronnait le bourg tout entier.

La sinistre clameur el nar ! retentissait désespérée dans l'air.

Il restait à peine la moitié du bourg préservée de l'incendie précédent.

Les deux chasseurs s'arrêtèrent dans une forêt, et là ils tinrent conseil.

— Nous avons, dit d'Obigny, les fusils, les pistolets, les burnous, la poudre et les balles de nos gardiens ; qu'allons-nous faire ?

« Courons-nous aux Figuiers ?

— Il doit être trop tard ! dit Jean.

« Ou la concession est prise.

« Ou elle ne l'est pas.

« Nous n'y arriverons que quand la bande sera partie.

— C'est vrai !

« Guettons le retour de Saïda.

— Soit !

« Mais que ferons-nous quand nous le verrons possesseur de Ritta ?

— Nous irons demander du monde au commandant de la colonne.

« Puis nous délivrerons ma fiancée.

— La tienne ?

« La nôtre, veux-tu dire ?

— Soit !

« La nôtre.

— Moi, dit Jean, je propose mieux que cela, si tu veux.

« Je veillerai ici.

« Je guetterai le retour de Saïda, et je t'attendrai avec la colonne.

« Comme cela nous saurons si Ritta est toujours au village.

— Soit ! dit d'Obigny.

« Mais tu te rappelles tes serments ?

— Toi, les tiens ?

— Sans doute.

— Au revoir, alors.

« Bonne réussite.

— Merci.

« Dieu te garde. »

Les deux hommes se séparèrent.

L'un se dirigea vers le camp de la colonne française.

L'autre se mit en embuscade.

Tous deux palpitaient d'inquiétude.

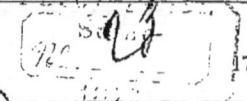

La fumée tourbillonna ardente autour du vieux chasseur. (Page 166.)

XVIII

D'une panthère qui joue un rôle dans le drame.

Dans un pays aussi étrange que l'Algérie, peuplé de fauves, infesté de lions et de panthères, l'homme est souvent victime de la griffe ou de la dent des bêtes féroces.

Et, chose constatée, les sentinelles sont très-exposées à être dévorées.

Assaillies, pendant qu'elles veillent sur l'ennemi en face d'elles, par le fauve qui vient derrière, elles sont victimes de leur garde attentive.

Maint soldat est mort pour avoir trop négligé de s'assurer si, derrière lui, ne se glissait pas quelque panthère.

En cette nuit, Jean Casse-Tête se trouva, il l'avoua depuis, dans la position la plus critique où il fut jamais.

Il était entre deux périls imminents, et nul homme, peut-être, ne vit se dresser devant lui le problème qui se passa devant lui.

Il veillait depuis une heure, quand il entendit le pas de plusieurs chevaux qui franchissaient les rampes de la montagne.

Quant à lui, il était au bord du chemin menant au village.

Comme le bruit des chevaux devenait distinct, il saisit derrière lui un soupir qui lui révéla le souffle d'une panthère.

Que faire ?

Tirer, il ne le pouvait.

C'était attirer à lui les cavaliers, et il eût été pris sûrement.

Entre la forêt qu'il avait quittée et le chemin, s'étendait un vaste espace, presque dénudé, où il aurait été atteint.

D'autre part, la bête était proche, prête à bondir sur lui.

Il la sentait en quelque sorte préparant son élan furieux.

Il prit une héroïque résolution.

Il calcula que la panthère de montagne, celle-là appartenant à la petite espèce, est moins puissante que la grande.

Il avait un flissa kabyle.

Il le tira.

Il résolut de lutter à l'arme blanche, et de poignarder l'animal.

D'un geste prompt, il fit passer son burnous par-dessus sa tête, et le tint dressé devant lui, se tournant contre la fauve qui se rasait pour l'élan.

C'était un acte de rare audace que tentait le vieux chasseur.

Mais c'était un rude homme.

D'une force herculéenne, il avait la farouche énergie d'un vrai coureur de bois.

Il attendit.

La bête fit un bond.

Il la reçut sur son burnous.

Le choc le renversa, mais l'étoffe épaisse de poil de chameau qui le protégeait amortit considérablement les coups de griffe et de dent ; quant à lui, trois fois il plongea son arme dans la poitrine de l'animal qui hurlait avec fureur.

Au troisième coup il roula sur le sol, se débattit et mourut bientôt.

Promptement, le vieux chasseur traîna sa victime dans une touffe de palmiers-nains, et il fut, à cent pas de là, s'embusquer sous les jujubiers bordant le chemin.

Il attendit.

Les cavaliers approchaient.

Ils avaient entendu les cris de la panthère ; ils étaient en défiance.

Ils passèrent vite.

Ils avaient, au milieu d'eux, le canon, les caissons, et Ritta garottée...

Le vieux Jean jeta sur elle un regard lourd de convoitise.

Puis il suivit de loin l'escorte quand elle l'eut dépassé.

XIX

Les saltimbanques.

Il était écrit que les nègres joueraient un grand rôle en cette affaire.

Après avoir échappé à la panthère, après avoir vu passer Saïda, Jean Casse-Tête avait suivi celui-ci de loin.

Il l'avait vu rentrer au village, et il était revenu à son poste.

Le jour était venu.

Jean s'embusqua.

Il assembla des tas de palmes sèches, et il en fit un amoncellement autour d'un très-gros buisson de jujubiers.

On eût dit que le vent avait poussé les palmes en cet endroit.

Le vieux chasseur cacha son fusil sous ces feuilles mortes, puis il s'y enterra lui-même avec une rare adresse, ménageant quelques jours imperceptibles pour le passage de l'air.

Il comptait sur les premiers rayons du soleil pour sécher et jaunir le dessus de ce tas de palmes ; en une demi-heure, toute humidité est pompée par la chaleur, dès que le jour s'est franchement dessiné.

Mais il est des moments néfastes où tout est déveine.

A peine le chasseur était-il embusqué, à peine le soleil avait-il paru et chauffé la terre depuis un quart d'heure, que Jean entendit un bruit de pas.

Il dirigea ses palmes avec adresse, et il vit sur le chemin deux nègres qui venaient vers le village et allaient d'un bon pas.

Ces deux nègres étaient des saltimbanques algériens, la plus bizarre de toutes les espèces de saltimbanques qui soit au monde.

Ces nègres vont par les villages donner des représentations d'animaux savants.

On n'imagine pas combien les maîtres et leurs bêtes sont drôles.

Les nègres sont deux.

L'un est musicien.

Il joue d'une sorte de biniou qui fait danser les animaux.

L'autre est le dresseur.

L'association possède un âne.

Il porte les bagages.

L'âne est une merveille d'accoutrement ; on n'imagine rien de pareil.

Il est habillé d'un burnous à grands ramages qui lui donne l'air d'un évêque enchasublé ; entre les deux oreilles, une espèce de mitre complète cette ressemblance.

Tout le corps est couvert de sonnettes, de grelots, de cliquetis.

C'est un bruit assourdissant.

Cet âne, très-bien traité par ses maîtres, qui causent avec lui familièrement (il leur répond dans sa langue), est lui-même le plus savant de la bande.

Il danse.

Il joue du derbouka.

Il souffle dans une flûte avec une de ses narines.

Bref, c'est un charmant animal.

Il porte sur le sommet de sa mitre un coq ou une poule.

Cette volaille est ornementée de plumes d'autruche, de canard ; de grands poils de lion, de crins de cheval qui tiennent on ne sait comment, et qui, à force de poix, adhèrent à elle.

Elle se prélasse sur le chef du baudet, son poste favori.

Elle piette.

Elle chante.

Elle agite ses plumes, ses crins, ses poils et s'ébouriffe à plaisir.

C'est la joie des femmes et des enfants ; elle les fait mourir de rire.

D'ordinaire, il y a aussi deux ou trois rats qui ont des trompes d'éléphant, par l'addition de la queue, repiquée sur le nez, fendu et resoudé comme une greffe, procédé dont on ignora longtemps le secret.

Ces rats à trompe courent tout le long de l'âne et s'ébattent.

Enfin, il y a des serpents apprivoisés, fous de musique, qui ne quitteraient pour rien au monde leurs charmeurs habituels, si ce n'est pour d'autres charmeurs.

Puis, selon le caprice des nègres, ou les occasions qu'ils ont eues, ils possèdent des chats, des chiens, des perdrix, une ménagerie des plus hétéroclites et toujours bariolée.

Mais eux-mêmes sont déguisés d'une façon vraiment singulière.

Ils ont des gants.

Sur les gants, des poils.

Au bout des doigts des gants, des griffes adaptées, griffes démesurées.

Puis ils portent un masque qui simule un museau de singe.

Ce masque, ils le quittent rarement, et jamais en public.

Ils le portent collé à la peau par une espèce de résine.

Ils ont des fourrures qui pendent sur leur dos avec une queue énorme.

Ils ont des pieds en sabot de cheval.

Le reste du costume est abandonné aux fantaisies de chacun.

On voit quel prodigieux effet ces apparitions fantastiques doivent produire dans les villages sur la gent femelle et enfantine.

Ces saltimbanques sont chéris des femmes, des enfants, et par conséquent des hommes.

D'ordinaire, c'est le chef qui les reçoit et les héberge dans un village.

Ils sont toujours bien accueillis.

Les deux nègres que voyait et qu'entendait Jean, semblaient avoir quitté avant l'aube leur gîte et se diriger vers le village de Saïda ; mais tout à coup ils s'arrêtèrent, quittèrent le chemin et parurent vouloir s'installer au bord de celui-ci.

Ils avaient un chien.

Celui-ci était agencé de façon à ressembler à un lion terrible.

On lui avait agrandi les yeux d'un cercle noir tracé sur la peau rasée.

Il avait à chaque griffe un prolongement pointu en acier.

La queue se terminait en touffe.

— Tonnerre de Dieu! pensa Jean, pourvu qu'ils ne me découvrent pas.

Il attendit.

Mais il se tint prêt.

Le chien furetait.

Les deux nègres s'arrêtaient pour refaire leur costume et celui de leurs animaux ; ils voulaient que rien ne parût des fatigues de la longue route qu'ils venaient de faire.

Ils semblaient avoir déjà fatigué beaucoup, et Jean se l'expliqua par le désir de faire deux villages par jour, pour gagner plus vite un pays où la guerre ne menacerait pas les voyageurs paisibles.

Donc, ils s'attifaient l'un l'autre.

Ils relevaient une plume au coq, ils ôtaient les taches du burnous de l'âne.

Ils se promettaient une entrée triomphante.

Tout à coup, le chien, qui avait flairé Jean, se mit à aboyer avec fureur.

— Bon! pensa le chasseur.

« Pincé. »

Et il arma son fusil double.

Les nègres se doutèrent qu'un homme était caché sous les palmes.

Ils sautèrent sur leurs armes.

Puis, prompts à se cacher, ils s'aplatirent derrière les buissons et s'interrogèrent.

— C'est un saracq (un voleur), dit l'un.

— Oui! fit l'autre.

— Il nous tuera, si nous ne le tuons pas ; il faut tirer sur lui.

— Ça va.

Tous deux firent feu.

Un cri de douleur s'éleva, un juron retentit, les palmes s'agitèrent, un homme se leva, puis retomba sans mouvement.

— Il est tué! firent les nègres.

Chien et maîtres coururent au cadavre.

A peine les nègres avaient-ils fait cinq pas, que Jean se relevait.

Il avait en main son fusil chargé et armé.

Il épaula.

Les nègres, stupéfiés, s'étaient arrêtés, et ils gardaient cette stupide immobilité qui les saisit quand il leur arrive une chose inattendue; l'imprévu les paralysait.

Le vieux Jean n'était pas homme à pardonner à qui que ce fût d'avoir tiré sur lui; il fit feu sur un noir.

Celui-ci tomba.

La balle lui avait troué la poitrine; il était à terre, roide, inanimé.

L'autre s'enfuit.

Comme il franchissait une haie, une balle lui cassait les reins.

Il eut une courte agonie.

Pendant ce double meurtre, le chien s'était mis à hurler la mort.

L'âne braiait à tue-tête et grattait le sol avec effarement.

Le coq, effrayé, chantait, gloussait, agitait ses crins et plumes.

Les rats couraient, secouant queues et trompes avec fureur.

Les serpents enfin, sortant de leur torpeur, se dressaient dans la boîte qui les contenait, et sifflaient des notes stridentes.

Pauvre ménagerie!

Elle protestait en vain.

Ses maîtres étaient morts des ruses de ce vieux chacal, expert en tours et traquenards de toutes sortes qui s'appelait Jean Casse-Tête.

Mais ce n'était pas tout d'avoir tué ces deux malheureux nègres.

Il fallait se garer.

Il fallait craindre que les coups de fusil n'eussent été entendus.

Jean mit d'abord l'oreille à terre, et il écouta longtemps.

Rien ne bruissait sur le sol.

— Bon! fit-il.

« Aux environs, rien.

« J'ai le temps. »

Il prit les deux cadavres, un de chaque main, et les emmena.

Dans ce terrain découvert, il poussait, comme partout en Afrique, des palmiers-nains et des jujubiers à foison.

Pas assez pour abriter et sauver dans un labyrinthe épais l'homme qu'une troupe eût su là, et eût cherché; mais suffisamment pour recéler deux cadavres.

Maître Jean s'en fut à six cents pas; il mit les corps sous des feuilles, et alors il se demanda assez inquiet :

— Que faire des bêtes?

La question était embarrassante.

Le chien ne voulait pas s'en aller malgré les coups de pierre qu'on lui lançait.

Tirer sur lui, faire encore parler la poudre, c'était renouveler un danger.

D'autre part, l'âne et la ménagerie continuaient à mener grand bacchanal.

Et il fallait que Jean restât en embuscade au lieu du rendez-vous.

D'Obigny devait paraître bientôt.

Que faire?

Tout à coup il vint à Jean une idée lumineuse, une idée de génie.

— Au fait, se dit-il, j'ai là sous la main un superbe déguisement.

« Pourquoi ne pas m'en servir? »

Et il découvrit le plus petit des cadavres, prit d'abord les fourrures.

Elles lui allaient suffisamment bien.

Il arracha le masque, et se le mit sur le visage avec adresse.

Il se fourra les pieds dans les faux sabots du pauvre mort.

Bref, en un tour de main, il s'affubla comme l'un des défunts.

Il mit, bien entendu, les gants en dernier lieu, après avoir enterré ses effets.

Alors il sortit de la touffe de palmiers, et vint à l'âne.

Le chien, à son aspect, poussa un joyeux hurlement, et accourut.

Sans doute, les fourrures étaient imprégnées de l'odeur du mort.

Le chien le reconnut.

Il combla Jean de caresses.

— Oh! oh! fit-il.

« Ça va bien.

« Le kelbe (chien) y est pris. »

Puis avec mépris :

— Si c'était un de mes braques, du diable s'il se laisserait tromper.

« Quel sacré f...ue bête que cet animal-là; pour un rien je lui casserais les reins.

« Dissimulons. »

Il dit ce : dissimulons, comme eût fait un traître de mélodrame.

Il vint à l'âne.

Le chien l'escortait en aboyant.

L'âne se mit à braire.

Positivement il croyait reconnaître son maître!

— Lui aussi! fit Jean.

Ainsi César s'écria :

— *Tu quoque!*

Mais cette fois il tempéra son indignation en disant avec commisération :

— Au moins, lui n'est qu'un âne.

Le coq s'était calmé.

Les rats avaient repris leurs jeux.

Les vipères et les couleuvres s'étaient tout doucement rendormies.

— Ça va ! fit Jean.

« Je vais attendre là d'Obigny.

« Je sais trop bien tous les dialectes de l'Algérie pour que l'accent me trahisse. »

Et il s'assit sur le revers du chemin ; le chien se mit sur son derrière.

L'âne, lui, brouta.

Il faisait doucement sonnetter ses petites clochettes en paissant.

Jean souriait.

Oh ! la vie de deux hommes lui pesait peu ; il avait une conscience d'airain.

— Quand d'Obigny va me voir, pensa-t-il, il sera bien surpris.

Il attendit.

XX

Ce qui advint de Ritta chez les Beni-Snassenn.

Pendant que ces événements se déroulaient, Saïda revenait au village avec Ritta ; il le vit encore ruiné par l'incendie.

On accourut à sa rencontre.

Les femmes gémissaient.

— Tu vois, lui criaient-elles.

« Belle idée !

« Tu as voulu garder ces maudits Français vivants !

« Ils ont fui !

— Fui ! s'écria le chef.

Et il eut un geste désespéré.

— Fui ! répéta-t-il.

« Malheur à vous ! »

Il se fit raconter l'évasion.

— Oh ! fit-il, je reconnais bien là ces terribles hommes.

« Ce sont des djenouns (démons).

« Mon plan est ruiné. »

Puis il pensa :

— Mais j'ai Ritta.

Et il s'en fut à sa maison, un des rares bâtiments qui ne fussent pas brûlés.

Ceci tenait à ce qu'il avait un toit de tuiles, luxe assez rare chez les Beni-Snassenn.

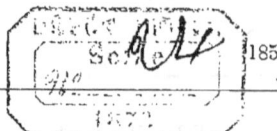

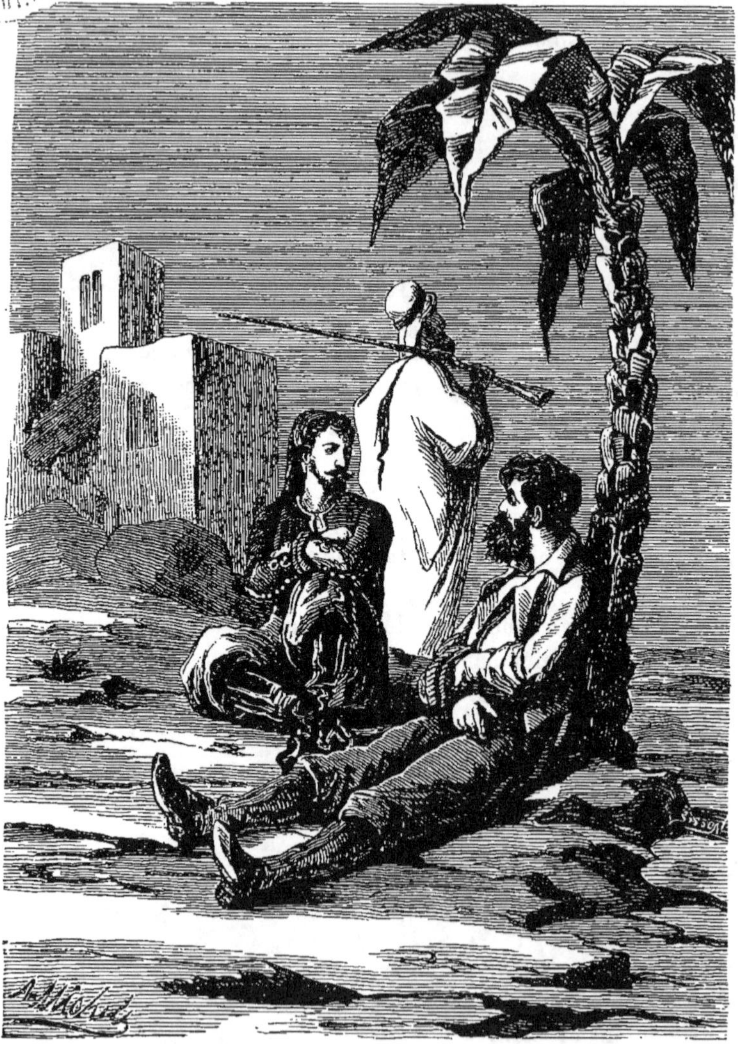

Ne penses-tu pas que deux hommes unis sont plus forts qu'isolés? (Page 172).

Il fut reçu par ses femmes.
Sa favorite, à la vue de Ritta qu'elle aperçut, lui demanda :
— Qu'est-ce celle-ci?
— Une captive! dit-il.
— Elle est bien belle! fit la jeune femme avec un sombre pressentiment.
Ritta, en ce moment, apparut aux lumières.

— Oui! murmura Saïda.

« Bien belle en effet!... »

Et il parut plongé dans une admiration soudaine...

Saïda, comme la plupart des indigènes, avait un sérail.

Le sien, en sa qualité de chef, de chef très-riche, était nombreux.

Il avait six femmes blanches, sept négresses, deux Moresques, une juive.

Tout ce monde vivait en assez bonne harmonie; voici pourquoi.

En Algérie, la femme est plus une esclave qu'une maîtresse, qu'une épouse ; elle a de durs devoirs à remplir.

Il faut qu'elle s'occupe de tous les soins du ménage, qu'elle tisse, qu'elle broie le grain, qu'elle cultive le champ.

C'est un cheval de labour.

C'est une bête de somme.

Telle est la condition de l'épouse du pauvre chez les Musulmans.

Chez les riches, le gros ouvrage est fait par les négresses esclaves.

Ces esclaves, toutefois, sont souvent honorées des caprices du maître.

Les femmes blanches, néanmoins, ont encore beaucoup à faire.

La plus âgée préside à l'organisation de leurs labeurs et les partage.

L'une a soin des troupeaux.

L'autre veille aux repas.

Telle fait ceci.

Telle fait cela.

D'ordinaire, la plus jeune ou la plus jolie ne fait absolument rien.

Elle aime.

Elle est aimée.

Les autres n'en sont point jalouses ; en voici les motifs :

En Algérie, à dix ans, une fille est nubile et elle se marie.

A vingt ans, elle est enlaidie, usée, brisée par les caresses ardentes du mari, les brûlantes ardeurs du climat, les prédispositions du tempérament féminin, le plus facile à se faner.

Depuis lors, la vie de la femme n'est plus qu'une longue vieillesse.

Plus de désirs.

Une résignation facile.

Dans cet état, la femme ne pense plus qu'à une seule chose :

Décider son seigneur et maître à prendre le plus de compagnes possible, afin de répartir la part de travail sur un plus grand nombre de bras féminins.

On le voit, il est des causes à cette absence de jalousie, assez générale en Algérie, dans les harems des chefs.

Mais...

Il y a un mais.

Mais quand, en pleine jeunesse, la favorite se voit supplantée par une rivale ; quand, d'enfant gâtée, paresseuse, adorée, elle sent qu'il va falloir devenir femme de ménage et se prêter aux plus dures corvées, alors elle lutte, s'indigne, se révolte.

On est sûr, en Algérie, que quand un crime de jalousie est commis par une femme, ce ne sera jamais par une vieille matrone de vingt-cinq ans qui s'en sera rendue coupable.

Le meurtre par amour est le fait des femmes mûres de seize ans qu'on délaisse pour quelque minois de huit ans, voire de sept.

En Afrique, l'amour n'atteint pas le nombre des années.

Or, dans le harem de Saïda, il se trouvait qu'une jeune femme, nommée Moussa, qui adorait son maître, avait été supplantée par cette épouse, qui, quelques jours auparavant, s'était enfuie à Tlemcen avec son amant.

Par la fuite de cette coupable, Moussa était redevenue favorite.

Elle avait trop souffert pendant quelques mois d'abandon pour ne pas redouter de retomber dans l'état où elle était restée ; ne plus souffrir de rivales, telle était son inébranlable résolution.

Et voilà que Saïda amenait sous son toit une chrétienne.

Et voilà que la chrétienne était belle, d'une beauté inconnue dans ces montagnes.

Elle était femme, femme de seize ans, avec toutes les grâces de la femme et les mièvreries de l'enfance.

Et Moussa sentait bien que Saïda serait frappé par cet ensemble.

Et l'œil du chef avait trop brillé pour qu'il n'en fût pas ainsi.

Donc, Moussa tremblait.

Elle vint au maître.

Celui-ci la reçut froidement.

Moussa sentit l'affront.

Autour d'elle, elle vit les femmes du chef insoucieuses, peu intéressées à ce que Ritta fût ou ne fût pas favorite, elle vit, disons-nous, des sourires railleurs se dessiner sur les lèvres de ses compagnes.

Ce fut autant de blessures.

Puis toutes, curieuses, entourèrent la nouvelle venue.

Et, pour plaire au maître et obtenir sourires et présents, elles firent fête à la nouvelle venue, la caressant, la rassurant.

Moussa était pâle de rage.

Elle sortit.

Saïda la laissa faire.

Moussa s'en fut trouver une vieille négresse affranchie, sorcière de profession, diseuse de bonne aventure, jeteuse de sorts, qui vivait assez grassement dans le bourg.

Elle avait grande réputation.

Elle vendait des amulettes aux amoureux pour se faire aimer.

Elle faisait commerce de paroles magiques qui ouvraient les cœurs.

Elle servait de facteur aux couples qui étaient en relations criminelles.

(La drôlesse avait contribué à faire maints maris c...., nous voulons dire trompés.)

Moussa la connaissait.

Moussa, au temps de sa rivale, avait été trouver la négresse, et lui avait acheté un sachet mystérieux qui, mis sous le haïque de sa rivale, devait la rendre odieuse à Saïda; l'événement avait paru donner raison au pouvoir de la vieille sorcière noire.

De là, chez Moussa, une confiance absolue, illimitée dans la négresse.

Elle entra chez elle.

— Bonne nuit sur toi, nanouss!

« Sois heureuse. »

La vieille dormait sur sa natte.

Elle se leva.

— Ah! fit-elle.

« Toi, Moussa.

« Que veux-tu, ma belle?

« Saïda a ramené une captive.

« Une Française.

« On me l'a dit. »

Et elle ajouta :

— Je t'attendais.

« Mais, en t'attendant, je dormais.

« Tu es venue.

« Parle.

— Malasun, ma mère, je voudrais être débarrassée de cette chrétienne.

— Bien, ma fille.

« Je l'avais deviné.

« Le chef l'aime?

— Oui.

— Tu as bien raison de t'alarmer.

« Elle est belle!

« Elle est et restera charmante.

« Ces Françaises et ces Espagnoles sont bénies par le Dieu qu'elles vénèrent.

« A treize ans elles sont boutons.

« A vingt ans elles sont fleurs.

« A trente ans elles sont fruit.

« A quarante ans elles semblent encore de belles grenades mûres et entr'ouvertes.

« Moussa, il sera difficile de guérir ton maître de son amour...
— Mais...
— Ah ! ma fille, ma fille, que ça va donc te coûter cher ; ça m'effraie.

Moussa pâlit.
— Petite, que peux-tu me donner ?
— J'ai cent douros.
— Pas assez ça.
« Je joue ma tête.
— J'ai mes parures.
« Mais Saïda me demandera ce que j'en ai fait, si je te les donne.
— Tu lui diras qu'elles ont été volées.
« On accusera un esclave.
« Il mourra sous le bâton.
— C'est une bonne idée.
« Tu auras mes parures.
— Ce n'est pas assez.
— Que veux-tu donc encore ?
— Il me faut les jolis bracelets, les bagues, les soieries, l'or dont tu couvres ta petite fille ; tout, tout, tout enfin.

Moussa eut une larme dans les yeux.

La dépouiller n'était rien.

Mais dépouiller son enfant.

La négresse devina son hésitation, et dit d'une voix railleuse et nasillarde :
— Malheureuse !
« Dieu, que tu es malheureuse !
« Est-elle jolie la chrétienne !
« Va-t-il l'aimer !
« Moi, je pourrais la tuer.
— La tuer !

Et Moussa tressaillit.
— Y penses-tu ? fit-elle.
« La tuer !
— Mais oui.
« J'ai un bon poison.
— Et le juge ?
« Et Saïda ?
— Es-tu bête !
« Qui te dénoncera ?
« Pas moi.

« Qui me dénoncera ?

« Pas toi.

« Sois sans peur.

— Mais on verra qu'elle a péri par le poison, et l'on fera des recherches.

— Non.

« Mon poison, à moi, tue lentement, peu à peu, en six jours.

« On dirait que c'est une maladie, une fièvre qui mine mes victimes.

« Acceptes-tu ?

— Oui.

— Apporte tout ce que j'ai demandé, et tu recevras de quoi tuer ta rivale.

« Je te donnerai une fiole.

« Au revoir, Moussa. »

La jeune femme s'en fut, assez effrayée, mais décidée à agir.

Une heure plus tard, elle revenait vers la négresse, et elle en recevait une fiole de pavo-lassita, poison sûr et lent.

XXI

Où Jean voit arriver un vieillard.

Jean avait attendu deux heures.

Alors il vit arriver un vieux marabout cassé en trois.

Un de ces vieux qui semblent n'avoir plus que le souffle.

Le bonhomme allait récitant son chapelet en nasillant.

— Vieux crétin ! pensa Jean.

Le chien aboya.

— Jouons notre rôle ! pensa Jean.

Et il imposa silence au chien.

En Algérie, tout indigène respecte les vieux marabouts mendiants.

Le saint homme passa.

— Si celui-ci a six mois dans le ventre, pensa maître Jean, c'est tout.

Mais voilà que le vieux siffla.

Jean tressaillit.

Ce sifflement était un signal commun à tous les coureurs de bois.

En embuscade, ils s'avertissent ainsi, et c'est une sorte de garde à vos !

Le marabout répéta le signal.

Jean, à tout hasard, répondit.

Le vieillard, étonné, ne sachant qui avait sifflé, regarda partout.

— Sacrebleu ! pensait Jean.

« Ce ne peut être lui !

« Ce serait trop bien réussi. »

D'autre part, d'Obigny, car c'était lui, se disait avec surprise :

— En saltimbanque !

« Impossible ! »

Il vint à Jean.

— Salem (nègre), dit-il, le salut du prophète soit sur toi.

« N'as-tu pas vu, par hasard, passer par ici un Français prisonnier ?

« Il est connu.

« C'est un chasseur.

« Il s'appelle Jean Casse-tête.

— Et toi, vieux saint...

« As-tu pas vu un autre prisonnier ?

« Connu aussi.

« D'Obigny.

— C'est toi, Jean ?

— Et toi, d'Obigny ?

Les deux chasseurs étaient stupéfaits.

— Jamais je ne t'aurais reconnu, dit Jean ; c'est inouï !

— Mais toi !

« D'où vient cette défroque ? »

Le chasseur conta son aventure.

D'Obigny la trouva originale.

Il y avait de quoi.

— Ah ça ! dit le jeune homme, tu as eu là une fameuse inspiration.

« Je vais endosser l'autre vêtement.

— Pourquoi ?

— Pour jouer mon rôle avec toi.

— Quel rôle ?

— De saltimbanque.

Et il ajouta :

— Je n'ai pas réussi. Le général ne veut pas aventurer sa colonne, et refuse de me confier un détachement ; il dit n'en avoir pas le droit.

— C'est une brute.

— Non ! Il fait son devoir. Mais nous le sauverons.

— En saltimbanques ?

— Très-probablement.

Jean, en se déguisant, n'avait eu d'autre idée que d'attendre d'Obigny ; celui-ci élargissait la pensée première du chasseur.

— Vois-tu, dit-il, on ne voit pas la couleur de notre peau avec nos gants, nos sabots, nos masques et tout cet attirail. Nous ne serons jamais mieux déguisés.

« Puis, vois quels avantages ! Nous arrivons au village. Qui nous reçoit ? Saïda.

« Nous donnerons une représentation à ses femmes, nous voyons Ritta. Nous la ferons évader.

— Tu as raison. Mais les tams ?

« Je ne sais pas jouer de cet instrument, moi ; il faut pourtant y siffler des airs.

— Heuh ! fit d'Obigny. Ceci est mon affaire et je m'en charge.

« Au lycée, j'étais très-fort sur le flageolet, et le biniou arabe n'est pas difficile à manier.

— Mais les tams ? Comment m'y prendre ?

— N'as-tu pas assisté aux représentations de ces charlatans noirs ?

« Tu dois te rappeler ce qu'ils faisaient, et tu les imiteras.

— Ma foi, essayons !

— Un instant. Je vais m'habiller.

« Où est ce nègre ? »

Jean indiqua le buisson.

Une demi-heure après, d'Obigny revenait tout à fait méconnaissable.

— Bravo ! fit Jean. Ma parole d'honneur, je suis à me demander si c'est toi.

— Tout est au mieux. Répétons nos rôles. »

D'Obigny prit le biniou ; il se mit à préluder, et l'on vit la ménagerie s'agiter ; Alors Jean, rappelant ses souvenirs, débita le boniment des nègres.

Le vieux drôle les imita si bien, que d'Obigny cessa de jouer pour se tordre c'était d'un comique irrésistible.

— Si les Beni-Snassenn se doutent de quoi que ce soit, dit-il, je veux être fusillé ou brûlé vif par eux.

« En route ! »

Les deux chasseurs remballèrent les serpents dans la boîte, ébouriffèrent les coqs, ajustèrent le bournous de l'âne, et ils se mirent en marche pour le village.

L'usage était que les saltimbanques prévinssent les habitants par une décharge de leurs fusils, annonçant leur présence, puis ils criaient :

« Nous voilà !

« Nous sommes pères de la joie.

« Nous sommes les noirs du désert, charmeurs de serpents et de bêtes féroces.

« Nous voilà ! etc., etc. »

Pendant ce speach, les bêtes faisaient un sabbat infernal. Le village accourait.

A l'avant-garde, les galopins. Puis les femmes. Tout le reste sur les portes.

Partout des sourires sympathiques, des cris joyeux, des bondissements de gaieté.

Malgré la guerre, tout se passa comme à l'ordinaire.

En un instant, le village fut sur pied et descendit vers les montreurs d'animaux savants.

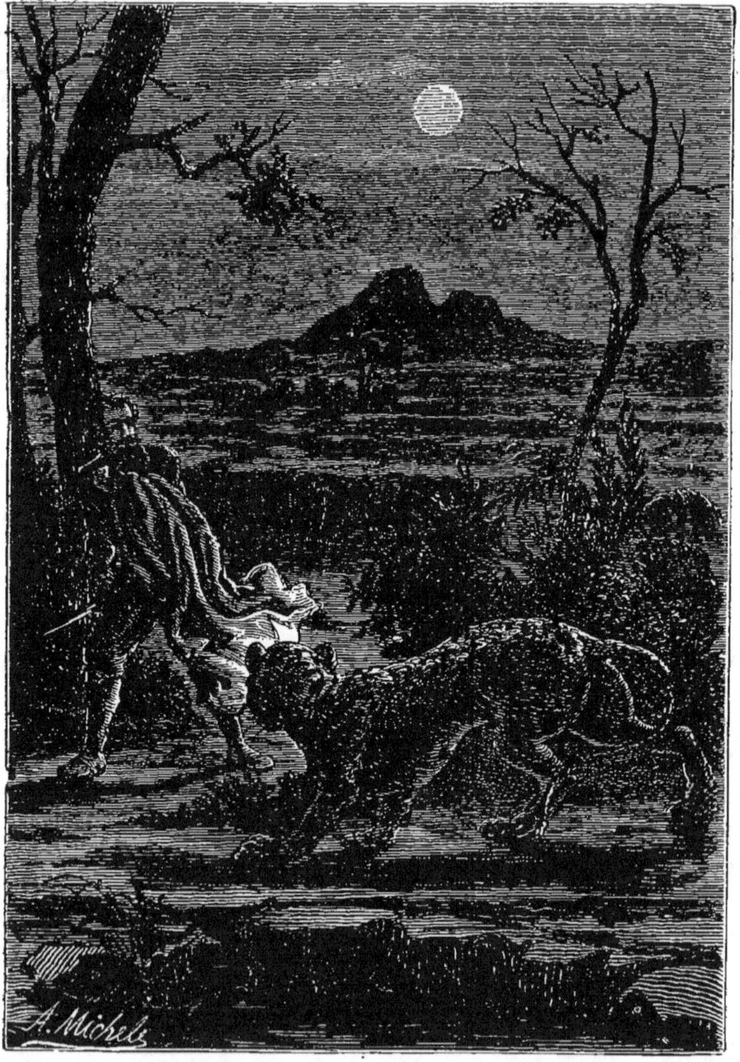

La bête était proche, prête à bondir sur lui. (Page 178.)

— Attention pour la marche! dit d'Obigny ; tâche de bien jouer du poing sur le tambour de basque, mon vieux Jean.

L'habitude était que les deux montreurs, précédés de leurs chiens, marchassent de chaque côté de l'âne, l'un en jouant du tambour arabe qui ressemble à celui de basque, l'autre en soufflant dans le biniou.

Quand la bande des gamins fut tout entière autour d'eux, les chasseurs se mirent d'accord et entamèrent la marche arabe.

L'âne s'ébranla. Le chien aussi. La ménagerie grouilla.

Toute la caravane se mit en marche et les moutards avec elle.

D'Obigny jouait à ravir. Jean tapait comme un sourd.

Aboiements, braiments, fanfares des coqs, coups de sifflet des serpents, voix des chasseurs déclamant la mélopée indigène.

Tout cela forma un étrange concert.

Et jamais, non jamais, saltimbanques ne firent une plus belle entrée.

La marche nationale produit son effet ordinaire jusque sur les hommes.

Les deux chasseurs s'arrêtèrent sur la place, devant la mosquée.

Aussitôt, un esclave de Saïda vint leur offrir l'hospitalité.

XXII

Comment d'Obigny retrouva Ritta.

La foule, comme toujours, voulait une petite représentation.

Comme toujours, aussi, les saltimbanques s'y refusèrent avant d'avoir présenté leurs hommages et les prémices de leurs talents à l'autorité constituée, c'est-à-dire à l'amin.

Donc, toujours escortés, ils se rendirent à la case de Saïda.

Ils entrèrent.

La porte se referma sur eux.

La foule s'écoula désappointée pour le moment, mais se pourléchant les lèvres d'avance de la future rrreprrrésentation...

Que de gamins ragèrent de n'être pas fils d'amin ce jour-là !

Les deux chasseurs avaient été introduits dans une vaste cour.

Des serviteurs les entourèrent.

L'un les débarrassa de leurs fusils, l'autre s'occupa des bêtes.

Tous furent aux petits soins.

Le saltimbanque est très-choyé dans les pays primitifs ; on y aime son clinquant, son tour de phrase et ses allures.

Les deux chasseurs virent bientôt venir les femmes du harem.

L'une voulait toucher l'âne.

L'autre demandait à voir de près les serpents, les vipères noires surtout.

Jean savait que les crochets de toutes étaient arrachés, et qu'elles ne pouvaient mordre, en eussent-elles eu envie.

Mais elles étaient apprivoisées.

Il les tendait aux curieuses.

Elles fuyaient alors avec des cris effarouchés et se bousculaient.

Les enfants se tenaient à distance respectueuse, assez rapprochés pour dévorer tout du regard ; mais hors d'atteinte.

Au milieu de toutes ces femmes, les chasseurs cherchaient Ritta.
Elle ne paraissait pas.
Survint Saïda.
Les chasseurs le saluèrent.
Lui, en grand guerrier, reçut leurs hommages avec une majestueuse dignité.
Il ordonna qu'on fît restaurer les deux noirs, puis les questionna :
— D'où venaient-ils ?
« Où allaient-ils ?
« Ne savaient-ils rien des Français ? »
A quoi d'Obigny répondit très-bien.
Puis, Saïda demanda :
— Quelle espèce de aïndvins êtes-vous ?
« Sorciers ?
« Médecins ?
« Simples dompteurs ? »
Il y avait des classes diverses.
D'Obigny répondit :
— Nous sommes tout ça !
« Nous disons l'avenir.
« Nous disons le passé.
« Nous guérissons.
« Nous ensorcelons.
« Bref, nous sommes des aïndvins comme on en voit rarement et comme tu n'en as peut-être jamais vu, toi, grand amin.
— Tous disent ça ! fit Saïda.
— Veux-tu savoir ton passé ? demanda d'Obigny.
— Oui.
— Alors montre ta main.
Avec un sérieux imperturbable, d'Obigny étudia les lignes de la main du chef, et fit des évocations magiques très-compliquées.
Après quoi il commença par révéler (ce qui lui était facile) des choses étonnantes au chef, qui en fut renversé, et avoua être en présence de devins remarquables.
D'Obigny aperçut parmi les assistants un homme affligé d'un abcès.
L'Arabe ne sait pas soigner ce mal autrement que par des simples.
Et Dieu sait si les abcès sont fréquents en Algérie chez les indigènes.
D'Obigny fit avancer l'homme.
— Veux-tu guérir ? fit-il.
— Oui ! dit l'autre.
— As-tu du courage ?
— Oui.

D'Obigny prit un couteau arabe, coupant comme un rasoir, et fendit l'abcès.
L'humeur jaillit.
Les indigènes n'avaient jamais vu opération si hardiment pratiquée.
Ils s'exclamèrent.
Le malade cria d'abord.
Deux minutes après, soulagé, il se proclama guéri et chanta hosannah.
Ce fut un beau succès.
Saïda dit alors à d'Obigny :
— J'ai là une femme,
« Une captive.
« Elle souffre.
« Elle est malade.
« Viens la voir.
« Tu la guériras. »
C'était de Ritta qu'il s'agissait ; d'Obigny pâlit sous son masque.
— Nous te suivons ! dit-il.
Et il fut conduit par l'amin.
D'Obigny fut amené en présence de Ritta avec Jean Casse-Tête.
Ils trouvèrent la jeune fille, couchée sur un lit, tremblant la fièvre.
Ils la virent en proie à un accès.
C'était une de ces fièvres nerveuses qui secouent le corps des femmes après les grandes crises, et qui sont plus effrayantes que dangereuses.
D'Obigny le reconnut au premier coup d'œil ; Jean fut plus inquiet.
D'Obigny parut bien plus que lui croire à la gravité du mal.
Il se tourna vers Saïda.
— Chef ! fit-il.
« Cette femme est malade de tête, de cœur et de corps en ce moment.
« Elle est au plus bas. »
Le jeune homme avait un but.
Il voulait faire croire (c'était chose facile), que Ritta était possédée.
Les indigènes sont très-superstitieux.
Ils croient aux esprits, aux djenouns, aux sortiléges, à la possession.
Les plus intelligents sont, sous ce rapport, d'une crédulité incroyable.
— Donc d'Obigny dit :
— Chef ! Vois cette femme. Ce n'est plus une femme.
— Qu'est-ce donc ?
— Un djenoun (un diable).
Saïda pâlit.
— Oui, reprit le faux nègre.
« C'est un djenoun blanc qui est en elle : un terrible démon, je t'assure.
— Peux-tu le chasser ?

— Je puis essayer.

« Mais c'est difficile.

— Et surtout c'est excessivement dangereux, ajouta Jean intervenant.

— Je vous paierai bien.

— Hum! fit d'Obigny.

« Qu'est-ce que l'argent au prix de la santé?

« Ces djenouns, quand ça sort d'un corps, ça veut rentrer dans un autre.

« Si celui-là allait vouloir habiter en moi et se rendait maître de mon corps?

« Il lui faut un logement. »

Saïda dit :

— Je vous offre cent douros.

« C'est une grosse somme. »

D'Obigny demanda à Jean :

— Oses-tu, toi?

— J'hésite.

— Cent douros!

« C'est une belle somme.

« Le chef l'a dit.

« Puis il faut faire plaisir à un brave amin qui vous reçoit bien.

« Enfin, j'ai une idée.

— Laquelle?

— Le chef va nous amener ici une génisse qui n'ait jamais vu le taureau.

« Ce diable-là doit être de ceux qui aiment les corps de pucelles.

« Il préférera peut-être, en quittant la chrétienne, entrer dans la génisse que dans nous, qui sommes deux mâles très-coriaces.

— Allons! fit Jean.

« Entendu.

« Saïda, qu'on amène la génisse ici, et que tous s'éloignent de nous.

« Malheur à qui restera.

« Le diable se logera en lui.

Le vieux chasseur avait compris le plan de son ami et le favorisait.

Saïda, enchanté, plein d'espoir, fit amener une génisse blanche.

Tous se retirèrent.

Saïda hésitait un peu à s'en aller.

D'Obigny lui dit :

— Nous allons laisser ouverte la porte de la chambre qui donne sur la cour; que la cour soit libre, et que ses portes soient ouvertes aussi.

« La génisse, si le diable s'empare d'elle, va fuir avec fureur.

— Bien! dit Saïda.

— Maintenant, toi, va-t-en.

— Mais...

— Tu resteras dans la cour si tu veux; tu te gareras de la génisse.

Saïda ne se fit plus prier; il sortit, laissant les deux opérateurs.

Jusqu'alors Ritta, en proie à une sorte de délire, n'avait paru s'occuper de rien; elle tremblait sur son sopha.

Mais, tout à coup, elle entendit d'Obigny lui disant tout bas :

— Ritta, c'est moi...

« D'Obigny...

« Je suis déguisé...

« Ne craignez rien. »

La jeune fille entendit.

Elle se calma.

Il reprit :

— Ne manifestez aucun étonnement ; je suis très-bizarrement accoutré.

« C'est pour vous sauver.

« M'entendez-vous ?

— Oui ! dit-elle.

« Je suis si troublée que je n'ose vous regarder ; je m'évanouirais.

« Saïda est-il là ?

— Non.

« Jean Casse-Tête y est seul.

« Mais soyez prudente.

— Que faut-il faire ?

— Rien encore.

« Être prête à tout.

« Regardez-moi.

« Je suis vêtu en nègre montreur d'animaux ; ne riez pas, surtout ! »

Ritta ouvrit les yeux.

Elle poussa un léger cri.

Puis elle se rassura.

D'Obigny lui dit :

— Nous sommes censés vous exorciser à la façon musulmane d'un démon qui vous possède.

« Nous allons faire des simagrées.

« Quand je dirai : Falamba ! falamba ! vous pousserez un grand cri.

— Bien !

— Vous vous évanouirez.

« Ensuite vous dormirez.

« Vous avez bien saisi ?

— Oui.

— Plus tard, nous nous mettrons en communication avec vous et vous sauverons.

— Oh ! dit-elle, d'Obigny, que tu es vaillant de venir ainsi me chercher ici.

— Chut! fit-il.

« Jean écoute. »

Le vieux Jean trouvait ce colloque prolongé très-peu de son goût.

Tout en ayant l'air de ne s'occuper que de la génisse, il surveillait son rival. Celui-ci vint à lui.

— Sais-tu, fit Jean, que tu m'exaspères, et que, pour un rien, je te tuerais?

— Drôle d'idée.

— Tu abuses de la situation.

« Tu lui parles beaucoup trop longtemps.

— Ne fallait-il pas la prévenir?

— C'est bon.

« Agissons.

— Alors, bats le briquet adroitement pour enflammer un peu d'amadou.

« Tu le glisseras dans l'oreille de la génisse quand je dirai : Falamba!

« Tu la tiendras un instant par les cornes, puis tu la lâcheras.

— Bon! dit Jean.

« L'amadou, en lui grillant l'oreille, la rendra furieuse, et ce sera censé l'effet de l'entrée du djenoun dans le corps de cette bête.

« C'est ingénieux. »

Redevenu de bonne humeur, il alluma son amadou très-adroitement en ayant l'air de tracer des cercles magiques et en dansant autour du lit de Ritta, pendant que d'Obigny faisait une sorte d'évocation.

Tout à coup celui-ci dit :

— Falamba!

« Falamba. »

Ritta poussa un grand cri.

Jean, qui avait mis l'amadou dans l'oreille de la bête, la lâcha.

La génisse secoua la tête, frappa du pied le sol, frissonna, puis, beuglant, elle s'élança vers les issues avec fureur.

La farce était jouée.

Ritta fit mine de dormir du sommeil le plus doux et le plus calme.

Les faux nègres la montrèrent d'un air de triomphe à Saïda qui, très-pâle, s'avançait sur la pointe du pied pour la voir.

Il entraîna ses hôtes.

Ceux-ci, une fois dans la cour, furent respectueusement environnés par tout le monde.

On les regardait comme de puissants sorciers.

Parmi les femmes, Moussa se montrait surtout empressée auprès des deux nègres.

Ceux-ci, questionnés par Saïda sur le traitement à suivre pour Ritta, répondirent :

— Il lui faut des tisanes de simples, telles que la mauve et la rhubarbe.

Aussitôt, les femmes de Saïda se mirent en quête de ces plantes.

Avec elles, Moussa.

XXIII

L'empoisonnement.

Moussa cherchait un moyen de faire boire sa drogue à sa rivale. Elle venait de le trouver.

Elle se montra empressée à trouver les simples et à préparer la décoction. Elle voulut la présenter elle-même.

Avec une audace que la jalousie lui inspirait, elle apporta une tasse empoisonnée à sa rivale endormie.

Elle était suivie de toutes les femmes, très-étonnées de la conduite de Moussa.

Celle-ci joua son rôle avec une habileté infernale, une hypocrisie merveilleuse. Elle regarda Ritta sommeillant :

— Ne la trouvez-vous pas jolie et n'a-t-elle pas l'air bien doux ! fit-elle.

Et toutes les autres femmes, surprises, de s'entre-regarder stupéfaites.

Moussa voulut éveiller la jeune fille, et, pour ce, se pencha sur elle, et l'embrassa.

Ritta, qui ne faisait que mine de dormir, ouvrit les yeux aussitôt. Elle vit, penchée sur elle, cette tête souriante et lui sourit à son tour. Elle regarda toutes ces femmes.

Celles-ci semblaient bien disposées toutes ; la jeune fille se rassura tout à fait.

Toutes, alors, s'avancèrent. Elles lui parlèrent.

Aux Beni-Snassenn, on comprend assez bien la langue espagnole. Nombre de forçats, évadés des présides, la parlent et la répandent dans ces montagnes ; aussi Ritta comprit-elle ce qu'on lui disait.

Moussa lui demandait :

— Comment es-tu ? Vas-tu mieux ? Souffres-tu ?

Et les autres :

— Ton djenoun a fui. Il est dans le corps de la génisse. Qu'éprouvais-tu ? Que pensais-tu ?

Ritta, accablée par ce déluge de questions, ne savait que répondre.

Tout à coup Saïda parut. Avec lui les nègres. Ils venaient voir comment allait la malade, et ils le lui demandèrent.

Les femmes s'étaient tues.

— Je me sens faible encore, dit la jeune fille ; je suis tout étourdie.

Moussa s'avança :

— Voici, dit-elle, la tisane. Qu'elle boive.

Comme il franchissait une haie, une balle lui cassait les reins. (Page 182.)

D'Obigny connaissait admirablement les mœurs des indigènes ; il eut un moment d'étonnement en voyant Moussa parler ainsi.

Quoi ! Cette femme, encore très-jeune et très-jolie, n'était pas jalouse d'une rivale. Le fait était étrange.

Le jeune homme arrêta sur Moussa un regard profond qui pesa sur elle. Moussa pâlit.

— Bon ! pensa d'Obigny. Elle a un amant ! Elle se trouble. Elle se sent devinée.

Puis il lui dit :

— Donne à boire à la chrétienne.

Moussa tendit la tasse.

Ritta la but.....

D'Obigny qui venait de se tromper sur les sentiments de Moussa, ne se doutait guère que sa maîtresse était empoisonnée.

D'Obigny avait écrit quelques instructions sur un carnet qu'il ne quittait jamais ; il en passa une feuille à Ritta.

C'était ce qu'il voulait. Cela fait, il dit :

— Maintenant, retirons-nous. Il faut du sommeil à cette jeune fille ; pas de bruit ; sortons.

Tous quittèrent la salle.

XXIV

L'aveu.

Quand les deux chasseurs furent dans la cour, ils demandèrent à l'amin qu'on les laissât seuls dans une pièce.

Ils voulaient, disaient-ils, préparer leur représentation avec soin.

On leur donna une vaste chambre et on les laissa ensemble.

Ils étaient là avec leur ménagerie.

Ils avaient à causer.

— Ah çà ! fit Jean, que vas-tu faire ?

« Quel est ton plan ?

— M'entendre avec Moussa.

— La femme de l'amin.

« Es-tu fou ?

— Je ne le pense pas.

« Cette femme est à nous.

« Elle nous servira aveuglément.

— Pourquoi donc ?

« As-tu un charme ?

« Qui la décidera ?

— Un secret.

« Je crois la tenir.

« Ne l'as-tu pas vue pâlir ?

— C'est vrai.

— Je crois qu'elle a un amant.

— Ah!

— Une femme ne se montre pas empressée près d'une rival sans motif.

— Tu as raison.

— Je vais la mander près de moi.

« Nous éclaircirons nos doutes.

— Quel prétexte pour l'amener ici?

— Simplement lui dire que nous avons à lui révéler un secret connu de nous.

« Elle accourra. »

Et d'Obigny sortit.

Il avisa une négresse.

Il l'appela.

— Tu vas, lui dit-il, aller trouver ta maîtresse Moussa, de notre part.

« Nous avons besoin de lui parler.

« Cours! »

La négresse s'empressa.

Mais, au lieu de Moussa, ce fut Saïda qui se présenta aux nègres.

D'Obigny tressaillit.

— Que veux-tu? fit-il.

— Vos secours.

« Je suis très-désolé.

— Pourquoi?

— Voilà que le démon que vous avez chassé est revenu dans ma maison.

— Comment! fit-il.

« Il a osé ?

— Oui.

« C'est Moussa qui est possédée.

« Elle a la fièvre à son tour »

Voici ce qui était arrivé.

Moussa avait eu peur, une peur horrible d'être devinée par le nègre.

Rentrée chez elle, elle avait eu comme un accès de délire, effet de la réaction sur ses nerfs, auxquels elle avait dû commander.

Cette complication fut comprise par d'Obigny.

— Viens! dit-il à l'amin.

« Cette fois, nous allons te débarrasser pour toujours de cet infernal djenoun. »

Et ils furent près de la malade.

A l'aspect de d'Obigny, celle-ci s'effara de plus en plus et devint livide.

Le jeune homme fit signe à Saïda de le laisser seul avec son ami auprès de la patiente, qu'il voulait questionner.

L'interrogatoire commença dès que l'amin, confiant, se fut retiré.

— Femme, fit d'Obigny, parle.

« Tu sais que nous sommes puissants.

« Tu nous caches quelque chose.

« Est-ce vrai ?

— J'avoue! fit-elle.

— Tu as un amant?

— Moi !

« Non !

« Je suis fidèle à l'amin.

« Je l'aime.

« Je l'aime trop au contraire. »

D'Obigny vit qu'il faisait fausse route.

— Je voulais, dit-il, t'égarer à dessein afin de savoir si tu mentirais.

« Allons, parle.

« Dis vrai, surtout.

— Eh bien, fit-elle, je hais la chrétienne.

— Et tu as l'air de l'aimer?

— Pour éviter les soupçons.

« Maudite négresse.

— De qui parles-tu?

— De la sorcière.

« Elle m'a mal conseillée.

— Que t'a-t-elle donc engagée à faire?

— À empoisonner Ritta.

— Tu l'as fait?

— Oui.

— Malheureuse !

— Pitié!

« Ne me dénoncez pas! »

Et elle tomba à genoux.

Les deux chasseurs, atterrés, tourmentaient les manches de leurs poignards.

Ritta était perdue.

D'Obigny eut tout à coup une lueur qui éclaira la situation.

— Quand le crime a-t-il été commis? demanda-t-il à Moussa.

— A l'instant.

« Le poison était dans la tasse à café pleine de tisane que je lui ai donnée.

— Quel est ce poison?

— Le voici.

Elle montra une fiole à demi vidée.

D'Obigny, à l'odeur, reconnut l'espèce de plante vénéneuse dont la négresse avait tiré les sucs pour composer le poison.

Il remarqua que la fiole était encore aux trois quarts pleine.

La dose était insuffisante.

Il reprit son calme.

— Pourquoi, demanda-t-il, n'as-tu pas tout versé à la chrétienne?

— La tasse était trop petite.

D'Obigny prit la fiole et la serra dans sa ceinture.

Puis, à Jean :

— Vite!

« Va cueillir un vomitif énergique; le premier que tu trouveras.

« Reviens.

Et à la jeune femme :

— Toi, malheureuse! prépare vite de l'eau tiède et hâte-toi de réparer ton crime,

Moussa obéit.

Elle tremblait de tous ses membres.

Elle courut au foyer.

Saïda reparut.

— Eh bien! fit-il.

— Amin, ta femme est guérie.

« Mais je crains que le djenoun ne soit retourné dans le corps de Ritta.

« En ce cas, je vais le lui faire rendre par la gorge, à l'instant même.

— Par le nombril du Prophète, dit Saïda exaspéré, voilà un djenoun qui nous donne bien du mal, mon cher nègre (cadour salem); je ne sais comment te prouver ma reconnaissance.

« Quant à ce génie, si je pouvais le tenir sous mon yatagan, il passerait un quart d'heure désagréable.

— Oh! cette fois il va fuir pour ne revenir jamais, dit d'Obigny.

Le jeune homme débitait toutes ces balivernes avec un sérieux que lui inspiraient les dangers de sa situation aventurée.

Un rien, un geste mal calculé, le moindre incident pouvait le perdre.

Saïda et lui vinrent à Ritta; d'Obigny lui demanda :

— Jeune fille, tu dois te sentir plus mal que tout à l'heure?

— Oui, dit-elle.

— C'est encore le djenoun (diable) qui s'est emparé de toi.

Et il ajouta :

— Je vais t'en délivrer.

Moussa reparut.

Elle tenait en main le vomitif.

— Voilà! fit-elle.

« Donne-lui ceci.

« Ce que tu as commandé a été fait. »

D'Obigny à Ritta :

— Buvez!

Et, sûr qu'elle était sauvée, il sortit, emmenant Saïda et la laissant seule avec sa rivale.

Un instant après, Moussa revenait annoncer que la jeune fille était délivrée.

Alors, d'Obigny dit à Saïda :

— Va donc, je t'en prie, avertir mon compagnon que nous allons donner la représentation bientôt, et veille à organiser tout.

« Moi, je dois encore prévenir le retour de tout sortilége par une incantation. »

Saïda, complétement aveuglé, fit tout ce qu'on voulut de lui.

Seul, en face de Moussa, d'Obigny lui dit avec autorité :

— Femme, tu es folle.

« Pourquoi tuer ta rivale?

— J'aime le maître.

— Ce meurtre était inutile ; la chrétienne ne demande qu'à fuir; favorise son évasion.

Moussa se frappa le front.

— C'est vrai! fit-elle.

« Tu as raison.

Puis, avec inquiétude :

— Mais elle aura peur.

« Qui la guiderait?

« Comment gagnerait-elle le territoire français à travers nos montagnes?

— Et nous?

« Ne sommes nous pas là?

— Quoi!

« Tu m'aiderais?

— Si tu me payais.

— Je n'ai plus rien.

« J'ai tout donné pour avoir le poison, et je suis très-pauvre.

— Va trouver la négresse.

« Menace-la.

« Dis que tu diras tout.

« Dis que ton mari, maintenant que la chrétienne est sauvée, te pardonnera ce crime commis par un excès d'affection.

« Qu'à elle, on tranchera la tête.

— J'y cours, fit Moussa.

— Un instant!

Et il s'en fut vers Jean.

Celui-ci arrangeait toutes choses pour la représentation extraordinaire.

XXV

Représentation.

— Eh bien ! fit Jean en voyant son rival. Quoi de nouveau ? Est-elle hors de danger ?

— Oui. Mais je te préviens que la vieille sorcière qui a vendu le poison va nous en vouloir mortellement ; méfie-t'en, Jean.

— Bon ! dit-il. On s'en garera.

Et il reprit :

— Sais-tu que ça va bien, les affaires ! La petite sera délivrée.

— Il ne s'agit pas de ça !

Et Jean frappa sur une sacoche.

— Tout ça de douros ! dit-il. Un millier de francs ! Eh ! eh ! ça rapporte, ce métier de saltimbanque. J'ai envie de ne plus faire autre chose.

D'Obigny haussa les épaules.

— Je sais ! fit Jean.

« Pour toi, l'argent n'est rien ; moi je suis un sens opposé. J'aime les écus.

— Passons ! fit d'Obigny.

Et il reprit :

— Te tireras-tu bien d'affaire ?

— Oui ! fit Jean.

— Commençons-nous ?

— Oui.

— Il est beau, notre âne.

— Superbe !

« Dis donc, tu as l'air de prendre goût à ce métier-là ? »

— Certainement.

« Je vais, si nous nous échappons, me marier avec Ritta après t'avoir tué ; puis je louerai un joueur de biniou.

— Et tu te feras montreur de bêtes ?

— Pourquoi pas ?

D'Obigny s'indignait ; mais il dut se contenir.

— Allons ! fit-il. A nos instruments. Réussissons la parade.

Il mit son monde en bataille.

Dans la cour, le harem entier de Saïda, des invités, des enfants riches du village, une très-belle masse de spectateurs enfin, attendait avec la plus fébrile impatience.

Les deux faux nègres étaient dans une salle donnant sur la cour.

Ils se mirent l'un devant, l'autre derrière l'âne chargé de ses animaux.

Le chien fit l'avant-garde, selon sa coutume, poussant ses aboiements.

Jean maniait son tambour d'inspiration, en grand artiste qui se révèle.
D'Obigny, savant au flageolet, faisait sur le biniou des variations admirables.
Les bêtes étaient électrisées.
Ban dzan ban!
Ban dzan ban!
Elle s'ouvrit, la porte!
Ce fut d'abord le silence, puis des trépignements et des élans indescriptibles.
L'âne était si superbe!
Iem han! iem han!
Il lançait ses notes graves dans l'espace avec majesté, conviction et harmonie.
Le coq empanaché, avec des cocoricos cadencés du meilleur effet.
Le chien eût attendri un mélomane. Il miaulait, il pleurait, il faisait des imitations, il était étonnant. Cet animal était né ténor.
Puis, il faut le dire, les maîtres se surpassaient, et donnaient le ton.
Ban dzan ban! ban dzan ban!
Saïda et ses invités mâles souriaient bien un peu de cette parade, mais les enfants et les femmes étaient ravis au troisième ciel; au fond, Saïda trouvait la marche très-pathétique, mais il croyait de sa dignité d'avoir l'air de rire un peu.
L'âne fit le tour de la cour, puis le cortége s'arrêta au milieu.
Tout autour, du monde. Le spectacle commença.
Toutes les jolies têtes des enfants, tous les gracieux visages des jeunes filles, toutes les faces grimaçantes des vieilles femmes, s'illuminèrent d'un rayon de plaisir.
L'âne débuta.
Il se plaça, grave, devant son maître, Jean, pour être interrogé.
D'Obigny suspendit sa musique.
Les exercices des animaux savants sont à peu près les mêmes partout, car partout les peuples à l'état barbare ont les mêmes jeux, la même naïveté, la même tournure d'esprit.
A l'âne, Jean, qui se souvenait de la façon de faire des nègres, dit :
— Par le Prophète, cadour (cher), vous me paraissez bien impoli.
« Il y a ici un amin des plus huppés et des plus puissants.
« Il y a ses femmes.
« Il y a les amis de l'amin.
« Il y a ses enfants.
« Ah! ben Bindan-al-Zlinkan (rires sur cette appellation grotesque), vous êtes donc devenu aussi bête qu'un bédouin du Djargara, pour oublier ainsi tout ce que vous devez à votre hôte. »
L'âne courba la tête devant cette mercuriale sévère, mais juste.
Il alla saluer, à tour de rôle, tous les membres de l'assemblée.
Il débuta par l'amin.

Quand d'Obigny va me voir, il sera bien surpris... (Page 184.)

Ce, au son de la musique.

Toutes les mains rudes des guerriers, tous les doigts effilés des femmes, toutes les lèvres roses des enfants caressèrent ben Bindan-al-Zlinkan et lui prodiguèrent des marques d'affection.

Il revint à sa place.

Alors son maître lui dit :

— Sâmi (ami), fais voir que tu as étudié l'art de la devination dans les écrits du savant Mustapha-el-Mudinar.

« Va montrer, à la seule inspection du visage, le plus amoureux guerrier de la noble société qui nous entoure pour le quart d'heure.

L'âne s'en fut d'un air fûté, grimaçant des bajoues et grinçant des dents, désigner de son pied levé un des cavaliers de Saïda, ex-forçat espagnol, laid comme un pou, chétif, méchant, mal bâti, que tous exécraient.

Tout le monde se mit à rire, d'autant plus qu'El-Catalan, comme on l'appelait, faisait la cour à toutes les femmes.

Il avait reçu cent coups de bâton un mois auparavant, pour avoir épié les filles auprès des sources de bains.

Aussi, tous de se pâmer.

El-Catalan, furieux, leva son bâton sur l'âne facétieux.

Celui-ci était habitué à voir se produire ce résultat de ses farces; il avait appris de ses maîtres à garder les rieurs de son côté.

Il se dressa tout à coup sur ses pieds de derrière, droit, menaçant, poussant des cris vraiment formidables contre El-Catalan, qu'il menaçait d'écraser en retombant sur lui.

Le renégat recula effaré.

Alors l'âne, d'une volte habile, se retourna et lui pétarada sous le nez.

Ce fut un délire.

L'hilarité crépita comme une fusillade éclatante et prolongée.

Saïda et les guerriers eux-mêmes se tordirent, tant l'âne avait été drôle.

Les petits enfants criaient :

— You! you!

« Ben-Bindan, tu es un amour.

« Ben-Bindan, mille baisers ! »

Et ils frappaient leurs mains mignonnes l'une contre l'autre avec frénésie.

L'âne continua ses exercices.

Il alla s'agenouiller en signe d'hommage devant la plus belle femme, Moussa, qui fut enchantée de cette amabilité.

Puis il fut chargé de désigner la plus laide de toutes les dames.

Ce fut une scène d'un haut comique.

Toutes les fois qu'il avait l'air de vouloir s'arrêter devant une femme, celle-ci se sauvait derrière les autres.

Il en résultait un jeu de cache-cache que les guerriers trouvèrent désopilant.

Enfin, Ben-Bindan fit des imitations.

Il singea les soldats français à la parade, les mendiants, les mules de marabout, les petits enfants qui veulent téter, etc., etc.

Le succès fut inouï, renversant, prodigieux.

Et toujours la musique. Ban dzan ban ! Ban dzan ban !

Après l'âne, le coq.

Lui, habile prestidigitateur, faisait des tours avec des cartes arabes.

Les procédés de la charmante fille que nous avons surnommée *fée aux Oiseaux*, sont très-connus en Algérie des montreurs de bêtes ; aussi le coq fit-il merveille.

Il trouva dans un jeu la carte que l'on avait prise et remise.

Il épela le nom d'une dame, lettre par lettre, sur un alphabet, en poussant un chant sur chacune des lettres.

Il fit l'admiration de tous.

Vinrent les rats.

Avec leur trompe et leur queue, ils se livrèrent des batailles rangées.

Enfin, ce fut le tour des serpents.

Maître Jean, avec sa baguette, les fit danser la queue en l'air, au son du biniou de son compagnon.

Les couleuvres, les vipères, les fils-de-soie, se mirent à valser, à frétiller, à quadriller le mieux du monde devant l'assistance.

Tout allait au mieux.

Alors Jean, pour finir par le tableau habituel, voulut représenter l'homme enlevé par les reptiles et domptant leur étreinte.

Il siffla.

A ce signal d'appel bien connu, et que Jean imita fort bien, tous les serpents rampèrent à lui et l'étreignirent de leurs anneaux.

Le vieux chasseur prit une pose académique et traditionnelle.

C'était vraiment un spectacle original et qui eut frappé un Européen, que celui de cet homme couvert de reptiles.

Jean obtint les plus chaleureux applaudissements de toute l'assemblée.

Mais voilà qu'un fil-de-soie, animal des plus venimeux, mais dont on avait arraché les crochets, vint sous le nez du maître.

Celui-ci souffla des narines.

Le fil-de-soie n'en persista pas moins à vouloir entrer dans le naseau de Jean Casse-Tête, pif énorme où vingt fils-de-soie se seraient logés.

Jean saisit l'animal et le lança loin de lui avec colère.

Puis il murmura :

— Sacré serpent !

« En v'la une manie ! »

Et il reprit sa pose.

Mais le *fil-en-quatre* avait été dressé par son maître à un tour très-hardi, que très-peu de nègres peuvent faire faire à leurs fils-en-quatre ; il consistait à laisser le serpent s'introduire dans une narine, filer le long des fosses nasales et sortir dans la bouche, par l'arrière-gorge.

Pour ce, il faut deux choses :

Un nègre ayant des narines dont le coryza soit peu sensible et disposé d'une certaine façon.

Un fil-en-quatre bien dressé.

Celui-là était des mieux élevés.

La preuve, c'est que malgré la brutalité de Jean il revint vers lui.

Il était sur son épaule, quand tout à coup entra une négresse portant le traditionnel turban vert des devineresses, prophétesses, et autres drôlesses de ce calibre.

C'était l'ennemie annoncée par d'Obigny.

Jean s'occupait à la regarder.

Tout à coup, comme il était distrait, le serpent fil-de-soie fila comme un trait dans la narine du vieux chasseur.

L'assemblée, prévoyant quelque tour extraordinaire, poussa des hurlements enthousiastes.

Mais Jean...

Il pâlit...

Cet homme de fer ne pouvait supporter l'idée d'avaler un serpent par le nez, et de loger un hôte pareil en son cerveau.

XXVI

La malice d'un serpent.

L'apparition de la négresse produisait sur les chasseurs un grand effet, parce que tous les saltimbanques, sorciers et autres individus de cette espèce, sont membres de la fameuse secte des assaouïas, société secrète des plus bizarres dont l'Algérie est couverte.

Tous les États musulmans, du reste, sont infestés de ces sectaires.

Ils ont un double caractère.

Semblables aux bonzes de la Chine, et aux fakirs indiens, ils sont à la fois des charlatans émérites et des membres ardents d'une foi religieuse intolérante.

Tous ces gens-là se tiennent et se protègent mutuellement.

Tous exploitent les crédules.

Tous se reconnaissent entre eux à de certains signes mystérieux.

Or, l'embarras des chasseurs était grand ; ils n'avaient pas la moindre connaissance de ces signes de ralliement.

Et voilà que, comme ils l'avaient prévu, la négresse accourait.

Elle était furieuse.

Mais elle dissimulait.

Toutefois, sa seule présence, son regard fulgurant à Jean, avaient suffi pour que celui-ci oubliât de se garer du damné petit fil-de-soie.

Et le pauvre diable de serpent, fidèle aux leçons reçues, s'acharnait à exécuter gentiment son tour.

Donc, il s'était faufilé dans le nez de maître Jean.

Mais, fâcheuse affaire !

Jean n'avait pas le *chic* pour faire filer le serpent dans les fosses nasales et l'arrière-gorge.

Puis il ignorait par quel procédé le nègre venait en aide à la structure spéciale de son nez, pour obtenir l'insensibilité des muqueuses, et éviter l'éternument.

Le noir, avec de la *raccale violette* paralysait le coryza.

Une pincée, prise avant l'absorption du fil-de-soie, rendait cette membrane atone, et lui évitait des chatouillements.

Jean n'avait pas pris, lui, cette précieuse prise.

Aussi, quand le fil-en-quatre chercha son trou, la muqueuse se contracta, le chasseur éternua à outrance, le reptile perdit la tête, et il recula au plus vite.

Jean porta la main à la queue du serpent pour le tirer dehors ; mais le fil-en-quatre dès qu'il sentit l'approche des doigts brutaux du maître, glissa entre eux avant qu'ils l'eussent serré.

Eternuments furieux d'une part ; rires inextinguibles de l'autre.

Sous le masque, Jean était d'une mortelle pâleur.

Mais on ne le voyait pas, heureusement.

Le public avait cru d'abord que le serpent s'était faufilé entre le masque et le visage.

Il vit bien que l'absorption était complète et vraie.

Et de se tordre !

D'Obigny comprit ce qui se passait ; il se leva.

Jean éternuait toujours.

Jamais homme enrhumé ne poussa de *atchis* plus triomphants.

D'Obigny, qui voyait le chasseur perdre contenance, lui dit tout bas :

— Malheureux !

« Tiens-toi donc.

« Tu nous perds.

— Atchi, répondait Jean.

Et le plus malheureux n'était pas lui ; le pauvre fil-en-quatre ne savait où se fourrer, et cherchait un coin.

Tout à coup il trouva une issue.

Il se faufila dans cette fosse que les médecins appellent le sinus frontal, et qui a une profondeur de près d'un centimètre, ce qui suffisait aux besoins du serpent.

Il se blottit là.

Fort heureusement, en cet endroit, comme le constata plus tard un chirurgien-major, la fosse est très-peu sensible ; ce qui explique comment les éternuments de Jean cessèrent peu à peu.

L'Assemblée attendait qu'il rendît le serpent.

Il le garda.

Grâce aux exhortations de son ami, il avait recouvré tout son sang-froid ; et, par un effort de grande énergie, il domina le trouble qui s'était emparé de lui.

Il dit à la foule :

— D'autres avalent les serpents et les rendent ; moi, je les conserve.

On trouva la chose plus drôle.

On applaudit.

La représentation continua.

Elle eut un long succès.

Aussi les douros plurent-ils dans les mains des chasseurs.

Mais la négresse était là, toujours farouche et méfiante.

Enfin, la séance fut levée.

Les chasseurs firent le tour de la société, comme à l'entrée, en grande pompe ; puis ils rentrèrent dans leur chambre.

Là, seul, en face de son ami, Jean, à bout de forces, s'affaissa sur un canapé en s'écriant avec effroi :

— Je suis perdu !

D'Obigny souriait.

Malgré la gravité de la circonstance, c'était une situation si drôle que celle de cet homme logeant un reptile en son nez, qu'il ne pouvait s'empêcher d'en rire.

Jean, furieux, prit un couteau.

— Tonnerre ! fit-il.

« Tu te f..s de moi !

« Je te tue. »

D'Obigny avec ironie :

— Ça fera-t-il sortir le serpent ?

Il bourrait une pipe arabe.

— Fume ça ! dit-il.

« Il y a de l'opium dans ce tabac ; ça endormira ton ennemi.

« Renvoie la fumée par le nez.

— C'est une idée.

— Tu ne me tues plus ?

— Non.

« Donne. »

Et Jean fuma.

Le serpent s'endormit en effet.

En ce moment une femme parut.

— Seigneurs nègres, dit-elle, la négresse vous demande.

Tous deux pâlirent.

XXVII

Entrevue.

D'Obigny congédia l'esclave.
Il dit à Jean :
— Eh bien !
« Que faire ?
— Allons-y.
« Elle ne nous mangera pas.
— Et les signes ?
— On ne les fera pas.
— Mais alors elle se doutera que nous sommes de faux nègres.
— Tant pis.
« Il faut risquer la chose.
« On s'inspirera des circonstances.
Après dix minutes de conversation avec la négresse, qui cela était visible, allait les faire tuer, l'inspiration s'était manifestée.
La négresse s'élançait dehors, pour appeler les assaouïas.
D'Obigny l'arrêta par le bras, et d'un coup de poing, l'étourdit.
Elle tomba à terre.
— Bravo ! fit Jean. Achevons-la.
— Non ! il me répugne de la tuer. Elle est femme !
— Ça ! une femme ! pareille hyène ! »
Jean leva le talon sur le crâne de la vieille sorcière.
D'Obigny l'arrêta.
— Non ! fit-il, c'est un assassinat.
— Elle se gêne, elle, pour en commettre !
D'Obigny réfléchit.
— Au fait, dit-il, elle a voulu tuer Ritta ; qu'elle soit châtiée.
« Tu as raison. »
Jean tira son poignard.
— Non ! fit son compagnon. « Pas de sang. Tu vas voir. »
Il lui appliqua sur les lèvres un pan de sa robe ; sur la robe il appuya une main avec force.
De l'autre main, il lui pinça les deux narines qu'il ferma.
Il demeura ainsi cinq ou dix minutes, et l'étouffement fut complet.
Le coup de poing n'avait pas laissé de traces extérieures.
Les deux chasseurs arrangèrent la morte sur sa natte avec soin.
Ils la laissèrent.

— On croira, dit Jean, à une attaque; nous sommes sauvés.
Et ils sortirent rayonnants.
Mais un péril suit l'autre.

XXVIII

Découverte.

Les villages indigènes sont peuplés de chiens très-voraces et très-nombreux.
Ces animaux, que jamais leurs maîtres ne nourrissent, mangent les charognes et toutes les ordures qu'ils trouvent.
La nuit, les hyènes et les chacals étant en très-grand nombre, les chiens n'osent s'aventurer hors du douar.
Ils laissent le champ libre à leurs adversaires qui rôdent par la campagne.
Le jour est à eux.
Les fauves se sont retirés dans les solitudes de la campagne; alors les chiens vont chercher la curée avec une certaine sécurité.
Donc, une bande de ces rôdeurs à quatre pattes guettait partout pour trouver quelques restants de charogne.
Un d'eux flaira les corps des deux nègres cachés sous les feuilles.
Il donna de la voix. Tous les kelbs accoururent. La curée commença.
Mais parmi les chiens il y avait une chienne qui nourrissait.
Celle-ci, bonne mère, happa un lambeau de chair, et l'entraîna vers ses petits restés au village.
Cette chair parut fraîche aux habitants qui s'étonnèrent.
La curée continuait.
Elle était bruyante.
Des guerriers saisirent leurs fusils et coururent à la découverte.
Ils virent les deux cadavres.
Chassant les chiens, ils revinrent vers le village avec ces témoignages d'un meurtre récent.
On exposa les corps.
Toute la foule s'assembla.
Et, juste en ce moment, les deux chasseurs sortaient de chez la négresse.
Ils passèrent sur la place.
On les héla.
Ils s'approchèrent.
Les preuves des deux meurtres étaient là sous leurs yeux.
La situation était critique.
Que faire ? Reculer ! C'était périlleux.

Et elle recevait une fiole de pavo-bassita, poison fort sûr et lent. (Page 190.)

On pouvait avoir vu les deux chasseurs entrer chez la négresse. On allait la trouver morte.

Voilà que deux nègres étaient assassinés.

Soupçonnés, les chasseurs étaient perdus et brûlés vifs.

D'Obigny fit signe à son compagnon de le suivre.

Tous deux, profitant de la préoccupation de la foule qui était groupée autour des cadavres, gagnèrent la maison de l'amin et furent trouver sa favorite.

En chemin, d'Obigny avait dit à Jean :

— La situation est intenable.

« Il faut nous éclipser.

— J'y pensais, dit Jean.

« Mais Ritta ? »

— N'avons-nous pas une alliée ?

« La femme de Saïda fera tout ce que nous voudrons.

— Tu vas te fier à elle ?

— Oui.

— Lui révéler qui nous sommes ?

— Oui.

— Si elle nous trahit ?

— Et ceci ? D'Obigny montrait son poignard.

« Nous verrons de suite comment elle accueillera notre révélation, dit d'Obigny au vieux chasseur.

« Qu'elle semble prête à nous vendre, elle meurt sur le champ.

— Soit, dit Jean, « essayons-en. »

Ils hâtèrent le pas.

Presque tous les serviteurs de Saïda avaient couru vers les cadavres; la maison était à peu près vide.

— S'il faisait nuit, dit d'Obigny, j'enlèverais de suite Ritta.

« Il fait jour. On nous découvrirait. Voici Moussa. »

C'était elle. Surprise au moment de sa seconde toilette, par la nouvelle de la découverte des deux cadavres, elle s'était hâtée et elle courait, ayant terminé, vers la place.

Les chasseurs l'arrêtèrent.

— Reste ! firent-ils. Puis ils l'emmenèrent dans une chambre dont ils fermèrent la porte. Elle s'inquiéta un peu.

— Pourquoi ceci ?

— Pour te révéler un secret.

Et d'Obigny reprit :

— Tu es toujours disposée à te débarrasser de Ritta ?

— Oui.

— A tout prix ? Qui que ce soit te voudrait aider dans ta tâche, tu accepterais son secours ?

— Fût-ce un djenoun !

— Et si c'était un Français ?

— Je le bénirais.

— Jure-le.

— Je le jure.

— Femme, je suis d'Obigny.
— Le tueur de panthères?
— Lui-même. Ritta est ma fiancée. »

Et, en peu de mots d'Obigny conta ce qui était arrivé.

Moussa tendit ses deux mains au jeune homme et lui dit :

— Je t'aiderai. Compte sur moi. Que feras-tu ?

— Pour l'instant, nous fuyons. Tu recevras de nos nouvelles.

— Que dirai-je de vous ?

— Rien. Laisse aller les suppositions. »

Ils retournèrent en hâte dans la cour sans prendre congé de Ritta et trouvèrent des chevaux sous un hangar ; ils prirent chacun l'un des plus vites, et sautèrent en selle et s'enfuirent au galop.

Un quart d'heure plus tard Saïda revenait chez lui.

— Où sont les nègres ?

Telle fut sa première demande.

— Pas de nègres. Telle fut la réponse.

— Deux chevaux disparus ! telle fut l'exclamation du chef. Il appela ses chaoucks. Il appela ses guerriers.

— En selle ! En selle ! cria-t-il.

Et l'on gagna le premier monticule, après avoir étudié, sur les sables des chemins, la direction des fugitifs.

On les aperçut au loin.

— Vite ! cria Saïda. Les feux ! que l'alarme soit donnée.

Les Kabyles ont entre eux des signaux préparés d'avance. Ce sont des tas de broussailles sèches entassées.

Veulent-ils prévenir les douars voisins qu'il y a quelque danger et qu'il faut monter à cheval?

Un feu est allumé. Et les tribus se lèvent, s'arment, vont, viennent, guettent.

On découvre vite s'il s'agit d'une évasion, d'une razzia, d'une inondation ou d'un incendie.

En une demi-heure tous les cavaliers qui, ne se trouvant pas en face des Français, étaient dans leur village, furent à cheval et fouillèrent la montagne.

Les chasseurs se virent menacés de toutes parts.

Mais ils avaient des armes et leur adresse inouïe.

XXIX.

Le bois de lentisques.

Les chasseurs ne doutaient pas de se tirer d'affaire et ne perdirent pas la tête.

D'Obigny dit : Les voilà en quête. Tous les chemins vont être barrés. Que faisons-nous ?

— Peuh ! fit Jean. Il y a encore deux heures de jour et c'est un peu long.

« Je crois qu'il faudra peut-être en découdre avec quelque troupe. Heureusement, ces Kabyles sont de très-mauvais cavaliers.

— J'ai une idée ! dit d'Obigny.

« Tâchons seulement de trouver un bouquet de bois.

« Ne vois-tu pas des arbres ?

— Si ! dit Jean. Voici un bois de lentisques.

Il s'était dressé sur ses étriers et dominait ainsi la contrée.

— C'est le salut.

— Que vas-tu faire ?

— Suis-moi, que diable ! Il emmena son compagnon.

Cette plantation d'arbres avait à peine mille mètres de tour, mais elle suffisait largement à abriter deux hommes.

Jean se creusait en vain la tête pour deviner d'Obigny. Il ne trouvait pas le plan de ce dernier.

Le jeune homme fit arrêter les chevaux à la lisière du petit bois et y pénétra avec son compagnon.

Là, il se mit à entasser tout autour du bois des feuilles sèches, des fenouils et des branches.

Quand il eut fini, il alla chercher les chevaux, les attacha solidement au centre du fourré et mit le feu à tous ces monceaux préparés afin qu'un cercle de flammes environnât le taillis entier.

Cela fait, il sortit du bois en rampant, suivi de Jean.

Ils se faufilèrent dans les broussailles et gagnèrent le bord d'un ravin au fond duquel coulait un ruisseau vaseux. Ils s'y enfoncèrent.

Ils avaient arraché chacun du fond de l'eau des touffes de roseaux ; ils se les arrangèrent sur la tête.

Et adossés au bord du ruisseau, dans un endroit propice et à pic, ils attendirent ainsi sans trop grande fatigue.

XXX

Les buissons vivants.

Ce qu'avait prévu d'Obigny arriva point pour point.

Les Kabyles coururent tous vers le bouquet de bois, attirés par les hennissements des chevaux qui brûlaient.

Cependant, patients comme tous les peuples à demi sauvages, les Kabyles demeurèrent cinq heures auprès du bouquet d'arbres.

Ils retrouvèrent... les squelettes calcinés des chevaux.

Pendant ce temps, les deux chasseurs avaient filé.

Des hommes comme Jean et d'Obigny, la nuit, en broussailles, ne redoutent rien et échappent à tout.

Ils gagnèrent promptement du terrain dès que la nuit fut venue.

Ils arrivaient à une demi-lieue environ du camp français, quand ils entendirent le bruit d'une grosse troupe en marche. Ils s'embusquèrent.

A cent pas d'eux, défilait une colonne de Kabyles.

Évidemment, ils allaient attaquer le camp des Français.

Rien d'émouvant comme cette marche dans l'ombre.

Pas un mot. Les pas s'étouffaient.

On voyait que ces trois mille hommes comptaient surprendre le bivac. Les feux de celui-ci flambaient.

Les soldats dormaient sous la garde des sentinelles avancées.

D'Obigny et son compagnon comprirent que quelque grand danger menaçait la colonne; qu'une embuscade lui serait tendue.

En effet, les Kabyles s'arrêtèrent à deux mille pas du camp, et ils attendirent en silence le résultat d'une expédition assez bizarre qui se fit.

Les chasseurs virent des buissons vivants se séparer de la colonne.

Voici ce que sont les buissons vivants :

Un indigène se met nu; on lui attache autour du corps des branches d'arbre. Il forme ainsi une espèce de taillis admirablement simulé.

Il avance vers le camp. Celui-ci est bien gardé.

D'abord, à six cents pas, sur chacune de ses faces, une grand'garde formée par une compagnie devant chaque bataillon.

Cette grand'garde doit surveiller environ un espace de cinq cents pas; dans ce but elle forme un cordon de sentinelles placées deux à deux.

Ces sentinelles sont cachées derrière des sacs de terre, ou dans des petits taillis, ou dans un pli du sol.

Elles sont à distance de dix pas les unes des autres.

Chaque couple de soldats reste là toute la nuit.

Un homme dort. L'autre veille.

Il semble facile que ces factionnaires ne soient pas surpris.

Rien de plus fréquent que d'en trouver d'assassinés au réveil.

Les Kabyles ont enlevé à dix pas d'un autre groupe, les armes de deux hommes qu'ils ont tués.

Ce sont les buissons vivants qui accomplissent ces prodiges d'adresse. Ils marchent doucement sur les sentinelles dont ils soupçonnent l'emplacement. Ils avancent au milieu des broussailles, protégés par elles. Quand ils se voient à portée des groupes, ils écoutent. Un bruit, un rien, leur décèle la présence des sentinelles.

Ils se dirigent à droite ou à gauche de celles-ci, piétinent lentement de façon à faire quarante pas en un quart d'heure, ce qui forme une marche insensible à l'œil.

Quand un buisson vivant vient sur vous, vous ne le voyez pas approcher.

Or, le soldat, vers deux heures du matin, est très-fatigué.

Les yeux papillonnent. Il est troublé. Il lutte contre le sommeil et contre les fantasmagories de la nuit.

C'est alors qu'il ne distingue plus clairement les objets. Il ferme les yeux, les rouvre, les referme, s'alourdissant de plus en plus.

Voilà un buisson. Était-il là ?

N'était-il pas là ? Il s'inquiète. Il rampe et s'assure que c'est un buisson mort. Il revient.

À un certain moment, même doute. Ça arrive plusieurs fois.

Paraît un buisson vivant.

La sentinelle se dit : Encore une illusion ; je m'imagine qu'il est faux ; mais il est vrai ; c'est celui-là que j'ai vérifié déjà. Et l'Arabe passe.

Il voit le groupe ; il l'a tourné, tue le troupier éveillé, par derrière, d'un coup de poignard, et, avant qu'il tombe, il coupe la gorge à l'autre sentinelle lourdement endormie.

Ajoutez à cela les accidents du sol, l'infernale habileté du Kabyle, et vous comprendrez que presque chaque nuit des sentinelles périssent.

XXXI

Le saut du diable.

Le danger qui menaçait la colonne était de ceux que l'on conjure difficilement.

Les deux chasseurs se trouvaient dans une position qui leur permettait difficilement de prévenir les Français du péril qui planait sur eux.

Comme chez toutes les natures délicates et nobles, le sentiment du devoir était fortement empreint dans l'âme de d'Obigny : il souffrait cruellement de demeurer impuissant. Soldat, il devait sa vie au pays et au salut de l'armée.

Jean Casse-Tête se souciait de l'armée comme d'une fourrure attaquée par les mites.

Que le camp fût surpris, massacré, peu lui importait. Il n'avait ni patrie, ni affection, ni sympathie. Pour lui, un Arabe valait un Français. Il ne prenait garde, soit à l'un, soit à l'autre, qu'autant que ses intérêts étaient en jeu.

Pendant que d'Obigny contemplait d'un œil morne la marche lente et sûre des Kabyles, se glissant dans l'ombre, Jean Casse-Tête, lui, avait toutes les jouissances d'un artiste en matière de combats, qui va assister à une belle lutte.

— Regarde donc, dit-il, avec une admiration visible, comment ces gredins de Beni-Snassenu savent ramper. Voilà dix mille hommes en marche devant nous.

Pas un bruit; pas un éclair; on dirait dix mille fantômes glissant légèrement sur le sol.

D'Obigny ne répondait pas.

— Qu'as-tu? fit Jean.

— Je songe au moyen de prévenir le camp du danger.

— Bast! A quoi bon?

— Jean, tu blasphèmes.

— Moi?

— Ce *à quoi bon?* sonne à mon oreille comme une profanation.

— Pourquoi?

— Malheureux! Ne vois-tu pas que si les troupes sont surprises, ces dix mille hommes vont passer sur le bivac comme un ouragan de mort et l'anéantir?

— Ce sera très-beau.

— Affreux! tu veux dire.

— Que m'importe le vainqueur, à moi, pourvu que la lutte soit belle et que j'y prenne amusement.

— Mais ce sont des Français qui vont mourir.

— J'ignore si je suis Français ou Espagnol, ou... tout autre chose.

— Tu es Européen; tu es intelligent; tu es pour le triomphe de la civilisation.

— Moi? Pour la civilisation! Non pas! Je la hais... La civilisation, ce sont les gendarmes, les gardes, les agents de police, les règlements, les impôts, la suppression de toute indépendance pour l'homme fort. Décidément, je vois que je dois faire des vœux pour les Beni-Snassenn.

D'Obigny regarda Jean Casse-Tête avec attention.

L'autre supporta ce regard.

— Tu penses donc ce que tu dis? demanda d'Obigny.

— Absolument.

— Alors, tu ne vas pas m'aider dans mon projet?

— S'il faut exposer sa peau et que ce soit pour les Français, du diable si je bouge, par exemple!

— Bien. Tu resteras.

— Où vas-tu?

— Au camp.

— Tu n'y arriveras pas. Les Beni-Snassenn ont sur toi une avance énorme.

— Oui. Mais ils contournent la rivière.

Et d'Obigny montrait la Tafna débordée, qui formait autour du bivac une ceinture d'eau presque infranchissable.

La rivière, en ce moment débordée par suite d'une pluie torrentielle, roulait des eaux tumultueuses avec le fracas particulier aux cours d'eau algériens.

En ce pays bizarre, les fleuves les plus vastes sont à sec pendant l'été; on campe au milieu de leur lit.

Vienne un orage :

De tous les versants des montagnes, les ruisseaux se précipitent, grossissent, s'enflent et viennent emplir le lit du fleuve toujours très-creux, très-escarpé de berge, très-encaissé, tant la fureur des courants a rongé le sol et s'y est ouvert des passages profonds.

La Tafna, en fureur, était sur trois faces la protection du camp; les Beni-Snassenn ne savaient pas faire les ponts; les soldats pouvaient être tranquilles sur les côtés du bivac que le fleuve encerclait; mais les montagnards, dont le camp était en face de celui des Français, du même côté de la Tafna, n'avaient pas à traverser le cours d'eau pour atteindre leurs adversaires; aussi le bivac était-il très-gardé de ce côté.

Ils devaient s'en douter. Leur attaque ne portait pas là.

Voilà ce qui épouvantait d'Obigny, qui voyait ces colonnes ennemies longer le cours du fleuve, en remontant, se plaçant sur la face du bivac qui était la plus éloignée de leurs tentes, et, par conséquent, la moins menacée.

Là, les troupes devaient être moins vigilantes, et la surprise était facile.

Comment imaginer que les montagnards iraient tenter un coup assez hasardé pour combattre ayant le fleuve à dos?

— Si je n'interviens pas dit d'Obigny, je crois qu'ils réussiront.

— Eh! eh! fit Jean. La Tafna est à deux kilomètres des avancées françaises. Cette distance, le bruit de l'eau, les arbres, les buissons, tout dissimule la marche des Beni-Snassenn. Ils ont les atouts dans leur jeu.

— A moins, dit résolûment d'Obigny, que je ne les mette dans celui des Français.

— Comment?

— Je te l'ai dit. En allant les prévenir.

— Impossible!

— Erreur. J'arriverai premier.

— Mais ils sont en marche depuis près d'une heure au moins.

— Je traverserai la Tafna! De la sorte, je gagnerai sur eux une heure et demie.

Jean Casse-Tête regarda d'Obigny comme il eût fait pour un fou.

— Hein? Tu veux passer le fleuve?

— Oui!

Le chasseur haussa les épaules et dit d'un air goguenard :

— As-tu des ailes?

— Quand on n'en a pas, on s'en fait.

— As-tu des nageoires?

— On s'en fabriquera.

— Tu es insensé. Tu vas périr. A moins d'être oiseau ou poisson, on ne peut franchir la Tafna cette nuit.

Chut! fit-il, Jean écoute... (Page 199.)

— Je te montrerai ce que peut faire un homme, ami Jean. Viens.

Il se leva.

Jean, intrigué, le suivit.

D'Obigny marchait vers sa droite, gagnant la rive droite

Comme tous les Beni-Snassenn étaient en marche, comme la Tafna formait séparation avec leur camp, comme rien ne les menaçait, les chasseurs causaient tout à l'aise en se dirigeant vers un pont appelé le Pas-du-Diable.

En route, il dit à Jean :

— Tu as conservé ta hachette, n'est-ce pas ?

Cette arme était celle que Jean appelait son casse-tête ; elle était en forme de hache, à tranchant d'un côté, et de masse à marteau de l'autre côté.

Elle était emmanchée d'une espèce de baguette courte et très-flexible, qui triplait par son élasticité la puissance de ses coups.

C'est avec cette hachette que Jean avait mérité son titre de Casse-Tête.

D'Obigny paraissait avoir grand intérêt à ce que Jean eût son arme.

— Parbleu ! fit celui-ci.

« Certainement, que j'ai ma hachette ; que ferais-je sans elle ?

« Je la préfère à un couteau. Je ne la quitte jamais.

— Tu vas me la prêter.

— Pourquoi faire ?

— Tu vas le voir.

On arrivait au *Pas-du-Diable*, et le bouquet de chênes se dressait superbe, touffu, avec des arbres séculaires, des baliveaux et des taillis.

D'Obigny jeta un coup d'œil sur l'armée kabyle.

Elle s'avançait vers le Pas-du-Djenoun, sur l'autre rive ; mais elle était encore à trois mille pas environ du passage.

— Bon ! fit le spahi, j'ai le temps.

Et il choisit de l'œil un chêne de vingt ans, droit, peu branchu, qui se trouvait planté tout au bord du précipice.

— Ta hache ! dit-il à Jean.

— Voici ! fit le chasseur.

D'Obigny prit des mains de Jean Casse-Tête la hachette, et attaqua l'arbre ; en deux minutes l'entaille fut faite, et le chêne chancela ; d'Obigny l'ébranla, et le poussa de façon à ce que son extrémité s'abattît sur l'autre rive.

Il tomba.

Le tronc était mince, flexible ; le gouffre était béant au-dessous.

— Tu vas passer là-dessus ? fit Jean Casse-Tête, d'un air effrayé.

— Oui.

En même temps, d'Obigny coupait deux petits chênes, en appointait les bouts, les transformait en pieux et les enfonçait de chaque côté du tronc du chêne, pour le consolider et pour l'empêcher de tourner sur lui-même.

Cela fait, il dit à Jean :

— Les branches du haut reposent sur le sol et forment une base solide qui ne permettent pas à l'arbre de vaciller : quand j'aurai traversé, tu pourras me suivre sans inconvénient ; tu seras tout à fait rassuré.

— Moi ! fit Jean. M'exposer. Jamais !

— Nous verrons bien.

D'Obigny se glissa à cheval sur le tronc de l'arbre, alors que Jean s'attendait à le voir passer ce pont en marchant.

— Tiens ! fit-il. Bonne idée.

Mais, regardant ce torrent, les tourbillons, il eut un frisson de peur.

— Brrou ! fit-il.

« J'aimerais mieux avoir sept hommes à tuer que ce pont à passer. »

— D'Obigny se soulevant par les poignets, avançait le long du tronc avec précaution.

Tout à coup une idée terrible traversa la cervelle de Jean Casse-Tête.

— C'est un rival, dit-il ; si je m'en débarrassais, Ritta serait à moi.

Il pensa qu'elle était prisonnière.

— Au fait, je la délivrerais bien tout seul ! murmurait-il entre ses dents.

Il regardait le tronc du chêne, et il se disait à part lui :

— Dire que je n'ai qu'à prendre cela à deux mains, à le soulever et à le jeter dans le torrent pour en finir avec d'Obigny.

Cette pensée l'obsédait. L'acte à commettre le fascinait.

Il se pencha, toucha le tronc des deux mains, le caressa, le tâta.

— Eh ! eh ! fit-il. Il ne faudrait pas m'en défier !

En ce moment, d'Obigny dit tout à coup à Jean Casse-Tête :

— Que fais-tu donc ? Je sens l'arbre qui tremble.

— Rien ! fit Jean d'une voix sourde. Je tiens l'arbre.

— Inutile ! dit d'Obigny.

Puis il soupçonna la vérité.

— Est-ce que, par hasard, tu voudrais, trahissant ton serment, te débarrasser de moi, maître Jean ? fit-il tout à coup.

Jean ne répondit pas.

D'Obigny comprit ce qui se passait dans l'âme du chasseur.

— Je suis perdu ! pensa-t-il. Et il se hâta.

Par malheur, Jean était de la nature des dogues ; il suffit qu'à un chien de cette espèce on tende un chiffon, puis qu'on le retire brusquement, pour qu'il saute dessus.

Jean éprouva un irrésistible mouvement de colère en voyant d'Obigny se hâter ; il le dit lui-même plus tard :

« Ce fut un grand malheur que le marquis eut cette idée d'accélérer le passage, car il m'excita ; je me sentais agacé comme un chien dont la proie file brusquement, et qui quitte l'arrêt pour la suivre. »

Jean Casse-Tête, les yeux troublés, la poitrine haletante, les mains tremblantes, saisit l'arbre et se mit à le soulever.

— Misérable ! cria d'Obigny.

Et le jeune homme enlaça le chêne à bras-le-corps pour se retenir.

— Ah ! fit Jean Casse-Tête avec éclat ; tu m'insultes, attends...

Et il souleva l'arbre davantage.

— Tu as trahi la foi jurée, sois maudit, Jean ! Les témoins muets parleront contre toi aux chasseurs, nos frères.

Cette formule est arabe. Un homme que l'on assassine évoque pour sa vengeance les témoins muets.

Jean n'entendait plus rien.

L'abîme semblait, d'en bas, attirer sa proie ; il y eut vertige chez le chasseur ; le tourbillon lui troublait le cerveau avec ses voix étranges, montant dans la nuit.

Tout à coup, dans le délire de l'entraînement, Jean vit surgir comme une forme blanche ; c'était Ritta que son imagination lui montrait comme un appât pour l'exciter au meurtre.

Il ne pouvait résister à l'idée de perdre cette jeune fille, de la voir aux bras d'un autre ; il avait des accès de rage à cette pensée.

— D'Obigny ! cria-t-il.

Le jeune homme sentait à son tour que le vertige le saisissait.

Il était placé la tête plus basse que les pieds ; le sang descendait à la tête.

— Jean, cria d'Obigny, une minute encore de cette plaisanterie, et je suis perdu ; je me sens tomber dans le fleuve.

Le jeune homme avait comme une vague espérance que le chasseur ne le précipitant pas de suite, ne faisait qu'une farce.

Jean reprit :

— D'Obigny, renonces-tu pour toujours à Ritta, je te donne la vie ?

— Jamais ! râla d'Obigny, qui était à bout de forces pour résister à l'attraction du vide qu'il subissait.

Il fermait les yeux ; mais l'oreille lui apportait les appels de l'eau.

— Une fois ! dit Jean ; deux fois ! veux-tu ?...

— Non !

— Trois fois ?...

— Non !

Cette dernière dénégation était l'effort désespéré d'un homme perdu.

D'Obigny disait non, aussi bien à son assassin qu'à l'abîme.

Jean, à ce dernier refus, avec une force d'athlète, jeta le tronc dans le défilé ; et le chêne glissant sur les rochers, s'engloutit dans le ravin avec d'Obigny, qui restait accroché au tronc.

XXXII

Après le crime.

Jean demeura comme hébété au-dessus du gouffre ; il ne pouvait s'arracher à la contemplation du lieu où le crime avait été commis.

L'acte était à peine accompli, qu'il eut donné un bras pour que d'Obigny fût vivant ; il eut horreur de lui-même.

Il se leva pour fuir. Impossible.

Une force invincible le retenait cloué près des chênes.

Un revirement profond se fit en lui, comme cela arrive pour certaines natures, après une forte secousse morale.

Jean Casse-Tête s'aperçut qu'inconsciemment il aimait son compagnon.

— Pauvre d'Obigny ! murmura-t-il. Mourir comme cela ! De ma main ! C'est ignoble !

Et il pensait :

— Au fond, il était le meilleur garçon du monde, le malheureux ! Quelle bravoure ! Quelle générosité ! Où retrouverai-je un ami pareil ? Un ami !... Il m'a offert le pacte, et je l'ai refusé, comme une bête que je suis. Et j'ai violé le serment que j'ai fait au sujet de Ritta.

En prononçant ce nom, il s'aperçut d'un phénomène bizarre.

— Tiens ! fit-il. C'est singulier. Il me semble que je ne l'aime plus du tout cette petite. Voilà une chose bizarre.

Avec la naïveté d'un homme qui vit en pleine nature, Jean se mit la main sur le cœur et le palpa.

— Voyons ! fit-il. L'aimes-tu encore ? Non...

« Décidément, non.

Alors il s'administra un coup de poing violent sur le crâne.

— Canaille ! fit-il. Gredin !

« Comment, c'est pour une femme que tu n'aimes pas plus que ça, que tu as tué ton meilleur ami ? Ah ! scélérat ! »

Et il ébranlait sa cervelle à force de coups consciencieusement administrés.

Lorsque la première crise fut passée, Jean reprit un peu possession de lui-même ; il se demanda ce qu'il devait faire.

En somme, il y avait en lui une certaine fougue qui le poussait vers la logique brutale du bien ou du mal.

— Tu as trahi ! fit-il, tu es déshonoré ; tu as tué, tu seras tué !

« Tâche, bandit, de mourir cette nuit en soldat, sinon, tu mourras en assassin, car tu te livreras à la justice. »

Et, ayant arrêté cela, il regarda du côté des Beni-Snassenn.

— Bon ! fit-il.

« Les voilà qui avancent vers le camp français ; avant une demi-heure ils y seront, et l'attaque commencera.

« Je vais leur tomber dessus. Je passerai la Tafna. Si je me noie, tant mieux ! Si je ne me noie pas, je me jetterai sur ce tas de vermine, et j'en abattrai le plus possible ; ça fera plaisir à d'Obigny, s'il y a une autre vie : il exécrait ces brigands de montagnards.

« Il faut que j'égorge au moins une centaine d'hommes avant de périr, et que l'on reconnaisse Jean Casse-Tête à ses coups : on me fera de belles funérailles. »

Il se mit aussitôt à l'œuvre ; comme d'Obigny l'avait fait, il choisit un chêne, l'abattit, le consolida, et s'aventura sur ce pont branlant à califourchon.

Arrivé à mi-chemin, il regarda froidement l'abîme où les tourbillons hurlaient, dressant vers lui les crêtes de leurs vagues frangées d'écume phosphorescente.

— Oui, fit-il, je vous entends bien ; vous voudriez m'engloutir.

« Mais non, Jean ne mourra pas dans l'eau. Jean mourra dans le sang. C'est son élément.

Et il continua le passage.

Arrivé sur le bord opposé, il sauta sur la terre avec une sorte d'ivresse sauvage, brandit sa hachette, et se lança sur les traces des Beni-Snassenn.

A son idée, la défaite et le massacre des Français n'étaient pas douteux un seul instant.

A mesure qu'il approchait, il demeurait convaincu que le camp serait surpris, tant tout y paraissait tranquille.

XXXIII

Resurrexit.

Les montagnards se trouvaient à cinq cents mètres du bivac, et nul cri d'alarme n'avait été poussé par les sentinelles.

Évidemment, les buissons vivants avaient fait leur office. Les postes étaient égorgés.

Jean Casse-Tête vit les montagnards s'engager le long des pentes qui les séparaient du front de bandière ; ils n'avaient pas encore poussé leur cri de guerre ; ils touchaient presque aux tentes françaises.

A sa grande stupéfaction, d'un angle du bivac, Jean vit une colonne considérable descendre sur le flanc des montagnards, à mille pas d'eux, dans un ravin ; cette colonne, évidemment, était composée de Français ; elle s'établit presque en arrière des troupes beni-snassenn ; couverte par les plis de terrain, elle n'était pas en vue de l'ennemi.

Le chasseur pensa que quelque grande scène de guerre allait avoir lieu, et comme il aimait passionnément les batailles, il s'arrêta pour jouir du spectacle qui se préparait et qui promettait d'être curieux.

Il vit les Beni-Snassenn se masser à deux cents pas du front de bandière, puis tout à coup, il entendit leur cri de guerre, rauque, puissant, terrible, qui montait dans l'air, menace sauvage de meurtre et de mort.

Ils s'élancèrent.

Soudain, des lueurs brillèrent derrière les tentes, un feu, vomi par douze canons chargés à mitraille, abattit toutes les toiles debout qui masquaient cette batterie, la mitraille tomba sur les Beni-Snassenn et écrasa leurs premiers rangs ; douze autres coups succédèrent à la première salve et criblèrent les montagnards, qui étaient demeurés stupides de surprise et de terreur.

Après ces deux décharges d'ensemble, les vingt-quatre pièces continuèrent à tirer avec acharnement, et la fusillade, perdue dans le bruit intense du canon, ajouta ses ravages à ceux de cette artillerie meurtrière.

Les Beni-Snassenn tournoyèrent sur eux-mêmes et s'enfuirent.

Tout à coup, comme ils passaient, dans un affreux désordre, à portée du ravin, où les attendait la colonne tournante, ils furent salués par les feux de deux mille hommes ; les balles, portant en pleine pâte humaine, et hachant les chairs, on retrouva des corps qui ne formaient plus qu'un amas d'os et de membres brisés, émiettés.

Les bataillons, au son des clairons, poussèrent une charge à fond et chassèrent les Beni-Snassenn l'épée dans les reins ; Jean Casse-Tête, immobile, contenu par l'imposante majesté de cette scène, laissa, malgré ses résolutions précédentes, défiler ces fuyards sans songer à frapper.

Les Français appuyèrent une chasse acharnée aux montagnards ; ils les menèrent, la baïonnette aux reins, jusqu'à leur propre camp, et ne revinrent qu'après en avoir exterminé le quart ; le reste était sous le coup d'une panique et d'un découragement profonds.

Quand vainqueurs et vaincus eurent roulé, confondus, au pied du tertre qu'il occupait, Jean se leva pour se rendre au camp.

En chemin, il rencontra un officier blessé qui le reconnut.

— Eh ! Casse-Tête ! lui cria l'officier, un lieutenant de zouaves ; viens donc ici me relever et m'aider à marcher.

Jean rendit à ce pauvre garçon le service demandé.

Le blessé avait la jambe lacérée de coups de yatagan.

— Ils vous ont mis le mollet dans un joli état ! fit Jean.

— C'est un de ces gredins-là qui m'a administré ces coups de sabre ; il était à terre, râlant son agonie ; je suis passé à sa portée ; il m'a saisi par mon pantalon, et, en une minute, m'a administré plus de dix coups ; je lui ai passé, moi, trois fois mon sabre au travers du corps. Ils ont l'âme chevillée au ventre, ces gaillards-là.

Jean fit appuyer le blessé sur son bras ; déjà les cacolets arrivaient sur le terrain ; le chasseur appela l'un d'eux.

L'officier fut hissé à dos de mulet, et on l'emmena.

Jean l'accompagna. Il était curieux de renseignements.

— Ah çà, dit-il, vous aviez donc été prévenus de cette attaque ?

— Oui ! fit-il. Au dernier moment, le gouverneur, qui est ici, et qui commande lui-même le camp, a reçu un avis de l'approche de l'ennemi.

— Par qui?

— On ne sait. Mais il paraît que c'est par un de nos espions rôdant par la campagne. Il prévint le général que la plupart des sentinelles dormaient.

— Parce qu'elles se croyaient protégées par la Tafna, dit Jean.

— Ces sacrés soldats sont incorrigibles avec leurs imprudences.

« Bref, le général défendit de donner l'éveil aux avant-postes. C'est un rude homme. Il a pensé que, d'après le code, qui dort en faction, mérite la mort, et comme il rentrait dans son plan de faire croire aux Beni-Snassenn que nous étions surpris, il a laissé les factionnaires parfaitement endormis : on les a massacrés. Ça fera un bon exemple. Et puis, ça ne donnait pas l'éveil à l'ennemi, qui aurait trouvé suspect que l'on eût rappelé les factionnaires et fait replier les postes.

— C'est un grand homme de guerre, votre général, fit Jean. Il n'est pas pour les niaiseries sentimentales ; à la bonne heure !

— Oh ! c'est un soldat ! Un vrai ! Si vous l'aviez vu, surveillant lui-même le réveil précipité des troupes, imposant silence à tous, organisant la colonne tournante et disposant la batterie derrière les tentes... En dix minutes, tout était prêt. Aussi, quelle victoire ! Du coup, ça termine la guerre.

— Pensez-vous ?

— Je le parierais. Éreintés comme ils sont, les Beni-Snassenn vont faire des propositions.

— Bon ! J'espère que le gouverneur exigera la délivrance de la petite Ritta.

— La prisonnière ?

— Oui.

— Oh ! soyez tranquille. On s'occupera d'elle. D'Obigny est là, du reste.

— D'Obigny ! fit Jean.

— Eh ! oui ! Qu'as-tu ? D'Obigny, ton ami, n'est-il pas amoureux de cette Espagnole ? N'est-il pas l'intime du général ? Il obtiendra de lui que l'on insère dans les conditions de paix la reddition de sa fiancée ; et Saïda sera bien forcé d'accepter.

Jean dit d'un air sombre :

— D'Obigny ! Il est mort !

— Mort ! s'écria le blessé. Quel malheur ! Un pareil homme !

— Il est tombé cette nuit même dans le tourbillon du Djenoun.

— Tu l'as vu ?

— Oui.

Jean avait pris sa détermination de se livrer à la justice.

— Oui, reprit-il. Oui, je l'ai vu. Trop vu...

Il poussa un soupir qui ressemblait à un rugissement sourd.

— Te voilà bien désolé ! fit le blessé.

— Oh ! je serai bientôt consolé.

— Allons donc !

Ils entrèrent dans l'eau jusqu'à la ceinture (Page 220.)

— Les morts n'ont plus de chagrin.
— Tu vas mourir?
— Oui.
— Je comprends qu'on tienne à un ami, mais pas au point de se faire tuer parce qu'il lui est arrivé un malheur.
— Ah! fit Jean, voilà que tu parles sans savoir, lieutenant.

« J'ai tué d'Obigny !

— Toi ?

— Moi !

Le blessé eut un geste d'horreur.

— Nous aimions la même femme, dit Jean, et il traversait la Tafna à califourchon sur un chêne couché en travers du passage du Djenoun, que tu connais, n'est-ce pas ?

« Il était au milieu quand, je ne sais comment cela se fit, je saisis le chêne et le soulevai ; c'était un mouvement irrésistible.

« Je faisais cela comme le chien affamé se jette sur la curée malgré les coups de fouet ; un mouvement de brute. D'Obigny m'a injurié. Je l'ai jeté dans le tourbillon.

— Malheureux ! fit le lieutenant indigné.

— Oh ! oui, c'est malheureux. Je vais me dénoncer au gouverneur qui me fera loger quatre balles dans la peau. »

Le lieutenant se tut.

La bizarrerie de cette aventure le rendait rêveur, et il s'étonnait à la fois du crime et de la façon dont il avait été commis.

— Vous me méprisez beaucoup, n'est-ce pas ? demanda Jean.

Le lieutenant ne dit mot.

Jean supporta pendant dix minutes ce silence navrant pour lui.

Enfin, l'officier lui tendit la main en lui disant d'un certain air :

— Jean, vous m'avez bien dit la vérité ?

— Oui, fit le chasseur.

— Et vous allez vous livrer ?

— Oui.

— Votre acte n'était pas prémédité ?

— Si j'y avais réfléchi auparavant, je serais passé le premier. J'aurais cherché à m'épargner une mauvaise tentation.

— Eh bien, dit l'officier, je crois que vous avez été victime d'une sorte de surprise morale, et que vous méritez le bénéfice des circonstances atténuantes ; en vous dénonçant vous-même, vous méritez l'estime, et je vous plains.

Jean regarda l'officier avec une profonde reconnaissance. Il avait les larmes aux yeux.

— Touchez-moi la main, dit le lieutenant ; dans votre position ça vous fera plaisir.

Jean serra la main du blessé à lui briser. Puis il lui dit :

— Voulez-vous vous charger de mon testament, lieutenant ?

— Mais, fit celui-ci, vous ne serez pas condamné à mort.

— Le croyez-vous ?

— Je suis sûr que non.

— Alors, je m'exécuterai moi-même.

Et comme le blessé protestait :

— Oh! fit-il, c'est une inébranlable résolution ; je suis entêté plus que le mulet qui vous mène, et je me suiciderai.

« Maintenant, dites-moi si vous voulez être l'exécuteur testamentaire de ce pauvre b...e de Jean Casse-Tête qui va mourir?

— J'accepte! dit l'officier.

— Je donne ma fortune à mademoiselle Ritta! dit le vieux chasseur ; j'ai plus de deux cent mille francs.

— Vous? fit l'officier.

— Moi, dit Jean simplement. Et quoi d'étonnant!

« En de certaines saisons j'ai tué plus de cent cinquante autruches à l'affût dans les sables du Sahara.

« Une peau d'autruche vaut en moyenne la somme de cent cinquante francs. Mais je vendais les miennes à Paris même, où je les expédiais. J'en retirais cinq cents francs.

« Puis l'hiver je tuais des panthères, des lions, des hyènes, des chacals. J'ai fait un grand trafic de gibier.

« Je ne dépense rien.

« Bref, j'ai un peu plus de deux cent mille francs à donner à Ritta. A vous, je donne mes armes, qui sont les meilleures du monde.

« Je ne conserve que ma hachette pour moi.

— Qu'entendez-vous par : conserver ?

— Je veux dire qu'on l'enterrera avec moi sous un palmier. Je désirerais être inhumé non loin d'une fontaine, au bord d'un sentier. De cette façon, les Arabes sachant que je suis là, m'élèveront une couba.

— Bien ! dit le lieutenant. Il sera fait selon votre volonté.

— A propos, dit Jean, il peut se faire que Ritta ne soit pas délivrée. Malgré la victoire, la guerre se continuera peut-être longtemps. En ce cas, vous offririez cent mille francs, soit pour sa rançon, soit pour qui la sauverait, et vous lui donneriez le reste.

On arrivait au camp.

Le gouverneur était rentré sous sa tente, le combat fini. Jean se dirigea de ce côté.

Comme il mourait de soif et de faim, il avisa en chemin une cantine ouverte ; il y entra, y but et y mangea.

Cela fait, il se remit en marche pour se présenter au gouverneur.

Jean se croisa en chemin avec l'officier blessé qui était allé voir son général ; sans doute il lui avait parlé de Jean Casse-Tête et de son aventure.

— Eh ! Jean, lui dit-il du haut de son mulet, le général vous attend.

« Qu'avez-vous donc fait? vous êtes en retard.

— Je crevais de faim. Vous avez parlé de moi ?
— Oui.
— Qu'a dit le colonel ?
— Il ne veut pas vous faire mourir.
— Oh ! fit Jean en secouant la tête, je vous assure que ma peau ne vaut pas quatre sous, car je me suis condamné à un tribunal dont les sentences sont sans appel : au tribunal de ma conscience.
— Bast ! Qui sait ! Le gouverneur vous prouvera peut-être que vous devez vivre. Il m'a dit : Je ressusciterai plutôt d'Obigny que de laisser mourir ce pauvre Jean, s'il se repent bien réellement.
— Des bêtises ! fit Jean. Et il demanda :
— Où est la tente du général ?
— La voilà ! fit l'officier.
Et il entra chez le gouverneur, ou crut y entrer.
Celui-ci ordonna qu'on introduisît le chasseur, et le reçut étendu sur son lit de campagne, la tête couverte du capuchon de son burnous de nuit.
— Vous voilà ! fit-il.
« Il paraît que vous m'avez tué mon pauvre d'Obigny, maître Jean ?
— Hélas ! oui, mon colonel.
— C'est un grand malheur !
— Aussi je ne m'en consolerai jamais ; plutôt que de vivre avec ce remords j'aime mieux mourir.
— Ainsi, vous vous repentez ?
— Oh ! oui, fit Jean.
— En sorte que si d'Obigny vivait...
— Oh ! si ça se pouvait ! fit Jean. Mais il ne me pardonnerait pas.
— Lui ! il en serait bien capable.
— Je donnerais ma vie pour le voir vivant, l'entendre me dire que je puis mourir en paix.
— Mais s'il n'avait péri, songez donc qu'il épouserait Ritta !
— Parbleu !
— Vous n'en êtes donc plus jaloux ?
— D'abord, je me suis aperçu que j'étais plus orgueilleux qu'amoureux. Je voulais épouser cette petite pour qu'on dise de moi que j'avais une belle femme ; ça m'aurait flatté comme quand on dit que je suis le meilleur chasseur, et que j'ai la meilleure carabine et que je suis riche. A part ça...
— Continuez donc.
— Je voulais dire que je sentais bien qu'au fond cette petite n'était pas mon affaire ; il me faudrait à moi une femme de colon maltais, dure à la fatigue et d'un rude tempérament. Les sangliers comme moi ne se marient pas aux gazelles.
— En sorte que d'Obigny vivrait, vous renonceriez à Ritta ?

— Parbleu ! D'Obigny est mort.

« Mais ne parlons pas de ça. »

Le gouverneur se leva, laissa tomber son burnous, et Jean vit d'Obigny en chair et os devant lui.

Le pauvre chasseur s'évanouit net... comme une femmelette.

XXXIV

Bataille d'un docteur et d'un fil-de-soie.

D'Obigny appela.

Car c'était d'Obigny en cher et en os, bien vivant, qui était là.

Un planton se présenta.

— Cours chercher le docteur, lui ordonna le jeune homme ; dépêche-toi.

Puis, comme recommandation.

— Tu lui diras qu'il s'agit d'une syncope ; hâte-toi, mon garçon.

Et d'Obigny essaya de ranimer Jean.

Impossible.

Le vieux chasseur ne s'évanouissait pas pour rire, lui ; c'était sincère.

Il gisait sur le sol.

D'Obigny le coucha sur le lit de camp, et le regarda en riant.

— Un mort ressuscité fait donc bien de l'effet ! murmura-t-il.

Le docteur arriva.

— Sacrebleu ! dit-il, vous me faites appeler pour une syncope, d'Obigny ; j'ai plus de cinquante blessés à panser.

« Ces Beni-Snassenn, tout en déroute qu'ils sont, se battent avec fureur, et se défendent comme des loups enragés.

« Ah ! voilà le malade ?

— Docteur, dit d'Obigny, recevez mes excuses, je vous prie.

« C'est chose si extraordinaire de voir Jean Casse-Tête évanoui, que j'ai oublié et le combat et l'encombrement où doivent être les ambulances en ce moment.

« Mais puisque vous voilà, veuillez rappeler ce garçon à la vie. »

Le docteur prit un flacon et le mit sous le nez de Jean.

Jean ne bougea pas.

— Diable ! fit le chirurgien.

« En voilà une syncope !

Il renouvela sa tentative.

Rien.

Pas de mouvement.

Maître Jean semblait mort.

Le docteur tâta le pouls, et s'assura que le patient vivait.

— Allons, fit-il, en avant les grands moyens; c'est une syncope carabinée.

Il mit quelques gouttes d'alcali volatil sur un morceau de coton qu'il enfonça au bout d'une épingle dans une narine de Jean.

Quand le docteur retira son coton, il aperçut quelque chose de semblable à un fil de soie qui descendait du nez de Jean, et il voulut le retirer.

C'était le petit serpent qui, à demi axphyxié par l'alcali, abandonnait le sinus frontal de Jean, et cherchait à sortir.

Par malheur, le docteur en serrant le reptile sans précaution, lui causa une douleur qui le fit rentrer prestement.

En sentant glisser ce fil visqueux entre ses doigts, le chirurgien comprit qu'il avait touché à quelque chose ayant la vie, et il regarda d'Obigny avec stupéfaction.

— Mon cher, lui dit-il, je ne comprends rien à ce qui se passe. Il y a des choses étranges dans le nez de votre camarade. »

D'Obigny se rappela le serpent; il se mit à rire.

— Ah! docteur, fit-il, j'avais oublié de vous dire que Jean a dans le sinus frontal un *fil-de-soie* depuis ce matin,

Et il conta l'aventure du chasseur.

Le docteur, curieux de cas extraordinaires, comme tous les médecins, était enchanté; il allait avoir à examiner le plus rare des serpents, il pourrait l'envoyer au Muséum d'histoire naturelle, après l'avoir extirpé du nez d'un chasseur d'autruches.

Quelle belle cure! Quelles belles expériences! Quel rapport à l'Académie de médecine!

Dès lors, le docteur oublia tout. Son ambulance pouvait attendre.

Cependant Jean ne sortait pas de son évanouissement prolongé.

Le chirurgien tira sa trousse, et examina ses instruments.

Il ne s'agissait plus du malade, mais du fil-de-soie.

— Voyez-vous, dit le docteur, je vais extirper l'animal délicatement avec ça.

Il montrait une pince très-fine.

— Justement, j'ai fait faire cet instrument il y a quelques jours à Nemours, pour extirper un fragment de balle qui se trouvait dans le sinus frontal d'un blessé.

« Je trouverai le serpent avec cette pince, et le retirerai.

— Allez! fit d'Obigny.

Le docteur fit une première tentative.

Ce fut en vain.

Le serpent n'était pas un fragment de balle inerte.

Lui, au contraire, très-alerte, pressentait que la pince était son ennemie, et il la fuyait avec une rare prestesse.

Si bien, que le docteur ne parvint à rien.

D'Obigny lui dit :

— Si vous laissiez le serpent tranquille pour vous occuper du malade, je crois que vous feriez mieux ; ce pauvre Jean est toujours insensible.

— Le principal, au contraire, est le serpent, dit le chirurgien.

« Si notre ami sortait de sa bienheureuse syncope, je serais forcé de l'endormir à l'éther pour obtenir l'immobilité absolue dont j'ai besoin pour le moment. »

D'Obigny réfléchit que Jean avait horreur du fil-de-soie, et que peut-être il valait en effet mieux qu'il fût évanoui.

En conséquence, il laissa le docteur faire tout à son idée, et comme il avait quelques ordres à donner, il sortit.

Les besoins du service l'entraînèrent si loin qu'il ne rentra qu'une heure après ; le docteur suait sang et eau.

Il avait essayé de tout.

— Quoi ! fit d'Obigny.

« Vous n'en avez pas fini ?

— Hélas ! non, fit le docteur.

« Cet animal est entêté ; il ne veut pas se laisser prendre.

Le chirurgien était au désespoir.

D'Obigny fit un signe au docteur.

Celui-ci comprit que le jeune homme avait à lui parler.

Depuis quelques instants, Jean commençait à donner signe de vie, et tout à coup un formidable éternument retentit dans la cabane, le vieux chasseur était décidément revenu à lui.

— Venez donc voir, dit d'Obigny, si je n'aurais pas une pince convenable pour extraire ce maudit serpent.

— Ah ! fit Jean, à propos, j'ai mon serpent dans le nez... toujours.

« Eh bien, je voudrais ne pas mourir sans en être débarrassé.

« Cette damnée bête se fourre dans des endroits chatouilleux et me fait éternuer ridiculement, et je voudrais la piler dans mes doigts pour me venger des misères qu'elle me fait.

« Après, bonsoir.

« J'irai voir si ce que l'on dit de l'enfer est une blague, et s'il y fait plus chaud qu'au Sahara ; et j'en doute fort.

En ce moment, le fil-en-quatre, qui s'était blotti dans un coin reculé, ne redoutant plus les pinces du docteur, se mit à son aise et s'étendit tout de son long.

Jean sentit ce mouvement.

— Le gredin ! fit-il.

« Il se prélasse.

« J'ai envie de me trouer le haut du nez pour le tirer de mon... de mon...

« Comment appelles-tu ça, d'Obigny ?

— De ton sinus frontal.

— C'est ça.
Le vieux chasseur se garda de répéter le mot dans la crainte de l'écorcher.
Pendant qu'il maugréait contre son serpent, d'Obigny disait bas au docteur :
— Ne lui résistez pas.
« Il est décidé.
— Comment ! il se tuerait !
— Oh ! sans hésiter.
— Que faire ?
— Lui prouver son innocence.
— Par quels moyens ?
— Vous allez voir. Appuyez mes dires.
Et d'Obigny s'écria :
— Voyez-vous, docteur, Jean a là, dans le cerveau, une bête horrible.
— Affreuse ! fit le chirurgien.
— C'est bien plus dangereux que le ver qui donne le vertigo.
— C'est un ver qui donne cela.
Jean demanda avec intérêt :
— Est-ce qu'il y a des hommes qui ont des vers dans la cervelle ?
— Oui, dit d'Obigny.
Le docteur appuya.
— Il y en a pas mal. J'en ai soigné beaucoup.
D'Obigny dit :
— Ça rend fou, ces vers ?
Jean était très-attentif.
— J'ai vu, dit-il, un mouton qui avait le vertigo.
« Il faisait un tas de bêtises ; c'en était même comique.
— Pensez donc ! fit le docteur, tout animal étranger qui se glisse dans la cervelle d'un être quelconque y jette une perturbation profonde.
Jean suivait une idée qui lui était venue, habilement glissée, du reste, par d'Obigny.
— Mon fil-de-soie, dit-il, me paraît fantasque et capricieux.
« Est-ce que, par hasard, il aurait de l'influence sur moi ?
— Parbleu ! fit d'Obigny.
— Oh ! pas d'autre cause à votre meurtre prétendu, mon cher Jean, dit le docteur, qui n'était pas loin, du reste, de croire à ce qu'il disait.
— Mais alors, je ne suis pas coupable !
Jean ne demandait qu'à être convaincu.
— Pas du tout !
— Et d'Obigny aurait tort de me croire responsable de mes actes ?
— Absolument tort !
Et d'Obigny d'affirmer.

Et le chêne, glissant sur les roches, s'engloutit dans le ravin avec d'Obigny. (Page 228.)

— Tu as vu, du reste, que je ne t'en voulais pas du tout.
Le pauvre chasseur était dans la joie.
— Vrai? Comment, je ne serais pas coupable; mille tonnerres! quel soulagement!
— Mais, fit le docteur, voilà qu'après avoir eu l'idée baroque de tuer votre ami, — car l'idée vous est venue brusquement?

— Tout d'un coup.

— Je m'en doutais.

— Je ne donne pas dans cette bourde.

— Bourde ! Vous traitez les choses de la science bien légèrement, marquis.

— Vous n'avez donc pas compris que je voulais que Jean ne se tuât point ?

« Aussi ai-je inventé cette farce de l'influence du serpent sur le cerveau.

« Jean est une brute. Il est meilleur qu'il ne le croit ; il a un fond de dévouement merveilleux.

« Mais c'est une nature de dogue, qui parfois s'irrite et se jette sur vous aveuglément.

« Dans le cas qui me concerne, j'ai appris par un officier blessé, que Jean Casse-Tête se repentait amèrement de son crime. J'ai su qu'il renonçait à me disputer ma fiancée prisonnière.

« Jean est une bonne carabine. J'ai besoin d'aide pour délivrer la prisonnière ; mieux valait l'avoir pour ami que de le tuer en punition de sa trahison. Mais, revenons au serpent ; dites-moi, docteur, est-ce que vous pensez débarrasser Jean Casse-Tête ?

— J'y perdrais plutôt mon titre de docteur. Demain, je le jure, il sera en ma possession.

XXXV

La tentation.

Saïda arriva dans le camp beni-snassenn le lendemain de la défaite.

Il trouva les montagnards consternés par l'échec subi.

L'amin trouva tous les montagnards décidés à traiter ; pour lui, c'était un désastre ; c'était la reddition de Ritta. A aucun prix, il n'eût voulu consentir à la rendre.

En conséquence, il appela ses plus fidèles serviteurs.

Saïda avait une espèce de clan, de bande armée, à lui très-fidèle, qu'il commandait pendant les razzias tentées sur notre territoire et qui lui était très-dévouée.

Après lui, cette troupe avait pour chef un certain Mecaoud, ex-officier du fameux Elaï-Laseri, bandit d'abord, puis agha de Nedramah par le droit du plus fort.

Saïda en avait fait son khalifat (lieutenant).

Mecaoud était très-dévoué à l'amin et le lui avait prouvé.

Saïda lui exposa sa situation.

— Cadour (cher), lui dit-il, tu vas comprendre combien je suis embarrassé, par suite de notre défaite. Le général réclamera Ritta.

— J'en suis certain.

— Et les tribus exigeront que je la rende ; on me forcera la main.

— A ta place, je la ferais conduire au désert, hors de la portée des tribus beni-snassenn, dans un ksour des argades.

— C'était ma pensée.

— Et je me charge de l'exécuter, si bon te semble.

— Je comptais sur toi.

— As-tu réfléchi, que, dès lors, tu romps avec ta tribu ?

— Je la quitte.

— Sans espoir de retour ?

— On ne me pardonnerait pas d'avoir soustrait Ritta.

— As-tu songé que tu vas te trouver, en plein désert, avec cent hommes, braves, courageux, prêts à tout ?

Saïda sourit.

— Cadour ! dit-il, je te comprends à demi-mot.

« Depuis longtemps, tu me proposes d'imiter Elaï-Laseri. Tu voudrais me voir chef d'une troupe de brigands.

— Ne sommes-nous pas déjà de vrais coupeurs de route ?

— Oui. Seulement, nous n'attaquons que des Français, des Marocains. Nous sommes soldats.

— Enfin, tu veux dire que nous n'attaquons que des ennemis ?

— C'est cela.

— Eh bien, k'bir (chef), déclare la guerre à tout l'univers, sauf à une bourgade puissante du désert, que tu t'engageras à défendre et à protéger à tout appel, en toute occasion.

« Ces petites cités ont besoin de protection, et cent bons fusils sont un secours précieux pour elles. Ce ksour sera ton lieu de ravitaillement, ta base d'opération. Tu y laisseras Ritta. Nous ferons comme les Touaregs ; nous écumerons le Sahara. En dix ans, tu seras le plus riche sultan du Magreb.

— C'est un beau rêve.

— Réalisé par Elaï-Laseri.

— Me crois-tu aussi fort que lui ?

— K'bir, tu es aussi intelligent, et de plus grande race. Elaï n'était qu'un nègre.

— Eh bien... nous verrons.

— K'bir, décide-toi. C'est oui ou non. Dans deux ou trois ans, tu peux être chef d'une petite contrée. Dans sept ou huit ans, tu peux avoir soumis un empire.

— L'avenir est sans bornes, en effet, pour le bras armé d'une épée vaillante que guide une tête intelligente.

Et Saïda devint rêveur.

Puis il dit encore :

— Moi... bandit ! Moi... Saïda ! Moi... un amin !

— Belle place, ma foi !

« Tandis que, chef de bandits, tu casseras la tête à qui se permet de manquer en quoi que ce soit.

« Ton empire n'a pour bases que ton courage ; mais comme ton courage domine celui de tous, tu as une domination absolue.

« Puis, après une période de quelques années, le bandit devient roi.

« Du reste, prends un parti.

« Chef de bande, la bande te suivra au bout du monde.

« S'il ne s'agit que de conduire une fille au désert et l'y garder pour toi, la saga (troupe) ne marchera pas. »

Saïda, vaincu, dit à son khalifat :

— Soit ! J'accepte.

— Je puis prévenir nos amis ?

— Oui.

— Leur engager ton serment ?

— Oui.

— You ! you ! s'écria Mecaoud, en poussant le hourrah arabe.

Et il sortit, brandissant son fusil et bondissant de joie.

Les Beni-Snassenn se demandèrent ce que ce fou avait pour être si joyeux au milieu de la tristesse générale.

Mecaoud assembla la saga (troupe) du chef, la compléta par des recrues, — on n'eut qu'à faire un choix, — puis, emmenant ces cent hommes hors du camp, il leur exposa ce que Saïda attendait d'eux.

Dans cette saga, il y avait des aventuriers de toute espèce.

Les Espagnols des présides, forçats évadés, s'y mêlaient à des nègres échappés à l'esclavage, après avoir tué leurs maîtres.

On y trouvait les Maltais filous, fuyant la justice des villes de la colonie, celle des villes marocaines, et ne pouvant rentrer à Malte sans rendre compte d'un vol.

Puis il y avait des déserteurs saçarfi, dont un Parisien, et enfin des Kabyles et des Arabes, et des Beni-Snassenn, gens déterminés et solides, rompus à toutes les fatigues et faits à tous les dangers.

La saga accepta avec enthousiasme les offres qui lui étaient faites.

Mecaoud vint retrouver son chef, et lui annonça le résultat.

— K'bir ! dit-il, c'est fait.

— Les hommes consentent ?

— Avec joie.

— Tu vas les emmener à la tribu, tu enlèveras Ritta.

— Bon !

« Après ?

— Ma fortune.

— Et puis ?

— Par ma fortune, j'entends mon trésor, qui est dans des coffres ; tu laisseras le mobilier et la récolte.

— Pourquoi ?

— Pour nourrir mes femmes et mes enfants pendant mon absence.

— Tu abandonnes les tiens ?

— Qu'en ferais-je ?

— C'est vrai. Une famille est gênante au désert ; Ritta, elle seule, est déjà un embarras.

— Tu prendras les chevaux, par exemple ; tu laisseras les mules et les chameaux, sauf ce qui nous est nécessaire pour nos transports.

« N'oublie pas de mettre en palanquin la perle espagnole. »

— Sois tranquille.

— Aie des égards pour elle.

— Comme pour une reine. Je suis djouad (noble).

En Algérie, il existe une classe nobiliaire, les djouads, gens de *grandes tentes*, qui constituent une aristocratie.

Ces djouads se piquent de chevalerie et de galanterie.

— A propos, fit Saïda, pour éviter des ennuis, tu diras à Moussa que tu vas restituer Ritta aux Français.

— Très-bien. Elle en sera ravie.

— Et, quant aux trésors, tu diras que je fais une avance à la tribu, pour qu'elle paye la rançon de guerre.

— Tu prévois tout.

« Où t'attendrai-je ?

— A la sixième halte, dans la direction de Laghouat.

— Et tu viendras, quand ?

— Oh ! bientôt. Le temps de tenter ici un effort pour ramener le zèle des montagnards.

— Tu échoueras. Au revoir !

Ils se touchèrent la main à la mode arabe, et Mecaoud s'en alla plein de joie.

XXXVII

Entrevue.

Le lendemain même du combat, les Kabyles envoyèrent demander, par un parlementaire, l'anaya du colonel pour leurs djemmaa et leurs omins.

Nous avons expliqué ce qu'étaient les amins et les djemmaa, il nous faut dire ce que c'est que l'anaya.

Saïda, qui devait se rendre à la conférence en qualité d'amin-el-oumena, avait aussi sollicité l'anaya de Jean Casse-Tête et celui de d'Obigny, ses ennemis particuliers.

Dans tous les bulletins d'insurrection venus d'Algérie, il est question de tribus demandant l'aman et l'anaya.

L'aman est particulier aux Arabes; l'anaya est une institution kabyle.

L'aman peut être considéré sous deux rapports : comme pardon accordé et comme sauf-conduit :

Un Arabe a encouru la colère d'un chef, il a quitté sa tribu, il n'y restera que s'il a obtenu l'aman. Un autre s'est mis en état de rébellion, il a fomenté des troubles, puis il a pris la fuite. Des pourparlers s'établissent entre le kaïd et le rebelle; l'un et l'autre voudraient arriver à un rapprochement, et pour y arriver plus facilement, se voir et se parler.

L'Arabe coupable ne se présentera au rendez-vous que muni de l'aman du chef auquel il va rendre compte de sa conduite. L'aman implique donc, de la part de celui qui le donne, un état de supériorité vis-à-vis de celui qui le reçoit.

Il existe chez les Kabyles un usage qui offre quelques rapports avec l'aman des Arabes ; c'est l'anaya. L'anaya tient du passeport et du sauf-conduit tout ensemble, avec cette différence que ceux-ci dérivent d'une autorité légale, d'un pouvoir constitué, tandis que tout Kabyle peut donner l'anaya; avec cette différence encore qu'autant l'appui moral d'un préjugé l'emporte sur la surveillance de toute espèce de police, autant la sécurité de celui qui possède l'anaya dépasse celle dont un citoyen peut jouir sous la tutelle ordinaire des lois.

Non-seulement l'étranger qui voyage en Kabylie, sous la protection de l'anaya, défie toute violence instantanée, mais encore il brave temporairement la vengeance de ses ennemis, ou la pénalité due à ses actes antérieurs.

Le colonel commandant la colonne envoya les anayas demandés.

Les Beni-Snassenn vinrent au rendez-vous fixé; ils étaient nombreux.

Le camp entier les reçut sous les armes devant le front de bandière.

Rarement il avait été donné à ces hommes de voir une forte colonne réunie et en ordre de bataille.

Les montagnards, farouches, dignes, ne paraissant rien voir, regardaient tout avec une admiration profonde.

L'artillerie surtout les émerveillait.

Le gouverneur avait, selon sa coutume, fait entasser au centre du bivac les caisses à biscuits et à munitions, les sacs d'orge et les bottes de fourrage.

Ces provisions et ces munitions, symétriquement entassées, composaient une sorte de redoute quadrangulaire, et à chaque angle une pièce de canon était braquée.

Toutes les règles de la fortification passagère étaient observées; les sacs de riz formaient des embrasures.

En somme, cette redoute, dont les montagnards ne soupçonnaient pas l'existence, produisit sur ces hommes un très-grand effet qu'ils dissimulèrent de leur mieux.

Ils vinrent se ranger devant la tente du gouverneur.

Tous avaient placé ostensiblement sur eux les anayas.

Saïda chercha des yeux, dans la suite du colonel, d'Obigny et Jean Casse-Tête.

Il ne les vit pas.

Il se mit à causer avec un de ses fidèles.

Derrière les montagnards, plusieurs fantassins de service écartaient leurs camarades qui s'approchaient trop curieusement.

Saïda, s'étonnant de l'absence de deux hommes qu'il s'attendait à voir, se mit à exprimer sa surprise.

Il ne se doutait pas que, derrière lui, deux des sentinelles l'écoutaient avec attention, quoique d'un air distrait.

Certes, si Saïda avait su que les deux sentinelles placées derrière lui n'étaient autres que d'Obigny et Jean Casse-Tête, il se fût bien gardé de dire un seul mot; mais la capote grise, le képi, une bande de taffetas sur l'œil pour le marquis, un mouchoir en mentonnière pour le chasseur, les rendaient tous deux méconnaissables.

— Dans deux ans que de changements, et quelle belle vie je mènerai, exclama-t-il tout haut.

« Nul doute que Ritta, qui me dédaigne simple amin, ne m'adore quand je serai roi du M'zab. »

Et il ajouta :

— J'ai beaucoup pensé à nos projets ; le pays des M'zabites est celui qui me présente le plus de chances de succès.

En ce moment les conférences s'ouvraient, et déjà les montagnards discutaient avec le colonel les conditions du traité.

— Voilà le marabout Ben-Tounit qui fait de la diplomatie avec le gouverneur français ! dit Saïda d'un air de dédain. Ce vénérable personnage se croit très-habile parce qu'il est très-vieux. Jamais je n'ai vu un homme plus maladroit que lui !

Et il ajouta :

— Discutez !

« Peu m'importe !

« Je vous laisse mes terres, — peu de chose, — et j'emporte deux trésors :

« Ritta et ma fortune !

« Pour quelques bouts de champs que je vous abandonne, je vais gagner un empire à la pointe de mon sabre ! »

Et il se mit à ricaner.

Son attitude provocatrice attira l'attention du colonel.

— Saïda, lui dit-il, ceux qui sont venus ici avec l'intention de prononcer des paroles amères et de rendre la pacification impossible, assument sur eux une grande responsabilité.

« Il me paraît que tu n'es pas de l'avis du marabout, puisque tu ris de ses paroles dictées par la sagesse et l'expérience. »

Tous les Beni-Snassenn regardèrent Saïda, attendant sa réponse.

L'amin toisa le colonel avec une remarquable audace.

— Colonel, lui dit-il, tu as des canons, tu as des soldats, tu es vainqueur, tu te crois invulnérable, et tu te permets de me traiter avec une impertinence extrême.

« Colonel, un jour ou l'autre, ta peau fera connaissance avec mon yatagan, et ni tes soldats, ni tes canons, ni ta victoire, ne m'empêcheront de couper ta tête et de boire dans ton crâne à l'anéantissement des Français ! »

Il y eut un grand étonnement parmi les montagnards, qui se mirent à murmurer sourdement contre l'amin.

Celui-ci les regarda avec mépris.

— Ah ! fit-il, voilà que les paroles d'un brave vous déplaisent !

« Voilà que, pour un échec, vous êtes découragés, gens des montagnes rouges !

« Voilà que vous vous traînez aux pieds de ce colonel pour avoir la paix !

« Voilà que vous trouvez mauvais qu'un cœur vaillant ne vous imite pas !

« Eh bien, tant mieux ! Je ne suis plus amin. Je ne suis plus Beni-Snassenn.

« Je suis moi-même, sans patrie, sans lois, sans amis, que mon sabre et cent compagnons que j'ai choisis parmi les meilleurs.

« Nous allons vivre dans l'espace, hors les lois et le droit.

« Nous déclarons guerre à mort aux Français, et nous allons montrer comment cent hommes résistent à tous ces soldats dont la France a couvert le sol de l'Algérie.

« Alors que vous serez de plates punaises de gourbis, tremblant sous le talon de qui peut vous tuer, nous serons les lions libres du désert, ne craignant rien au monde. »

Il fit un signe. On lui amena son cheval.

Il sauta en selle avec une grâce extrême et dit :

— Beni-Snassenn, adieu ! Français, au revoir ! »

Et il tournait bride.

Derrière lui il vit d'Obigny, à cheval aussi, en costume de spahi, et le regardant de telle façon qu'il fut obligé de s'arrêter.

— Ah ! ah ! fit-il.

« Voici mon ennemi. Que me veux-tu, d'Obigny ? »

Les reproches que les montagnards faisaient éclater contre l'amin furent dominés par cette interpellation singulière.

Le docteur fit une première tentative, ce fut en vain. (Page 238.)

On comprit que quelque chose allait se passer de dramatique et de solennel entre ces deux adversaires acharnés.

D'Obigny dit à Saïda :

— Je veux de toi que tu restes jusqu'à ce que j'aie parlé.

— Et moi, fit Saïda, je ne t'entendrai pas, parce que je suis libre. Il montra l'anaya du marquis.

— J'en appelle à ce signe qui me protége, dit-il; tu dois le respecter.
— A moins, dit d'Obigny, que tu n'en abuses contre moi.
« L'anaya ne peut couvrir l'homme qui médite un crime.
— C'est vrai! dirent les montagnards.
— Alors, dit Saïda, j'en appelle à mon buveur d'air, qui me mettra hors e votre portée, gens de peu d'honneur!
Et il éperonna son cheval.
Mais Jean Casse-Tête, qui était derrière Saïda, d'un coup de couteau bien apliqué, coupa les tendons aux jambes de derrière de l'animal, qui s'affaissa net.
Saïda roula sur le sol et sous sa monture, aux bravos des montagnards.
Ceux-ci voyaient avec colère un des leurs profiter de l'anaya pour insulter ceu qui le lui avaient donné.
Jean Casse-Tête remettait son couteau à sa ceinture, quand Saïda, se relevan, lui jeta son anaya à la tête.
— Tiens, chien! fit-il, je n'ai que faire de ce chiffon, puisque tu ne le respects point.
Et à d'Obigny:
— Tiens, mauvais djouad (noble) français, reprends ton signe aussi.
Et au colonel:
— Et toi, chef sans pouvoir, qui laisses ton anaya sans effet, voilà ton cachet Reprends-le; il est sans force.
Puis, non sans grandeur, il s'avança, superbe de défi, au milieu du cercle de i conférence, et il dit à tous:
— Maintenant, fusillez-moi si vous voulez; je ne me défends plus.
Il s'assit sur le sable et se couvrit la tête de son burnous.
Il y eut un grand silence.
D'Obigny s'avança:
— Gens des montagnes rouges, dit-il, je vous prends à témoin. Cet homme a-t-il eu la conduite d'un porteur d'anaya?
— Non! dirent les Kabyles.
— Eh bien! sachez tout. Il vous trahit! Il ne veut pas rendre la captive qu nous vous réclamons. Il a donné l'ordre de l'enlever, et il préfère la garder à fair obtenir une paix honorable à son pays. Il va se faire chef de bandits!
Un hourrah d'imprécations retentit.
Immobile, impassible sous son burnous relevé, Saïda brava l'orage.
D'Obigny reprit:
— La jeune fille que nous réclamons est ma fiancée; je ne veux pas que sa déli vrance soit un obstacle à la conclusion de la paix, et j'ai supplié notre chef d traiter avec vous sans rien stipuler au sujet d'une prisonnière qui n'est plus déj en votre pouvoir.

« Je saurai bien moi-même reprendre mon bien où son ravisseur l'aura emporté.

« Traitez donc en paix. Je ne vous demande qu'une chose.

« Cet homme veut laisser chez vous ses femmes et ses enfants. Chassez-les.

« Il ne faut pas que cette race de scélérats vive dans vos montagnes ; vous n'êtes pas gens à réchauffer dans vos mains des vipères qui vous mordront un jour ! »

— Non ! cria la foule. Hors ! dehors ! Hors chez nous, cette famille.

— Vous êtes tous des amins et des gens de Djemmaa, vous avez puissance pour délibérer sur un bannissement.

« Décidez donc régulièrement entre vous si Saïda doit être exilé avec les siens.

« De même que nous lui laisserons la journée de marche pour fuir, vous la lui laisserez aussi. »

Les montagnards, très-surexcités, votèrent à l'unanimité, et avec les malédictions d'usage, que Saïda serait chassé.

Alors le marabout Ben-Tounit vint à lui et lui dit :

— Saïda, tu as préféré une femme à ta tribu, à ton village.

« Saïda, nous te maudissons, et nous appelons sur toi et les tiens la colère d'Allah.

« Que le Prophète rende tes femmes, tes cavales et tes chamelles stériles.

« Que ta main se sèche et que tes yeux se voilent.

« Que tes enfants meurent !

« Va ! et ne parais jamais chez nous sous peine de mort. »

Saïda se dressa tout à coup, les yeux étincelants ; il promena un regard de lion acculé sur tous les acteurs de cette scène, et il dit d'une voix vibrante :

— Ah ! dit-il, vous me traitez avec cette insolence, Beni-Snassenn, ramassis de voleurs, d'assassins et de lâches !

« Eh bien ! j'y rentrerai, chez vous, à la tête d'une armée.

« Vos femmes ne seront pas stériles, car mes soldats vous feront des bâtards !

« Vos fils vivront, ils seront mes esclaves !

« Quant à Dieu, au Prophète, je suis convaincu que les Français ont raison.

« Votre Dieu serait un Dieu idiot, de vous laisser écraser comme il le fait par des infidèles toujours vainqueurs.

« Votre Mahomet est un charlatan qui s'est moqué de vous.

« Je vais, comme les renégats, boire le vin défendu, mépriser la religion, vivre à ma guise, et je crache sur tout ce que vous regardez comme choses saintes et sacrées. »

Puis, à d'Obigny :

— Quant à toi, marquis, tu es un homme ; nous mesurerons nos sabres.

Puis il demanda :

— Ai-je l'espace ?

Les rangs s'ouvrirent. Il passa.

Tant d'énergie avait produit un très-grand effet sur la foule. On chuchotait.

Jean Casse-Tête dit à un soldat :

— C'est égal, ce gaillard-là est un homme à poil, et il se battrait avec le diable en personne.

— Je crois, dit le soldat qui n'était pas sot, que les montagnards perdent leur meilleure tête et leur meilleur bras.

— Et tu n'as pas tort, fit Jean.

D'Obigny s'était approché du gouverneur, et lui avait dit à voix basse :

— Mon colonel, je crois l'affaire terminée, et tout à votre avantage.

— Voilà Saïda, notre plus dangereux adversaire, ennemi de sa tribu... fit le colonel ; c'est un incident très-heureux, mais... votre fiancée ?

— Je viens vous demander un congé pour aller la sauver.

— Accordé ! d'Obigny. Mais, sacrebleu ! revenez avec votre tête sur vos épaules.

— Mon colonel, soyez tranquille.

— Prenez garde !

— A Saïda ?

— N'est-ce pas un rude adversaire ?

— Il a un côté faible.

— Lequel ?

— Il est vaniteux.

Et d'Obigny prit congé du colonel.

La conférence suivit son cours ; les Beni-Snassenn consentirent à payer l'impôt de guerre et la paix fut signée.

Les contingents retournèrent immédiatement dans les montagnes.

Les Français se dirigèrent sur Nemours, après avoir levé le camp.

Saïda trouvait un cheval et se dirigeait vers le lieu de son rendez-vous.

Quant à d'Obigny et à Jean Casse-Tête, ils se mettaient en devoir de délivrer la prisonnière : tâche difficile.

XXXIX

D'un renfort qui vient à propos à d'Obigny et à Jean Casse-Tête.

Lorsque le gouverneur leur eut donné congé, d'Obigny et Jean Casse-Tête se retirèrent sous leur tente et tinrent conseil.

— Sais-tu, fit Jean, que c'est un solide gaillard, ce Saïda ?

— Il parle beaucoup, dit en souriant d'Obigny ; il est gonflé d'orgueil comme une outre, et cela lui nuira.

— C'est égal, quel toupet ! Il a dit à Mahomet des choses très-dures, et il a joliment traité d'imbécile le bon dieu de ces pauvres Beni-Snassenn.

— Qu'est-ce que cela prouve ?

— Du courage !

— C'est possible, mais cela ne prouve-t-il pas aussi une irritabilité extrême ?

— J'en conviens.

— C'est une faiblesse, nous en profiterons.

— Et mademoiselle Ritta ?

Depuis l'aventure du passage du Djenoun, Jean Casse-Tête ne disait plus Ritta tout court, et cela faisait sourire le marquis.

— Douterais-tu, fit ce dernier, que nous puissions la sauver ?

— On y arrivera, mais...

Jean s'arrêta, comme un homme qui craint de dire une énormité.

D'Obigny lui dit :

— Achève ta pensée.

Jean hésitait.

— C'est raide, ce que j'ai à te dire, et tu ne parais pas y songer.

— Parles-tu à un homme ou à un enfant ?

— Eh bien, soit !

« Je voulais te demander si... Sacrebleu ! ça n'est pas facile à exprimer... Si... Enfin,..

« Comment te dire ça ?

« Saïda est très-amoureux.

— Tant mieux !

Jean bondit.

— Comment ! Tant mieux !

« Mais, malheureux, tu dois pourtant tenir à l'honneur de ta fiancée ?

— D'abord, je te dirai qu'on épouse très-bien une veuve.

— C'est vrai, cependant...

— Une veuve a un désavantage sur une fille qui a été enlevée par un Arabe. Une veuve a peut-être aimé son premier mari avec passion.

« On n'a ni la virginité de son corps ni celle de son âme.

« Au contraire, la jeune fille enlevée par un Arabe a le cœur pur de toute tendresse pour ce Bédouin ; et c'est, selon moi, le point important.

— Comme tu raisonnes ça !

« Tu m'étonnes. Moi, quand j'aimais mademoiselle Ritta, et que je pensais qu'un autre la posséderait, j'éprouvais des rages furieuses et des envies de te tuer. »

D'Obigny semblait fort paisible.

— J'ai dit, fit-il, que fort heureusement Saïda était très-épris. Or, avec sa grande passion, il n'osera pas violenter Ritta, il voudra se faire aimer. Cela nous donnera du temps.

— Tiens, tiens, tiens ! c'est possible, cela.
— Puis, on va lui renvoyer ses femmes.
— Ah ! je saisis, Moussa sera là.
— Elle est jalouse, elle veillera sur Ritta, elle fera tout pour la préserver d'une embûche, d'une surprise.
— D'Obigny, tu es un grand homme !
— N'exagérons pas. Je juge sainement, voilà tout.

En ce moment on frappa à la porte, sur ces paroles.

— Entrez ! cria d'Obigny.

Paul parut.

— Tiens ! fit d'Obigny, mon petit Paul !
— Oui, monsieur le marquis.
— Par quel hasard ici ?
— Je viens vous rappeler une promesse.
— Laquelle ?
— Celle de me prendre avec vous le jour où je casserais un œuf d'une balle, à vingt pas ; en dix coups je le fais neuf fois, et me voilà !
— Oh ! oh ! fit Jean Casse-Tête, neuf fois ?
— Oui ! dit Paul, on peut m'essayer.
— Si tu dis vrai, tant mieux ; un fusil de plus ne sera pas de trop, dit d'Obigny.

Et il tendit sa main à Paul.

— Mille fois merci ! dit le jeune homme.
— Tu as beau dire, blanc-bec, souviens-toi que Jean Casse-Tête est le plus habile tireur du monde.
— Après moi ! dit une voix.

On se retourna.

Le Kabyle Akmet, l'ami du Parisien, était là, grave et appuyé sur son fusil.

— Tiens ! fit Paul.

« Akmet !

— Oui, fit le Kabyle.

« Moi ! »

Et avec un air de reproche à Paul :

— Pourquoi m'as-tu abandonné ?
— Parce que, dit Paul, plusieurs fois je t'ai demandé à me faire chasser le lion et que tu ne l'as pas voulu, Akmet.

« Tandis que M. d'Obigny, lui, m'a promis de m'emmener.

— Si j'avais su que tu tenais absolument à te rencontrer avec le seigneur à grosse tête, dit Akmet, j'aurais risqué bataille contre lui avec toi, quoique ce soit une imprudence.

« Mais je ne veux pas t'abandonner, et me voilà prêt à marcher avec vous autres contre tous les lions du Magreb (occident).

— Un instant ! fit Jean Casse-Tête d'un air rogue et hautain.

« On ne vient pas avec nous sans montrer son savoir-faire.

— N'ai-je pas dit que j'étais plus habile que toi ? fit Akmet.

« Ma parole pourrait suffire.

« Toutefois, je vais faire la preuve de ce que j'avance.

Il dit à Paul :

— Prends une pierre, dénoue ta ceinture et tires-en un fil auquel tu suspendras la pierre à ce brûle-capote qui est à cent vingt pas ; le vois-tu ?

— Oui.

— Va !

Et se tournant vers Jean : Je vais couper ce fil avec ma balle, ferais-tu cela ?

— Non ! dit Jean, mais tu ne le feras pas.

— Nous allons voir.

Le vieux chasseur dit en ricanant :

— On voit un tuyau de pipe à cent pas, mais on ne voit pas un fil à cent cinquante.

— C'est vrai, mais on le devine. La pierre, se tendant et se tordant, nous indique la position du fil.

D'Obigny, qui jusqu'alors n'avait rien dit, intervint et s'écria :

— Ah ! ah ! Jean ! Voici ton maître. Tu t'aventures toujours trop.

Le nombre des curieux avait augmenté, et Jean voyait un groupe d'officiers qui riaient ; il était dit que ce pauvre chasseur, par sa brusquerie, sa brutalité, se mettrait toujours la galerie à dos.

Il regarda d'un mauvais œil les gens qui semblaient satisfaits qu'un concurrent se présentât contre lui pour enlever le prix du tir, — prix léger, puisqu'il consistait en un simple triomphe d'amour-propre.

Paul, cependant, avait terminé les préparatifs indiqués par le Kabyle.

Il s'écarta et cria :

— C'est fait !

Toute l'assemblée retint son souffle ; chacun était profondément ému.

Akmet avait un long fusil arabe, à pierre, avec garnitures d'argent.

Jean Casse-Tête regardait cette arme avec un mépris profond.

Le Kabyle était sûr, au contraire, de son makala, souvent éprouvé.

Il se reprit deux fois à viser.

Jean protesta.

— Ce n'est plus de jeu ! fit-il.

« On ne vise pas à deux fois. »

Akmet reposa son arme et dit très-gravement à Jean :

— C'est par ta faute que j'ai dû m'y reprendre à deux fois.

— Pourquoi ?

— Parce que tu es tellement furieux que tu fais une grimace de singe.

« Je ne dis pas cela pour te blesser ; tu aurais tort de t'emporter.

« Mais je t'assure que tu avais une tête comique et que j'ai eu envie de rire ; je ne pouvais pas tirer dans ces conditions-là.

— Il a raison, dit d'Obigny.

« Du reste, tu te penches trop sur ce pauvre garçon, et tu le gênes.

— C'est vrai ! fit-on.

Et Jean fut forcé de se taire et de s'écarter un peu.

Akmet tira, la pierre tomba. Ce fut un grand triomphe.

Jean s'en montra furieux.

— Très-bien ! Parfait ! fit-il. J'avoue que c'est très-fort.

Puis, avec insolence :

— Mais il n'y a pas un seul soldat qui ferait ce que j'ai fait.

Et il promenait sur le groupe d'officiers des regards provocants.

D'Obigny vint à lui :

— Sacrebleu ! lui dit-il tout bas, tu me fais pitié ! Un peu de dignité ; tu as l'air penaud comme un chacal pris au piége.

Le chasseur dit dans ses dents :

— Avant un mois je ferai cela.

— Tant mieux ! fit d'Obigny.

« En attendant, je te conseille d'aller tendre la main à Akmet, c'est un brave garçon, il nous aidera beaucoup ; puis, au lieu de passer pour un ours, tu seras regardé comme un homme bien élevé. »

Jean se décida.

— Tu me fais faire tout ce que tu veux, dit-il. Je suis un enfant dans tes mains et je n'ai plus de libre arbitre.

Il s'en fut complimenter Akmet.

Celui-ci lui rendit politesse pour politesse en lui disant :

— Je tire un peu mieux que toi, mais tu chasses mieux que moi.

Et Jean se rengorgea.

Il rentra au bivac en causant avec Akmet ; plus de deux mille hommes escortaient les chasseurs en causant sur ce qu'ils avaient vu ; cette lutte fut célèbre.

Le ravin en a conservé le nom, et s'appelle *le Champ du Tir*.

Comme on pourrait nous accuser de raconter des invraisemblances, nous tenons à citer l'anecdote suivante, rapportée par le général Marguerite sur la chasse à l'autruche.

« ... Pour varier encore nos plaisirs, nous entremêlions ces chasses de petites fêtes, dans lesquelles nous organisions des tirs à la cible, des courses à pied, et des courses à dromadaire pour nos chameliers.

« Le jeu de balle surtout était notre récréation favorite.

Il lui applique sur les lèvres un pan de sa robe. (Page 215.)

« Les Mekhalifs prenaient part à tous ces jeux avec une expansion que j'ai rarement retrouvée chez les autres Arabes.

« De cette vie journalière en commun, s'était dégagée une sorte d'émulation qui nous entraînait tous à imiter ce que nous trouvions de bien les uns chez les autres. — Ainsi nous tenions tête aux Mekhalifs dans leurs plus rudes exercices à cheval et à pied ; par contre, ceux-ci voulaient en faire autant dans la gymnastique, et surtout dans le tir, où ils avaient des prétentions.

« Un jour, pour bien trancher cette question d'adresse au tir à balle de pied ferme sur *un but fixe*, — car ils reconnaissent notre supériorité pour le tir de vitesse à pied ou à cheval, — nous fîmes un concours dans les conditions suivantes :

« Il s'agissait de casser un œuf de poule suspendu à un fil contre le tronc d'un betoum, à la distance de cent pas.

« Pour faire la partie plus égale, nous avions dit aux Mekhalifs :

« Vous êtes vingt tireurs, nous sommes deux ; tirez chacun cinq balles sur le but, nous en ferons autant, et le parti qui touchera davantage aura gagné.

« Ils devaient tirer cent balles contre nous dix, mais nos armes nous semblaient meilleures.

« L'enjeu était une peau d'autruche pour nous, si nous gagnions, ou sa valeur pour les Mekhalifs, si nous perdions.

« Les choses ainsi convenues, le tir commença.

« Nous en fîmes les honneurs aux Mekhalifs, qui paraissaient ne pas douter du succès.

« Ils tirèrent successivement leurs cinq balles chacun, mais en vain ; aucun n'atteignit l'œuf, qui, je dois l'avouer, se voyait à peine. — J'avais aussi choisi ce but à cause de la jactance de leurs meilleurs tireurs, qui prétendaient ne tuer le gibier qu'en lui mettant la balle dans l'œil.

« Quand ce fut notre tour, à M. Philebert et à moi, de tirer, l'attention de tous redoubla. Nos premiers coups, sans toucher, portèrent beaucoup plus près du but, ce qui fut franchement reconnu. A ma quatrième balle, l'œuf vola en éclats.

« L'effet fut d'autant plus grand que la conviction de tous, après expérience, était qu'on ne pouvait l'atteindre.

« Tu as gagné la peau d'autruche, me dirent les Mekhalifs, et, de plus, nous reconnaissons que vous êtes nos maîtres, même dans le tir posé.

« J'eus, quelques jours après, l'occasion de les confirmer encore dans cette idée, par un de ces hasards qui font sensation quand ils se produisent.

« Nous changions de campement et marchions en goum vers notre bivouac, quand nous découvrîmes dans le lointain un troupeau de gazelles d'une soixantaine de têtes.

« Les Mekhalifs, auxquels j'avais parlé de la longue portée de ma carabine de Lancastre, dont ils connaissaient déjà la précision, me dirent :

« Certes, ton fusil ne porterait pas ses balles à ce troupeau.

« Je trouvai effectivement que la distance était considérable ; mais comme il y avait un semblant de défi dans leurs paroles, je voulus le braver, et je répondis que je n'en doutais pas. Il y eut sur leurs lèvres un sourire qui protestait mentalement contre cette assertion. Pour le faire cesser, j'arrêtai mon cheval, j'ajustai le troupeau, en visant au-dessus de la hausse, qui portait déjà mille mètres, et, convaincu du reste que ma balle ne s'écarterait pas beaucoup du point visé, je fis feu... On sait qu'une balle de carabine met trois ou quatre secondes pour parcourir un pareil trajet. Déjà mes gens allaient ouvrir la bouche pour dire qu'elle ne parviendrait pas, lorsqu'elle frappa au milieu du troupeau en soulevant un petit nuage de poussière.

« Ce fut d'abord de la stupeur et de l'ébahissement, qui se traduisirent ensuite par les exclamations les plus variées.

« Le troupeau de gazelles avait pris la fuite quand la balle avait frappé, mais j'ignorais s'il y avait une bête d'atteinte. J'envoyai deux cavaliers s'en assurer.

Ceux-ci partirent au petit trot sans le moindre espoir; mais quand ils furent au trois quarts du chemin, nous les vîmes prendre le galop en agitant leurs burnous, peu après, mettre pied à terre et se baisser comme pour ramasser quelque chose...

« C'était, pour comble de l'étonnement, — auquel je pris part moi-même cette fois, — une gazelle qui avait reçu ma balle dans la poitrine, et avait été tuée roide.

« Ce coup fut trouvé merveilleux par les Mékhalifs, ils voulurent, séance tenante, en perpétuer le souvenir.

« Pour cela, ils rassemblèrent une grande quantité de pierres dont ils bâtirent un redjem, puis ils allèrent en établir un autre pareil à l'endroit où ma balle avait frappé la gazelle.

« Je fus curieux de mesurer la distance qui séparait ces deux points, il y avait onze cent mètres!... Les Arabes appellent aujourd'hui ces deux tumulus qui se trouvent près de l'oued Nille :

« Redjam-el-chezal, témoin de la gazelle. »

On voit que nous n'avons pas exagéré.

XLI

Le juif Lévy reparaît.

En quittant le bivac, Saïda emmena avec lui son kodja et lui dit :

— Ce d'Obigny vient de faire prononcer l'exil contre les miens.

« Je vais être embarrassé de mes femmes, de mes enfants, de mes esclaves.

« Va chercher tout ce monde.

« Tu tâcheras de rejoindre Mécaoud au lieu du rendez-vous.

— Bien ! fit le kodja, je me hâterai ; et il partit.

Quant à Saïda, il piqua des deux vers une de ses cachettes où il déposait les déguisements sous lesquels il faisait le chouaf (espion).

Il s'habilla cette fois en juif.

Non pas en juif hébraïsant, mais en juif mercanti, suivant les armées. Pantalon gris à la zouave, blouse blanche, babouches jaunes. De plus, le bonnet noir.

Il se rasa et il se basana le teint avec une teinture de kermé.

Ainsi accoutré, ayant au dos un éventaire de marchand, il prit le chemin du bivac, mais il le trouva levé ; les troupes étaient parties. Il suivit leurs traces.

Il atteignit l'arrière-garde avant la fin de l'étape.

Comme toujours, la guerre finie, les Français se relâchaient de toute surveillance, et la colonne marchait en désordre.

Saïda, du reste, ne fut remarqué par personne ; on n'y prit garde.

Il cherchait le juif Lévy.

Celui-ci n'avait pas manqué l'occasion de gagner de l'argent.

Lui, ses fils, ses neveux, étaient venus trafiquer dans les camps.

Lévy fournissait le troupeau et s'était fait le boucher de l'expédition.

Ses fils s'étaient chargés du ravitaillement d'un régiment en vivres d'ordinaire, et en même temps ils vendaient du vin et des liqueurs aux cantiniers.

Enfin, le clan des neveux offrait aux troupes le fil, les aiguilles, le cirage, la graisse, etc., etc. ; tout le menu détail des objets qui garnissent les havre-sacs des troupiers.

Toute cette famille gagnait beaucoup d'argent, mais c'était au prix d'une prodigieuse activité.

Qui n'a pas vu les juifs à l'œuvre ne se doute pas de leur énergie.

Saïda vint donc trouver Lévy.

— Salut, Lévy ! dit-il.

Le juif reconnut le chef.

— Salut, Joseph ! dit-il. Que me veux-tu ?

— Te vendre six bœufs.

— Je n'en ai pas besoin.

— La colonne a encore plusieurs étapes avant d'arriver à Nemours, il lui faut de la viande.

« Je me suis assuré des bœufs. »

Et ils continuèrent à parler d'un prétendu marché à conclure. Lévy s'attardait toujours.

A force d'aller lentement, ils se laissèrent dépasser.

Lévy dit alors :

— Que me veux-tu réellement, Saïda ?

— T'avertir, fit le chef, que tes profits vont tripler avec moi.

— Parce que ?

— Parce que je vais jouer le rôle que joua Elaï-Lasiri autrefois.

— Tu te feras comme lui Roi des chemins ?

— Oui.

— Dire qu'une petite femme est la cause de cette résolution !

— C'est vrai, mais laissons cela. Veux-tu être pour moi ce que ton père, Jacob, était pour Elaï ?

Lévy dit en riant :

— Il le faut bien, tu ne me laisserais pas le choix.

— Enfin, tu acceptes d'être mon recéleur, mon fournisseur de munitions ? Tu m'indiqueras les bons coups à faire, les dangers ?

— Oui, Sidi.

— Alors il faut te rendre à Laghouat ; c'est là que sera mon centre d'opérations.

— Bien, dit Lévy.

Et il ajouta :

— J'espère que tu tiendras bon compte de mon obéissance.

— Je suis généreux, tu le sais.

— Et je compte sur toi.

« J'avoue, Saïda, que tu es un très-bon maître et qu'il fait bon te servir. »

Le jeune homme sourit.

Il savait ce que cette flatterie lui coûtait ; il sentait bien qu'à chaque marché Lévy le volait d'une façon formidable.

— Ecoute, lui dit-il, le premier service à me rendre, c'est de me faire savoir ce que font d'Obigny et Jean Casse-Tête.

— Et Akmet aussi.

— Quel Akmet ?

— Un Kabyle qui coupe un fil à cent cinquante pas.

— Oh ! oh !

— Un solide guerrier.

« Il a un œil de lynx.

— Mais pourquoi m'en parles-tu ?

— Parce qu'il fait bande maintenant avec tes deux ennemis.

— Qu'est-ce qu'un homme de plus ?

— Rien et tout.

« Rien si c'est un homme vulgaire ; mais il vaut dix fusils à lui seul !

— N'ai-je pas cent hommes ?

— On a vu des petites troupes de chasseurs abattre en quelques jours des bandes nombreuses de Touaregs.

— Mais ma saga est une élite.

— Défie-toi.

« Il y a aussi un certain Parisien nommé Paul, qui est un excellent tireur et qui est la ruse incarnée. Il m'a deviné et il m'a administré le bâton. Si tu pouvais tordre le cou à ce gamin-là, j'en serais heureux.

— Ah ! fit Saïda, voilà donc le motif de ton empressement à accepter mes offres ; tu as une rancune à satisfaire, allons, tant mieux. Tu me serviras avec plus de fidélité et plus de zèle. Donc, tu dis que cela fait quatre fusils conjurés contre nous ?

— Oui.

— Eh bien ! ça m'effraie peu. Veille, toutefois.

— Ils sont partis.

— Déjà ?

— Crois-tu qu'ils perdent du temps ?

— Où penses-tu qu'ils soient ?

— Je ne sais.

— Tu as négligé de les faire suivre par quelqu'un des tiens ?

— Au contraire, un de mes neveux les talonnait.

— Eh bien ?

— Il est revenu noir de coups.

— Ils se défiaient ?

— Comme des chacals qu'ils sont ; ils ont disparu sans laisser de traces.

— N'importe ! Il faut à tout prix retrouver leur piste, et je te charge d'y faire diligence. Ouvre l'œil comme le chat qui guette la souris ; sois à l'affût de toute nouvelle ; surtout envoie-moi prévenir dès que tu sauras quelque chose touchant ces hommes. On me trouvera en marche sur Laghouat, par le chemin du Mzab. Je ne pourrai, avec mes femmes, faire que douze lieues par jour ; des journées de chameau-porteur. Au revoir.

Et Saïda s'éloigna.

Jacob rejoignit la colonne et y retrouva l'aîné de ses fils.

— Japhet, lui dit-il, tu vas prendre les devants et gagner Nemours.

— Bien, père.

— Tu prépareras tout pour un départ ; la famille entière quitte la ville.

— Et nous allons ?

— A Laghouat.

Le jeune homme parut étonné.

— J'ai mes raisons, dit le père. Avec ce d'Obigny, je risque chaque jour ma tête dans Nemours. Le marquis exige que je trahisse Saïda, et celui-ci est à craindre. Si jamais il savait que je vends ses secrets, il me tuerait ; et d'Obigny me fera toujours parler avec la menace du bâton. A Laghouat, ville libre, je me moque du marquis. A Laghouat je servirai tranquillement les intérêts de Saïda. Enfin, à Laghouat, nous ferons grand commerce de plumes d'autruche.

— Père, votre volonté soit faite.

— Tu es triste ?

— Je laisserai mon cœur à Nemours.

— Ah ! tu y aimes quelqu'un ?

— Oui.

— Noémie ?

— Non.

— Esther ?

— Non : une chrétienne.

Lévy regarda son fils d'une certaine façon, et lui dit :

— Perds tout espoir. Jamais, de mon vivant, mon fils n'épousera une femme de cette race.

Le jeune homme courba la tête.

— Je pars, dit-il, vous serez obéi ; et il s'éloigna.

XLII

Le conseil de guerre.

Lorsque les chasseurs revinrent sous la tente, après l'épreuve, ils y tinrent un conseil de guerre.

Les chasseurs avisèrent au meilleur moyen de délivrer Ritta.

— Selon moi, dit d'Obigny, il faut que nous devancions la saga au puits d'Ed-Jouna, où est le lieu de rendez-vous de Saïda.

— Comment le sais-tu ? fit Jean.

— J'ai beaucoup pensé à ce qu'il a dit pendant que nous l'écoutions, déguisés en soldats, il a parlé des Beni-Mzabs. Puis, son secrétaire a parlé aussi d'un puits où l'on se rencontrerait. El-Djouna est le seul endroit qui puisse fournir un centre convenable à une forte bande de brigands, c'est un lieu isolé ; jamais on ne passe dans ses environs. Il y a de l'eau, des pâturages, et le gibier y foisonne.

— Tu dois avoir raison, dit Jean ; mais que ferons-nous à El-Djouna ?

— Nous y dresserons une bonne embuscade à cette saga et nous l'exterminerons.

— Nous sommes quatre, fit Akmet.

Le Kabyle était prudent.

— Aussi, dit d'Obigny, ne nous aventurerons-nous pas à une attaque. Nous ferons œuvre de ruse.

Paul demanda :

— Avez-vous un plan ?

— Non, dit d'Obigny.

« Le principal est de gagner le puits sans retard, en devançant la troupe. En route je trouverai une combinaison.

Paul ruminait quelque chose.

— Monsieur le marquis, dit-il, j'ai eu une idée, moi, en venant ici.

— Laquelle ?

— C'est que je pourrai peut-être vous être très-utile par ma jeunesse.

— En quoi donc ?

— Je n'ai pas de moustaches, je suis brun juste comme il convient à une jeune Espagnole.

— Bien !

— Je ferais, déguisé, une fausse Paquita très-supportable, je crois.

— C'est ma foi vrai !

— Et j'ai apporté des vêtements de femme avec l'arrière-pensée d'aller me présenter à Saïda comme une servante qui se dévoue pour sa maîtresse et vient partager sa captivité.

— Mais l'espagnol, le parles-tu ?

— Oui: Paquita, qui m'aime... un peu, m'a appris cette langue très-vite. Du reste, Saïda n'est pas Catalan et il n'y verra que du feu.

— Ton plan me sourit.

— Ainsi, ma petite combinaison n'était pas trop bêtement conçue ?

— Non, sur ma foi.

— Le tout est de savoir si tu as réellement l'air d'une jeune fille.

— Vous allez voir, dit Paul.

Et il sortit.

D'Obigny demanda à Jean :

— Qu'en penses-tu, toi ?

— Qu'il va risquer sa tête, dit le vieux chasseur ; mais qui ne risque rien n'a rien.

— Nous risquons tous quelque peu notre peau dans cette affaire, dit d'Obigny. Je te demande seulement si tu ne crois pas que ce garçon nous rendra de grands services dans la position qu'il occuperait près de Ritta ?

— Parbleu ! oui, ça saute aux yeux ; c'est même très-ingénieux.

— Alors, s'il ressemble bien à une femme, nous allons l'expédier à Ritta, mais qui le conduira ?

— Moi ! dit Akmet. Je me déguise en mendiant et je serai censé avoir consenti à servir de guide à cette jeune fille, moyennant récompense.

— Vous rencontrerez la saga en marche sur le puits d'El-Djouna, à sa douzième halte, je pense. Tu remettras Paul aux mains de Saïda, et tu demanderas à suivre la bande jusqu'au pays des Beni-Mzab ; on te l'accordera, on ne se défie pas d'un mendiant. Une fois au puits, tu viendras, la nuit, nous trouver aux trois palmiers, nous te donnerons là nos instructions.

— C'est entendu.

Paul rentra.

Il était enveloppé d'un burnous très-long, qui descendait sur ses pieds et dont le capuchon lui cachait toute la tête.

Il l'enleva.

Akmet poussa un cri de surprise ; Jean claqua sa langue à son palais en disant:

Les chasseurs s'émerveillèrent du brio avec lequel il exécuta son boléro. (Page 266.)

— Bigre! quelle fille!

Quant à d'Obigny, il s'écria en riant:

— Bravo! Quelle Andalouse! quelle tournure! Je ne crains qu'une chose, c'est que Saïda ne préfère la servante à la maîtresse.

Et de fait, Paul était devenu une très-séduisante Espagnole. Les accroche-cœur, la croupe rebondie, les seins très-accusés; il avait réellement l'air d'une très-piquante Andalouse. Il prit dans sa poche des castagnettes et se mit à danser.

Les chasseurs s'émerveillèrent du brio avec lequel il exécuta son boléro.

— Très-sérieusement, lui dit d'Obigny, méfie-toi, gamin; tu vas faire des ravages dans la saga, on se battra pour toi. Cela pourrait mal tourner.

— Ne craignez rien, dit Paul, je me mettrai sous la protection directe de Saïda, qui défendra ma vertu contre toute entreprise téméraire ; il est galant homme. Quant à m'aimer, il est trop épris de mademoiselle Ritta pour penser à une autre femme.

D'Obigny avait pris grand espoir.

— Avant peu, dit-il, nous rentrerons à Nemours avec Ritta. Tu vas te déshabiller.

— Pourquoi ?

— Pour quitter le camp. Inutile qu'on te voie en femme avec nous ; nous allons partir ensemble. Une fois hors de vue, loin des espions, tu te referas une toilette soignée.

Puis à Akmet :

— Toi, Kabyle, en déchirant tes vêtements, ton déguisement sera tout fait.

Jean observa :

— Il faut une mule. Paul, en femme, ne peut être censé venir de Nemours à pied.

— On prendra une mule du gouverneur, dit le marquis.

Et chacun fit ses préparatifs.

Une demi-heure après, l'on partait.

Japhet, le fils aîné de Jacob, recevait bientôt de Jean une solide correction, parce qu'il se permettait de suivre les chasseurs.

Ceux-ci firent halte dans un bouquet de bois et disparurent.

Ils se séparèrent.

Un grand danger planait sur Paul, car il pouvait rencontrer Lévy dans la saga de Saïda.

Le juif l'eût impitoyablement fait massacrer.

XLIII

La chasse à l'autruche.

Les chasseurs algériens fournissent des marches étonnantes.

Ce que nous avons à raconter sur les étapes fournies par les héros de ce drame est tellement incroyable, que nous sommes obligé de nous mettre marcheurs du désert.

Le lecteur voudra bien se souvenir que les chasseurs d'autruches, de lions et de panthères ont adopté les mœurs du désert.

Ils sont tous capables d'accomplir des prodiges pareils à ceux que relate l'illustre et regrettable général tué à Pont-à-Mousson, dans un combat de cavalerie.

En lisant les anecdotes racontées par un officier qui a vécu la vie du Sahara en chasseur, le lecteur sera frappé, nous l'espérons, de la fidélité avec laquelle nous cherchons à peindre l'Algérie, et du scrupule que nous apportons à ne rien exagérer.

Du reste, l'histoire de Jean Casse-Tête est trop récente et trop émouvante pour que nous inventions rien (1).

---

(1) C'est Ben-Saïdane que se nomme ce phénomène des coureurs.

Il est originaire de la tribu des Oulad-Sâad-ben-Salem, âgé de trente-huit ans; sa taille est grande, sa conformation parfaite; ses jambes et ses pieds sont des modèles de vigueur et d'élégance que la statuaire antique n'aurait pas reniés.

Ben-Saïdane est toujours très-simplement vêtu d'une chemise longue en cotonnade et d'un burnous léger; une ceinture de cuir filali lui ceint les reins et sert à contenir quelques bouts de roseau dans lesquels il met ses provisions de bouche pour les grandes courses.

Il est chaussé de brodequins qu'il fabrique lui-même avec du cuir de chameau et de la peau de chèvre.

Il n'a pour armes que son fidèle fusil et un couteau à raser.

En 1845, Abd-el-Kader, prévoyant qu'il aurait à s'appuyer sur les Oulads-Nayls dans sa lutte avec nous, entretint, au moyen de Sidi-Chériff-ben-Labrèche (notre kalifat actuel), des relations suivies avec les principaux personnages des Oulad-Si-Ahmed et des Oulad-Sâad-ben-Salem.

Si-el-Bouhali, chef de cette dernière tribu, ayant un avis pressé à faire tenir à Abd-el-Kader, qui se trouvait alors vers Tiaret, fit choix de Ben-Saïdane, qui était en réputation comme marcheur, pour porter à l'émir une lettre pressée.

Ben-Saïdane ne connaissait pas le pays de l'Ouest qu'il avait à parcourir pour arriver à destination; il partit toutefois, après s'être fait renseigner sur la direction à suivre et la distance approximative.

Il emporta dans les roseaux de sa ceinture environ dix onces de rouina, et suspendit à son cou une chibouta (petite peau de bouc) de la contenance de trois litres d'eau.

Il se mit en marche, stimulé par tous les siens et comblé de caresses par son caïd, qui lui dit :

— Il n'y a que toi de capable d'accomplir une pareille mission.

« Elle est non-seulement difficile comme distance à parcourir très-rapidement, mais encore comme danger possible d'être rencontré par les goums des colonnes qui tiennent la campagne.

Ben-Saïdane, bien monté physiquement et moralement, partit le matin du campement de sa tribu, qui était alors à El-Haod, à six lieues S.-O. de Djelfa, en prenant la direction du N.-O.; il arriva vers trois heures du soir à la hauteur de Sidi-Bouzid; là, il s'arrêta un moment, consomma environ trois onces de rouina (farine de blé rôti) et se remit en route.

La nuit le surprit sur les hauts plateaux, il continua à marcher en se dirigeant sur les étoiles. Enfin, le lendemain, vers huit heures du matin, il arrivait à Tagdempt, où se trouvait Abd-el-Kader, auquel il remit sa lettre.

Il avait parcouru cinquante-quatre lieues en vingt-six heures.

L'émir et ceux qui l'entouraient avaient peine à croire au récit de Ben-Saïdane, mais force leur fut de se rendre à l'évidence, en lisant la lettre, qui était datée, donnant des renseignements très-récents et d'une grande importance.

Abd-el-Kader, voulant récompenser dignement le reggab des Oulad-Nayls, dit à Ben-Saïdane :

— Demande-moi ce qui peut te faire plaisir, si cela est en mon pouvoir, je te le donnerai.

Ben-Saïdane répondit :

— O prince des croyants, je ne te demande pas d'argent, tu combats pour la bonne cause, et c'est à nous à t'aider de tous nos moyens; mais donne-moi ta bénédiction. Invoque Dieu pour moi, je me tiendrai pour bien récompensé.

Abd-el-Kader lui dit alors en lui imposant les mains :

Les chasseurs s'étaient séparés en deux groupes.

Akmet et Paul s'étaient dirigés de façon à gagner la ligne d'étape suivie par la caravane, emmenant la saga, la fortune, le sérail et les troupeaux de Saïda.

D'Obigny et Jean Casse-Tête s'étaient mis en marche pour le puits de d'El-Djouna.

— Que Dieu mette sa bénédiction sur tes jambes, et, par son aide, sois toujours ton propre cheval toi-même !

Il le congédia ensuite, en le chargeant de missives pour les Oulad-Nayls.

Ben-Saïdane ne mit guère plus de temps pour revenir à son point de départ.

— La bénédiction du marabout, raconte-t-il, car il est parfaitement convaincu qu'elle a eu son efficacité, avait produit son effet, et je ne me sentais pas marcher.

C'est depuis ce moment que notre raggab a eu le surnom de Aoud-Roho (cheval de lui-même, mot à mot, la cheval de son âme), sous lequel il est connu de tous les Arabes du Sud.

Et ce n'est pas là un fait isolé, nombre de Sahariens et de chasseurs d'autruches font ainsi des marches fabuleuses.

Le nommé El-Touhami, originaire de Laghouat, où il est encore, fut envoyé par le kalifat Ahmed-ben-Salem, en 1846, à Berryane, ville du Mzab.

Parti à cinq heures du matin de Ksar-el-Hirâne, il arriva à destination le même jour, à sept heures du soir, ayant parcouru la distance de trente-deux lieues.

Ce même Touhami partit un jour de Ngouça, dans la même année, et accomplit, en vingt et une heures, le trajet de cette ville à Berryane (quarante-cinq lieues environ).

Pendant ses deux courses, il n'a mangé que quelques dattes et bu la valeur de deux litres d'eau.

En 1848, le nommé Maarouf-ben-Himan, des Larbâs, est venu de Guerrara à Ksar-el-Hirâne d'une seule traite, en marchant de minuit à sept heures du soir ; soit quarante-six lieues en dix-neuf heures.

Il est allé aussi en une journée de Guerrara à Ouargla.

El-Righi-Bel-Ouïs, des Mekhalifs, en chassant l'autruche, fût entraîné à la poursuite d'un dôlim, qui le mena plus loin que d'habitude, et qui finit par lui échapper ; son cheval mourut au moment où sa dernière goutte d'eau s'épuisait. Il perdit la direction de ses compagnons, pour revenir, et s'égara.

Pendant trois fois vingt-quatre heures, il erra dans les plateaux, sans eau et sans nourriture. Il était très épuisé. Le jour il dormait sous un betoum, la nuit il marchait. Chez lui, on le croyait perdu.

Quand El-Righi arriva à ses tentes, on ne le reconnut pas, tant il était maigre et noir. Il raconta ensuite que ce qui l'avait soutenu dans sa détresse était un rêve dans lequel sa mère le soignait et lui donnait à boire à discrétion ; ce rêve, qui le reprit plusieurs fois pendant ses siestes diurnes, le soulageait beaucoup.

Le nommé Mhamed-ben-Aarzallah, des Hadjadj, étant en razzia du côté du Zab, perdit son cheval par accident ; obligé de revenir à pied vers sa tribu, il dut marcher pendant quatre journées de vingt-quatre heures, sans prendre de nourriture et sans boire. C'était, il est vrai, en hiver, et la température était froide.

Le nommé Sâad-ben-Himan, des Maamra, et quatre de ses compagnons des Larbâs, étant en razzia du côté de Guerrara, restèrent quatre jours sans manger, ne prenant pour toute subsistance que quelques plantes de hammaïda (espèce d'oseille).

Le nommé Dridi, de la tribu des Mekhalifs, habitant actuellement El-Haouïta, a été, dans son jeune âge, un intrépide chasseur. Un jour, étant tombé sur un troupeau de sept mouflons à manchettes, il le poursuivit dans les kifs (on nomme ainsi les collines rocheuses et escarpées du sud) et en tua six, en parcourant en sept heures un trajet de quinze lieues environ, dans un pays très accidenté et difficile.

Emporté une fois par l'ardeur de la chasse, il suivit pendant quatre jours les traces d'un troupeau d'autruches. Au bout de ce temps, ayant épuisé son eau et ses vivres, il dut revenir chez lui, en ne mangeant, pendant ces quatre jours, que des plantes de khredda ; souvent il est arrivé à El-Dridi de rester huit ou dix jours à la chasse, et de vivre de plantes pendant la moitié de ce temps.

Les Mekhalifs-el-Djereub racontent qu'un nommé Messaoud-ben-Aïssa, de leur tribu, mort il y a dix ans, forçait à pied des autruches au moment des plus grandes chaleurs.

Ils devaient devancer la caravane pour y établir leurs embuscades.

Ils mirent trois jours pour faire soixante et deux lieues.

Et, afin de ne pas laisser de traces, ils allèrent à pied.

Un chameau coureur aurait fourni cette traite aussi rapidement.

Mais un chameau laisse des fientes qui révèlent sa présence.

Les chasseurs étaient partis avec leur équipement ordinaire pour les expéditions.

Ils avaient la tente de soie mince, serrée, solide, d'une légèreté inouïe, à l'aide de laquelle ils se préservent du soleil pendant le jour, et dont ils font un hamac pour la nuit, quand la saison est chaude et qu'ils trouvent des arbres.

Ils portaient chacun une gourde très-grosse, pouvant contenir six litres d'eau, mais très-souple, et faite de peau de bouc.

Le poil est retourné à l'intérieur et enduit de goudron, pour préserver l'eau contre la corruption ; le soleil ne peut rien sur ces récipients commodes, qui n'ont qu'un défaut ; ils donnent au liquide un goût auquel, du reste, on s'habitue vite.

Avec six litres d'eau, un chasseur peut fournir quatre jours de marche.

Il ne boit, du reste, que du café, qui désaltère beaucoup.

Chaque chasseur portait aussi une petite gamelle de cuisine.

Très-ingénieux, du reste, les *buveurs de sable*, comme on appelle ces chasseurs d'autruches, savent se passer d'ustensiles.

Ils inventent des procédés curieux que nous détaillerons pour cuire les viandes.

Au lieu de souliers, qui se brûlent et se racornissent sur le sable brûlant, les buveurs de sable ont des espèces de mocassins faits de peau de bœuf ou d'antilope.

On applique la peau fraîchement écorchée d'une partie choisie de l'animal sur un moule à la forme du pied.

On la coud.

On l'expose ensuite au soleil, après une certaine préparation, et elle sèche sans se durcir ; elle forme une chaussure excellente.

Tout chasseur porte une ceinture excessivement longue.

Les plus riches payent les leurs jusqu'à deux mille francs.

Une belle ceinture a trente mètres de long, fait trente fois le tour du corps, et ne paraît fournir une plus grande épaisseur que les ceintures de nos zouaves.

On n'imagine pas de quelles ressources elles sont aux chasseurs.

Avec elles ils garrottent l'ennemi après l'avoir surpris ; ils en font des échelles de descente pour atteindre le fond des abîmes.

Ils s'en enveloppent dans les froids d'hiver, quand ils chassent dans le Tell.

Bref, c'est une des choses auxquelles ils tiennent le plus dans leur équipement.

Cette ceinture soutient d'ordinaire un arsenal d'armes de toutes sortes.

Mais Jean Casse-Tête n'y avait qu'une paire de pistolets à deux coups.

Il portait sa hachette fameuse dans une gaîne de cuir à portée de la main.

Quant à d'Obigny, il avait fait adapter à sa carabine un couteau de chasse qu'il passait dans sa ceinture, quand il ne voulait pas s'en servir comme d'une baïonnette.

Deux revolvers à six coups, très-petits, étaient passés dans leur étui.

Les deux chasseurs portaient la tente en sautoir, et dans la tente étaient enroulés les vivres dont ils se munissaient.

Comme munitions, dix livres de poudre, des balles et du plomb.

On verra ce que firent ces deux hommes, allant livrer bataille, en cet équipage, à une bande de cent hommes déterminés.

Nous croyons que, rarement, l'on aura relaté une suite de traits audacieux plus surprenants et plus étranges.

Les chasseurs arrivèrent au puits exténués et dans un état d'anéantissement facile à comprendre ; à peine s'étaient-ils reposés.

De deux heures en deux heures, ils s'étaient reposés pendant dix minutes.

Pour ne pas dormir longtemps, ils allumaient des fenouilles dont la longueur était calculée, et ils les laissaient se consumer peu à peu en les tenant dans la main.

Quand les dix minutes étaient écoulées, la main était légèrement brûlée.

Force était alors aux dormeurs de s'éveiller et de repartir.

On n'imagine pas combien ces dix minutes de sommeil par deux heures délassent un marcheur.

Les deux chasseurs étaient arrivés en plein désert, dans la région de leur chasse favorite : celle de l'autruche ; cette contrée n'est pas telle qu'on se la figure généralement ; c'est-à-dire une vaste mer de sable aride et triste.

Ce plateau, d'une superficie de deux mille lieues carrées, est, pendant l'hiver, une partie du printemps et de l'automne, le pays de parcours de grandes tribus sahariennes, les Larbas, Oulad-Nayls-el-Zouas, qui y font pacager leurs nombreux troupeaux de brebis et de chameaux.

Pour les nomades et les vrais chasseurs, ce désert possède un charme infini, de puissantes attractions, qui semblent émaner des premiers âges, avec le ressouvenir de la vie pastorale et contemplative.

L'existence biblique des patriarches se trouve là tout entière ; en effet, abordez ce douar des Oulad-Nayls, et vous y retrouverez Laban, Jacob, Rebecca, Joseph et ses frères, avec leurs tentes et leurs troupeaux.

Causez avec eux, ils vous diront leurs pérégrinations pour aller au loin chercher le blé ou les gras pâturages.

Avez-vous soif ? Voici une fille d'Ismaël, aux grands yeux noirs, qui va vous désaltérer avec le lait des chamelles ou l'eau de goudron, à votre choix.

Avez-vous faim ? Dites : « Je suis l'hôte de Dieu ! » Le chef de la tente s'avansera vers vous en disant : « Sois le bienvenu ! » Et un mouton sera immolé en votre honneur.

Le pays, au sud de Laghouat, est largement ondulé, l'horizon y est très-vaste, et n'a pour limite, pour ainsi dire, que la faiblesse de la vue humaine.

Il n'y a ni sources, ni cours d'eau dans ce territoire ; les orages, les rares pluies d'hiver, alimentent seuls des réservoirs naturels qui se forment dans les daïas et le thalweg des vallées.

Ces réservoirs, appelés r'dirs (trahir) par les indigènes, en raison de leur peu de durée et des déceptions nombreuses qu'ils ont causées aux gens altérés, ne conservent leur eau que pendant quelques semaines dans la saison froide.

Ils la conservent bien moins longtemps encore en été ; d'où la nécessité, pour les nomades, à l'époque de la sécheresse, d'abandonner malgré eux ces bien-aimées terres de parcours, et de remonter vers le nord, dans la région des eaux vives.

C'est alors que le plateau devient désert, depuis le mois de mai jusqu'au mois d'octobre ; il n'est plus traversé à cette époque, que par de rares caravanes qui se rendent à Tuggurt et au Mzab.

C'est aussi dans cette saison que les autruches, chassées des régions plus méridionales par l'ardeur du soleil, envahissent cette partie du Sahara pour y chercher l'ombre et la pâture.

Près du puits, les chasseurs rencontrèrent une daïa pleine d'arbres, dont quelques-uns séculaires ; force gibier ; une source d'eau vive et des moyens de se cacher à tous les yeux, étant donnée leur rare adresse à dépister les regards.

En un tour de main ils eurent allumé un feu et préparé le café. Puis les chasseurs se frictionnèrent avec de l'eau fraîche, et exercèrent sur leurs membres raidis des massages réitérés. Cela fait, ils pensèrent à chasser. Ce ne fut pas difficile.

Les chiens battirent quelques coins de terrain, et un lièvre, deux perdrix rouges, une outarde furent abattus promptement.

Lièvre, perdrix, outarde, avec des baguettes passées au travers du corps en guise de tourne-broche, avec des fourches de suspension, se dorèrent lentement au feu.

Le jus était reçu dans des feuilles odoriférantes, et reversé sur la viande.

Une heure après leur arrivée, les chasseurs dînaient confortablement.

Le repas pris, ils en firent disparaître les traces en les enfouissant sous le sable. Puis ils jugèrent prudent d'aller établir leur bivac à une demi-lieue de là, vers un gros arbre qui dominait le pays.

A peine avaient-ils quitté le puits, et en étaient-ils hors de distance d'oreille et d'œil, comme disent les Arabes, que deux hommes parurent montés sur un chameau coureur.

C'étaient Saïda et son kodja.
Ils avaient dévoré l'espace pour arriver promptement au puits.

XLIV

Les amours d'Akmet.

En quittant leurs compagnons, Akmet et Paul tinrent conseil ensemble.

— Voyons ! fit Paul, il s'agit de parler, Akmet. Tu es toujours muet.

— Agis et tais-toi ! voilà notre devise à nous autres Kabyles, dit Akmet.

— Sacrebleu ! c'est ennuyeux de vivre avec des muets ; j'aime à causer, moi.

— Grave défaut.

— Enfin, il faut nous entendre. Qu'allons-nous faire ? où allons-nous ?

— A Ousda, dit Akmet.

— Qu'est-ce qu'Ousda ?

— Une ville marocaine. De là, nous gagnerons Tisbou. Nous y serons dans deux heures.

— Et pourquoi passer par Ousda ?

— Parce que j'ai dans l'idée que des hommes de la saga de Saïda, se trouvant à portée d'une assez grande ville, viendront y faire leur ravitaillement, à la veille d'une expédition aussi longue que celle qu'ils vont tenter.

— Bon !

— Et nous demanderons à ces hommes de nous servir d'escorte.

— Très-bien.

— Ce serait une bonne façon de nous présenter au lieutenant de Saïda.

— Quand tu te décides à causer, les paroles qui tombent de tes lèvres sont d'or et d'argent ; c'est pourquoi, sans doute tu en es avare.

Akmet, qui était fier et sensible à l'éloge, rougit légèrement.

— Tu rends justice aux pauvres Kabyles, dit-il ; c'est bien, cela. Tu verras que tout réussira à souhait. Tout voyageur descend au caravansérail et y couche pendant la nuit.

« Aussi sommes-nous sûrs de trouver réunis tous les voyageurs dans cette maison d'hospitalité, qui remplace vos hôtelleries d'Europe.

« Puis dans les bazars, dès l'arrivée, on peut rencontrer celui qu'on cherche ; puis il y a le café maure.

— Quoi ! une femme ! au café ?

— Oui, dit Akmet. Une Européenne peut aller au café. Quelle est donc la chose que les Français ne permettent pas à leurs femmes ? »

— Oui ! oui ! oui ! fit-il. Jamais dans le harem. Toujours dehors, et s'exaltant jusqu'à la colère : Aussi je les hais vos Françaises ; je les méprise ; je...

Ainsi ma petite combinaison n'est pas trop bêtement conçue? (Page 264.)

Paul sourit.

— Akmet, fit-il.

— Aoo! fit le Kabyle. Pourquoi rire?

— Parce que j'ai dans l'idée que si la petite marchande d'oranges catalane, que tu regardes toujours avec complaisance, voulait de toi...

— Que dis-tu?

— ... Tu la prendrais.
— Ja...
— Ne mens pas.
« Tu l'épouserais. »
Akmet baissa la tête.
— Tu vois bien ! fit Paul.
Akmet essaya de protester.
— Si elle voulait se soumettre à nos usages, dit-il, peut-être.
— Allons donc.
« Tu la prendrais comme bon lui semblerait et sans conditions. »
Le Kabyle hocha la tête.
— Ecoute, et ne cherche pas à te déguiser à toi-même la vérité. Supposons qu'elle vienne à toi et qu'elle te prenne les deux mains. Rien qu'à cette pensée ta peau frissonne et ton œil s'allume. Ah ! mon gaillard.
« Tu es joliment pris.
« Bon ! elle te regarde les yeux dans les yeux et te dit d'une voix câline :
« Sidi Akmet ! je sais que vous m'aimez ; vous ne me déplaisez pas. Je consens à me marier. Mais je veux vivre à l'européenne. »
Paul jeta un coup d'œil sournois à Akmet ; le pauvre homme suait à grosses gouttes.
— Eh bien ! fit Paul. Que répondrais-tu ?
— Si elle me jurait fidélité, je la croirais... peut-être... et je me marierais.
— Tu vois bien.
— C'est que, vois-tu, vos femmes sont des démons, des sorcières ! Elles nous grisent comme votre vin enivre ; leur regard est agaçant. On se débat en vain contre elles.
— Tandis que les vôtres sont des momies fort belles et très-ennuyeuses.
— C'est vrai.
— Et à quoi doit-on cette différence ? Avec votre jalousie stupide, vous enfermez vos filles et vos femmes. Elles s'atrophient ; nous laissons les nôtres libres ; elles deviennent charmantes, comme la gazelle qui n'est pas en cage.
« Si nous les possédons, nous ne le devons pas au bâton comme vous, ni aux douros par lesquels vous les payez, mais à l'amour qu'elles ont pour nous.
— Elles vous trompent !
— C'est possible ; et vous ?
« Je sais que, dans les tribus, il y a malgré vos esclaves, vos eunuques, des intrigues nombreuses qui se dénouent dans le sang... comme chez nous.
« Mais quand nous tuons une femme infidèle, elle est coupable. Elle a manqué à sa foi. Quand vous en tuez une, elle est innocente ; c'est une captive qui a cherché à rompre la chaîne qu'on lui a imposée. »

Akmet hochait toujours la tête ; ces idées européennes le bouleversaient. Il préférait fuir ce terrain, aussi reprit-il :

— Paul, tu vas t'habiller. Voici la couba (tombeau) de Sidi-Bel-Abidi ; elle est vide en ce moment. Entres-y. Je veille.

Paul ne se le fit pas dire deux fois. Bientôt, il ressortit déguisé.

— Aoo ! fit Akmet. Très-bien ! Mon fils, tu fais illusion.

Et il se mit à rire.

— J'ai idée, fit il, qu'il va se passer des choses excessivement drôles.

— Qu'entends-tu par là ?

— Tu vas faire tourner la tête à bien des cavaliers, mon garçon.

— Tant mieux ! je les ferai battre. Ils se tueront pour moi. Je causerai des ravages dans la saga.

— Ce sera très-drôle, dit Akmet.

Et ils devisèrent sur ce sujet jusqu'à leur entrée dans Ousda.

XLV

Où Paul fait des siennes en Espagnole.

Ousda est une ville charmante.

Toute mauresque, elle est entourée de murs en pisé et ensevelie sous l'ombre.

Les arbres lui font une ceinture de feuillage ; elle apparaît agreste, fière et coquette, pure de tout contact européen.

Elle n'est positivement ni française, ni marocaine, ni libre, ni assujettie : la France la protége ; le Maroc prétend la dominer ; les Beni-Snassenn la menacent.

Elle vit toujours sur la défensive, repoussant le protectorat, la domination, le pillage, et vivant dans une agitation perpétuelle.

En somme, elle est riche, commerçante, populeuse et très-active.

Toutes les tribus de la frontière s'y donnent rendez-vous pour le trafic.

L'autorité, fortement constituée, a tout intérêt à empêcher les rixes et les violences. Le caïd est très-sévère.

Un tumulte pourrait fournir prétexte à une attaque du dehors.

La police, en conséquence, y est très-rigoureusement faite par les chaouks. Tout s'y passe avec ordre.

L'entrée de Paul en Espagnole devait produire et produisit une sensation immense dans les carrefours et sur les places.

Tout le monde sortit.

Les chiens annonçaient, avec un vacarme assourdissant, l'arrivée de quelque chose d'extraordinaire et l'on se précipitait dans les rues.

Akmet, grave, impassible, tenant la mule de Paul en main, écartait les curieux avec un bâton et tapait fort sur les chiens. Il avançait lentement.

La foule devint très-compacte. On questionna le Kabyle.

— Aoo! criait-on.

« L'homme des Traras (1). Où vas-tu?

« Pourquoi cette Espagnole ici? »

Et comme Akmet se taisait :

— Aoo!

« Parle donc. Sommes-nous des chiens? Les gens d'Ousda veulent savoir. »

Nous traduisons textuellement ces interpellations, qui ont une couleur particulière.

La foule se fâchait. Rien de curieux, d'irritable dans ses désirs comme la populace arabe.

— Si ce Kabyle ne veut rien dire, criait la foule, qu'on lui donne du bâton; ça délie la langue.

Et les plus hardis menacèrent sérieusement Akmet, qui était à bout de patience. Il tira silencieusement un pistolet de dessous son burnous et le tint en main.

Irascible comme tous ceux de sa race, il ne parvenait que difficilement à se contenir.

La foule s'écarta.

— Le chien! fit-on. Il veut mordre. Par Mahomet! il vise quelqu'un. A mort!

En effet, Akmet avait élevé son arme, et, certes, il aurait tiré si l'on eût continué.

— Gens d'Ousda, dit-il, nous sommes des voyageurs qui réclamons l'hospitalité au nom de Dieu et du Prophète; nous sommes sous la sauvegarde de la bonne foi publique contre les violences.

— Pourquoi, dit une voix, donnerait-on, au nom du Coran, l'hospitalité à une chrétienne et à son domestique? Va-t-on nourrir des infidèles avec les deniers de charité attribués au caravansérail?

— Cette femme, dit Akmet, n'est pas ma maîtresse, je ne suis que son guide. Elle-même n'est qu'une servante. Elle va rejoindre pour la servir, une femme du chef beni-snassenn, Saïda.

Cette nouvelle produisit une grande sensation sur les gens d'Ousda. Saïda était très-redouté.

Akmet reprit :

— Ayant juré que je conduirais cette jeune fille et que je la défendrais de mon mieux, je tiendrai mon serment en vrai Kabyle. Donc, gare à qui l'insultera. Je tirerai sur lui.

---

(1) On reconnaissait son origine à son tatouage.

La foule s'écarta. On chuchotait. Tout à coup un cavalier parut.

— Le baseh-chaouck ! dit-on (le chef des chaoucks).

C'était, en effet, cet important personnage qui accourait au bruit. Ses fonctions étaient à peu près celles d'un commissaire de police. Il fendit les flots de peuple et se planta devant Akmet en lui disant :

— Qui es-tu ?

— Et toi, fit le Kabyle fièrement. Qui es-tu ? Celui qui interroge doit faire savoir qu'il en a le droit.

— Je me nomme Osman. Je suis baseh-chaouck, et je t'engage à te montrer respectueux.

— Avec les magistrats nous sommes toujours polis, dit le Kabyle. Et il expliqua sa situation en quelques mots.

— Bien, fit Osman. Suis-moi.

— Où me mènes-tu ?

— Au caïd.

— Pourquoi ?

— Parce qu'il m'a dit d'aller voir quels étaient les étrangers qui causaient tant d'esclandre, et de les lui amener à sa maison.

Akmet ne dit mot. Il suivit le chaouck.

Paul se demandait où finirait toute cette aventure.

Le caïd d'Ousda était un homme d'une cinquantaine d'années.

Il avait une position considérable et de très-grandes richesses.

Ce qui ajoutait à sa puissance et à son influence, c'est qu'il avait une autorité directe sur dix tribus du dehors, dont le commandement lui était dévolu par sa naissance ; un de ses oncles étant mort sans enfants, il lui avait succédé comme agha.

En somme, il possédait d'immenses troupeaux, des trésors fabuleux, et il disposait de trois mille cavaliers et de tous les citadins d'Ousda.

Le caïd, au milieu de ses splendeurs, avait un désir inassouvi.

Il était fort jaloux d'un sien cousin qui, simple cheik d'un douar, avait recueilli sur son territoire une femme de Grenade.

C'était une fille du peuple, jolie mais fort dénuée, qui avait aimé un forçat.

Elle avait rejoint son amant au bagne, comme cela arrive souvent. Celui-ci s'était évadé.

Il avait cherché à se réfugier sur le territoire marocain, mais on l'avait criblé de balles à la frontière de la petite possession espagnole sur les côtes d'Afrique ; il avait expiré en recommandant à sa maîtresse de fuir vers l'est et de gagner Ousda.

Celle-ci découverte, recueillie par le cheik dont nous avons parlé, avait accepté de mener la vie des femmes des grands chefs arabes.

Vie assez heureuse.

Une pauvre courtisane, abandonnée de tous, devait s'estimer très-favorisée du sort en devenant la favorite d'un indigène, fort beau garçon du reste.

Le cheik, enchanté, donnait à sa femme une entière liberté. Il s'en parait comme d'une gloire.

Il l'avait souvent laissée paraître dans les festins et dans les fêtes.

Aussi, nombre de caïds, d'aghas, de cheiks, avaient-ils jalousé la bonne fortune de Sidilla-Mériel, et beaucoup d'entre eux rêvaient d'avoir aussi leur Européenne.

Nous avons vu Saïda enlever Ritta; l'idée de se faire aimer d'une Espagnole venait sans doute de l'exemple que nous citons.

Le caïd d'Ousda avait fait en ce sens des tentatives malheureuses.

Il était très-désireux de réussir.

Il advint qu'il entendit du bruit par la ville du haut de sa terrasse.

Comme beaucoup de caïds qui ont fréquenté les Français, il avait une longue-vue.

Il la braqua sur la place où était formé un rassemblement tumultueux; il vit une superbe femme européenne. Et aussitôt il envoya son baseh-chaouck à sa rencontre.

Paul avait bien raison de se demander comment tout cela finirait. Un secret pressentiment l'avertissait qu'il courait un danger grave. Akmet aussi était soucieux.

— Cadour (cher), dit-il à Paul tout bas, tiens-toi bien et méfie-toi. Je crois que nous voilà fourrés dans une mauvaise affaire.

— Quel péril redoutes-tu?

— Je ne sais. Mais, en général, je n'aime pas plus entrer dans les maisons des caïds que dans les tanières des lions.

Et ils pénétrèrent tristement dans la cour.

XLVI

Le caïd d'Ousda.

Le caïd attendait avec impatience l'arrivée de la jeune chrétienne.

Il était avec son favori, son secrétaire, son parent, qui se nommait Ibrahim et qui, depuis, fut connu de nous sous le nom de l'*agha boiteux*.

Il nous fit une guerre acharnée.

Le caïd dit à ce garçon, très-jeune alors, mais fort intelligent déjà :

— Ibrahim, mon enfant, voilà l'Européenne qui entre, montons sur la terrasse.

Et le caïd, du haut du toit, caché derrière un pilier destiné à soutenir des tentures couvrant la terrasse, regarda Paul. Il crut réellement avoir en face de lui une jeune et jolie femme.

— Par le Prophète ! dit-il, voilà une fille qui est charmante.

Ibrahim n'eut garde de protester.

— Très-belle, fit-il. Un peu hardie, pourtant. Elle regarde les hommes en face.

— C'est la façon des chrétiennes. Quelle taille bien tournée !

— Maigre, fit le kodja (secrétaire). Mais bien faite.

— Oh ! dit le caïd, la maigreur ne me déplaît pas, depuis que j'ai appris de ce peintre italien en quoi consistait la beauté.

— Elle est brune.

— Parce qu'elle a voyagé. Mais la vie du harem la blanchirait.

— Songerais-tu, Sidi, à faire de cette femme une de tes épouses ?

— Oui. Pourquoi pas ?

— Ces Européennes sont bien dangereuses dans un harem, Sidi. Ton cousin a eu des embarras.

— Lesquels ?

— Ses femmes se sont liguées contre l'épouse catalane qu'il avait choisie.

— Eh bien ! il a divorcé d'avec ses femmes.

— Ce n'est rien, cela !

— Peu de chose, puisqu'il est plus heureux avec cette femme seule qu'avec les autres ensemble. J'ai vu cette Catalane. C'était pendant une diffa (festin).

« Elle chante bien. Elle parle agréablement, et elle danse à ravir.

— Agréments de courtisane.

— Elle est fidèle.

— Heu ! heu !

— A ce point que je lui ai fait offrir beaucoup d'or pour divorcer, et qu'elle a refusé.

Évidemment le kodja était opposé à ces idées de mariage du maître.

Il sentait que celui-ci, avec ses femmes sans instruction, sans conversation, était heureux d'avoir un secrétaire lettré, spirituel, avec qui parler.

Mais une femme européenne se serait facilement emparée de toute la faveur du maître.

— Sidi, dit-il, songe que tu as pour épouses les femmes les plus considérables de ce pays et les mieux apparentées ; cela est très-grave.

— En quoi ?

— Ton harem se liguera contre la nouvelle venue, dont on supportera difficilement l'empire ; tu seras forcé de divorcer, toi aussi.

— Je t'ai dit que cela m'était indifférent.

— Et si les parents de tes femmes trouvent tes procédés injurieux ? S'ils s'entendent ? S'ils se lèvent contre toi ?

— Je les battrai.

— Heu ! Heu !

Le caïd fronça le sourcil.
— Ibrahim, fit-il.
— Maître ?
— Tu m'ennuies.
Le secrétaire comprit qu'il avait été trop loin et il prit peur.
— Maître, dit-il, ne me fais pas repentir de mon zèle pour ton service. Le désir de t'épargner des ennuis a seul dicté mes paroles.
Le caïd ne plaisantait pas.
— Ibrahim ! répéta-t-il.
— Maître ?
— J'ai des chaoucks. Tu es mon favori, mais j'ai déjà fait couper la tête à l'un de mes kodjas, tu le sais ?
Ibrahim pâlit.
— Et, reprit le caïd, si tu intriguais, si tu me déplaisais, tu verrais comment un homme comme moi punit un enfant comme toi de son audace. Ne lutte pas.
Le kodja se mordit les lèvres jusqu'au sang, se tut et voua une haine mortelle à son maître, qu'il fit assassiner depuis, du reste.
Dans ce moment, il s'humilia. Il mit le genou en terre, baisa le pan du burnous du caïd, et dit :
— Sidi, ta volonté soit faite.
— C'est bien ! dit celui-ci. Retire-toi.
En ce moment le baseh-chaouck entrait ; il partageait la faveur du maître avec le kodja et il l'exécrait, naturellement.
Le voyant s'en aller tête baissée, il devina ce qui s'était passé. Il sourit.
Le kodja put entendre le caïd dire au chef de sa police :
— A la bonne heure, Osman. Tu agis vite et bien. Tu ne me fais pas d'opposition, toi.
Le baseh-chaouck, radieux, baisa la main que le maître lui tendait.
— Eh bien ! fit celui-ci. Les étrangers sont là ?
— Oui, Sidi.
— Quelle est la femme ?
— Une Espagnole.
— Je l'ai vue un instant. Elle est charmante.
— Très-jolie.
— Quoique maigre.
— On l'engraissera avec du couscous, fit en riant le baseh-chaouck. Tu es Sidi, assez riche, heureusement, pour bien nourrir ton harem.
— Tu supposes donc...
— Je suppose que notre caïd veut ne le céder en rien à un simple cheik. Ton cousin a une femme européenne ; tu veux, comme lui, en posséder une.
— Et que penses-tu de ce caprice ?

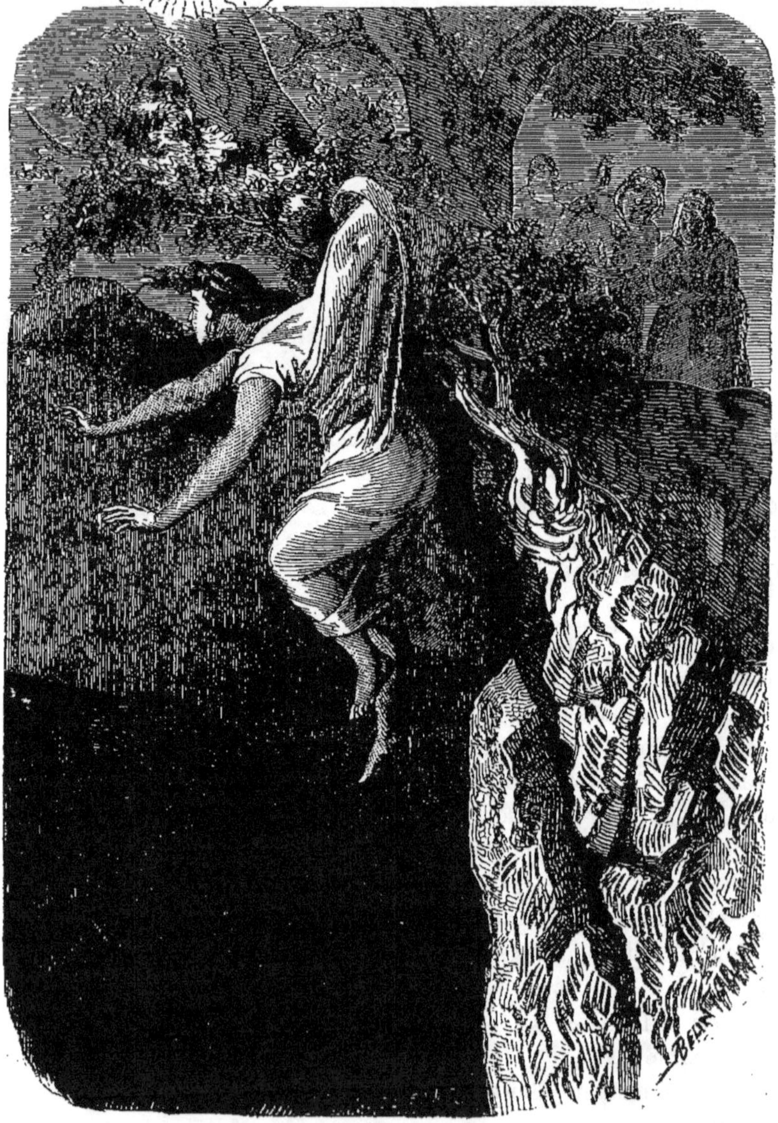

... Ou la perspective du gouffre... (Page 263.)

— Que cela nous donnera une bonne petite guerre avec deux ou trois tribus. On fera de belles razzias. On fera payer des impôts. On augmentera la gloire et le prestige de la bonne ville d'Ousda. Voilà, Sidi.

« Si mon opinion te déplaît, fais-moi bâtonner, je ne réclamerai pas.

— Par Allah! je me garderais bien de faire donner du matraque à un si bon serviteur. Tu n'es pas comme Ibrahim.

— Il ne veut pas du mariage?
— Non.
— Il a raison.
— Comment... raison?
— A son point de vue.
— Pourquoi?
— Il sent qu'avec une femme agréable tu pourrais te passer de lui.
— Est-ce que sans femme je ne pourrais vivre sans ce petit intrigant?
— Il dit que non. Que lui seul te distrait, que tu mourrais d'ennui s'il n'était là pour te conter des légendes. Que... Bref, Sidi, il se croit indispensable, le proclame et on y ajoute foi.
— Comment! dans Ousda, dans ma ville, il se vante ainsi, ce drôle!
— Oui, Sidi.
« Dernièrement encore on lui a cru tant d'influence sur toi qu'il a reçu un cheval et cent douros pour arranger l'affaire des Nemenini.
— Aoo! Es-tu sûr de cela?
— Absolument sûr.
Le basek-chaouck venait de porter à son rival un coup mortel.
Le caïd lui ordonna:
— Mande Ibrahim.
Osman se mit en quête d'Ibrahim, et le caïd se remit à lorgner Paul.
Bientôt Osman revint.
— Sidi, dit-il, Ibrahim est en fuite.
— Que dis-tu?
— Il écoutait.
— Ce que nous disions?
— Oui, Sidi.
— Oh! le traître!
— Il a compris qu'il était perdu. Une découverte en amène d'autres, et l'histoire du cheval n'est pas la seule.
— La preuve, c'est qu'il se sauve.
— En te volant.
— Il m'a pris quelque chose?
— Ton coffre à pierreries.
— Osman, tu dis cela pour rire.
— Hélas! non. C'est la vérité.
— Et tu restes-là, malheureux! Ce coffret contient toute une fortune.
— Sidi, à cette heure, déjà l'unique porte d'Ousda est fermée.
— Mais les murs?
« Il peut sauter les remparts.

— Deux cents hommes convoqués ont pris les armes et sont en faction. Ils veilleront nuit et jour.

— Très-bien. Tu vas fouiller la ville.

— Mes agents ont déjà commencé.

— Ami! c'est très-bien!

— Mais, reprit Osman, dois-je le dire? Je crois le drôle hors d'Ousda.

— Déjà?

— Il est preste comme une couleuvre.

— Si on le reprend, on le brûlera dans ma cour et devant mes yeux.

— Il sera fait comme tu voudras.

Le caïd poussa un soupir.

— J'avais une bien belle émeraude, dit-il ; elle eût paré admirablement cette fille.

Et il regarda Paul.

— Tiens, fit-il, si cette femme accepte mes offres, je ne regretterai pas la cassette.

— Il faudra bien.... qu'elle accepte où ta couche... ou la perspective du gouffre béant... N'es-tu pas maître?

— On ne peut obliger une femme à vous aimer ; un cœur est libre.

Osman regarda le caïd pour voir comment il accepterait le mauvais conseil qu'il s'apprêtait à lui donner. Conseil funeste pour Akmet et pour Paul.

Osman vit que le caïd était très-désireux de la jeune fille, et très-anxieux.

Il se hasarda à le pousser dans la voie de la violence.

Le caïd répéta avec un soupir :

— On ne peut violenter un cœur d'Européenne.

— Un cœur! dit Osman en ricanant. Qu'est-ce que cela fait un cœur? Tu veux ses yeux, ses baisers... Un cœur... Je ne saisis pas bien.

Et Osman, qui n'était pas au fait des choses d'amour, comme nous autres les comprenons, se disait qu'en somme, quand on tient une femme en sa puissance, qu'elle vous aime ou pas, peu importe.

Le caïd avait d'autres idées.

— Vois-tu, cadour, dit-il, je ne suis pas, comme toi, un homme de race turque. Mes ancêtres étaient des Maures d'Espagne ; ils comprenaient l'amour comme les Français d'aujourd'hui. Je veux devoir cette femme à son affection et à son consentement libre, non à la force.

— Sidi, elle sera très-honorée de ton choix; c'est une fille pauvre.

« Elle va rejoindre sa maîtresse, captive chez les Beni-Snassenn.

— Ah! tant mieux.

« Elle préférera rester ici.

— D'autant plus que je soupçonne que c'est parce qu'elle se trouve sans ressources, qu'elle se décidait à aller s'enterrer dans les montagnes.

— Tu me mets l'espoir au cœur.

— J'ajoute, Sidi, que cette fille ignore encore que Saïda, le mari de sa maîtresse...

— Ah! c'est Saïda... qui.. Tiens, c'est bizarre! Tout le monde veut donc des Européennes? C'est une épidémie.

Et le caïd de rire, et le chaouck de l'imiter.

— Sidi, dit ce dernier, il y a près de la jeune fille un Kabyle des Traras.

« Veux-tu le questionner?

« Peut-être en sauras-tu long par lui sur le compte de cette femme.

— Sans doute.

« S'il ne parlait pas, du reste...

— Oh! Sidi, pas de violence.

« Les Kabyles, tu le sais, sont excessivement vindicatifs; si l'on fait une injure à l'un d'eux, ils se vengent toujours terriblement.

— Et en le tuant? Cela supprime la vengeance.

— Restent ses frères, ses proches; reste la tribu entière.

Le caïd hésita. Enfin il dit :

— Tu as raison. Mieux vaut la douceur.

« Amène le Kabyle.

Osman fit monter Akmet. Celui-ci se présenta fièrement.

— Sidi, dit-il en s'inclinant légèrement, le Kabyle Akmet te salue.

Le caïd, en ce moment, fut distrait par une scène qui se passait dans la cour. Il ne répondit pas.

Akmet oublia tout pour se souvenir qu'à lui, Kabyle, on faisait injure.

— Sidi, fit-il tout haut, je te répète qu'un Kabyle te salue. Rends moi mon salem (bonjour).

Le caïd était toujours à ses observations; il remarquait que ses femmes, réunies dans la cour, voilées, du reste, se moquaient de la jeune fille espagnole; il s'en irritait.

Tout à coup, Akmet tira son pistolet. Il était outré.

— Caïd! cria-t-il, oui ou non, veux-tu me rendre le salem que je t'ai donné?

Le caïd se retourna.

— Aoo! fit-il. Qu'est-ce? Cet homme veut me tuer.

Déjà le baseh-chaouck s'était jeté sur Akmet en criant à l'aide.

Le coup de pistolet partit en l'air par mégarde, dans la lutte.

Des hommes arrivèrent. On se jeta sur le Kabyle. Il y eut une bagarre terrible.

Akmet, parvenant à saisir son couteau, fit vingt-trois blessures... Malgré l'épaisseur des burnous, il tailla si bien son monde que deux gardes furent tués et trois autres bien malades. Enfin, terrassé, garrotté, mais écumant, il se vit réduit à l'impuissance.

Le caïd, pendant cette lutte, avait eu le temps de faire des réflexions.

Son basch-chaouck, du reste, laissant Akmet se débattre avec ses chaoucks, était venu parler à son maître.

— Sidi, tu vois, fit-il, ces gens sont enragés.

— C'est vrai, fit le caïd.

— Et je crois que c'est un malheur de ne pas avoir rendu le salem.

— Tant pis. Vraiment, les Kabyles sont insensés. Exiger cela d'un caïd (1)?

— Que faire? Voilà une fausse position. Si on le lâche, il te tuera ; si on le tue, ses frères te tueront.

Le caïd était perplexe, toutefois il dit :

— C'est un bien pauvre homme ; il est sans famille. Vois ses vêtements ; il ne doit pas avoir de bien grandes attaches dans sa tribu. Le tuons-nous?

— Seigneur, tu es le maître.

— Eh bien, tue ! Nous verrons bien si quelqu'un le venge plus tard ; il vaut mieux écarter le danger le plus pressant, et cet homme, libre, me frapperait au cœur d'une balle ou de son couteau. Entends-le.

Pour son malheur, Akmet vociférait en ce moment des menaces terribles.

— Décidément, c'en est trop. Osman, tranche la tête à cet homme.

Le chaouck tira son yatagan et le brandit sur Akmet garrotté.

XLVII

Marché de vie et de mort.

Au moment où Akmet allait avoir la tête enlevée d'un coup de yatagan, il se fit un grand bruit à l'entrée de la salle, et, tout à coup, Paul se précipita entre le chaouck et le condamné.

---

(1) Au sujet de l'intraitable orgueil des Kabyles, le général Daumas dit ceci :

Le caractère saillant du Kabyle, pris isolément, c'est la fierté; si sa tribu est l'égale des autres tribus, il est lui-même l'égal de ses frères. Cette pensée, un montagnard l'exprimait dans ces quelques paroles, en répondant à un *amin* qui voulait abuser de son autorité : *Enta cheikh, ana cheikh* (littéralement : toi chef, moi chef). Aussi, voyez quelle différence sur ce point entre l'Arabe et lui.

L'Arabe, habitué à être dominé depuis des siècles, est vaniteux, humble et arrogant tour à tour; le Kabyle demeure toujours drapé dans son orgueil.

L'Arabe baise la main et la tête de son supérieur, ajoute à ce témoignage de respect des compliments à perte de vue, sans s'inquiéter si l'on répond ou non à ses obséquiosités. Le Kabyle ne fait pas de compliments. S'il va, comme l'Arabe, baiser la main ou la tête d'un chef ou d'un vieillard, il faut, quel que soit l'âge, quelle que soit la dignité de l'homme envers lequel il a accompli cet acte de déférence, que celui-ci lui rende immédiatement une politesse égale.

On voit que, malgré le péril de sa situation, il était difficile qu'Akmet n'exigeât point la réponse à son salut.

Et le lecteur, par les autorités que nous citons, peut juger du scrupule avec lequel nous respectons les caractères de nos héros.

Cette intervention brusque et inattendue produisit un grand effet.

Le caïd, très-ému de l'arrivée de cette jolie fille, dont il venait de condamner à mort le guide et le protecteur, ne savait que faire.

Paul, avec audace, enleva le yatagan des mains du chaouck et le jeta par une fenêtre, dans la cour du palais. Jamais domicile de caïd n'avait été le théâtre d'une pareille algarade.

Paul savait assez d'arabe pour interpeller le caïd et défendre Akmet.

— Pourquoi, lui demanda-t-il, fais-tu assassiner ce malheureux ? Qu'a-t-il fait ? Tu es un grand caïd et tu te conduis comme un vil scélérat.

Ainsi que tous les amoureux, le caïd trouva celle dont il était épris plus splendide dans sa colère ; il chercha à l'apaiser.

— Jeune fille, dit-il, calme-toi. Tu ignores l'insulte, tu ne vois que le châtiment. Cet homme m'a menacé de mort.

— Pourquoi ? Parce que tu l'as probablement irrité toi-même par quelque offense.

Déjà Osman, voyant que son maître parlementait, avait deviné la tournure que prendrait cette aventure.

D'un geste il avait renvoyé tout le monde, et le calme s'était fait.

Le caïd dit d'assez bonne grâce :

— J'avoue que j'ai donné à cet irascible Kabyle une occasion de se fâcher, mais je t'assure que je n'avais nulle intention de le blesser. Je ne lui ai pas rendu son *salem* parce que je te regardais dans ma cour, très-contrarié de l'impertinence de mes femmes à ton égard, parce qu'elles devinent que tu es très-supérieure à elles par ton admirable beauté, jeune fille.

— Oh ! oh ! pensa Paul, les choses prennent une singulière tournure ; voilà, je crois, un caïd amoureux de moi ; que va-t-il se passer ? Et profitant de ses avantages :

— Je te remercie de ton compliment, dit-il ; il prouve que tu es galant homme. Mais, puisque tu as vraiment un cœur de djouad (noble), sois généreux, pardonne à cet homme.

— A une condition, fit le caïd.

— Laquelle ?

— Il oubliera ce malentendu.

Akmet, sombre, semblait ne rien entendre, et il roulait des yeux menaçants de l'agah au chaouck, qu'il eût voulu étrangler.

Paul lui toucha l'épaule.

— Akmet ! dit-il.

Le Kabyle, interpellé par cette voix amie, reprit un peu de sang-froid.

— Akmet, répéta Paul, il faut m'écouter avec attention. Tu es irrité, tu sais qu'un Kabyle furieux ou un taureau affolé c'est la même chose ; tâche de ressaisir ta raison, la circonstance est grave.

Akmet fit un violent effort ; tous ses membres frissonnèrent sous la tension de sa volonté, et il parvint à se dominer.

— J'écoute, fit-il.

— C'est par suite d'un malentendu, dit Paul, que tout ceci est arrivé. Tu as eu tort de t'emporter si vite.

— Alors, fit Akmet avec défiance, que le caïd me prouve que je me trompais en me saluant maintenant, puisque c'est là le point de départ, la cause de cette querelle.

— Eh ! cadour, fit le caïd, pourquoi refuserai-je de *souhaiter un jour heureux* (salem) à un brave et digne garçon comme toi ?

— Alors, c'est vraiment un malentendu, fit Akmet ; je n'hésite plus à regretter mon emportement.

— Et, foi de Kabyle, tu ne m'en veux plus ?

— Pas le moins du monde. L'erreur reconnue n'existe plus.

— Qu'on le délie ! ordonna le caïd.

Le chaouck obéit. Akmet fut délivré.

Sa fierté satisfaite par le salut du chef, Akmet redevint l'homme tranquille et avisé qu'il était d'ordinaire.

— Sidi, fit-il, voilà une très-désolante méprise ; je suis désespéré.

— Sidi, fit Paul, reçois mes vifs remercîments, et crois-moi très-reconnaissante.

Le caïd eut un éclair d'espoir dans les yeux ; il pensa que la jeune Espagnole, gagnée par ses grandes manières, l'aimerait.

— Jeune fille, dit-il, assieds-toi ; j'ai à te parler.

« Toi, Kabyle, laisse-nous, et sois tranquille, cette enfant sera respectée. »

Akmet se retira.

Paul se trouva donc seul en face du caïd, plus épris que jamais.

— Mon enfant, lui dit celui-ci en venant s'asseoir près de lui, et en lui prenant les deux mains, je vais te faire une proposition que tu es libre d'accepter ou de refuser ; je m'y engage sur le Coran.

« Depuis longtemps je désire épouser une femme européenne.

— Quelle idée ! fit Paul.

Il ne s'attendait pas à cela.

— C'est un hommage à vos charmes.

— Mais, caïd, tu n'as pas, je suppose, pensé à moi pour cela ?

— Pourquoi donc ?

— Je suis une servante.

— Qu'importe, je ferai de toi une petite reine.

— C'est impossible.

— Pour quel motif ?

— Parce que je dois rejoindre ma maîtresse.

— Tu l'aimes donc bien?
— C'est ma bienfaitrice.
— Voilà un sentiment qui t'honore ; mais vas-tu sacrifier ton bonheur à la reconnaissance?
— C'est mon devoir, puis continuant :
— Sidi, fit-il, veux-tu me jurer de te taire sur un secret?
— Je te le jure. Et le caïd écouta, curieux.
— Je ne viens pas rejoindre la senora pour la servir, dit Paul, je viens près d'elle pour la sauver.
— Ah! ah! fit le caïd.
« Je comprends mieux cela.
« Mais tu vas courir des dangers.
— Eh bien, caïd, que peut-il m'arriver? N'es-tu pas là pour me secourir ou me venger?
— Chère petite, pour toi je ferai tout.
— Merci, caïd ; et Paul continua :
— Si je réussis, je reviendrai ici.
Le caïd était dans le ravissement.
Et dans son enthousiasme, il tira de son doigt une bague splendide.
— Tiens! dit-il:
« Voici mon gage. »
Paul, sans scrupule, accepta ce cadeau et le passa à son doigt.
Inutile de dire qu'il se fit baiser et rebaiser dix fois la main. Et dix fois, sur les instances du caïd, il promit de revenir pour se marier.
Le caïd nageait dans la joie.
Cependant, Paul demanda la permission de se retirer avec Akmet.
— Point du tout, fit le caïd, reste.
« Je veux te donner une fête ; tu verras une belle diffa, ensuite on fera une fantasia.
— Sidi, songes-y, objecta Paul, en m'affichant ainsi tu me perdrais. Saïda trouverait étrange que je fusse l'objet de pareilles démonstrations.
— C'est vrai, dit le caïd.
— Et le mieux est de te quitter ; notre rencontre a fait assez de bruit.
— Tu as raison, pars ; mais, avant...
— Tu veux un baiser? Prends-le.
Et Paul s'exécuta. Il tendit son front au caïd.
Celui-ci le baisa respectueusement, mais longuement et tendrement.
En lui-même Paul riait fort.
Le caïd appela Osman.
— Chaouck, dit-il, conduis hors de chez moi cette jeune fille ; que son guide lui soit rendu. Au revoir, Paquita.

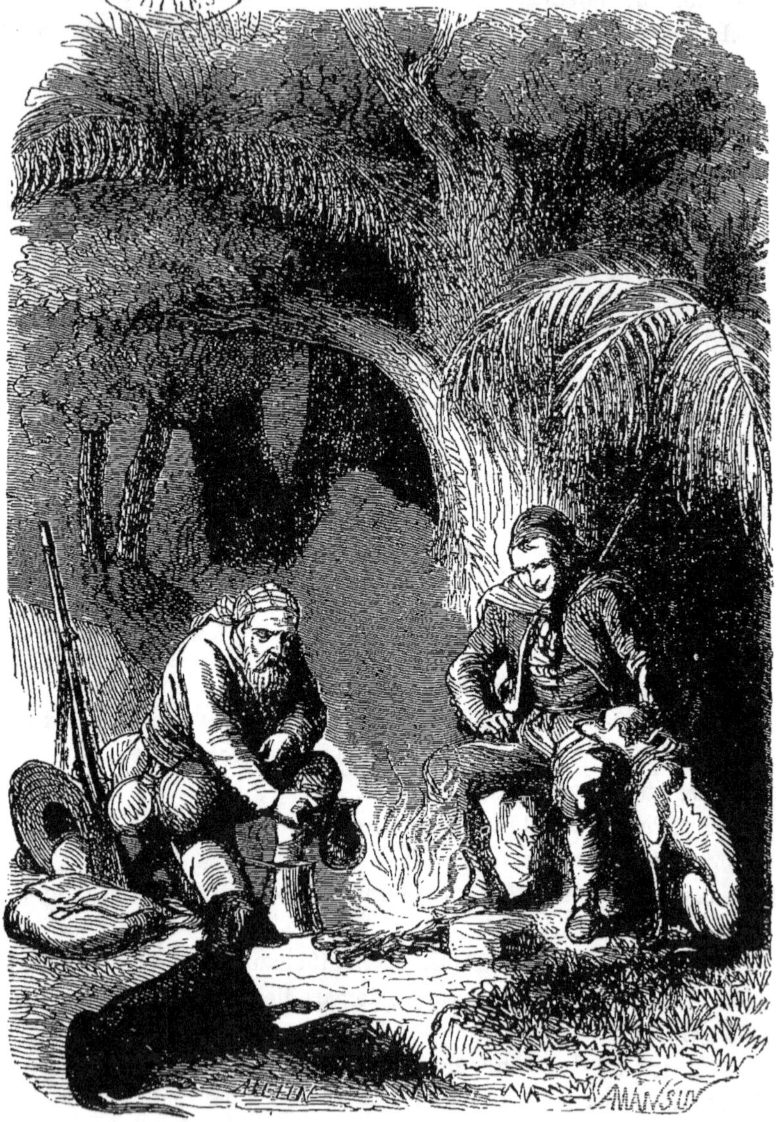

En un tour de main ils eurent préparé le café. (Page 271.)

— Au revoir, Sidi.

Et Paul, adroit jusqu'au bout, fit mine de partir à regret.

Et le chef arabe de dire, une fois seul :

— Elle reviendra.

Le chaouck accompagna les voyageurs jusqu'au caravansérail et se retira.

XLVIII

Proposition perfide.

Le baseh-chaouck n'était pas un imbécile, tant s'en faut.

Il revint vers son maître.

— Sidi, demanda-t-il, ton serviteur peut-il t'adresser une question?

— Oui, dit le caïd.

— Sidi, je désire savoir pourquoi tu laisses partir cette jeune fille?

— Le caïd sourit.

— Parce que, dit-il, elle reviendra.

Et il raconta ce qui s'était passé.

Les gens de police sont soupçonneux; le baseh-chaouck était défiant.

— Sidi, Allah me garde d'être d'un autre avis que toi sur cette fille.

— Cependant...

— Caïd, n'insiste pas; je serai muet.

— Et moi, je t'ordonne de parler.

— Eh bien, Sidi, à votre place, je ne laisserais pas arriver cet enfant à destination.

— Tu l'empêcherais de partir?

— Je ne dis pas cela. Mais je tiens d'abord à t'expliquer les motifs qui me font parler. D'abord, elle court des dangers de toute sorte en essayant de sauver sa maîtresse.

« Rien qu'à cause de cela, je voudrais lui épargner les risques qu'elle va courir.

« Elle peut être tuée d'une balle par Saïda dans un moment de fureur.

« Elle peut mourir sous la dent d'un lion ou d'une panthère.

« Enfin, Saïda peut l'aimer.

Le caïd dressa l'oreille.

— Aoo! fit-il, la sagesse parle par ta bouche.

— Sans compter, ajouta le baseh-chaouck, que la femme étant changeante, celle-ci peut ne plus vouloir revenir, quoiqu'en ayant l'intention, ce que j'admets pourtant volontiers.

— Osman, tu es vraiment de bon conseil; mais comment la retenir?

« Il me paraît difficile de l'empêcher de partir d'Ousda.

— Sans doute. Ton serment te lie.

« Mais je suppose que je prenne le chef de tes eunuques noirs; que je lui donne trente hommes; enfin, je supppose qu'il attaque en route le Kabyle, enlève la jeune fille et l'emmène.

— Où?

— Au douar de Si-Bakens, par exemple, là où tu es maître de toutes les tentes.

— C'est vrai. Ensuite...

— Ton eunuque maltraitera un peu la jeune fille et fera mine de vouloir la violenter; elle se réclamera de ton nom. L'eunuque fera semblant de ne pas te servir, bien entendu. Il sera censé être le chef du douar et ne reconnaître aucune autorité. La petite, très-effrayée, viendra se jeter dans tes bras avec reconnaissance.

Ce plan sourit fort au caïd.

— Allons, fit-il. Allah m'a donné un bon conseiller. Osman, je te donne ma jument blanche.

C'était un riche cadeau. Osman se prosterna aux pieds du maître.

— Va me chercher mon eunuque, dit celui-ci, et amène-le-moi.

L'eunuque vint. C'était un nègre; hideux bonhomme. Il avait cette mine farouche, ignoble et ridicule des gardiens de sérail, si connue de ceux qui ont visité l'Orient.

Il avait le physique de l'emploi qu'on lui destinait.

Le caïd lui donna ses ordres, et l'eunuque n'était pas homme à mal les exécuter.

Sûr de posséder bientôt sa Paquita, le caïd s'en fut à son harem.

Là, il eut une scène avec sa favorite, qui avait prévu ce qui se passait.

Le caïd, décidé à tout brusquer, malmena toutes ses femmes.

— Oui, leur dit-il; j'épouse une Européenne. Elle sera maîtresse ici.

« Que celles qui veulent leur dot et le divorce le fassent savoir. Je suis prêt à me séparer d'elles.

Mais toutes ces femmes tinrent à rester mariées au caïd.

Ceci ne les empêcha pas, selon la louable habitude des femmes, de récriminer et de faire des scènes à leur mari.

Le caïd prit un grand parti et un grand bâton. Il rossa son harem; et tout rentra dans l'ordre.

XLIX

Une rixe.

Akmet et Paul avaient été conduits au caravansérail; ils y trouvèrent de nombreux voyageurs.

Parmi ceux-ci, quelques-uns vinrent aussitôt à leur rencontre.

Il ne faut pas oublier que les gens de Saïda n'avaient pas encore commencé le cours de leurs exploits comme brigands de grands chemins; ils avaient donc liberté de se présenter à Ousda à titre de Beni-Snassenn.

Personne ne songeait à les inquiéter.

Ceux qui se présentèrent devant Akmet étaient des hommes de Saïda.

L'un d'eux dit au Kabyle :

— J'ai à te parler. Veux-tu me suivre ?

Le Kabyle toisa son interlocuteur.

Sans doute l'examen fut favorable, car Akmet dit à cet homme :

— Va, je te suis.

Ils sortirent tous deux. Paul demeura au caravansérail.

Aussitôt entouré par le reste de la bande, — une dizaine d'hommes, — il se vit l'objet de leurs regards et de leur curiosité ardente.

Cependant Akmet s'entretenait vivement avec celui qui l'avait emmené. Il lui avait demandé :

— Qui es-tu ?

L'autre, souriant, avait répondu :

— Mécaoud. Ce nom ne t'apprend-il rien ?

— Il était porté, il y a dix ans, par le lieutenant d'Elaï-Lasiri, le roi des chemins. Es-tu ce Mécaoud ?

— Oui.

— Alors tu es l'ami de Saïda ?

— Je suis son kalifat. (Kalifat, lieutenant.)

— Comment ? Qu'entends-tu par là ?

En faisant cette question, Akmet feignait d'ignorer la constitution de la bande ordinaire de Saïda en troupe de brigands permanente.

— Cela veut dire, fit Mécaoud, que je suis le bras droit du chef.

— Un amin a-t-il donc un second ?

— Non.

Avec mille circonlocutions habituelles aux Orientaux, Mécaoud finit par avouer que Saïda était devenu chef de brigands, et que lui, Mécaoud, était son lieutenant; toutes choses qu'Akmet savait aussi bien que lui.

Bien plus, Akmet jugea utile d'accepter les propositions de Mécaoud, qui avait fini par conclure :

— Sois des nôtres.

Akmet sourit.

— Ça va-t-il ? fit Mécaoud.

— J'hésite encore.

— Enfin, tu es ébranlé ? et en tout cas, tu nous suis ?

« Nous sommes venus en ravitaillement ici; nous nous en retournons vers la saga. Puisque tu es le guide de l'Espagnole, tu dois nous suivre. Nous t'escorterons jusqu'à la caravane, et nous vous défendrons sabre au poing.

Akmet était enchanté de la tournure que prenait l'affaire par cette intervention.

— Mécaoud, dit-il, tout est bien. Je suis des vôtres jusqu'à l'arrivée à la caravane, et, s'il faut me battre, je me battrai.

— Aaou (bravo)! Viens, l'ami.

Puis, se tournant vers Akmet :

— La petite a-t-elle un amour au cœur? demanda-t-il avec un visible intérêt.

Akmet vit d'où venait la question.

— Tu la trouves jolie? fit-il.

— Très-belle.

— Et tu l'épouserais?

— Pourquoi pas?

— Sois heureux. Elle n'aime encore personne.

— Kabyle de mon cœur, voici deux douros que je t'offre en signe de joie.

— Merci, fit Akmet. Et il empocha les deux pièces.

— On a raison, fit-il, de dire : généreux comme un voleur.

— A propos, continua Mécaoud, puisque cette petite ignore nos usages, laisse lui ignorer que nous sommes brigands, et ne lui dis pas surtout que j'ai fait partie de ce trop fameux *brouillard sanglant*.

— Quelle erreur! Elle raffolerait de toi.

— Allons donc!

— Les Européennes aiment les aventuriers. J'ai beaucoup observé ces femmes. Pour gagner leur cœur, il faut avoir fait des choses extraordinaires, des choses... »

Akmet chercha.

— Attends! fit-il. Elles appellent ça être ro... romanesque. Oui, c'est cela.

« Quand un homme est romanesque, il peut être assassin, filou, n'importe quoi; il est romanesque, ça suffit.

— Bon! fit Mécaoud.

« Mais explique-moi bien ce que c'est que d'être romanesque, cadour.

— Ah! voilà. C'est difficile : elles disent que romanesque signifie être brave, généreux, ami des aventures.

« Elles disent aussi chevaleresque. Ce n'est pas tout à fait la même chose.

« En tout cas, j'ai cru comprendre que romanesque signifiait surtout ne pas ressembler à tout le monde. »

Mécaoud contemplait Akmet avec admiration.

— Ami, dit-il, la fréquentation des Européens t'a appris bien des choses. Comment ne t'en sers-tu pas? A ta place, j'aurais déjà conquis le cœur de bien des femmes françaises.

— Aoo! C'est plus difficile qu'on ne croit.

Et Akmet poussa un soupir. Il pensait à sa marchande d'oranges.

— Rentrons, dit Mécaoud.

« Aussi bien, nous avons laissé cette enfant seule au milieu de mes drôles.

— Y a-t-il donc danger? fit Akmet.

— Oui et non. Des bandits sont bandits. Ils osent tout. Mais ils ont très-peur de moi.

Ils entendirent une rumeur.

— Hâtons-nous, fit Akmet. Tes hommes font des folies.

Ils pressèrent le pas.

L

Intervention.

Il était temps que Mécaoud arrivât.

Fidèle à son système, Paul s'était dit :

« Autant de brigands de moins, autant de moins à tuer pour le marquis. »

Et il avait commencé à semer la discorde parmi les Beni-Snassenn.

Ceux-ci comptaient, nous l'avons dit, un déserteur français et un Espagnol.

Il y avait aussi deux Riffains. Ceux-ci sont les plus féroces de tous les habitants du Maroc.

Les deux Riffains étaient de sac et de corde; très-hargneux, très-querelleurs. Ils avaient une jalousie déjà vieille contre les deux renégats européens. Le Français soutenait l'Espagnol.

Un jour que celui-ci allait être éventré par ses deux ennemis, il se jeta à son secours et le sauva; de là, entre eux, vive amitié. De là, aussi, haine des Riffains.

L'arrivée d'une femme avait mis la troupe en émoi; chacun faisait la roue.

Comme il ne s'agissait pas d'une marche de nuit, tous étaient bien vêtus.

Ils avaient de magnifiques burnous, des armes superbes, des bijoux. Ils paradaient.

Paul fit mine de distinguer l'un des Riffains qui, du reste, s'était mis en frais de galanterie et avait eu la gracieuse idée de lui offrir du café, pendant que son camarade présentait comme siège la selle dorée de son cheval.

Paul jugea qu'une œillade assassine ne ferait pas de mal, et il l'envoya. Le Riffain en fut tout fier.

Il dit à la jeune fille mille choses aimables... mais en langue marocaine. Et le Français de rire. Et l'Espagnol de hausser les épaules. Le pauvre Riffain ne parvenait pas à se faire comprendre.

Le Français se nommait Ragon; il avait soufflété un chef dans les rangs. Condamné à mort, il avait eu l'heureuse chance de pouvoir s'évader.

— Romez, dit-il à l'Espagnol. N'est-ce pas à crever de rire que de voir ce Riffain débiter ses bêtises? Cette pauvre enfant est assommée par les compliments de cet animal.

Il disait cela en français.

Paul saisit l'occasion :

— Je suis, en effet, très-embarrassée, dit-il, je ne saisis pas bien ce que me dit ce cavalier. Je suis heureuse d'entendre parler le français, que je comprends mieux que l'espagnol.

« J'ai été élevée dans une famille française, et je n'ai appris la langue de mon pays que depuis quelques années, au service de la senora Ritta. »

De cette façon, du premier coup, Paul écartait les soupçons que devait faire naître l'accent étrange avec lequel il parlait le castillan.

— Mademoisellle, dit le Parisien, je vous assure que vous ne perdez pas grand'chose à ne pas comprendre ce que dit cette brute. C'est d'un bête !

Paul eut un air de dédain pour le Riffain, qui en prit aussitôt ombrage.

— Que dit-il donc? fit Paul.

— Il vous trouve aussi belle qu'une pouliche blanche, et tout à l'heure il vous dira que vous êtes élancée comme la femelle d'un chameau coureur. Ce sont des compliments arabes.

Paul se mit à rire. Puis il écarta de la main le café que le Riffain lui offrait presque à genoux. En même temps il quitta la selle. C'était dire :

— Assez de vous.

Les Riffains ne s'y trompèrent pas.

Celui qui avait été le plus froissé était l'homme à la tasse de café.

— Là, le Français! dit-il. On dit du mal de moi. » Et il menaça le déserteur du poing.

— Qu'as-tu? fit celui-ci.

— Je t'accuse de dire du mal de moi à cette jolie fille, et je vais te clouer la langue au palais, sale renégat, dit le Marocain furieux.

— Essaie !

Puis à Paul :

— Vous allez voir, mademoiselle, un échantillon de la douceur de ces gaillards-là.

Il mit le couteau à la main. Déjà le Riffain s'était armé.

Paul fit mine de s'effrayer.

Les deux bandits se ruèrent l'un contre l'autre; le Riffain reçut un coup dangereux. Son camarade lui courut en aide. L'Espagnol se jeta devant lui. Nouveau combat. Aussitôt, dans la bande, chacun de tenir, qui pour les uns, qui pour les autres.

Les gens qui se trouvaient dans le caravansérail firent cercle, en curieux. Depuis deux ou trois minutes, les coups de couteau allaient leur train.

Tout à coup Mécaoud parut. Prompt comme la pensée, il saisit un fusil, et de la crosse frappa à tort et à travers, en criant d'une voix qui domina le tumulte :

— Assez, chiens! La mort à qui continue. Selim, je te brûle le crâne si tu ne cesses; j'aurai ta vie, Crani, si tu ne finis pas. Arrière, tous!

La lutte cessa comme par enchantement.

Mécaoud avait les bonnes traditions des bandes de brigands. On le savait. Pour un oui ou un non, il vous faisait sauter le crâne d'un homme. La bande, séparée en deux, garda le silence devant ce maître homme.

Paul examinait le célèbre brigand.

Il était grand, svelte, élégant, noble d'allure et de tête.

Il était un des types les plus distingués de djouad (noble) qu'on pût voir.

— Voilà bien, pensa Paul, l'idée que je m'en étais faite.

Car on avait beaucoup parlé devant lui du célèbre lieutenant d'Élaï-Lasiri.

Mécaoud demanda :

— Qui a commencé?

— Lui! fit le Français, et il désigna le Riffain râlant.

— Lui! s'écria le camarade de celui-ci; et il montrait le déserteur.

Mécaoud était un sage. Il jugeait comme Salomon.

Regardant tous ses hommes, il dit :

— Je veux la vérité. Il m'importe de savoir qui a provoqué l'autre ; la langue ne tue pas. Je demande qui, le premier, a tiré le couteau hors de la ceinture.

— Lui! répéta le Français. Et personne n'osa démentir cette vérité.

Mécaoud écarta le burnous du mort et vit son ventre ouvert et ses intestins perforés.

— Perdu! fit-il. C'est bien. Sans cela, mon pistolet lui eût parlé.

Puis il dit :

— Disputez-vous. Injuriez-vous, mais ne tirez jamais le couteau. Votre vie n'est plus à vous quand une expédition est en voie d'exécution. L'expédition finie, assommez-vous à votre aise. Et maintenant... la paix.

On ne souffla plus un mot.

Mécaoud dit alors à un nègre qui était, pour lui, un serviteur, après avoir été affranchi de l'esclavage :

— Fais à cette jeune fille une tente qui la sépare de tout ce monde.

Puis il s'approcha de Paul.

Celui-ci comprit qu'il allait avoir à jouer serré avec un pareil homme.

LI

Un djouad.

Mécaoud était un homme bien élevé.

La politesse des grands seigneurs arabes était autrefois célèbre dans le monde entier ; elle s'est conservée dans les familles nobles.

Ces familles portent le nom de familles de *grandes tentes*.

De même on dit en Europe : les grandes maisons.

Les deux bandits se ruèrent l'un sur l'autre. (Page 295.)

Mécaoud descendait, en droite ligne, d'une des meilleures familles d'Algérie.

Il s'était fait brigand.

Ruiné, pauvre, dénué de tout, forcé d'être l'écuyer de son oncle, — car ce poste d'écuyer existe encore en Afrique comme il existait en Europe au moyen âge, — n'ayant qu'un mauvais cheval, un mauvais fusil, en raison de l'avarice de son parent, ne se consolant que par de nombreux succès de femmes qui finirent par le blaser, Mécaoud s'était lassé.

Un jour, il avait proposé ses services au fameux Elaï-Lasiri.

Puis il était devenu son kalifat à la place d'Ali, devenu amin des Traras.

Mécaoud, avec beaucoup de galanterie, vint offrir sa main à Paul :

— Senora, lui dit-il en français, permettez-moi de vous conduire à l'ombre.

Et il emmena la prétendue jeune fille sous les arcades intérieures.

Sur un signe, des coussins furent entassés, et Paul s'assit moelleusement.

— Monsieur, dit Paul, je vous remercie vivement de votre courtoisie. Puis il ajouta :

— Il vient de se passer une scène très-désolante ; j'en suis navrée.

Mécaoud sourit.

— Mademoiselle, dit-il, consolez-vous ; nous n'avons eu qu'un mort. Les blessés s'en tireront. Du reste, je commande une troupe d'aventuriers romanesques ; et il observa Paul, pour apprécier l'effet de ce mot sur lui. Puis il continua :

— Ces gens-là se soucient peu de leur vie ; ils me ressemblent en ce point.

Paul, intrigué, dit :

— Romanesques ! vos hommes sont romanesques ?

— Oui, fit Mécaoud.

« Oui, mademoiselle, ils sont romanesques : mais moi, leur chef, je suis plus romanesque qu'eux. »

Paul avait fort envie de rire.

Il pensait que l'Arabe employait ce mot, mal prononcé du reste, sans en comprendre le sens, et il comprimait difficilement son hilarité.

Mécaoud était enchanté. Il croyait avoir produit un grand effet.

— Nous sommes, dit-il, des chercheurs d'aventures ; nous tenons à ne pas ressembler au commun des hommes et nous avons une vie extraordinaire. Enfin, pour ma part, je m'attache à être très-chevaleresque. »

Cette façon naïve de se louer faisait l'admiration de Paul.

— Voilà, pensait-il, un gaillard qui ne se donne pas de coups de pied dans les chevilles. Et tout haut :

— Monsieur, dit-il, du premier coup j'ai vu à qui j'avais à faire.

Mécaoud se rengorgea.

Paul voulait profiter de la déclaration du kalifat pour l'arrêter dans les tentatives possibles, qui eussent pu aboutir à la découverte de son sexe.

— Monsieur, lui dit-il, vous vous déclarez chevaleresque, il faudra le prouver.

— J'en saisirai toutes les occasions ! dit Mécaoud avec un chaleureux empressement.

— Vous savez ce que signifie le mot chevaleresque ; vous en saisissez la portée ?

— Oui, fit Mécaoud. Il parlait à tout hasard.

— Vous savez que l'homme chevaleresque sert les dames avec dévouement ?

— Je vous servirai.

— Il faut être désintéressé ?

Mécaoud eut un geste superbe. Il s'écria :

— Peut-il être question d'argent avec les femmes, si ce n'est du côté de l'homme ? C'est bon pour des Français, de demander des dots aux jeunes filles.

— Par désintéressement, dit Paul, j'entends autre chose que le mépris de l'argent.

— Quoi donc ?

— Une femme paye un service par un sourire, un baiser, un compliment.

« Un homme chevaleresque, jusqu'au jour où la femme lui dit : Je t'aime ! ne doit réclamer aucune réponse de ses soins. Et pour qu'il soit bien prouvé qu'il est réellement chevaleresque, la femme doit être avec lui très-rigoureuse et très-retenue. »

Mécaoud fit piteuse mine.

Paul lui dit alors :

— Ah ! ah ! je l'avais bien pensé. Vous ne saviez pas ce à quoi vous vous engagiez tout à l'heure, monsieur.

Mécaoud protesta. Il était la fierté même.

— Détrompez-vous, dit-il. Je connais tout cela.

— Et vous vous conformerez aux engagements pris ?

— Parfaitement.

— Vous saurez attendre ?

— Oui.

— Une jeune fille est libre de son cœur ; j'aurai le droit d'être coquette.

— Coquette ?

— Cela veut dire que pour vous éprouver, je me permettrai, si bon me semble, de faire quelques agaceries à d'autres hommes.

Mécaoud pâlit. Paul lui dit :

— Vous hésitez ?

— Non ! fit-il.

— A la bonne heure.

— Mais..., demanda Mécaoud..., après l'épreuve ?

— Quand elle aura été prolongée à mon gré je vous épouserai. Je vous donnerai un amour fidèle et tendre, que vous aurez bien mérité.

Mécaoud rayonna. Mais le naturel arabe reprit soudain.

— Ecoute, jeune fille, dit-il, je consens à tout ce que tu demandes. Mais si dans trois mois tu n'es pas ma femme, et si tu n'es pas vierge en m'épousant, je te coupe le cou comme à une poule.

Et il se retira.

Arrivé près d'Akmet, qui courait avec les gens de la bande, il lui dit :

— Il est fort ennuyeux d'être chevaleresque, romanesque, et galant à la française. Tu m'as embarqué sur un mauvais chemin, et cette petite me tient.
— Sidi, j'ai fait de mon mieux.
— Tu vas me rendre service, n'est-ce pas ?
— Volontiers. Que faire ?
— Va près de l'enfant. Parle-lui de moi.

Akmet s'empressa d'aller trouver Paul, et tous deux en tapinois, rirent des prétentions romanesques et chevaleresques de ce pauvre amoureux arabe.

Quand à Mécaoud, il était enchanté.

Toutefois, il ne se dissimulait pas que la conquête de cette femme lui serait difficile, et qu'il n'allait pas en triompher de si tôt ; mais il se résignait volontiers, trouvant un charme inexprimable à faire sa cour, à soupirer, à se résigner, à savoir attendre.

Le véritable amour, l'amour français, l'amour qui veut l'âme plus que le corps, s'était saisi de lui, le dominait, le fascinait.

Il s'en allait donc dans les meilleures dispositions du monde.

Dehors, il est abordé par une très-vieille femme qui lui demande l'aumône.
— Tiens ! dit-il.

Et il lui remit un douro.

Cinq francs !

Quelle aubaine !

La vieille sourit et dit :
— Pareille générosité vaut bien un bon avis, n'est-ce pas, sidi Mécaoud ?

Le jeune homme regarda la vieille avec une attention soutenue.
— Aoh ! fit-il. Que tu me sembles une singulière mendiante, ma chère mère. Tu as des rides bizarres.

« Là là où. Ne serais-tu pas une jeune fille ainsi déguisée, par hasard ?

La vieille sourit ; mais elle dit :
— Tu es plus perspicace que les chaoucks du caïd qui me cherchent.
— Ah ! l'on te cherche ?
— Oui.
— Et qu'as-tu fait ?
— J'ai volé l'agha.
— C'est très-bien, cela ! Que lui as-tu pris ?
— Ses bijoux.
— S'il te reprend...
— Il me fait couper le cou. Mais ce n'est pas Mécaoud, l'ex-kalifat d'Elaï-Lasiri, chef sous Saïda d'une bande de saracqs (voleurs), ce n'est pas Mécaoud qui me livrera.

« Je suis du reste un jeune homme de bonne tente comme lui.
— Ah ! tu es un homme ?

— Oui.
— Tu es djouad?
— Je suis de grande tente.
— Très-bien! Mais qui t'a dit tant de choses sur mon compte, mon cher ami?
— On devine, quand on est fin.
— Et tu veux de moi?
— Que tu m'emmènes.
— Où?
— Où tu vas.
— Je vais un peu partout.
— Moi aussi.
— Notre métier te plaît?
— Beaucoup.
— Comment sortiras-tu?
— Ceci me regarde. Je désire seulement savoir de toi quel chemin tu vas suivre?
— Celui du Sud.
— Bien.
— Tu ferais peut-être mieux de te présenter aux portes avec moi.
— Non, je ne veux pas partir sans me venger. J'avais pour maîtresse une femme mariée qui m'a quitté pour Osman.
— Le chef chaouck?
— Lui-même. Il est plus riche que moi.
« Elle l'a reçu parce qu'il lui a offert une écharpe de soie or et argent. Elle sera punie.
— Comment?
— Elle va mourir!
— Tu la tueras?
— Que non.
— Mais parle donc!... Tu m'intrigues.
— Je vais la faire tuer par son mari, et en même temps je ferai tuer aussi l'amant, et du même coup je me sauve.
— Au revoir, donc; si tu fais tout cela, tu es un maître homme.
— A demain.

Et Ibrahim, c'était lui, s'en alla marmottant son chapelet arabe avec ferveur.

Mécaoud se promena rêveur, et dormit peu cette nuit-là.

Paul dormit bien, lui.

Akmet fut inquiet.

Il couchait à portée de la tente de son ami, prêt à lui porter secours.

Mais sauf un grand trouble dans la ville, lequel ne regardait point les voyageurs, tout se passa fort paisiblement au caravansérail.

Disons en deux mots qu'Ibrahim avait tenu parole :
Osman avait été tué par le mari trompé, et la populace avait écharpé la femme.

LII

Départ.

Lorsque les clameurs de la foule avertirent Mécaoud qu'il se passait en ville une exécution d'adultères, il commanda à ses hommes de ne pas bouger.

— Sachez, mes enfants, dit-il, qu'un bon brigand est l'homme du monde le plus désintéressé de tout ce qui se passe dans une ville ou ailleurs, à moins qu'il n'ait quelque chose à y perdre ou à y gagner.

« Or, ici, nous n'avons aucun coup à faire ; je ne veux pas vous compromettre dans Ousda.

« Au milieu de ces troubles, on vole, on pille toujours un peu, et je vous connais. Un coup de couteau ici, là un coup de pistolet. Je ne veux pas vous exposer à la tentation. »

Et, après ces sages paroles, il imposa le sommeil à tous les siens, qui demeurèrent cois.

Le lendemain, à l'aube, on hélait Paul. Il s'habilla prestement.

Déjà la caravane était prête. Les bandits avaient très-bel aspect ; tous gens de guerre émérites, bien équipés, bien montés, bien armés, ils avaient une attitude superbe.

Mécaoud, en tête, montrait toutes les grâces d'un cavalier consommé.

Il faisait caracoler sa bête, une jument pleine de feu et de vigueur ; il l'éperonnait du pied, la maintenant de la main : bref, il se livrait à ces manéges d'écuyers qui veulent se faire remarquer.

Il descendit lui-même de cheval quand il aperçut la fausse Paquita, vint lui tenir l'étrier pour qu'elle enfourchât sa monture, et il recommença ses caracolades tout en donnant ses ordres.

Mais il avait affaire à forte partie, et Paul, à son tour, émoustilla sa bête.

Le jeune homme avait toute l'habitude des Arabes, et de plus une excellente éducation européenne donnée par un fin chasseur d'Afrique. Il émerveilla les bandits.

Mécaoud vint complimenter Paul après la sortie de la ville, qui se fit sans encombre.

— Aaou ! Aaou ! fit-il. Voilà qui est bien. Vous êtes un parfait cavalier, mademoiselle.

— J'ai été très-jeune accoutumée à monter à cheval, dit Paul d'un air modeste. Et il fit mine de rougir, de baisser les yeux, comme s'il eût montré trop de hardiesse ; il dit d'une voix un peu troublée :

— Vous n'imaginez point, sidi Mécaoud, le plaisir que j'éprouve à être ainsi déguisée en homme, avec le burnous de ce mort sur le dos. Il me semble que je ne suis plus une femme, frêle créature destinée à l'oppression.

« Oh! si j'étais homme! »

En ce moment, on n'était pas encore à cent pas hors des portes.

Un homme se leva de derrière une broussaille, puis il attira un cheval à lui.

Cet homme monta sa bête, qui, du reste, était très-belle, et se mit à suivre la troupe. Il ne dit pas un mot.

C'était Ibrahim.

Les bandits causaient entre eux.

— Quel est celui-ci? D'où vient-il? Pourquoi est-il avec nous?

Mécaoud fit un geste. Tous se turent. On mit les chevaux au trot.

C'était une politesse de Mécaoud pour Ibrahim, qu'il éloignait le plus vite de la ville.

On fit une lieue environ très-rondement, et la course se ralentit.

On prit le pas.

Alors Ibrahim vint, souriant, saluer Mécaoud, et il fut alors reconnu par Paul. Celui-ci fronça le sourcil. Akmet, de son côté, serrait les poings.

— Sidi, me voilà à tes ordres! dit Ibrahim après les salamalecs habituels.

« Mais permettez-moi de m'excuser auprès de cette charmante personne. » Il désignait Paul.

— Aoh! aoh! dit Mécaoud. Tu as donc l'œil de lynx. Tu reconnais cette jeune fille sous son déguisement?

— Il était facile de penser que, devant rejoindre Saïda, cette *demoiselle* se joindrait à une troupe de serviteurs de l'amin, puisqu'il y en avait une à Ousda; du reste, voici le Kabyle Akmet que je connais. Et il ajouta :

— Je vous prie, mademoiselle, d'oublier ce qui s'est passé chez le caïd d'Ousda. Je vous voyais de si beaux yeux, que je sentais mon influence perdue si vous épousiez le caïd, et je me suis défendu du mieux que j'ai pu.

« Ne vous en prenez qu'à vos charmes, qui m'ont alarmé, et à l'intelligence que j'ai devinée en vous, de l'ombrage que vous m'avez porté et qui m'a déterminé à vous suivre. »

Puis à Akmet :

— Quant à toi, Kabyle, je n'ai jamais vu si brave compagnon, si vaillant serviteur. Tous mes compliments.

Akmet oublia vite.

Paul avait plus envie de rire que de se fâcher, il tendit sa main à Ibrahim.

Celui-ci baisa sérieusement le bout des doigts du jeune homme.

Cependant la troupe semblait étonnée, et Mécaoud lui devait quelque explication. Il présenta Ibrahim.

— Camarades, dit-il, voici Ibrahim. C'est ce gentil garçon qui a su sauver sa tête hier et emporter la cassette du caïd. Homme de précaution, vous voyez. De plus, il a fait tuer Osman, son rival, et aussi Aïcha, qui le trahissait.

« Il a de l'instruction, ce qui manque à beaucoup des nôtres; Saïda, j'en suis sûr, accueillera notre nouvel ami avec distinction et en fera un sous-kalifat, je le parierais. »

Déjà de gais sourires se dessinaient sur les lèvres des guerriers; Ibrahim se vit bien accueilli.

Mais il changea bientôt la sympathie en un enthousiasme bruyant.

Il prit une bourse et la montrant aux bandits :

— Camarades, dit-il, cette nuit, j'ai pensé que je vous devais une bienvenue.

« J'ai rencontré sur le rempart une sentinelle dont je savais la ceinture bien garnie, et, grâce à un coup de tête de ma façon je l'ai *soulagée* de ce gracieux mahomet plein d'or. Il est à vous. »

Il remit le porte-monnaie à l'un des brigands, et le partage se fit séance tenante.

C'était d'une générosité princière.

— Aaou! crièrent les bandits. Vive Ibrahim!

Et ils entourèrent leur nouveau compagnon, lui faisant mille caresses.

Pendant qu'Ibrahim recevait cette ovation, Paul se rapprochait de Mécaoud.

De temps à autre la conversation entre eux prenait la tournure européenne; d'autres fois elle avait l'allure arabe avec le tutoiement obligé.

— Sidi, demanda Paul, ne trouves-tu pas que le nouveau-venu est bien reçu?

— Très-bien! dit Mécaoud.

— Trop bien, n'est-ce pas?

— Pourquoi voir d'un mauvais œil l'accueil qui est fait à ce très-brave garçon?

— Ah! Mécaoud, quel cœur loyal vous êtes. Vous ne soupçonnez donc pas la trahison?

— Vous m'inquiétez, mademoiselle, puis réfléchissant :

— En effet, dit-il, je comprends. Ce garçon est adroit. Il cherchera à me supplanter.

— Bravo! dit Paul. Vous commencez à voir clair.

Et il reprit :

— Je sais, moi, que c'est un intrigant des plus pervers et des plus habiles!

— Un noble! fit Mécaoud.

— Oh! dit Paul, noble si l'on veut. Ce n'est pas un djouad, un fils des soldats conquérants du Magreb, comme tu es, toi.

Mécaoud se redressa. Paul reprit :

— Ce n'est pas non plus un shérif, fils de cheurfos, parent du prophète par sa fille ou ses oncles. C'est un enfant d'une tente *agrandie*, et non point d'une grande tente.

— Aoh! salem à toi! Tu m'émerveilles. Comme tu sais des choses arabes!

Et grâce à un coup de tête de ma façon. (Page 304.)

Paul sourit et reprit :

— Les ancêtres d'Ibrahim sont des talebs (savants); ils n'ont cessé d'être kodjas (secrétaires). Cette famille s'est enrichie des bienfaits des djouads; mais elle n'est pas de race. Ibrahim a appris des siens les voies tortueuses et basses par lesquelles on devient favori. Garde à toi. Saïda est ombrageux.

— Je le sais.

— Que feras-tu !

— Si Saïda me gêne, je verrai à culbuter Saïda ! dit Mécaoud.

— Oserais-tu ?

— Si j'oserai... Tu verras, jeune fille.

— Alors, je t'admirerai. Car Saïda est un rude homme, et le vaincre n'est pas d'un vulgaire ambitieux.

Le pauvre Mécaoud était ainsi au plein pouvoir de maître Paul, qui lui soufflait l'ambition, la révolte, l'envie, la colère dans l'âme.

Mécaoud était aveuglé.

Paul l'irrita encore davantage contre Ibrahim, en disant au lieutenant de Saïda :

— Du reste, il cherche à être votre rival de toute façon.

— Il vous aimerait, mademoiselle ?

— Pourquoi pas ?

— S'il lève les yeux sur vous, je lui fais sauter le crâne sur-le-champ.

En ce moment, Ibrahim s'approchait.

— Lieutenant, dit-il, j'oubliais de te dire que nous allions être attaqués bientôt.

— Ah ! fit Mécaoud défiant.

« Par qui ?

— Par l'eunuque du caïd.

« Il a trente cavaliers.

« Je l'ai vu passer avant le jour avec sa troupe, et j'ai entendu les guerriers qui disaient entre eux :

« Si l'on ne dresse pas une bonne embuscade, ce sera chaud, car les hommes de Saïda sont des Beni-Snassenn, et ils se battront bien. »

— C'est donc à nous qu'on en veut réellement ? fit Mécaoud ; il n'y a pas à douter. Mais pourquoi cette attaque ?

— Pour reprendre Paquita.

— Pourquoi, alors, la laisser partir ?

— J'ai réfléchi à cette contradiction. Je me l'explique ainsi :

« Le caïd veut peut-être avoir l'air de sauver la jeune fille d'une captivité. L'eunuque jouerait le rôle de chef de brigands en cette circonstance. »

Mécaoud flottait. Qui croire ?

Mais Paul avait rapproché sa jument, et il avait tout entendu.

— Ibrahim dit vrai, fit-il. Ce doit être là le plan du caïd.

Dès lors, ce fut l'avis de Mécaoud aussi.

Ibrahim reprit :

— J'ai compris que l'affaire se passerait assez loin de la ville d'Ousda. Il ne faut pas de scandale aux portes.

— N'importe ! nous allons prendre nos précautions, d'autant mieux que Selim m'a également prévenu.

Et Mécaoud donna ses ordres.

Deux cavaliers, à mille pas en avant, battirent l'estrade à tour de rôle.

Il eût été difficile de cacher une embuscade à ces deux argus.

L'on fit ainsi près de trois lieues.

On ne découvrit rien encore.

C'est que l'eunuque avait voulu se trouver rapproché du territoire du douar ami du caïd, où il devait jouer sa comédie d'enleveur de femmes.

Et ce territoire était assez distant de la ville.

Une fois sur son terrain, l'eunuque avait fait préparer le piège.

Mais, de loin, il vit que deux cavaliers battaient l'estrade en avant de la troupe de Saïda ; il comprit qu'il n'y avait rien à leur cacher.

Changeant aussitôt d'allure, il dit aux siens qu'il fallait aller de l'avant.

— Nous aurons l'air, dit-il, d'aller notre chemin très-pacifiquement. Quand nous serons à portée de ces gens-là, nous les chargerons tout à coup. Pas de coups de feu. Le caïd veut la fille vivante et bien portante.

Puis il ajouta :

— Celui qui reculera aura la tête tranchée en rentrant à Ousda. Ceux qui se battront bien auront dix douros et un burnous neuf de récompense.

Menace et promesse d'un effet magnifique. La troupe se promit de faire vaillamment son devoir en cette circonstance. C'était, du reste, une élite.

Mais, d'autre part, quand on commença à entrevoir les trente cavaliers, du côté de Saïda, on se tint prêt à une défense énergique.

— Les voici ! dit Mécaoud. Ils viennent d'un air tranquille, comme une troupe paisible qui escorte un chef. Ils pensent nous surprendre. C'est nous qui ferons feu sur eux les premiers et qui les surprendrons.

Puis à Paul :

— Mademoiselle, retirez-vous en arrière, à la garde de votre Kabyle.

— Moi ! fit Paul. Non pas. Je me bats.

Puis, jetant son burnous :

— Il faut qu'on me voie. Ils me veulent. Ils n'oseront tirer, crainte de me toucher ; je serai votre bouclier.

— Quelle brave fille ! murmurait Mécaoud.

Et Ibrahim, gagné par l'admiration, se dit :

— Aao ! voilà une crâne fille.

Il commença à se sentir un commencement de vive sympathie pour la fausse Paquita.

On essaya en vain de faire renoncer Paul à son projet.

— On se bat pour moi, dit-il, je veux en être.

Et il prépara ses armes. On dut le laisser faire.

Les bandits étaient dans l'admiration. C'étaient, du reste, des hommes d'une indomptable bravoure.

Mais l'attitude de Paul les rendit réellement frénétiques. Le jeune homme les vit, ardents, se préparer à une lutte sans merci.

Bientôt ces deux troupes furent tout à fait en vue l'une de l'autre. Le danger devenait imminent.

LIII

Le combat.

Il y a toujours au moment d'engager un combat, un instant d'angoisse, même dans le cœur des plus braves; il se fait, dans une troupe qui va se battre, un moment de solennel silence.

Chacun réfléchit.

Il se passe dans la poitrine de chacun une lutte entre l'instinct de la conservation, qui est inné, et que l'ardeur d'un tempérament sanguin ou la volonté énergique peuvent seules dompter.

La longue habitude du péril finit par donner, soit au tempérament, soit à la volonté, une telle supériorité sur l'instinct de la conservation, que celui-ci se révolte à peine dans certaines âmes de soldat.

Ceux-là sont rares.

Le fanatisme ou le dévouement, un sentiment porté à l'extrême, peuvent aussi faire évanouir toute peur, et c'est pourquoi l'on voit des peuples mourir en masse aux grandes époques d'enthousiasme.

Mais quand la minute qui précède l'engagement commence, il y a toujours au moins quelques secondes de révolte dans les cordes basses de l'être qui frémissent au vent de mort soufflant dans l'air.

Les Arabes, qui bien plus souvent jouent leur tête, ont bien plus que nous observé les luttes de la peur et de la volonté.

Ils ont une expression fort belle pour peindre l'homme que rien ne démonte, qui conserve son sang-froid, et qui regarde sans frémir le danger face à face.

Ils disent de ce guerrier : Il sait tenir son âme.

Mécaoud, de tous, était certainement celui qui s'était le plus battu.

Du temps où il était chef en sous-ordre du *brouillard sanglant*, il n'y avait pas de nuit où il ne fît quelque razzia dangereuse.

Aussi à peine voyait-on son front se contracter, sa lèvre se plisser, lorsque l'ennemi était à portée ; très-tranquille, il observait ses hommes.

Tout vaillants qu'ils fussent, les uns étaient légèrement pâles, les autres un peu rouges, et Ibrahim était presque livide.

— Holà ! jeune homme, dit-il à ce dernier, viens près de moi, je te prie.

— Pourquoi? demanda Ibrahim.
— Pour que je te montre ta figure.

Mécaoud avait, comme tout Arabe élégant, un petit miroir français avec lequel il pouvait arranger sa moustache et lui conserver son pli vainqueur.

— Tiens! dit-il à Ibrahim, regarde-toi bien. Tu es couleur de haïque (blanc).

« Il faudra dompter ça, cadour, puisque tu es brave.

Ibrahim se regarda dans le miroir fort tranquillement.

— C'est singulier! dit-il, je suis pâle. Cependant je n'ai pas l'ombre d'une peur, mon visage ment.

Et montrant l'eunuque qui marchait en avant de ses cavaliers, il dit :

— Tu vois l'eunuque?

« Je t'apporterai sa tête. »

Paul et Akmet s'étaient rapprochés.

— Il paraît, dit Paul, qu'il y a un pari?

— Oui, mademoiselle, fit Ibrahim.

« Il s'agit de vous présenter la tête de cet eunuque tout à l'heure au bout d'un yatagan.

— Et, fit Mécaoud, je prétends que ce yatagan sera le mien !

— Tandis que j'espère que ce sera le mien ! dit Ibrahim en saluant.

Paul se mit à rire.

— J'ai, dit-il, une drôle d'idée !

— Laquelle? demandèrent avec empressement les deux rivaux inquiets.

— C'est que ni l'un ni l'autre, peut-être, vous n'aurez cette tête. Et je pense à la figure que vous feriez tous deux, si un troisième parieur tranchait le différend.

Se tournant alors vers la troupe :

— Compagnons, dit-il, on se défie à qui coupera la tête de l'eunuque. Celui qui fera ce beau coup aura les armes et le cheval du mort. Est-ce entendu, sidi Mécaoud?

— C'est convenu.

Et contenant ses hommes :

— Pas de cris! dit-il. Par Allah ! ne donnons pas l'éveil !

« Quand je lèverai mon doigt en l'air, vous vous placerez lestement en ligne, et vous tirerez tous à la fois sur l'ennemi. Mais ménageons l'eunuque. Il ne faut pas l'abattre d'une balle. »

L'on continua d'avancer. Le pari avait triplé l'ardeur de tous.

Sans bruit, sans gestes vifs, les bandits préparaient leurs pistolets.

On était à bien courte distance quand Mécaoud, devinant que l'eunuque allait agir, le devança en étendant brusquement la main.

En un clin d'œil, tous les saracqs se trouvèrent sur une seule ligne.

Avec une discipline et un ensemble parfaits, les bandits exécutèrent cette manœuvre.

Se sentant deviné, l'eunuque donna précipitamment son signal à son tour.

Par malheur pour lui, ses hommes étaient bien moins préparés ; puis ils avaient compté surprendre l'ennemi, et voilà qu'ils étaient surpris par lui.

De plus, où était la femme ? Impossible de la distinguer ; devant eux, rien que des hommes.

L'eunuque avait espéré qu'à force de s'approcher, il finirait par distinguer Paquita. Impossible.

Il avait compté qu'on la mettrait en arrière ; tout le monde était en ligne.

Il était troublé. Tout à coup, alors que sa troupe tourbillonnait pour se déployer, la décharge des saracqs (voleurs) eut lieu terriblement meurtrière, car elle jeta bas sept hommes ; les coups avaient porté dans une masse.

En un instant les bandits, enlevant leurs chevaux, s'étaient lancés en avant.

Ils tombèrent, le pistolet en main, sur leurs adversaires, tirant à dix pas, — plus ou moins ; — ils guidaient leurs chevaux avec les genoux.

Ils essuyèrent, il est vrai, des coups de fusil à leur tour ; mais le feu était mal assuré, précipité ; il manqua presque complétement son effet.

Au lieu de perdre du temps à replacer leurs pistolets dans les fontes, les hommes de Mécaoud les jetaient sur l'ennemi au hasard, ce qui, parfois, fait baisser la tête à quelques hommes et fait gagner du temps.

Ils avaient le yatagan suspendu au poignet ; ils chargèrent à l'arme blanche.

Tous coururent sur l'eunuque.

L'eunuque sentit bien qu'on en voulait à lui particulièrement.

— Je suis perdu ! se dit-il.

Quinze au moins des siens jonchaient le sol, et les sabres des bandits entaillaient le survivants avec une vigueur inouïe qui épouvantait les Ousdiens.

L'eunuque avait un excellent cheval : il songea qu'il lui fallait fuir.

Mais les bandits étaient tous supérieurement montés ; on sait que les hommes de Saïda étaient de grands voleurs, et ce qu'ils enlevaient le plus volontiers, c'étaient les chevaux dans les camps français et marocains.

Comme le cheval est le sauveur du cavalier, tous avaient soin de garder la meilleure monture possible ; aussi luttait-on *ex æquo*, à peu près.

Pas un de ces saracqs qui n'eût une bête de très-haut prix.

L'eunuque tourna bride.

Les autres Ousdiens tirèrent de l'aile au plus vite, se groupant autour de leur chef ; ils espéraient former ainsi une troupe assez compacte et se défendre mieux s'ils étaient atteints.

Paul, avec un très-beau calme, avait bâti un plan pour prendre l'eunuque.

Il remarqua que deux saracqs étaient tués, et il vit leurs chevaux avec eux sur le terrain.

Il choisit de l'œil celui qui lui parut le meilleur et courut à lui. Suivant la méthode arabe, il l'attira par un sifflement et l'arrêta par un commandement guttural.

Le cheval, accoutumé du reste à marcher en troupe, et très-docile, comme le sont en général ceux qui vivent continuellement en bandes, se laissa saisir.

Paul le tint en laisse, la poursuite se dessina.

Le jeune homme mit toute son adresse à ne pas trop fatiguer ses deux chevaux.

Il parvint à se maintenir de très-près en arrière de la troupe des saracqs.

Ceux-ci talonnèrent bien vite les moins bien montés des Ousdiens, et sabrèrent en passant; on expédia ainsi un, puis deux, puis cinq, puis six de ces malheureux, qui alors comprirent qu'en se tenant ensemble ils seraient massacrés peu à peu, car aucun de ceux qui sentaient du souffle à leurs montures ne s'arrêtait pour défendre le camarade dont la bête s'attardait. Donc ils firent l'éventail.

Cela leur réussit, d'autant mieux que tous les saracqs s'acharnèrent à l'eunuque.

Celui-ci faisait voler son coursier, qui sortait des écuries du caïd, et qui était le second des *buveurs d'air* de celui-ci; c'était un animal superbe.

Peu à peu, les bandits sentirent que le fuyard les lasserait et les devancerait. L'atteindre était une question de fond.

Paul, qui avait bien ménagé ses chevaux, ce que les Arabes, trop ardents, ne savent jamais faire, commença à éperonner vigoureusement celui qu'il montait.

Il y avait en laisse une bête presque fraîche, peu fatiguée, puisqu'elle n'avait rien eu à porter; il calcula qu'il pouvait faire d'abord un grand effort et crever son porteur en gagnant beaucoup d'avance.

Il le lança donc.

A la stupéfaction de Mécaoud, il prit la tête des saracqs, les gagna peu à peu de quinze cents mètres, et se trouva à cent pas de l'eunuque quand son porteur chancela, étouffé par le sang qui affluait aux poumons.

Paul fit un prodige.

Un peu gamin, comme tout enfant de Paris, il s'était amusé à faire de la voltige, imitant les écuyers des cirques; il sauta de sa monture sur celle qu'il entraînait après lui, au moment juste où il le fallait, ceci sans arrêter sa course vertigineuse.

Il continua la chasse.

Plus prudent que les autres Arabes, il avait eu soin de recharger son arme. On sait comment il tirait.

Il vit bien, après dix minutes de poursuite, que tout ce qu'il pouvait faire était de gagner encore un peu pendant quelque temps, puis de reperdre peu à peu; car le *buveur d'air* de l'eunuque avait un fond vraiment extraordinaire, et devait battre même ce cheval qui n'avait rien porté qu'au dernier moment.

Alors Paul prit sa décision. Il arrêta net sa bête à cinquante pas de l'eunuque, mit celui-ci en joue et tira sur le cheval.

La balle cassa un des jarrets du pauvre *buveur d'air;* l'eunuque était perdu.

Paul fut sur lui au moment où la bête s'abattait ; il sauta à terre avec une légèreté inouïe, tomba sur son adversaire avant qu'il se fût dégagé, et lui mit un genou sur la poitrine et la main à la gorge.

— Rends-toi ! lui dit-il. L'eunuque se débattait.

Paul, avec une vigueur et surtout avec une adresse extrêmes, maintint son homme.

Après lui, Ibrahim et la bande.

— Tue ! tue ! criait-on.

Akmet avait mis pied à terre et aussi quelques autres qui entouraient Paul.

— Désarmez-le, dit celui-ci. Il montrait l'eunuque. On lui obéit.

Quand Paul fut sûr que son adversaire était réduit à l'impuissance, il lui dit :

— Debout ! Et l'eunuque se leva.

Alors Paul se tourna vers Mécaoud :

— Sidi kalifat, dit-il ; je te demande la vie de cet homme ; donne-la-moi !

On était stupéfait.

Mécaoud murmura :

— Drôle d'idée ! Faire grâce. Ah ! voilà bien les femmes d'Europe !

— Jeune fille, criait l'eunuque, si tu me sauves, je ferai tout pour toi.

Il y avait un accent de vérité tel dans cette promesse, que Paul y crut.

L'eunuque n'avait pas l'intention d'être ingrat ; ça se voyait dans ses yeux.

Paul demanda à Mécaoud :

— Puis-je disposer de cet homme ?

Mécaoud dit d'un air contrarié :

— Il est à vous. Vous l'avez conquis.

— Merci, Sidi. Je lui rends la liberté.

L'eunuque se mit à genoux.

Paul le releva et l'entraîna à quelque distance ; là il lui dit :

— Tu me seras dévoué ?

— Oui.

— Tu sauras ne parler qu'à temps ?

— Je le jure.

— Sache un secret : Je suis un homme.

— Oh ! fit l'eunuque, je l'ai bien senti à ton poignet de fer, et il porta ses mains à son col.

Paul reprit :

— Je puis avoir besoin du caïd d'Ousda. J'ai même idée de le revoir un jour.

« Tu ne diras rien.

« Tu me serviras ?

— Que veux-tu faire ?

BIBLIOTHÈQUE NATIONALE R.F. 1878

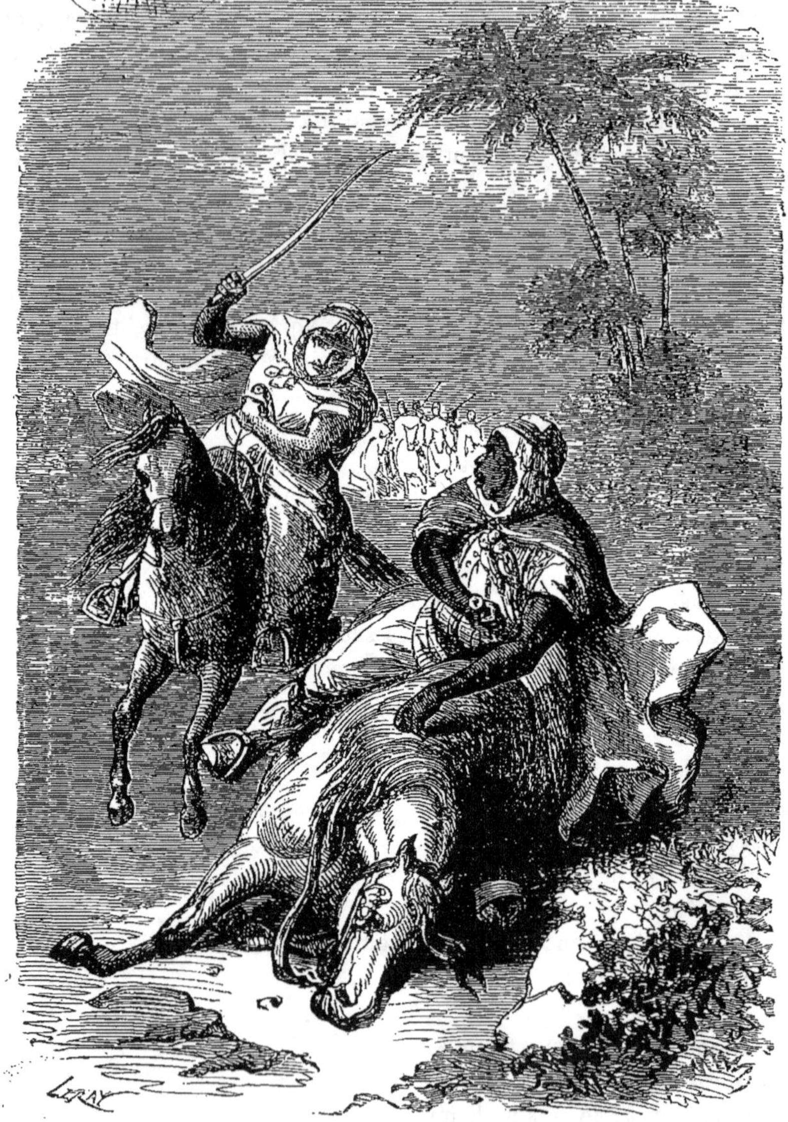

Paul fut sur lui au moment où la bête s'abattait. (Page 312.)

— Je veux... tu le sauras plus tard, C'est une fantaisie.

« Sache seulement que tu ne seras compromis en rien ; les services que je te demanderai ne pourront te nuire en aucune façon.

— Ma vie étant à toi, tu pourras tout exiger. Je ne marchanderai pas mon dévouement.

Paul vit bien qu'il pouvait compter absolument sur ce pauvre diable.

— Mon ami, lui dit-il, on va te donner un cheval, tes armes ; tu garderas ton or.
L'eunuque se tâta. Sa bourse lui restait. Il sourit.

— Tu as donc beaucoup de sequins? demanda Paul en riant ; je te vois tout joyeux.

— J'ai, dit l'eunuque, une grosse somme que le caïd m'avait donnée pour que tu ne manquasses de rien et que je fisse face à tout.

— Eh bien, donne, dit Paul. L'eunuque fit une légère grimace.

Toutefois il s'exécuta de bonne grâce, se repentant seulement d'avoir avoué qu'il portait une somme considérable, ce qui, pensait-il, tentait le jeune homme.

Mais celui-ci dit :

— J'ai pris ton or. Est-il bien à moi, cet or de ton caïd ?

— Oui.

— Si je te le rends, c'est donc un cadeau que je te fais, et tu n'as rien à restituer à l'émir ?

— Absolument rien.

— Voici ta bourse. Surtout pas un sequin au caïd.

L'eunuque eut un accès de joie exhilarant.

— Aoh ! aoh ! cria-t-il. Louange à Dieu ! Jeune homme, sois béni !

— Chut ! fit Paul. On me croit une femme.

Puis il reprit :

— Tu diras au caïd que tu me dois la vie, que je pouvais te tuer ; mais que je ne l'ai point fait.

« De plus, tu ajouteras que je trouve sa conduite indigne d'un galant homme.

« Tâche qu'il comprenne que je le méprise, et que c'est seulement par un respect profond de ma liberté, par une soumission sans bornes à mes volontés, qu'il pourrait un jour reconquérir mon affection, qui lui était acquise.

Et Paul, dévoilant à moitié son but, reprit :

— Je veux retourner à Ousda. Je veux que le caïd me respecte d'une façon absolue, et soit comme un chien devant son maître vis-à-vis de moi ; tu me saisis, n'est-ce pas ?

— Parfaitement. Ce ne sera pas difficile.

— Tu crois ?

— J'en suis sûr.

« Il est fou de toi.

— Bien ! dit Paul. Au revoir.

Puis s'avançant :

— J'ai conquis, dit-il, les armes de cet homme, je les lui rends.

« Je lui permets de monter un des chevaux les moins écloppés qui sont restés en arrière. Nous autres, en avant !

Et, en réalité, depuis ce moment, ce fut Paul qui commanda la troupe.

On partit. Malgré l'enthousiasme que l'acte de la fausse Paquita avait fait naître, sa longanimité avait excité un étonnement tenant presque du mécontentement.

Il était trop adroit pour laisser les saracqs (voleurs) sous cette fâcheuse impression.

Il se tourna vers eux :

— Mes compagnons, dit-il, je viens de penser à vous en renvoyant cet homme-là au caïd.

« J'ai fait dire à celui-ci que c'était à cause de lui que je donnais la vie à son eunuque.

« J'ai ajouté à cela une promesse de revenir à Ousda quelque jour. Le caïd m'aime, vous le savez. Je n'irai jamais à Ousda. Toutefois, il l'espérera et tant que je ne serai pas en ses mains, pour me plaire et m'attirer, il m'accordera ce que je demanderai.

« La grâce d'un de vous tombé en ses mains ; le secours de ses cavaliers contre quelque tribu trop puissante pour notre bande ; l'indulgence pour ceux des nôtres qui iront au ravitaillement dans Ousda quand nous n'aurons plus de poudre.

« Je pense avoir fait là un acte de bonne politique et avoir été adroite. »

Un murmure flatteur et des chuchotements admiratifs prouvèrent à Paul qu'il avait réussi.

La troupe ne tarissait pas d'éloges. Mécaoud rapprocha son cheval. Il cessa de bouder.

— Vous n'irez donc pas à Ousda ? demanda-t-il.

Paul, baissant les yeux, dit :

— Comment avez-vous pu penser que je ne préférerais pas une vie de liberté à l'esclavage du harem ?

Mécaoud sentit la joie l'envahir.

Il s'occupa de rallier tout son monde et de rétablir l'ordre dans la bande.

Ibrahim s'approchait à son tour :

— Mademoiselle, dit-il, vous êtes une fleur merveilleuse qu'un sultan voudrait cueillir.

Paul, fidèle à son système d'encourager tout le monde, pour diviser chacun, dit :

— Devenez sultan, Sidi.

Ibrahim eut un éclair dans les yeux.

— Est-ce un encouragement ? fit-il.

— Oh ! dit Paul s'efforçant de rougir, ce sera ce que vous voudrez ; mais je réponds à une question.

« Vous me dites digne d'un sultan. Pourquoi me donnerais-je à un saracq ? Encore si c'était le chef de ces saracqs, le sultan d'une troupe bien résolue, je réfléchirais... »

Ibrahim, enivré, dit avec élan :

— Dans dix jours je serai chef. Et il s'éloigna en caracolant.

Pendant ce temps, on attachait les blessés sur leurs chevaux et aussi les morts.

La troupe avait trois blessés et deux tués.

On rallia les chameaux du convoi qui portaient les munitions et les vivres, et l'on repartit.

En chemin, Akmet parvint à profiter d'un moment où Paul était seul :

— Eh bien ? lui demanda-t-il.

— Tout marche ! fit Paul.

— Que comptes-tu faire ?

— Me débarrasser de Saïda par Mécaoud, de Mécaoud par Ibrahim, et d'Ibrahim par un autre.

— C'est bien difficile.

— Eh non ! Je vais tourner la tête à Saïda en arrivant.

— Prends-y garde.

— N'aie peur de rien. Avec deux mots magiques je ferai marcher au pas quand je voudrai tous ces imbéciles.

— Romanesques et chevaleresques, dit Akmet en riant, faut-il être niais !

— Quoi ! Niais ? Ne l'es-tu pas, toi, avec ta marchande d'oranges !

Akmet baissa la tête, se tut, et il s'en alla tristement à la queue du convoi.

LIV

Le campement.

Le prestige conquis par Paul était tel qu'il n'était pas un bandit qui ne fût déterminé à se faire tuer pour la fausse Paquita et à se battre pour un de ses sourires.

Paul avait son plan. Il comptait jeter une telle discorde dans la bande de Saïda que celui-ci n'en serait plus maître, et aurait trop de fil à retordre pour s'occuper de Ritta.

On fit rapidement les trois étapes qu'il fallait pour rejoindre le camp.

Rien de nouveau dans cette marche. Mécaoud fut toujours respectueux.

Ibrahim parvint deux ou trois fois à redire à Paul :

— Je serai chef de la bande.

Tous les bandits s'ingéniaient, aux haltes, pour élever à leur idole des gourbis de feuillage, orner sa tente de bouquets et lui fabriquer des lits moelleux.

Akmet restait grave. Mécaoud le cajolait.

Akmet, interrogé par lui, répondait invariablement que *mademoiselle* Paquita ne lui faisait plus de confidences depuis quelque temps ; cependant, fit-il, une fois :

— Il y a du nouveau. Je crois que tu as un concurrent. C'est Ibrahim.

Et il ajoutait :

— Défie-toi. Ce jeune homme est chevaleresque.

Le mot continuait à produire son effet. Chevaleresque !

Mécaoud eût beaucoup donné pour connaître le sens exact, complet, de ce mot.

Et que n'eût-il pas fait pour réaliser toutes les qualités que le mot impliquait !

Ibrahim, de son côté, harcelait Akmet. Même flegme. Même jeu.

— Ah ! cadour, dit enfin le Kabyle, Mécaoud a sur toi deux très-grands avantages. Il est romanesque. Puis il est kalifat.

Et le mot romanesque faisait le désespoir d'Ibrahim, qui eût voulu savoir à quoi s'en tenir au juste sur ces quatre syllabes.

On arriva ainsi au camp.

On sait que Saïda n'y était pas ; il avait devancé ses hommes au rendez-vous, dans les plaines du Sahara, fort loin du bivac où le petit détachement envoyé à Ousda devait rejoindre le gros de la troupe.

Donc, Paul, qui s'était informé, n'avait rien à craindre de Saïda pour l'instant.

Il fallait parler à Ritta, et c'était une grande difficulté.

Que lui dire ? Des oreilles de déserteur pouvaient écouter l'entretien, et comment se faire reconnaître ?

Si la jeune femme allait s'écrier :

— Ce n'est pas Paquita !

Si même elle allait manifester simplement de la surprise ; cela éveillerait les soupçons.

Mais Paul n'était jamais à court. Il dit à Mécaoud :

— Tu dois comprendre que je ne veux pas causer une joie trop subite et trop vive à Ritta. Tu vas aller la trouver, et tu lui porteras ceci.

Et il déchira une page d'un carnet de voyage qu'il portait, y inscrivant ce qui suit :

« Chère maîtresse,

« J'ai trouvé un vieux Kabyle, nommé Akmet, pour me servir de guide jusqu'ici.

« Quoique je ne connusse pas *du tout* cet homme, j'ai eu toute confiance en lui. Me voici.

« Ne vous illusionnez pas trop en me voyant, le voyage m'a tellement bronzée, que je ressemble plus à mon frère Paolo qu'à votre Paquita chérie.

« Vous me regarderez à deux fois.

« Je vous embrasse, en attendant que nous puissions nous voir, car je vous conseille à vous préparer à cette entrevue.

« Vous êtes si nerveuse, que vous pourriez tomber malade si vous me revoyiez trop brusquement.

« N'ayez pas peur du Kabyle Akmet. Vous reconnaîtrez sur sa figure que ce doit être un serviteur brave, dévoué, fidèle.

« Votre petite,

« PAQUITA. »

Cette lettre amphibologique devait mettre Ritta au moins en éveil. Mécaoud la fit remettre sur-le-champ. Ritta la lut.

— Mon Dieu, se dit-elle, qu'est-ce que cela signifie, et que dois-je croire?

On lui demandait si elle voulait recevoir Paquita.

— Vite! dit-elle. Amenez-la-moi.

Ritta était dans une tente séparée, d'après l'ordre de Saïda, qui craignait pour elle la méchanceté des autres femmes; deux négresses la servaient et la surveillaient.

Paul entra dans cette tente.

Voyant les deux négresses curieuses et attentives, il courut brusquement se jeter au cou de Ritta, et lui dit en l'embrassant :

— C'est moi! Paul. Je viens vous sauver. Dissimulez.

Ritta était femme. La femme a l'instinct de la ruse.

Elle fit à la fausse Paquita l'accueil qu'elle eût fait à la vraie. Et personne ne soupçonna rien de la vérité.

Après une heure d'entretien, pendant que la tribu (nous donnerons ce nom à la smala de Saïda) bourdonnait autour de la tente, Paul eut tout dit à mots couverts à Ritta, qui prit bon espoir.

En ce moment, malgré les ordres de Saïda, on vit Moussa entrer impétueusement dans la tente.

On se souvient qu'elle était la favorite du chef; aussi, en l'absence de celui-ci, les serviteurs n'osaient-ils point trop exécuter à la lettre les consignes que la femme du maître voulait violer.

Celui qui aurait voulu peindre le prototype de la jalousie arabe en Orient, aurait pu prendre Moussa pour modèle : elle était l'incarnation du soupçon, de la fureur, du tourment de la femme qui craint d'être trompée.

Elle avait vu arriver Paquita avec dépit.

Elle avait trop causé avec Ritta, s'était trop assurée que celle-ci se tuerait plutôt que d'appartenir à Saïda, pour rien craindre d'elle.

Mais la nouvelle venue! Mais cette Paquita! Elle venait voir et savoir.

Après une longue attente, elle avait repoussé les serviteurs de son mari, et était entrée, envers et contre tous, comme une lionne, comme une furie.

Elle se planta devant Paul.

— Ah! fit-elle, la voilà donc cette fille folle!

« Pourquoi venir ici? Tu es chrétienne. Nos hommes aiment trop les chrétiennes. Retourne. Il est temps encore.

Ritta arrêta ce débordement de paroles.

Elle prit la main de Moussa et lui dit :

— Comme tu te trompes ? Paquita vient ici pour moi. Je réponds d'elle. Puis tout bas :

— Elle nous aidera à préparer mon évasion.

— Qui sait ? fit Moussa. Elle va peut-être aimer Saïda.

— Ma chère (cadoura), dit Paul, j'aime trop les peaux blanches pour me donner à ton sauvage de mari.

— Qui sait ! qui sait !

— Eh ! folle, j'aime un fiancé, tout comme Ritta aime le marquis d'Obigny.

— Est-ce bien vrai ?

— Certainement.

— Il s'appelle ?

— Paul.

Ritta intervint.

— Crois-nous donc ! dit-elle.

« Nous détestons vos maris. Nous qui pouvons vivre libres dans le mariage, nous avons horreur de votre esclavage.

Moussa s'avoua que, en effet, pour une Européenne, être femme d'Arabe ce n'était pas une perspective des plus encourageantes.

— Allons ! fit-elle. Je te crois.

Et comme, dans ces natures primitives, les revirements sont prompts et complets, Moussa se mit à regarder Paul et à détailler ses traits, tournant autour de lui.

— Tu es très-belle ! fit elle. Aussi belle, mais autrement, que Ritta ; je te préférerais à elle, si j'étais homme.

Paul tressaillit.

— Oh ! pensa-t-il ; qu'est-ce à dire ?

Moussa ne se doutait pas qu'elle était en ce moment devant un très-joli garçon. Elle ne se doutait pas que, bien plus que Saïda, elle eût aimé Paul.

Elle ne se rendait pas compte que, toute jalouse qu'elle fût, elle eût cessé d'être fidèle à Saïda, si elle eût su la vérité sur ce charmant garçon.

Malgré elle, sa première répulsion tombée, elle se sentait attirée, fascinée.

Il y a des prédestinations en amour.

Or, si quelqu'un était fait pour Moussa, brune, avec des sourcils épais, des lèvres sensuelles, des yeux noirs et brûlants, une cavale du désert indomptée, c'était ce blondin, pâle sous le bistre dont le soleil avait verni ses joues, gracieux, aux yeux doux, avec une énergie calme et un sourire spirituel et gai sur ses lèvres fines.

Le contraste était parfait.

Et comme les extrêmes s'attirent, la passion devait naître brutale et spontanée chez Moussa.

Elle prit d'un air naïf la main de Paul, tourna et retourna celui-ci, puis lui prit la taille à la façon arabe, et dit en soupirant :

— Êtes-vous heureuses, vous autres. Vous êtes trop belles. Les femmes mêmes aiment votre grâce.

Paul, profitant de cette expansion :

— Moussa, dit-il, puisque te voilà mon amie, scellons notre alliance, cadoura (ma chère).

« Donne-moi un baiser. Et il embrassa la jeune femme.

Celle-ci se sentit enivrée.

— Allah ! fit-elle. Que je comprends nos maris. Je suis une femme, et ton baiser de femme brûle mon sang dans mes veines.

Paul sourit. Ritta était un peu embarrassée.

En ce moment, on entendit les négresses parler du dedans de la tente à des gens du dehors.

C'était Mécaoud qui appelait.

Il avait fait préparer un grand dîner de fête pour sa Paquita.

Ritta, Moussa et Paul sortirent, et trouvèrent le jeune homme dehors.

— Mademoiselle, dit celui-ci, la diffa vous attend, venez, je vous prie.

Moussa intervint.

— Quoi ! dit-elle. La diffa ! à une femme ! Depuis quand les femmes s'assoient-elles au milieu des guerriers ? C'est inconvenant. Nous allons, nous, femmes de Saïda, fêter entre nous cette nouvelle venue.

— Moussa, dit Mécaoud, cette jeune fille est venue ici librement.

« Il ne faut pas croire qu'on va l'enfermer dans un harem, comme une captive ou comme une femme mariée, ou comme une de nos filles. Je ne le veux pas.

« Elle est accoutumée à la liberté, à la chasse, au combat, comme un homme. C'est parce qu'elle est ainsi qu'elle n'a pas craint de venir consoler sa maîtresse. Mais si on l'enferme, si on la contraint à suivre nos usages, elle nous quittera.

— Est-ce vrai, Paquita ?

Paul dit, avec l'aplomb d'un diplomate :

— Je crois pouvoir vous mettre tous d'accord. J'accepte la diffa pour ce jour ; j'accepte pour cette nuit la collation.

Mécaoud fit une légère grimace. Il n'était pas tout à fait content.

Moussa frappa du pied le sol avec impatience ; elle eût voulu de suite sa Paquita.

Toutefois, comme la proposition de celle-ci paraissait juste, il fallut l'accepter.

Moussa se résigna.

Elle emmena Ritta dans la tente des femmes de Saïda ; lorsque la jeune fille voulait s'y rendre, ordre était donc de la laisser faire.

Pendant ce temps, Mécaoud amenait Paul au milieu de la smala assemblée.

Il avait tout conté.

Les femmes de Saïda avaient préparé une collation. (Page 323.)

Les bandits du détachement avaient, eux aussi, fait passer dans l'âme de leurs camarades leur admiration pour la petite Espagnole.

Aussitôt, tous les guerriers avaient voulu lui faire honneur, et la diffa avait été préparée.

Les femmes, sur l'ordre des maris, avaient égorgé poules et moutons; on avait mis à la broche des rôtis gigantesques; préparé des couscoussous exquis.

Partout les feux flambaient. C'était le festin de Gamache.

Sous un grand arbre, — un figuier immense, — on avait étendu des tapis. Une place d'honneur, indiquée par des coussins brodés d'or, était réservée à Paquita.

Tous les hommes étaient là, fusils au poing, debout devant leurs nattes, disposées en demi-cercle autour de la place d'honneur; derrière eux les femmes et les enfants. C'était une scène patriarcale.

Quand Paul parut, conduit par Mécaoud, escorté par Ibrahim et tous les chefs de la bande, au nombre de sept, les brigands déchargèrent leurs fusils.

L'air retentit des aaous bruyants des hommes et des yous-yous éclatants des femmes.

Paul salua avec grâce et dignité. Il prit place, et tous s'assirent.

La diffa commença. Elle fut superbe.

L'entrain était grand, l'enthousiasme vif; pas un homme qui ne fût fier de la nouvelle venue, reçue si singulièrement par la bande; pas une femme qui ne s'étonnât d'aimer cette jeune fille.

Par bonheur, Saïda, qui, on le sait, était peu croyant en Mahomet, aimait le vin. Il en avait toujours dans des outres.

Les hommes, dont quelques-uns étaient des déserteurs européens, avaient pris goût au liquide défendu.

Depuis le départ, la bande avait rompu avec toute loi et tout frein.

Mécaoud se leva, et dit que Paquita devait ne pas être privée de vin.

On trouva la chose plus que juste.

Il ajouta que lui-même suivrait la coutume des vrais saracqs, alliés des djenouns (diables), qui bravent les lois et se moquent du prophète. Il dit qu'il boirait du vin aussi.

C'est alors que l'on connut tout ce qu'il y avait d'ivrognes dans la bande. Au village, ces gens-là, corrompus par le contact de tant de déserteurs, de bandits des présides espagnols, de colons voleurs et assassins, ces gens-là, disons-nous, chez eux se cachaient pour boire, mais buvaient presque tous.

La loi générale pesait encore sur eux. Ce jour-là, plus de contrainte. A boire!

On vit des coffres sortir de précieuses outres qu'on y avait bien dissimulées.

Mécaoud, lui, qui avait les grandes traditions d'Elaï-Lasiri, avait dans ses bagages une dizaine de caisses de champagne; il en fit apporter une.

Ce fut une belle fête. L'on but et l'on chanta.

Il y eut danses d'almées.

Ibrahim récita des vers arabes splendides qui électrisèrent la bande.

Mécaoud fit un discours d'une énergie extrême, faisant miroiter aux yeux des saracqs leur royauté sur cette terre d'Afrique, qui est une des plus braves.

Enfin, Paquita, avant que le jour fût trop bas, proposa de finir par un tir à la cible.

Akmet gagna le prix. Après lui, Paul; puis la nuit vint.

« Autant que possible je voudrais arriver à la première redoute française sans avoir rencontré âme qui vive, et j'espère réussir.

— Combien de temps serons-nous en route?

— Deux jours.

— Où coucherons-nous?

— Dans une grotte que je connais.

« Nous l'atteindrons bientôt.

— Pourquoi ne pas continuer à fuir?

— Le jour?

— Dame! On y voit mieux.

— On nous voit, surtout. Mon fils, l'ombre nous est propice. Vive la nuit!

— Mais si Saïda revenait... Si, enfin, on nous donnait la chasse?

— Mon cher, c'est prévu. J'ai mon cinquième chameau. Celui que je mène en laisse.

— Tiens! C'est pour égarer nos pourchassants que tu as pris ce coureur supplémentaire?

— Oui.

— Je croyais que c'était en cas d'accident.

« Qu'il devait servir à remplacer l'une de nos montures blessées par hasard.

— Si le fait se produisait ainsi, les deux femmes, plus légères que nous, monteraient sur la même bête; celle-ci ne fatiguerait pas beaucoup plus que la mienne, qui suis assez lourd, étant grand et fort.

— Et que vas-tu faire du chameau libre?

— Tu vas voir. Aussi bien, la grotte n'est qu'à une lieue d'ici; mes enfants, mettez-vous à la file.

On obéit.

— Filons bien, de façon à ne laisser qu'une seule piste, recommanda Akmet. Du reste, fiez-vous à vos bêtes. Les mahara sont dressés à mettre le sabot dans le trou laissé par le pied de la bête de tête; ne les touchez ni de main ni d'éperon.

On fila l'espace d'une lieue. Dix minutes!

Nous avons dit avec quelle rapidité les mahara couraient dans les sables.

Akmet, arrivé devant un ruisseau, qui se précipitait du haut de rochers escarpés, fit arrêter tout le monde et dit:

— Nous allons entrer dans le lit de ce cours d'eau; nos mahara y marcheront. De cette façon, on fait perdre facilement une trace à ses adversaires.

Et il fit avancer toute la troupe le long du lit du ruisseau, l'espace de cent pas; on était arrivé au commencement d'un défilé bordé de rocs.

C'était une gorge profonde et pittoresque, dont les pentes s'élevaient à une hauteur prodigieuse.

— La grotte est ici? demanda Paul.

— Oui, dit Akmet. Tout près. Imitez-moi.

Et, après avoir sauté à terre, il attacha à un arbre le mahari libre.

Il dit à Paul :

— Remarque que nous sommes sur le roc vif et que nous ne laissons pas de piste.

— Bon, fit le jeune homme.

Akmet conduisit son chameau vers une plate-forme qui s'étendait à mi-côte. On le suivit.

Paul et les jeunes femmes avaient mis aussi pied à terre.

Moussa, qui savait conduire un chameau, guidait le sien. Ritta et Paul imitaient de leur mieux Akmet et la Mauresque.

On atteignit la plate-forme. C'était un endroit charmant.

Qu'on s'imagine les entassements de blocs granitiques qui formaient le défilé et donnaient à ce site un caractère sauvage et grandiose ; qu'on se représente ces masses de pierres arides et bizarrement amoncelées ; puis, le long d'un petit plateau encaissé entre une formidable bordure de rochers, qu'on se figure un éden, un paradis en miniature.

Les lianes bleues, les ronces empourprées, les vignes violacées, les lierres verdoyants, grimpaient le long des escarpements et formaient des berceaux ombreux ; les cactus géants et les figuiers nains formaient contraste, mariant leurs fruits et leurs fleurs.

Les orangers et les grenadiers, les arbousiers et les citronniers croissaient en entrelaçant leurs branches ; le même arbre semblait porter feuillage de plusieurs espèces, et il en résultait une harmonie pleine de piquantes oppositions de couleurs, de formes et de tons.

Un bouquet de palmiers élégants lançait ses tiges gracieuses vers le ciel, et la brise passait caressante en agitant les palmes souples et gracieuses.

L'herbe croissait haute et forte. Les fleurs embaumaient l'air.

Les deux jeunes femmes poussèrent un cri de surprise en voyant se dérouler cette merveilleuse végétation dans ce petit coin de terre perdu.

— Mais c'est délicieux, ici ! dit Ritta.

— C'est un séjour enchanté ! s'exclamait Moussa ; c'est un djenoun qui a cultivé ce jardin.

Akmet souriait heureux.

— Nous autres, coureurs de bois, chasseurs d'autruches, dit-il, nous connaissons, à travers l'Algérie, des centaines de retraites riantes et sûres semblables à celle-ci.

« Ah ! je menais une belle vie ! J'étais heureux, autrefois !

— Pourquoi, alors, dit Moussa, ne pas être resté chasseur comme jadis ?

Paul se mit à rire.

— Cadoura, dit-il, il y a dans le désert où vivent les chasseurs des antilopes, des gazelles, des autruches, des oasis, des choses agréables, du plaisir, tout ce qui peut satisfaire un brave aventurier enfin. Mais il y manque une chose.

— Laquelle ?

— Des marchandes d'oranges espagnoles.

Akmet était embarrassé.

— Il est donc écrit que ces damnés Français rient de tout ! s'écria-t-il furieux. Ne parle plus de mes amours.

— Parlons-en, au contraire. Tu es trop dissimulé. Si tu m'avais confié plus tôt tes peines, tu serais l'amant de la marchande d'oranges.

— Vraiment, iaoulet ?

— Ce n'aurait pas été difficile.

— Ah ! vous autres ! vous savez des moyens infaillibles pour prendre le cœur des femmes.

— Mon vieux ! tire-nous d'affaire, et tu verras en arrivant à Nemours ! Je ne te demande que de m'écouter, de suivre mes avis pendant une soirée.

— Et je posséderai Conception ?

— J'y engage ma tête.

Un incendie s'alluma dans les yeux du pauvre montagnard ; il était dans l'extase des espoirs ardents.

Le soleil s'était levé radieux. Paul craignit une imprudence.

— Et la grotte ? demanda-t-il. Vas-tu rêver tout debout à ta Conception, et nous laisser en vue des indiscrets ?

Akmet parut sortir d'un songe.

— Ah ! fit-il, l'amour est une folie ! J'oubliais tout !

Il y avait au fond du plateau, le long des escarpements, une espèce de nappe de lianes épaisse, large, impénétrable, qui tombait du haut d'un roc. Akmet le montra.

— Voilà, dit-il, le rideau qui masque l'entrée de la grotte ; on ne soupçonnerait pas que ces ronces sont une porte assez facile à ouvrir pour qui sait s'y prendre.

Et Akmet se mit à l'œuvre.

Il coupa ici, là, un fouillis de petites branches ayant poussé depuis la visite du dernier chasseur qui avait passé par-là, — car beaucoup de coureurs de bois connaissaient cette retraite, mais en gardaient le secret, ne le révélant qu'à des compagnons sûrs.

Bientôt le rideau de lianes, suspendu par en haut, devint mobile comme une draperie.

Alors Akmet s'introduisit dans la grotte, soulevant les ronces, et se fit suivre de Paul.

Tous deux trouvèrent à l'entrée du souterrain deux arbres taillés et façonnés depuis longtemps pour tenir écartée la tenture naturelle qui masquait l'entrée.

Les deux chasseurs arrangèrent ces arbres de façon à ce que les maharas pussent pénétrer.

Toutefois, il fallut décharger ceux-ci, car il n'y avait juste que la largeur nécessaire pour qu'ils entrassent et, comme hauteur, il fallut leur faire baisser le col.

Nous nous souvenons même d'avoir essayé un jour de faire pénétrer dans cette grotte un chameau ordinaire et de n'avoir pu y réussir.

Les mahara sont plus minces, plus petits que les lourds dromadaires de charge.

La grotte était un peu sombre.

Quand Moussa et Ritta y entrèrent, elles ne distinguèrent rien tout d'abord.

Leurs yeux s'habituant à l'obscurité, elles furent surprises de trouver un ameublement dans ce souterrain ; il y avait des lits de mousse, des tables faites de lianes entrelacées comme de la sparterie, et posées sur des pieux fichés en terre ; des pierres formaient siége.

— Oh! oh! dit Paul, je vois que depuis longtemps cette grotte est connue des coureurs de bois.

— Oui, dit Akmet. Mais elle n'est connue que de nous.

— Tu penses que les tribus voisines ignorent l'existence de ce repaire?

— J'en suis sûr. D'abord si les Arabes, qui sont très-barbares de mœurs, avaient découvert la grotte, ils auraient enlevé ou cassé tout ce qu'elle contient.

— Qu'auraient-ils fait de ces lits de mousse ? A quoi leur eussent servi ces tables ?

— Je te dis, moi, que l'Arabe brise pour briser ; mais, du reste, il y a ici autre chose que ces meubles ; nous allons ouvrir les armoires et les silos.

Et Akmet montra aux jeunes gens qu'il y avait des cachettes dans le roc.

— Voyez! dit-il. Cherchez! Vous trouverez de bonnes choses. Peut-être des lettres.

« Les chasseurs laissent parfois de précieuses indications dans ces retraites.

« Ne pouvant profiter d'une chose, ils tâchent d'en avantager un ami. »

Et Akmet se disposait à sortir.

Paul lui demanda :

— Où vas-tu?

— Embrouiller les postes! dit-il. Au fait, viens avec moi. Il faut t'apprendre le métier.

— Vous nous laissez seules ! dit Ritta.

— Vous ne courez aucun danger.

— J'ai peur.

— Allons, mademoiselle, dit Paul. Une fille comme vous! La fiancée de M. d'Obigny !

Et Rita se résigna à être brave.

Moussa était plus aguerrie. Avec le flair d'une femme beni-snassenn, elle sut sonder les murailles et le sol.

mais on fait toilette de nuit, toilette de matin, toilette de midi.

Paul traversa le bivac, recueillant partout des sourires.

Avec les fumées du vin, son prestige ne s'était point évanoui, comme il aurait pu le craindre; tout ce monde lui était acquis. Il vint rendre visite aux femmes de Saïda, qui l'embrassèrent joyeusement.

— Salem à toi, Paquita, lui disaient-elles gaiement.

« Salem à celle qui est notre soleil, qui rayonne, qui réchauffe. Tu seras notre sœur chérie.

Paul répondit aux caresses par des caresses; mais Moussa lui lançait de farouches œillades; elle était l'incarnation de la jalousie.

Pourtant, Paul, à elle, la première, avait donné le premier baiser.

Elle parvint, sous un prétexte, à l'emmener dans un coin de la tente.

— Je ne veux pas, lui dit-elle d'un air sombre, que tu sois à d'autres qu'à moi.

— Eh! dit-il, cadoura, qui te parle de cela? Pourquoi ces airs méchants?

— Parce que, dit-elle, tu peux révéler à d'autres ton secret, et je te tuerais au moindre soupçon.

Paul comprit que cette jalousie effrénée lui ferait courir plus d'un danger.

— Ne pouvons-nous, dit-il, causer librement?

— Allons dans la tente de Ritta! dit la jeune femme; elle nous y laissera seuls.

— Pourquoi pas dans la mienne?

— J'ai peur. Peut-être, plus tard, me reprocherait-on d'avoir eu un tête-à-tête avec toi. On ne sait pas que je t'ai vu cette nuit.

— Bien, dit Paul. Et tous deux s'en furent chez Ritta.

Celle-ci les reçut d'un air embarrassé, qui fut mal interprété par Moussa. Elle dit d'une voix sourde :

— Je comprends.

« Ritta me boude. C'est qu'elle t'aime. Et elle ne supporte ma rivalité que pour fuir avec toi un jour. »

Paul se mit à rire. Moussa s'emporta.

— Oh! ne ris pas, dit-elle. Ne te moque pas. Je suis capable de tout.

Ritta, douce et souriante, prit les deux mains de Moussa, et lui dit :

— Cadoura, tu es folle. N'as-tu pas vu mon fiancé. N'étais-tu pas là quand, prisonnier, il était attaché à l'arbre du supplice?

— Je l'ai vu! fit Moussa. Mais...

— Et tu penses que, aimant le tueur de panthères, je le tromperais?

— Je trompe bien Saïda, moi. Je croyais pourtant l'aimer.

Ritta, toujours douce, dit :

— Tu n'as pas connu ce garçon avant Saïda, comme moi; mais voilà bientôt deux ans que je vois ce jeune homme, un serviteur de mon père; je n'ai vu mon fiancé qu'après, je l'ai préféré, et je n'aimerai jamais Paul.

— Il t'aime, lui!

— Quelle erreur !

— Pourquoi s'expose-t-il alors? Pourquoi donner sa vie pour toi? Pourquoi est-il ici?

Paul intervint. Il fallait mentir.

Jamais Moussa, femme arabe, ne comprendrait ce fier désintéressement.

— Cadoura, lui dit-il, je suis un pauvre garçon ; je n'ai pas dix douros à moi. Le père de Ritta m'a promis, à moi et au Kabyle Akmet, dix mille francs si je sauvais sa fille, et je risque ma peau pour cette somme.

Puis, câlin, il reprit :

— Avec ces dix mille francs, j'achèterai une petite concession à Tlemcen. Toi et moi, nous y serons heureux.

— Vrai? fit Moussa.

— Certainement. Et je t'épouserai devant le cadi français, devant le maire ; je ne pourrai avoir qu'une femme.

Moussa voyait se dérouler devant elle une riante perspective.

— Oh! ft-elle, si j'étais sûre...

— Ne doute pas, dit Ritta.

Moussa était ravie.

Seulement, elle dit à Paul :

— Mon ami, prends-y garde. Je ne suis pas la seule qui soit jolie parmi les femmes de Saïda. Il y a Nafila.

— Aoh! fit Paul. Une mulâtresse! Pouah! C'est répugnant... Enfin je n'aime que toi.

Moussa poussa un soupir :

— Je ne serai sûre de cela, dit-elle, que quand, ayant fui, je te verrai m'épouser devant le cadi français, comme tu dis.

— Cette fuite, il faut la préparer! dit Paul. M'aideras-tu?

— De toutes mes forces. Si nous partions de suite?

— Impossible!

« Es-tu folle? Et la poursuite?

— Avec de bons mahara.

— Trois femmes! On nous arrêterait dans les douars.

— Tu es un homme.

— Si je redeviens un homme, je suis aussitôt reconnu comme chrétien.

— C'est vrai. Nous ne partirons donc jamais!

— Peut-être ; puis-je avoir confiance en toi?

— Absolument.

— Eh bien! j'espère, cette nuit même, que nous fuirons.

Les yeux de Moussa étincelèrent.

— Qu'as-tu imaginé? fit-elle.

Ses lèvres cherchaient le front du jeune homme. (Page 333.)

— Une excellente combinaison, ma chère, répondit le jeune homme. Je fais révolter la troupe.
— Contre qui?
— Contre Mécaoud.
— Et alors?...
— Pendant la bagarre, nous nous sauvons; tu tâcheras de tout préparer.

— Bon ! Mais qui se révoltera ?
— Ibrahim.
— Le nouveau venu ?
— Oui.

Moussa battit des mains.

— Très-bien ! dit-elle. Je ferai mes paquets.
— N'oublie pas des vivres.
— Non. Ni mes bijoux.
— Surtout les vivres.

Ritta dit à Paul :

— Ainsi, nous nous échappons cette nuit ?
— Oui, mademoiselle, dit celui-ci. Du moins, je l'espère.

En ce moment les guerriers montaient à cheval, il fallait se séparer. Moussa se rendit auprès de ses esclaves, et on la hissa dans son palanquin. Ritta avait aussi le sien. Paul avait son cheval. Il appela Akmet.

— Mon cher, lui dit-il, tâche donc d'occuper l'attention de Mécaoud.
— Pourquoi ? demanda le Kabyle.
— Il faut que j'entretienne Ibrahim.
— Que dire à un homme jaloux ? Sans cesse il te surveille.
— Tu lui diras que je t'ai confié qu'il avait bonne mine. Qu'il était chevaleresque... Que...
— Bon ! fit Akmet.

Et il s'en fut avec gravité accomplir sa plaisante mission.

Cependant Paul tramait son complot.

— Salem ! avait-il dit à Ibrahim. Comment es-tu ce matin ?
— Cadoura, avait répondu le jeune homme joyeux, je suis confus. C'est toi qui me portes un souhait la première ; je suis grossier. Mais, quand je te vois, je ne pense qu'à te contempler.
— C'est galant ! Puis, tout bas :
« Ibrahim, isolons-nous. Je veux te parler.

Ils marchèrent côte à côte. Paul dit à voix basse :

— Eh bien ! Seras-tu chef ?
— Et toi, une fois chef, m'aimeras-tu ?
— Oui. Mais il ne s'agit pas seulement d'être kalifat, il faut l'emporter sur Saïda lui-même.
— J'y ai pensé.
— Tu as préparé le complot ?
— Pas encore.
— Alors, tu perds une très-belle occasion. Tu laisses passer l'heure opportune.
— Parce que ?...
— Parce que jamais tu n'auras eu de journée plus propice que celle-ci. Saïda

— Aoh! fit-il. Qu'est cela?

Il tira une espèce de sac en parchemin contenant plusieurs écrits en diverses langues.

— Tiens! dit Paul. Voilà qui est bizarre. Le vieux a fait un testament. Passe-moi cela.

Et Paul, se faisant éclairer, lut d'abord, écrit sur une peau de gazelle parcheminée, ce qui suit :

« Je sens que je vais mourir.

« Je suis réfugié dans la grotte aux *Djenouns* depuis environ deux mois.

« Je ne veux pas que les chacals mangent mon corps, et je veux dormir en paix mon dernier sommeil.

« Le chasseur qui me trouvera m'enterrera dans ce souterrain même ; j'ai horreur des bêtes de nuit qui viennent déterrer les cadavres ; je ne veux pas être mangé après ma mort.

« J'ai relevé le rocher derrière moi.

« J'ai cherché toute ma vie le secret du trésor d'Ousda sans le trouver.

— Aoh! fit Akmet. C'était donc à Ousda. Et son œil s'alluma.

— Continue! fit le Kabyle.

Paul reprit :

« La légende que tout le monde sait apprend qu'un sultan de Fiz assiégea un jour la ville d'Ousda, et que le caïd d'alors, qui était plus riche que le roi le plus riche, enterra son trésor dans la Casbah.

« Où? Nul ne put le deviner.

« Le sultan prit la ville, et le caïd se fit mourir par le poison, léguant le trésor à son fils avec le soin de le venger du sultan de Fiz. Ces choses se passaient du temps de Barberousse, le fameux fondateur d'Alger-la-Belle.

« Or, le fils du caïd était en pèlerinage à la Mecque, où il mourut de la peste ; le chant de la légende le dit en propres termes.

« Le secret du caïd fut consigné dans un parchemin et remis à un chaouk dévoué.

« Celui-ci s'en fut à la Mecque, trouva le fils de son maître mort, et revint à Ousda où, délié de son serment par cette mort, il proposa au sultan de lui vendre le parchemin qui contenait le grand secret.

« Le chaouk fut récompensé.

« Mais le parchemin était écrit en chiffres et en signes inconnus aux talbas (savants).

« Le sultan fit tout pour faire traduire l'écriture mystérieuse du parchemin ; personne ne découvrit le secret ; la légende le dit formellement. Un renégat se présenta et offrit de tenter de déchiffrer l'énigme.

« Il demeura huit jours, dit-on, expliqua une partie du mystère, et déclara qu'il était obligé d'aller en Europe consulter des livres anciens pour être en état de traduire le reste du testament du caïd.

« Le sultan promit à ce renégat le dixième du trésor, s'il revenait et réussissait. Jamais le renégat ne revint.

« Or, ce renégat était un chasseur d'autruches, qui était Italien, très-fin, très-avisé comme ceux de sa nation ; il avait pris copie du parchemin. Il finit par le traduire.

« Alors il conçut l'idée de faire, avec une bande de chasseurs d'autruches, de coureurs de bois et d'autres aventuriers, la conquête de la ville d'Ousda, pour s'emparer du trésor.

« Dans ce but, il arrange le souterrain des Djenouns merveilleusement pour recevoir une troupe de quatre à cinq cents hommes et l'y tenir cachée.

« C'est de ce souterrain qu'il comptait faire ses attaques contre Ousda avec retraite assurée. Il pensait détruire en détail les troupes du sultan, terrifier ce pays, s'en rendre maître.

« Bref, il aurait peut-être réussi s'il ne fût mort dans le souterrain même d'une attaque de fièvre pernicieuse qui l'enleva en quelques heures, d'un transport au cerveau. Un de ses amis hérita du parchemin. Mais cet ami ne savait pas le secret, et le renégat en délire ne put le lui expliquer.

« De cet ami, qui fut mon maître quand je débutai dans le métier de coureur de bois, je tiens l'écrit que je n'ai jamais pu déchiffrer.

« Je le lègue à qui trouvera mon corps. Peut-être est-ce un mauvais cadeau.

« Mon maître avait vingt-sept ans quand il eut ce parchemin par la mort de son ami. Il est mort à quatre-vingt-onze ans, après avoir blanchi sur les signes indéchiffrables du testament du caïd.

« Moi, à quinze ans, je fus acheté, esclave chrétien, par mon maître et compagnon, et je fus possesseur du parchemin à l'âge de vingt-trois ans.

« Comme mon maître, j'ai possédé ma vigueur jusqu'aux derniers jours de mon existence ; mais j'ai épuisé mon pauvre asprit à chercher le problème.

« Je vais avoir quatre-vingt deux ans...

« On m'a appelé l'Enclume parce que je suis tellement absorbé de l'idée du trésor, que j'ai l'air de ne rien comprendre quand l'on me parle.

« Puisse mon héritier inconnu moins souffrir que moi de cet héritage, et surtout qu'il m'enterre dans le souterrain pour que les chacals ne me mangent pas dans ma tombe. »

Et Paul lut la date. Le chasseur était mort seulement depuis cinq jours.

LXII

Les trésors d'un parchemin.

On conçoit quel effet cette lecture produisit sur les auditeurs stupéfaits.

— En voilà une forte! dit Paul. Quand d'Obigny et Jean Casse-Tête vont savoir ça, je vois d'ici leur figure. Le trésor les tentera certainement.

Puis, questionnant :

— Avait-on une vague idée de ce que le caïd d'Ousda pouvait posséder?

— La légende, dit Akmet, détaille d'incalculables richesses, et, rarement, je te l'ai dit, les légendes exagèrent; celle-là doit être particulièrement véridique.

— Pourquoi?

— En général, les légendes sont faites par des kodjas (secrétaires), gens de plume et poëtes.

« Or, l'auteur de celle du trésor du caïd Abd-el-Ramman, est le kodja du caïd lui-même, et il a soin de le dire à la fin de sa chanson.

Akmet se mit à réciter sur l'air uniforme de la mélopée arabe; nous n'en citerons que la fin.

. . . .
. . . .

Et moi, kodja du maître, lui rendant
De ma mission le compte exact,
Je déclarai qu'il avait un trésor
Valant dix millions de douros.

— Stop! s'écria Paul. Tu m'éblouis. Comment, la chanson dit bien cela : « Dix millions de douros! c'est-à-dire cinquante millions de francs! » Mais c'est le Pérou!

Tout le monde était rayonnant excepté Ritta, surtout quand Paul eut déclaré que Jean Casse-Tête et le marquis d'Obigny seraient de l'expédition, celui-ci pour la commander.

Mais Paul fit si bien, qu'il la convainquit que le trésor serait trouvé sans danger, et que, devenue marquise d'Obigny, elle roulerait sur l'or, les diamants et les perles rares. Elle fut éblouie, et dès lors subjuguée.

LXIII

Tous millionnaires.

Paul avait donc fini par convaincre Ritta, quand un léger bruit attira son attention.

Akmet sauta sur son arme. Paul l'imita. Les lianes étaient soulevées du dehors.

— Ne tirez pas! dit une voix.

C'était celle de Jean Casse-Tête. Il entra.

Bientôt après lui parut d'Obigny. Ritta vint tomber dans ses bras.

— Ah ! mon ami, s'écria-t-elle, quelle joie ! Je vous revois donc !

En ce moment, Moussa eut un mot de femme jalouse à outrance :

— Enfin ! dit-elle à Paul, je commence à être sûre qu'elle ne t'aime point et te préfère le tueur de panthères.

— Tu commences... seulement ?...

Jean Casse-Tête, appuyé sur son fusil, contemplait tranquillement cette charmante scène d'amants se dévorant du regard..., le pauvre chasseur n'était plus jaloux.

Akmet vint lui tendre la main.

— Salut ! dit-il. Comment es-tu, Jean ? Ton jour est-il bon ?

— Tout est bien ! dit le chasseur. Nous avons tué Saïda. Nous...

Moussa s'approcha tremblante.

— Sidi Jean ! fit-elle.

— Ma fille !

— Tu as tué Saïda ?

— Oui, mon enfant.

— Tu lui as... coupé la tête ?

— Parfaitement.

Moussa poussa un soupir de soulagement.

— Me voilà tranquille ! dit-elle.

Puis, avec une joie folle, elle se mit à danser un boléro espagnol.

— Je crois, dit Paul, que j'ai fait là l'acquisition d'une jolie panthère. Voyez-vous cette tendresse pour feu son mari !

— Mon cher, dit Jean, c'est bien naturel.

« Cette femme était sous le coup d'une terrible menace de mort ; elle est débarrassée, elle en est ravie, c'est naturel ; mais... j'ai faim, ajouta Jean sous forme de conclusion.

— Holà ! dit Paul. Moussa !

La Mauresque accourut bondissant.

— Mon djenoun ! fit-elle. Que veux-tu ?

— Ma chère, dit Paul, nos amis ont faim.

Moussa tourbillonna dans la grotte, improvisa un repas, et dit bientôt à Jean :

— Tu es servi, Sidi.

Mais déjà on avait parlé du trésor.

— Pardon, monsieur le marquis, avait dit Paul à d'Obigny, voudriez-vous oublier pour une seconde mademoiselle Ritta, et me prêter une minute d'attention ?

— Volontiers, mon garçon. Parle.

— Imaginez-vous que nous venons d'avoir une chance, oh ! mais une chance extraordinaire.

— Je vois qu'il faut que l'on en charge les mahara avant de leur faire quitter le camp. Akmet viendra chercher un à un ces précieux sacs dans ma tente et les placera sur les montures.

— Bien.

— Combien de sacs ?

— Trois. Je viderai les coffres.

« On s'embrasse enfin ? Elle lui tendit son front...

Ah ! l'amour en palanquin est tout particulier et vraiment digne d'être expérimenté par ceux qui en ignorent les enchantements.

Paul oublia tout. Deux heures plus tard, il disait :

— Nous sommes imprudents et fous ; Moussa, revenons à la réalité.

Il prit congé de la jeune femme, héla l'esclave qui montait son cheval, et il se laissa tomber du palanquin sur sa selle.

LVIII

Ce que devint la fortune d'Akmet.

On acheva l'étape. Au soir, on trouvait la source qui marquait la fin de cette marche. On campa.

Les Arabes, si dissimulés qu'ils fussent, les Kabyles, si graves que la nature les fît, les renégats, si prudents que la vie de bandit les eût rendus, tous ces guerriers, enfin, semblaient tous préoccupés.

On eût deviné qu'il se préparait quelque chose à la mine de tous.

Ce soir-là, les tentes qui, d'habitude, étaient dressées au hasard, furent montées dans un ordre voulu, à l'insu des deux partis.

Chacun cherchait à se rapprocher de ceux auxquels il avait confiance.

Les guerriers préparaient leurs armes avec un soin très-minutieux. Akmet vint trouver Paul.

— Mon fils, dit-il, la partie tient-elle toujours ? Moussa sera-t-elle prête ?

— Oui.

— Et Ritta ?

— Aussi. Tu viendras dans ma tente et tu y trouveras les sacs, pleins d'or, que tu lieras sur les chameaux. Pense que nous avons là une fortune !

— Et que ce sera la dot de la marchande d'oranges qui m'épousera.

— Nous te donnerons vingt mille francs.

— Aoh ! La belle somme. Puis Akmet sourit.

— Ami, dit-il, je crois tenir une bonne idée ; tu verras ça !

— Ton idée est ?...

— Va toujours ! je la creuse. Tu la verras au moment venu. Paul s'en alla dîner ; il était radieux. Moussa fut charmante.

A la fin du repas, le jeune homme et Moussa emportaient adroitement deux sacs.

Dédaignant l'argent, ils ne prenaient que l'or et les bijoux précieux. Un quart d'heure après ils firent un second voyage ; puis ils finirent en se promenant.

Enfin, ils firent le dernier transport.

Chacun s'était retiré de bonne heure sous sa tente, car tous avaient des mesures à prendre.

On n'entendait aucun bruit. Quelques rares chants de femmes.

Mécaoud avait recommandé aux siens de ne point bouger pour inspirer une confiance aveugle à ses adversaires qui, eux, imitaient ce calme pour n'inspirer de soupçons à personne.

Pendant ce temps, Akmet, qui avait annoncé que son mahari souffrait d'une enflure au pied, avait l'air de s'occuper de lui.

En réalité, il chargeait les sacs, peu volumineux, du reste, sur les meilleurs chameaux ; cela fait, il se coucha au milieu des animaux. Tous selon la coutume indigène, étaient assemblés et entravés ensemble.

A cause du lion et des bêtes fauves, on avait entouré le parc à bêtes d'épines et de bagages formant une espèce de rempart grossier. Le Kabyle était là comme dans une enceinte, et il surveillait tout.

Vers une heure du matin, un homme sortit d'une tente : c'était Ibrahim. Il fit entendre un sifflement léger.

Tous ses partisans quittèrent à leur tour leurs tentes et s'accroupirent dehors.

Chez ceux de Mécaoud, pas de bruit.

Les gens d'Ibrahim se levèrent tout à coup et s'élancèrent vers la tente du kalifat. Ils furent salués par une décharge furieuse ; on les attendait.

Mécaoud avait fait rassembler, en secret, son monde dans trois tentes. Les bords relevés légèrement, où des trous faits dans l'étoffe permettaient de viser.

Le combat était engagé. Les chiens, les femmes, les enfants, hurlant, aboyant, pleurant, criant, donnaient à cette scène un caractère de désordre sauvage et pittoresque.

Les détonations déchiraient l'ombre et l'emplissaient d'éclairs. On se battait avec rage. Les bandits se tordaient corps à corps sur le sol teint de sang.

LIX

Dans une grotte.

Au premier coup de feu, Akmet, au lieu d'amener les mahara, passa rapidement auprès de chacun de ceux qu'il devait laisser ; on entendit ces bêtes bramer plaintivement.

Enfin le Kabyle emmena cinq chameaux.

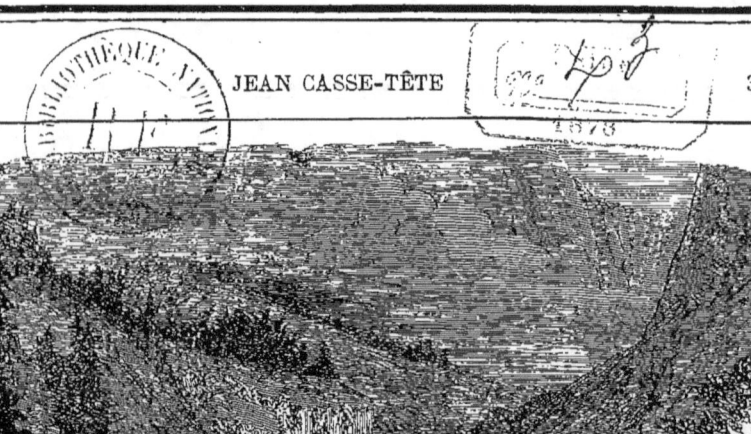

Un ruisseau qui se précipitait du haut de rochers escarpés. (Page 339.)

Il fut bientôt rejoint par Paul et les deux fugitives.

— En selle! dit Akmet.

On hissa les deux femmes, puis les deux chameliers firent plier le genou à leurs montures, s'assirent, firent relever les coureurs, et l'on partit grand train, Akmet tenant la tête.

Mais il ne faisait pas déployer à sa bête toute sa vigueur.

— Pousse donc! dit Paul.
— A quoi bon?
— Eh! pour fuir!
— Nous avons le temps. Et le Kabyle se mit à rire d'un petit ton sec qui lui était familier.
— D'abord, dit-il, ils vont s'entre-dévorer avec une fureur de tigres. Ça durera longtemps.
— Il ne faut pas un quart d'heure pour en finir! dit Paul impatient.
— Erreur. Je t'assure que le matin seul verra la fin de cette bataille acharnée.
— Mais... au jour?
— Nous serons loin.
— Nous pourrions, si tu éperonnais ton mahari, être encore bien plus loin.
— Et avoir harassé nos bêtes. Si un événement imprévu, mais très-possible, nous obligeait de recourir à nos chameaux, nous ne pourrions nous en servir utilement. En les ménageant, nous pouvons parer à toute mauvaise rencontre, mon fils.
— Allons, soit!
— Du reste, j'avais une idée que j'ai exécutée.
— Il s'agissait?
— De couper les jarrets des autres mahara, ce que j'ai fait; et Akmet se reprit à rire de son ton saccadé et narquois en murmurant :
— Pas bête, Akmet!
— Il fallait tout dire! s'écria Paul. On ne nous poursuivra pas.
— Je ne le pense pas.
Paul, enchanté, revint à Moussa :
— Cadoura! fit-il.
— Mon djenoun chéri, dit la jeune femme. Que veux-tu?
— Te rassurer. As-tu entendu Akmet?
— Non. Qu'a-t-il dit? Le galop de nos mahara m'empêchait de saisir le sens de ses paroles.
— Il m'annonçait que tous les mahara avaient eu les jarrets coupés par lui.
— You! you! fit Moussa. Tout est bien. Nous voilà saufs!
Et l'on continua joyeusement la fuite.
Le jour vint. Paul demanda à Akmet :
— Où nous conduis-tu?
— Autant que je le puis, dit le Kabyle, en territoire français; mais je fais un détour.
— Pourquoi?
— Parce que c'est sur la frontière du Maroc que se trouvent les tribus les plus hostiles. Je veux les éviter.

La smala se sépara en petits groupes, qui s'attardèrent autour des feux. La tribu était gagnée, Paul se dit qu'un jour il en ferait tout ce que bon lui semblerait. Il avait grisé Mécaoud. Ibrahim était ivre. Toutes les têtes étaient peu solides.

Alors le jeune homme se dirigea vers le harem, non sans avoir recommandé qu'on lui dressât une tente pour lui près de celle de Ritta; ce qui fut fait.

LV

Fête au harem.

Au harem, les femmes de Saïda avaient, à leur tour, préparé une collation.

Toutes, s'échappant de temps à autre aux préparatifs, avaient été contempler la nouvelle venue trônant à la diffa, et elles étaient rentrées émerveillées.

Elles étaient fières de leur sexe.

Elles voulurent que leur fête, à elles, fût plus belle, plus raffinée que celle des hommes.

Avec le goût fin et délicat des Orientales, les quatre femmes de Saïda et ses sept esclaves, ayant rang d'épouses pour avoir été honorées des faveurs du maître, avaient organisé un repas léger, très-élégant d'aspect.

Les riches amphores, les coupes ciselées, les plats d'argent, le service de vermeil offraient un luxe auquel Paul ne s'attendait point.

Il entra sous la tente, reçut de toutes sourires et baisers d'amitié.

Il se trouva légèrement troublé au milieu de toutes ces jolies femmes.

On le plaça entre Moussa et Ritta.

Des négresses qui savaient pincer de la guitare arabe, et une esclave qui chantait très-originalement et qui improvisait, dit, avec accompagnement de musique, les éloges de la nouvelle venue.

Paul admirait le tapis sur lequel il voyait, avec un des plus beaux harems de l'Orient, le produit de vingt razzias, qu'on pouvait évaluer à plus de cent mille livres en vaisselle plate.

Comme beaucoup d'autres, il croyait le plus riche des indigènes un pauvre.

Et voilà que le luxe princier de l'Orient se déroulait étincelant devant lui.

Les femmes étaient parées.

Vestes couvertes de broderies d'argent; coiffures ravissantes, avec aigrettes de diamants et nœuds de perles; les unes simples chichias, les autres turbans de cachemires, toutes faisant ressortir des têtes de femmes admirables.

Les seins gazés avaient, sous la sedria, un attrait mystérieux.

Les ceintures et les écharpes ceignaient des tailles opulentes et voluptueuses.

Les culottes-jupes bouffaient sur les hanches en plis de mousseline.

Et les chaussures! des bijoux.

Les petit pieds, nus, blancs et roses, jouaient avec ces microscopiques *sabattes*, qui font si bien valoir la cheville et la naissance du mollet, orné de bracelets massifs.

Ritta sourit en remarquant l'éblouissement qui passa sur le front de Paul.

Le jeune homme s'était grisé légèrement ; l'amour lui tourna la tête.

Paquita, la vraie Paquita. Ah ! elle était loin de sa pensée !

Devant lui Moussa, puissamment belle, s'offrait comme la reine du harem.

Paul songea que l'aventure serait piquante de profiter de la circonstance.

Enlever à Saïda sa femme, chez lui ; le tromper dans son camp, c'était un coup de maître.

Paul se promit de l'accomplir.

Pendant toute la première partie de la soirée, il ne cessa de charmer son auditoire féminin en contant les splendeurs d'Europe.

On dégustait les sorbets, on savourait la meilleure pâtisserie du monde, celle de la Kabylie, qui prime toute celle de l'Orient.

La confiserie, — ce grand art musulman, — est aussi fort en honneur chez les Kabyles.

On vida de merveilleuses terrines de confitures de feuilles de roses, et aussi les oranges glacées, les limons, les grenades ; tout ce que la profusion de femmes désireuses de plaire à une autre femme peut leur inspirer de caprices culinaires.

Enfin, après trois heures de récits, de causeries, de gentillesses réciproquement échangées, après vingt baisers de Moussa, qui se déclara l'amie, la sœur de Paquita, après surtout s'être dégrisé, Paul jugea le moment venu de faire son coup de tête.

Il prépara tout dans ce but.

LVI

Le secret de Paul.

Paul avait une idée hardie.

Il avait remarqué la sympathie ardente qu'il inspirait à Moussa, et il voulait devenir son amant, en faire sa chose ; travailler avec elle à l'évasion de Ritta.

Il devinait bien que cette situation était pleine de périls.

D'autre part, elle offrait beaucoup d'avantages ; il se décida.

Ce, d'autant plus facilement que Moussa était admirablement belle.

Elle avait ces lèvres roses qui font de la bouche d'une belle Mauresque une grenade entr'ouverte ; la taille était riche, harmonieuse et souple ; l'œil flambait de tous les feux d'Afrique.

La passion, secouant cette nature impétueuse, lui donnait des embrasements splendides ; c'était plus une panthère qu'une femme.

Paul, qui avait déjà grisé le douar, résolut d'enivrer les femmes. Il leur dit :

— Toute cette fête est bien ! Je reconnais que vous savez vous distraire ; cependant il manque quelque chose.

— Quoi donc ? demanda Moussa.

— Le charme.

— Quel charme ?

— Celui qui met au cœur la gaieté, dans la poitrine le feu de l'amour, dans la tête les espoirs riants, sur les lèvres la gaieté. Il vous manque le vin.

Les femmes s'entre-regardèrent.

— Tout le camp, dit Paul, en a bu, excepté vous seules.

« Tous les hommes de cette troupe se grisaient en cachette. Dès aujourd'hui, ils boiront en plein jour, sans souci du prophète. Mécaoud a bu. Tous l'ont imité.

— C'est vrai ! dit Moussa.

Puis elle reprit :

— Le maître lui-même, qui est peu croyant, aime la liqueur d'or.

— Le champagne ? fit Paul.

— Oui. Je crois que ça s'appelle ainsi.

— Goûtez-y, vous verrez quelle ivresse ! Celle du hatchis vous affole ; celle du vin vous égaie.

Et il fit si bien qu'il vainquit toute résistance ; Moussa, du reste, était incapable de lui rien refuser ce soir-là.

Elle commanda aux négresses de fouiller dans les coffres de Saïda et d'y prendre du vin.

Les négresses hésitaient.

— Vous en boirez ! leur dit-elle. Tout fut dit.

Boire du vin, de ce nectar défendu, déguster cette liqueur mystérieuse, voilà ce à quoi des esclaves ne pouvaient point résister.

On apporta les coupes d'or. Paul fit sauter les bouchons.

Ritta, sur un signe du jeune homme, s'esquiva, fuyant l'orgie.

On entendait des chants par tout le camp, chants d'ivresse.

Bientôt des cris joyeux leur répondirent de la tente des femmes.

Paul menait la partie grand train, et les femmes de Saïda s'affolaient.

Le jeune homme ménageait Moussa.

— Ne bois pas trop ! lui dit-il, je veux te révéler un bien curieux secret, si tu sais conserver ta tête.

Et il lui dit :

— Fais boire les nègres qui nous surveillent ; que nul ne puisse nous épier plus tard.

— Bien ! dit-elle.

Elle engagea les négresses à donner du vin à leurs maris.

Ceux-ci ne demandaient qu'à tâter du champagne : ils ne se gênèrent pas, y ayant goûté, pour piller la provision du maître.

Bref, en une heure, il n'y eut plus que des têtes à l'envers.

Les femmes, devenues des bacchantes, se mirent à danser, échevelées.

Les négresses se mêlèrent à elles.

Peu à peu, elles s'épuisèrent, et tombèrent lourdement sur le sol.

Tout le monde s'endormit.

Dans le camp, le silence s'était fait, profond et lourd.

L'ivresse planait sur les tentes.

Seuls, Moussa et Paul veillaient, et aussi le poste chargé de garder le bivac ; Saïda et Mécaoud avaient admirablement discipliné leurs hommes.

Jamais un poste ne se laissait distraire de sa faction.

Mais le poste était hors du bivac, à six cents pas.

Du reste, rien d'étonnant à ce que Paquita, — puisqu'on croyait à une Paquita, emmenât Moussa dans sa tente. Entre femmes...

Paul voyant tout le monde brisé par la fatigue de cette nuit, dit à Moussa :

— Viens !

Celle-ci prévit quelque chose d'étrange.

Un soupçon lui vint.

— Venir ! fit-elle. Où cela ?

Elle frémissait et tremblait. Elle tremblait de crainte... Elle frémissait d'amour...

Paul l'enveloppa d'un brûlant regard, lui donna un baiser, sous lequel elle se courba, comme une palme sous le simoun, et il l'entraîna.

Elle le suivit palpitante. Il la mena sous sa tente.

Là, à ses pieds, après qu'elle fût tombée sur un coussin, brisée par une angoisse indéfinissable, il lui dit à mi-voix, et lui prenant les mains :

— Moussa, veux-tu savoir mon secret ?

— Oh ! je le devine ! dit-elle.

Et ses deux bras étreignirent avec fougue le col du jeune homme...

Tout le monde dormait au bivac.

LVII

La fuite.

Décrire la nuit de folles amours que passèrent les amants, c'est ce qu'une plume française n'oserait ; Moussa, avant l'aube, s'enfuit ; elle avait rugi ses soupirs et mordu ses baisers. Paul s'endormit.

Trois heures après, une négresse l'éveillait, et il procéda à la toilette de jour.

Les femmes, comme les hommes, du reste, couchent tout habillées en Afrique;

Elle trouva des provisions de toute sorte.

Les chasseurs, fatigués d'une marche pénible, restent souvent huit jours, un mois, une saison entière même, dans une de ces grottes; presque toujours ils se font un devoir de quitter ces retraites en les laissant bien munies.

Moussa trouva des œufs dans du sable fin, et du beurre salé dans une terrine. Il y avait aussi du miel.

Dans une peau de bouc, Ritta reconnut de la farine blanche pour le couscoussou.

Les jeunes femmes découvrirent de l'huile, des jambons de gazelles, du lard de sanglier. Moussa était enchantée.

— Vois, dit-elle à Rita. Des alouettes et des perdrix pilées, bouillies et conservées en gelée, c'est très-bon.

— On vivrait trois mois ici.

Et les jeunes femmes se mirent à improviser un repas; Moussa vit un foyer; elle s'en fut ramasser des fenouilles sèches, et prépara tout pour un couscoussou monstre.

LX

Les pointes d'aloès.

Au dehors, Akmet et Paul cachaient les traces.

Une fois descendus, ils conduisirent, toujours dans le lit du ruisseau, le mahari jusqu'à l'issue du défilé.

Là, Akmet le fit sortir de l'eau et l'obligea à piétiner sur place et le fit se cabrer.

— Pourquoi cela? demanda Paul.

Parce que nous avions plusieurs dromadaires, dit Akmet, et qu'il faut qu'on croie que toute une troupe est sortie du ruisseau en cet endroit. Vois, je tâche d'obtenir cinq marques de mahara.

« Coupe-moi des épines, maintenant.

Paul obéit.

Il abattit à coups de couteau beaucoup de branches de jujubiers sauvages.

— Bon! dit Akmet. Fais un fagot du tout.

Le jeune homme fit le fagot.

Pendant ce temps, Akmet plaçait sous la sangle du dromadaire, de chaque côté, à hauteur d'éperon, des pointes d'aloès, ce qui intriguait fort maître Paul.

— Que fais-tu? demanda-t-il.

— Il s'agit de lancer ce mahari, répondit Akmet, droit devant lui, et qu'il coure longtemps.

« Je ne lui laisse, tu le vois, que sa sangle.

« Il tombera épuisé dans deux jours, et nul ne pourra l'arrêter dans sa course.

« La pauvre bête va filer devant elle, galopant le galop de charge et ne s'arrêtant que pour souffler.

« Ce mahari va fournir des traites de trois heures ; il prendra des repos de cinq ou six minutes.

— Mais si on le voit ?

— Ne crains rien. Effaré comme il sera, il ne laissera pas approcher, puis il va prendre une direction dont il ne déviera plus, et je le lance à travers des solitudes sans douars, sans population. As-tu le fagot ?

— A quoi sert-il ?

— Il est censé destiné à effacer les traces ; mais on n'emploie ce subterfuge que quand l'on n'est pas un chasseur émérite ; car aux traces du chameau, on substitue celle du fagot, ce qui revient absolument au même.

— Alors, à quoi bon ce fagot ?

— Voilà. D'habitude on fait marcher les maharas l'un derrière l'autre. Le dernier, seul, a le fagot. Il efface sa piste et celles des précédents.

« Si Saïda nous poursuit, il ne saura pas combien de chameaux courent devant lui.

« Ne voyant qu'une piste, il comprendra que nous lui avons tendu un piége. »

Tout était prêt. Akmet lança le chameau. Celui-ci partit, aiguillonné par les pointes d'aloès.

— Maintenant, dit le Kabyle, il faut que nous rentrions dans l'eau à reculons.

Ainsi fut fait. Et ils revinrent vers la grotte. Ils y trouvèrent le repas en bonne voie.

— Aoh ! dit Akmet : vous êtes de bonnes femmes. Ceci est bien.

Et il donna quelques conseils.

Bientôt le repas fut servi. Tous les fugitifs y firent honneur.

Après le repas, Akmet fit aux jeunes femmes une proposition galante.

— Si vous voulez, dit-il, je sais dans cette grotte de curieuses choses. Imaginez-vous que la grotte s'étend à des profondeurs prodigieuses. Venez, ajouta Akmet.

Il chercha du regard une cachette et la trouva, puis il dit à Paul :

— Plonge ton bras dans ce trou, tu en retireras sans doute des fenouilles.

Paul, en effet, retira plusieurs paquets de fenouilles sèches et trempées de résine.

— Ce sont des torches ! dit Akmet. Allumes-en une.

Bientôt la grotte fut éclairée par une lumière rougeâtre qui lui donna un aspect étrange.

Akmet dit aux jeunes femmes :

— Je m'en vais vous montrer de singulières choses.

Il se dirigea vers un bloc de rocher, et il y chercha un joint. Quand il l'eut

Enfin, dit-elle à Paul, je commence à être sûre qu'elle ne t'aime pas. (Page 350.)

trouvé, il y introduisit son poignard et fit une pression. Le bloc s'abaissa. Une ouverture se présenta béante, laissant arriver un air froid et humide.

— Qu'est-ce ceci ? fit Paul. On dirait une caverne de voleurs.

— Comme dans les *Mille et une Nuits*, ajouta Moussa, familière avec la littérature orientale.

— Vous vous trompez, dit Akmet; ce soir, à notre retour, je vous expliquerai tout cela. Entrons.

Et ils pénétrèrent hardiment, torche en main, dans l'immense souterrain.

Celui-ci, après qu'on avait rampé quelques pas, s'ouvrait tout à coup en éventail et présentait une suite de galeries sans fin.

Akmet planta sa fenouille à l'entrée de cette excavation singulière. Une espèce de porte-flambeau était préparé pour recevoir les torches.

Au-dessous, dans le mur, était écrit en sabir, langue que tout Algérien comprend :

> Qui plantera ici son flambeau
> Sûrement se retrouvera.

— Imagine-toi, dit Akmet à Paul, que si loin que nous allions, nous apercevrons toujours cette lumière.

Puis, Akmet, derrière lui, eut soin de faire jouer des leviers qui, quoique rouillés, refermèrent le souterrain en resoulevant le rocher.

— Nous sommes chez nous! dit-il. Commençons l'exploration.

LXI

Un cadavre précieux.

Les deux jeunes femmes étaient très-impressionnées.

Ce n'est pas sans une certaine émotion que l'on sent derrière soi le monde extérieur clos par quelque secrète et mystérieuse porte de pierre; devant soi les ténèbres et une région inconnue à travers les flancs insondés d'une montagne qui semble peser sur vos épaules.

Paul, en vrai Parisien, *trouvait ça drôle;* mais c'était tout l'honneur qu'il faisait à cette merveille bien digne d'intérêt et d'admiration. L'ensemble en était grandiose.

Les jeunes femmes, tremblantes, suivaient leurs guides timidement, pas à pas.

Akmet, tout à coup, s'écria :

— Aoh! Un cadavre!

Et, en effet, il venait, sur une espèce de pierre en forme de lit, de voir un corps,

C'était celui d'un chasseur.

— Par Mahomet, dit le Kabyle, c'est ce pauvre vieux père l'Enclume qui est venu trépasser là! Il a préféré cette tombe à un cercueil arabe. Et il examina son compagnon mort.

Paul vit frissonner les jeunes femmes.

— Allons! dit-il. Qu'est-ce à dire, mes petites poltronnes! Allez-vous avoir peur d'un mort?

Akmet, toujours perspicace, entrevit sous les longs cheveux blancs du vieillard un parchemin.

n'est pas là. Il exerce, tu le sais, sur les siens une grande fascination : il les domine.

— En effet ! On dit que les saraçqs (voleurs) tremblent devant lui comme des chacals devant le lion ; c'est ce qui m'inquiète un peu, je l'avoue.

— Tu as tort. Si tu m'écoutes, les chacals deviendront eux-mêmes des lions déchaînés et redoutables.

« Il faut agir de suite ; aujourd'hui c'est facile.

— Le prétexte ?

— Il est bien simple : Mécaoud a des ennemis. Il est hautain, sévère. Plus de la moitié des hommes, et ce sont les plus énergiques, sont contre lui presque ouvertement.

« Cette nuit, propose à tous ceux qu'il a fait bâtonner de se soulever. Ils n'hésiteront pas. Tu surprendras Mécaoud.

— Ce ne serait pas difficile, en effet.

— Une fois vainqueur, tu dirais à ton monde que tu crains que Saïda ne se formalise de ce qu'on a tué son premier kalifat. Tu proposes de te faire nommer chef, promettant d'être moins dur que Saïda ; tu emmènes la troupe dans une direction autre que celle où l'attend son chef, et tu tâches de lui faire accomplir une bonne razzia. Dès lors, elle est à toi.

— Tu parles d'or, jeune fille.

— Si tu réussis... je t'épouse.

Ibrahim, ravi des perspectives qui s'ouvraient devant lui, se jura de réussir.

— Je te quitte ! dit Paul, parce que Mécaoud est ton rival et il s'inquiéterait.

Et le jeune homme, piquant des deux, rejoignit Mécaoud, qui causait toujours avec Akmet.

A l'arrivée de la fausse Paquita, il fit volter son cheval et salua gracieusement.

— Ton jour soit heureux, Paquita ! dit-il. As-tu bien passé la nuit ?

— Fort bien ! dit Paul, seulement j'ai eu un rêve : Je te prie, avançons un peu.

Ils laissèrent en arrière Akmet. Mécaoud était très-intrigué.

— Donc, dit-il, tu as rêvé ?

— Oui, de toi ; il t'arrivait malheur et je vais te conter mon songe.

« Figure-toi que, dans la nuit, je voyais tout à coup se lever des bandits ; ils disaient :

« Mécaoud nous frappe ; Mécaoud est un orgueilleux ; Mécaoud nous traite en chiens, tuons Mécaoud ! Le kalifat sourit.

— Tu n'as peut-être pas rêvé. Mes hommes me craignent trop pour ne pas me haïr un peu ; cependant, j'ai des amis.

— Pas beaucoup.

— Plus que tu ne crois. On crie contre un chef. On voudrait le battre.

« Cependant, au fond, quand il est juste comme moi, on l'estime et l'on y tient. Mais continue donc.

— A la tête des révoltés était Ibrahim.
— Aoh! Déjà!
— Il voulait te tuer d'abord; mais je lisais dans sa pensée qu'il pensait aussi à tuer Saïda.
— Pour t'épouser ensuite?
— Mon Dieu, oui.
— Le drôle!
— Mais c'est un rêve.

Mécaoud regarda avec persistance Paul, et lui demanda avec instance :
— Dis la vérité, Paquita. N'est-ce qu'un songe?
— Je ne puis au juste définir ce que j'ai vu, entendu ou cru entendre, dit Paul. Toutefois, pour cette nuit, à ta place, je me défierais, et je ne coucherais pas dans ma tente.
— Ouaou! Le conseil est bon. Je préviendrai mes amis.
— Les plus sûrs seulement.
— Au fait, pourquoi ne pas faire sauter le crâne de suite à Ibrahim?
— Tu serais blâmé par tous. On t'accuserait de jalousie. A ta place, je laisserais éclater le complot, et j'exterminerais mes ennemis.
— C'est d'une bonne politique. Il remercia Paquita d'un sourire. Tu me sauves la vie! dit-il. Comment reconnaîtrai-je ta bonté?
— En continuant à te conduire, vis-à-vis de moi en vrai djouad (noble).

On arrivait en ce moment au lieu de halte. Paul s'empressa de rejoindre Moussa. Celle-ci était toute joyeuse.
— Eh bien? fit-elle.
— C'est fait.
— Nous partirons?
— Oui, certes.
— Cette nuit?
— Cette nuit même.

Une joie intense s'empara de Moussa. Sans un regard de Paul, qui l'arrêta, elle lui eût mis les bras autour du col. Elle l'eût embrassé devant tout le monde.

On fit l'établissement du bivac pour le repas du milieu, — celui de la halte. Chacun mit le temps à profit.

Mécaoud, habilement, styla ses hommes: il ne s'adressa qu'aux meilleurs. Ibrahim monta les mécontents.

Moussa préparait ses paquets.

Paul et Akmet examinaient les maharas et choisissaient du regard les meilleurs. On repartit.

Paul s'attarda exprès. Ibrahim fit comme lui.
— Paquita, dit-il rayonnant, la révolte prend comme une traînée de poudre.

— Je te félicite.

— Les hommes sont enragés.

— Mécaoud est donc bien haï?

— Quoi d'étonnant! il est supérieur à tous les autres, dès lors il fait des envieux.

— Très-bien, donc ; à cette nuit.

« Où nous mèneras-tu quand tu seras chef?

— Au Sahara.

— Dans quelle ville?

— A Laghouat.

— Je t'y épouserai.

Et Paul tâcha de rougir en s'éloignant. Bientôt il eut rejoint Mécaoud.

— Es-tu satisfait? demanda-t-il.

— Tout va bien! dit Mécaoud. J'ai déjà trente hommes sûrs.

— Ce n'est qu'un tiers de la bande.

— C'est assez. Des révoltés comptent sur la surprise. Surpris à leur tour, ils sont perdus.

— Allons, bonne chance! Je vais voir Moussa.

Paul vint, en effet, se ranger près du palanquin de la jeune femme.

Celle-ci était trop élevée pour causer du haut de son mahari.

— Monte donc! dit-elle. Je t'assure, chère Paquita, que tu seras très-bien près de moi, sur un coussin.

Paul trouva assez bizarre l'idée d'embrasser Moussa en pleine caravane, à l'abri des regards indiscrets, sous les voiles d'un palanquin rose tendre, qui donnait à la jeune femme une charmante couleur de teint et semblait l'entourer comme une auréole.

— Ma foi, je me risque! fit-il. Et, avec une légèreté extrême, il se hissa sur sa selle, abandonnant les rênes.

De sa selle, il sauta sur le mahari d'un bond, et se blottit dans le palanquin.

Déjà un esclave avait pris la place de Paul sur son coursier. Moussa frémit d'aise.

— Enfin, dit-elle, te voilà. Et ses lèvres cherchaient le front du jeune homme.

— Cadoura, dit celui-ci, profitons de ce moment pour causer d'abord. Nous nous aimerons... ensuite. As-tu bien pensé à tout?

— Oui.

— Il nous faut au moins vingt jours d'eau et de vivres pour la route.

— Tu les auras.

— Nous devons éviter les villages; vous vivrons en dehors de tout centre habité.

— Oh! tant mieux! Nous serons seuls.

— Point. Nous avons d'abord Ritta.
— Une femme !
« Elle ne nous gêne pas.
— Et Akmet.
— Le Kabyle ?
— Oui.
— Un serviteur !
— Non pas ; un compagnon, plus même, un chef.
— Quoi, tu n'es pas son maître ?
— Eh non ! Ne t'ai-je pas prévenue ?

« Je ne suis pas un prince, moi, J'étais un petit domestique. J'aurai dix mille francs quand j'aurai ramené Ritta à son père. C'est notre seule fortune.

— Allons donc ! et les bijoux ! J'emporte tout, moi, l'or et les bijoux. Cent mille francs de France au moins.
— Diable !
— Nous serons heureux.
— Bigre ! je le crois.

Paul se dit :
— Mais voilà une bonne affaire ! Et il reprit :
— Au fait, Saïda a volé tout cela. Pourquoi le lui laisser ? Et puis, Ibrahim le prendrait ; plus de scrupule.

Il calcula que c'était là une fortune toute trouvée et toute faite.

Ce n'était pas, certes, une action absolument délicate que faisait là Paul. Mais l'Algérie, à cette époque, pour les colons eux-mêmes, était la terre de la rapine.

La force y primait le droit. L'on s'y battait sans cesse. L'Arabe volait le Français ; le Français pillait l'Arabe. Les Français s'y flibustaient entre eux. Les Arabes se razziaient. Enfin, les saracqs, comme Saïda, tombaient sur tout le monde.

— Moussa, tu as raison, fit Paul, à peu près convaincu.
— Ta conscience est en paix ?
— Oui.
— Embrasse-moi.
— Minute ! avant. Convenons de tout. Dès que le combat sera commencé, nous nous réunirons, n'est-ce pas ?
— Dans la tente ?
— Non. Tu verras un petit groupe de mahara hors du bivac. Tu courras à lui.
— Et les sacs ?
— Pleins de bijoux et d'or.
— Oui, le butin.

— Je sais que vous avez été favorisés par le hasard ; mais, mon cher garçon, tes combinaisons, au dire de mademoiselle Ritta, ont été extrêmement ingénieuses. Je te voue une reconnaissance sans bornes.

— Ne parlons pas de ça. Oui, votre trésor est sauvé. Vous me ferez tuer un lion, et nous serons quittes, monsieur le marquis, et bons amis. Mais nous avons trouvé un autre trésor.

— Ah ! c'est vrai ! fit Ritta.

« J'oubliais... »

Paul reprit :

— Nous sommes tous millionnaires, et vous, monsieur le marquis, archi-millionnaire, et sans laisser au marquis, le temps de répliquer, Paul montra les parchemins.

— Voilà le trésor ! ajouta-t-il, et il expliqua tout.

Jean oublia sa dignité.

— Par tous les tonnerres du ciel, voilà une s...ée veine que nous avons là ! Et il esquissa un pas de danse.

Ritta demanda à d'Obigny :

— Croyez-vous à ce trésor, mon ami ?

— Ma chère enfant, dit d'Obigny avec un calme parfait, c'est comme si nous l'avions.

En ce moment, Akmet dit :

— Silence ! Vous parlez trop haut. N'oubliez pas que nous nous cachons.

Et d'Obigny appuya le Kabyle.

— C'est vrai ! dit-il. Nous sommes imprudents. Dînons, et parlons bas.

LXIV

Aide-toi, le ciel t'aidera.

Les deux nouveaux venus se mirent à table, et ils firent grand honneur au repas. Ils avaient faim.

Moussa était préoccupée de la mort de Saïda.

— Sidi, demanda-t-elle à d'Obigny, comment avez-vous tué Saïda, ce grand guerrier ?

Jean se chargea de répondre.

— Grand guerrier ! fit-il. Comme les femmes sont drôles ! Pourquoi si grand guerrier ?

— Ne te fâche pas, Sidi. Sois juste. Réellement, Saïda était un chef redoutable.

Jean haussa les épaules.

— Voyons, Jean, dit d'Obigny. Rends justice à Saïda. C'était un homme intelligent.

— Et nous donc?

— Moussa n'a pas dit que tu n'étais qu'une mazette, mon cher; elle a vanté Saïda. C'est si naturel.

— Enfin, Sidi, tu l'as tué? demanda la Mauresque; donne-nous quelques détails là-dessus.

Paul s'impatientait.

— Jean! dit-il, parle donc. Finissons-en avec ce Saïda. On causera du trésor ensuite.

— Eh bien! dit Jean, voici:

« Saïda, pensant nous devancer, est venu au lieu de rendez-vous pour s'y cacher.

« Il pensait que nous y viendrions à notre tour, qu'il nous observerait, et, sachant notre retraite, qu'il pourrait ensuite facilement nous livrer à sa troupe. Mais, dit Jean, c'est nous qui l'avons pincé.

« Nous nous sommes aperçus de sa présence. Dès lors, ce ne fut pas long.

« Vous pensez bien que deux chasseurs de bêtes fauves, rompus au métier comme nous étions, sont bien malins, bien plus rusés, bien plus habiles que maître Saïda.

« Nous plaçâmes nos chapeaux et nos tentes, coiffées de ces chapeaux, de façon que Saïda crût que ces mannequins étaient nous-mêmes, et nous rampâmes pour nous écarter. Nous fîmes ainsi un grand cercle.

« Quand nous fûmes derrière mon Saïda, nous marchâmes sur lui avec précaution. A cinquante mètres, il ne se doutait encore de rien. Je le couchai en joue. Pan! Je le tuai.

— Et la tête? fit Moussa. Avez-vous tranché sa tête?

— Oui, ma fille. J'ai cette bonne habitude.

En ce moment l'on entendit tout à coup un bruit de galop, puis bientôt après un bruit de pas précipités, et un homme vint se réfugier sur la terrasse.

En moins de rien, tous les chasseurs avaient sauté sur leurs armes et rabattu les lianes.

Jean vit le premier déboucher l'homme. C'était Mécaoud. Il allait faire feu. Paul l'arrêta.

— Attends! dit-il bas. Il est seul.

Puis il reprit:

— On le poursuit. Du moment où on le poursuit, il ne peut être notre ennemi et il est notre allié.

— Que faire alors?

D'Obigny dit à son tour:

— Attendre.

« Nous ne devons pas livrer le secret de la grotte; mais laissons faire cet homme.

Ils purent se reposer pendant quelques jours chez un agha. (Page 360.)

Cependant Mécaoud arrivait sur la terrasse.

Il était légèrement blessé.

Ce qu'Akmet avait prévu était arrivé; les deux partis s'étaient battus toute la nuit.

Au matin, le parti de Mécaoud s'était trouvé avoir perdu le plus de monde.

Il y eut fuite.

Mécaoud fut poursuivi.

Il avait pu sauter sur un mahari errant.

Une vingtaine de partisans d'Ibrahim avaient, eux aussi, pu trouver des montures, une pour deux hommes.

C'était, en tout, onze bêtes seulement auxquelles Akmet, un peu pressé, avait mal coupé les jarrets; la lame avait glissé sur les tendons.

La poursuite avait été ardente.

Mécaoud, au moment où il arriva dans le ravin, sentit sa bête prête à crever. Il aperçut la terrasse.

Ex-bandit de profession, homme de résolution, il comprit que du haut de cette terrasse, d'abord difficile, il pourrait faire une résistance désespérée. Il y grimpa En y arrivant, il ne perdit pas une seconde.

Tout haletant qu'il était, il entassa pierres sur pierres, et se fit une bonne embuscade.

Il était à une trentaine de mètres de la grotte, dont l'entrée se trouvait au fond de la terrasse.

En le voyant à l'œuvre, Jean dit :

— Voilà un bon luron !

Mécaoud posa son fusil sur l'embuscade, qu'il avait recouverte de feuilles sèches. Il mit aussi près du fusil ses pistolets. Cela fait, il regarda sa cartouchière.

— Deux cartouches seulement ! dit-il distinctement ; il ne faut pas que je manque un seul homme. Ils sont une vingtaine. Avec mes balles, j'en abats cinq. Il en restera trop pour mon yatagan. Mais j'en hacherai cinq ou six avant de mourir, et je serai vengé de ces gredins.

Puis en soupirant :

— Encore, si je pouvais dire adieu à Paquita avant de quitter la terre pour toujours.

Il parlait haut. Paul entendait. Il rit silencieusement.

— Paquita, dit-il à l'oreille de d'Obigny ; c'est moi ; il me croit une femme, c'est drôle.

Bientôt on entendit le galop des mahara.

Les poursuivants aperçurent le chameau de Mécaoud, fumant de sueur, agonisant sur le sol.

Ils poussèrent des cris féroces.

— Aoao ! Il est à nous !

Et ils cherchèrent le lieu où il avait pu se réfugier; mais Mécaoud leur envoya une balle, puis une autre, puis une troisième, chargeant et tirant avec une rapidité inouïe. Trois hommes tombèrent, Jean murmura :

— Voilà qui est bien. Quel joli tireur !

Mécaoud réserva ses coups de pistolet.

— Je n'ai plus que cela à leur envoyer, dit-il, mais je leur brûlerai la figure à bout portant.

Et il examina ses adversaires. Ceux-ci, aux coups de feu, selon la coutume arabe, avaient fui pour se mettre hors portée. Ils ne devaient pas tarder à revenir.

— Par Allah ! dit Mécaoud. Si seulement j'avais poudre et balles.

» Oh ! vénérable marabout Sidi-Bel-Abibi, qui viens en aide aux chasseurs sans munitions, si tu me faisais trouver des cartouches, quelle belle carabine je t'offrirais dans ta couba (tombeau) de Lala-Magrhrenia ! »

Le jeune homme n'avait pas terminé, que, tout à coup, deux bruits mats retentissaient. Il se retourna.

Derrière lui venaient de tomber un sac à balles et une poire à poudre.

Tout d'abord, en véritable homme d'action qu'il était, il rechargea son fusil. Ensuite il murmura avec surprise :

— C'est donc vrai ! Les marabouts vivent après leur mort.

Il regarda la poire à poudre, tout en surveillant l'ennemi, avec une attention extrême.

— Voilà une belle poire ! fit-il. Comme c'est fait ? Quelles sculptures ! On voit que ça vient du paradis.

Dans la grotte, les chasseurs riaient sans bruit, bien entendu, de l'ébahissement du jeune homme.

C'était Paul qui, n'y pouvant résister, avait envoyé ce secours à ce pauvre garçon.

Mécaoud aperçut un groupe de saracqs qui, ayant mis pied à terre, se glissaient dans les rocs.

Il en visa un. L'homme tomba.

Les autres ripostèrent. Ce fut une fusillade très-vive.

Mais Mécaoud, au milieu du bruit et de la fumée, ne s'apercevait pas que Paul, se glissant hors de la grotte avec ses amis, s'était mis à canarder les Arabes avec un plein succès.

Paul, de sa main, jeta bas maître Ibrahim, et il en fut particulièrement ravi.

Les quelques saracqs qui survécurent, après deux minutes de cette mousquetade enragée, s'enfuirent ; ils croyaient n'avoir affaire qu'à un homme, et voilà que quatre carabines, merveilleusement justes, s'ajoutaient au fusil de Mécaoud, avec cet avantage qu'aux carabines avaient succédé les fusils à deux coups de Jean et de d'Obigny ; ce qui avait fait un feu roulant.

Quand Paul vit le mouvement de retraite des saracqs, il fit signe à ses amis de rentrer.

Ceux-ci, sans comprendre, ayant confiance dans cette précoce intelligence, retournèrent dans la grotte.

Mécaoud, tout à l'ennemi, ahuri d'un succès facile, regardait les bandits, remontés sur les mahara, fuir au galop et lui laisser le champ libre.

Cependant Mécaoud avait cru plus d'une fois entendre son coup de fusil doublé. Il se retourna et vit... Paul.

— Aoh ! s'écria-t-il. Paquita ! Quel bonheur !

Et il vint avec une joie folle baiser les mains du jeune homme, en s'écriant tout heureux :

— Vous m'avez sauvé ! Vous m'avez sauvé !

Paul riait.

— Mécaoud, dit-il, sachez tout. Je ne veux pas vous rendre ridicule. Je suis un homme.

— Est-ce possible ! fit Mécaoud.

— Mon cher, comment voulez-vous qu'une femme fasse ce que j'ai fait, voyons ?

— C'est vrai ! dit Mécaoud.

Et regardant attentivement Paul :

— C'est vrai, mille fois vrai ! Tu as trop d'audace dans l'œil pour être une femme : ai-je été sot de m'y laisser prendre !

— Tu es Français ? fit-il.

Paul dit :

— Je suis Parisien !

— Eh bien ! Parisien, tu es un grand guerrier, et un fin diplomate, et hardi compagnon. Je t'admire. Tu étais venu sauver Ritta ?

— Oui.

— Bon ! Tu m'as pris au piége.

Et Mécaoud se mit à rire.

— Tout est bien qui finit bien ! dit-il. Il n'y a que Saïda de volé.

— Il est mort.

— Saïda... mort ?

— Oui.

— Qui l'a tué ?

— Le tueur de panthères.

— Tiens ! dit Mécaoud. Voilà qui arrange tout. Mais, du reste, cela devait arriver.

« Sidi d'Obigny est un trop rude joûteur pour que Saïda pût en triompher jamais. Quel homme, ce d'Obigny.

— Tu trouves ? L'admires-tu sincèrement ?

— Oh ! de tout cœur. C'est, du reste, beaucoup à cause de lui que je protégeais Ritta tant que je pouvais.

— Il t'en saura gré. Que vas-tu faire ?

— Je ne sais. Où aller ? En Kabylie ? Je suis banni.

« Je me referai écuyer, kodja de quelque chef.

— Et si d'Obigny levait des hommes ?

— Oh ! j'irais à lui.

— Et tu le servirais ?

— Avec fanatisme.

En ce moment les lianes s'agitèrent. D'Obigny parut.

— Lui ! fit Mécaoud.

— Moi ! dit d'Obigny. Et lui tendant la main :

— J'accepte, dit-il, ton service. Tu seras, au bout de l'entreprise que je tente, richement récompensé, si je réussis.

Mécaoud prit la main qu'on lui tendait.

— Allons! fit-il. Je vais donc avoir enfin pour chef un de mes pairs, un djouad, un gentilhomme, comme vous dites!

Il était enchanté. D'Obigny lui demanda :

— Ne penses-tu pas que les saracqs reviendront?

— Pour cela, je suis sûr, dit Mécaoud, qu'ils en ont assez pour une fois.

— Alors, entre. Mécaoud trouva Jean dans la grotte. Celui-ci lui tendit la main.

— Camarade, dit-il, vous tirez bien. Mes compliments. Un conseil, pourtant. Levez plus le coude gauche.

Et puis, ce fut le tour d'Akmet.

— Salut, Mécaoud, dit le Kabyle. Te voilà des nôtres !

Et tout le monde lui fit bon accueil. Voire même Moussa.

On reprit le repas interrompu.

LXV

Projet.

Mécaoud avait très-faim.

Il mangea avec un infernal appétit; mais, de temps à autre, il regardait Paul.

Et tous deux riaient.

Et chacun de sourire.

— Cadour, dit Mécaoud, tu es un jeune homme très-intelligent; tu nous as tous endoctrinés.

« Mais, n'as-tu pas une sœur?

— Pourquoi ? demanda Paul.

— J'ai mon idée : si tu as une sœur et qu'elle te ressemble, je l'épouse.

« As-tu une sœur?

— Mais, Mécaoud, si ma sœur n'allait pas t'aimer ! qu'y faire, cadour?

— Elle m'aimera. J'ai la recette. Et, gravement :

— Je sais deux mots magiques : Chevaleresque! Romanesque!

Paul et Akmet se mirent à rire.

Moussa et Ritta se moquèrent du pauvre Mécaoud, et d'Obigny demanda des explications.

— Mon cher marquis, dit Paul, c'est une très-amusante histoire. Imaginez-vous que ce pauvre Mécaoud voulait me plaire pendant qu'il me croyait femme, et que je lui ai dit que pour gagner ma main, il fallait être romanesque et chevaleresque : ces mots l'ont frappé.

« Depuis, il ne pense qu'à cela. Être chevaleresque ! Il n'a que ce rêve.
D'Obigny tendit la main à Mécaoud :
— Mon cher, dit-il, je ne vous trouve pas si ridicule que ce petit farceur de Parisien l'insinue ; vous avez pleinement raison.
« Je vous crois très-capable d'être un parfait gentilhomme, épris de gloire, d'honneur, de délicatesse, de savoir-vivre et de dévouement.
« Foi de d'Obigny, si vous voulez un jour quitter le burnous et vous franciser, je vous jure que vous vous ferez aimer de qui vous voudrez. »
Mécaoud nageait dans la joie.
— Faites cela, dit-il, adoptant la mode de ne pas tutoyer, faites cela pour un pauvre djouad arabe, vous, djouad français, s'écria-t-il.
« Je vous jure que Mécaoud vous saura prouver sa profonde reconnaissance. »
Jean haussa les épaules.
— Tout ça, dit-il, c'est un tas de bêtises ; les manières, les délicatesses... Au diable ces fadaises !
« Les femmes... J'en achèterai. L'amour... Connais plus. J'en ai tâté.
Puis regardant Ritta. Il reprit :
— Merci ! Je sors d'en prendre ; il vaut mieux s'occuper du trésor.
« Mais il faudra de l'or.
— Soit ! dit d'Obigny ; causons-en.
— Mécaoud, en quelques mots, voici la chose : nous savons, ou du moins nous allons savoir où est le trésor du caïd d'Ousda.
— Aoh ! fit l'Arabe. Quelle découverte !
— J'ai en main le parchemin indicateur. Le voici.
Il montra le précieux écrit à Mécaoud. Celui-ci le considéra avec respect.
— Nous tenons ceci, reprit d'Obigny, d'un vieux chasseur qui le tenait authentiquement d'un autre.
— Et tu sauras traduire cela ?
— Du moins, je me charge d'avoir la traduction exacte, et j'irai la chercher à Paris. A mon retour, nous prendrons Ousda.
— Comment, mon ami, dit Ritta, vous allez m'abandonner ; me laisser seule à Nemours ?
— Ai-je dit cela ?
— Mais... pour m'emmener...
— Il faut être mariés, Ritta, nous nous marierons.
Elle rougit jusqu'aux yeux. Mais quelle joie !
D'Obigny reprit :
— Nous irons passer à Paris un mois qui sera délicieux, ma chère enfant, je vous le jure. Puis nous reviendrons.
« Si je meurs, dans l'entreprise tentée, nous aurons été heureux. Si je vis, nous aurons une immense fortune.

— Si vous mourez, dit Ritta, je ne veux pas vous survivre, et je sais comment vous suivre dans la mort.

D'Obigny dit tranquillement :

— Soit! Je crois que pour une veuve comme vous, Ritta, adorant son mari, la vie est trop triste. S'il y a quelque chose au delà de la mort, un paradis, un autre monde, nous nous y retrouverons. S'il n'y a rien, nous tomberons en même temps dans l'éternité du néant.

Et il baisa la main de la jeune femme.

— Oh! fit-elle, vous avez raison. Un mois de félicité, et l'on peut mourir.

Elle était radieuse. Jean était ému. Paul riait.

— Là, dit-il, monsieur d'Obigny, quelle idée! Pourquoi mourir? Je vous jure que vous avez près du caïd d'Ousda une fameuse protection.

— Et qui donc?

— Moi! Moi, Paquita. Je vous livrerai cet homme pieds et poings liés, et, avec lui, sa ville et le trésor.

Il conta en détail son aventure à Ousda.

— Il y a là une idée! dit d'Obigny. Nous la creuserons.

Puis il s'adressa à Jean :

— Toi, dit-il, tu lèveras le plus de chasseurs que tu pourras; mais tu n'en auras guère plus d'une centaine en cette saison-ci, et c'est beaucoup dire.

— On fait de la besogne avec cent hommes.

— Je le sais. Akmet ira chercher dans son pays une centaine de Kabyles, gens d'audace et sûrs.

— Ce ne sera pas difficile à trouver, dit Akmet; les Kabyles sont tous braves et fidèles.

— C'est vrai. Mais fais un choix.

— Tu auras la fleur des montagnes.

Et d'Obigny dit à Mécaoud :

— Toi, tu pourras bien ramasser cent cavaliers, dont nous aurons besoin. Des hommes solides; mais choisis bien; j'ai peu de confiance aux Arabes; ils sont souvent faux et hypocrites. Mais il nous faut une cavalerie.

— Les petits Arabes, la rocaille des tribus, dit Mécaoud, souille le nom de la race. Mais, tu le sais :

« Les gens de petites tentes ne viennent point d'Arabie, comme nous autres djouabs. Ce sont nos vaincus.

« Nous les avons trouvés barbares, idolâtres, et nous leur avons imposé le Coran. Ils étaient autrefois les Numides; dans l'ancien temps des Romains, on les savait fourbes. Mais nous, djouabs, nous, melads (conquérants), nous avons de l'honneur au ventre.

« Aussi vais-je courir les tribus et y lever seulement des hommes de race. Il en est de très-pauvres. Je prendrai ceux-là.

— Alors, ce sera pour le mieux ! dit d'Obigny. Puis à tous :
— Vous direz à votre monde qu'il s'agit d'un trésor immense à enlever. Ne précisez pas.

Donnez rendez-vous ici, dans le défilé, pour la soixantième nuit après celle où nous toucherons la terre française, et où nous serons en sûreté. Je ferai en sorte que rien ne manque dans le souterrain de ce qu'il faut pour vivre.

« Vous promettrez à chaque homme les conditions ordinaires de toutes les razzia :

« 1° Au chef, la moitié ;

« 2° Aux kalifats (lieutenants du chef), le quart à se partager entre eux, plus, leur part comme homme ;

« 3° Aux hommes, le dernier quart.

« Le chef, c'est moi ; mais comme Jean est un très-habile kalifat, sur ma part, je lui ferai un dixième ; comme cela, tout s'arrangera au plus juste. Les kalifats sont vous autres. »

Puis à Moussa :

— Femme, il faudra venir avec nous : les femmes causent trop.
— Aller à Paris sans Paul, fit Moussa, jamais !
— Avec Paul.
— C'est différent.

Toutes les conventions faites, tout arrêté bien en détail, l'on arriva à la chute du jour. D'Obigny donna le signal du départ.

Mécaoud, qui n'avait pas besoin de gagner le territoire français, s'en fut vers le sud.

Paul lui avait glissé dans la main quelques beaux brillants, pour qu'il pût vivre.

C'étaient des diamants ayant appartenu à Saïda.

Akmet, également, reçut de Paul des bijoux de prix, et partit pour sa montagne, à pied, n'ayant rien à craindre des tribus.

Quant à Paul, il monta avec Moussa dans l'un des palanquins, sur un des mahara. Jean prit le second. D'Obigny et Ritta eurent le troisième.

Dire quels chastes et ardents baisers d'Obigny reçut en route de Ritta serait peut-être indiscret ; celles qui ont aimé savent comment on s'aime, et celles qui l'ignorent encore le sauront plus tard.

LXVI

Tout pour le mieux.

Les fugitifs arrivèrent sans encombre sur le territoire français ; ils purent se reposer quelques jours chez un agha auquel d'Obigny avait sauvé la vie, puis ils continuèrent leur route.

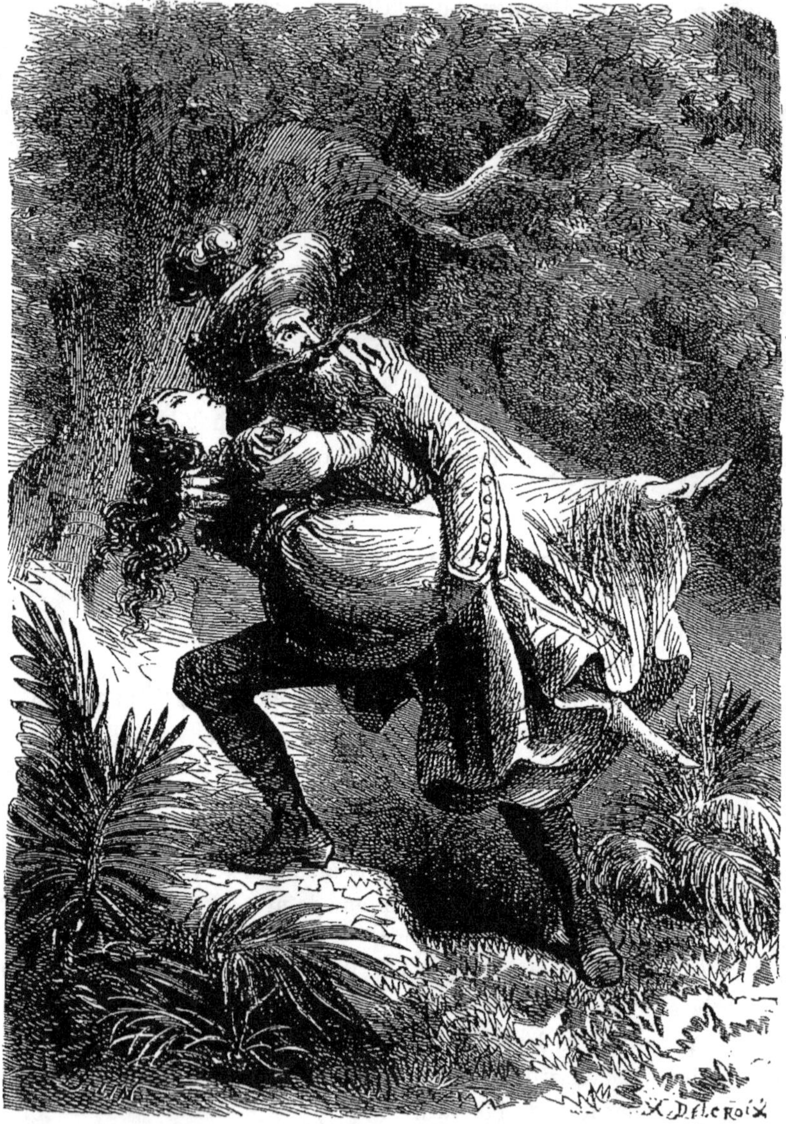

Il enleva Paquita comme une proie et s'enfuit avec elle. (Page 368.)

Ils avaient hâte d'arriver aux Figuiers.

Voici ce qui était advenu.

Le père Moralès avait eu sa ferme brûlée ; mais ses terres, bien ensemencées, n'avaient pas souffert.

D'autre part, Moralès ne devait qu'à Jean Casse-Tête, et celui-ci avait fait dire au vieil Espagnol, après l'aventure du Pas-du-Diable, qu'il n'y avait plus à s'occuper de la dette, qu'elle était remise.

C'était un grand poids de moins ; mais ce n'était pas tout.

Un jour, le gouverneur manda chez lui le vieil hidalgo, et lui dit avec commisération :

— Vous avez bien souffert, senor ?

— Oh ! oui, dit Moralès.

— Vous ne devez pas perdre espoir. D'Obigny retrouvera mademoiselle Ritta.

— Je crains que non. Et puis, ma ferme est perdue.

— Senor, tranquillisez-vous. Pour l'enlèvement de votre fille et pour votre ferme, nous avons imposé les Beni-Snassenn. Vous avez une forte indemnité.

Tout chagrin qu'il fût de la perte de Ritta, Moralès ne put s'empêcher de dresser l'oreille. Il était si pauvre ! Et il souffrait tant de l'être !

— Ah ! colonel, dit-il, c'est bien. Vous avez été juste. Puis il insinua :

— Je pourrai donc reconstruire la ferme ?

— Oui, senor. Déjà j'ai parlé à un officier du génie, qui a pris tous les plans.

— Quoi ! Des plans ! Pour une bicoque !

— Erreur ! On va vous faire une ferme modèle en un tour de main, mon cher senor.

« Voici comment : la garnison adore d'Obigny. On sait qu'il devait être votre gendre. Les soldats se sont offerts d'eux-mêmes pour couper les arbres, élever les murs, transporter les pierres et entourer les jardins de bonnes clôtures. Les maçons abondent. Les matériaux sont nombreux, et l'officier qui sort d'ici m'a affirmé qu'en dix jours tout serait terminé.

— C'est féerique. Une grande ferme ?

— Superbe, je vous assure. Voici le plan.

Et le gouverneur montra une magnifique vue des Figuiers relevés de leurs ruines.

— Ce sera, ajouta-t-il, le cadeau de la garnison de Nemours au brave senor Moralès.

— Ah ! fit l'hidalgo. Si Rita revenait !

— En attendant, voici un bon. Signez-le.

Le vieil Espagnol regarda le bon. Il portait : CENT MILLE FRANCS !

Le pauvre homme faillit tomber à la renverse ; il était stupéfait de la somme, et pour quelques minutes, il oublia Ritta.

Le gouverneur ajouta :

— Sur le butin, on vous a constitué un troupeau : moutons, bœufs, vaches, chameaux, mulets, chevaux ; ceci dit, allons visiter les travaux.

Et le gouverneur emmena le bonhomme, qui vit sa ferme sortir de terre comme par enchantement ; on eût dit une fourmilière de travailleurs.

Moralès riait et pleurait. Il riait à sa maison. Il pleurait Ritta.

Or, depuis deux jours, avec de nombreux serviteurs espagnols et français, le pauvre père Moralès était installé. Mais comme Ritta lui manquait !

— Paquita était là. Elle regrettait Paul.

Tous deux, le bonhomme et la soubrette causaient devant l'âtre, car il faisait un peu froid, comme toujours, le soir, en Algérie; ils étaient éclairés par un lustre. Le vieil hidalgo avait voulu du luxe. Moralès soupirait.

— Le bonheur, dit-il, n'est jamais complet; me voilà riche, ou à peu près. Et ma fille me manque.

— Ah! senor! dit Paquita. Je pleure la senora chaque soir.

— Friponne! Tu pleures aussi ce Paul, ce vaurien; tu l'aimes, ce petit drôle.

— Senor! Mais il est allé délivrer la senora!

— Lui! Crois ça. Un gamin! Voyez-vous ce muchacho sauver ma fille!

— Il en est capable.

— A dire vrai, j'aimerais mieux devoir mon enfant à un autre que lui.

— Pourquoi donc, senor?

— Parce que je serais forcé de le respecter, et cela me coûterait trop.

En ce moment, le galop de mahara bien lancés retentit, et Moralès eut un soubresaut. Et Paquita tressaillit.

— Encore une troupe! fit-elle. Si c'était ces bandits!

— Impossible! Le gouverneur me l'a démontré. D'abord, la guerre vient de finir. Et puis, nous avons élevé des redoutes qui arrêtent toute tentative.

— Espérons-le.

— Enfin, on a repris à ces drôles les canons, et ils ne peuvent plus nous bombarder, mais tiens! on s'arrête.

Le cloche sonna et une voix joyeuse cria :

— Ah! c'est trop fort!

« La bicoque est devenue un château. Ouvrira-t-on? Patron! c'est moi! c'est Paul! patron! voilà mademoiselle.

Et la porte roulait sur ses gonds.

Et Moralès ouvrait ses bras à Ritta, en pleurant de joie et d'attendrissement.

Paquita s'élançait vers Paul. Mais Paquita s'arrêta.

Moussa, terrible et menaçante, se jeta entre Paul et la jeune fille. Celle-ci eut peur.

Paul vit qu'une affaire sérieuse allait s'engager entre les deux femmes.

— Holà! fit-il. Et à Paquita :

— Voilà une femme qui m'a sauvé la vie; ma chère petite sœur, embrassez-la. Puis à Moussa :

— Veuve Saïda, dit-il, tendez vos joues à ma sœur aînée, qui est venue ici en mon absence.

Paquita, étourdie, n'hésita pas. Moussa, calmée, combla Paquita de caresses.

Mais la soubrette embrassa Paul.

— Qu'est cela? dit-elle. Cette femme a donc des droits sur toi? Tu m'as trahi!

Paul, gravement et imperturbablement, dit :

— Paquita, du calme. Il y va de la vie. Nous avons un poignard sur nos têtes. Je t'adore toujours. Je t'expliquerai tout. Et il prit un air mélodramatique.

Paquita avait passé par de telles crises qu'elle crut au poignard.

Elle se dit que, pour sauver Ritta, Paul avait dû faire des efforts prodigieux.

Probablement, Moussa s'était jetée en travers de cette évasion, et Paul avait dû la séduire. En cela elle ne se trompait pas.

Mais elle pensait que son amoureux n'avait que du dédain pour la Mauresque. En ceci, elle s'illusionnait.

On rentra. Ce fut, au salon, une scène touchante.

Le vieux Moralès se mit aux genoux de Ritta, et pleura comme un enfant.

Jean Casse-Tête essuya une larme et dit à d'Obigny :

« Moi, j'ai le cœur comme un roc ; mais ce vieux-là, qui brâme de joie comme une antilope en revoyant cette enfant, ça me remue, ça me secoue. Je suis tout chose. »

Puis il se dit :

— Il faut que j'épouse quelqu'un : Je veux des enfants.

Paul entendit ce mot.

— Bon! pensa-t-il, voici mon affaire. Quelle chance! Il se glissa derrière Jean.

— Eh! fit-il. Vieux père Jean! Un mot, s. v. p.

En ce moment, comme toutes les natures primitives quand elles sont émues, le farouche Casse-Tête était aussi facile à tourner et à retourner qu'un gant.

— Hein! fit-il, que veux-tu? Ne me dérange donc pas.

« Je suis ému, et ça me fait du bien, ça ne m'était encore arrivé qu'une fois.

— Quand cela?

— Après la mort de d'Obigny.

— Je vois ce que c'est.

« Vous vous ennuyez, maître Jean, être seul, c'est fichue affaire! Vous voudriez bien une petite femme, jolie, gentille, aimable et un peu luronne... J'ai votre affaire.

— Vraiment!

— Une fille ravissante.

— Ah! ah!

— Plus piquante que mademoiselle; plus gaillarde.

— Tu la connais donc bien?

— Elle a été ma maîtresse!

— Hein! fit Jean.

— Je dis qu'elle a été ma maîtresse.

— Jolie guenon!

— Vous dites?

— Et toi, tu es un drôle.

Paul s'attendait à cela.

— Pour moi, fit-il, c'est vrai. Je suis un drôle.

« Abandonner une fille comme cela, douce, fidèle, aimante, dévouée, modeste, et piquante. Un vrai champagne. Je ne suis qu'une petite canaille.

— Voilà une opinion que je partage, par exemple, tromper une brave fille.

— C'est indigne.

— Tu n'as pas de remords?

— J'en ai gros comme l'Atlas, mais je les supporte.

— Tu as bon dos.

— Et puis je suis une victime. Au fond, j'aimais cette petite.

« Mais voilà que j'ai enlevé madame veuve Saïda pour les besoins de notre affaire. Puis-je laisser cette femme dans l'embarras, elle qui a tout sacrifié pour moi?

— Ce serait dur.

— Vous voyez bien ! Je suis entre elle et mon ancienne. Du reste, celle-ci a un défaut.

Lequel?

— Elle est trop rangée, trop économe. Elle m'aurait empêché de dépenser mon argent, ça me gêne, moi, les ménagères !

— L'économie est une vertu. Cette petite me va comme un bon fusil ; mais il y a cet inconvénient.

— Lequel?

Et Paul fit une pause naïve.

— Dame ! je n'aime pas une carabine dont les autres se servent. Je suis jaloux d'une femme comme d'une arme.

— Le passé est le passé. Et puis, je dois tout dire.

— Il y a encore quelque chose ?

— Oui. En faveur de la petite.

« Elle était si ignorante, simple, si naïve, si niaise même, qu'elle n'a pas su défendre sa vertu, et que, en vérité, j'ai des reproches à me faire. Elle a péché faute de savoir. »

Jean, qui n'y allait pas de main morte pourtant avec les femmes, s'indigna.

— Tu n'es qu'un coquin ! dit-il. C'est ignoble. Tiens tu me révoltes. Pour un rien...

— Mon cher Jean, vous avez raison.

— Si j'ai raison !

— Une fille, voyez-vous, qui adorera son mari.

« Des petits soins ! Des caresses ! On dirait une chatte. Et puis, elle va concevoir pour l'homme qui l'épousera une reconnaissance sans bornes. Elle se mettra en quatre pour lui. Voilà un rêve...

« Avoir à la fois une Européenne, spirituelle, intelligente et montrant la soumission d'une Arabe.

— C'est tentant.

Et Jean se caressait la barbe.

— Mais vous avez des préjugés !

— Moi ?

— Oui. Vous ! L'homme fort. Parce qu'on a un peu chiffonné la robe d'une jeune fille, monsieur fait le dégoûté.

— Pas tant que ça. Le passé est le passé. Son nom ?

— Ouvrez les yeux. Qui voyez-vous ?

— Mademoiselle Ritta.

— Et à côté d'elle ?

« On dirait en brun la sœur de mademoiselle.

« Même éducation, mêmes manières, même distinction.

« On aurait du mal à dire quelle est la servante, quelle est la demoiselle. »

Jean n'était pas l'homme des distinctions subtiles ; il ne savait pas distinguer une femme de chambre d'une marquise ; il jugeait *grosso modo*.

— Comment ! fit-il. C'est Paquita ? Mais je l'ai toujours trouvée aussi bien que Ritta, et beaucoup moins bégueule.

— N'est-ce pas ?

— Même je me disais, après avoir renoncé à Ritta, que je ferais peut-être bien de m'adresser à Paquita ; mais je ne voulais pas me risquer en aveugle.

— Que craigniez-vous ?

— Dame ! Tu dois me comprendre... J'ai été repoussé déjà, moi. J'ai eu des histoires du diable avec Ritta ; ça me fait hésiter vis-à-vis des femmes comme celles-là ; je n'aime pas qu'on me vexe, qu'on me repousse.

— Oh ? Paquita acceptera. Voulez-vous suivre mes conseils ?

— Mais, oui.

— Dites-lui, le plus tôt possible, que vous avez à lui parler de choses graves.

— Très-bien.

— Annoncez-lui que vous avez une fortune considérable, et que vous voulez mener un grand train de maison à Nemours, ou à Oran, ou à Alger.

— Mais ce n'est pas vrai.

— Qu'importe ! promettez. Ça flatte. Une fois mariée, Paquita, qui est économe, sera la première à arrêter la dépense. Mais elle prêtera d'abord l'oreille à l'idée d'être belle et bien parée.

— Tu es un petit serpent.

— Oui.

« Je sais présenter la pomme.

— Qu'est-ce que ça veut dire ? Il faut m'expliquer tout.

— Passons. Quand Paquita vous aura entendu, ne lui dites pas encore que vous voulez l'épouser.

« Insinuez que je suis pauvre comme Job, que je n'ai rien, que je ne vaux rien.

« Enfin, dites-lui que je suis marié avec la Mauresque, et qu'il faut perdre tout espoir de m'épouser.

« Elle criera. Laissez-la faire.

« Tirez ce magnifique collier de perles, qui vient de Moussa, et que je vous prête pour la circonstance; montrez-le à Paquita, mettez-le-lui au cou.

— Si elle refuse ?

— Allons donc !

« Ce serait la première...

— Bon !

« Après ?

— Après, naïf Jean, après... osez tout.

— Je puis l'embrasser ?

— Oui.

— Et...

— Chut ! Allez votre train. Tenez. Profitez du moment; elle sort. »

Jean, assez gauchement, quitta la salle.

Paul sortit ensuite.

Il s'attendait à une scène bizarre.

Jean était capable d'écouter un conseil; mais le suivre lui était difficile.

C'était une nature primesautière.

Une fois dans le couloir, il dit à Paquita :

— Senora, j'ai à vous parler.

— Vous, monsieur ?

Et Paquita fut surprise.

— Moi ! fit-il. Et n'ayez crainte. »

Puis il l'emmena dans la première chambre dont il trouva la porte ouverte.

Paquita avait un peu peur.

— Que voulez-vous ? fit-elle. Vous me regardez à me faire trembler.

Jean procéda en sanglier.

— Voilà ! fit-il d'une voix rauque.

« J'ai des mille et des cents.

« Je vous les donne.

« Paul est une petite canaille.

« Il vous lâche pour une noiraude.

« On n'a pas idée de ça !

« Pourtant il y a des circonstances atténuantes. »

Paquita fit un geste.

Jean dit d'une voix rauque :
— Un instant! Ecoutez tout.
« Après si vous refusez... Mais vous ne refuserez pas.
« Je vous donnerai une maison superbe. Vous aurez des toilettes.
« Je me ferai décorer. Je me ferai nommer marquis. »
Paquita fut stupéfaite.
— Marquis! fit-elle.
— Oui.
« Marquis.
« Les rois font des nobles.
« Je rendrai de grands services à un roi, celui de France ou d'un autre pays.
« Je serai ce que je voudrai. Je suis un terrible.
« Du reste, si vous refusez, je me tue.
« Ah!
« Voilà le collier. »
Il lui jeta les perles au cou.
Elle fut éblouie.
Trahie par Paul, marquise en expectative, décorée d'un collier splendide, elle perdit la tête.
— Eh bien? fit Jean.
Elle lui tendit son front.
— Je consens! fit-elle.
Jean poussa un rugissement de joie, enleva Paquita comme une proie et s'enfuit avec elle.
Où?
Dans les bois.
Il avait des amours de fauve, ce vieux chasseur.
Et Paul de rire.
Il rentra au salon.
On l'attendait.
— Mon cher enfant, demanda d'Obigny, où donc est Jean Casse-Tête?
« Le comte Moralès y Castro voudrait lui annoncer mon mariage prochain. »
Paul sourit.
— Il est loin, s'il court toujours! dit-il.
« Il a enlevé Paquita.
— Que dites-vous? s'écria Ritta.
— La vérité.
— C'est donc un monstre, cet homme!
— Oh! ne vous exclamez pas.
« Il y avait consentement de Paquita.
— Quoi!

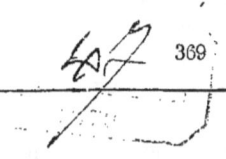

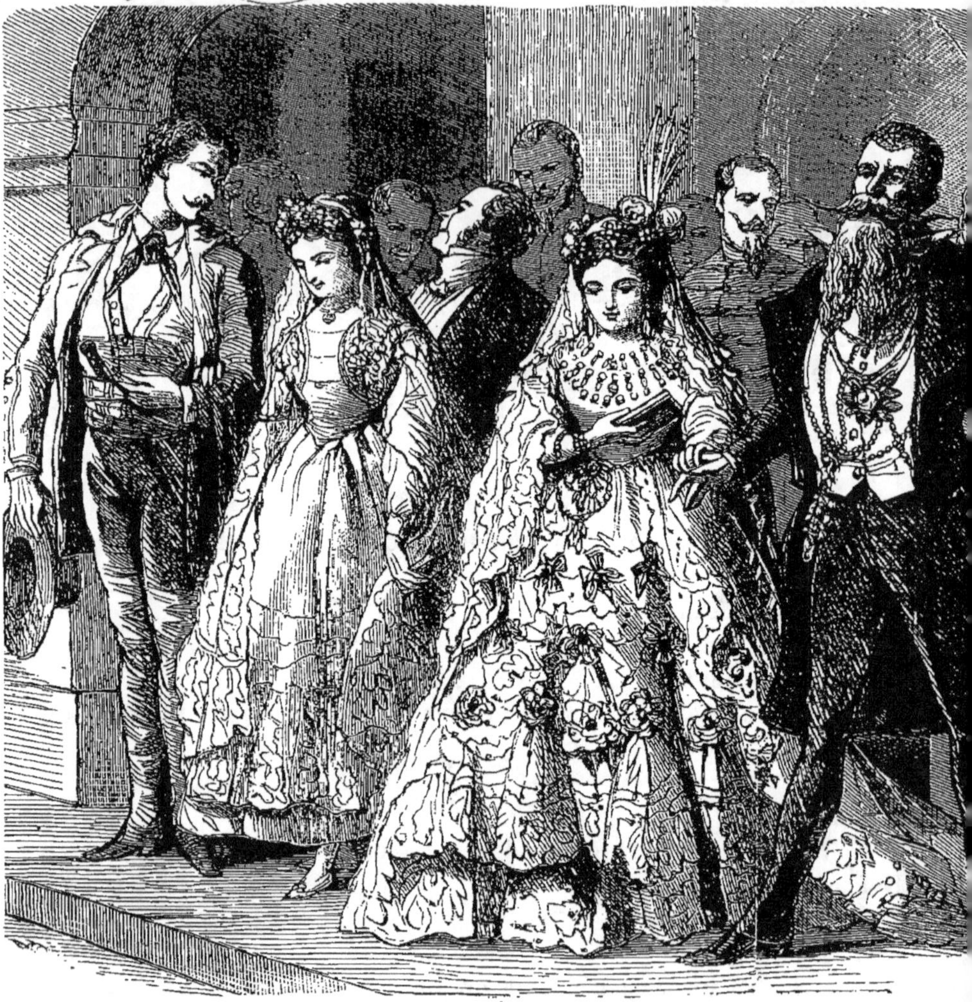

Il avait des bijoux en veux-tu en voilà. (Page 370.)

« Cette petite !

« Oh ! c'est indigne !

— Mademoiselle... c'est pour le bon motif. Ils s'épousent, et, en attendant, ils font un tour dans la forêt.

D'Obigny se mit à rire.

Mais Moralès ne l'entendait pas ainsi.

Monsieur Paul (c'était la première fois de sa vie qu'il appelait ce gamin monsieur), je vous dois une très-vive reconnaissance pour votre belle conduite ; mais je vous saurais un gré infini de ne pas causer si lestement devant mademoiselle Ritta y Moralès y Castro.

Puis montrant la pauvre Moussa abandonnée dans un coin du salon et fort triste.

— Quel est cette femme? demanda-t-il.

Paul alla prendre le bras de Moussa et l'amena devant le vieil hidalgo.

— Patron! fit-il.

« Je vous présente madame veuve Saïda, qui sera si vous le voulez bien, madame Paul... tout court.

« On verra à régulariser la position un jour par le procédé que je viens d'employer pour Paquita. »

Et Paul salua tout le monde, emmenant Moussa et laissant Moralès consterné.

— Un brave garçon! dit le vieil homme; mais quel affreux sans-gêne! Je ne m'y habituerai jamais!

— Nous vous en débarrasserons! dit d'Obigny.

Le comte soupira.

Quinze jours plus tard, deux mariages se célébraient dans la petite ville de Nemours.

Le marquis d'Obigny épousait Ritta.

Jean Casse-Tête, décoré (d'Obigny l'avait facilement obtenu du gouverneur), se mariait avec Paquita.

Jean s'était, pour la circonstance, fait habiller en gentleman à Oran.

Il avait pris un mahari, était parti pour la capitale de la province, et avait dit à un tailleur :

— Je te donne vingt-quatre heures pour me faire un costume pareil à celui des marquis quand ils vont dans les soirées de gala chez leurs amis et connaissances.

Et le tailleur s'était exécuté.

Jean était revenu.

Il était ridicule.

Il se trouva très-beau.

Il avait des bijoux en veux-tu en voilà, des chaînes, des diamants, des breloques.

Quant à Paquita, splendide!

Elle s'était dit :

— J'éclipserai mademoiselle.

On voit ça d'ici.

Robe blanche.

Mais un fouillis de dentelles, de rubans, de pompons, de fleurs, de perles et d'émeraudes.

Les deux époux s'admirèrent réciproquement.

Quant à d'Obigny, il avait donné sa démission d'officier, à la surprise de tous.

Il parut en coureur de bois.

Et Ritta.

Elle était vêtue en Espagnole, tout simplement, comme une jeune fille de la Catalogne !

Quand le gouverneur, témoin de d'Obigny, lui demanda pourquoi il avait adopté ce costume, le marquis lui répondit en souriant :

— Il ne faut en imposer à personne.

« Je me fais coureur de bois.

« Je m'habille en coureur de bois.

« Je deviens un aventurier.

« Je ne suis plus ni marquis, ni officier. »

Le gouverneur sourit.

— D'Obigny. dit-il, vous méditez quelque grand projet, je le devine.

« Puis-je vous être utile ?

— Oui, colonel.

« Je vous dirai tout plus tard. »

Le mariage fut splendide.

Tout Nemours y assista.

On fit une fête.

Les grands chefs indigènes s'empressèrent de venir à cette solennité.

Les Arabes et les Kabyles accoururent en foule, et l'ont fit des fantasias splendides.

On brûla plus de poudre que pour une bataille.

Quant à Paul, il fut, comment dire cela ? très-madré vis-à-vis de Moussa.

Il lui persuada qu'il l'épousait à la française, en la faisant agenouiller lorsque le prêtre bénit d'Obigny, et la convainquit que si toutes les cérémonies n'étaient pas les mêmes pour leur mariage, c'est parce qu'il y avait quelques nuances quand il s'agissait d'une union entre un chrétien et une musulmane.

Et Moussa le crut.

Qui l'eût détrompée ?

. . . .

Le lendeman, vers midi, par le courrier, d'Obigny et sa femme, Paul et Moussa, s'embarquaient.

Ils gagnaient Oran.

De là, ils partirent pour la France.

Quatre jours plus tard ils étaient à Paris, et la pauvre Moussa s'émerveillait en voyant tomber de la neige dans les rues.

Elle n'avait jamais vu pleuvoir blanc, et elle prit la France en horreur. Mais il devait se passer des choses qui amenèrent des changements d'opinion en elle.

FIN DE LA PREMIÈRE PARTIE.

Nous avons terminé cette première partie de notre drame.

Nous croyons que la seconde phase de notre récit plus émouvante, plus dramatique, plus mouvementée que la première, sera bien accueillie.

Nous prions nos lecteurs de nous être fidèles ; nous leur promettons une étrange histoire de la conquête du

TRÉSOR D'OUSDA

Le lecteur en sera convaincu dès les premières pages *spécimen* que nous lui donnons aujourd'hui.

Jamais l'auteur n'a été mieux inspiré, ni plus original et davantage intéressant.

Dans cette deuxième partie — un véritable nouveau roman — figurent de nouveaux personnages ; les épisodes, tout autres que dans la première partie, se dérouleront à Paris, en Algérie et ailleurs...

Le succès du COUPEUR DE TÊTES et du LION DU SOUDAN sera atteint, s'il n'est pas dépassé.

Le roman commencera dès le prochain feuilleton de la LECTURE ILLUSTRÉE, n° 48.

Octobre 1878. (*Note de l'Éditeur.*)

JEAN CASSE-TÊTE

LA CONQUÊTE
DU
TRÉSOR D'OUSDA

DEUXIÈME PARTIE

Nos lecteurs ont bien voulu faire à la première partie de cette œuvre un tel accueil, que nous nous sommes déterminés à publier immédiatement la seconde partie de ce drame.

L'apparition de nouveaux personnages, la lutte qui s'établit entre de nombreux compétiteurs pour la possession du trésor d'Ousda, les incidents nombreux et imprévus qui se succèdent, donneront à notre récit, nous l'espérons du moins, un très-vif intérêt.

I

Le silo des Frères.

Les souverains, — petits et grands, — ne sont pas toujours sur un lit de roses. Ils ont leurs ennuis.

Le pouvoir leur est cruellement disputé par des compétiteurs.

En Europe, les choses se passent à coups de révolution dans les rues.

En Orient, on procède à coups de poignard par conjuration.

Aussi quelle défiance ! Le père a peur de ses fils. Le frère surtout se défie du frère.

Le peuple, sauf de rares exceptions, ne tient pas plus à l'un qu'à l'autre.

Dans les petites villes comme Ousda, un beau matin les habitants se réveillent.

Ils voient à la grille du palais une tête suspendue ; c'est celle du chef.

Dey, bey, agha, caïd, peu leur importe ; il est trépassé.

Les chaouchs proclament le nom de l'assassin à la place de celui de l'assassiné ; on coupe quelques têtes par-ci par-là.

Il faut bien que le nouveau venu se venge de ses ennemis.

Ces petites opérations faites, la ville reprend son petit train-train ordinaire.

Le tyran est mort ! Vive le tyran !

C'est la devise éternelle de l'Orient et de tous les musulmans.

A Ousda, ça ne se passait, ça ne se passe pas autrement.

Donc, le caïd qui régnait, — car c'était un roi au petit pied, — au moment où notre drame se déroulait, ce caïd, — que nous connaissons déjà, — avait un frère qui lui avait causé bien des ennuis.

Mais il en avait, ou à peu près, fini avec lui au moment où Paul, déguisé en Catalane, avait mis à l'envers la tête de ce pauvre homme.

Ce frère était le cadet du caïd. Il avait voulu s'emparer du pouvoir.

Or, pendant qu'Ackmet et Paul trouvaient le fameux manuscrit concernant le trésor, le caïd Mehemet-Mustapha-ben-Brahim (nous supprimons au moins quinze noms) s'occupait précisément de calmer sa conscience au sujet de son cadet.

Il était dans son fumoir, en grande conférence avec cet ullemah que nous avons vu causant à ce finaud d'Ibrahim, qui venait lui demander son aide.

Les ullemahs sont les prêtres musulmans.

Ces bons ullemahs rendraient des points aux jésuites eux-mêmes.

Donc, sidi Mehemet avait mandé l'ullemah, et voici ce qu'il lui disait :

— Je t'ai mandé, Sidi. Tu es un homme de prières. Tu as l'oreille du prophète. et puisque tu as des talismans, je voudrais une amulette contre le remords.

— Tu as donc des remords ?

— Hélas !

— Toujours l'affaire de ton frère ?

— Oui, Sidi, je suis inquiet.

— Mais ton frère était coupable.

— Sans doute.

— Il s'est révolté.

— C'est vrai.

— Tu l'as pris.

— J'aurais pu le tuer, et je me suis contenté de l'enfermer.

— Il est vrai que tu l'as mis dans un affreux silo ; tu pourrais le tirer de là.

— Ah ! voilà ! Il refuse !

— Parce que ?

— Je ne sais, mais il ne veut pas sortir. Il est fou.

— Sérieusement ?

— Mes gens le croient.

— Alors, il est sacré ! Tu sais que quand l'esprit de Dieu a visité un homme, cet homme devient saint.

— Par Allah, je le sais bien, et voilà ce qui fait mes tourments jour et nuit.

« Quand j'envoie mes gardes pour le tirer de son trou, le fou menace, et les gardes reviennent effarés. Ils ne veulent pas toucher à un maboul. Moi, je n'ose, du reste, les y forcer.

— Alors, laisse-le là.

— Mais il crie, du fond de son silo, qu'il est un sacrifié, un martyr. Il se compare à Aïssa (Jésus) sur sa croix, torturé par les juifs. C'est une lamentation éternelle.

On entend un grand cri.

— Ecoute ! dit le caïd.

En effet, une plainte aiguë montait vers le ciel et traversait l'espace.

Le caïd pâlit.

— Va donc dormir ! fit-il. Va donc manger en paix. Caresse donc tes enfants ! A chaque instant, cette plainte retentit et me perce le cœur comme un stylet.

L'ullemah comprit qu'il avait une belle occasion à exploiter.

— Sidi, dit-il, tu n'ignores pas que ce serait un crime que de demander à Dieu de se retirer d'une âme qu'il visite, et que sa présence ravit à ce point que la raison se trouble.

« Tu sais que les fous sont à ce point respectés, que, toi-même, tu as condamné à la bastonnade, sur l'avis de tes cadis, un père qui voulait protéger sa fille contre les fantaisies lubriques d'un maboul.

« Donc, Sidi, dans cette affaire, il s'agit de ne mécontenter ni ton peuple, ni le prophète ; mais il faut te soulager. C'est difficile. C'est fort difficile.

Le marabout secouait la tête.

Le caïd s'emporta.

— Tu ne trouves rien ! s'écria-t-il. Tu ne me viens pas en aide ?

« C'est donc en vain que j'aurai comblé vos mosquées de biens !

« En vain, je vous aurai gorgés d'or, de troupeaux, de richesses ; vous m'abandonnez ! »

Il allait proférer des menaces.

L'ullemah l'arrêta.

— Caïd, écoute ! fit-il. Quand on nous donne, on donne à Dieu.

« Tu n'étais donc pas désintéressé, et tu agissais donc par calcul.

« Nous ne pouvons que prier.

« Du reste, dans ton affaire, il y a, je crois, un moyen de te satisfaire. Tu connais de réputation le tombeau de sidi El-hadj-ben-Kouffi. Il passe pour apaiser les fous. Il prie Allah de transformer les accès de fureur des mabouls en une douce mélancolie ; cela réussit souvent. Veux-tu que je fasse moi-même un pèlerinage auprès du tombeau ?

— Oui, dit le caïd.

(Il croyait à toutes les momeries.)

L'ullemah tenait son homme.

— Il faudrait, dit-il, faire un riche présent à la zaoua de sidi Kouffi.

— Certainement.

— Combien donnes-tu ?

— Je donnerai mille douros.

— Heuh ! C'est peu. Tu es riche. La zaoua est riche. De riche à riche on est magnifique.

Le caïd fit un effort.

— Si le pèlerinage réussit, dit-il, je donnerai volontiers deux mille douros en plus.

L'ullemah prit un air indigné.

— Là ! fit-il. Quand je te le disais.

— Quoi donc ?

— Que tu offensais Dieu.

— A quel propos ?

— En lésinant.

— Je lésine ?

— Toujours. Tu as des arrière-pensées. Ah ! comme j'avais raison !

— Je ne comprends pas.

— Caïd, tu ne nous as jamais rien donné que dans l'espoir d'un retour. Tu l'avoues.

« Voilà que tu marchandes. Voilà qu'au lieu d'un élan franc, tu fais à Allah des conditions. C'est d'un juif cela ! »

Le caïd était abattu.

— Fi ! dit l'ullemah.

Et avec un geste inspiré, avec l'onction d'un prêtre jésuite captant un héritage :

— Mon fils, s'écria-t-il, Dieu est grand. Dieu sait tout. Mahomet te juge.

« Je ne m'étonne plus qu'un de tes enfants soit venu au monde bossu.

« Je ne suis plus surpris que la femme chrétienne que tu aimais tant ne revienne point, contrairement à sa promesse.

« Rien ne te réussit. Dieu reste froid pour toi.

« Quoi d'étonnant ! Nous ne sommes que des messagers de sa colère ou de sa bonté.

« Nous ne savons pas tout.

« Pendant que nous le suppliions, il disait sans doute à son prophète :

« Tu vois, élu de mon cœur, le mal que se donnent les marabouts d'Ousda.

« Ils suent sang et eau pour ce caïd avare qui marchande le bienfait.

« Aussi je n'écoute point mes marabouts, et je vais donner la folie au frère de cet homme, et lui inspirer des idées qui feront le tourment du coupable. »

Le caïd crut entendre la voix de Dieu, et se soumit humblement.

— Ami, dit-il, je donnerai les deux mille douros ; j'y consens.

(*Voir la suite à la 48ᵉ livraison de la* LECTURE ILLUSTRÉE.)

LA LECTURE ILLUSTRÉE

LA CONQUÊTE
DU
TRÉSOR D'OUSDA

DEUXIÈME PARTIE DE

JEAN CASSE-TÊTE

Par LOUIS NOIR

EN VENTE PARTOUT

JEAN CASSE-TÊTE

(PREMIÈRE PARTIE)

Par LOUIS NOIR

Très-beau volume grand in-quarto de près de 400 pages.

Prix : 3 francs.

Il sera expédié FRANCO aux abonnés et aux lecteurs de la

LECTURE ILLUSTRÉE

Autres ouvrages du même auteur, en vente à la librairie DEGORCE-CADOT, 9, rue de Verneuil, et qui seront envoyés *franco* aussitôt réception de leur montant en timbres-poste ou en mandat.

Le Coupeur de têtes, 4 séries	2 40	Le Roi des Jungles, 3 séries	1 80
Le Lion du Soudan, 4 séries	2 40	La Tombe ouverte, 2 séries	1 20
Jean qui tue, 4 séries	2 40	Grands jours de l'armée d'Afrique, 3 séries	1 80
Jean Chacal, 2 séries	1 20	Le Corsaire aux cheveux d'or, 3 séries	1 80

Le catalogue général de la librairie Degorce-Cadot, 9, rue de Verneuil, à Paris, sera envoyé franco à qui le demandera par lettre affranchie.

JEAN CASSE-TÊTE

LA CONQUÊTE
DU
TRÉSOR D'OUSDA

DEUXIÈME PARTIE

Nos lecteurs ont bien voulu faire à la première partie de cette œuvre un tel accueil, que nous nous sommes déterminés à publier immédiatement la seconde partie de ce drame.

L'apparition de nouveaux personnages, la lutte qui s'établit entre de nombreux compétiteurs pour la possession du trésor d'Ousda, les incidents nombreux et imprévus qui se succèdent, donneront à notre récit, nous l'espérons du moins, un très-vif intérêt.

I

Le silo des Frères.

Les souverains, — petits et grands, — ne sont pas toujours sur un lit de roses. Ils ont leurs ennuis.

Le pouvoir leur est cruellement disputé par des compétiteurs.

En Europe, les choses se passent à coups de révolution dans les rues.

En Orient, on procède à coups de poignard par conjuration.

Aussi quelle défiance ! Le père a peur de ses fils. Le frère surtout se défie du frère.

Le peuple, sauf de rares exceptions, ne tient pas plus à l'un qu'à l'autre.

Dans les petites villes comme Ousda, un beau matin les habitants se réveillent.

Ils voient à la grille du palais une tête suspendue ; c'est celle du chef.

Dey, bey, agha, caïd, peu leur importe ; il est trépassé.

Les chaouchs proclament le nom de l'assassin à la place de celui de l'assassiné ; on coupe quelques têtes par-ci par-là.

Il faut bien que le nouveau venu se venge de ses ennemis.

Ces petites opérations faites, la ville reprend son petit train-train ordinaire.

Le tyran est mort ! Vive le tyran !

C'est la devise éternelle de l'Orient et de tous les musulmans.

A Ousda, ça ne se passait, ça ne se passe pas autrement.

Donc, le caïd qui régnait, — car c'était un roi au petit pied, — au moment où notre drame se déroulait, ce caïd, — que nous connaissons déjà, — avait un frère qui lui avait causé bien des ennuis.

Mais il en avait, ou à peu près, fini avec lui au moment où Paul, déguisé en Catalane, avait mis à l'envers la tête de ce pauvre homme.

Ce frère était le cadet du caïd. Il avait voulu s'emparer du pouvoir.

Or, pendant qu'Ackmet et Paul trouvaient le fameux manuscrit concernant le trésor, le caïd Mehemet-Mustapha-ben-Brahim (nous supprimons au moins quinze noms) s'occupait précisément de calmer sa conscience au sujet de son cadet.

Il était dans son fumoir, en grande conférence avec cet ullemah que nous avons vu causant à ce finaud d'Ibrahim, qui venait lui demander son aide.

Les ullemahs sont les prêtres musulmans.

Ces bons ullemahs rendraient des points aux jésuites eux-mêmes.

Donc, sidi Mehemet avait mandé l'ullemah, et voici ce qu'il lui disait :

— Je t'ai mandé, Sidi. Tu es un homme de prières. Tu as l'oreille du prophète. et puisque tu as des talismans, je voudrais une amulette contre le remords.

— Tu as donc des remords ?

— Hélas !

— Toujours l'affaire de ton frère ?

— Oui, Sidi, je suis inquiet.

— Mais ton frère était coupable.

— Sans doute.

— Il s'est révolté.

— C'est vrai.

— Tu l'as pris.

— J'aurais pu le tuer, et je me suis contenté de l'enfermer.

— Il est vrai que tu l'as mis dans un affreux silo ; tu pourrais le tirer de là.

— Ah ! voilà ! Il refuse !

— Parce que ?

— Je ne sais, mais il ne veut pas sortir. Il est fou.

— Sérieusement ?

— Mes gens le croient.

— Alors, il est sacré ! Tu sais que quand l'esprit de Dieu a visité un homme, cet homme devient saint.

— Par Allah, je le sais bien, et voilà ce qui fait mes tourments jour et nuit.

« Quand j'envoie mes gardes pour le tirer de son trou, le fou menace, et les gardes reviennent effarés. Ils ne veulent pas toucher à un maboul. Moi, je n'ose, du reste, les y forcer.

— Alors, laisse-le là.

— Mais il crie, du fond de son silo, qu'il est un sacrifié, un martyr. Il se compare à Aïssa (Jésus) sur sa croix, torturé par les juifs. C'est une lamentation éternelle.

On entendit un grand cri.

— Ecoute ! dit le caïd.

En effet, une plainte aiguë montait vers le ciel et traversait l'espace.

Le caïd pâlit.

— Va donc dormir ! fit-il. Va donc manger en paix. Caresse donc tes enfants ! A chaque instant, cette plainte retentit et me perce le cœur comme un stylet.

L'ullemah comprit qu'il avait une belle occasion à exploiter.

— Sidi, dit-il, tu n'ignores pas que ce serait un crime que de demander à Dieu de se retirer d'une âme qu'il visite, et que sa présence ravit à ce point que la raison se trouble.

« Tu sais que les fous sont à ce point respectés, que, toi-même, tu as condamné à la bastonnade, sur l'avis de tes cadis, un père qui voulait protéger sa fille contre les fantaisies lubriques d'un maboul.

« Donc, Sidi, dans cette affaire, il s'agit de ne mécontenter ni ton peuple, ni le prophète ; mais il faut te soulager. C'est difficile. C'est fort difficile.

Le marabout secouait la tête.

Le caïd s'emporta.

— Tu ne trouves rien ! s'écria-t-il. Tu ne me viens pas en aide?

« C'est donc en vain que j'aurai comblé vos mosquées de biens !

« En vain, je vous aurai gorgés d'or, de troupeaux, de richesses ; vous m'abandonnez ! »

Il allait proférer des menaces.

L'ullemah l'arrêta.

— Caïd, écoute ! fit-il. Quand on nous donne, on donne à Dieu.

« Tu n'étais donc pas désintéressé, et tu agissais donc par calcul.

« Nous ne pouvons que prier.

« Du reste, dans ton affaire, il y a, je crois, un moyen de te satisfaire. Tu connais de réputation le tombeau de sidi El-hadj-ben-Kouffi. Il passe pour apaiser les fous. Il prie Allah de transformer les accès de fureur des mabouls en une douce mélancolie ; cela réussit souvent. Veux-tu que je fasse moi-même un pèlerinage auprès du tombeau ?

— Oui, dit le caïd.

(Il croyait à toutes les momeries.)

L'ullemah tenait son homme.

— Il faudrait, dit-il, faire un riche présent à la zaoua de sidi Kouffi.
— Certainement.
— Combien donnes-tu ?
— Je donnerai mille douros.
— Heuh ! C'est peu. Tu es riche. La zaoua est riche. De riche à riche on est magnifique.

Le caïd fit un effort.
— Si le pèlerinage réussit, dit-il, je donnerai volontiers deux mille douros en plus.

L'ullemah prit un air indigné.
— Là ! fit-il. Quand je te le disais.
— Quoi donc ?
— Que tu offensais Dieu.
— A quel propos ?
— En lésinant.
— Je lésine ?
— Toujours. Tu as des arrière-pensées. Ah ! comme j'avais raison !
— Je ne comprends pas.
— Caïd, tu ne nous as jamais rien donné que dans l'espoir d'un retour. Tu l'avoues.

« Voilà que tu marchandes. Voilà qu'au lieu d'un élan franc, tu fais à Allah des conditions. C'est d'un juif cela ! »

Le caïd était abattu.
— Fi ! dit l'ullemah.

Et avec un geste inspiré, avec l'onction d'un prêtre jésuite captant un héritage :
— Mon fils, s'écria-t-il, Dieu est grand. Dieu sait tout. Mahomet te juge.

« Je ne m'étonne plus qu'un de tes enfants soit venu au monde bossu.

« Je ne suis plus surpris que la femme chrétienne que tu aimais tant ne revienne point, contrairement à sa promesse.

« Rien ne te réussit. Dieu reste froid pour toi.

« Quoi d'étonnant ! Nous ne sommes que des messagers de sa colère ou de sa bonté.

« Nous ne savons pas tout.

« Pendant que nous le suppliions, il disait sans doute à son prophète :

« Tu vois, élu de mon cœur, le mal que se donnent les marabouts d'Ousda.

« Ils suent sang et eau pour ce caïd avare qui marchande le bienfait.

« Aussi je n'écoute point mes marabouts, et je vais donner la folie au frère de cet homme, et lui inspirer des idées qui feront le tourment du coupable. »

Le caïd crut entendre la voix de Dieu, et se soumit humblement.
— Ami, dit-il, je donnerai les deux mille douros ; j'y consens.

— Trois mille !
— J'avais dit deux mille.
— Mille avant la guérison ; deux mille après, cela fait trois mille.
— Mettons trois mille.
— Le caïd soupira. Le marabout reprit :
— Vois-tu, caïd, il faut être large. A propos, et pour moi ?
— Que te faut-il ?
— Oh ! les simples frais de voyage.
— Qui s'élèveront ?
— A trois cents douros. Il ne faut pas que ton ambassadeur paraisse un chien galeux et pelé.
Le caïd fit la grimace.
Le marabout reprit :
— Tu me donneras ta jument noire.
— Ménage-la en route. Ne vas pas lui donner de vices.
— Je n'aime que l'amble.
— Moi, je hais cette allure.
— Mais que t'importe ! la jument étant à moi.
— Comment, tu ne me la rendras pas ?
— Ah ! Nous recommençons. Voilà les lésineries qui reprennent.
— Non, non. Mais, en bloc, que te faut-il encore ?
— Deux esclaves.
— Soit.
— Un chameau.
— Soit encore.
— Deux mulets.
Le caïd se leva impatienté.
— Marabout, dit-il, prends tout ce que tu voudras. Laisse-moi nu comme un ver. Alors, Allah croira peut-être à mon désintéressement.
L'ullemah sentit son influence compromise par sa sordide avarice.
Il tenta un coup d'audace.
— Ah ! caïd, fit-il.
« Ah ! tu trouves trop avide l'homme qui s'occupe de te représenter dignement. Très-bien. Fais toi-même ton pèlerinage.
— Eh ! eh ! ce serait peut-être plus économique. Mais j'ai d'autres marabouts. Je suis sûr que les tolbas de la mosquée de Kiss seraient enchantés de faire le pèlerinage pour la somme de cent douros.
— Des pouilleux ! s'écria l'ullemah.
L'idée d'une concurrence le mettait en fureur ; il perdit tout son sang-froid.
Le caïd, lui, reprenait ses avantages.
— Saintes gens ! dit-il, austères et honnêtes ! quel désintéresssement !

— Marabouts stupides ! ignorants crasseux !

« Il y en a qui ne savent même pas lire le Coran, et sont obligés de l'apprendre par cœur ; ce sont des Bédouins grossiers.

« Va à Kiss. Sidi Kouffi les recevra bien, tes pèlerins sans suite ni cortége !

« Lui qui, de son vivant, avait douze cents disciples dans sa zaoua, écoutant ses leçons, il verra d'un drôle d'œil les marabouts de basse classe, bons tout au plus pour des kamses (laboureurs). »

Au fond, le caïd n'aurait pas voulu, lui, homme de grande tente, des pauvres anachorètes de la zaoua de Kiss ; mais il s'en servait comme d'un en-tout-cas.

— Peuh ! fit-il. Le marabout est mort. Il a vu le néant du tombeau, et il a des idées moins anxieuses que de son vivant, je le parierais bien.

« Pourtant, il me semble que je te faisais des conditions très-raisonnables. Voyons, Sidi ullemah. Voici mon dernier mot : Mille douros net pour la mosquée.

— Oh ! oh ! Infamie !

— Cent douros net pour toi.

— Caïd ! caïd !

— Si oui, je te donne un reçu, et tu pars sur le champ pour le pèlerinage. Si non, j'envoie un messager à Kiss.

— Tu es vraiment dur, caïd. Tu abuses de la position. Ah ! ces gueux de marabouts mendiants qui font tout au rabais. Quels gâcheurs de prières, Allah !

« Enfin, mes deux cents douros pour moi ?

— Soit.

— Et un mulet,

— Soit.

— Mais....

— Assez !

Et le caïd, enchanté d'avoir ramené le pèlerinage à un taux relativement modéré, fit un bon pour son trésor et un pour ses écuries.

Le marabout quitta le caïd en faisant mille protestations de dévouement.

Il donna ses bons au trésorier.

En attendant, il voulut voir le silo du frère du caïd pour passer le temps.

On le mena devant cette prison, qu'il nous faut dépeindre.

Rien de pareil nulle part.

Le silo est un trou, ou puits profond, creusé dans le sol.

Il va s'évasant par le bas, se rétrécissant par le haut, par conséquent ; c'est la plus odieuse prison du monde.

L'on y descend le prisonnier avec des cordes, et on l'y abandonne. Cela ressemble à un tombeau.

Le malheureux, dans son silo, est obligé de vivre dans les immondices. La pluie tombe sur lui.

Ses excréments s'amoncellent. Quelle vie !

Il était furieux, le saint homme. (Page 10.)

Les pieds dans l'urine, dans la fange, il ne peut se coucher.

Sans cesse l'odorat est offensé par des odeurs méphitiques qui se dégagent du cloaque ; l'œil est lui-même atteint par ces gaz.

Le soleil, de onze à une heure, pique d'aplomb sur ce puits et le chauffe à blanc.

Pour le nourrir, on lui jette son pain (son pain, une galette de son!) par le sommet du trou ; tant pis pour lui s'il ne sait pas l'attraper.

S'il manque cette maigre pitance, elle tombe dans les immondices.

Lorsque je pense que, grâce au régime des bureaux arabes, on a traité ainsi des soldats en Afrique, mon cœur bondit encore d'indignation.

Le frère du caïd, qui se nommait Soliman, était bien dans un silo. C'est la seule prison connue.

Mais ce silo était plus confortable que l'on aurait pu le croire. Il était maçonné.

Ensuite, il y avait un système de poulie qui permettait de descendre des baquets de service, des plats et des bidons au captif.

Après tout, c'était un homme de qualité, et on lui devait des égards.

Soliman, du reste, était aimé. C'était avant sa capture, un beau garçon, joyeux, franc, intelligent.

Il était adoré de ses cavaliers dans sa tribu, et très-jalousé de son frère.

Celui-ci l'avait poussé à la révolte par des tracasseries incessantes et par des prétentions qui avaient révolté le jeune homme.

Le pauvre garçon avait été trahi. Livré, il fut emprisonné.

Dire son désespoir d'entrer si jeune dans cette tombe est inutile. Il fut comme tous les prisonniers. Puis, peu à peu, il changea d'allure. Au lieu d'être morne, il parut réfléchir.

Puis il se plaignit ensuite que le soleil le gênait, et il obtint qu'on élargît par le bas son silo, et qu'il pût y avoir une espèce de réduit qu'il fit placer vers l'occident. Enfin, il devint fou...

Les choses en étaient là quand le marabout se présenta. Il parut à l'orifice du puits.

Comme il est impossible de remonter les pentes d'un silo, il n'y a pas de sentinelle ; le cintre décrit par les parois empêche toute fuite ; donc, les gardes sont inutiles.

Le marabout se trouva donc tout seul au-dessus de cette prison.

Il était furieux, le saint homme. Il était outré : un caïd l'avait refait ! Et il pensait en lui-même qu'une bonne petite révolution pourrait le venger.

Mais par qui la faire faire ?

Le seul proche parent du caïd, son frère, était insensé, incapable !

Et l'ullemah laissa tomber ces mots :

— Ah ! si Soliman n'était pas maboul ! je ferais voir au caïd ce que peut un ullemah offensé ! Mais Soliman est frappé de folie ! »

Il murmurait cela très-bas ; mais les silos sont très-sonores. Le prisonnier entendit. Il se leva.

— Aoh ! fit-il. Qui parle ? Il me semble reconnaître une voix que j'ai entendue plusieurs fois. »

L'ullemah pensa :

— Il me semble rêver ! Ces questions sont d'un homme qui raisonne. Est-ce que... Et un doute vint au marabout.

Il dit :

— Soliman, c'est moi. Je suis l'ullemah de la mosquée. Te rappelles-tu que je t'aimais quand tu étais jeune et fréquentais l'école ?

En effet, l'ullemah avait eu une prédilection pour Soliman, qui avait été le compagnon charmant d'un fils que le marabout avait perdu.

Solimam dit :

— Je te reconnais. Que me veux-tu, marabout ? Tu viens de prononcer des paroles étranges. »

— Chut fit le marabout. Oublie, Soliman. En grâce ne me compromets pas. »

Le prétendu fou ne dit plus qu'un mot.

— Trouve un prétexte. Descends près de moi. J'ai d'étranges choses à te dire.

Le marabout s'éloigna très-intrigué.

II

Un fou par nécessité.

En Algérie et dans tous les pays musulmans, les révolutions s'appuient surtout sur un principe ou sur un prétexte religieux.

Dans ces pays encore barbares, on vit comme l'Europe vivait au moyen âge, sous l'absolue domination des prêtres.

Ceux-ci sont une redoutable puissance à laquelle on ne se heurte pas en vain.

Le même peuple qui se laisse exploiter, torturer, massacrer par son sultan, sans mot dire, se soulève comme un seul homme si les marabouts prêchent la guerre sainte contre le tyran.

Il suffit qu'ils l'accusent de schisme, de pratiques idolâtres ou d'immoralité.

A Constantinople même, le collége des ullemahs a fait massacrer des sultans.

Par bonheur pour les chefs temporels, les confréries religieuses sont très-divisées entre elles, très-jalouses, toujours prêtes à se battre.

De là une certaine faiblesse.

Mais quand l'intérêt général du culte est menacé, toutes les zaouas, mosquées, etc., s'unissent et culbutent leur adversaire dans une émeute.

L'ullemah était très ulcéré contre le caïd, et il ne devait jamais lui pardonner.

Pourquoi, en tous pays, en toutes religions, les prêtres savent-ils haïr avec une énergie, une cruauté, une perfidie et une hypocrisie extrême ?

C'est la même fureur et la même dissimulation sous tous les cieux.

Allez aux Indes.

Les brahmes y brûlent les dissidents.

En Perse, on abhorre les musulmans de la secte de la Mecque.

Ces derniers le rendent aux Persans, qui sont du schisme d'Ali.

Il y a massacres réciproques.

On sait avec quelle vigueur les missionnaires protestants exècrent les missionnaires catholiques.

Partout la haine.

Nulle part l'amour.

Et tous ces gens à robes plus longues que celles du commun des martyrs, tous ces docteurs, tous ces prêcheurs donnent le scandaleux exemple de luttes où le ridicule l'emporte sur l'odieux.

O saine raison !

Quand ton règne viendra-t-il !

Donc le marabout, qui sentait que Soliman n'était pas fou, qu'il avait des projets, qu'il serait tout dévoué à qui le ferait triompher, le marabout, qui en voulait au caïd, se disait qu'il avait peut-être en main les éléments d'une bonne révolte, et il alla trouver le caïd.

Il vint à lui l'air enchanté :

— Encore toi ! fit le caïd.

Il avait l'air de méchante humeur.

Il venait de réfléchir que le pèlerinage fait sans conviction par l'ullemah ne réussirait probablement pas ; qu'il avait eu tort de l'entreprendre.

Que de deux choses l'une ;

Ou il aurait fallu donner généreusement, ou ne rien faire du tout.

Le marabout se douta de ces dispositions ; il dit en souriant :

— Caïd, je t'apporte une bonne nouvelle ; tu vas être content.

— Heu ! fit celui-ci. Il se défiait.

— Voilà déjà que le miracle commence. Soliman s'amende.

— Vraiment ! Que dis-tu là ?

— Que le saint marabout Ben-Kouffi te protége déjà.

— Comment le sais-tu ?

— Caïd, ton frère Soliman a demandé à me voir, à me parler.

— Qui te l'a dit ?

— Je passais près du silo. Tout à coup une voix m'a interpellé, et je me suis penché. Est-ce toi, Soliman, ai-je demandé, qui viens de proférer mon nom ? Et Soliman dit oui.

Il me cria qu'un vieillard de figure resplandissante venait de lui apparaître et de lui demmander de m'obéir en tout.

Le caïd était religieux, il admettait tout : les miracles, les pratiques religieuses, et toutes les bourdes du Coran. Il s'éprit d'un vif enthousiasme.

— Afi ! fit-il, merci, Allah ! Louange au prophète ! Gloire à Ben-Kouffi ! Honneur à toi, marabout. Cours vite à mon frère. Parle-lui. Qu'il ne hurle plus. Qu'il ne trouble plus mon sommeil. On lui donnera une douce prison.

— Bon ! dit l'ullemah. Je vais voir ce qu'on peut faire. Ordonne qu'on me descende au silo.

Le caïd manda son baseh-chaouck (le chef de sa police), et lui donna ses instructions.

L'ullemah s'en fût au silo, en pensant que l'homme est idiot.

Il se disait : Décidément, le métier de prêtre est le meilleur du monde.

« On agit sur des gens que le fanatisme abrutit et vous soumet complétement.

« Je suis sûr que ce bon petit Soliman, qui était très-pieux, fera tout ce que nous voudrons quand nous aurons culbuté le caïd actuel. »

Bon ullemah ! Il arriva au silo, se fit descendre sur des coussins moelleux, et il arriva en présence de Soliman qui l'attendait avec impatience.

Il faut tout dire : ce prêtre avait été bon père.

La vue du jeune homme lui rappela son fils, et il se mit à pleurer.

Soliman, du reste, était dans un état à fendre l'âme ; il faisait peur. Pour bien jouer son rôle de fou, il avait laissé pousser ses cheveux. Sa barbe, inculte, se hérissait et lui donnait un air sauvage.

Il avait abîmé ses vêtements et portait son burnous en dépit du sens commun ; il s'était attaché aux épaules des savates qui imitaient les épaulettes des troupiers français qu'il avait vus en expédition.

L'ullemah en fut à se demander si vraiment Soliman jouait la comédie.

Le jeune homme le détrompa bientôt dans ses doutes et lui dit :

— Te voilà. Nous somme seuls. Causons rapidement.

— Voilà de longues années que je prépare ma délivrance et ma fortune. — Une fortune incalculable. — Veux tu t'allier avec moi?

Le marabout hésitait.

Parle sans crainte, dit Soliman. Je sais que tu adorais ton fils. Or, j'ai eu confiance, moi. Un père ne trahit pas le plus tendre ami, le plus dévoué compagnon d'un enfant regretté ; pas plus que l'ami ne trahit le père. Un mort nous unit. Allons, sois confiant, te dis-je.

— Pourquoi cet acoutrement? fit l'ullemah ; il y a des fous qui ont des heures lucides. Si tu allait être un de ceux-là ! »

Soliman sourit.

Ami, dit-il, si tu me voyais rasé de frais, bien enturbanné et sous des habits de luxe, sois certain que tu retrouverais le beau Soliman d'autrefois, et que tu me verrais très-raisonnable. Ces allures, je me les suis données. Ce costume, il m'était nécessaire. Un fou, tu l'as vu, du reste, obtient bien des choses en notre pays. Il fallait donc paraître maboul. J'ai agi en conséquence.

— En somme, que voulais-tu?

— M'évader, par Allah?

Et, dérangeant quelques pierres admirablement agencées, le prisonnier montra au marabout l'entrée d'un couloir et lui dit :

— Comme tout captif, j'ai eu la pensée de la délivrance. Voilà longtemps que je travaille à ce conduit. Si tu savais où il va !

— Et où va-t-il ?
— Marabout, tu le sauras plus tard ; dis-moi tes projets.
— Mon fils, je veux te placer à la tête d'Ousda après avoir renversé ton frère.
— Tes motifs ?
— D'abord, je hais le caïd.
— Que t'a-t-il fait ?
— Mille saletés ! C'est un avare ; c'est un esprit moqueur. C'est moins que rien.
— Bon ! Il ne donne pas assez aux mosquées ?
— Tu l'as dit.
— Moi, je vous comblerai.
— Oh ! tu es généreux, toi !
— Et ta révolte, quand la ferais-tu !
— Quand tu voudras.
— Comment t'y prendras-tu ?
— Je ferai courir un frisson d'indignation par la ville en accusant ton frère de boire du vin, de mépriser la religion, d'être en secret de la secte d'Ali, de te tyranniser, de t'avoir rendu fou.
— Très-bien ! Mais réussiras-tu ?
— Je l'espère.
— Si tu employais la corruption ?
— Il faut de l'argent.
— Bon ! J'en ai.
— Toi !
— Moi !

Le marabout était fort surpris. Il recommença à se défier.
De l'argent ! dans un silo, à un prisonnier, cela était par trop invraisemblable. Soliman, avec autorité, dit à l'ullemah :
— A la fin, cadour, il faut pourtant te décider à avoir confiance en moi.
— C'est que...
Le jeune homme frappa du pied.
— Je te dis que j'ai beaucoup d'argent.
— Comment te l'es-tu procuré ?
— C'est mon secret. Suppose tout.
« Admets qu'une femme du caïd m'aime et me fasse passer de l'or ; admets tout ce que tu voudras encore. Il y a mille moyens d'avoir tout ce qu'on veut au fond d'un silo. »

Le marabout, en voyant la tête intelligente du jeune homme, se résigna à le croire, et il lui dit cette fois sans hésiter :
— Si tu es riche, tant mieux, je corromperai le kalifat (lieutenant du caïd) ; cet homme est avare.

— Que te faut-il ?

— Pour lui ? Je pense que la valeur de cinq mille douros comptant suffirait. On promettrait beaucoup.

— Tu lui donneras de suite vingt-cinq mille douros, marabout.

— Quoi !

— Tout autant ?

— Tu n'as pas en or vingt-cinq mille douros dans ce silo, Soliman ?

— Non, pas en or. Mais remarque que tu parles en linotte, et que l'on peut avoir un million de sequins sous le petit volume d'une grenade.

— Si l'on a des diamants ?

— J'en ai.

Et le jeune homme tira de sa ceinture un vieux chiffon noir.

Du chiffon, il retira de magnifiques brillants qui resplendirent dans l'ombre.

— Allah ! fit l'ullemah, les belles pierres ! que te voilà riche ? Mais, ami, il y a là le prix d'une rançon de sultan ; c'est une fortune !

— Auprès de ce que j'aurai, c'est peu de chose, cher ; je regarde cela comme une misère. En veux-tu la preuve ? Prends toutes ces pierres et vends-les ; consacre tout à la révolte.

— C'est dix fois trop.

— Fais grandement les choses. Réussis, et je donnerai dix fois cela à ta mosquée. « Cent fois cela à toi personnellement. »

Le marabout vint se placer sous le plein jour ; le soleil donnait dans le silo.

Il examina les pierres et s'exclama.

— C'est qu'elles sont vraies ! fit-il.

Alors Soliman dit gravement :

— Marabout, sache qu'un solitaire, en ses rêves, surprend d'étranges secrets.

— Et tu as appris...

— A faire le diamant.

Le marabout s'en fut encore examiner les pierres et revint convaincu.

Il remarqua un réchaud dans le silo ; il y vit des instruments bizarres.

— Oui, fit Soliman, je sais faire du brillant, et ce n'est pas difficile. Le brillant est du charbon cristallisé, pas autre chose, tu le sais.

— Mais personne, jusqu'ici, n'a réussi à fondre le charbon.

— Moi, j'ai longtemps songé aux procédés que la nature avait dû employer. Or, ami, le diamant se trouve enveloppé d'un caillou vitrifié par le feu. Avec cet indice, ce réchaud que j'ai exigé pour tenir mon café chaud, du charbon et des cailloux, j'ai fait ce que tu tiens en tes mains.

— Et c'est du vrai diamant ?

— Faisons l'épreuve. Tu sais que le diamant, seul, résiste à un coup de marteau vigoureux. Voilà un instrument qui ressemble à une masse de fer ; prends-le.

Le marabout obéit.

Le jeune homme plaça un brillant sur un morceau de fer et dit à l'ullemah :

— Frappe.

Celui-ci donna un coup énergique. La pierre résista. — Pas un éclat. Pas une fente.

Alors le marabout sauta au cou du jeune homme, et il lui dit avec enthousiasme:

— A nous le monde !

III

Les crochets.

Lorsque le marabout fit l'épreuve du diamant, Soliman eut un sourire un peu railleur que l'ullemah ne vit pas.

Il dit : Dressons notre plan. D'abord, je m'évade.

— Par où ?

— Par ce conduit qui va hors du palais. Tu tâcheras de m'apporter, caché dans ton burnous, un sac de chaux. Je préparerai du mortier. Je partirai par le trou, et je reboucherai très-facilement ma sortie.

« Moi, tu annonceras que c'est par miracle, enlevé par un ange de Dieu, que j'ai pu m'évader ; ce qui me fera bien des partisans.

— Oh ! superbe ! prodigieux ! Quel ullemah tu aurais fait !

— J'aime mieux être caïd. Mais va ! Reviens demain, et apporte le ciment.

« Dehors j'aurai besoin de vêtements.

« Mets donc sous ta robe d'autres effets que tu me laisseras en partant.

— Compte sur moi.

— Prends les diamants.

— Aujourd'hui ?...

— Pourquoi pas ?

« Fais-les évaluer.

« Va les vendre à Tlemcen ensuite.

« Là, seulement, tu trouveras des juifs assez riches pour te les acheter.

— Adieu, mon fils.

Le marabout embrassa Soliman.

— Ah ! fit encore celui-ci, apporte des rasoirs, du savon et des ciseaux. Je ne veux pas faire peur aux chiens.

— Bon.

Le marabout appela. On lui descendit les coussins. Il se fit hisser.

Contre les Français qui sont campés presque à nos portes, (page 20.).

Un quart d'heure plus tard, un joaillier lui déclarait que les diamants étaient splendides.

Et, dans son trou, Soliman se disait :

— Il m'a cru... Décidément l'or est plus puissant encore que le fanatisme religieux.

« Voilà un prêtre, très-habile, aveuglé par quelques diamants, au point de croire à la possibilité de faire du brillant, ici, dans ce silo ! S'il savait...

IV

Des diamants sous la peau.

Cependant, le caïd s'était informé du marabout et s'étonnait qu'il ne vînt pas.

A ce, une raison : le marabout était allé chez le joaillier.

Celui-ci, juif émérite, avait mille raisons pour être bien avec les ullemahs.

On n'imagine pas dans quelle précaire situation se trouvaient les Israélites avant notre conquête, dans quel embarras ils sont encore au Maroc.

Les chiens, animaux immondes, selon les Arabes, sont mieux traités qu'eux.

Un juif est l'objet de la risée universelle; il est toujours salué d'un brocard.

Jamais un Arabe n'aborde un fils de Jacob sans lui décocher une injure, et cela familièrement.

Les plus bienveillants ne peuvent s'empêcher de se moquer des juifs.

Et pourtant...

Selon la tradition, les Arabes reconnaissent qu'ils sont fils d'Abraham (Ibrahim en langue arabe), et ils révèrent la souche paternelle.

Mais cela ne les empêche pas de tyranniser leurs frères juifs.

Rien de plus intolérant qu'un musulman.

Il ne regarde comme un homme que celui de sa croyance. Le reste de l'humanité mérite la mort s'il ne se convertit.

Il faut pourtant le dire, un chrétien est moins mal vu qu'un juif.

Pourquoi? C'est bien simple. En réalité, c'est le juif qui est le roi, le maître de l'Orient.

Patient, il sait souffrir. On l'insulte, il se tait. On le bat, il crie grâce.

Jamais il ne cherche à se venger.

Mais avec quelle dextérité il enfonce un acheteur ou un vendeur. Il sait accaparer. Il sait faire la hausse et la baisse.

Il est brave. Non de cette bravoure stupide, dite chevaleresque, qui cherche le péril pour la gloire, — un mot gros de sang et de crime; — le juif n'a nul souci de tuer les hommes pour agrandir un territoire; il trouve cela idiot, cruel, insensé.

Mais qu'il s'agisse de soutenir sa fortune compromise, de sauver sa femme ou son enfant; le juif brave tout.

La longue oppression n'a pas éteint en lui le sentiment de la dignité. Quand il est sous l'égide de la loi, il se redresse fièrement.

Aujourd'hui, à Oran, un juif se battra si on l'insulte.

La rage des Arabes vient surtout de ce qu'ils ne peuvent lutter avec les Israélites.

Ceux-ci achètent la conscience de quelques Maures ou Coulaughes. Ils en font leurs hommes de paille.

Ils trafiquent alors en grand. Rien n'égale leur coup d'œil.

Aussi toutes les richesses de l'Afrique vont-elles aux juifs. *Inde iræ!* De là les fureurs!

Puis le capital des juifs est toujours introuvable, insaisissable. Chaque banquier a sa cachette. Il prête au caïd, à l'agha, au sultan. Il en obtient protection.

Il donne aux mosquées. L'ullemah tolère la synagogue.

Et, en somme, toujours menacé, souvent invulnérable, le juif est, comme le palmier-nain, indestructible, et il envahit tout.

Puis, chose étrange! quand ils traitent avec des gens qui jouent vis-à-vis d'eux un jeu loyal, ces hommes qu'on croit tarés, deviennent alors très-probes.

Aussi le marabout avait-il pleine et absolue confiance au joaillier. Il lui montra donc les brillants.

Le juif s'extasia.

— Ah! sidi, fit-il, quelle eau! C'est admirable! Quelle grosseur!

— Tu les achèterais?

— Impossible. Quelle richesse me supposes-tu?

« Il faudra que mes confrères de Tlemcen ou d'Oran réunissent leurs fonds pour arriver à former la somme que valent ces joyaux. Ah! par Jacob, le caïd a là des pierreries que je ne soupçonnais pas.

— Ce n'est pas au caïd.

— Vraiment. A qui donc?

— A moi.

— Et tu ne le disais pas?

— A quoi bon? Il est inutile de faire parade.

Il dit cela négligemment. Le juif sourit. Il se douta de quelque chose.

— Bon! fit-il. Il va y avoir du nouveau.

— Tu dis?

— Qu'il se prépare quelque chose.

— En voilà une idée!

— Oh! ullemah, je suis franc. Avec toi je ne mens jamais. Il y a un secret.... Je ne veux pas le deviner.

Le marabout était gêné. Cette perspicacité l'inquiétait.

— Ah ça! fit-il, on parle donc de complots dans la ville d'Ousda?

— Non pas.

— D'où viennent tes soupçons?

— De cette vente.

— Quoi d'étonnant? Ces bijoux ne rapportent rien. Je les vends.

— Un peu tard. Puis, en venant, tu ignorais si les pierres étaient vraies ou fausses.

« Ces brillants sont ou le trésor de la mosquée, ou celui d'un sultan. Lequel? je l'ignore.

Peut-être l'empereur du Maroc veut-il, avec ton appui, prendre Ousda. Voilà la solde de l'insurrection.

Et le juif riait. Il reprit :

— Peut-être, vous autres ullemahs, rêvez-vous un caïd de votre choix. Enfin, il y a quelque chose.

Impossible de nier ; l'ullemah dit au juif :

— Écoute, c'est vrai, il y a quelque chose.

« C'est contre les Français qui sont campés presque à nos portes. Le caïd ne veut pas marcher. Nous levons, nous, une armée.

— Bon ! ça ou autre chose. Le principal est de me taire.

— Sur ta tête.

— Et aussi sur celle de ma femme et tu as encore mes enfants sous la main.

« Si j'avais voulu te tromper, c'était bien facile ; je n'avais qu'à me taire.

« Si j'ai parlé, c'est qu'il faut inventer une bourde pour mes confrères. Ils auraient, comme moi, des soupçons, si l'on ne leur donnait un conte vraisemblable et tout fait.

— Tu as raison.

Le marabout réfléchit.

— Dis-leur, fit-il, que le neveu de l'empereur du Maroc veut se révolter.

« Dis qu'il t'a chargé de vendre ces joyaux, s'adressant à toi, humble, pour que la vérité ne fît pas de bruit, et exige le serment de se taire de la part de tes confrères, — ils parleront ; mais peu importe.

— Entendu ! fit le juif. Je pars... Quand ?

— Le plus tôt possible. En quel équipage partiras-tu pour Tlemcen ?

— J'irai à pied.

— Avec les diamants ?

— Certainement.

— Si l'on te vole ?

— Vole-t-on un mendiant ? J'irai mendiant mon pain. Je marcherai sordide. Je serai battu, par exemple.

« Mais me prendre un boudjou à moi, pelé, crasseux, galeux, affamé... Oh ! marabout, tu veux rire !

— Si l'on te fouillait ?

— On ne trouverait rien.

— Parce que ?...

— Les diamants seront cachés.

— Où ?

Le juif se mit à rire et dit au marabout :

— Un juif, nu jusqu'au torse, ne te déplaît pas trop à voir, n'est-ce pas ?

— Non !

Le juif ôta sa robe.

— Ensuite, il se mit la poitrine nue.
— Voyons, fit-il.

« Sur ma peau, que tu vois, il y a une cachette ; trouve-là, marabout.

L'ullemah chercha, il ne vit rien.

Le juif leva les bras, ouvrit les doigts, fit toucher son crâne. Rien, rien.

Alors, le marabout s'avoua vaincu.

— Eh bien ! dit le juif, si, toi, prévenu, tu ne trouves pas, que sera-ce des autres ?

— Et cette cachette. Existe-t-elle ?

— Attends.

Le juif appela son fils. Un jeune homme parut.

— De l'eau chaude, dit le père.

Quand il fut servi, avec un linge trempé d'eau tiède, il lava le dessous de son bras, juste au point où se trouvent les poils et où se dessine un creux.

Au bout de quelque temps, un morceau de peau, garnie de poils, se détacha.

— Là ! fit le juif. Voilà la cachette. Entre ce cuir faux et mon vrai, je puis placer tes brillants, marabout.

Et il demanda à son fils :

— La colle.

Celui-ci apporta ce qu'il fallait, et le juif colla, sur l'intérieur de sa vraie peau, les brillants un à un, en laissant la moitié pour l'autre bras.

Cela fait, on garnit d'ouate toutes les pierres imbibées de colle afin d'éviter la douleur de leurs angles aigus, et de simuler l'élasticité de la chair.

Enfin, on plaça la fausse peau.

— Comme ce cuir ressemble à celui d'un homme ! s'exclama le marabout.

— C'est que c'en est.

— Comment ! Vous prenez cela sur des hommes ?

— Oui. Nous déterrons des morts.

« On pratique l'incision, puis on les replace dans le cercueil, et on prépare la peau. Regarde comme elle est souple.

Le marabout était enchanté. Tout était au mieux, et il demanda au juif :

— Combien veux-tu pour ta rétribution ?

— Ce que tu voudras.

— Et à combien les pierres ?

— Au plus cher possible. Je ferai comme si je n'avais pas d'intérêt dans l'affaire, je le jure par Abraham.

— Bien ! Va, et reviens vite.

— Il me faut onze jours.

— A propos...

« Comment rapporteras-tu l'argent ?

— Je ne le rapporterai pas. On me donnera des traites pour divers banquiers des villes du Maroc les plus proches.

« Tu enverras toucher chez eux. Cela vaut mieux.

« D'abord, tu touches par petites sommes, et tu ne donnes pas l'éveil.

« Puis si, sur tes messagers, il arrive malheur à un ou à deux, du moins, tu ne perds qu'une partie de ton argent.

— Tu es homme de ressources.

Tout étant arrêté, le marabout s'en fut chez le caïd, qui le reçut avec joie.

Notre maître fourbe voulait surtout obtenir toutes facilités pour pouvoir descendre avec lui le sac de ciment dont avait absolument besoin le prisonnier, sans que l'on pût se douter de la chose.

Il obtint ce qu'il voulait.

V

Le trésor.

Pendant ce temps, Soliman agissait.

Il savait que nul n'oserait descendre jusqu'à lui, il l'avait défendu.

Désobéir à un fou, ce serait s'exposer à quelque châtiment terrible. La main d'Allah vous toucherait.

Donc, il dérangea ses pierres, s'engagea, à reculons, dans le souterrain, replaça ses pierres, et disparut dans la galerie qu'il s'était creusée.

Elle passait sous la salle des gardes, là précisément où se trouvait la dalle donnant ouverture sur le souterrain où le trésor était caché.

Il était advenu que Soliman, en creusant son trou, avait trouvé ce souterrain. Et, du même coup, le jeune homme avait trouvé l'immense trésor.

Il s'avança en rampant.

Quand il eut joint l'escalier qui se trouvait sous la dalle, il se leva.

Une à une, il descendit vingt marches, les comptant tout bas dans l'ombre.

Il se mit à tâtonner. Sa main rencontra une lampe qu'il alluma.

Alors il put distinguer son chemin ; il entrait de plein pied dans une chambre voûtée.

Il y avait des armoires creusées en pleine pierre ; elles étaient au nombre de vingt.

Il les visita avec amour.

Il y en avait une pour les diamants, et ceux-ci resplendirent joyeusement.

Qui n'a pas vu chez un joaillier une sébille pleine de brillants, étincelants quand il les agite sous le feu de sa lampe, ne peut se faire une idée du rutilement des facettes, des flammes qu'elles jettent.

C'est féerique.

Et, là, le jeune homme plongeait sa main jusqu'au coude. Il faisait des cascades de diamants.

Il passa au rubis. La même abondance.

Mais les feux étaient encore plus vifs ; la chambre semblait illuminée de reflets pourpres, quand la lampe projetait un rayon oblique.

Les émeraudes et les saphirs étaient mêlés aux topazes, dans une autre armoire.

Puis, il y en avait une pleine de perles.

Toutes les autres étaient remplies d'or fauve en monnaie, ou d'or rouge en lingots gros comme le bras et uniformes.

Le jeune homme se grisa, s'enivra, s'exalta à la vue du trésor. Il baisait les armoires.

— A moi le monde ! dit-il.

« Que ne ferai-je pas ? Il y a là des millions et des millions.

« Je prendrai Ousda à l'aide de ce vieux filou de marabout. Il périra... par hasard.

« Puis, je soumettrai les tribus voisines à l'aide d'une armée mercenaire.

« Je serai une barre de fer pour la volonté, moi qui ai mené à fin mon travail de géant pour conquérir ma liberté. La volonté, c'est tout.

« Je me taillerai un royaume entre le Maroc et l'Algérie, avec les Beni-Snassenn, comme fantassins payés pour former des régiments à la française, sur le mode des réguliers d'Abd-el-Kader.

« J'aurai une cavalerie rouge, comme l'émir.

« J'aurai des canons. Les renégats seront artilleurs.

« J'aurai une flotte. Les pirates du Kiss seront mes marins.

« A moi la puissance ! » Il était dans l'extase...

Longtemps il se laissa aller dans ses rêves ; puis il revint à une autre idée.

Il se dirigea vers une ouverture faite dans les murailles. Il s'y engagea sans lumière.

Il arriva, après avoir longtemps rampé, vers une autre muraille. Il déplaça quelques pierres. C'était la sortie.

Elle donnait sur une ruelle peu fréquentée et débouchait sous le mur de la demeure du caïd, qui était une sorte de forteresse.

Le jeune homme aspira l'air à pleins poumons et rentra. Revenu dans la chambre, il dit :

— Ce que je n'espérais presque plus est enfin venu.

« Le ciment !

« Je m'ingéniais sans trouver. Demander du ciment, c'était donner l'éveil après ma fuite. On aurait démoli le silo.

« Tandis qu'en bouchant les pierres avec ce ciment, tout présente un aspect naturel ; on ne peut expliquer ma fuite que par un miracle ; on ne fait pas de fouilles.

« Si l'on en fait, on ne trouve rien. Et l'on n'est pas sur la voie de mon cher et bien-aimé trésor. »

VI

L'évasion.

Le lendemain, le marabout descendait dans le silo, avec les précautions prévues par lui.

Il s'était donné l'air ascétique, mystique et parabolique d'un homme qui a jeûné, prié, veillé, médité pendant un jour et une nuit.

Tout cela, pour cacher le ciment.

Une fois en bas, il donna le sac à son ami Soliman, qui fut tellement heureux, que sa joie éclata en un long hurlement.

Le marabout eut peur.

— Du calme ! dit-il.

Soliman reprit son sang-froid.

— Ullemah chéri, dit-il, j'ai tant crié, que c'est habitude prise. Pardonne-moi cette échappée.

« Tu diras tout à l'heure, en remontant, que j'ai eu une tentative de résistance, mais que tu m'as dompté en me passant au cou une amulette. »

L'ullemah rit de cette ruse. Il dit au jeune homme :

— J'ai fait marché pour les diamants.

— Bon !

— J'aurai tout l'or d'ici à un mois.

— Parfait !

— Quand je l'aurai, j'agirai.

— Aoh ! C'est au mieux. Il ne me reste qu'à attendre la nuit et à sortir de ma retraite.

— Puis de la ville.

— Je serais bien sot de ne pas prendre la clef des champs ; on ne ferme les portes qu'à la nuit noire ; je m'évade au crépuscule.

Le jeune homme convint ensuite avec le marabout de plusieurs points. Une heure se passa.

Alors le marabout sortit du silo, et il s'en alla voir le caïd, non sans avoir recommandé à Soliman de faire le plus de diamants possible, une fois libre.

Celui-ci reçut promesse formelle que son sommeil ne serait plus troublé.

Il fut enchanté.

— Surtout, dit le marabout, que l'on ne tourmente pas ce pauvre garçon.

« S'il veut rester dans la retraite qu'il s'est ménagée, à droite, dans le silo, qu'on l'y laisse en paix, même s'il ne mange pas. Il est pieux. Il veut jeûner.

Il est des employés en robe de chambre et en pantoufles (Page 26.)

— Tant qu'il voudra. Le marabout, sur ce, retourna à la mosquée.
Tout le jour, Soliman mena son évasion avec un soin, un calme, une sécurité qui faisaient honneur à son énergie et à son intelligence.
Il boucha le silo adroitement.

Il amena de la terre, tassée et mouillée légèrement, derrière les pierres ; il combla ainsi plus de cinq mètres de profondeur du souterrain creusé.

Ensuite, il s'en alla au trésor, y prit une grande quantité de pierreries.

Il emporta la valeur de deux millions de brillants ou de perles.

Cela fait, toujours muni de ciment, il guetta, par l'interstice d'une pierre, le moment où la nuit commençait à tomber.

Il ôta une pierre par l'issue préparée ; regarda, et ne vit personne dans la rue.

Il ôta deux, quatre, six pierres.

Le chemin était libre. Alors il sortit.

Puis il s'adossa au mur, et se mit, comme un mendiant dévot, à dire son chapelet, qu'il fit pendre sur son burnous, et il marmotta des prières arabes, à la façon des ullemahs et des tolbas.

Mais il travaillait, derrière son dos, à cimenter les pierres remises en place.

Ce fut tôt fait.

Il n'oublia pas de prendre des poignées de poussière, et d'en jeter sur le ciment frais ; de telle façon qu'il parût vieux et souillé par le temps.

La chose faite, il se leva.

En se retournant, il trouva son œuvre aussi parfaite que possible.

Il avait jeté ses oripeaux de fou, mais conservé ses vieilles loques. Il avait l'air d'un mendiant.

Il se dirigea vers la porte. Il enjamba le pont et passa.

La liberté était devant lui... Pauvre garçon... Il l'attendait depuis bien des années...

VII

Les traducteurs.

Dans un bureau du ministère des affaires étrangères, un jeune homme de vingt ans causait avec un vieil employé. Tous deux étaient des traducteurs.

Au ministère des affaires étrangères, il y a traducteurs et traducteurs, de même que, dans tous les ministères possibles, il est des employés en robe de chambre et en pantoufles... et des employés s'occupant sérieusement.

Prendre une dépêche anglaise ou un article du *Dagbladet* de Copenhague, et en transcrire le sens en français, pour qu'un ministre ignorant se tienne au courant, ce n'est pas chose fort difficile ; ce qui l'est d'avantage, c'est de lire les télégrammes et les dépêches chiffrés que l'on surprend aux gouvernements étrangers, — car tous les gouvernements se font un jeu de violer les secrets de la diplomatie étrangère.

Qu'un ambassadeur envoie une lettre à son roi ou à son ministre, si l'ambassadeur la confie à la poste, la lettre est décachetée, lue et recachetée.

Que l'envoyé italien à Londres écrive à son gouvernement, la lettre passe par la France.

L'on veut savoir ce qu'elle contient.

Il y a un bureau spécial pour la criminelle, mais très-délicate opération de l'ouverture des lettres ; l'on emploie dans le but de cacher le délit des moyens très-habiles et très-variés ; l'on va jusqu'à faire fabriquer des cachets, et, au besoin, un faussaire très-adroit, sous Napoléon Ier, imitait très-bien l'écriture d'un ministre, et substituait une fausse lettre à la vraie.

Les ambassadeurs savent comment les choses se pratiquent ; mais ne peuvent pas cinq ou six fois par jour envoyer un courrier spécial que l'on réserve pour les grandes circonstances, les cas vraiment exceptionnels.

On a imaginé d'écrire de telle façon qu'en entremêlant les mots, en changeant les lettres de place, l'on arriverait à rendre indéchiffrable la correspondance diplomatique, excepté pour la personne qui serait dans le secret des transpositions.

Dans ce but, on convient, par exemple, que la lettre *a* devient *b*, que *c* devient *d*, etc.

On se sert aussi de chiffres et de signes que l'on renverse ; de plus il y a le système des grilles.

La grille est un morceau de carton découpé à double ou triple exemplaire.

Celui qui expédie la dépêche place le carton sur le papier blanc, et il écrit dans les vides ce qu'il a à dire ; puis il soulève le carton et complète les lignes par des mots fantaisistes qui ne signifient rien.

Ces mots égarent ceux qui n'ont pas la grille, ou, si l'on veut, le carton découpé à replacer sur la dépêche ; tandis que celui qui a le double de la grille n'a qu'à le poser d'une certaine façon sur la dépêche pour isoler les mots qui ont un sens de ceux qui n'en ont pas.

On combine souvent la grille avec la transposition des lettres et celle des chiffres.

Or, malgré toutes ces précautions, il est des hommes, des traducteurs, dont la spécialité au ministère des affaires étrangères est de deviner ces énigmes.

Comment font-ils ?

Tout d'abord ils savent toutes ou presque toutes les langues mortes et vivantes.

Puis ils ont une expérience, une habitude inouïe de toutes les pratiques des chancelleries.

Depuis un temps immémorial, dans les chancelleries, ils pratiquent les divers systèmes de clefs et de chiffres, si bien qu'ils savent à peu près tout ce que l'on est capable d'inventer ; ils étudient l'apparition d'une clef nouvelle, l'approfondissent et finissent par l'expliquer.

Ils savent toujours à peu près sur quel sujet écrit la personne qui envoie la lettre.

Cela les aide beaucoup.

Ils cherchent le mot principal.

Une fois qu'ils ont celui-là, le reste va tout seul.

Ces employés, tous savants hors ligne en linguistique, sont cependant fort mal payés.

On leur donne, au plus, six mille francs par an; ils découvrent des secrets valant des millions.

Il est vrai qu'ils peuvent gagner de jolies sommes avec ces secrets; il en est qui ne s'en font pas faute.

Sachant avant tout le monde, même avant le ministre qui l'apprend par eux, la pensée intime des gouvernements, ils peuvent prévenir les boursiers célèbres quand il y a un bon coup à faire.

On leur donne une forte prime.

Mais le temps n'est pas toujours à l'orage, la situation politique a ses heures de calme. Dans ces moments-là, pas de spéculation hardie basée sur l'annonce d'un trouble, d'une guerre, d'une émeute, d'un coup d'Etat, partant pas de primes.

Or, le temps était au beau, politiquement parlant, dans toute l'Europe depuis un mois.

Et les deux traducteurs soupiraient.

Le jeune, élégant, fort bien mis, distingué, semblait un viveur et donnait en effet dans les excès de la vie de garçon ; il fréquentait le boulevard, il allait au bois, il entretenait une fille ; bref, il faisait ce qu'on appelle des folies.

L'autre, le vieillard, était mis comme un rat de bibliothèque : il avait des chemises de qualité et de propreté douteuses ; il prisait et n'avait nul souci de lui-même.

On l'aurait cru avare.

La figure, ravagée, annonçait l'avidité ; les yeux étaient pleins de flamme ; la main semblait une griffe.

Il était payé quinze mille francs. Mais c'était un phénix.

Il représentait tout le trésor des traductions au ministère ; il était une sorte d'encyclopédie vivante des secrets de son art, qu'il poussait aux limites extrêmes.

Mais... Mais il avait une passion. Ce n'était pas l'avarice.

Cet homme était un joueur effréné. Il aimait le jeu non pour l'or qu'il donne, mais pour les calculs qu'il fait faire.

Cet homme, qui avait tant deviné d'énigmes, voulait trouver le mot de celle du trente et quarante ; il se donnait au sphinx, et le sphinx le dévorait.

Il étudiait sans cesse martingales et combinaisons ; mais le hasard rebelle ne le favorisait jamais.

Chaque fois qu'il avait touché d'un banquier une remise, ou du gouvernement ses honoraires, le père Holbach, on l'appelait ainsi, demandait un congé.

Quelque besoin que l'on eût de lui, on lui accordait cette permission, car quand on la lui refusait, il donnait sa démission et ne consentait à reprendre sa place qu'en exigeant une indemnité, sentant le besoin qu'on avait de lui.

Il mangeait au jeu jusqu'à son dernier sou, recevait du directeur son retour gratuit, et il revenait à ses travaux, attendant une bonne aubaine.

Or, cette aubaine, depuis huit jours n'arrivait point.

— Triste ! disait le père Holbach.

« Très-triste ! Les peuples deviendraient-ils moins sots et les rois tourneraient-ils à la sagesse ? Pas d'intrigue. Rien ! Qu'en pensez-vous, de Pernas ! »

Le jeune homme poussa un soupir.

— Je pense, dit-il, que Lili va me quitter.

— Ah bast !

— Elle veut un châle.

— Et vous n'avez pas le sou. Pauvre garçon !

« Mais l'amour... ce n'est rien. Ah ! si vous souffriez comme moi !

« Tenez ! j'ai trouvé. C'est superbe ! Je vais vous montrer cela.

— Encore une martingale ?

— Oui, toujours.

— Mais, père Holbach, c'est de la pure folie : vous vous tuez bien inutilement, allez !

— Et vous ?

« Est-ce que vous ne vous tuez pas ?

« Est-ce qu'il y a des hommes sans passion ?

« Est-ce que la passion n'est pas la vie ?

« Tenez ! vous êtes jeune, vous. Vous avez besoin de conseils. Ecoutez ceci. C'est d'un vieux :

« Quand on a une passion, il faut bénir le ciel et aviver cette passion bienheureuse.

« Dès lors, votre existence a un but, elle est remplie ; vous avez des émotions.

« Autrement vous n'êtes qu'un mollusque.

« Aimez Lili. Battez-vous pour Lili ; battez-vous avec Lili. Faites de Lili votre préoccupation constante. Elle vous trompera. Tant mieux ! Vous ragerez, mais vous l'adorerez.

« Elle reviendra à vous par intervalles, quand vous serez riche, et ce sera le paradis.

« Ah ! la passion malheureuse avec intermittence de bonheur, il n'y a que ça au monde.

« Moi, je sais qu'il faut que je perde. Si je gagnais, je me dégoûterais du jeu. Et sans le jeu, pas de bonheur.

« Le jour où l'on supprimera les jeux, le soleil aura disparu du monde pour moi. Je me brûlerai la cervelle ! et continuant :

« Deux mille francs ! qui me donnera deux mille francs ! »

Un garçon de bureau entra :
— Messieurs, dit-il, une carte.
« Le vieillard prit la carte. Il lut : le marquis d'Obigny. »
— Inconnu ! fit-il, Puis, en riant :
— Introduisez ! S'il allait être l'homme providentiel ! S'il allait me donner cent louis ! »
D'Obigny entra. Le vieux le toisa.
Le marquis le salua et lui dit :
— Monsieur Holbach, je crois ?
— Lui-même, monsieur. En quoi puis-je vous être agréable ?
Et il offrit un siége. D'Obigny salua et s'assit.
— Monsieur, dit-il, vous êtes traducteur ?
La figure du vieillard s'illumina.
— Oh ! pensa-t-il ; mes deux mille francs ! »
D'Obigny reprit :
— Vous déchiffrez, paraît-il, monsieur, les énigmes avec une lucidité merveilleuse ? J'ai à vous entretenir secrètement. »
Déjà le collègue du vieillard avait pris son chapeau ; il salua et sortit. D'obigny lui avait présenté ses excuses.
La conversation reprit :
— Monsieur, dit d'Obigny, je sais que les traducteurs sont gens d'honneur. Je sais qu'on peut se fier à vous. Je vais tout vous dire. »
Les cent louis dansaient devant le vieux joueur, qui flaira bonne aubaine. Il écouta haletant.
D'Obigny lui conta tout, sauf l'histoire du souterrain qui était inutile. Il ajouta :
— Moi seul peux prendre Ousda. J'en ai le moyen. Si vous pouvez me déchiffrer le parchemin, je vous donnerai dix mille francs.
« Si je découvre le trésor, je vous donnerai cent mille francs, je m'y engage.
Le vieux savant fut ébloui.
— Monsieur, dit-il, vos conditions sont trop belles, et vous offrez trop. Voici ce que je demande.
« Mais, d'abord, une question : Combien de temps vous faut-il pour réussir ?
— De deux à trois mois.
— Bien ! Vous enverrez au directeur des jeux, à Monaco, une somme de dix mille francs.
« Défense de me donner, sous aucun prétexte, plus de cent francs par jour. Avec cent francs, je fais mille combinaisons ; si je gagne, je gagne, tant mieux !
Si je perds, je recommence le lendemain.
« Me voilà avec cent jours de bonheur devant moi, attendant le trésor.
« Si vous réussissez, vous me continuerez, ma vie durant, ces cent francs par jour.

« Si vous échouez, je refais des traductions.
Cela vous va-t-il ?
— Parfaitement. Nous ferons un traité.

Le savant regarda un instant d'Obigny. Après examen :
— Inutile ! dit-il. « Vous avez l'œil franc. Vous êtes loyal. J'aime mieux une parole que cent signatures.
— Vous avez raison ! dit simplement d'Obigny. Et il sourit.
— Tenez ? dit Holbach, vous m'allez, vous, monsieur ! Ce n'est pas comme mon collègue. Mauvaise jeunesse, que celle qui se prépare ! Des défaites, pas de vices ! Des désirs, pas de passions ! passez le parchemin. »

VIII

Lutte.

D'Obigny prit le parchemin dans son portefeuille et le tendit au vieillard. Celui-ci l'examina.
— Tiens ! dit-il, c'est écrit en hébreu et en syriaque.

« Le louange à Dieu, du moins, par lequel commence tout manuscrit arabe, est dans ces deux langues ; il n'y a pas une minute d'hésitation à avoir. »

Puis il continua son étude.
— Mais, dit-il, monsieur, je vous vole !

« Mon collègue, qui est un enfant, aurait traduit cela ; rien de plus facile. Voici le sens exact.

Et il écrivit :

« Louange à Dieu.

« Moi, caïd d'Ousda, voyant la ville sur le point de succomber sans que des secours arrivent de Tlemcen, je cache mon trésor pour que mon bien-aimé fils le retrouve en bon état et me venge.

« Il trouvera dans la chambre basse qui servait de chenil à mes soulonghis une dalle verte dans la mosaïque : elle représente la selle du cheval que dessine cette mosaïque ; c'est la seule pierre de cette couleur.

« Il fera desceller la dalle. Dessous il trouvera du ciment. Le ciment enlevé, il poussera une cheville de fer et une trappe s'ouvrira. Cette trappe mène à un couloir qui longe le silo où l'on emprisonne ceux que l'on voue à la captivité éternelle, mais que l'on ne veut pas tuer, soit parce qu'ils sont vos parents, soit autre cause.

« Je conseille à mon fils de ne pas abuser de ce silo comme j'ai fait. Je crois que c'est en punition de mes violences envers mes frères que le Prophète me punit.

« Au bout du couloir, mon fils trouvera un souterrain et dix millions de douros de valeurs en or, argent ou pierreries. Qu'il me venge !

« Le salut de Dieu soit sur lui. »

La lecture terminée, le vieux savant remit sa traduction à d'Obigny.

— Voilà ! dit-il. Je crois au trésor. Puissiez-vous réussir.

D'Obigny remit froidement le parchemin et la traduction en poche.

Le vieillard le regardait.

— Comme vous voilà calme ! dit-il. Cinquante millions de francs ! Voilà une somme fabuleuse pourtant !

— Monsieur, dit d'Obigny, j'ai trois mille livres de rentes, plus cent mille francs qui me reviendront un jour, plus je vais rentrer dans un prêt de trois cent mille francs fait à la veuve d'un de mes amis, à la suite d'un désastre.

« Or, monsieur, si j'avais la possibilité de renoncer à ce trésor, je le ferais. Mais, je ne le puis. J'ai engagé ma parole. Ma troupe est levée.

— Vous préférez petite fortune et petit danger ?

D'Obigny sourit :

— Le danger, dit-il, est mince. Pour moi, prendre Ousda n'est rien. Mais j'ai épousé une femme que j'aime. Elle a des goûts modestes. Je n'aime qu'elle au monde. Que m'importent les millions !

— A la bonne heure ! dit le vieillard. Vous êtes un homme, monsieur. Une passion, une seule. Vous, c'est madame la marquise d'Obigny. Moi, c'est la roulette.

D'Obigny tendit la main au vieillard.

— Au revoir, monsieur, dit-il. Vous trouverez à Monaco ce que vous avez demandé.

— Pardon ! dit le joueur. Vous allez me trouver vil. Mais je n'ai plus d'argent. Je voudrais aller de suite... là-bas.

D'Obigny sourit gaiement.

Il tira de sa poche un billet de mille francs et le donna au savant.

— Voilà ! dit-il, de quoi faire le voyage.

Le pauvre vieux en eut les larmes aux yeux.

— Mille prospérités ! dit-il. Et il prit son chapeau.

— Vous sortez ? fit d'Obigny.

— Je pars, dit le savant.

— Pour Monaco ?

— Et où irais-je ? Ah ! jeune homme ! Vous aimez votre femme.

« Eh bien ! si l'on vous eût dit avant le mariage, après une longue attente, elle vous appelle ! Auriez-vous hésité une seconde ? »

Puis, fermant ses doigts et se tournant vers le midi, le bonhomme envoya vers la roulette de Monaco les baisers les plus fiévreux. Il s'enfuit ensuite.

Et d'Obigny sortit derrière lui.

Monsieur, dit-il, vous êtes traducteur ? (Page 30.)

IX

L'éblouissement.

Le marquis d'Obigny avait fait passer à sa jeune femme, enchantée, un mois plein à Paris.

Il avait laissé à Paul et à Moussa leur liberté.

La lune de miel avait été fêtée de toutes les façons possibles, quartier par quartier.

Plus que jamais Paul était plein de ressources.

Dire les émerveillements de Moussa n'est pas chose facile.

Paul la plongea d'étonnements en étonnements.

La pauvre Mauresque fut ravie... mais trompée... comme on ne l'imagine pas.

Elle n'y vit que du feu.

La lune de miel passée, d'Obigny s'embarqua à Marseille pour Barcelone.

Il eut cette attention charmante de faire passer Ritta par l'Espagne.

Celle-ci put revoir les terres de sa famille, placées sous le séquestre.

Le marquis admira le splendide château, dans une admirable position.

— Chère, dit-il à Ritta, lorsque le trésor sera conquis, nous trouverons bien le moyen d'acheter à quelque ministre le retrait de la condamnation qui frappe le senor Moralès, et nous viendrons, si vous le voulez bien, habiter ce château l'été.

Ritta, dont c'était le plus cher désir, sauta au cou de son mari.

De Barcelone, on gagna Valence.

De Valence, Malaga.

Le courrier du Maroc faisait, à cette époque comme aujourd'hui, une pointe sur ce port, et embarquait à destination de Nemours.

Les deux couples montèrent à bord du vapeur, et ils furent, en douze heures, sur la terre algérienne.

Quelques instants plus tard, ils étaient aux Figuiers, et Moralès embrassait Ritta...

Mais à Nemours, sans s'en douter, la jeune femme avait fait une rencontre fatale.

Son genre de beauté était fait pour enthousiasmer les indigènes.

Elle avait un double avantage.

D'abord, elle était européenne.

Nous avons dit combien les chefs indigènes ont de propension à posséder, comme femmes ou comme esclaves, des Espagnoles ou des Françaises.

Pour eux, c'est une question de réhabilitation morale ; cette possession les relève du dédain que les Européennes professent pour le sang arabe.

Se sentant regardés comme étant d'une caste inférieure, les indigènes ont l'ardent désir de prouver, d'affirmer leur égalité devant la femme.

Donc, tout Arabe peut être tenu comme épris d'avance de toute jolie Européenne.

En outre, toute blonde qu'elle fût, — avec ses yeux noirs, sa grâce, la richesse de sa taille, l'harmonie de ses formes, — Ritta réalisait précisément le type rêvé des musulmans.

Pas un indigène qui ne se retournât quand il passait devant elle.

Pas un qui ne murmurât :

— Voilà une houri de Mahomet.

Déjà, nous avons vu Saïda fou d'amour.

Mais que d'autres avaient aimé Ritta sans avoir l'audace de l'enlever !

Or, c'était jour de marché à Nemours, quand Ritta y passa, venant d'Espagne.

Elle dut traverser les abords de la ville, couverts d'Arabes et de Kabyles.

Elle y produisit une sensation discrète, mais profonde ; tout ce monde basané admira silencieusement cette blanche fille, et murmura quelques vers des chantres d'amour à l'oreille de son voisin.

Une demi-heure plus tard, une dizaine d'hommes, — gens des alentours d'Ousda, — se trouvaient réunis au café et devisaient entre eux.

Ils semblaient commandés par un jeune homme de fière mine et de riche tournure.

C'était Soliman.

Il avait le front haut, un peu fuyant, noble et majestueux des poëtes arabes.

L'œil flambait de toutes les ardeurs du Sahara, et se voilait parfois de langueurs prenant alors, à volonté, cette douceur d'éclat qui est le plus grand charme des hommes de haute race en Algérie.

Le pied et la main étaient d'une finesse aristocratique et admirablement soignés ; les ongles avaient surtout une élégance toute particulière.

D'assez haute taille, svelte, avec de belles épaules bien tombantes, bien coupées, il portait admirablement sa belle tête intelligente et rêveuse.

C'était, certes, un des plus beaux types de la race humaine qu'on pût voir.

Ses compagnons, ses serviteurs, ses fidèles, ralliés à lui dès qu'il avait paru, l'avaient accompagné à Nemours ; il y était venu pour voir... voir tout.

Il avait dit aux siens :

— Un jour, je commanderai à Ousda. Ce jour-là, l'aube d'un jour nouveau luira sur l'Algérie et sur le monde musulman.

« Je veux chasser les Français de leur conquête ; j'y réussirai, avec l'aide de Dieu.

« De l'or, j'en aurai. Avec de l'or, on a une armée.

« Je veux user, pour vaincre les Français, des armes qu'ils ont employées contre nous. »

Et il était venu étudier notre organisation, en attendant que la révolte éclatât à Ousda.

A ce moment, pensait-il à ses espoirs gigantesques ?

Son œil semblait rempli d'éclairs.

Ses fidèles, eux, ne parlaient que de l'événement du jour, de l'apparition du marché.

— Frères, disait l'un, avez-vous vu ? Quelle adorable femme !

— Une créature splendide.

— La fille du prophète !

— Elle est digne de Dieu !

— C'est un ange d'Allah, un djenoun féminin, qui a pris ce corps, modèle de son âme.

— Ah ! si j'étais riche !

— Tu l'enlèverais ?

— Oui.

— Ami, elle appartient à un homme qui sait tenir un fusil ; le tueur de panthères est terrible.

— On peut risquer sa tête pour un baiser de cette femme ; si j'avais la force...

— Mais... Saïda...

— Ah oui ! Il est mort ! Eh bien ! la posséder une heure et mourir...

A ce cri, poussé par un jeune homme enthousiaste, Soliman dit tout à coup :

— Oui... une heure et mourir !

— Le maître pense donc comme moi ? demanda le jeune homme étonné. Je ne croyais pas que notre seigneur nous écoutait.

— Je ne sais, dit Soliman, de qui, de quoi vous devisiez entre vous, compagnons.

« Je songeais. Une voix, écho de ma pensée, a dit : La posséder et mourir.

— C'est moi qui ai prononcé ces mots.

— Je te les ai renvoyés. Mais, à propos de qui disais-tu cela ?

— Oh ! dit le jeune homme, évidemment, maître, nous songions tous deux à la même femme.

Soliman sourit.

— Tu as raison, dit-il. Il est évident que cette Ritta est supérieure à tout ce que l'on peut voir. Je n'ai rien imaginé de pareil.

Il se leva. D'un signe, il se fit suivre d'un homme seulement ; un vieux guerrier expérimenté.

Une fois dehors, il lui dit bas :

— Nmer, tu m'es dévoué ?

— Maître, jusqu'à ma dernière goutte de sang.

— J'ai autant que tu voudras. Puise à ma bourse.

« Rappelle-toi seulement qu'à tout prix, il faut que Ritta soit à moi sous peu. »

Le vieux cavalier secoua la tête.

— Tâche rude ! dit-il.

« Le tueur de panthères est le mari.

— Je le sais.

— Garde-toi du sort de Saïda.

— J'ai plus d'intelligence que ce Beni-Snassenn, plus de chance et plus de puissance.

— Maître, Saïda était grand guerrier.

— Il s'est laissé surprendre. Enfin, Nmer, acceptes-tu ?

— Je ne crains rien, moi. Je t'ai donné ma vie. Je ne tremble que pour toi.

— Ami, j'aime mieux la posséder une heure et périr, que vivre l'éternité sans elle. Elle m'a pris mon cœur d'un regard.

— Alors, c'est dit. Mais j'agirai de ruse.

« La force ne vaut plus rien contre les Figuiers, qui braveraient mille Arabes.

— Et tu espères ?...

— Je suis un vieil épervier. Je te rapporterai ta colombe. A toi de la conserver quand tu l'auras.

Les deux hommes se touchèrent silencieusement la main et rentrèrent au café.

X

Encore un danger.

Une fois au milieu de ses compagnons, Soliman sourit en les voyant sombres.

— Amis, fit-il, qu'avez-vous ? Je vous vois tristes.

Nul n'osait répondre. Soliman reprit :

— Ayez plus de confiance. Vous avez quelque observation à me faire.

Un djouad (noble), cousin du jeune homme, plus autorisé que les autres à parler, lui donna doucement et respectueusement un avertissement très-sérieux :

— Garde à toi ! fit-il. La main d'Allah va s'étendre sur ta tête ; nous tremblons tous.

— Parce que...

— Tu violes ton serment.

Soliman souriait toujours.

Il fit signe aux siens de se former en cercle autour de lui et d'approcher leur tête pour entendre ce qu'il allait leur dire tout bas.

— Je vois, fit-il, que vous faites allusion au serment solennel que j'ai proféré de ne pas prendre de femme, de ne pas boire de café et de ne manger que du pain jusqu'au jour où j'aurai pris la bonne ville d'Ousda par surprise ou combat.

« Amis ! je tiendrai ma promesse.

« Cette femme européenne, que notre ami Nmer va nous enlever, je ne la ferai mienne qu'au jour du triomphe ; mais en ces jours, je veux l'avoir à mes côtés pour entrer dans la cité conquise.

« Je veux la noyer dans un fleuve d'or, de rubis, de diamants et de perles.

« Soyez sûrs, pourtant, que, quoiqu'elle soit sous ma tente, je ne me parjurerai point ; j'en renouvelle l'engagement sacré devant vous.

La sérénité reparut sur les visages.

Le jeune homme reprit :

— Dans mon silo, j'ai appris ce que c'était qu'une volonté énergique. Vous n'imaginez pas à quel point je me mépriserais si je faiblissais. Je sais vouloir,

Puis il dit encore :

— Nmer est un vieux guerrier. Il sait les ruses de guerre. Vous lui obéirez. Vous enlèverez cette femme.

— Et toi, tu nous quittes?

— Oui. J'ai beaucoup à apprendre. J'ai beaucoup à faire.

« Il faut que jusqu'au jour de la révolte, je parcoure les tribus. Seul, j'aurai plus d'empire sur les cavaliers qu'accompagné par vous. Avec vous, tous gens de ma tribu, je suis l'homme de ma tribu; on m'accueille mal. Seul, je suis l'élu de Dieu, qui vient en son nom prêcher la guerre.

— Tu parles d'or! dit Nmer. Mais le coup fait, où mènerons-nous cette jeune fille et qu'en ferons-nous?

— N'ai-je pas ma tribu? N'y ai-je pas mon bordj (fort)?

— Et si, par malheur, sidi d'Obigny apprend le lieu de la retraite de sa femme?

— Qui le lui dira? Vous cacherez à tous cet enlèvement.

« Je n'ai pas de femme, moi. Je n'ai qu'une nourrice qui m'adore, qui veillera sur Ritta. Vous n'êtes pas gens à parler.

« Or, le bordj (fort) (1) est occupé seulement par nous autres, et ce n'est pas un des nôtres qui fera la sottise de rien révéler.

— Ceci, j'en réponds.

— Va donc, et agis promptement. Je pars de mon côté. Allah vous garde!

— Qu'il te soit propice! dirent les Arabes.

Le chef et les hommes se quittèrent sur cet adieu religieux familier aux Orientaux.

XI

De noble à noble.

Le lendemain de cette scène, Soliman paraissait sur un marché, à dix lieues de Nemours.

C'était pour lui une occasion de débuter; mais comme il comptait laisser tomber son burnous et parler aux gens de toutes tribus assemblés là, il s'aperçut qu'un cavalier, fort bien équipé, le considérait avec une grande attention.

Le cavalier s'approcha et le salua.

Soliman répondit.

— Que diable, pensa-t-il, me veut cet homme?

Le cavalier entra en pourparler.

— Le salut soit sur toi! dit-il. Je le dis avec le cœur.

---

(1) Plusieurs tribus du Maroc possèdent des fortins de pierres sur leurs territoires.

« J'aime à voir beau guerrier sur beau cheval, et je suis heureux quand je puis échanger quelques mots avec un vrai djouad (noble).

— Ta parole, dit Soliman, flatte agréablement et caresse l'oreille. Qui es-tu ? Un djouad (noble) aussi.

— D'assez bonne tente ! fit le cavalier.

— Tu te nommes ?

— Mécaoud.

— Attends donc... Il y a un Mécaoud fameux,

« Je sais un homme de ce nom qui fut le kalifat du célèbre Elaï-Lasiri.

— C'est moi.

— Soliman s'inclina.

— Aoh ! fit-il. Cette heure est bonne. Je me souviendrai d'elle.

Il conçut aussitôt le projet d'enrôler Mécaoud parmi ses soldats, et il lui dit :

— Pour l'heure, que fais-tu ? Est-ce indiscrétion de le demander ?

— Je cherche des gens d'énergie. Je forme une troupe.

Ceci donna à réfléchir au jeune homme.

— Ah ! fit-il, tu enrôles ?

— Oui. Tout brave qui peut fournir un cheval et preuves de courage est mien. Je l'accepte.

— Et tu donnes ?

— Une part de prise splendide.

— Qui vaut ?

— Des mille et des mille douros.

— Oh ! fit Soliman. Voilà de belles promesses.

— Je les garantis. Notre chef, du reste, est homme connu pour avoir de l'honneur. Ce qu'il jure, il le tient.

— Tu as donc un supérieur ?

— Oui.

— Qui s'appelle ?

— Sidi d'Obigny.

Soliman tressaillit.

— Aoh ! fit Mécaoud. Tu le connais...

— De nom, oui. C'est un maître chasseur.

— Et un vaillant djouad français.

« Te plairait-il, par hasard, d'être des nôtres ? Tu me dirais qui tu es. Peut-être pourrais-je t'offrir au kalifat sans moi ; j'ai encore une place.

— Mais tu lèves donc une armée ?

— A peu près.

Soliman se garda bien de dire qui il était ; il voulait tout savoir. Il mentit.

— Ami, dit-il, tu me demandes mon nom ? Je suis un djouad des Hadjoutes.

— De la province d'Alger ?

— Précisément. Je suis en fuite.

« J'ai pris part à un soulèvement contre les Français, et, vaincu, j'ai dû me réfugier au Maroc au prix de grands périls. J'ai quelques pierreries.

— Et tu ne serais pas fâché de ne pas arriver à ton dernier boudjou. Viens avec nous.

— Un instant. Que voulez-vous faire ?

Mécaoud ne voulait pas livrer son secret; d'autre part, il désirait fort enrôler ce beau djouad parmi ses cavaliers.

— Voyons, fit-il, jouons franc.

« Ton nom ?

— Je suis fils des Bel-Casul. Les connais-tu ?

— J'ai ouï parler d'eux. As-tu des preuves ?

— Je t'en montrerai demain, si tu veux.

Mécaoud observa attentivement le jeune homme, et il prit une certaine confiance.

— Écoute! fit-il.

« Je vais te révéler ce que je peux dire sans être imprudent; j'ai le secret à garder.

— C'est trop juste. Ne t'avance pas trop.

— Eh bien! imagine une ville à conquérir.

— Pour d'Obigny ?

— Oui.

— Il veut une ville ?

— Pas pour la garder.

— Ah! ah!

— Mais ce serait pour la garder, quoi donc d'étonnant à cela, jeune homme ?

— Un Français ne saurait avoir cette ambition de régner sur une de vos cités.

— Parce que ?

— Et les moyens!... Il ne pourrait fonder un pouvoir sérieux; il serait renversé bien vite.

— Tu as grand sens. Ceci est juste.

« Donc, c'est vrai, d'Obigny veut la ville, mais pour peu de temps seulement. »

Soliman dissimula un éclair qui passait dans son cerveau et illuminait son regard.

Il baissa ses longs sourcils.

— Alors, fit-il, la ville n'est qu'un moyen.

— De pillage.

— Comment de pillage! Vous allez la mettre à sac ?

— Oui.

— Elle est donc assez riche pour payer à cette armée dont tu parles des mille et des mille douros par homme avec les dépouilles que l'on en fera ?

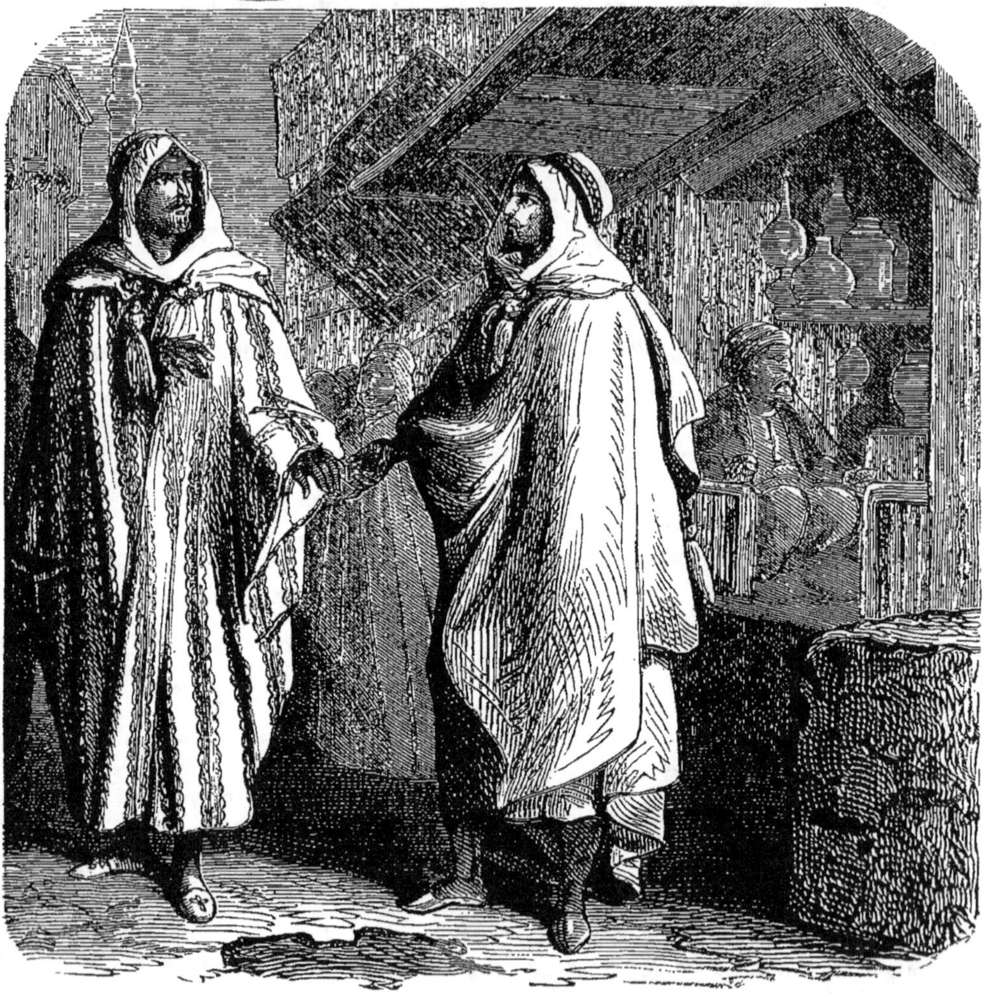

Je suis des tiens. (Page 43.)

— Oui.
— Mécaoud...
— Ami...
— Tu rêves.
Mécaoud fronça le sourcil.
— Tu doutes? fit-il.

— Je passe en revue, dit Soliman, toutes les cités avoisinantes et même éloignées. Aucune n'est assez riche pour fournir grand butin.

— D'abord je n'ai point parlé d'une cité voisine de cette contrée.

— Ah! c'est différent!

— Je puis te jurer que les promesses faites seront fidèlement tenues.

— Je le crois.

— Et je ne t'en dirai pas plus. Si tu veux être des nôtres, dis-le.

— Où te rendrai-je réponse?

— Combien de temps veux-tu réfléchir?

— Une heure.

— Alors ce sera ici même.

Les deux djouads se saluèrent.

Mécaoud continua à racoler du monde; il choisit ce jour-là au moins sept cavaliers.

Tous acceptèrent avec enthousiasme.

Soliman vit, entre autres, un grand gaillard qui était si enchanté de l'offre faite, qu'une fois le marché accepté, il lançait son fusil en l'air en poussant des yous-yous de la fantasia.

Soliman laissa Mécaoud aller à d'autres et s'approcha de celui-là.

Il l'aborda :

— Ami, dit-il, tu sembles gai.

« Peut-on savoir pourquoi?

« J'ai vu un certain Mécaoud t'aborder, et sans doute il t'a fait les mêmes propositions qu'à moi; tu sembles avoir accepté? »

Le cavalier dit:

— Il faudrait être fou pour refuser.

— Cependant...

— Ah! tu as hésité, toi!

— Oui.

— Tant pis pour toi!

— Je doute un peu.

— De quoi?

— De la richesse de la ville.

— Je n'en doute pas, moi.

— Mais songe... Il promet des milliers de douros.

— Parce que c'est un ksour.

« Parce que c'est une cité saharienne.

« Parce qu'un sultan y a enterré un trésor, et que d'Obigny l'a vu. Il ne ment jamais, d'Obigny.

— Pardonne à mes soupçons. Je suis étranger.

— Cela se voit. Nul de nous autres ne mettrait sidi d'Obigny en suspicion.

— Bon ! Je ne doute plus.
— Tu acceptes ?
— Oui. Le trésor me décide.

Et, de fait, c'était ce mot de trésor qui exerçait sur lui sa fascination.

Il avait comme un soupçon qu'il s'agissait des richesses d'Ousda.

Il s'écarta après avoir salué le cavalier, qui reprit sa fantasia.

Seul, il monologua :

— Un trésor ! se dit Soliman. Est-ce qu'il s'agirait du mien... ?

Déjà ce trésor était à lui.

— D'Obigny, se dit-il, doit avoir eu vent de l'existence de tout cet or enfoui par le vieux caïd d'Ousda il y a si longtemps. D'Obigny veut la ville. Il faut que je sois de sa bande. Qu'est-ce que je risque ? Rien. S'ils vont au désert, je les abandonne. S'ils veulent aller à Ousda, maître de leur secret, je saurai les faire exterminer. »

Et il se décida. Il s'en fut à Mécaoud.

La recrue tenait au cœur de celui-ci ; il avait un faible pour les djouads.

— Ami, dit-il, te voilà ! Viens-tu au moins avec un oui sur tes lèvres et un acquiescement au cœur ?

— Je suis des tiens.

— Aaou ! J'en suis aise.

Et il tendit sa main au jeune homme, qui la toucha à l'orientale.

Soliman demanda :

— Où dois-je me rendre ?

— Au rocher des Deux-Frères.

— Quand ?

— Laisse achever à la lune son premier quartier et viens.

— A quelle heure de nuit ?

— A une heure du matin.

— Très-bien.

— Tu y seras ?

— Je m'y engage.

— Tu ne m'as pas dit ton nom ?

— Je suis des Bel-Casul.

« Je me nomme Hlemi ben Yousouf. »

— Au revoir, frère.

— A bientôt, frère.

Et ils se séparèrent.

XII

À Ousda.

Mécaoud continua ses recrutements le long des routes, des marchés, des villages.

Soliman s'en alla vers son bordj.

Il y trouva Nmer et sa bande d'élite.

On fut tout surpris de voir le maître.

— Amis, dit-il aux siens, je vous reviens tôt ; de graves faits se passent.

Il conta ce qui lui était advenu.

— Je crois, fit-il, que ce d'Obigny en veut à notre ville d'Ousda.

— Je commence à le craindre aussi, dit Nmer ; tu as bien fait d'accepter. Tu le surveilleras.

Mais, dit Soliman, seul, je suis insuffisant ; il me faut des aides. « Que trois d'entre vous s'engagent. Qu'ils trouvent ce Mécaoud et se fassent embaucher. »

Tous se présentèrent.

— Attendez ! fit le maître. Il aime les djouads. Qui a les meilleurs titres de noblesse ? Toi, Freneder. Toi aussi, Akeder. Et tu es de grande tente également, Bredaou. Vous irez tous les trois sur les marchés, et vous vous ferez racoler séparément. Ayez l'air de ne vous point connaître.

— Bien, maître. Et toi ? Te connaîtrons-nous ?

— Non. Nous ne nous entretiendrons que le moins souvent possible.

— C'est entendu.

Ces conventions arrêtées, les trois cavaliers partirent sur-le-champ. Deux jours après, ils étaient embauchés et en faisaient avertir le maître.

Cependant Soliman était resté dans le bordj après s'être concerté avec le Nmer.

— Maintenant, avait dit celui-ci, que te voilà parmi les hommes de d'Obigny, tu renonces à te faire voir aux tribus ?

— Il le faut bien. Je ne puis jouer deux rôles.

— Et tu vas te tenir, comme auparavant, caché dans ton bordj ?

— Il le faut. Cependant, j'irai peut-être à Ousda.

— C'est bien imprudent.

— Mais point... « Je me déguise. Je serai en juif.

— Maître, tu joues ta tête !

— Il faut bien jouer quelque chose quand on veut gagner au jeu de l'ambition. Songe qu'il faut prévenir le marabout des projets possibles de d'Obigny.

— C'est vrai.

— Puis, cette révolte ne marche pas. Il me faut pousser l'ullemah. Mais parlons de Ritta.

Nmer sourit.

— L'embûche est dressée ? dit-il, elle y tombera. Le tout est de dérober ma trace. J'y arriverai.

— Il le faut. Songe que d'Obigny aura sous la main une armée, et qu'il ferait le siège du bordj.

— Lequel tiendrait longtemps.

— Pas contre le canon.

— En aura-t-il ?

— Ce diable d'homme aura tout.

— Eh bien ! sois tranquille. Jamais aigle enlevant un mouton dans les airs n'aura laissé moins de trace que ton serviteur ravissant cette gazelle. »

Le jeune homme remercia le vieillard.

Il alla se grimer, embrassa sa nourrice et lui recommanda Ritta.

Ensuite il partit. Il volait vers Ousda.

Il montait un cheval très-mal soigné, ayant le poil hérissé et sale. Mais c'était un animal plein de qualités, fort agile et capable de tirer son cavalier d'un mauvais pas ; il ne payait pas de mine.

Les aventuriers arabes ont souvent une jument ou un étalon qui n'a l'air de rien et qui n'attire pas l'attention, une de ces bêtes qu'un pauvre ou un juif peut monter sans que cela jure.

Le jeune homme avait son but. Il voulait voir l'ullemah.

Il se rendit donc à la mosquée sans avoir excité l'attention de personne.

Son cœur battait fort. Il vint néanmoins hardiment trouver le marabout, qui s'exclama en le voyant.

— Toi ! fit-il. Ici !

Il n'en revenait point.

Le jeune homme lui dit avec calme :

— Oui. Je viens te voir. Je viens te dire que si tu ne presses pas les choses, tout est perdu.

— Pourquoi ?

— Un autre prendra Ousda.

— Qui donc ?

— D'Obigny.

— N'est-ce pas un tueur de panthères ?

— Oui. Il a pour compagnon un certain Jean Casse-Tête, homme très-redoutable.

— Et à eux deux ils prendront la ville ?

— Ils auront une armée.

— Ils sont riches, donc ?

— Et le butin !

— Mon fils ! tu m'effrayes. Ce Casse-Tête est un scélérat.

— On le dit terrible.
— Une fois, il a enlevé un marabout.
— Tu trembles pour toi?
— Il l'a rançonné.
— Et tu as peur? Tu as raison. Le trésor de la mosquée sera pillé.
— Allah! Allah!
— Vous serez fusillés.
— Pourquoi?
— Il prétend que les ullemahs sont de dangereux fanatiques, et il veut en purger la ville.
— Mais comment sais-tu cela?
— Je suis de sa troupe.
— Toi?
— Un certain Mécaoud m'a engagé.
— Encore un scélérat. Il était avec Élaï-Lasiri. Et que fais-tu avec ce monde-là?
— Je l'espionne.
— Mais tu les abandonneras?
— Marabout, tu fais des questions bizarres? Il va sans dire que je ne vais avec d'Ousda que pour savoir leurs secrets.
« Seulement, réfléchis. Mon frère est un sot. Il ne saura pas se défendre. Avec lui, Ousda est perdue.
— Je le crains.
— Avec moi, la ville est sauvée.
— Je l'espère.
— Or, l'attaque a lieu juste dans vingt-sept jours; réfléchis à cela.
— Dans huit jours, quinze au plus tard, ton frère sera déposé.
— Voilà qui est bien. Au revoir.
— Tu pars si vite?
— Ma tête est-elle donc, ici, si solide sur mes épaules que je tienne à rester?
— Tu as raison. Fuis.
Le jeune homme s'en fut.

XIII

L'aumône.

En sortant par la porte du Nord, Soliman se croisa avec une Espagnole.

Celle-ci, escortée de deux Kabyles montés sur de jolis chevaux, entrait en ville.

Soliman fut fort étonné.

Il vit le chef des eunuques du caïd se porter au-devant de cette Européenne.

Il la reçut avec toutes les marques d'un respect et d'un dévouement sans bornes.

Soliman, préalablement, sortit de la ville, puis il appela un garde de la porte. Celui-ci, fort étonné qu'un juif osât l'interpeller, n'en vint pas moins.

— Que me veux-tu? sale Joudi, chien, fils de chien alouf-el-raboa (sanglier)!

Soliman donna quelques boudjous à cet homme grossier pour le calmer. Ce peu de cuivre apaisa le dédain du garde, qui dit en souriant :

— Était-ce donc pour me faire une générosité que tu m'appelais fils de Jacob?

— C'était pour te questionner. Je désire savoir qui est cette femme.

— On dit que c'est une Européenne qui se nomme Paquita. Elle vient épouser notre caïd.

— A quand la noce?

— On ne sait. Il paraît qu'avant de se décider, cette femme voudrait essayer de la vie de harem, comme si elle était une fille ou une nièce du caïd.

« Celui-ci aurait juré sur le Coran de respecter absolument la volonté de la jeune fille, et de lui rendre la liberté, si elle se déplaisait dans le palais, et si, après épreuve de l'existence des femmes musulmanes, elle ne trouvait pas cette vie de son goût.

— Voilà, dit Soliman, une fille qui prend ses précautions pour rester vertueuse. Elle a bien raison.

— Parce que?

— On dit votre caïd si brutal.

Le soldat cligna de l'œil.

— Va, fit-il, il ne sera pas longtemps aussi insolent et aussi voleur.

— Parce que?

— On prétend que son frère, Soliman, miraculeusement sauvé, viendra nous délivrer.

— Et tu espères cela?

— Je donnerais beaucoup pour qu'il en fût ainsi; Soliman est bon.

Le faux juif donna un sequin au soldat.

Celui-ci n'en revenait pas.

— Ah! fils d'Abraham, dit-il, sois béni. Ta main est généreuse.

— C'est au nom de Soliman que je te fais largesse, dit le jeune homme.

Et il piqua des deux.

XIV

Au sérail.

C'était Paul qui, déguisé en Paquita, venait de faire son entrée à Ousda.
Le jeune homme avait pris ses précautions.
Tout ce que le garde avait dit était vrai.
Un jour, le caïd avait vu son eunuque accourir, et lui dire en montrant une lettre :
— Ah ! seigneur !
« Quelle heureuse nouvelle ! Tu vas être au comble de tes vœux.
— Après la disparition de mon frère, dont je suis débarrassé, dit le caïd, grâce au marabout Ben-Kouffi, qui a été touché de mes ennuis, je ne vois rien qui puisse m'arriver de si heureux ; à moins que... Mais je n'espère plus
— Seigneur... Il s'agit d'elle.
— De Paquita ?
— Oui, sidi.
— Cette lettre ?
— Est de sa main.
— Donne vite.
Le caïd lut.
— Chère petite ! fit-il. Elle va revenir.
— Ah ! quelle joie !
— Elle demande à vivre, respectée par moi, dans le harem, comme ma fille. C'est un essai.
— Seigneur, on s'ingéniera à lui rendre la vie si agréable qu'elle restera.
— Ce sera fête sur fête.
— Festin sur festin.
— Repas sur repas.
L'eunuque se frottait les mains.
Le caïd nageait dans les plus doux espoirs.

Il fit le serment. Il écrivit sa déclaration. Bref, tout se passa comme le soldat l'avait raconté à Soliman. Et la fausse Paquita venait d'arriver. Il n'était pas de la dignité du caïd d'aller à sa rencontre ; il ne l'osa. On eût trop crié. Mais il envoya l'eunuque. Celui-ci, qui devait sa tête à Paul, lui avait voué une reconnaissance sans bornes.

Il se montra aimable, humble, empressé, et aussi galant qu'un eunuque peut l'être.

— Salut à la plus belle ? dit-il. Voici l'étoile du matin. Voici l'astre du harem.

Et il prit la bride de la jument qui portait Paul et la mena par les rues. Toute la ville se mit à regarder.

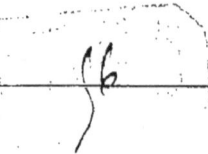

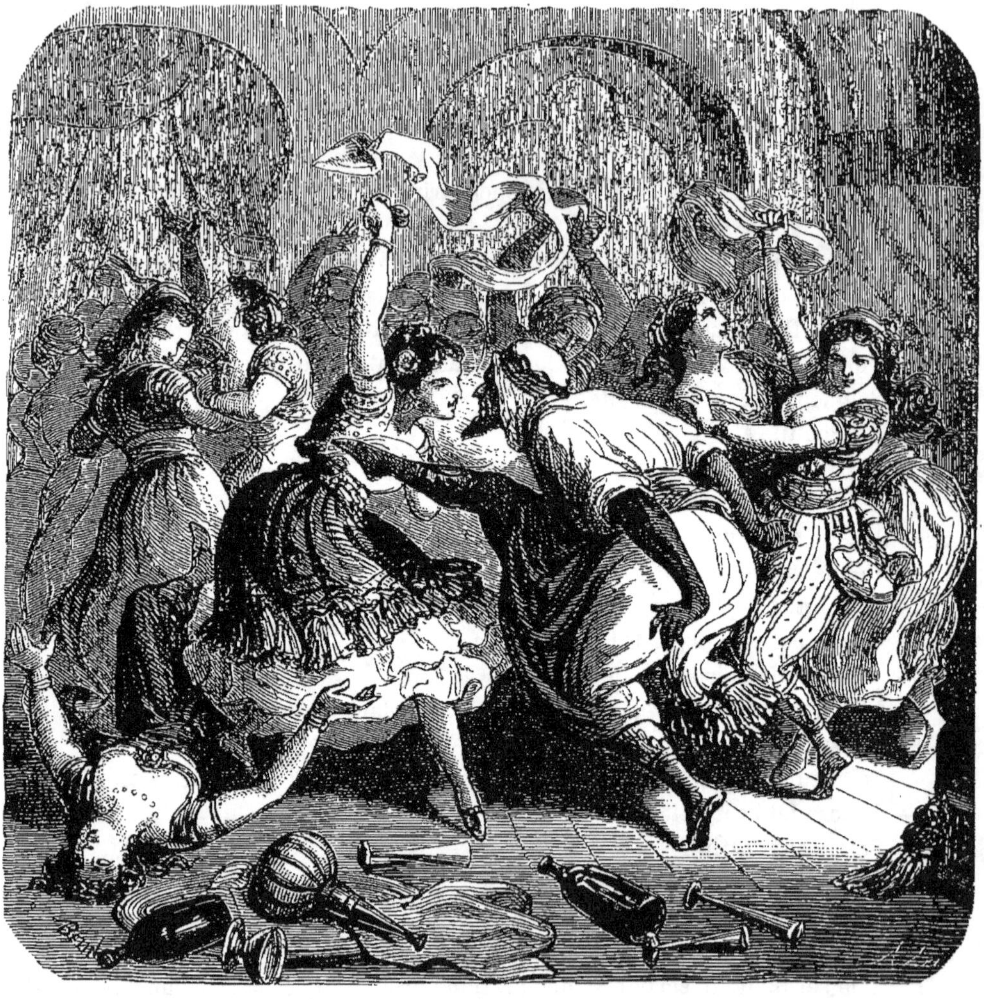

On vit cet étrange spectacle d'un caïd cancannant dans son sérail. (Page 56.)

Déjà des ferments de discorde étaient semés : le vent de révolte soufflait. On fit partout des remarques désagréables.

— Tiens ! disaient les hommes.

« Encore une nouvelle histoire.

« Voilà cette Espagnole qui revient.

« Va-t-elle épouser le caïd ?

« Ce serait trop fort ! »

Et les femmes. C'était une fureur comique.
— Quelle insulte ! Il y a de jolies femmes chez nous. On les dédaigne.
« Il faut des gourgandines européennes au caïd ; les honnêtes femmes arabes lui déplaisent. »
Les cancans allaient leur train.
— On assure qu'il va répudier toutes ses femmes, affirmait-on, pour garder celle-là. A cause d'elle, il a battu sa favorite.
— Infamie !
« Il assure à cette fille un douar de dix mille douros.
— On dit qu'il s'est fait chrétien.
— Rien d'étonnant à cela.
Et les gens de mosquée, les dévots, ceux qui avaient le mot d'ordre, brochaient sur le tout.
Toutefois, comme l'eunuque était bien escorté, on n'osa trop crier devant. Les colères éclataient derrière.
Paul ne s'aperçut de rien. Avec son insouciance parisienne, il ne songeait qu'à une chose : Rééditer la scène de Moussa.
Le harem du caïd passait pour être un des plus beaux de l'Algérie.
Le jeune homme se disait :
— Je vais faire la conquête de toutes ces femmes, les unes après les autres.
Et il se délectait d'avance.
On a beau faire.
Ce mot harem éveille une foule d'idées charmantes qui vous grisent. Le harem, c'est le mystère.

XV

Le harem.

Toutes ces belles filles, voilées pour tous autres que le maître, ont un attrait particulier qui vous fascine, vous subjugue, vous entraîne.
Et Paul allait se trouver au milieu d'une dizaine de femmes adorables.
On en vantait surtout trois.
La première, la favorite, était une femme de vingt et un ans déjà. Nous disons déjà.
En Algérie, à vingt et un ans, c'est comme si l'on en comptait trente. La nubilité commence à huit ans.
On disait que Sarah était toujours admirablement belle, et qu'elle dépassait en fraîcheur de teint toutes ses rivales, ayant de plus un port de reine.
Une autre femme avait aussi l'amour du caïd, l'admiration des rares personnes qui avaient pu la voir et l'approcher.

C'était une Mauresque de quinze ans, pleine de langueur et de morbidesse. On en disait merveille.

Enfin, caprice de sultan blasé, le caïd avait acheté une mulâtresse de onze ans, qui était un chef-d'œuvre de gracieuseté et de pétulance.

Ces trois femmes, dont parlait la chronique, trottaient dans la tête de Paul. Il avait hâte de les voir.

On arriva.

Le caïd était dans la cour de son palais. Il présenta la main à Paul.

Nous ne dirons rien de ces salamalecs, de son accueil, de son trouble. Il fut grotesque.

Paul lui renouvela ses conditions.

Le caïd renouvela, lui, son serment.

Alors Paul lui dit :

— Dès aujourd'hui, j'entre dans le harem. Présente-moi à tes femmes.

Là était la difficulté.

— Cher ange, dit le caïd, je dois te prévenir ; tu recevras froid accueil.

— Oh ! fit Paul. Je comprends. Elles sont jalouses.

— Qui ne le serait. Elles sentent que mon cœur sera tout à toi.

Elles vont me faire des scènes.

— Elles n'oseraient. Elles te bouderont seulement.

— A cela près, je t'assure que, dans deux heures, elles m'aimeront beaucoup.

Le caïd doutait.

Il prit la main de Paul, lui fit traverser plusieurs pièces, et le conduisit à une grande salle où toutes les femmes étaient assemblées. Toutes voilées encore, du reste.

Le caïd leur dit :

— Voici une sœur. Je ne vous impose pas de l'aimer. Mais si jamais une seule de vous ose quoi que ce soit contre elle, je sévirai.

Puis il dit à l'eunuque :

— Tu veilleras. Et il s'en fut.

Il était pressé de se retirer.

Sous les voiles, les femmes lui lançaient de terribles regards.

L'eunuque, lui, avait un bon bâton, et savait faire rentrer tout le monde dans l'ordre ; le caïd comptait sur lui.

Paul résolut de faire un coup audacieux. Il dit à l'eunuque :

— Laisse-moi seul avec ces dames.

Le pauvre eunuque hésitait.

Qu'on s'imagine une femme disant à un dompteur de la laisser seule au milieu d'une cage de panthères féroces et affamées.

Mais Paul insista. L'eunuque se retira.

Paul se trouva donc seul... avec son ennemi.

XVI

Le fandango.

Paul, seul, en présence de toutes ces femmes irritées, avait fort à faire.

Il savait néanmoins qu'au fond, les Mauresques ne sont pas jalouses.

Jalouses s'entend dans le sens que nous attachons à ce mot en Europe.

Il y a bien plus d'envie, de vanité, de dépit que de jalousie vraie dans la colère d'une favorite qui déchoit de son rang.

On voit nombre de femmes qui se consolent facilement d'avoir une rivale.

Pourvu que le maître ne réserve pas toutes ses attentions à la nouvelle venue, pourvu qu'il se montre généreux avec ses anciennes femmes, qu'il ne les réduise pas à être esclaves de l'autre, l'entente s'établit au harem, et la paix y règne.

La colère des femmes du caïd venait surtout de ce qu'elles s'imaginaient que la fausse Espagnole allait vouloir régner seule sur le cœur du chef.

Elles pensèrent que jamais une Européenne n'admettrait de rivales.

Le divorce est très-facile dans les pays régis par le Coran.

Il est toujours accordé à la demande de l'un ou l'autre intéressé.

Si c'est la femme qui veut quitter son mari, celui-ci n'est tenu à rien.

Si c'est le contraire, le mari est obligé de restituer le douaire qu'il a reconnu.

Or, quelle que soit la valeur de cette dot, quand on est l'épouse d'un caïd, cette indemnité ne vaut jamais la position que l'on quitte.

Retourner chez ses parents, vivre en veuve et déchue, attendre un nouveau mariage qui ne se réalisera prabablement pas, ou qui sera bien au-dessous du premier, c'est là une triste perspective.

Paul voulut d'abord rassurer les intéressées :

— Mes sœurs, dit-il, je suis parmi vous, je le sais, l'objet de la haine de toutes.

— Oui ! dit la favorite. Tu viens en voleuse de cœur. Tu prends l'affection de notre seigneur. Tu vas nous chasser.

— Moi, protesta Paul. Moi, vous chasser ! Jamais !

« Ecoutez-moi : Je suis une pauvre fille. J'étais servante. J'ai les sentiments modestes de ma position, et j'en ai la retenue.

« Il est tout naturel, n'est-ce pas, que ne me voyant aucun avenir, je préfère être heureuse ici, bien vêtue, bien nourrie, dans une bonne maison, que de vivre sous le joug et de rester une domestique.

« Mais vous supplanter !... Cette pensée est loin de mon esprit. »

Il baissa de ton.

— Croyez-vous, dit-il, que le caïd me plaise ! Non ! Il a la barbe grise. Je ne demande que le bien-être.

« Je ne demande que votre appui pour rester le plus longtemps possible ici, sans être mariée. »

Les femmes étaient étonnées.

— Dis-tu vrai ? firent-elles.

Paul prit un air mystérieux :

— Aucune de vous, fit-il, ne veut me trahir ?

— Non ! dirent-elles.

— J'ai peur ! fit-il. Si je vous avouais tout, vous iriez me dénoncer au caïd, et il me ferait un mauvais parti. »

Les femmes étaient très-intriguées.

Curieuses, alléchées, elles entourèrent avec moins de défiance la nouvelle venue.

— Parle ! disaient-elles. Parle donc ! »

Paul fit mine d'hésiter.

— Amies, dit-il, votre plus cher désir est que je ne reste pas ?

— Certainement ! fit-on.

— Rien de plus facile.

— Pourtant, pourquoi es-tu venue

— Voilà mon secret.

— Eh ! dis-le.

— D'abord, vous remarquerez que j'ai posé mes conditions pour éloigner le mariage.

— C'est vrai.

— J'ai exigé des serments.

— Nous le savons.

— C'est que jamais je ne serai au caïd, voyez-vous ; à moins que vous ne me trahissiez.

— Ne crains rien.

— Voulez-vous jurer par Fatma, la fille du prophète, que vous vous tairez ? Il y aura du bien pour tout le monde dans ma présence parmi vous.

— Nous jurons !

Paul recueillit le serment de chacune des femmes et se décida à dire : J'aime quelqu'un.

— Ah ! ah ! Qui cela ?

— Un Français. Vous ne le connaissez pas. C'est un soldat.

— Et... après ?

— Je voudrais l'épouser.

— Drôle de chemin que tu as pris !

— Ne jugez pas si vite. Les soldats, vous le savez, sont peu fortunés ; ils ne peuvent se marier, du reste.

— On le dit.

« Les Français de l'armée sont célibataires.

— Eh bien ! il faut que mon amoureux quitte son régiment et qu'il puisse travailler. Or, en France, on peut payer un homme qui vient remplacer celui qui est militaire. »

Les femmes commençaient à comprendre ce que Paul voulait insinuer.

Elles se déridaient.

Il reprit :

— Pour avoir un remplaçant, cela coûte au moins cinq cents douros. Je ne les ai pas. Mon amant ne les a pas. Il me les faut.

La favorite était rayonnante.

— On pourra se cotiser ! dit-elle. On te fera cette somme.

— Attendez ! Il faut aussi une dot.

« Vous savez que les Français, loin de payer la femme aux parents du mari, exigent que celle-ci apporte de l'argent ; c'est la coutume européenne.

— Elle est mauvaise.

— Je suis de votre avis. Nos hommes pensent autrement.

« Toujours est-il que je voudrais avoir un millier de douros pour m'établir. Je me mettrais marchande de quelque chose.

— Mille douros et cinq cents, c'est beaucoup ; comment te donner cela ?

— Et le caïd ? Il va me voir persister dans mes projets d'épreuve, refuser le mariage. Il s'impatientera. Il me donnera des bijoux.

— Comme tu es fine.

— En même temps je vous en ferai donner.

« Je lui dirai qu'il ne faut pas faire de jalousie, et il sera large avec vous. Je lui demanderai des fêtes.

« Nous ferons des parties de plaisir, et je dirai qu'il faut nous donner plus de liberté ; une fois que le pli sera pris, il le gardera.

— Paquita, dirent les femmes gagnées intérieurement, tu es une admirable fille. Tu es la joie dans du miel. »

Toutes les femmes embrassèrent le jeune homme avec effusion.

Têtes de linotte, toujours !

Des fêtes, des cadeaux, du plaisir, du nouveau, de l'étrange, il n'en fallait pas plus. Elles étaient gagnées. Pauvres folles !

Paul se laissa fêter et choyer.

Le gaillard, du reste, avait déjà l'habitude des sérails ; il sut s'y prendre.

Avec ces femmes toujours enfermées, toujours sevrées de liberté, il savait que le mouvement était chose précieuse et énivrante.

Entraînez les femmes musulmanes, les plus réservées, par l'agitation, par le bruit, vous les mènerez aussi loin que vous voudrez ; dans un bal européen, elles s'affoleraient au point de se jeter à la tête des danseurs.

Paul avait remarqué cela. Il dit délibérément :

— Vous verrez comme nos journées seront joyeuses et animées.

« Je vous chanterai des contes de mon pays que je traduirai dans votre langue. Je vous jouerai des castagnettes. Je danserai. Savez-vous danser !

— Oui ! dirent-elles.

« Mais les femmes bien élevées et honnêtes ne dansent point.

— On se moquera du préjugé. Tenez ! Voyez. Je danse, moi !

Et il tira de ses poches les castagnettes inséparables d'une Andalouse. Les femmes, ravies, firent cercle.

Paul préluda. Il dansait le fandango.

On sait ce que c'est.

Jamais danse plus délirante, plus lascive, plus gracieuse ne charma les yeux humains ; connu des Romains, connu des Grecs depuis la conquête des côtes par Cyx et Carthage, le fandango fit les délices du vieux monde.

Il enthousiasma le moyen âge, et il est toujours la première danse du monde.

L'Espagne s'enivre en dansant le fandango et oublie sa décadence.

Le fandango eut l'insigne honneur d'attirer les foudres de l'Eglise.

Il est vrai qu'elles furent impuissantes.

Un jour, les cardinaux, réunis à Rome, décidèrent que le fandango était immoral, et ils allaient le condamner.

Un seul prélat soutint un peu, — à peine l'osait-il, — la danse prohibée.

Il demanda seulement à ses collègues que l'on jugeât du fandango.

— Il ne faut pas, dit-il, le condamner sans voir une fois.

On accepta. Le prélat fit demander un couple espagnol, et celui-ci dansa. Un quart d'heure après, tout le sacré collége était en branle.

Les cardinaux se pâmaient. Ils battaient la mesure de leurs doigts, de la tête et du pied. Bref, ils firent grâce.

L'on put continuer à danser le fandango dans le monde catholique.

A coup sûr, l'Espagne se fût faite protestante plutôt que d'y renoncer.

Paul esquissa les premiers pas.

Peu à peu l'entrain gagna les spectatrices, et la maîtresse femme du caïd, la plus hautaine, celle qui avait la haute main sur les autres, se mit à fredonner la mesure.

Paul la vit frémissante. Il lui saisit la main, l'entraîna, et lui fit jouer le rôle de la signora dans le fandango, prenant pour lui le pas du cavalier.

Le couple fit merveille.

Deux femmes se laissèrent fasciner. Bientôt tout le sérail dansa.

L'eunuque, étonné, entendant tout ce bruit de castagnettes et de piétinements, voulut savoir ce qui se passait, et il entre-bâilla la porte. Il aperçut le bal.

— Aoh ! dit-il.

« La charmeresse a réussi. Je vais prévenir le maître. »

Et il courut chez le caïd. Celui-ci était inquiet.

— Maître, lui dit l'eunuque, cette jeune fille possède un philtre. Tu craignais pour elle.

« Tes femmes étaient furieuses. Elle les a ensorcelées.

— Vraiment !

— Sais-tu, sidi, ce qui se passe à ton harem, à cette heure ?

« Au lieu de cris, de pleurs, de grincements de dents, de hurlements de jalousie, de menaces de divorce, d'un déluge conjugal enfin, on y entend le son des castagnettes, l'harmonie des danses et la mélodie des chants.

« Ton Espagnole ressemble à la colombe qui apportait la branche d'olivier.

« Ah ! quelle femme ! C'est incroyable ! »

Le caïd, ravi, courut au harem.

Il vit le tourbillon vertigineux d'un galop final improvisé par Paul. Ce n'était plus le fandango.

Il avait transformé peu à peu celui-ci en un cancan échevelé.

Les femmes ont l'instinct d'imitation, le diable au corps, et elles inventeraient le cancan, si celui-ci n'existait pas depuis longtemps.

Le caïd, devant lequel on tremblait d'ordinaire, fut salué d'un hourrah. Paul en donna le signal.

On l'engloba dans un cercle de danseuses échevelées, qui tournoya follement, l'enlaça, lui fit perdre le sentiment de la dignité et des convenances.

Il dansa, de force d'abord, de gré ensuite, et on vit cet étrange spectacle d'un caïd, très-grave et très-solennel, cancannant dans son sérail.

Paul parvint à glisser deux mots à l'oreille de la favorite. Emmène-le !

Et il saisit par la taille une jolie fille qu'il fit valser.

On l'imita.

La favorite se pendit en quelque sorte aux épaules du caïd, qui tourna comme une toupie ; elles lui fit faire une vingtaine de voltes.

Paul ouvrit une porte, et le couple disparut par cette issue... Les femmes tombaient de lassitude.

Le tour était joué.

XVII

La première nuit.

Nous avons dit que le caïd avait trois femmes particulièrement belles.

L'une était une merveilleuse et hautaine Arabe de grande tente, superbe et rayonnante.

Elle avait un port de reine, une majesté suprême, une grande élégance de gestes.

C'était elle qui venait de disparaître avec le maître.

Nmer avait conjuré sa perte. (Page 60.)

La seconde femme était une Mauresque.

Elle était, comme toutes les Mauresques, d'un embonpoint exagéré.

Mais elle avait des yeux caressants, une morbidesse adorable; il semblait qu'elle était faite pour vous bercer dans ses bras, vous endormir et vous donner des rêves d'une douceur incomparable, et pour vous donner l'amour sous la forme de la tendresse.

Enfin, le caïd avait la plus jolie petite mulâtresse qui fût sous ciel algérien.

Qu'on s'imagine une enfant de douze ans, svelte, avec une lèvre rieuse et des yeux noirs rêveurs, et voilés de longs cils soyeux qui tamisaient leur lumière.

Elle avait encore ce bras un peu maigre, mais si charmant des jeunes filles.

L'épaule était très-fine encore, d'un dessin à peine accusé.

Le col était mince et délicat.

Mais le pied se cambrait déjà mutin, et la jambe sous le sauroual (pantalon) se dessinait pleine de promesse et de provocations.

La taille était svelte. Mais la gorge se profilait, très-attrayante de verte sève.

Enfin, si le front était pur comme celui d'une vierge, la bouche avait ce je ne sais quoi qui semble annoncer les baisers reçus et donnés.

Et, sur tous ces contrastes piquants, la grâce un peu sauvage des mulâtresses, leur teint chaud et mat, leur luxuriante tresses noires.

Telle était Aïda.

Naïve, ignorante de la vie, curieuse de toutes choses et enchantée de s'instruire.

Comme la nuit était venue, Paul demanda à l'eunuque :

— Est-ce que l'heure du repas du soir n'est pas encore arrivée ? Nous avons faim. Nous avons soif surtout. Fais-nous servir.

Et, dix minutes après, les esclaves entraient avec les plateaux garnis.

En Algérie, on ne connaît pas la cuillère.

Si riche que soit un homme, il mange avec ses doigts, sans plus de façon.

Abd-el-Kader en usait ainsi.

Certes, à côté de certains usages qui attestent une éducation raffinée, celui-là paraît barbare ; il entraîne des conséquences culinaires graves.

On ne peut servir de plats brûlants.

D'autre part, comme on ne sauce pas son pain, le pain arabe étant une galette sans levain, il en résulte que les ragoûts sont inconnus.

Mais si la cuisine arabe est assez bornée, du moins est-elle excellente. La confiserie est hors ligne.

On fit un repas de gala.

L'eunuque, tout dévoué à Paul, qui lui avait sauvé la vie, prévoyait ce qui pouvait lui être agréable, et il avait donné ordre que le souper fût brillant ; les esclaves avaient fait de leur mieux.

Restait une question importante. Le sommeil !

Chaque femme avait sa chambre, et l'eunuque avait fait préparer celle de la fausse Paquita ; il lui proposa, avant le repas, de la lui montrer. Paul y consentit.

Presque toutes les chambres des harems se ressemblent dans les palais.

D'ordinaire, ce sont des espèces de compartiments forts étroits, pouvant contenir.

1° Un divan ; c'est le lit et le siége principal.

On s'y assied, en s'accroupissant, à la mode turque, on dort dessus tout habillé.

2° Quelques nattes à terre.

3° Un narghilé pour fumer.

4° Des coffres pour les parures.

5° Un miroir.

Puis, c'est tout. L'ameublement, on le voit, est peu coûteux.

La chambre ne prend vue que par la porte ; celle ci close, l'obscurité règne.

Paul déclara à l'eunuque qu'il n'avait rien à objecter à propos de cette chambre, quant à l'usage qu'il voulait en faire.

— Je ne l'habiterai que le jour, dit-il.

L'eunuque demanda :

— Pourquoi cela ?

— Parce que, dit Paul, la nuit, je m'ennuie, dormant très-peu. J'aurais peur. Le caïd n'aurait qu'à violer ses serments.

— Tu es forte. Tu es armée. Puis, je suis là.

— Entre nous, j'aimerais mieux ne pas courir de risques, cadour. Ne puis-je coucher, tantôt dans la chambre d'une femme, tantôt dans celle d'une autre.

— Je n'y vois pas d'inconvénients.

— Alors, ce soir, je passerai la nuit chez la petite Aïda.

— Très-bien. Et Paul revint dîner.

Il se plaça entre Aïda et la Mauresque. Il conta mille choses curieuses.

Les femmes étaient suspendues à ses lèvres, comme chez Saïda. C'était un charmeur.

Quand l'heure vint de se retirer, il demanda négligemment à la petite mulâtresse :

— Mignonne, veux-tu m'emmener chez toi ?

— Oui ! dit-elle. Elle sautilla de plaisir.

Les autres femmes firent la moue.

Paul leur dit :

— « Mes sœurs, pas de jalousie. Chacune aura son tour. »

Il les embrassa toutes.

Mais déjà Aïda le tirait par sa robe.

— Viens ! disait-elle. J'ai sommeil. Elle l'emmena.

Paul n'était pas sans éprouver quelque trouble ; cette femme était si enfant ; il lui semblait qu'il allait commettre une profanation.

Mais, d'autre part, l'enfant était femme.

Il se dit que ce n'était pas sa faute si le climat mûrissait les fruits trop tôt ; il songea que, après tout, Aïda était mariée.

Il s'assit à l'européenne, et elle vint sans défiance sauter sur ses genoux, l'embrassant et lui jurant qu'elle n'avait jamais aimé sa propre sœur autant que lui, ce qui était un encouragement.

— C'est bizarre! disait la petite. Je suis tout émue. Pourquoi? Quand je me suis mariée avec le caïd, j'étais moins inquiète que ce soir.

Paul sourit.

— Aïda, dit-il, me trahirais-tu jamais?

— Oh! non! fit-elle. Toutes mes pensées volent vers toi, et il me semble que mon cœur bat dans le tien; tu peux tout me dire, ma chère Paquita.

— Mon enfant, dit Paul, tu feras ce que tu voudras; je mets ma tête à ta discrétion; je suis...

— Un homme! fit-elle. Allah! Allah!

Elle se dégagea d'abord. Paul frémit.

Elle se tint un instant tremblante contre un mur, frémissante, troublée. Paul se leva. Elle lui barra le passage.

— Où vas-tu? demanda-t-elle.

— Fuir! dit-il. Tu me hais. Tu me chasses.

Elle lui sauta au cou.

— Oh! non! dit-elle. J'ai peur, voilà tout.

— Et peur de quoi?

— D'une chose inconnue. Mon âme est dans l'angoisse. Je ne sais ce que je redoute.

— Ma petite, dit Paul, ce que tu éprouves, c'est la sensation inconnue jusqu'alors de l'amour.

— C'est terrible et délicieux! fit-elle.

Elle lui donna un baiser.

Paul, la soulevant d'un bras, s'en fut avec elle pousser un verrou, puis il souffla la lampe, qui brûlait l'huile parfumée d'essence de roses.

Et, cette nuit, Aïda comprit qu'elle n'avait jamais aimé jusqu'alors.

XVIII

Pour cent douros.

Pendant que Paul tournait les têtes au sérail du caïd, on conjurait la perte de Ritta.

Pauvre jeune femme! Il semblait qu'elle fût fatalement condamnée à subir l'amour d'un Arabe.

Nmer avait conjuré sa perte. Il devait procéder plus sûrement que Saïda, qui avait employé la force.

Ce chef puissant avait trop compté sur ses hommes et sur les montagnes Beni-Snassenn, qui, selon lui, étaient inabordables.

Nmer, lui, savait qu'il fallait compter avec l'audace de Saïda. Il prit mille précautions.

Ce que nous racontons est historique.

Nous engageons le lecteur à étudier les procédés employés par cet Arabe pour dépister les poursuivants, et à les comparer à ceux des Peaux-Rouges, et, malgré la réputation de ces derniers, on verra qui s'entend le mieux à cacher sa trace.

Que n'avons-nous le talent de Fenimore Cooper pour peindre la vie algérienne!

Par malheur, nous ne sommes que son très-modeste émule; les Arabes et les lecteurs y perdent; du reste, nous savons bien que le succès de cette œuvre est dû uniquement à l'heureuse chance que nous avons eue de recevoir des notes précieuses sur le drame que nous racontons.

Revenons à Nmer.

Le lieutenant de Soliman ou Solaman, comme on voudra, s'en fut seul sur un marché, il se déguisa en pauvre colporteur kabyle.

Il n'oublia rien; un faux tatouage, quelques coups de ciseaux dans la barbe et dans les cheveux, un vêtement de montagnard le transformèrent complétement.

Sur le marché, il allait faire un achat que voudraient faire beaucoup d'Européens; mais la loi s'y oppose absolument.

Maître Nmer savait que l'on tenait un grand sauq (foire) à Morada. Cette foire dure sept jours. Elle est le rendez-vous des caravanes qui reviennent du Soudan.

Ces caravanes traversent le Sahara, vont vendre des objets manufacturés, de la quincaillerie, et surtout de la verroterie, aux gens du désert et à ceux des pays nègres, dont Tombouctou est la capitale.

Ils ramènent des esclaves noirs et de la poudre d'or, ainsi que des plumes d'autruche.

Les esclaves sont achetés à Tombouctou même, qui est un entrepôt. Quoique l'esclavage, supprimé de droit, existe encore de fait en Algérie, les caravanes n'osent passer chez nous. Elles préfèrent aller au Maroc.

Là, on se défait avantageusement du bétail humain amené en troupeau.

Morada est le point d'arrivée de ces caravanes immenses. Tous les trois mois, il y a marché.

Au milieu d'un immense terrain planté d'arbres, on voit là foule la plus bigarrée qui soit au monde se heurter, se mouvoir, crier, gesticuler, se débattre et se battre même.

Les chevaux, les chameaux, les ânes, les mules, les gens font vacarme. C'est un bruit assourdissant, au milieu d'une poussière épaisse, sous un soleil de plomb; on étouffe et l'on est assourdi.

L'on voit des monceaux de pastèques aplatis par un dromadaire qui s'abat; plus loin, c'est une tente qui se renverse sur l'étalage d'un juif, qui crie au voleur avec désespoir.

Les riches marchands du Soudan, avec leurs bâtons, font montre d'esclaves.

Les vendeurs de poudre d'or, balance au poing, le sac plein de leur marchandise gardée par un esclave armé d'un yatagan, étalent des parchemins attestant leur probité.

Les femmes arabes, toujours respectées, circulent et font des achats. Les chiens aboient.

Les ullemahs proclament que Dieu est Dieu et que Mahomet est son prophète.

Les fous font des excentricités qui font rire des gens prétendus sages, et plus insensés qu'eux, puisque une minute après ils tirent le couteau pour un boudjou ou un mot.

Les fanatiques grondent autour de quelques marins anglais bien armés, escortant un capitaine contrebandier qui vient vendre de la poudre, des armes de rebut, et qui apaise toutes les défiances en se déclarant ennemi national et religieux des Français.

Mais, ce qu'il faut voir surtout pour voir de l'étrange, c'est l'exposition des esclaves femelles; nous disons femelles. Hélas! le mot est trop vrai.

Pauvres êtres. Elles sont là, sans voiles.

Dire qu'elles en rougissent, ce serait mentir; leur teint d'ébène ne le leur permet pas, puis, elles ignorent la pudeur complétement.

Mais elles souffrent, le soleil leur cuit la peau. Elles se tordent sous les brûlures.

Quelles morsures! L'astre flamboie, et ses rayons font fumer toutes ces peaux brunes. Combien sont crevassées!

Aussi, de quel air elles implorent les passants charitables.

— Seigneur, achetez-moi. Seigneur, un peu d'eau. Seigneur, tu seras mon dieu. Seigneur, je te serai à jamais reconnaissante; le Prophète te bénira; jette une goutte d'huile sur mes épaules qui se fendent. Oh! je meurs!

Et celle qui dit cela ne ment pas toujours.

Combien périssent!

Le marchand reste indifférent. C'est stupide. Il a soin de son âne. Il veille à sa mule. Il a des tendresses pour son chameau.

Mais l'esclave... Peu importe. Tous sont ainsi. Pourtant, ça se vend, ça se paye, c'est une perte qu'un mort.

Nmer fit sa recherche. Mais les femmes ne lui disaient rien.

Il s'arrêta, impassible du reste, devant une négrillonne de quinze ans.

Le marchand ne prenait garde à lui.

— Aoh! fit-il. Homme d'au delà des sables. Tu n'es donc pas marchand?

Le Soudanais toisa le Kabyle.

— Que veux-tu? fit-il.

— Acheter.

— Quoi? Je ne vends que des esclaves. C'est bien cher.

— J'ai de quoi payer.

Le Soudanais pensa :
— C'est un rustre. Il ne se doute pas des prix. Ces Kabyles ! Quels sauvages !
Puis il dit :
— Laquelle veux-tu ?
— Celle-ci. Il montra la fille. La pauvre diablesse était étonnée.
— Tu permets ? demanda Nmer.
Et il mesura la femme.
— Bon ! fit-il. La même taille que l'autre
Puis :
— Combien ?
Le Soudanais, pour écraser d'un coup le faux Kabyle, lui dit d'un air narquois :
— Deux cents douros.
Et il se dit : Ça va le décourager. Il ne s'avisera plus de marchander.
Nmer, à son tour, eut un rire sardonique.
— Eh ! le juif de Tombouctou, fit-il ; tu me prends donc pour un autre ? Cette femme vaut cent douros. Veux-tu cent douros ?
— Tu les as ?
— Puisque je les offre.
— Fais voir. On dit que, chez les Kabyles, il y a des faux monnayeurs, notamment aux Beni Yayas.
— Voilà les douros. Examine.
Nmer tira une sacoche et compta cent vieilles et honnêtes pièces espagnoles.
Le marchand les fit tinter.
— Elles sont bonnes ! dit-il.
Il était tout surpris. Nmer prit un grand air.
— Soudanais, dit-il, je sais qu'une tribu, qui n'est pas la mienne, fait des pièces fausses ; je te pardonne donc de m'avoir soupçonné. Mais, prends garde. Je sens la colère gronder en moi. Si tu te moquais encore, si tu plaisantais, je te tuerais net.
L'homme de Tombouctou savait combien les montagnards sont irascibles. Il n'osa répliquer.
Le marché était bon, du reste.
— Ami, dit-il, le prix me convient.
— Alors, livre l'esclave.
Le marchand s'en fut vers un cadi (juge et notaire à la fois) qui trônait sur un tertre couvert d'un tapis et qu'entouraient des talebs.
Le marché fut écrit. On signa.
Le cadi apposa son sceau et préleva ses honoraires, puis l'impôt pour le caïd, et aussi une espèce de dîme pour la mosquée. Cela fait, l'adjudication eut lieu en la forme consacrée.
Nmer revint chercher l'esclave.

— Viens! lui dit-il. La fille était triste.

Être à cet homme si pauvre, c'était pour elle la misère et la souffrance.

Nmer la conduisit, toujours impassible, au village kabyle le plus proche.

Là, il y avait des bains. Il donna une pièce d'argent au Mozabite qui tenait les bains.

— Qu'on fasse, dit-il, pour cette esclave comme pour une dame riche. Je paye pour cela.

— Bien, dit le Mozabite.

L'esclave était de plus en plus surprise, mais sa tristesse se changeait en espoir.

Elle fut baignée.

Nmer avait été acheter des vêtements très-convenables pour elle. On les lui donna. Elle fut enchantée.

A la porte, elle trouva son maître. Il la regarda un instant, sourit et murmura entre ses dents :

— Vraiment, c'est bien mon affaire. Cette fille lui ressemble extraordinairement par la taille, et fera le change.

Il se procura un âne, fit monter la jeune fille dessus et l'emmena. Celle-ci arriva, après sept heures de marche, à la nuit, dans un ravin.

C'était ce fameux ravin de Nedramah, voisin de la ville de Nemours.

Elle avait cheminé heureuse.

Nmer lui avait donné des galettes blanches, des fruits tout le long de la route ; elle avait rassasié sa faim et les sources avaient étanché sa soif.

Pour ces esclaves, boire, après en avoir été si longtemps privés, c'est un inappréciable bonheur, et ils savourent toujours l'eau avec délices.

Pourtant, en arrivant dans cette gorge sombre, le cœur de l'esclave se serra ; elle eut un vague pressentiment de peur.

La brise du soir passait en s'engouffrant à travers les gouffres, tirant des précipices des sons étranges et des bruits sinistres.

Les hyènes et les chacals hurlaient, et les hiboux houhoulaient leurs lugubres appels ; de loin arrivaient des plaintes indéfinissables qui mettaient au cœur un vague effroi.

— Où allons-nous ? demanda la jeune fille. Ce ravin est dangereux.

— Erreur, petite! dit Nmer. Ce ravin est ma demeure. C'est un lieu charmant.

— Maître... tu te moques.

— Point! Vois ces belles roches.

— Elles m'effraient.

— Si tu savais comme ce sont là des refuges assurés et inabordables.

— C'est ce que je pensais. Je me disais qu'il devait y avoir des repaires de brigands là-dedans.

— Ma fille, tu ne te trompais pas.

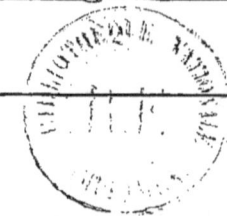

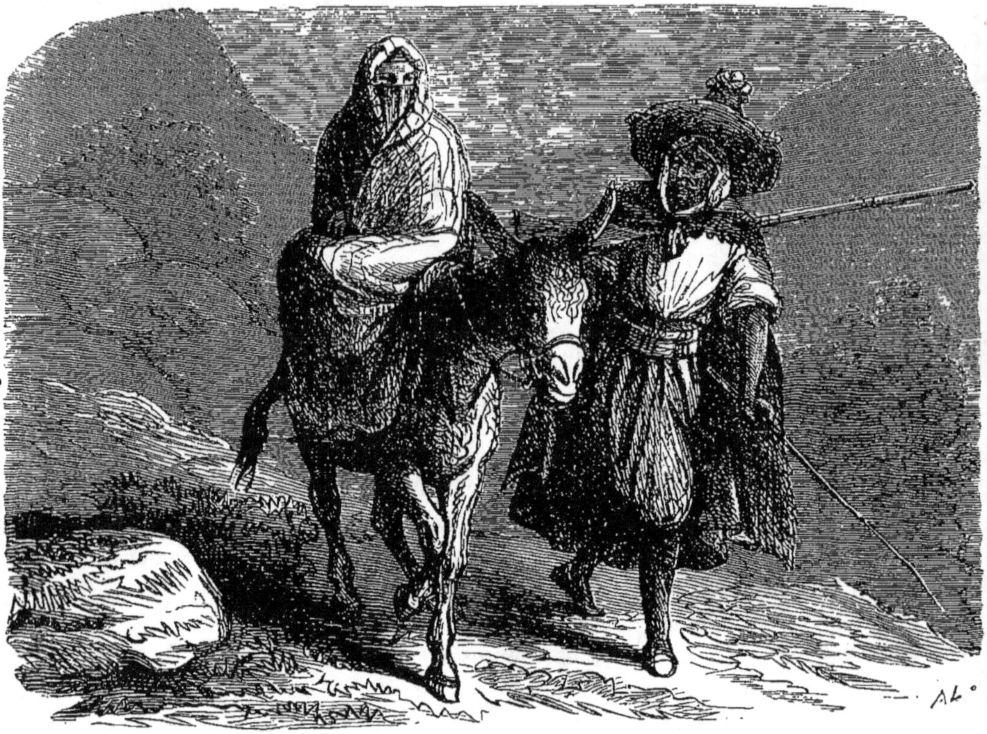

Il se procura un âne, fit monter la jeune fille dessus et l'emmena. (Page 64.)

« C'en est plein.
« Nous sommes entourés.
— Alors... maître.
« Que vais-je devenir...?
— Alors, ma fille, il faut te réjouir d'être arrivée en lieu sûr !
« Nous sommes chez nous.
— Ne te joue donc pas, maître, de ma faiblesse et de mon ignorance. Explique-toi.
« Je ne comprends rien à tes paroles.
— C'est pourtant limpide ! Je suis Saracq (voleur).
Elle fit un geste de terreur.
La pauvre enfant tremblait de tous ses membres.

— Tu es un bandit? dit-elle.
— Oui, ma fille. Je suis chef. Mais qu'as-tu ?
— Maître...
— Eh bien ?...
— Je suis perdue.
Elle fondit en larmes.
— Ah ! dit Nmer, que tu es sotte. Ne vaut-il pas mieux être tombée à moi qu'à quelque pauvre diable ? J'ai dix hommes. Ce sont de hardis garçons. Nous faisons de beaux coups.

« Je suis riche. Tu seras belle et parée. »

Elle commençait à écouter ces propos.

— Nous irons sur les marchés éloignés nous promener en équipement de prince. Mes hommes font une belle escorte.

« On vous reçoit en pareil cas comme de très-grands seigneurs de pays étrangers.

« Tu verras de belles diffas (fêtes).

« Je te présenterai comme la fille d'un émir du Soudan, et je me donnerai comme un seigneur des tribus du Sahara, comme un Touaregg.

L'esclave ne pleurait plus.

— Nous allons vivre d'abord dans une grotte. Tu y auras toutes tes aises.

« S'il nous arrivait malheur, tu prendrais du butin ce que tu pourrais emporter. Tu vivrais heureuse avec cela.

« Du reste, même en cas d'attaque de la grotte, tu serais épargnée par le vainqueur. On ne fait rien aux femmes. »

Et il l'endoctrina si bien qu'elle vit l'avenir sous de riantes couleurs.

On arriva en face d'un bloc énorme.

Nmer poussa un léger cri de chouette, et bientôt une grosse pierre, qui semblait adhérer à la roche, s'abaissa démasquant une ouverture.

L'esclave vit en frissonnant ce trou noir, mais Nmer dit à des amis qu'on ne voyait point :

— Camarades, recevez ma femme. Faites-lui fête. Je pars. Dans trois jours je serai de retour. »

La pauvre esclave ne savait que penser. Elle hésitait.

Nmer lui dit rudement :

— Petite ! avance. Si, après toutes les explications rassurantes que je t'ai données, tu fais la bégueule, je te casserai la tête et j'achèterai une autre femme.

Il la força à se baisser. Elle entra, terrifiée, en rampant.

Elle sentit qu'on l'aidait à s'introduire dans la grotte et qu'on l'attirait. Des voix d'hommes, assez douces, lui disaient :

— Petite gazelle ! ne crains rien. Nous sommes de braves gens.

Elle se rassurait un peu.

On l'adossa à une muraille naturelle, et elle entendit tirer des cordes.

La pierre se releva et retomba. La grotte était bouchée.

Une voix dit alors joyeusement :

Du feu ! Qu'on allume une torche.

L'esclave vit que l'on retirait des braises de dessous les cendres.

On soufflait dessus. Le feu flamba. Alors la grotte apparut éclairée.

Elle était assez spacieuse, et surtout très-haute ; on y respirait librement. Il y avait là dix hommes.

Tous portaient le costume des Beni-Snassenn ; mais la petite remarqua qu'ils avaient des figures fines et distinguées, des têtes d'Arabes.

Les montagnards kabyles ont, au contraire, des crânes ronds ou carrés.

De plus, la jeune fille ne trouva pas à ces bandits l'aspect rébarbatif.

Ils se montrèrent avec elle polis, empressés, un peu railleurs peut-être.

L'esclave se demanda si tous les hommages qu'on lui adressait étaient sincères, et si l'on ne jouait pas la comédie avec elle.

Toutefois, comme on lui offrait un quartier de mouton, du lait aigre, des galettes et une profusion d'oranges, puis du café exquis, elle se tint pour la plus heureuse des femmes, et mangea insoucieusement.

Les bandits causaient entre eux.

De temps à autre ils disaient à voix basse :

— Ce Nmer ! Bonne idée ! Fameuse idée.

Et des mots singuliers frappaient l'oreille de la petite Soudanoise.

Mais, quand elle eut pris son repas, elle se sentit la tête lourde.

La fatigue la brisait. Elle se mit à sommeiller.

Un jeune homme lui montra une natte étendue sur le sol.

Dors là ! dit-il. Et dors en paix. Elle ne tarda pas.

Quand elle fut sous le coup d'un sommeil de plomb, les gens de Nmer dirent entre eux, à voix basse :

— Evidemment, le tueur de panthères prendra le change ; c'est bien imaginé. La petite jouera son rôle jusqu'au bout.

Puis ils discutaient :

— Moi, dit l'un, je la monterai sur un dromadaire, sur un bon mahari.

— Moi, disait l'autre, sur un cheval.

— Le mahari va plus vite.

— Il s'arrête souvent.

— C'est vrai. Mais comme il repart à l'approche d'un danger ou quand les épines le piquent ! Le cheval du reste, s'abat.

Et ils se disputèrent, mais sans élever la voix.

Enfin, le plus sage dit :

— Nmer est le maître. Il fera ce qu'il voudra.

Et ils parlèrent d'autre chose.

XIX

L'accueil.

Il faisait nuit. Nmer, bien armé, quoique son fusil eût l'air très-vieux et hors de service en apparence, Nmer, intrépide comme tous les hommes de sa trempe, se rendit à un douar voisin, composé d'environ quinze tentes seulement. Il était huit heures du soir environ quand les chiens signalèrent sa présence. D'une voix forte il appela :

— Oh ! des tentes ! Voici l'hôte de Dieu. Je réclame l'hospitalité.

Tous les hommes sortirent, et le caïd vint au-devant du voyageur avec déférence. Il crut qu'il avait affaire à un pauvre diable.

— Seigneur, dit Nmer, je suis un Kabyle. Je meurs de faim. J'ai grand soif. Veux-tu m'accueillir ?

Le caïd était un fort brave homme.

— Ami, dit-il, tu parles humblement. Tu t'imagines peut-être que je te recevrai mal parce que tu n'es pas riche ? Erreur, cadour. Malgré les déprédations du lion qui nous vole chaque nuit nos troupeaux, je ferai de mon mieux et tu n'auras pas à te plaindre du caïd Osman.

Nmer baisa humblement le pan du burnous de ce brave homme, et dit d'un air étonné, quoiqu'il sût parfaitement à quoi s'en tenir à ce sujet :

— Quoi ! Le lion te visite ? Sa griffe est sur ton douar ?

— Hélas oui ! Il m'a mangé bien des moutons. C'est un lion tenace. Il revient toujours au même troupeau. Mais viens. Je vais t'offrir le couscoussou.

Nmer suivit son hôte. On s'occupa de l'âne. On s'occupa de l'homme. Chacun s'empressa pour eux.

Nmer mangea comme s'il était affamé ; personne n'a l'estomac plus complaisant qu'un Arabe.

Quand il fut repu, il dit à son hôte :

— Cadour, tu m'as parlé du lion. Comment n'as-tu pas encore pensé à te débarrasser de ce tyran à crinière ?

— Ami, dit le caïd, aucun de nous n'est assez sûr de sa balle pour combattre un animal aussi terrible ; l'attaquer, ce serait courir à une mort certaine.

— Mais je ne parle pas de cela. Je connais le lion. Il n'y a que des hommes privilégiés qui puissent espérer venir à bout de lui.

Et il ajouta :

— Ne connais-tu donc aucun de ces hommes ?

— Hélas ! Il y en avait un.

— Lequel ?

— Sidi d'Obigny.

— Il vit toujours.

— Je l'espère. Mais il est parti. S'il n'avait pas quitté l'Algérie, je me serais adressé à lui et il m'eût secouru.

— Ami, le tueur de panthères est toujours à Nemours, il y est revenu.

— Vrai?

— Je l'ai vu.

— Demain j'irai à lui.

— Sauras-tu lui parler?

— Je l'espère.

— N'oublie pas qu'il est marié.

— Ah! c'est fâcheux. Il me semble que tu veux dire par là qu'il ne se battrait plus aussi bien.

— Peut-être. Mais emmène toute ta tribu. Que les femmes viennent. Que les plus petits enfants t'accompagnent. Il ne résistera pas à tes demandes ainsi appuyées.

— Hôte, dit le caïd, tu es mon sauveur.

Et il se montra d'une joie extrême.

Nmer lui donna les meilleurs conseils de mise en scène et causa longuement.

Enfin on lui donna sa natte et il s'endormit.

XX

La légende du lion.

Vers minuit l'on entendit un grand bruit.

C'était le lion.

Il était venu en sourdine.

Tout à coup il tomba comme une masse au milieu de ce troupeau et choisit une brebis.

Il la saisit par une jambe et la traîna vers son repaire sans se presser.

Tant que les animaux l'avaient senti venir, ils s'étaient tenus cois, et aucun d'eux n'avait bougé; la terreur planait sur tout le campement. Chose remarquable: dès que le chien, toujours si hargneux, sent le lion, il se tait et se couche.

A peine le lion se fût-il éloigné, qu'un infernal sabbat commença.

Les moutons, les chevaux, les chèvres, les chameaux se livrèrent à une sarabande effrenée.

Ils s'agitaient d'une façon insensée.

Les Arabes prétendent que c'est la joie d'être délivrés du lion; mais je crois que c'est le contraire.

J'ai pu assister à une de ces scènes extraordinaires, et, dans la façon dont toute ces pauvres bêtes se cabrent, bondissent, on reconnaît plutôt la peur qu'autre chose.

C'est la terreur longtemps contenue par son excès même qui déborde enfin.

Pour en donner idée, il me suffira de dire que la sueur mouille, baigne, trempe à fond la robe des chevaux ; on dirait qu'ils viennent de galoper.

Le caïd et ses gens sortirent de leurs tentes : les uns pour calmer le troupeau, les autres pour constater la perte, et ceux-là déclarèrent que c'était une brebis pleine que le lion avait emportée avec lui.

Les femmes se lamentaient d'autant plus, car on perdait mère et petits.

Elles allaient hors le douar, vociférant des menaces contre le lion.

Elles avaient soin de ramasser les flocons de laine abandonnés par la brebis aux broussailles ; elles prétendaient qu'en mettant un ou deux poils de cette laine à chaque autre brebis, le lion ne prendrait plus celles-ci.

Sur quoi est basé ce préjugé absurde ? Nous n'avons pu le savoir.

Toutefois, il nous a été donné d'éclaicir un point que les grands chasseurs de lions n'ont pu expliquer, et qu'un turco, devenu très-sceptique à l'endroit des légendes, nous a parfaitement élucidé avec preuves à l'appui.

Le général Daumas, et après lui tous les auteurs qui parlent du lion, constatent que celui-ci qui prend un bœuf au cou et le jette sur son épaule, qui porte un veau dans sa gueule, ne peut que traîner une brebis par un pied, fardeau léger pourtant.

Et le fait est réel.

Le lion saisit la brebis, l'agneau même, par la jambe ou les jambes de derrière.

Les Arabes prétendent que c'est pour punir l'orgueil du lion qu'il en est ainsi.

Nous pensons que les lecteurs seront enchantés de lire à ce sujet la légende à laquelle tous les Algériens croient, et qui est pour eux article de foi.

« Allah, disent-ils, créa le monde.

Quand il eut fait la terre, le ciel, les plantes, les animaux, il convoqua ceux-ci.

Il s'agissait de leur donner une mission.

Le lion, comme roi, parut le premier.

— Tu es vraiment une belle créature, lui dit Dieu ; je suis fier de mon œuvre.

« Demande-moi le rôle qui te convient.

Le lion poussa un rugissement fier et commença à regarder les autres animaux avec pitié ; ce mouvement d'orgueil n'échappa point au Seigneur.

Le lion lui dit :

— S'il plaît à Dieu, je ferai des bonds prodigieux, je surprendrai la gazelle.

— Cela me plaît, dit Dieu.

— S'il plaît à Dieu, continua le lion, je prendrai un bœuf par le cou, je lui casserai l'échine et je le jetterai sur mes épaules pour l'emporter.

— Cela me plaît, dit Dieu.

— S'il plaît à Dieu, dit le lion, qui s'enflait de plus en plus, je coucherai bas le cheval d'un coup de griffe, et je l'arrêterai pour jamais dans son élan.

— Cela me plaît, dit Dieu.

Alors le lion avisa l'homme.

Il hésitait.

Mais Adam, qui regardait le lion en face, les bras croisés, le défiait avec majesté.

— S'il plaît à Dieu, dit le lion, pour rabaisser l'homme fait à ton image, Seigneur, et qui se croit de ton essence, je l'étranglerai quand il sera hors des villes, son domaine.

— Cela me plaît, dit Dieu.

Alors le lion se crut tout permis.

Il se sentait déjà un goût prononcé pour les brebis, et il en vit une.

Cette bête lui sembla si chétive qu'il dit dédaigneusement en secouant sa crinière :

— Quant à la brebis, je l'emporterai entre mes lèvres dans mon repaire.

Dieu l'attendait là.

— Pour t'humilier, dit-il, et parce que tu as oublié de dire (s'il plaît au Seigneur), tu traîneras la brebis par un pied comme si c'était un poids énorme au-dessus de tes forces.

Et Adam se moqua du lion !

Et Eve rit de lui.

Et, dans tout le paradis, jusqu'aux petits oiseaux, tous les êtres répétèrent dans leur langage :

— Honni soit le lion.

Et la cigale, avec sa crécelle, ne cessa pas de rire du roi des animaux. Dieu a donné cette mission à ce petit insecte, afin que le lion n'oubliât jamais la leçon reçue.

Et c'est pour cela qu'il a des colères terribles. »

Ceci est le conte arabe.

L'ayant trouvé charmant, je l'ai cité.

Mais la vraie raison qui fait que le lion traîne les brebis, c'est que celles-ci ayant une toison épaisse, la laine boucherait les narines du lion s'il les prenait ailleurs que par la jambe, et que d'ailleurs le contact de cette laine lui est extrêmement désagréable, alors même qu'elle lui permettrait de respirer.

Le turco qui me donnait cette explication, ajoutait que le lion emporte très-bien les agneaux tondu, à pleine gueule, et nous avons constaté le fait.

Un zouave, qui entendait les dires du turco, résuma son opinion sur ce fait en disant :

— Je vois ce que c'est, c'est dans le nez que ça le chatouille !

Revenons au caïd.

Celui-ci calma son monde, ordonna qu'on se recouchât, et annonça que le lendemain toute la tribu se rendrait en députation auprès de d'Obigny.

Avant l'aube on fit les préparatifs.

Nmer, sûr de son affaire, quitta le village, béni par tout le monde.

XXI

Un noble sans s'en douter.

Jean Casse-Tête, depuis le retour de son ami d'Obigny, logeait aux Figuiers.

On l'avait invité, avec Paquita, à passer à la concession, on aurait presque p: dire au château, le temps qui devait s'écouler avant l'expédition.

D'Obigny savait le faible de son ami.

Celui-ci était jaloux du titre, de la supériorité intellectuelle, de l'élégance d marquis.

Paquita, de son côté, quoique Ritta eût tout fait pour ne pas le lui rappeler Paquita se souvenait d'avoir été la suivante de la marquise.

Mais les grands airs de l'hidalgo Moralès irritaient les deux époux, quoi que fî le bonhomme.

Il était poli, affable même; mais malgré lui, son dédain perçait dans ses actes

Bref, Jean Casse-Tête, tout en étant dévoué à d'Obigny, et en l'aimant fort, eû beaucoup donné pour être son égal.

Paquita, tout en adorant son ancienne maîtresse, eût été capable de tout pou avoir un titre.

Paquita souffrait d'autre part de la vulgarité de son époux; Jean Casse-Tête n brillait ni par la politesse, ni par l'éducation, ni par la délicatesse.

C'était un rustre. Paquita entreprit de le policer.

Par bonheur, Jean Casse-Tête savait lire et écrire; elle lui insinua qu'il fallai étudier, se former, et elle acheta des romans à Nemours.

Jean Casse-Tête n'y comprit rien. Cela l'ennuyait à mort.

Mais au château, — il parlait l'espagnol fort bien, — il trouva des romans d chevalerie. Ceux-là l'enthousiasmèrent.

Il s'amusait énormément des histoires merveilleuses, des grands coups d'épée des enchantements; il mordit à plaisir dans tout le bric-à-brac du moyen âge.

Il passait ses nuits à lire.

En Algérie on fait la sieste. Le véritable sommeil, le sommeil lourd, celui don on sort accablé, est celui du jour. La nuit on se couche tard.

La fraîcheur est toujours telle que l'on repose agréablement et légèrement.

Jean Casse-Tête, qui dormait peu, avait toujours une veilleuse allumée. Il laissai sa fenêtre ouverte à la brise, ayant horreur d'être enfermé.

Et il dévorait la *Jérusalem délivrée*, *Roland furieux*, *l'Amadis des Gaules*, etc

Les nobles ne se tutoient pas entre mari et femme. (Page 80.)

Naïf comme toutes les natures primesautières, il prenait tous ces récits bon jeu, bon argent.

Et son idée, d'être comte ou marquis, ne lui en trottait que plus par la tête. On l'avait décoré. Grande joie! Mais il visait plus haut.

Or, voilà qu'une nuit, couché seul, bien entendu, dans une chambre voisine de celle de sa femme, il lisait en humant l'air qui pénétrait par les fenêtres ouvertes toutes grandes aux rayons de la lune.

Cette manie avait forcé les deux époux à faire lit à part.

Paquita ne tenait pas à attraper des fluxions; elle n'était pas trempée comme son mari, dont le cuir tanné défiait les intempéries.

Au fond, Paquita n'était pas fâchée de cette séparation nocturne. Jean Casse-Tête vous avait une façon de se retourner dans le lit qui était loin d'être agréable; un rhinocéros en liesse s'y serait pris plus adroitement pour changer de côté.

Et puis, quand Jean se mettait à ronfler, c'était quelque chose de terrible. Ça commençait par des soufflements de baleine, et ça éclatait comme un rugissement de lion; les vitres vibraient comme si l'on eût tiré le canon, et les vases tremblotaient sur le marbre des commodes.

C'était effrayant et formidable.

On s'imagine l'ennui de Paquita. Et de réveiller Jean, elle n'osait.

Elle avait essayé une fois... Pauvre petite!

Il avait bondi hors du lit comme un dogue en fureur et il avait traité la pauvre petite de bégueule, menaçant de lui casser la tête.

Il avait formellement déclaré qu'il ne ronflait jamais, qu'elle avait rêvé cela, et il donnait comme preuve de ses dires qu'il ne s'était jamais entendu ronfler quoique ayant le sommeil très-léger.

Abasourdie par cette raison péremptoire, Paquita s'était résignée.

Mais elle avait imaginé d'avoir toujours sous son oreiller une plume d'autruche.

Quand Jean se mettait à ronfler, elle lui passait la plume sur les narines.

Et le chasseur, s'éveillant, croyait que c'était une mouche; il s'envoyait une forte tape.

Mais les ronfleurs sont obstinés. Il repartait de plus belle. Et Paquita recommençait.

Comme ce n'est pas une occupation agréable pour une femme de passer sa nuit à chatouiller le nez de son mari, Paquita avait été ravie de trouver dans la fenêtre ouverte un sérieux prétexte pour avoir chambre à part.

Mais revenons à l'incident qui nous occupe.

Jean lisait donc un soir un livre de chevalerie qui l'intéressait fort.

Inutile de dire qu'il lisait à mi-voix, marmottant les phrases comme font les paysans.

Maître Jean s'interrompit et murmura :

— Comment ça... Noble? Il se dit noble, ce Galoar ! (C'était le héros du roman.)

« C'est un bâtard! Elle est bien bonne. Quel toupet!

Et il se remit à lire. Mais il était interloqué. Quelque temps après, il s'écria encore :

— Oh! c'est drôle... On lui demande quel est son père... Il avoue sa bâtardise.

Et il relut encore. Puis soudain, il se gratta le front.

— Tiens! tiens! Le comte Renaud consent à se battre avec lui, et avoue qu'il doit être considéré comme noble, précisément parce qu'il ne connaît ni son père, ni sa mère.

« C'est égal. En voilà une grise !

Et il lut avec un intérêt extrême les phrases suivantes, dans le dialogue des deux héros.

Le comte Renaud disait :

— Selon les lois de la chevalerie, tout bâtard, fils d'inconnu, est réputé gentilhomme.

« Comme il vaut mieux qu'un manant soit pris pour un noble qu'un noble soit exposé à être pris pour un manant, comme un enfant trouvé peut être fils de prince, nul n'est serf de ceux qui n'ont pas de parents connus. En conséquence, Galoar, je consens à croiser le fer avec vous sur-le-champ.

— Par le Prophète ! s'écria maître Jean, voilà qui est très-puissamment raisonné. C'est fort juste.

Et il lut, médita, commenta la phrase. La conviction se fit dans son esprit. Puis, tout à coup, il songea :

— Mais... je suis gentilhomme alors. Mais... Ah ! sacrebleu !

Il se leva très-ému.

— Voyons, voyons... Pas de parents, se disait-il.

Et avec un geste expressif :

— Pas plus de parents que sur la main. Je suis en règle. Me voilà l'égal de d'Obigny.

« Après ça... c'est vieux, ces livres. Peut-être ces lois sont-elles changées.

« Pourtant, il pourrait arriver, si les bâtards n'étaient pas réputés nobles, que les fils de gentilshommes soient considérés comme des vilains... Ce serait dégoûtant. La loi doit toujours exister.

Et il se dit :

— Allons voir d'Obigny.

Mais une considération l'arrêta. Il était en chemise.

Il se vêtit à la hâte. Il allait se diriger vers l'appartement du marquis, quand soudain il réfléchit.

— Diable ! se dit-il. Il y a ce que Paquita appelle les convenances ; un tas de lois pas écrites, très-difficiles à retenir, et qui commandent un tas de choses stupides.

« Est-ce froisser les convenances (car ça se froisse comme un bout de papier), est-ce froisser les convenances que d'aller réveiller d'Obigny ?

« Lui... ça ne fait rien ! Mais sa femme !

« Car il couche avec sa femme, lui. Ce n'est pas comme moi.

« Ces sacrées mouches qui m'embêtaient, et puis, la fenêtre toujours fermée.

« Enfin, je crois que je ne peux pas aller le réveiller pour le consulter. Cré matin ! »

Il pensait à se recoucher. Tout à coup il se dit :

— Tiens, je vais consulter Paquita. La mâtine n'est pas bête. Elle me donnera son avis.

Et il vint frapper à la porte de sa femme, emportant son livre et sa veilleuse.

La jeune femme s'éveilla d'assez méchante humeur, et commença à gronder.

Jean lui dit gravement :

— Ma chère, une minute. Il y va d'une chose grave. Je suis peut-être noble !

Rien ne saurait peindre le frémissement de voix avec lequel Jean prononça ces mots solennels :

Je suis peut-être noble!

Paquita regarda Jean. Elle fut frappée de son air sérieux.

— Explique-toi, dit-elle. Voyons, mon ami, est-ce que tu aurais découvert le secret de ta naissance dans ce livre ?

Jean, indigné :

— Jamais ! Garde-toi bien de chercher de qui je puis être le fils, malheureuse ! C'est cette ignorance où nous sommes qui fait mon espoir.

Paquita pensa : Il est fou !

Mais Jean lui fit signe d'écouter, et il lui lut lentement les passages que nous avons cités ; et Paquita, presque aussi ignorante que lui, ouvrit les yeux et les oreilles démesurément.

— Mon ami, fit-elle, cela doit être vrai.

— Tu penses ?

— Il n'y a rien à reprendre au raisonnement du comte Renaud ; il est convaincant.

Jean rayonnait.

— Demain, dit-il, nous saurons la vérité. D'Obigny me dira son avis. A moins que...

— A moins... mon ami ?

— Que je ne paye de toupet, et que je ne le réveille tout de suite.

— Ce serait inconvenant.

— Oh ! ces convenances ! Si l'on pouvait tirer sur elles comme sur des lapins, j'y userais toute ma poudre.

Paquita grillait aussi d'envie de savoir à quoi s'en tenir.

Une idée lui vint.

— Mon ami, dit-elle, il y a un moyen.

— Lequel ?

— Tu vas sortir.

— Bien.

— Avec ton fusil.

— Tiens ! Pourquoi ça ?

— Tu vas voir. Tu tireras plusieurs coups de feu.

— Sur quoi ?
— Sur rien.
— Tu es folle.
— Non pas.
« Le marquis se lèvera.
— Paquita, je comprends.
— C'est heureux.
« Il viendra voir ce qui se passe.
— Et je le questionnerai.
— Adroitement. A propos, tu vas penser d'avance à ce que tu seras censé avoir vu de suspect.
— Oui. Je dirai que j'ai entrevu un Beni-Snassenn dans les Figuiers.
— C'est cela.

Jean, enchanté, embrassa sa femme, prit son fusil, sortit et se mit à tirer.

Qui fut stupéfait ? Jean.

Un homme se leva des herbes et prit sa course à travers champs.

— Par exemple, c'est trop fort! se dit Jean tout interdit. Il y avait là un chouaf. Tant mieux. On verra des traces.

Cependant, toute la concession s'était mise sur pied ; on accourait.

Jean vit d'Obigny en tête de son monde, et il courut à lui.

— Mon cher, dit-il, je viens de faire lever un gibier à deux pattes et sans plume ; un gredin d'Arabe qui rôdait autour de nous.

Au clair de lune, d'Obigny étudia la piste avec son ami.

— Voilà qui est bizarre ! dit Jean. C'est un Beni-Snassenn par le burnous.

Et il montra du poil de chameau, qu'au grain d'Obigny reconnut.

— Ceci est de l'étoffe tissée dans les montagnes du Kiss, en effet. Mais pourquoi t'en ébahis-tu ?

— Parce que l'homme a les pieds nus, et que son pied est d'un Arabe.

— C'est vrai. Après tout, ces rôdeurs de nuit portent toutes sortes de costumes.

On battit la broussaille. Personne.

— L'oiseau s'est envolé, dit Jean ; rentrons chez nous, mon cher.

Comme il n'est chose ni rare, ni grave qu'un saracq (voleur) soit surpris cherchant quelque larcin à commettre autour d'une concession, on rentra sans grande inquiétude au logis.

D'Obigny rassura Ritta.

Il allait prendre congé de son ami, quand Jean lui dit :

— A propos, j'ai un mot à te dire. Viens dans ma chambre.

Et il emmena d'Obigny.

Là, tout palpitant, il lui montra le livre, et lui dit d'une voix altérée :

— Lis cela !

Il suivit avec angoisse l'effet que produisait le fameux raisonnement du comte Renaud sur le marquis ; mais celui-ci restait indifférent.

— Quel est le mot ou la phrase que tu ne comprends pas ? demanda d'Obigny.

Il croyait qu'un passage obscur arrêtait Jean dans sa lecture.

— Mon cher, dit celui-ci, je voulais savoir ce que tu pensais du raisonnement que tient le comte Renaud au bâtard Galoar.

D'Obigny commença à voir où Jean, qui, du reste, était très-rouge, voulait en venir, et lui dit en souriant avec bonhomie :

— Tu te dis que, à ce compte, tu serais gentilhomme, mon cher Jean ?

— Dame... si c'est la loi de chevalerie !

— Mon cher, le plus grand poëte de notre époque, le successeur des trouvères, a encore confirmé cette loi dans son beau drame de *Marion Delorme*. Victor Hugo proclame Didier noble, parce qu'il est fils d'inconnu.

— Alors... ça y est. Je suis...

— Noble, oui, mon ami !

Jean faillit se trouver mal.

— Seulement, dit d'Obigny, c'est une noblesse un peu douteuse que la tienne. Des gens vétilleux pourraient peut-être te contester le droit de monter dans les carrosses du roi, et te chagriner par leurs doutes ironiques.

— J'aurais mon épée ! dit Casse-Tête.

Depuis qu'il était gentilhomme, il ne parlait plus de son couteau, mais de son épée.

— L'épée est une arme, mais un bon parchemin en est une autre, et je puis te procurer un parchemin. Ecoute.

Jean se suspendit aux lèvres du marquis, qui lui dit avec flegme :

— Tu n'avais qu'à me demander la noblesse, je te l'aurais fait conférer. Je t'ai bien fait donner la croix.

— Comment, d'Obigny, tu pourrais ?

— Très-facilement. Je n'ai qu'à écrire au pape, et à solliciter pour toi un titre.

— Il le donnerait ?

— Jamais le Saint-Père n'a rien refusé à un d'Obigny, mon cher. Que veux-tu être ?

— On peut choisir ?

— Oui, mon cher.

— Eh bien !... mais... marquis, comme toi !

— Très-bien. Tu seras marquis. Marquis de quoi ?

— Ça m'est égal.

— Eh bien ! fie-toi à moi. Tu auras un nom sonore.

— Et le pape peut faire un noble ?

— Tout souverain a ce droit. Le pape est roi. Il use de son privilége assez souvent pour faire des grands seigneurs.

— Ce que c'est que de ne pas savoir. Tu vas écrire au pape ?
— Dès demain. Pourtant...
— Ah !... Tu hésites.
— Mon cher, je réfléchis.
— D'Obigny, ne reviens pas sur ta promesse. Je t'en voudrais mortellement. Tu m'as mis l'eau à la bouche.
— Je tiendrai ce que j'ai proposé. Je songe seulement à une chose.
— Laquelle ?
— Il est d'usage, depuis les Croisades, dans les relations des d'Obigny avec le saint-siége, de ne jamais réclamer un service sans envoyer quelque présent au saint-père.
— Je donnerai ce qu'il faudra.
— Il ne s'agit pas d'argent.
— De quoi donc ?
— Il faut, autant que possible, que ce soit un trophée pris sur un ennemi de la religion.
— Massacrons quelque tribu arabe. Ce sont des musulmans.
« Nous enverrons les têtes de ces infidèles, confites dans du miel, au saint-père.
— Mon cher, au moyen âge, ce présent eût fait merveille et eût été bien reçu. Aujourd'hui... ce serait risqué. Tiens, j'y pense.
« Un lion est l'ennemi de tout ce qui se mange, et le saint-père serait mangé par un lion tout comme le plus humble des mortels, n'est-ce pas ?
— Oh !... raide. Surtout qu'on dit le pape très-gras.
— Tuons un lion. Envoyons la dépouille. Nous serons dans les traditions voulues.
— Ça va. Demain, nous nous mettrons en quête.
— A propos...
— Que veux-tu ?
— Pas un mot à Ritta.
— De mon titre... Ah ! je comprends... Elle serait jalouse que ma femme soit marquise : je me tairai, mon cher.

D'Obigny rit de cette prétention.

— Jean, dit-il, parle de ta noblesse à tout le monde, crie-la sur les toits.
« Il ne s'agit pas d'elle. Il s'agit seulement du lion.
« Je ne veux pas que Ritta sache que je vais aller en chasse avec toi.
— Parce que ?
— Elle s'inquiéterait.
— Puisque c'est notre état.
— N'importe. Un rien l'effraye.
— Ah ! fit Jean d'un air fier.

« La mienne est plus crâne. Elle me dit souvent que je devrais aller à l'affût tuer des bêtes fauves. Elle veut des descentes de lit. »

D'Obigny sourit. Il savait à quoi s'en tenir sur Paquita.

— Mon cher, dit-il à Jean, tu es bien heureux d'avoir une femme brave. Bonsoir. A demain.

— Je suis bien réellement noble, n'est-ce pas ?

— Puisque je te le dis.

— Mais il faudrait décider du titre.

— Veux-tu marquis de Léone ? Tu vas tuer un lion. Tu envoies un lion au Saint-Père.

— Oh ! très-bien.

« Que ne puis-je signer ainsi demain mes lettres ; j'écrirais à tout le monde.

— Bast ! Tu le peux. Nous sommes sûrs de réussir.

— Comment... Demain ?...

— De suite.

— Ecoute ceci. Un jour, un de mes ancêtres reprit, à la tête d'une poignée d'hommes, la ville de Pérouse, que le pape s'était laissé enlever.

« Déjà nous étions bien en cour de Rome.

« De ce jour, nous fûmes les fils chéris du saint-siége, et le pape nous envoya un bref que je possède toujours, et dans lequel il nous dit que, *à jamais*, nous sommes en droit de demander aux saints-pères, présents et futurs, ce qu'ils peuvent accorder en échange d'un trophée pris sur les ennemis du pontife romain ; le bref est formel.

« Donc le pape est engagé. Donc, en te nommant moi-même marquis de San-Leone, le pape n'a plus qu'à confirmer. »

Jean était attendri.

— D'Obigny ! fit-il.

— Mon ami.

— Laisse-moi t'embrasser !

Et il tomba dans les bras du marquis, qui avait grande envie de rire.

D'Obigny, sentant son sérieux lui échapper, s'en alla lestement, laissant Jean abasourdi de son bonheur.

Un quart d'heure après, Ritta se laissait aller à un fou rire, en entendant conter cette histoire.

Quant à Jean, il courut chez Paquita.

— Madame, lui dit-il, vous êtes marquise !

— Que dis-tu, mon ami ?

Jean, d'un air grave :

— Ne me tutoyez pas. Les nobles ne se tutoient pas entre mari et femme.

— Cependant, le marquis...

Une sorte de gémissement puissant retentit dans les bois. (Page 85.)

— Ah ! d'Obigny tient peu à sa noblesse. Je sais qu'il s'oublie à dire tu à sa femme : mais c'est très-croquant, ce qu'il fait.

— Soit, mon ami. Je dirai vous. Mais comment êtes-vous marquis ?

Jean conta allègrement son entretien avec d'Obigny, et Paquita s'endormit en rêvant aux robes qu'elle mettrait maintenant qu'elle était noble.

Et, pour cette nuit-là, Jean consentit à coucher dans une chambre dont la fenêtre était fermée.

XXII

Condamnation à mort.

Cependant, à l'aube, Nmer avait quitté le village, et il était retourné à la grotte. Il y avait retrouvé l'esclave et ses compagnons.

— Salut ! dit-il. Tout va bien.

« Ce sera pour cette nuit. Mais un homme se leva.

— Nmer, dit-il, j'arrive.
— Des Figuiers ?
— Oui. C'était mon tour d'être chouaf (espion). Et il s'est passé quelque chose...
— D'étrange ? Conte cela.
— J'étais dans les herbes. J'étais bien caché. Je suis sûr qu'on ne m'avait pas vu. Le chasseur Jean est sorti. Il a rôdé un peu.
— Il se défiait ?
— Je ne pense pas. Il avait l'air insouciant. Il tira un coup de fusil en l'air, puis un second, sans rien viser, sinon les étoiles.
— C'est singulier.
— Je crus à un signal. Je pensai que, peut-être, derrière moi, des hommes m'avaient tourné et cerné. Je m'enfuis. Il n'y avait aucune embuscade.
— Ceci est étrange ! dit Nmer. Continue.
— Après, on m'a poursuivi mollement.
— Tu es sûr... mollement ?
— Au bout d'un quart-d'heure de recherches, ils ont abandonné toute poursuite.
— Alors, ce n'est pas sur toi que tirait Jean ?
— Et après ?
— Plus rien.

Nmer eut beau réfléchir, il ne devina pas le motif de la conduite de Jean. Sans plus se préoccuper, il demanda :

— Où est l'esclave ?
— Elle dort.
— Ecoutez-moi alors.

« Les gens d'un douar vont venir en députation auprès de sidi d'Obigny. Il s'agit d'un lion.

« Il est probable que Jean suivra son ami. Autant de moins.

« Quand ils seront partis, vers minuit, nous accourrons frapper aux Figuiers.

« Nous dirons que nous sommes des cavaliers de la tribu où le lion faisait des ravages.

« Nous annoncerons à Ritta que le lion est mort, mais que son mari est mourant. Que Jean Casse-Tête est à l'agonie.

« Nous aurons une jument prête pour l'amener à la tribu ; mais nous l'emmènerons au bordj.

« Deux hommes seulement resteront ici à garder l'esclave et à nous attendre. Nous passerons par ici. Il faut que l'esclave soit déshabillée. Il faut qu'elle ait une jument prête. En outre, il faut trois chevaux de main prêts. »

Et Nmer distribua à chacun sa besogne.

Cela fait il se dirigea vers les Figuiers.

Comme il arrivait en vue, une longue file d'Arabes, — hommes, femmes et enfants, — en approchaient.

C'était la tribu. Nmer assista à toute la scène.

Les Arabes sont les premiers comédiens du monde.

Ils entrèrent dans la cour de la concession en suppliant, remplissant l'air de gémissements.

Tout le monde accourut. Ritta fut des premières.

Dès qu'elles la virent, les femmes vinrent à elle, baisèrent sa robe, la conjurèrent.

Elle vit les petits enfants tendre leurs bras, et elle se laissa émouvoir.

Que voulait-on? D'Obigny, que les hommes conjuraient de leur côté, expliqua ce dont il s'agissait. Ritta devint fort pâle.

— Mon ami, dit-elle, ceci est désolant. Toutefois, vous ne pouvez guère refuser. Allez.

Elle rentra chez elle en sanglotant.

D'Obigny annonça que lui et Jean iraient tuer le lion la nuit prochaine. Ce fut une explosion de joie délirante dans toute la tribu.

Par ordre de d'Obigny, ses gens offrirent la diffa à tout le monde.

Quant à lui, il retint le caïd à déjeuner.

On se mit à table. Moralès était préoccupé. Ritta essayait de dissimuler son angoisse.

Paquita était insouciante. D'Obigny et Jean étaient plus insouciants encore.

— Mon cher marquis, disait d'Obigny à son ami, ce lion arrive à point. Nous enverrons sa peau à Rome.

« Caïd, est-il beau cet animal?

— Superbe.

— Noir ou fauve?

— Noir.

— Quel âge?

— Sept ans, je crois. Il y a des empreintes énormes.

— Parfait. A quelle heure vient-il?

— Très-régulièrement, vers minuit. Il a des habitudes réglées.

— Caïd, à minuit, il aura vécu.

— Allah vous entende!

— Et tu seras délivré.

— Le Prophète le veuille!

Après le déjeuner, d'Obigny ordonna que l'on sellât son cheval, et qu'on en donnât un à Jean.

Tous deux embrassèrent leurs femmes et partirent. Le caïd les guida.

Ils arrivèrent à la tribu et passèrent la journée à préparer un affût.

Toute la tribu se mit à leur disposition; mais ils ne voulurent que le caïd et les deux Arabes, qui étaient grands chasseurs de gazelles.

Ils arrêtèrent leurs dispositions, et, après discussion, ils convinrent d'attendre le lion en forêt, à moitié du chemin qu'il parcourait chaque soir.

Cette disposition présentait un avantage; celui de surprendre l'animal.

Le lion, en quittant son repaire, n'est pas sans quelque défiance. En arrivant devant le douar où il veut faire son coup, il sonde le terrain.

Il pourrait éventer l'embuscade.

En route, il est moins inquiet, va son train, et n'a souci que des épines. Les épines, en effet, sont un des grands ennuis du lion, qui n'a pas la peau dure sous les pattes, et qui s'y écorche très-souvent aux cailloux.

Les deux chasseurs trouvèrent un coude formé par le sentier. Car, à force de marcher dans la même voie, le lion avait tracé une route.

On voyait le terrain battu, et les branches cassées ou pliées sur le passage de l'énorme bête.

Un lion est comme un homme. Il n'aime pas la peine. Quand il a établi son antre, il étudie le chemin le plus commode pour gagner la plaine voisine.

Il évite les endroits trop fournis, louvoie sous les arbres, bref, il agit en bête intelligente, et il ne manque pas, quand une branche le gêne trop, de l'abattre avec sa griffe, voire d'un coup de dent.

Donc, le sentier était fort bien tracé.

Les deux chasseurs firent élection de domicile dans un bouquet de tamarins.

Ils s'arrangèrent de façon à lui laisser sa physionomie et à ne rien changer dans son aspect du côté du sentier; mais ils eurent soin d'élaguer au centre les branches qui les gênaient.

De plus, ils établirent chacun deux fourches, pour poser dessus leurs fusils. Ceux-ci étaient ainsi braqués du côté du lion, et il n'y avait qu'à épauler. De la sorte, pas de bruit.

Le lion a de l'odorat, comme tout animal; il n'a pas de flair : il n'évente pas l'ennemi à distance.

Les chasseurs n'oublièrent pas d'accrocher leurs longs couteaux de chasse à des branches voisines de leurs mains, et plus à portée de leurs longs pistolets ; les précautions prises, ils s'occupèrent de s'assurer une retraite, et dégagèrent l'arrière du bouquet de tamarins.

Ils avaient calculé que le lion, entendant les coups de feu partir de ce bouquet d'arbres, bondirait de ce côté, quoique ne voyant pas les chasseurs.

Ceux-ci pensaient se jeter dans un autre buisson quand l'animal, blessé, se raserait pour prendre son élan d'attaque.

Ce, bien entendu, au cas, fort peu probable, où il ne resterait pas sous les premiers coups de feu ; ce qui n'était jamais arrivé à ces deux tireurs.

Toutes ces dispositions prirent la journée.

Les chasseurs, ayant apporté leurs provisions, firent un repas léger, s'assirent et attendirent.

Ils savaient les habitudes du lion. C'est un animal peu peureux, qui mène grand bruit et s'annonce de loin.

Aussi les deux aventuriers n'hésitèrent-ils point à allumer leurs cigares.

Devant eux, le sentier traversait une des rares clairières de la forêt. Un incendie y avait dévoré les arbres, et le sol était très-dénudé.

Jusqu'à dix heures, rien de nouveau.

Jean, à mi-voix, parlait de son futur marquisat, et amusait fort d'Obigny.

Tout à coup, une sorte de gémissement puissant retentit dans le bois.

XXIII

La lionne amoureuse.

— Oh ! fit Jean. Une lionne.

« Elle est amoureuse.

— Elle appelle les mâles ! dit d'Obigny.

— Voilà qui change tout. Notre lion va courir à la belle.

— Un amoureux n'a pas faim. Il oubliera le chemin du douar.

— Et voilà notre nuit perdue.

— A moins que nous n'allions assister au combat des lions, s'il y a rivalité, ou aux amours du couple, s'il n'y a pas de concurrents; on terminerait la bataille aux caresses par quelques bons coups de fusil.

— C'est bien scabreux. La nuit, courir la forêt, tomber sous la griffe d'un lion évincé et aux aguets. Peuh !

— Mon cher, si, au lieu d'une fourrure, tu en envoyais trois au saint-père, ou quatre, juge de l'effet que cela produirait à Rome.

« Tu grandirais de cent coudées. Et puis, quelle réputation ! On te regarderait comme le premier chasseur de lions de ce temps...

— Mais... toi ?

— Oh ! je te laisserai cette gloriole. Je m'effacerai. Je prendrai le second rôle.

— Soit ! dit Jean. Du reste, la bête s'approche de notre côté, ce qui nous donne une chance.

« Les lionnes sont très-femmes. Elles n'aiment que les mâles puissants, elles veulent qu'un combat décide de leur choix.

« Or, pour qu'il y ait lutte, elles choisissent toujours un lion suffisamment commode.

— J'ai remarqué cela.

— Moi aussi.

La lionne va peut-être venir à la clairière.

— Je l'espère. Tiens, Jean, nous aurons de la chance. Je me sens en veine. »
Les chasseurs ne se trompaient pas.
Bientôt la lionne parut.
C'était une petite bête de l'espèce fauve, adulte depuis peu, et point au courant. Elle allait d'instinct. L'habitude lui manquait.

Elle gémissait vaguement, ne sachant pas trop pourquoi, comme les jeunes filles de seize ans qui soupirent à la lune, et ignorent quel feu les tourmente.

Elle s'arrêta dans la clairière, se tourna aux quatre coins de l'horizon, bâilla vigoureusement, s'étira comme une femmelette énervée, et se coucha.

Jean poussa d'Obigny du coude.

— Est-elle jolie! dit-il tout bas. Est-elle drôle. Elle me rappelle Paquita.

— De la grenouille à la femme, répondit d'Obigny, c'est toujours la même chose. Mêmes façons. Mêmes allures.

La lionne continuait à se plaindre, à appeler... l'inconnu, à se lamenter amoureusement.

Par instants, elle se roulait sur le dos, se relevait, folâtrait, puis reprenait ses poses mélancoliques.

Tout à coup, un rugissement solennel passa dans l'air et fit trembler le feuillage des arbres.

La lionne, d'un bond, se retrouva sur ses quatre pattes, écoutant frémissante.

Un rugissement plus puissant suivit le premier.

La petite lionne tremblait de tous ses membres, et semblait sous le coup d'une émotion profonde : elle fixait deux yeux ardents vers le point de l'horizon où le mâle se trouvait, et tout en elle était immobile, sauf un frétillement de la queue qui balayait la terre.

Après cinq minutes de silence, elle entendit un troisième appel, et cette fois elle y répondit par un cri franc qui porta loin sa réponse.

Le lion se tut. Mais c'était à son tour d'être impatiente.

Elle réitéra son appel. Point de réponse.

Alors elle s'inquiéta, parut se désoler, recommença ses plaintes et ses gémissements.

— C'est une scène de dépit amoureux, dit tout bas d'Obigny à Jean.

On eût dit d'une jeunesse qui a fait des avances auxquelles on ne répond plus.

Tout à coup le lion parut.

C'était un beau grand lion fauve, superbe, royal, dédaigneux.

Il se campa majestueusement au milieu de la clairière, et, après un coup d'œil rapide sur la petite lionne, il s'assit sur son train de derrière.

Il secoua sa crinière, et il attendit, dans le calme de sa beauté, que la femelle, séduite, vînt à lui, ce qui ne se fit pas attendre longtemps.

La lionne, d'abord, éprouva quelque crainte ; elle était un peu sauvage.

La timidité sied à la jeunesse.

Elle restait dans son coin, filtrant vers le mâle des regards en coulisse, n'osant trop s'aventurer vers ce magnifique seigneur qui lui en imposait démesurément.

Pourtant l'amour l'emporta.

Elle se mit à tourner autour du lion, elle l'approcha, promena son museau le long de ses flancs, puis, hardie tout à coup, enivrée, elle l'agaça résolûment.

Elle lui allongea sur les pattes un très-léger coup de griffe à la façon des jeunes chattes.

Il répondit gracieusement.

Folle de joie, elle se lança étourdiment dans la clairière, dansant, sautillant avec une grâce inimitable, puis elle revint se coucher devant lui, se pelotonnant dans ses pattes de devant, d'une façon tout enfantine.

Le lion la lécha doucement.

D'Obigny disait à Jean.

— Mon cher, ce sera beau.

« Ce lion n'est pas celui du douar.

— En effet ! fit Jean.

« L'autre est noir.

— Il va venir.

— Quelle joute ! dit Jean.

— Je m'attends à quelque chose de merveilleux : ces deux bêtes seront superbes.

Soudain, un grand bruit de branches sèches se fit entendre, et le lion noir parut.

Il était d'aspect sinistre.

Qu'on s'imagine cette masse sombre sous la lune, avec des yeux énormes.

Il se dégageait de ce lion une senteur particulièrement âcre qui impressionnait vivement et qui troublait ; puis, sa forme avait quelque chose de monstrueux, de fatidique.

On n'eût pas dit un lion, mais le chat noir géant des sabbats du moyen âge.

Du reste, cette espèce tient surtout du tigre.

D'Obigny dit à Jean :

— Vois-tu ce sournois ! Comme il est venu en sourdine.

— Il sera vainqueur.

— Peut-être ! L'autre est très-gros.

— Mais celui-là est d'une vigueur inouïe. Regarde l'encolure.

— On va voir.

Le lion fauve s'était levé.

La lionne, un peu effarée, se retira un instant à l'écart ; mais un appel du premier mâle la rappela impérativement, et elle revint docile.

Le second mâle, à son tour, poussa un cri guttural qui résonna menaçant.

La lionne se sentit appelée par le nouveau venu ; elle le regarda avec complaisance.

De solliciteuse, de soumise, d'étonnée qu'elle était d'abord en face du beau lion fauve, elle devenait coquette et prenait des airs impertinents.

Elle se sentait disputée.

Elle allait être le prix d'une bataille, elle prenait sentiment de sa valeur.

Avec perfidie, elle fit mine d'aller au lion noir ; mais c'était une feinte.

Le lion fauve gronda. Elle revint d'abord à lui.

Mais le rival de ce dernier poussa une telle menace, que le combat devint imminent.

La lionne se jeta brusquement de côté, se rasa, et, indifférente, insensible en apparence, elle se mit à se lécher les pattes.

Elle semblait dire :

— Allez-y des griffes et des dents ; je suis le prix du vainqueur.

Et la lutte commença.

De temps à autre le lion fauve lançait un regard à cette hypocrite petite femelle, qui, d'abord, semblait si amoureuse.

Le lion noir, lui, était tout à son ennemi, et il l'épiait avec une puissance de concentration énorme ; toute sa force flambait dans ses yeux.

Ces deux royales bêtes représentaient deux types absolument opposés, mais égaux en puissance.

L'un était souple, perfide, redoutablement allongé et extraordinairement agile.

L'autre avait comme masse, comme muscles, une supériorité visible.

Le lion noir se mit à ramper vers son adversaire ; mais si lentement, si bizarrement, qu'on eût cru qu'il glissait sur le sol ; il était toujours en position de bondir ou de se dérober.

Le lion fauve, irrité, immobile, mais le poil droit et la crinière hérissée, se battait les flancs de la queue avec un bruit de marteau tombant lourdement sur l'enclume sonore.

Et tous deux, de temps à autre, courbaient leur échine à la façon des chats quand un frisson de colère tordait leurs corps.

Alors on voyait des étincelles électriques se dégager et pétiller du sommet de la bosse que dessinait chaque dos voûté.

Tout à coup le lion fauve fit voler sous sa griffe les morceaux de terre ; on eût dit un piaffement de cheval impatient ; ses mâchoires s'entrechoquèrent et les dents grincèrent formidablement.

Le lion noir s'arrêta.

On eût dit d'un bloc.

Son rival bondit.

Rien ne saurait rendre l'effet de cette masse vivante lancée dans l'air avec la

Des quatre griffes plantées aux hanches et aux épaules. (Page 89.)

rapidité d'un boulet; cela semble une vision fantastique hors nature; on croit voir passer un monstre de l'Apocalypse emporté dans un tourbillon.

Le choc eût été irrésistible.

Mais le lion noir se lança par une secousse légère, de telle façon que son ennemi tomba à dix pas plus loin que lui et, lui donnant le temps de se retourner, il lui tomba sur le cou.

Des quatre griffes, plantées aux hanches et aux épaules, de la gueule enfoncée au col, il le maintint ainsi, écrasé et lacéré.

Le sang qui coulait à larges flots dégagea une vapeur épaisse qui, jointe à l'haleine empestée des combattants et à la fumée de leur sueur, les enveloppa d'un nuage épais à travers lequel les chasseurs virent le lion fauve se redresser par un effort gigantesque, se cabrer en quelque sorte et se renverser sur son adversaire, qu'il broya sous son poids et qu'il força à lâcher prise en l'étouffant de sa masse.

Ils se relevèrent tous deux, se donnèrent du champ et bondirent l'un contre l'autre ; le choc de ces deux corps, avec un pareil élan, fit trembler la terre ; les deux lions se reculèrent avec une rage inouïe et ils allèrent butter contre un chêne, qui fut rompu sous eux.

Il était impossible de suivre les phases de cet effroyable combat.

Les chasseurs entendaient des râles comparables à ceux que le vent tire des forêts pendant les tempêtes ; ils voyaient des lueurs phosphorescentes, flammes des regards ou éclairs magnétiques que rendaient les fourrures sous les heurts furieux.

Les chairs se déchiraient avec un bruit singulier de soie qui crie sous l'accroc ; les os se cassaient sous les coups de dent qui les broyaient comme la meule broie le grain.

C'était horrible et splendide.

Enfin la plainte d'un de ces géants devint de plus en plus sourde, tandis que celle de l'autre se transformait rapidement en un rugissement de victoire féroce.

Le combat cessait.

La curée commençait.

Le lion noir tenait sous lui son adversaire renversé sur le dos et raidi par l'agonie ; il lui avait ouvert la gorge d'un coup de gueule et le ventre de ses deux griffes de derrière, qui arrachaient les entrailles fumantes...

Il ruisselait de sang et inondait le corps de son ennemi mourant.

Il avait des blessures hideuses.

Il se leva, ouvrit sa gueule immense, et, sous la lune brillante qui le mettait vigoureusement en lumière, il lança un long cri de triomphe qui semblait courber les cîmes des arbres en passant sur la forêt, puis il courut à la femelle.

Les chasseurs virent distinctement qu'il avait la peau du cou détachée depuis les épaules jusqu'au crâne ; elle s'abattait sur la tête comme un capuchon, laissant les vertèbres à nu.

Les flancs montraient les côtes décharnées et défoncées sur la droite.

Il avait eu une patte coupée à la suite d'une prise du lion fauve, qui avait détaché l'os lui-même après l'avoir brisé.

Ainsi meurtri, il venait à la lionne superbe et fier.

Mais il perdait tant de sang par le membre amputé, qu'il chancela à mi-chemin et tomba épuisé à bout d'efforts.

La lionne accourut.

Il était trop tard.

Elle lécha ce beau vainqueur, pleura, gémit, mais en vain.

Il essaya de se relever, retomba, leva un instant la tête, puis, s'allongea et mourut silencieux, sans autre plainte que son souffle.

— Eh bien, dit Jean tout haut, c'est superbe ; c'est magnifique ! Ils sont morts tous deux.

— Et la lionne ? fit d'Obigny.

— Elle ne fera jamais de lionceau.

Il l'ajusta et visa.

Elle tomba foudroyée sur le mâle...

Les chasseurs sortirent alors du fourré.

Jean mit ses doigts dans sa bouche et poussa un sifflement strident.

Des voix nombreuses répondirent de loin à cet appel énergique.

La tribu veillait. Elle avait écouté les bruits de la lutte avec effroi.

Quand le signal convenu fut donné, tous se précipitèrent.

Nous avons dépeint déjà les joies folles, les délires d'un douar arabe délivré d'un lion ; la clairière s'emplit d'une foule portant des torches qui projetaient sur les taillis leurs lueurs rougeâtres, éclairant la scène la plus pittoresque.

Les femmes essuyaient, avec des lambeaux d'étoffe, le sang des lions et en marquaient aux mains et au visage leurs enfants effrayés.

Elles croyaient par là les rendre braves et forts dans la guerre.

Les hommes dansaient une pyrrhique animée autour des corps.

A chaque instant, des douars voisins, il arrivait du monde.

On baisait les pans des chasseurs intrépides.

D'Obigny disait :

— Je n'y suis pour rien. C'est sidi Jean qui a tout fait.

Et Jean se rengorgeait.

Il ne put résister au désir d'apprendre à tous ces Arabes qu'il était djouad (noble) ; il confiait cela à chaque cheick.

— J'ai fait cette chasse, disait-il, pour célébrer ma noblesse. On a découvert de vieux parchemins. Je suis un grand seigneur.

Et les cheicks répondirent :

— Dieu est grand.

On avait amené deux mulets. On ne croyait qu'à un lion.

D'habitude, on place le corps du lion en travers sur deux bêtes de somme. Encore ploient-elles sous le fardeau.

On courut chercher du renfort. Pendant ce temps, Jean réclama le concours de D'Obigny.

— En attendant les mulets, dit-il, écorchons ces bêtes.

On accrocha les lions à des chênes comme de simples bœufs.

Les fourrures étaient endommagées.

— Quel malheur ! dit Jean. Si j'avais su.

— Mon cher, dit d'Obigny, elles ont un prix inestimable. Des peaux saines on en trouve.

« Des peaux portant traces d'une telle bataille sont très-rares.

« Nous joindrons les os fracassés à l'envoi que nous ferons au saint-père.

« Juge de l'effet. Et le crâne labouré du lion noir !

Quelle preuve étrange et admirable du coup de griffe du lion fauve ! Mon cher, tout est au mieux. »

En ce moment, un cavalier arrivait au galop.

C'était un Espagnol. C'était un serviteur de Moralès.

— Senor, demanda-t-il à d'Obigny, un mot, je vous prie ; il s'agit de choses graves.

Le cheval était blanc d'écume. L'homme était haletant. D'Obigny frémit.

Il emmena le Catalan à l'écart.

— Qu'y a-t-il ?

— Senor, un malheur.

— Parle donc.

— Nous craignons que la senora ne soit tombée dans un guet-apens.

Une flamme passa dans les yeux de d'Obigny : mais avec l'extraordinaire sang-froid qu'il possédait dans les grandes crises, il se contint.

— Parle ! dit-il. Ne te presse pas. Donne tous les détails.

Il appela Jean. Celui-ci s'approcha.

— Il y a donc quelque chose ? fit le chasseur. Un malheur ?

Le Catalan fit son récit.

— Surtout n'omets rien ! dit d'Obigny.

Et avec un calme qui eût passé pour de l'indifférence à qui ne l'eût pas connu, il tira un cigare, battit le briquet et alluma son mouzaïa.

Le Catalan commença ainsi :

— Nous veillions, senor. Nous étions inquiets. Tout à coup une voix héla du dehors, demandant qu'on ouvrît. Nous vîmes paraître un homme tout sanglant qui se lamentait. C'était un Arabe.

« Je voyageais ! dit-il.

« A mille pas d'ici, des brigands m'ont assailli et mis en cet état. Je vous demande secours. Ils me croient morts.

« Je me suis traîné et échappé pendant qu'ils annonçaient l'intention de descendre vers Nedramah au Nid-d'Aigle pour s'y embarquer.

« Il doit passer avant l'aube un convoi de cinq mulets qu'ils attendent. Si vous voulez les surprendre, je me fais fort de vous guider. »

« Nous crûmes cet homme. Nous étions une vingtaine de gaillards solides, capables de tout. Le senor Moralès se mit à notre tête, et nous suivîmes l'Arabe.

« A une lieue des Figuiers, il roula dans un trou et disparut. Nous étions joués.

« Quand nous revînmes à la ferme, nous ne trouvâmes plus la senora.

« Je sautai en selle pour accourir ici vous prévenir senor. J'ignore le reste.

— Bien ! dit d'Obigny. Je vais aviser. Il y a eu complot.

Jean, depuis son mariage avec Paquita, n'avait plus pour Ritta la même amitié ; il se souciait moins d'elle qu'autrefois. Pendant que d'Obigny s'approchait du cheick, il maugréait :

— Encore une affaire ! On l'enlève toujours, cette petite ! Nous avons d'autres poires à peler. Et l'expédition... Nous voilà forcés de chercher Ritta au lieu du fameux trésor.

« Mille tonnerres ! Ce n'est pas Paquita qui se ferait enlever par les moricauds...

— Erreur ! dit une voix.

Jean se retourna. Le Catalan l'avait écouté.

— Votre femme est enlevée aussi, dit-il ; elle n'est plus aux Figuiers.

— Hein ! fit Jean. Tu dis ?...

— Que Paquita a partagé le sort de sa maîtresse, et qu'elle est prisonnière.

— Quoi ! Qu'est-ce que ces manières ? Une maîtresse... Ma femme n'a qu'un maître, moi ! Et puis, tu pourrais l'appeler senora.

— Mille excuses, caballero. Elle a si souvent balayé la chambre de notre padrona pendant que je balayais celle du senor, que j'ai pris quelque familiarité. »

Et le Catalan pirouetta pour se mêler à un groupe d'Arabes.

Jean était atterré.

— Elle est forte, celle-là ! grondait-il.

« Ce gredin, je lui casserai les reins. Parler ainsi de Paquita...

« Une comtesse, une marquise, une... je ne sais plus, au fait, ce que je suis.

« Ils ont du toupet, ces Bedoins. Il leur faut le dessus du panier.

« Mille millions de tonnerres de D..., ça va chauffer, j'en réponds. » Et il vint à d'Obigny :

— Croirais-tu ! fit-il. Ma femme est aussi enlevée...

— Ça ne m'étonne pas, dit d'Obigny. Elle est assez jolie pour ça !

Puis il ajouta :

— Je viens d'interroger le caïd. Il est innocent.

« Un homme pourtant l'a poussé à nous appeler ici pour tuer le lion. Cet homme avait son but. »

Jean bouillait d'impatience.

— En route ! dit-il.

— Un instant ? fit d'Obigny. Je veux savoir quelque chose. »

Et il demanda froidement au caïd quelques détails sur le personnage qui l'intéressait.

Jean était allé à un groupe d'Arabes :

— Vos meilleurs chevaux ! ordonna-t-il.

Des cavaliers s'empressèrent d'offrir leurs montures ; Jean en prit une.

Il cria à d'Obigny :

— Viens-tu ?

Et à part lui :

— Ces gaillards-là ! Il n'y a pas à rire. Si on leur donnait le temps...

Il passait la main sur son front.

— Voilà qui ne m'irait pas. Je serais capable de tuer Paquita s'il lui arrivait quelque chose.

« Avant, soit... Mais maintenant... »

Et cette idée le tourmentait.

D'Obigny sauta en selle à son tour ; mais il dit à Jean d'un air sec :

— Toujours le même ! Et tes peaux ?

— Au diable !

— Mon cher, songe que, malgré tout, on doit finir ce que l'on a commencé.

Il se tourna vers les Arabes :

— Que les meilleurs chasseurs de vous autres, dit-il, enlèvent les fourrures. Qu'on ramasse les os cassés.

« Tout sera remis aux Figuiers. La viande sera conduite à Nemours et offerte à la garnison de la ville. »

Puis il piqua des deux. Jean lui dit :

— Ah çà ! tu ne crains donc pas que... que... ta femme... tu me comprends ?...

— Je crains tout ! dit d'Obigny.

— Et tu restes impassible ?

— Quand je m'emporterais ?... La belle avance !

— Mon sang pétille dans mes veines ; j'ai la tête en feu ; je rage comme un dogue.

— Tant pis. Tu as tort d'être ainsi.

« Il est impossible de réussir si nous ne voyons clair en tout ceci. Laisse-moi réfléchir. »

Et le marquis lança son cheval au trot allongé dans la direction des Figuiers.

Les deux chasseurs trouvèrent toutes les portes ouvertes.

La concession semblait déserte.

Moralès courait la campagne avec son monde pour trouver les pistes. Jean était furieux.

— Ton vieil animal de beau-père va gâter tout ; dit-il.

« Avec son monde, il va traverser toutes les pistes.

« Ces gens-là n'y connaissent rien, et ne sont capables que d'embrouiller les traces des Arabes dans les leurs.

— Faisons-les revenir.

— Comment ?

— C'est plus que facile.

D'Obigny, avec un beau sang-froid, s'approcha d'une meule de fourrage bien sec et y répandit de la poudre.

Ensuite, il tira un coup de pistolet sur la traînée, qui prit feu.

Un instant après, tout le foin flambait, et produisait un superbe jet de lumière que Moralès ne pouvait manquer de voir.

En effet, croyant à un incendie, il accourut avec tous ses gens.

Le pauvre homme, à la vue de d'Obigny, se jeta dans ses bras.

— Senor, lui dit le marquis, calmez-vous,

— Mon enfant ! criait le vieillard. Ma pauvre enfant !

— Ritta est en sûreté, dit d'Obigny. Et vous avez eu tort de vous effarer,

« J'ai appris qu'une expédition nouvelle se préparait dans les montagnes. Je ne voulais pas laisser Ritta ici. Je l'ai envoyé chercher.

— Vraiment ? Mais où est-elle ?

— En route pour Oran.

— Pourquoi pas à Nemours ?

— Mon cher senor, la guerre sera sérieuse. Il s'agit de choses graves. Le Maroc va nous attaquer.

« Les Beni-Snassenn ne sont que l'avant-garde d'une armée immense. Le sultan de Tanger a du canon. Nemours sera bombardé.

— Mais... les Figuiers ?

— On en fera une forteresse avancée très-probablement, cher beau-père.

— Me voilà bien.

— Ne vous plaignez pas. Souhaitez qu'on brûle la ferme.

— Dieu m'en garde !

— En définitive, nous serons vainqueurs. Qui payera les pots cassés ? Le vaincu.

« Vous avez eu cent mille francs pour votre petite bicoque d'autrefois.

— C'est vrai.

— On va vous donner le double pour cette fois ; je vous en réponds.

— Alors qu'on incendie tout. Cependant, j'aurais bien voulu voir Ritta et lui dire adieu.

— J'ignorais que vous fussiez allé donner tête baissée dans un piége. Ce sont des rôdeurs ennemis qui vous avaient attiré avec votre monde. Vous l'avez échappé belle.

« Si des goums alliés n'avaient point battu la montagne, on vous égorgeait. »

Moralès en frémit. D'Obigny reprit :

— Les hostilités sont presque commencées.

— Si j'allais à Oran ?

— Impossible ! Votre devoir est de rester ici, pour donner aux colons le bon exemple. Je pars, moi.

— Ah ! où allez-vous ?

— Explorer la montagne. Il faut renseigner le gouverneur sur l'ennemi et éclairer nos colonnes.

— Que dois-je faire ?

— Attendre les ordres du gouverneur de Nemours, qui est prévenu.

Puis d'Obigny appela deux Catalans.

Il crayonna, à la lueur d'une torche, quelques mots, plia ce billet, le cacheta d'une goutte de résine tombant de la torche, mit sur cette espèce de cire le chaton de sa bague, et dit aux deux Espagnols :

— On va croire dans Nemours à un incendie et nous envoyer du secours. Faites rentrer la troupe qu'on enverrait avec des pompes vers nous. Vous remettrez ce pli au gouverneur.

Puis, très-tranquillement toujours :

— Faites-nous servir, cher senor, une collation ; nous mourons de faim.

Le bonhomme alla donner des ordres.

Jean Casse-Tête s'approcha, et demanda tout bas à d'Obigny :

— Pourquoi cette comédie ? Je n'y comprends rien.

D'Obigny sourit tristement :

— Mon cher, dit-il, quand Ritta était jeune fille, elle était inconnue. On s'est fort peu occupée d'elle.

« Son aventure n'a pas eu de retentissement en France.

« Aujourd'hui, je l'ai épousée. Je suis allé à Paris. Je l'ai présentée dans le monde.

« Dès que l'on saurait à Paris que ma femme a été enlevée, cela ferait un bruit que tu ne saurais imaginer dans les salons du faubourg Saint-Germain.

« Or, mon cher, il me serait très-désagréable que l'on s'occupât de la sorte de madame la marquise d'Obigny et que l'on fît des commentaires. Ainsi, fais comme moi.

— Et ce serviteur qui nous accompagnait ?

— Je lui ai glissé un mot pour lui dire d'annoncer que j'ai beaucoup ri quand il est venu me prévenir du faux enlèvement de ma femme ; il dira qu'il a vu Ritta partir pour Oran, accompagnée d'une troupe de cavaliers arabes très-dévoués à ma personne.

— Et il gardera le vrai secret ?

— Oui.

— Heuh ! heuh !

— Je lui ai insinué que je lui ferais sauter le crâne s'il venait à en dire trop.

— Ah ! très-bien.

— De plus, je vais lui donner un billet de mille francs avant de partir. Enfin, il a ma parole de toucher cette somme tous les ans, s'il se tait.

— Comme tu es fin !

— Loyal ne veut pas dire sot. J'ai appris la ruse au jeu de la vie.

Moralès vint annoncer que la collation était servie ; on se mit à table.

Le repas fut gai. On parla de la future guerre.

— Senor, dit d'Obigny, rendez de bons services à la garnison avec vos gens.

Le gredin, je lui casserai les reins. (Page 93.)

« Il pourrait advenir que le roi, content de vous, fît faire des offres à Madrid, par notre ambassadeur, pour lever le séquestre qui pèse sur vos biens. »

Cette parole mit Moralès en joie. Il souhaita ardemment la guerre.

Une demi-heure après, en tenue de chasse, tente sur le dos, les chasseurs partaient.

— Tu l'as bien endoctriné, ton beau-père! dit maître Jean; mais je crains une chose... Il va parler au gouverneur.

— Celui-ci est prévenu. Il entretiendra l'illusion du bonhomme.

A propos, j'ai sommeil. Rien à faire d'ici au jour. Dormons un peu.

Ils firent à peine quinze cents pas, et choisirent une épaisse broussaille.

Jean abattit avec sa hachette une partie des branches du centre, après s'être fait passage; les deux aventuriers bouchèrent l'entrée du buisson avec ce qu'ils avaient coupé d'épines, et ils se firent belle place.

Ils se trouvèrent au milieu d'un jujubier qui leur faisait une ceinture impénétrable.

Ni bêtes, ni hommes n'eussent pu les approcher sans qu'ils eussent le temps de se mettre en défense et de saisir leurs armes.

Ils étendirent leurs tentes de façon à être abrités de la rosée ; ils placèrent sur le sol la légère, chaude, fine et imperméable couverture de mérinos qu'ils emportaient toujours dans leurs courses, ils s'enveloppèrent dedans et dormirent tranquilles.

Au premier rayon de soleil, ils étaient debout et ils préparaient le café. En un tour de main ce fut fait.

Alors, ils se mirent à explorer le terrain.

Comme ils y comptaient, on dormait à la ferme ; on s'était couché si tard !

Les deux chasseurs trouvèrent sans peine les traces des ravisseurs. Ils suivirent leur piste.

Ils trouvaient, marqués sur le sol, les empreintes des sabots des chevaux.

On arriva ainsi jusqu'en face de la grotte, où les deux chasseurs reconnurent les preuves d'un long séjour prolongé d'une troupe. Là, tout annonçait des Beni-Snassenn.

C'étaient des lambeaux de vêtements de montagnards, des marques de chaussures kabyles ; les indices étaient clairs ; les faux Beni-Snassenn les avaient prodigués.

Cependant, Jean dit :

— C'est drôle. On ne sent pas le tablier de cuir ici.

Pour expliquer cette expression, il faut dire que tous les montagnards ont coutume, quand ils exercent un état, de porter un tablier de cuir non tanné, qui leur donne une odeur toute particulière.

Nos soldats savent, du reste, que Kabyles et Arabes ont une senteur spéciale.

Après dix ans, on sent encore ce parfum humain, âcre et pénétrant, sur l'emplacement abandonné d'un village indigène que les pluies ont lavé.

Et un bon connaisseur peut dire si ce sont des Bédouins ou des Berbères qui ont habité là ; nous avons vu faire vingt fois cette expérience.

Or, Jean avait un nez de limier. D'Obigny, de son côté, murmurait :

— Ceci est louche. Il y a beaucoup trop d'objets ici pour qu'on n'en ait pas oublié volontairement.

« On veut nous donner le change. Défions-nous.

Et ils sortirent de la grotte.

Ils trouvèrent l'emplacement où les chevaux avaient attendu le retour de ceux qui, avec Nmer, étaient allés enlever Ritta et Paquita.

Là, d'Obigny déclara que l'on avait sûrement affaire à des Arabes, et il le prouva.

— Jamais, dit-il, des montagnards ne seraient assez bons cavaliers pour monter en selle comme les gens qui ont enfourché leurs chevaux ici ; regarde, par exemple, cette trace, et tu seras fixé sur ce sujet.

« Voici un individu qui était très-jeune, très-petit, on le voit à son pas. Il tenait sa bête par la bride. Il l'a amenée là. Le cheval était énorme.

« Voici la distance entre ses quatre pieds, alors qu'il était arrêté ; c'est une bête superbe.

« Ce tout jeune homme, qui devait la monter, s'est suspendu à la crinière, et il s'est élancé sans le secours de l'étrier, trop haut pour lui.

« Il a dompté sa monture, qui s'est cabrée, et lui a fait faire un temps de galop, puis il l'a ramenée, souple et obéissante, à cette place.

« Là, on a apporté une femme. Voici les traces de sa robe. L'étoffe a balayé le sable. On a placé cette femme en travers sur le grand cheval, et son cavalier a maintenu la prisonnière, probablement garrottée et bâillonnée.

— Tout cela est juste, dit Casse-Tête. Ces gens sont des Arabes. Le complot était étudié d'avance.

« Je vois, à cette autre place, qu'un autre cavalier a reçu la seconde prisonnière.

— Tiens, il y avait trois femmes.

Avec une sagacité inouïe, les chasseurs étudiaient toutes les pistes entre-croisées, et ils lisaient sur le sable comme sur un livre où les ravisseurs auraient consigné leurs actes.

— Voilà qui est singulier, dit Jean. Trois femmes. Voudrait-on nous donner le change ?

— Probablement.

— Défions-nous.

Les chasseurs virent que Nmer était descendu avec sa bande dans le ruisseau. De la sorte, il cachait sa piste.

— Voilà de l'enfantillage ! fit d'Obigny. On verra bien par où les saracqs sont sortis.

Et Jean d'un côté du ruisseau, d'Obigny de l'autre, suivirent chaque rive.

Ils marchaient le pas rapide des chasseurs, faisant sept quarts de lieue à l'heure.

Ils voyaient les herbes foulées, les buissons courbés, les lauriers-roses froissés.

La troupe avait suivi le lit du cours d'eau.

Mais à un certain point, quoique les traces fussent continuées plus avant dans le ruisseau même, il devint évident qu'une partie de la troupe avait quitté cette voie, et était entrée dans des champs de palmiers-nains.

D'Obigny et Jean résolurent de suivre cette piste divergente.

— C'est peut-être une ruse ! dit Jean. Mais il ne faut rien négliger.

— Ceux qui se sont jetés hors du ruisseau, dit d'Obigny, ont galopé. Ils ont donc parcouru beaucoup de chemin en peu de temps. Je crains que ces gens-là n'aient fait un circuit pour rentrer dans le ruisseau. Cela allonge nos recherches.

— Tant pis, dit Jean. Il faut tout observer.

Les deux chasseurs se mirent à suivre les marques que conservait le sol.

Ainsi que l'avait prévu d'Obigny, la troupe décrivait une courbe.

On arriva sur le bord d'un ravin rocheux presque impraticable, et l'on vit que le détachement avait côtoyé ce ravin, et, complétant un demi-cercle, était revenu au ruisseau ; du moins les sabots des chevaux, enfoncés dans la poussière humide de rosée, donnaient cette indication.

Le détachement avait donc rejoint le gros de la troupe après cette petite farce jouée aux poursuivants.

— S'ils ont renouvelé cette comédie plusieurs fois dit Jean, nous sommes propres. Nous ferons plus de cent lieues en détours.

— On fera ce qu'il faut, dit d'Obigny. Et ils se remirent en route.

Après sept heures de marche, ils reconnurent que la troupe avait quitté le ruisseau ; elle s'était séparée en trois groupes, prenant trois directions.

Laquelle était la bonne ?

Dans chaque groupe on remarquait un pas de cheval plus lourd que celui des autres et ayant l'air surchargé ; par conséquent devant porter une prisonnière.

Les chasseurs étaient très-embarrassés.

Ils s'arrêtèrent un instant, mangèrent un biscuit, burent un coup d'eau-de-vie, puis ils discutèrent.

Mon avis, dit d'Obigny, est que les trois groupes doivent se rejoindre, ou du moins que, s'ils suivent des itinéraires différents, le cavalier porteur d'une prisonnière dans chaque groupe se détachera seul, en faisant sauter quelque fossé, à son cheval, pour rompre brusquement la trace ; il ira à un point fixé, pour être rejoint par ceux qui ont également fardeau de prisonnière.

— En avant ! dit Jean. Nous regarderons à chaque pas si cet écart du cavalier qui porte une prisonnière n'a pas été fait ; nous avons de bons yeux.

Ils marchèrent cinq heures environ sur l'une des trois pistes, et tout à coup ils trouvèrent abandonné un sac de sable, très-long et très-lourd.

— Les gredins ! dit Jean. Ce sac était ce que nous prenions pour l'une de nos femmes ; nous sommes volés !

— Et voici la nuit ! dit d'Obigny.

— Il faut remettre la chose à demain.

Ils s'installèrent pour passer la nuit.

Jean prépara le feu. D'Obigny chassa.

Une heure ne s'était pas écoulée, que le repas se préparait, succulent et abondant.

Un lièvre, deux perdrix, quelques cailles, des arbouses, du citron, des oranges, des asperges sauvages cuisaient devant un feu ardent.

Les chasseurs mangèrent en gens à jeun depuis longtemps. Ils causèrent ensuite.

— Mon cher, dit d'Obigny, résumant son opinion sur les ravisseurs, nous avons affaire à des gens très-forts.

— Et leur chef est un maître ! fit Jean. Il faut que je passe en revue mes mauvaises connaissances pour trouver qui ce peut être.

« Saïda n'était que de la Saint-Jean comparé à ce gaillard-là. »

Et, comme la veille, les chasseurs s'organisèrent un refuge dans une broussaille pour y dormir.

XXIV

Le simoun.

Le lendemain il devint fort difficile aux chasseurs de suivre la piste.

Un vent assez fort, venant du sud, avait soufflé toute la nuit.

— Voilà que ça se gâte ! dit Jean. Ce simoun est gênant.

Et d'Obigny, inquiet, secouait la tête.

— Les trous, dit-il, seront comblés. Plus de traces de pas.

Toutefois, ils se remirent en route.

— Il s'agit, maintenant, de marcher à l'aveuglette, dit Jean ; heureux si nous trouvons quelques indices.

Ils se mirent en quête.

Par bonheur il advint que le terrain, à la sortie du bivac, était argileux ; il prenait bien l'empreinte, et avant que ce sol fût desséché par le vent, réduit en poussière, il devait se passer quelques heures.

Les chasseurs inspectèrent la piste.

— Oh ! oh ! dit Jean. Et, couché sur la terre, il examinait avec une attention scrupuleuse chaque pas laissé par les mahara et les chevaux.

Il était sur la voie d'une découverte.

— C'est bizarre, dit-il, tous ces chevaux qui courent devant nous sont en liberté. Il y a un mahari qui porte une femme ; c'est la seule bête qui soit chargée.

D'Obigny vérifia ces dires.

— C'est vrai ! dit-il. Évidemment ceci est une fausse piste.

Et ils cherchèrent ailleurs. Ailleurs, rien.

Cependant d'Obigny, après s'être donné beaucoup de mal, vit des herbes légèrement foulées.

— Jean ! cria-t-il.

Et il montra l'alfa incliné dans la direction du nord-est sous des pas.

— Je comprends ! fit Jean. Les Arabes qui montaient les chevaux ont lancé ceux-ci à vide.

« Ils leur ont mis, après les avoir attachés ensemble, des épines sous la queue. La troupe affolée est partie vers le sud.

— Et, dit Jean, les maîtres, les pieds enveloppés dans des linges, ont fui par un autre chemin ; ces gredins sont décidément très-forts, mon cher.

— Mais ce mahari...
— Celui qui porte un fardeau ?
— Tu ne doutes pas, n'est-ce pas, qu'il ne soit chargé ? le pas est lourd.
— Ils l'ont peut-être affublé de deux coussins pleins de sable pour nous tromper.
— Voyons toujours.
— Peut-être ferions-nous bien de lâcher cette piste pour revenir à celle qui nous a semblé fausse ; j'ai idée que là nous avons été trompés.
— Mon cher, nous aurons une précieuse indication si nous rattrapons un cheval.
« Tenir un cheval, c'est presque connaître son maître ! Par un cheval nous saurons tout.
— Tu as raison. En route ! »

Et les deux intrépides marcheurs se mirent à suivre la piste après avoir pris quelques précautions, car le temps devenait terriblement dangereux.

Le simoun commençait à souffler.

Le vent qui passe sur le Sahara et qui vient du Soudan, chauffe à blanc l'Algérie, et en fait une étuve où l'on respire à peine.

Le thermomètre monte à 60 degrés ; on sait qu'à cent l'eau bout.

L'air semble embrasé.

Les animaux, effarés, se couchent et font entendre des plaintes lamentables.

Dans les plaines, le gibier s'enfuit d'abord au hasard puis il se pelotonne, et l'on trouve souvent des lièvres, des perdrix qui gisent sur le sol calciné, incapables de fuir.

Les chiens hurlent la mort.

Leurs pattes ne peuvent plus poser sur la poussière brûlante ; pour résister, ils se roulent sur le dos, protégés par leur poil, et ils se placent ensuite tantôt sur un flanc tantôt sur un autre.

Les hommes, comme toujours, sont les êtres qui résistent le mieux.

Les cigales seules font rage, et leur infernale crécelle craquette avec fureur.

C'est le simoun qui tua trente-sept hommes sur cent dans une compagnie de ligne française, en 1847, dans les plaines d'Orléansville.

C'est le simoun qui, chaque année, sème plus de cinq mille cadavres d'hommes, de chevaux et de dromadaires sur les chemins de parcours des caravanes, qui sont pavés de squelettes et d'ossements blanchis.

C'est le simoun qui enterra l'armée de Cambyse sous les sables de Syrie.

En arabe le simoun s'appelle le siroco, et sévit violemment.

Il a passé sur l'Atlas, où il s'est rafraîchi ; sur le Tell, sur la Méditerranée, et il apporte, à cinq cents lieues de distance, sur les gradins de marbre du Polytheame de Florence, la poussière rouge du désert, qui se dépose en couches épaisses.

Heureusement le simoun, qui débute assez sourdement, ne dure que trois heures dans toute la plénitude de son action dévorante.

Il y a d'abord par-dessus l'Atlas une lutte entre le courant du nord, qui amène les brises fraîches de la Méditerranée, et ce vent brûlant du Soudan que contiennent les vastes masses de l'Atlas.

On voit le sommet des montagnes s'enflammer ; elles sont enveloppées d'une vapeur rousse qui passe peu à peu au rouge sombre ; on dirait d'une fournaise.

Cette tache de feu grandit démesurément et enveloppe les cîmes des monts.

Cela dure deux jours et trois nuits.

Au matin du troisième jour le vent descend par larges coups d'aile et à des intervalles réguliers ; il balaie tout devant lui.

Chaque rafale dure trois heures environ, et à chaque crise la chaleur devient de plus en plus insupportable jusqu'à la cinquième ou sixième reprise ; celle-là est la dernière, heureux qui la supporte.

On conçoit que les chasseurs avaient dû prendre leurs mesures de salut.

Tout d'abord ils avaient ramené sur leurs yeux les bords de leurs larges chapeaux, et ils s'étaient fait des éventails avec des palmes.

Puis ils avaient enveloppé leurs bidons, pleins de café sans sucre, de plusieurs couches de feuilles, et ils les avaient hermétiquement fermés.

Car quand le simoun souffle, les outres se dessèchent et l'on ne retrouve au fond qu'un peu de boue liquide et corrompue.

De plus, pour arrêter leur propre transpiration, les chasseurs avaient eu soin de se frictionner tout le corps de graisse d'un sanglier tué par eux, et ils s'étaient enduit le visage avec soin, surtout aux rides du cou.

Enfin, ils avaient fait un voile d'une partie de leur couverture, imitant les Touareggs.

Le but à atteindre en pareil cas est de lutter contre le chaud, et l'on y arrive par des procédés semblables à ceux qu'on emploie contre le froid.

Pour saliver abondamment, d'Obigny prit un petit caillou dans sa bouche ; Jean mâcha une légère chique de tabac sucré, mêlé à quelques grains de café ; chacun d'eux avait son petit moyen.

Ainsi préparés, ils partirent les reins sanglés avec un bon courage.

A mesure qu'ils marchaient, l'orage sévissait avec ses intermittences accoutumées.

Pendant trois heures ils avancèrent au milieu d'un nuage de sable.

C'était la première phase de la tempête ; à augurer des autres par elle, il y avait de quoi être très-sérieusement impressionné ; d'autres auraient reculé.

Les deux chasseurs, profitant d'un calme relatif, prirent un peu de repos. Ils s'assirent.

Tout à coup Jean fit un cri de suprise.

Quelque chose sortait du sable.

Il tira ce quelque chose, semblable à un ruban, et il ramena un chapeau.

D'Obigny pâlit. Il reconnut celui de Ritta.

— C'est elle! fit-il. Elle est devant nous, seule peut-être, perdue dans cette tourmente.

— Tant mieux! fit Jean. Si un heureux hasard lui a permis de fuir, nous la retrouverons. Mais c'est déjà un miracle que, guidés par l'instinct, nous ayons pu suivre une piste; sur la fin je l'avais tout à fait perdue. Je te suivais.

— Moi, j'allais presque à l'aventure. Pourtant j'ai comme une voix secrète qui me pousse dans le bon chemin.

— Puisses-tu être heureux!

Et d'Obigny regarda tristement le chapeau.

Tout à coup il dit à Jean:

— C'est singulier! Voici un cheveu noir.

— Et Ritta est blonde?

— Qu'est-ce que cela veut dire?

— Peut-être quelque Arabe aura-t-il voulu lui faire violence; elle se sera défendue. Dans la lutte, le chapeau se sera envolé, emportant un cheveu de cet homme.

Jean examina le cheveu.

— Après tout, fit-il, Paquita est peut-être avec ta femme; elles se sont embrassées, probablement, dans un moment de désespoir. Ce cheveu est de Paquita.

Mais d'Obigny tournait et retournait le chapeau.

Il réfléchissait.

— Mon cher, dit-il, passe-moi le cheveu.

Le marquis le roula dans ses doigts.

— C'est un cheveu de femme, dit-il. Il est rond. Les hommes ont des cheveux carrés.

Puis il ajouta :

— On dirait que celui-ci vient d'une négresse.

Et, pour vérifier cette idée, il flaira la coiffe longtemps, et y démêla une très-légère odeur de musc.

— Oh! oh! fit-il. Vois donc. On dirait que quelque Soudanienne a été coiffée de ce chapeau-là. As-tu la poudre sternutatoire?

— Oui! dit Jean.

— Uses-en.

Jean tira de son bissac une très-petite boîte faite d'une défense de sanglier creusée.

Le vieux chasseur prit dedans un ou deux grains d'une poudre très-blanche. Il les huma.

Presque aussitôt il se mit à éternuer avec fureur; mais cet accès passa.

Il s'était introduit dans le nez un peu d'ipécacuanha, dont feuilles et racines

Un mahari en marche dans le désert.

ont la propriété d'éveiller singulièrement la susceptibilité de l'odorat, à ce point que les Arabes qui en usent sentent, dit-on, une piste comme un chien de chasse, — ce que nous croyons exagéré.

Le vieux Jean, ainsi préparé, huma la coiffe, et la rejeta avec dégoût loin de lui.

— Ouf! fit-il. Ça empoisonne la négresse.

— Bon! dit alors d'Obigny. C'est une esclave qui court devant nous.

« On l'a vêtue des habits de ma femme, et on espérait nous donner le change.

Je suis sûr que la pauvre fille est attachée sur un chameau coureur. L'animal file droit devant lui, avec des épines plantées sous la queue. Retournons.

— Pas du tout ! fit Jean. Il est urgent de pincer cette femme. Elle parlera. Que diable, elle a vu quelque chose ! Elle nous donnera des renseignements.

— Tu as raison. En avant !

Et ils se remirent en route. Cette fois, ils étaient confiants.

Ils savaient que le mahari lancé, comme ils l'avaient deviné, ne dévierait pas de la ligne une fois prise, et qu'il irait jusqu'à crever.

Mais un mahari est une bête de fond. Quelle course !

Ils allongèrent le pas, malgré la chaleur ; et qui les eût vus au milieu des solitudes, marchant contre le simoun, les eût pris pour des fantômes perdus dans quelque grand et terrible drame surnaturel.

Ils faisaient environ sept kilomètres à l'heure, et ils ne se reposaient qu'à peine toutes les deux ou trois heures ; mais la fatigue les étreignait, et ils furent deux fois obligés de boire.

Ils atteignirent la nuit sans avoir rien vu, sinon un petit lambeau d'étoffe accroché à un térébinthe et venant de la robe de Ritta.

Point de rosée le soir ! point de fraîcheur ! Ils reposèrent une heure.

La troisième phase de la tempête était proche ; ils résolurent de la braver. Ils partirent.

Malgré la nuit, presque toujours si froide en Algérie, cette bourrasque fut effrayante.

Jean, ayant voulu allumer une fenouille pour vérifier un objet qu'il avait entrevu, et qu'il supposait à bon droit être important, il jeta à terre son amadou.

Celui-ci tomba sur un buisson.

Les broussailles étaient desséchées à ce point qu'elles prirent feu subitement.

Un incendie immense fut en un instant allumé ; herbes et arbres flambèrent.

Jamais féerie ne dépassa cette réalité ; c'était à n'en pas croire ses yeux.

Tout d'abord, un long serpent de flamme roula dans le sens du vent.

— Le temps de compter jusqu'à cent, disait Jean plus tard, la nappe de feu avait une demi-lieue de longueur et cent mètres de large...

Une heure après, toute la région semblait une mer de bitume flambant.

Heureusement, les chasseurs étaient en deçà des flammes ; le vent poussait celles-ci dans un sens, et les aventuriers allaient dans l'autre.

— Ma foi, dit Jean, tant pis pour ceux qui se trouveront derrière nous.

— Au train dont ça va, dit d'Obigny, c'est à peine si un cheval au galop aurait le temps de fuir ; il n'y a que l'oued-kesser qui pourra arrêter cet incendie.

— Voilà quarante lieues de terre de fumée.

On sait que la cendre est un excellent engrais pour le sol algérien.

— Et ce que tu tiens-là ? fit d'Obigny.
— C'est une outre.
— Appartenant sans doute à la négresse ?
— Je le suppose.
— Elle va crever de soif.
— Hâtons-nous. Ils marchèrent.
Bientôt les forces de d'Obigny s'affaiblirent, et il fallut s'arrêter un instant.
— Vite ! dit-il à Jean.
« Je suis menacé d'un coup de sang. » Et il s'assit.
Jean tira une lancette de son couteau et prépara un bandage avec son mouchoir.
— Ton bras, dit-il. Le marquis tendit son bras.
Jean avait allumé, cette fois avec précaution, un paquet de fenouilles, autour duquel il avait fait le vide ; à la clarté de ce foyer, il saigna son ami.
Celui-ci se sentit soulagé.
Les deux chasseurs burent légèrement et reprirent leur course, mais moins vite.
Une heure après, c'était au tour de Jean d'avoir des éblouissements.
— Tonnerre ! dit-il. Me voilà pincé. Saigne-moi.
Et, pendant que d'Obigny opérait, le vieux chasseur lui disait :
— Voilà de longues années que je brave le simoun ; deux fois seulement il m'avait vaincu, et j'étais encore très-jeune. Aujourd'hui, me voilà plus bas que je n'ai jamais été ; je crois que la chaleur est incomparablement plus forte que tout ce que j'ai supporté.
D'Obigny prit quelques gouttes de café et proposa à Jean de fumer un peu.
— Cela, dit-il, nous assoupira un peu et nous soulagera ; nous avons de l'eau. Le dessèchement du gosier n'est pas à craindre, et la nicotine calmera nos nerfs.
Les chasseurs tirèrent leurs blagues ; le tabac n'était qu'une poudre...
D'Obigny ne parvint pas à faire une cigarette sortable, et y renonça.
Intrépides, ils fournirent encore quatre lieues ; mais ils étaient à bout.
— Vite, une saignée ! dit d'Obigny.
Mais Jean s'abattit comme une masse, et le marquis se crut perdu. Toutefois il n'hésita pas.
Avant de tomber, il se fendit une oreille avec son couteau de chasse.
Le sang coula goutte à goutte ; puis abondamment, et d'Obigny reprit ses sens.
Alors, il saigna Jean à l'autre bras, et parvint à le ramener à la vie.
— Il n'y a pas à lutter, dit d'Obigny. Arrêtons-nous.
— Il le faut bien ! dit Jean.
En ce moment, un cri plaintif retentit, et les deux hommes tressaillirent.

Ils allèrent dans la direction de l'appel entendu, et trouvèrent un mahari tombé sur ses genoux, ayant une femme attachée sur son dos.

— Voilà! dit Jean, joyeux. Vive la chance! Il n'y a de veine que pour nous!

— Un instant! fit d'Obigny. Je la crois morte.

Il détacha la jeune fille, et l'amena près d'un foyer allumé avec les précautions voulues pour éviter un incendie.

Jean était enchanté.

Il avait trop l'instinct chasseur pour ne pas être ravi quand il atteignait une proie.

Or, cette négresse était pour lui un gibier ardemment poursuivi; il chantonnait.

La Soudanienne avait les dents serrées à ce point qu'il était difficile de la faire boire.

Jean était brutal.

— Ouvre-lui le bec avec ton couteau, dit-il, moi, je vais la saigner. Et il prit son couteau.

— Que vas-tu faire? dit d'Obigny.

— Lui couper le bout de l'oreille.

— Mais pique-lui la veine du bras.

— Pourquoi me donner le mal de chercher cette veine et perdre du temps à bander la piqûre?

« J'aurai plus tôt fait de lui fendre le bas des oreilles, et ça saignerait autant.

— Brute, va! fit d'Obigny. Et il écarta Jean.

Il saigna lui-même la jeune fille. Le sang ne coula qu'au bout d'une minute; c'était presque à désespérer.

D'Obigny introduisit une lame de couteau dans la bouche de la jeune fille et lui desserra les dents; il la fit boire non sans peine.

Elle mit une demi-heure à reprendre connaissance.

Pendant ce temps, Jean, sombre, maugréait à quelques pas de là.

D'Obigny voyant la Soudanienne sourire, dit à son butor d'ami:

— A quoi bon te fâcher? Tu es un niais de bouder.

« Je veux faire de toi un gentilhomme accompli, et tu te fâches parce que je t'ai reproché ta brutalité; veux-tu que j'abandonne ton éducation, que j'ai entreprise?

— Non, sacrebleu! dit Jean décidé.

« Du moment où c'est dans une bonne intention que tu me reprends, je te prie de ne pas me ménager; plus tu m'en diras, mieux ça ira. »

Il devint d'humeur charmante.

— Mon cher, dit alors le marquis, ce temps est si menaçant que tu feras bien d'éventrer le mahari; nous en tirerons le sang et l'eau.

— Bon! fit Jean.

Et il s'en fut couper la gorge à la bête, après avoir eu soin de lui placer sous le cou une gamelle pour recevoir son sang.

Ce sang, on se garde de le boire chaud. On étoufferait.

On a soin de le laisser cailler, et l'on ne boit que le liquide séreux qui reste autour des grumeaux ; on est considérablement rafraîchi et soulagé.

Quand le breuvage fut prêt, Jean le porta à d'Obigny, qui rassurait la négresse.

— Bois ! dit Jean.

Et il tendit un gamelon plein au marquis, qui le présenta à l'esclave.

— Ma fille, lui dit-il, je suis un Français.

« Nous autres, nous avons pitié, respect et dévouement pour toutes les femmes. Bois avant nous.

— Ah ! finaud, dit Jean en français. Voilà comment il endoctrine son monde. Dire qu'il me prend comme cela !

D'Obigny sourit.

La Soudanienne pleurait d'attendrissement, elle but, se mit à genoux et baisa les mains à d'Obigny, qui la releva, et lui dit avec bienveillance :

— Ne crains rien. Tu es sauvée. Ni mon ami, ni moi ne t'abandonnerons.

Il but à son tour, Jean après lui. Celui-ci retourna à sa besogne.

Il chercha cette poche particulière aux maharas dans laquelle il y a toujours de l'eau ; il tira deux litres environ d'une espèce de liquide assez semblable à du petit lait et ayant la même saveur piquante.

Il le conserva bien clos.

Pour cela, il enveloppa la gourde dans laquelle il vida cette eau et l'enfouit dans le sable, aussi avant qu'il put ; il en fit autant pour les autres gourdes.

Après quoi il dépouilla le chameau. Ce fut vite fait.

Ce soin pris, il creusa le sable de façon à fabriquer un fossé.

Il rejetait le déblai du côté du vent, et il parvint ainsi à ouvrir une petite tranchée profonde d'un mètre, longue de deux, large d'autant. Il tendit les tentes par-dessus ce trou.

Sur les tentes, mais de façon à laisser entre la toile et le cuir un espace, il étala la dépouille du mahari, toute humide encore.

Il se trouva, de la sorte, avoir fabriqué un abri contre le simoun.

— Ohé ! fit-il. D'Obigny ! Le nid est prêt. Amène l'oiseau.

D'Obigny prit l'esclave par la main et l'installa sous la tente, où l'on respira presque à l'aise.

La Soudanienne, tout à fait remise, était dans l'ébahissement d'une joie immense.

Elle avait vu la mort de si près.

— Seigneur, dit-elle à d'Obigny, il me semble que, de l'enfer, je passe au paradis. Je veux être ta servante. Je serai ta chienne. Demande-moi ce que tu voudras...

— Eh! fit Jean, tu peux t'acquitter. Conte-nous ce qui t'est arrivé. Vois-tu, nous...

D'Obigny vit que Jean allait révéler la cause de l'intérêt qu'il portait à l'histoire de la pauvre esclave; il lui coupa net la parole.

— Oui, fit-il. Dis-nous comment tu te trouves ici.

« Nous autres aventuriers, nous adorons les contes.

Jean réfléchit. Il dit à d'Obigny en français :

— Pourquoi lui caches-tu notre qualité? Elle ne peut que s'intéresser à nous.

— Mon cher, fit le marquis, je connais les femmes; je sais ce dont elles sont capables.

« Celle-ci est tout feu, tout flammes pour moi, et elle craindrait de me chagriner. S'il était arrivé malheur à Ritta, dans la crainte de me peiner, elle se tairait. Ne me connaissant pas, elle va nous dire naïvement ce qui est arrivé.

— Quand je dis que tu es plus fin qu'un cheval, on me rit au nez. Tu enfonces tout le monde.

En arabe à la petite :

— Va, ma fille! Babille. Moi, je vais m'endormir en t'écoutant.

Il parut s'arranger pour ronfler à l'aise.

XXV

Le récit.

Le simoun faisait rage plus que jamais; les pieux de la tente étaient par instants furieusement secoués; mais le sable couvrit peu à peu la peau. Cela fit poids. Le petit édifice résistait.

C'était une scène assez singulière que celle présentée par l'intérieur du fossé.

Ces deux hommes, cette femme, égarés dans une angade (petit désert), luttant contre les éléments, tranquilles et bravant la mort par leur industrie.

Quelquefois cet insecte, ce pou de la terre, qu'on appelle l'homme, paraît sublime.

La Soudanienne, qui, très-femme, caressait déjà d'Obigny du regard, commença son histoire.

— Je suis, dit-elle, d'un petit village des bords du Niger, qui s'appelle Paroutane. Mon père était pêcheur.

« On s'est battu avec les Touaréggs et les gens de Tombouctou, alliés ensemble.

« Nous avons été vaincus. Mon père a été tué.

« Ma mère et moi, avec cinq frères ou sœurs, avons été emmenés prisonniers.

« Nous avons été vendus à des marchands mozabites venus à Tombouctou.

« Moi, j'étais d'une caravane où, sur cent treize esclaves, soixante et un seulement sont arrivés au grand marché, où j'ai été vendue à un Kabyle.

« Cet homme est singulier. Il m'a achetée, il m'a bien traitée, il m'a bien habillée, il ne m'a pas violentée.

« On m'a emmenée dans un repaire. On m'a dit que j'étais avec des brigands.

« Je devais devenir reine de grands chemins, comme ils disent, être heureuse. Puis ils ont pris deux Franques.

« Puis ils m'ont habillée comme une des femmes franques, et se sont disputés.

« Il y en avait un, le vieux, mon maître, qui voulait tuer une des prisonnières. Un autre la défendait.

« C'était la brune à qui mon maître en voulait; il disait à ses compagnons :

« — Soliman veut une femme. A quoi bon deux? Cela nous nuira.

« — Moi, disait l'autre, je prendrai cette brune pour moi, si Soliman n'en veut pas. »

Jean écoutait très-anxieux. La Soudanienne reprit :

— Alors, la brune a embrassé son défenseur, en ayant l'air de lui dire qu'elle l'aimait, qu'il fallait la sauver; elle lui embrassait les mains, et elle finit par se jeter à son cou, avec un élan de gazelle qui se donnerait à un lion.

Jean se redressa soudain : il faillit renverser la tente.

— Tu mens ! dit-il. Jamais Paquita n'eût fait cela!

La pauvre négresse fut atterrée. D'Obigny était furieux. Il dit en français à Jean :

— Tais-toi donc, imbécile. Tu vas effaroucher cette fille.

— Comment! s'écria Jean. Voilà une gueuse qui me dit que ma femme se jette au cou d'un homme, et tu veux que j'entende cela sans protester énergiquement?

— Pourquoi veux-tu qu'elle invente cela? Elle le dit, c'est vrai.

— D'Obigny!

— Quoi! Quand tu crieras : d'Obigny? Quand tu rouleras des yeux farouches!

« Cela t'empêchera-t-il d'être un niais... malheureux? tu n'y peux rien.

— Mais Paquita aurait dû...

— Se laisser tuer, n'est-ce pas?

— L'honneur le lui commandait.

— Pas du tout.

« Les engagements d'amour sont réciproques.

« Une femme ne doit à son mari que ce qu'il ferait pour elle-même.

« Tu serais sur le point d'être tué.

« Or, maître Jean, une jeune et jolie fille viendrait te présenter son anaya.

« Elle te sauverait la vie à la condition que tu deviennes son mari.

« Que ferais-tu ?

— Je me marierais, parbleu!

« Mais les hommes ont des droits.

« Les femmes ne doivent pas nous tromper.

— Et, selon toi, nous pouvons être infidèles?

« Sache bien que c'est nous qui avons établi cette loi que l'homme peut avoir des maîtresses et que la femme ne peut avoir d'amants.

« Or, depuis que le monde est monde, les femmes protestent.

— Mais toi! Est-ce que tu ne ferais pas comme moi?

— Je te rappellerai, mon cher, que les Kabyles Beni-Snassenn me tenaient attaché sur le bûcher, et qu'une fille m'a offert la vie. J'ai refusé.

— C'est vrai!

— Et Ritta le sait.

« Voilà pourquoi elle saura sauver son honneur en mourant s'il le faut. »

La négresse écoutait sans comprendre cette conversation faite en français. Elle avait grand'peur. D'Obigny lui dit :

— J'ai calmé mon ami. Il a eu le cauchemar. A demi endormi, il a mal entendu, et sa susceptibilité s'est éveillée. Il va te faire des excuses.

Et à Jean :

— Dis-lui donc quelque chose de gentil.

Jean fit en rechignant :

— Buvons, Soudanienne. Continue.

Puis à part lui :

— Je vais en entendre de belles. Cette carogne de Paquita! Oh! je lui tordrai le cou.

— Ma fille, pria d'Obigny, dis-nous bien tout ; ton histoire nous intéresse.

« Quoique je ne sois pas marié et que je ne connaisse longtemps aucune femme, vivant en oiseau sur la branche et courant les aventures, je t'avoue que cet enlèvement me touche au plus haut point. »

La Soudanienne reprit :

— La dispute fut très-vive. Le jeune homme tira son yatagan. Le vieux prit ses pistolets. On se jeta entre eux.

« Enfin, des hommes de la bande dirent que Soliman, leur seigneur, avait voulu qu'on enlevât une femme, mais qu'il n'avait pas défendu d'en enlever deux.

« Ce qui n'est pas défendu est permis ; donc, leur camarade pouvait emmener la brune.

« Les choses s'arrangèrent. Le jeune homme fit monter la brune sur un très-grand cheval.

— Il était petit, ce jeune homme?

— Un tout mignon garçon.

Jean dit en français :

— Nous avions deviné juste. Cette canaille de galopin est ce petit cavalier qui s'est lancé sur le grand coursier.

Puis à la Soudanienne :

— Va, petite.

Mais sa voix était altérée. L'esclave demanda à d'Obigny :

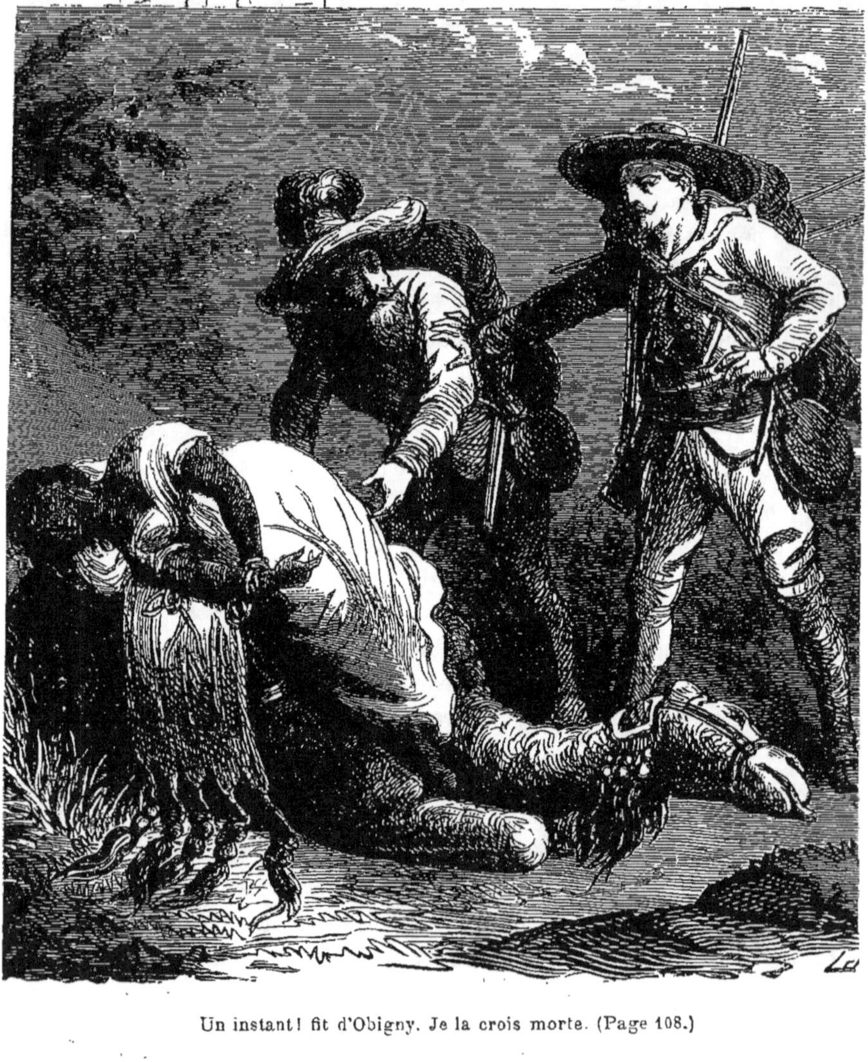

Un instant! fit d'Obigny. Je la crois morte. (Page 108.)

— Mon récit déplaît décidément à ton ami; ne vaut-il pas mieux vous dire une légende? J'en sais de belles.

D'Obigny protesta.

— Nous préférons les récits vrais. Du reste, tu te trompes. Mon ami est enchanté.

Puis à Jean, en français :

— Grâce à ta bêtise, nous ne saurons rien. Affirme donc à cette enfant que tu ne lui en veux pas; fais semblant d'être gai.

— Je suis furieux!
— Dissimule. Ris un peu de ce qu'elle dit. Fais des réflexions flatteuses.
— Bon! Je tâcherai.
Et en arabe :
— Ma fille, tu as de l'esprit. Tu parles fort bien. Pour un rien, je t'embrasserais.

A cette idée d'être embrassée par Jean, la petite recula vers d'Obigny. Elle lui prit la main avec une ardeur passionnée ; lui resta froid.

Elle était pourtant jolie, cette négrillonne. Elle reprit son histoire :

— On m'avait donné les vêtements de la blonde, et je les avais mis de mon mieux. Vous l'avais-je conté ?

— Va ! fit Jean. Nous savions cela avant toi.

— Comment ! Que dites-vous là ?

Jean voulut réparer sa bévue.

D'Obigny se chargea de ce soin.

— Ma fille, dit-il, nous sommes très-fins. Nous devinons les choses.

« Du moment où tu avais été achetée, c'était pour jouer un rôle dans cette affaire.

« On voulait égarer les maris de ces femmes sur une fausse piste, à ta suite. »

— Allah ! fit-elle. Est-ce vrai ? Je n'avais pas deviné cela. Si jamais ces maris me trouvaient... Je serais massacrée.

— Nous sommes-là! fit d'Obigny. On te défendrait.

Nouvelle pression de main. La petite reprit :

— On partit. Le jeune homme semblait très-amoureux de la brune, il la caressait.

— Le gredin ! fit Jean.

Mais sur un : hum ! sonore de d'Obigny, le vieux chasseur fit mine de rire.

C'était le cas de dire qu'il riait jaune.

La Soudanienne, très-femme en ceci, et croyant que Jean était sincère, dit :

— Ça t'amuse ? Ça m'amusait aussi. Je pensais que le mari de cette femme devait être peu aimé par elle. Je me disais que c'était quelque butor, comme il nous arrive souvent, à nous, pauvres femmes, d'en avoir pour époux ou pour maître.

« Et je songeais que, pour suivre tout de suite comme elle le faisait le premier venu, — très-beau, du reste, — il fallait qu'elle en eût assez de son homme. »

Jean se leva avec fureur.

D'Obigny lui cria :

— Prends garde ! Tu vas tout perdre.

Alors le chasseur bondit hors de la tente et se mit à courir çà et là.

Enfin il se roula de rage sur le sol.

La Soudanienne demanda :

— Qu'a donc ton ami ?

D'Obigny lui dit :

— Il a un accès de fou rire. Écoute-le. Tu l'entends ?

La petite ne percevait que des sons inarticulés perdus dans la nuit.

Elle crut que d'Obigny disait vrai. Jean rentra.

La Soudanienne lui dit :

— Eh bien ! maître, tu n'as pas fini de t'amuser ; je t'en dirai de plus drôles.

Jean s'assit, désespéré. D'Obigny lui cria en français :

— Mais ris donc, vieux bouc. Il faut tout savoir.

Jean fit un effort.

Le rire s'échappa de son gosier ; mais cela ressemblait tant à un rugissement, que la Soudanienne en prit peur et dit à d'Obigny en tremblant :

— Ton ami a une façon de manifester sa joie qui me glace jusqu'aux os.

— C'est un homme très-puissant de poumons, dit d'Obigny ; ne te préoccupes pas. C'est si drôle, ton histoire !

Jean laissa échapper sa rage dans ce mot :

— Et la fin sera plus drôle que tout.

La Soudanienne demanda :

— Tu sais donc la fin ?

D'Obigny dit à la place de Jean :

— Dans ces sortes d'aventures, on ne peut manquer d'aller de plus fort en plus fort. Mon ami prévoit que ce sera ainsi.

— Il ne se trompe pas, fit la jeune femme.

« Imaginez-vous qu'au bout d'un certain temps, la petite blonde, qui était très-fière et très-digne, — on l'avait placée seule sur un cheval, — s'indigna tout à coup. Elle voyait dans la nuit des choses qui lui déplaisaient, et entendait des bruits de baisers qui l'indignaient ; elle trouvait que son amie se conduisait odieusement. Elle lui reprocha sa conduite. Je ne sais pas la langue de ces femmes ; mais je compris à peu près.

— Cette bonne Ritta ! C'est Jean qui soupirait cela.

« Chère et digne femme ! A la bonne heure ! Que ne l'ai-je épousée !

D'Obigny dit à la Soudanienne :

— Ne fais pas attention. Il rêve. Il parle souvent haut en dormant.

Jean fit grincer ses dents. On eût dit d'un tigre.

— Ce sont ses nerfs ! fit d'Obigny. Tout à l'heure il ronflera.

Et à Jean, en français :

— Si tu ne peux te contenir, vieille bête, ronfle, ça t'empêchera d'entendre.

Et Jean essaya de suivre ce conseil.

La Soudanienne écouta un instant avec stupeur le bruit d'orgue que faisait Jean, et elle dit à d'Obigny avec conviction :

— Seigneur, sur les bords du Niger, les hippopotames et les rhinocéros s'endorment et ronflent aussi ; mais jamais avec tant de force. C'est effrayant.

— Tu t'y habitueras. Continue.

La Soudanienne, de sa petite voix flûtée, haussant le ton, reprit son histoire. On l'entendait comme une flûte s'entend malgré le trombone et l'ophicléide

— La brune eut honte, dit-elle. Elle ne dit mot.

Le ronflement de Jean cessa tout à coup.

La Soudanienne reprit :

— La brune dit quelques mots, je suppose, à son amoureux ; il s'attarda. Peu à peu il resta en arrière. Bientôt il demeura dans l'ombre. Le vieux chef naugréait. Les gens riaient. Moi, ça m'amusait.

Jean grinça des dents de nouveau.

La Soudanienne n'y prit garde.

— La blonde soupirait. Elle semblait désolée.

Alors le chef lui dit :

— Ta compagne est une femme sans honneur !

La blonde répondit :

— Je le savais !

Là-dessus, Jean bondit.

Il empoigna la Soudanienne et tira son couteau en hurlant des menaces.

— Canaille ! Tu me tortures ! Tu as ri aussi, toi !

Mais d'Obigny sauta à la gorge de Jean et le terrassa brusquement.

Le vieux routier n'eut pas le temps de se reconnaître ; du reste, le sang qu'il avait perdu lui enlevait plus de force qu'à d'Obigny.

Celui-ci était dans la fleur de l'âge.

Il prit sa ceinture, garrotta Jean, étourdi et presque évanoui sous la menace même d'une congestion cérébrale, qui était imminente.

La Soudanienne pleurait.

D'Obigny mit un bâillon sur la bouche de Jean, et fut déterrer leur gourde.

Il arrosa le cou du vieux chasseur, le front et les tempes ; puis, le voyant remis, il s'occupa de l'esclave.

Celle-ci tremblait.

D'Obigny lui dit :

— Ma fille, je dois tout t'avouer... mon ami est un peu fou. Il a des accès. Mais le voilà réduit au silence et à l'immobilité ; ne redoute rien de lui.

— Et après ? Quand tu le délieras ?

— Il sera doux comme un mouton.

La Soudanienne avait foi dans son protecteur ; elle le crut sur parole.

— C'est malheureux ! fit-elle. Il perd le reste de l'histoire. C'est amusant.

— Je le lui conterai. Va, ma fille. Narre la chose.

Et la Soudanienne reprit :

— Longtemps, deux heures au moins, ils restèrent en arrière, et les hommes s'amusaient.

« L'un disait ceci. L'autre disait cela.

« Il paraît que c'est l'épouse d'un certain Jean Casse-Tête, un tueur de lions.

« Les Beni-Snassenn, et en général les Arabes, le haïssent, paraît-il, beaucoup.

« Ils se moquaient de lui. Je me souviens que l'on disait :

« Voilà Casse-Tête, le chasseur, qui devient gibier ; il a des cornes d'antilope. Ce vieux malin !

« Ferait-il une drôle de figure, s'il savait ce qui se passe dans les buissons, derrière nous.

« Et, ma foi, cette idée que le chasseur était cornu m'amusait énormément.

« Chez nous, on ne dit pas cela des hommes trompés : il paraît que la mode de les supposer ornés de cornes est venue des Français, qui ont imaginé cela. »

En ce moment, Jean fit un saut de carpe prodigieux, et se retourna face contre terre ; puis il parvint à se remettre dos contre terre.

Ne pouvant crier, il manifestait ainsi sa rage par ces bons insensés.

D'Obigny ne voulait entraver en rien la petite Soudanienne dans ses dires.

Une seule observation pouvait la jeter hors la voie de la vérité complète.

— Ne songe pas à cet homme, dit-il. Il sera ainsi tant que l'orage durera. Après... conte donc.

— Après... ils revinrent.

« Le petit jeune homme était redouté, parce qu'il est parent du grand chef. On n'osa plaisanter la dame. On fit, pour dépister les maris, des pointes à droite et à gauche.

« A un moment, tout le monde quitta un ruisseau que nous suivions depuis longtemps. On marcha sur le sable jusqu'au ravin.

« Là, on étendit des burnous à terre, et les deux femmes, avec une escorte, descendirent les pentes du ravin sur les burnous, qu'on reprenait à mesure pour les porter plus loin, sans doute pour qu'il n'y eût pas de traces ; c'était une ruse que j'ai trouvée adroite.

— Je ne la connaissais pas. Je me la rappellerai.

— Moi et le reste des cavaliers, nous revînmes vers le ruisseau, et, à un certain moment, on attacha tous les chevaux et mahara ensemble, le mien compris.

« On mit des épines sous la queue de ces animaux, et on les fouetta vigoureusement.

« Ils partirent. Moi avec. Le reste... vous le savez.

— C'est bien, dit d'Obigny. Dormons. Ton conte m'a beaucoup amusé.

Et il ferma les yeux. Il tombait de fatigue.

Bientôt tout dormit dans la tente ; le simoun continuait à souffler.

XXVI

Comme quoi l'amour fait pleurer et l'or fait rire.

Jean était, certes, peu disposé d'abord à dormir ; avec son caractère, il était facile de supposer qu'il était outré du procédé de d'Obigny.

Mais la fatigue et le simoun aidant, le vieux chasseur finit par ronfler.

Le marquis, plus jeune, s'éveilla avant maître Jean et avant l'esclave.

Le simoun avait cessé de souffler.

Comme toujours, une brise fraîche succédait à cette tempête de feu.

D'Obigny éveilla doucement la jeune femme et lui fit signe de se taire. Il l'emmena hors l'abri.

Dans la nuit, d'Obigny n'avait pas su au juste où il était.

Au jour, il reconnut qu'il se trouvait à une lieue à peine d'un douar.

On est souvent exposé à mourir quand on touche au salut.

Pendant les ténèbres, les chasseurs s'étaient engagés dans un petit désert de sable, de ceux qu'on appelle sebkas, et qui ont quinze ou vingt lieues d'étendue dans un sens ou dans l'autre.

Il y en a un pareil à trois lieues d'Oran, qui est très-curieux.

Si jamais nos lecteurs font une tournée en Algérie, nous leur conseillons de visiter ce Sahara en miniature, qui commence à Meseryhia et se termine à Aïn-Temouchert.

D'Obigny aperçut des tentes.

— Petite, dit-il, vois ce village. Tu vas y aller.

— Bien ? dit-elle. Qu'y ferai-je ?

— Tu y montreras ce papier. Je connais du monde dans ce douar. Le scheick est un de mes amis. Tu seras bien reçue.

Et d'Obigny écrivit quelques mots sur une feuille de son carnet.

« Au scheick Éliacim-ben-Addallah.

« Salut et bonheur.

« Moi, d'Obigny, prie ledit scheick de recueillir cette femme.

« C'est une esclave. Je lui rends sa liberté.

« Le scheick voudra bien la recevoir comme femme libre.

« Elle est jolie. Si le scheick refuse, qu'il la marie à quelqu'un.

« La négresse apporte au douar la valeur de cent douros en or français.

« Je prie les gens du douar de ne venir me voir que dans une heure, et surtout qu'on cache la Soudanienne à mon ami Jean, qui est avec moi, et qui veut tuer cette malheureuse.

« S'il questionne sur son compte, que personne n'avoue l'avoir vue.

« Que le scheick continue à être un grand guerrier, c'est mon vœu.

« Sur sa famille et lui mille prospérités.

« D'OBIGNY. »

Il lut cette lettre à la petite Soudanienne, qui se mit à pleurer et à se lamenter.

— Qu'as-tu donc ? fit-il.

Elle tomba à ses genoux.

— Seigneur, dit-elle, je t'aime.

C'était franc, touchant, naïf.

D'Obigny la releva.

— Petite, dit-il, il faut oublier. Je ne puis t'épouser. Je suis un aventurier.

— Je te suivrai.

— Impossible. J'ai fait vœu de ne pas avoir de femmes.

Les Arabes ont le respect des vœux.

La Soudanienne baissa la tête.

— Pars ! dit d'Obigny. Ne regrette rien. Ta vie eût été malheureuse avec moi. Et il la consola de son mieux. Il lui donna de l'or.

Toute négresse a un côté enfant.

Celle-ci joua avec les louis et se mit à rire au milieu des larmes.

— Bon ! pensa d'Obigny. Toutes les mêmes. Je m'y attendais...

Et il la congédia.

A cent pas elle chantait. Ainsi sont-elles toutes.

XXVII

En délire.

D'Obigny revint à Jean.

Il ronflait toujours comme un rhinocéros, selon le mot de la Soudanienne.

— Pauvre diable ! fit d'Obigny. Il ne méritait pas son sort. Au fond, il est si bon ! Tâchons qu'il oublie.

Et il le réveilla.

Jean ouvrit ses gros yeux, se sentit attaché, devint pourpre en se souvenant de ses griefs ; il s'agita, mais vainement, pour se délier.

D'Obigny le débâillonna. Ce fut un torrent d'injures. Le marquis n'y prit garde.

— Va ! dit-il. Hurle ! Ça te soulagera. Pauvre Jean ! Comme tu as été malade.

Ce mot frappa le vieux chasseur. Il s'arrêta dans ses objurgations.

— J'ai été malade ? fit-il.

— Affreusement.

— Qu'ai-je donc eu ?

— Le délire. Tu l'as encore.

Et tâtant le pouls de son ami :

— Ça va un peu mieux.

D'Obigny lui fit avaler du café.

Jean but.

— Ah ça! fit-il, que s'est-il passé? Pourquoi m'as-tu battu ?

— Moi! Te battre! C'est toi qui as voulu me frapper.

— La Soudanienne... Où est-elle ?

— Quelle Soudanienne ?

— Cette petite ?

— Mais quelle petite ? Je n'ai pas vu de petite.

« Dans ton délire, tu appelais de toutes sortes de noms fort injurieux une femme. J'étais navré. Je croyais que c'était à Paquita que tu en avais, et ça m'indignait.

— A propos, cette guenon...

— Bon ! Tu recommences.

— Mais j'ai raison. Elle m'a trompé.

— Ce que c'est que la fièvre. Tu as eu le cauchemar.

Jean était abasourdi.

Il se sentait la tête lourde, et il pensa que tout cela était un rêve.

— Voyons, fit-il, c'est vrai. J'ai rêvé?

— Oui, certes.

— Il n'y a pas d'esclave ?

— Tu divagues.

— Cette femme n'a pas conté un tas de bêtises sur ma pauvre femme ?

— Jamais !

— Comme on se forge des idées ! Et le mahari ?

— Celui que nous avons trouvé hier ?

— Oui.

— Eh bien, il est mort. Nous en avons bu le sang.

« Mais les Arabes l'avaient remplacé par un autre, et ils avaient continué leur course avec nos femmes; depuis ce matin j'ai vu des traces certaines, et sais à quoi m'en tenir sur les enleveurs ; nous les trouverons.

« Pendant que tu dormais j'ai marché, moi.

— Mais tu m'as lié.

— Eh! mon cher, tu avais le délire. Fallait-il te laisser errer dans cette sebka? Je ne voulais pas te perdre, moi.

— Mais tu m'as bâillonné !

— Cher ami, tu hurlais. Un ennemi pouvait accourir.

— Délie-moi.

— Jure que tu es dans ton assiette.

— Oh ! fit Jean avec bonhomie, c'est fini.

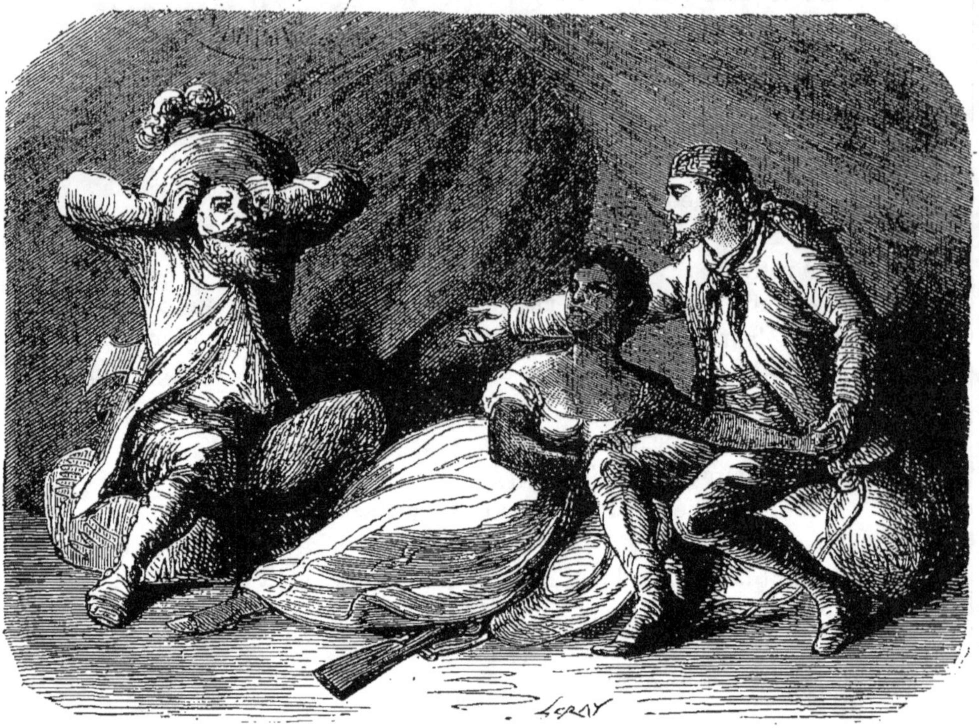

Jean s'assit désespéré. (Page 115.)

D'Obigny le débarrassa.

Le vieux chasseur se leva.

— C'est bête! dit-il. Je n'aurais pas cru qu'un coup de simoun me rendrait fou. Puis il se mit à rire.

— Croirais-tu, fit-il, que j'ai fabriqué toute une histoire très-drôle sur Paquita? Imagine-toi...

— Tu ne vas pas, je pense, me raconter ces niaiseries? fit d'Obigny en l'interrompant.

— Non. Cependant, tu aurais ri.

— Et tu aurais le cœur de rire, quand ces pauvres petites femmes sont prisonnières?

— Tu as raison.

Jean sortit, et s'occupa de démonter la tente et de déterrer les gourdes.

Il aperçut le village.

— Eh! fit-il, d'Obigny! Un douar!

— Je le sais.

— Y allons-nous?
— Un instant.

Le marquis avait ses raisons pour ne pas trop se presser d'aller aux tentes.

Après avoir perdu beaucoup de temps, quand il vit les Arabes déboucher du village, il se mit à marcher à leur rencontre, après avoir chargé ses bagages.

Jean suivait. Il monologuait et se faisait tout haut, à lui-même, des réflexions sur les rêves.

Cependant les Arabes approchaient.

Le scheick était grand ami de d'Obigny, qui l'avait débarrassé d'un lion.

La tribu était reconnaissante.

Un grand nombre d'individus accouraient à la suite du chef.

Les deux chasseurs furent fêtés.

La diffa se préparait quand les chasseurs entrèrent dans le douar. Ils mouraient de faim.

Nous croyons inutile de dire qu'ils burent et mangèrent comme des affamés.

Après le repas, au café, en fumant le chibouque, d'Obigny questionna le scheick.

— Ami, demanda-t-il, connais-tu un chef arabe qui aurait nom Soliman?

Le scheick réfléchit.

Après mûre réflexion, il dit:

— Je n'en sais aucun. Il y avait un Soliman. C'était le frère du caïd d'Ousda. Mais ce Soliman est un fou.

« Longtemps il fut détenu dans un silo, puis il a été enlevé au ciel.

— Au ciel?

— Oui. C'est un miracle.

D'Obigny, connaissant la superstition des Arabes, se dit qu'il s'agissait de quelque bourde inventée par les ullemahs.

Il supposa ce Soliman étranglé.

Il se dit que le caïd, son frère, avait tué ce malheureux, et le faisait passer pour enlevé par miracle; il n'insista donc pas sur ce point.

En français, il dit à Jean:

— Ces Arabes sont insensés. Ils ont des naïvetés inouïes.

Et l'on parla d'autre chose.

Après la diffa, les chasseurs prirent congé de leur hôte et s'en allèrent.

Une fois seul avec d'Obigny, Jean le questionna:

— Qu'allons-nous faire? Quelle piste as-tu trouvée? As-tu espoir?

Toutes questions auxquelles d'Obigny répondit:

— La vérité commence à m'apparaître. Ne me trouble pas. Suis-moi. Je te mènerai à bien.

Jean n'insista pas.

Entre chasseurs, on a foi l'un dans l'autre, et l'on croirait s'offenser en se défiant d'un dire; aussi d'Obigny eut-il carte blanche.

Il revint donc en arrière, et il retrouva le fameux ravin au bord duquel les traces unies avaient été dissimulées par le *truc* des burnous étendus.

Il passa de l'autre côté du ravin.

Mais le simoun avait soufflé.

En vain il chercha ; pas de traces.

Pendant cinq jours, il fit faire à Jean des courses inutiles et fatigantes.

Harassés tous deux, rendus, exténués, les deux aventuriers s'arrêtèrent non loin du Kiss.

Là, d'Obigny s'avoua à lui-même que, pour l'instant, tout espoir était perdu.

Il s'agissait de l'avouer à Jean.

— Mon cher, dit-il à celui-ci, je me suis trompé, tu as le droit de me maudire.

« Impossible de relier le fil cassé de mes combinaisons ; j'ai perdu la voie.

— Je m'en doutais ! fit Jean.

— C'est désolant.

— Que veux-tu? Nous avons fait l'impossible. Nous n'avons pas de reproches à nous adresser.

D'Obigny vit bien que le vieux chasseur prenait son parti de la situation. Il y avait quelque chose là-dessous.

D'Obigny proposa :

— Si nous retournions à Nemours, chez nous?

— Volontiers. Je pense à mes fourrures. Ces Catalans sont capables de les laisser gâter.

Et très-hypocritement :

— Peut-être y trouverons-nous nos femmes délivrées ; j'en ai comme un vague espoir.

Il mentait effrontément.

D'Obigny vit ce qui l'attirait si fort aux Figuiers, car Jean ne manqua pas de montrer le bout de l'oreille.

— Tout calcul fait, dit-il, Paquita, à cette heure, doit être morte ou déshonorée. Morte, elle est enterrée. Le bruit du meurtre viendra jusqu'à nous.

« Déshonorée... Sur ce mot, Jean fit une grimace significative, que d'Obigny interpréta en lui disant :

— Tu ne serais pas pressé de la revoir?

— Parbleu, non !

— Et tu préfères envoyer tes peaux au pape?

— Mon Dieu, oui.

— Et être noble le plus tôt possible ?

— Je vais y travailler.

— Et nous prendrons Ousda.

— Tu reviens au projet? Es-tu fou ?

— Qu'ai-je de mieux à faire maintenant? Nous enlevons Ousda. Je cherche la mort dans l'assaut.

« Si je ne la trouve pas, je déclare la guerre à l'empereur du Maroc, et je la lui fais.

« Si, dans cette campagne insensée, je ne péris pas, je tente la conquête de l'Espagne.

« Et, de tentatives folles en entreprises plus folles encore, il faudra bien que j'arrive à mon but.

— Qui est?

— La mort. Ritta est perdue pour moi. Comme tu dis : morte! Car, déshonorée, elle ne peut l'être.

— En route! fit Jean. Au diable les femmes. Je ne me remarierai jamais.

Les deux chasseurs revinrent aux Figuiers.

Ils trouvèrent la maison transformée en une véritable forteresse par Moralès. Celui-ci reçut les deux chasseurs avec exaltation.

— Eh bien! fit-il après les embrassades et les poignées de main, vous voici enfin!

« Quelles nouvelles? L'ennemi avance-t-il?

« Et Ritta? En savez-vous quelque chose?

« Se plaît-elle à Tlemcen? A-t-elle poussé jusqu'à Oran?

Le pauvre homme était toujours dans son erreur, et croyait au conte que d'Obigny lui avait fait.

Celui-ci entretint l'illusion du bonhomme.

— L'ennemi, dit-il, est loin encore. Mais il viendra. Tenez bien tout en ordre.

— Comptez sur moi, d'Obigny. J'ai vu le gouverneur. Il m'a promis la croix. J'ai deux canons!

— Oh! oh! fit d'Obigny. On vous a donné de l'artillerie?

— Oui, mon cher.

Et le bonhomme montra au marquis deux pièces à peu près hors de service, provenant des pirates de Djemmaa Maghaguët, nom de Nemours avant la conquête.

Le gouverneur, pour flatter la manie de Moralès, lui avait permis de s'emparer de ces deux canons abandonnés, sans affût, dans un coin de la redoute.

D'Obigny se garda bien de détromper le senor Moralès sur l'efficacité de son artillerie.

La journée se passa en fêtes.

Nul n'aurait cru, à voir d'Obigny, qu'un désespoir mortel s'était emparé de lui.

XXVIII

L'enlèvement.

L'enlèvement de Ritta avait été admirablement combiné par Nmer ; tout était prévu.

Le vieux drôle s'était parfaitement rendu compte de tout : et du caractère de maître Moralès, qui devait prendre feu à l'annonce d'une lutte entre saracqs et voyageurs, et de la passion de Ritta, qui devait tomber aveuglément dans tout piége qu'on lui tendrait au nom de son mari.

Ce vieux routier avait été jusqu'à comprendre qu'il ne pouvait, lui-même, inspirer que défiance, en raison de son physique désagréable.

En conséquence, il avait résolu de ne pas se présenter aux Figuiers.

Dans sa troupe il y avait un certain djouad, tout jeune, nommé Lara. C'était le cousin de Soliman.

Gracieux adolescent, il avait cet attrait qu'offrent les Arabes de quatorze à quinze ans, et qui en fait alors des types particulièrement piquants pour les femmes éprises de certains contrastes.

Les indigènes offrent à cet âge un ensemble si singulier de naïveté dans le sourire, d'ardeur dans le regard, de candeur dans le maintien et de virilité naissante dans les formes ; ils sont alors si bien et des enfants et des hommes à la fois, qu'ils exercent une fascination irrésistible sur les Européennes.

On cite ce mot d'un général, gouverneur de la province d'Oran :

— Ma femme est certainement honnête ; jamais l'ombre d'un doute n'a plané sur elle ; je la laisserais voyager seule avec P***, qui est un Adonis, ou avec C***, qui est un Apollon du Belvédère (il parlait de ses aides de camp) ; je ne voudrais l'abandonner pendant dix minutes dans mon salon avec Ibrahim, le fils du caïd d'Aïn Temouchen.

Le jeune homme avait treize ans.

Et de fait, madame la générale de *** était la plus honnête femme que l'on connût.

Lara était d'une beauté un peu efféminée, propre à séduire une Espagnole.

Svelte de taille, souple, nonchalant avec élégance, ayant de grands yeux doux et caressants, avec des lèvres délicatement sensuelles ; il était fait pour produire sur Paquita une grande impression.

Lara, richement vêtu, beau cavalier, accompagné de deux autres Arabes, entra dans la cour de la concession en caracolant avec fracas.

Les femmes accoururent avec des torches. Ritta parut.

Paquita se montra derrière elle, sur le perron de la maison d'habitation.

Mis en pleine lumière, Lara apparut, splendide dans sa jeunesse et dans son rayonnement.

Paquita fut éblouie. Le jeune homme échangea avec elle un de ces regards qui en disent si long; ce fut comme s'ils s'étaient parlés pendant des mois.

Il la trouva jolie et désirable, supérieure à toutes ces femmes arabes qu'il connaissait; il prévit en elle des séductions de courtisane.

Elle, fille de caprice et de fantaisies violentes, se jura de revoir ce beau garçon. Elle alla jusqu'à lui sourire de la plus encourageante façon.

Cependant, Ritta, inquiète, demandait à Lara ce qui l'amenait.

— Fleur de ces *Figuiers*, lui dit poétiquement Lara, ton mari m'envoie.

« Il est blessé. Il veut te voir.

— Va vers celle qui est à moi, m'a-t-il ordonné; annonce-lui la nouvelle.

« Qu'elle se hâte de venir recevoir mon dernier soupir et mon dernier baiser. »

Ritta s'évanouit. On s'empressa près d'elle.

Mais Paquita profita de cet accident pour entretenir Lara; elle s'écarta un peu et lui fit signe de venir à elle.

— Jeune homme, lui dit-elle d'un ton de doux reproche, vous avez brisé cette jeune femme; vous lui avez annoncé trop brusquement cette nouvelle.

Lara qui, de son cheval, avait sauté légèrement sur le perron, s'excusa :

— Vous m'avez troublé! fit-il. Je n'ai plus songé qu'à vous. L'admiration m'a fait perdre la tête.

— Oh! fit-elle en minaudant, vous autres Arabes, vous êtes complimenteurs et... menteurs.

— Et vous, Européennes, vous êtes coquettes, vous dédaignez les guerriers arabes; mais vous vous plaisez à allumer dans leurs cœurs des amours que vous repoussez ensuite.

— Comme vous jugez mal.

— Vous seriez capable d'aimer un indigène?...

En ce moment Paquita, qui, peu à peu, s'était reculée jusqu'au fond du couloir d'entrée, était avec Lara dans une obscurité relative.

Le jeune homme lui avait saisi la main. Très-troublée, elle ne se défendait pas.

Ce beau garçon, par la toute-puissance de sa magnétique influence, paralysait en elle toute velléité de résistance, même simulée. Elle ne répondit pas à sa question.

Le bras caressant de l'adolescent enleva la taille de la jeune femme; et la tête brune de celle-ci tomba sur l'épaule de Lara, qui prit dix baisers.

En ce moment, on appelait Paquita. Elle se dégagea et accourut.

Ritta sortait de son évanouissement, et elle demandait un cheval.

— Tu m'accompagneras, n'est-ce pas? dit-elle à Paquita, qu'elle tutoyait toujours.

— Oui, madame, dit celle-ci.

Elle lança un coup d'œil significatif à Lara, enchanté de sa conquête. Pauvre Jean Casse-Tête !

Le bois de cerf poussait dru sur son crâne, avant peu le chasseur devait être dix-cors.

Ritta, chancelante, monta sur sa jument, et, suivie de Paquita, se laissa guider par les Arabes.

Dix minutes plus tard une troupe paraissait.

— Quels sont ces gens ? fit-elle.

— Des hommes à moi, dit Lara. Ritta eut quelque peur.

— Pourquoi étaient-ils ici ? fit-elle. Pourquoi n'étaient-ils pas venus aux Figuiers ?

Nmer entendit cela. Il s'avança pour répondre.

— Jeune femme, dit-il, tu es prisonnière. Mais sois tranquille... On n'en veut ni à ta vie, ni à ton honneur.

— Et que fera-t-on de moi ?

— On exigera bonne rançon. Ritta soupira presque joyeusement.

Les questions d'argent ne comptaient pas pour elle ; peu lui importait.

Puis, tout à coup, il lui vint un espoir, et elle demanda à Lara :

— Sans doute, ce que vous m'avez dit du marquis d'Obigny est faux ?

— C'était une ruse ! dit Lara.

Ritta éprouva un soulagement immense ; elle passait du désespoir à l'espérance.

Probablement d'Obigny n'était pas mort ; probablement il tuerait son lion.

Ensuite il enverrait l'argent nécessaire pour délivrer sa femme, et tout serait terminé.

Après le coup qu'elle avait reçu, les craintes qu'elle avait conçues, Ritta ne voyait dans cette aventure qu'un mal bien moindre que celui qu'elle avait redouté ; de là une certaine tendance à ne pas s'affecter.

L'on se mit en route.

Nous ne raconterons pas ce qui se passa ; l'esclave soudanienne en a fait le récit à Jean-Casse-Tête, et nous savons à quoi nous en tenir.

Hélas ! Paquita fut indigne.

Sur le point de devenir noble, marquise, elle foula aux pieds l'honneur de ce pauvre Jean, qui se donnait tant de mal pour arriver à être un grand seigneur ; cette épouse sans pudeur oublia ses devoirs avec Lara sous les ombres fraîches des lentisques du Ravin-Rouge.

Du moins, les Arabes qui racontent cette aventure prétendent que ce fut là que le vieux Jean fut outragé, et ils rient fort en passant devant un certain arbre épais, touffu, au pied duquel est une couche épaisse de mousse en forme de tapis, que l'on appelle depuis l'aventure de Paquita :

Le lit de la chrétienne.

Car cette chute fit du bruit.

Les Arabes sont si fiers quand l'un d'eux séduit une Européenne, qu'ils s'en font gloire, en répandent le bruit, et brodent une légende sur le fait.

Ritta était confuse.

Lorsque l'on eut passé la sente où Nmer inventa la ruse des burnous pour dépister les chasseurs, la fuite se ralentit de beaucoup.

A trois lieues du passage on s'arrêta.

Paquita, honteuse, n'osait approcher de son ancienne maîtresse irritée.

On avait mis pied à terre pour faire souffler les chevaux et se débarrasser de tout ce qui était devenu inutile ; en même temps pour se rafraîchir un peu, car le simoun commençait.

Ritta demanda à Nmer :

— Où me conduisez-vous ?

— Dans un bordj (fort), fit celui-ci.

— Eloigné ?

— Nous y serons dans deux heures.

Lara s'approcha :

— Madame, dit-il en français, soyez sans crainte ; nous avons eu soin de vous préparer un appartement convenable, et vous serez bien servie.

— Je vous remercie, dit-elle.

Lara, plus bas :

— Je vous demanderai une grâce ? fit-il.

— Laquelle ?

— De vous montrer moins sévère pour cette malheureuse femme qui est votre amie. Elle se désespère. Vous lui tenez rigueur.

— Monsieur, cette femme n'a jamais été mon amie ; elle était ma servante. Elle s'est mariée, elle n'est plus à moi, je ne suis rien pour elle ; je ne puis que rougir de sa légèreté et de ses inconséquences.

Lara parut désagréablement surpris.

— Quoi ! fit-il, cette fille a été domestique. Moi qui la croyais une dame !

Et tout son amour pour Paquita s'effondra à cette révélation de Ritta.

Ce petit jeune homme était tout ce qu'il y avait de plus aristocratique dans la noblesse arabe, qui est la plus fière du monde entier.

Il croyait avoir conquis une Européenne, une femme de quelque importance.

Du moment où ce n'était qu'une ex-servante, une mercenaire, un être dont on avait salarié les services humiliants, Paquita perdait tout son prix.

Il ne s'occupa plus d'elle.

Il salua Ritta avec un respect affecté, passa près de Paquita en lui lançant un regard méprisant, et s'en fut causer avec ses compagnons.

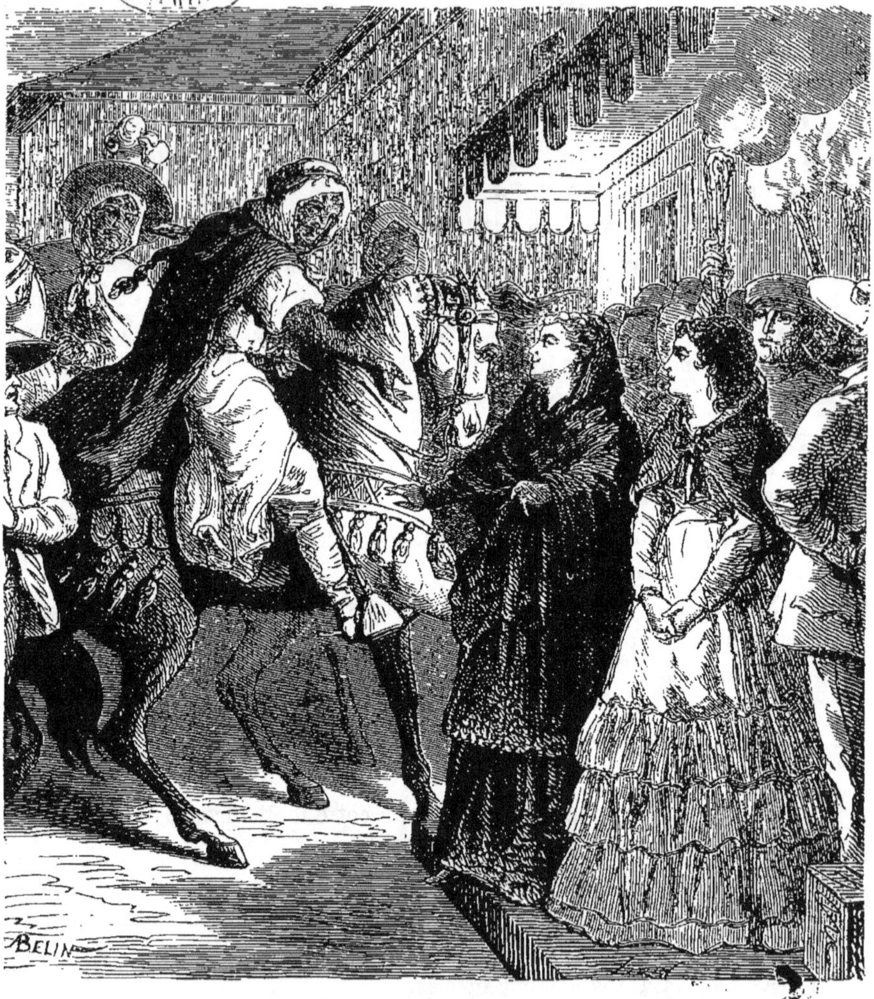

Les femmes accoururent avec des torches. Ritta parut. (Page 125.)

La pauvre Paquita resta seule... Déjà Jean était vengé.

Paquita comprit à peu près ce qui se passait, et en conçut un immense dépit.

Elle se jura de se venger, s'il était possible, de ce petit Lara, qu'elle prit en haine. Elle méditait déjà son plan.

— Plus tard, dit-elle, je dirai à Jean que ce drôle m'a déshonorée par la violence. Jean m'apportera la tête de ce petit monsieur sur une feuille de palmier.

Toujours féroces, les femmes, quand l'on pique leur amour-propre.

L'on se remit en route. Les Arabes étaient joyeux.

Quoique le simoun soufflât, comme ils avaient peu de chemin à faire encore, ils ne s'en préoccupèrent point, et ils marchaient bruyamment, confiants dans leur nombre.

Paquita s'était rapprochée de Ritta. Celle-ci ne la regarda même pas.

Enfin, l'on arriva au bordj. Là, tout était prêt.

La vieille nourrice de Soliman fit, à la tête des esclaves de Soliman, une réception tout orientale à Ritta, s'étonnant qu'elle fût suivie d'une autre femme.

Lara dit à la vieille Nanouss :

— La mère, cette autre Européenne est une domestique ; elle servira la dame que nous t'amenons ; n'oublie pas qu'elle est très-prétentieuse et humilie-la.

Ce petit jeune homme était plein de rancunes ; ses camarades s'étaient moqués de lui.

Le jour était venu. Ritta vit l'intérieur du bordj. Rien d'effrayant.

C'était un vieux fort en pisé, très-pittoresque, très-beau d'aspect.

Les lierres, les lianes, les vignes escaladaient ses vieux murs, tapissaient les lézardes, formaient des guirlandes entrelacées et donnaient joyeuse apparence à toutes choses.

Ritta fut conduite dans son appartement par la vieille Nanouss (on appelait ainsi familièrement la nourrice de Soliman). Elle reçut mille soins.

Paquita, traitée de haut, était exaspérée et crevait de dépit; elle eût beaucoup donné pour tenir à sa discrétion maître Lara.

Mais celui-ci se sauvait d'elle comme un lion d'une carcasse d'âne, quand il a sous la griffe une brebis grasse.

Les Arabes, sous la conduite de Nmer, se formèrent en poste.

Ils s'étaient installés dans une case indigène, et ils faisaient faction à tour de rôle, non pas comme ont coutume de le faire les Français, mais bien comme les indigènes en ont l'habitude.

Le factionnaire, accroupi, son fusil entre les jambes, semble assoupi. Il fume gravement.

La fumée de son chibouque forme quelques légers nuages à peine visibles ; c'est le seul signe que la sentinelle n'est pas endormie. Et la garde est bien faite.

Il semblerait qu'en pareil cas un Arabe ait des yeux derrière le dos.

Il voit tout. Il entend tout. Paquita s'en aperçut.

Elle sortit dans la cour, à la recherche d'une occasion de parler à Lara.

Elle alla, elle vint. Mais comme elle s'approchait de la porte, sans remarquer l'Arabe qui surveillait celle-ci, une voix rude lui cria :

— Rhâo. (Va-t-en.)

Et, comme elle essayait de parlementer, l'Arabe fit un appel.

Deux hommes sortirent. Parmi eux, Lara.

— Petite, dit-il, toute la journée, il est permis de courir par le bordj; mais défense absolue de s'approcher de la porte ou des remparts. Sinon, des coups de bâton.

Et il pirouetta élégamment. Paquita, déconfite, rentra.

La vieille Nanouss la gronda.

— Tu es très-coureuse, fit-elle. Tu devrais être auprès de ta maîtresse.

Paquita, future marquise, demanda furieuse :

— Une maîtresse ! Que dit cette folle ? Ai-je une maîtresse ?

— Et madame Ritta ? N'es-tu pas sa servante ?

— Je suis son égale ! dit fièrement Paquita ; sachez à qui vous parlez !

La vieille femme n'était pas endurante.

— Petite canaille bavarde, dit-elle, prends garde à ta langue et à tes yeux. Tu parles insolemment. Tu regardes avec audace. Je n'aime pas cela chez les esclaves.

— Esclave ! fit Paquita. Je suis femme de noble.

La vieille nourrice se prit à rire.

— Belle guenon ! fit-elle. Si tu étais une vraie djouad, fille d'un homme de quelque valeur, tu n'aurais pas été courir les toiles avec Lara, que tu connaissais à peine.

Sur cette offense, Paquita pâlit. Elle avait le sang vif.

D'une maîtresse main, elle appliqua un soufflet à la vieille Nanouss.

Celle-ci, les griffes levées, sauta comme une panthère sur Paquita, et il y eut bataille acharnée ; les poignées de cheveux volaient sous la main de ces deux furies, et elles s'égratignaient à qui mieux mieux, quand les femmes accoururent.

On s'empara de Paquita.

Nanouss, l'écume aux lèvres, l'œil sanglant, ordonna d'attacher la petite Espagnole sur un vieux sofa et de la déshabiller ; puis, armée d'une verge, qui aurait pu passer pour un bâton, elle la fouetta avec vigueur.

Paquita poussa des cris perçants. La vieille redoubla.

Heureusement, Ritta, qui avait consenti à s'étendre sur des coussins pour dormir, se leva, accourut, et à sa vue la vieille se calma un peu.

Celle-ci se regardait comme la gardienne, mais aussi comme la servante de la prisonnière ; elle la considérait comme étant déjà la favorite, la femme bien-aimée de Soliman.

Ritta, très-pâle, tremblait de tous ses membres ; elle ne se rendait pas compte de sa position, et ne savait pas que, d'un mot, elle pouvait faire obéir tout le monde, sauf en ce qui regardait sa liberté.

Nanouss sentit que la jeune femme était indignée de ce châtiment cruel. Paquita suppliait.

— Madame, conjurait-elle, en grâce, tirez-moi des mains de cette hyène. Vous le pouvez. C'est à cause de vous que je suis battue.

Ritta pria la négresse.

— Je vous en conjure ! fit-elle ; ne maltraitez pas cette malheureuse fille.

Nanouss dit aux esclaves :

— Déliez-la.

Puis, comme elle avait senti un ton de prière dans la voix de Ritta, elle lui dit en s'inclinant humblement devant elle :

— C'est toi qui commandes. Je sais obéir.

« Je n'ai battu cette drôlesse que parce qu'elle refusait de te servir.

Ritta était fort étonnée. Pourquoi cette autorité ? Pourquoi ce profond respect ?

— Cette femme, dit-elle, a été ma domestique ; elle ne l'est plus.

— Qu'importe ? fit Nanouss. Il suffit qu'elle soit ici pour redevenir ton esclave.

— Son mari payera aussi cher de rançon pour elle que le mien pour moi.

— Quelle rançon ? Crois-tu que Soliman veut te rendre, même au prix du plus riche trésor ? On t'a donc abusée !

— On m'avait juré que pour de l'argent, je recouvrerais ma liberté.

Nanouss se prit à rire.

— Encore un tour de Nmer ! fit-elle. Quel rusé coquin. C'était pour t'endormir.

— Ainsi, je suis captive pour toujours ?

Nanouss qui n'avait pas eu le temps de causer avec la marquise, vit qu'elle ne savait rien ; la vieille congédia tout le monde, sauf Paquita.

Quand elles furent toutes les trois, Nanouss commença par liquider le compte de madame Jean Casse-Tête ; cette femme arabe était méthodique et logique.

— D'abord, fit-elle, avant de nous expliquer, dis-moi ce que tu veux que soit cette pie-grièche ; l'admets-tu comme une compagne à toi ?

Ce mot : compagne, révoltait Ritta.

— Elle fut ma servante ! fit-elle.

« Plus tard, j'en fis presque une amie. La vanité la perd. Je n'ai plus confiance en elle.

Paquita se jeta aux pieds de Ritta, jurant qu'elle aurait une conduite exemplaire, suppliant son ancienne maîtresse d'avoir pitié d'elle.

Ritta céda.

— Eh bien ! fit-elle, soit. Tu seras ma suivante. Puisque cette négresse prétend que j'ai pouvoir ici, je demande que l'on ait pour toi des égards ; j'en serai très-reconnaissante.

Nanouss fut émue. Elle baisa la main de la jeune femme.

— Aoh ! fit-elle. Voilà parler. Tu es noble de naissance. Tu as de l'âme. A cause de toi, je respecterai cette... domes... Doit-elle demeurer ?... J'ai à te parler de mon maître.

Ritta redoutait ce qu'elle avait à entendre ; elle se souvenait de Saïda et des dangers auxquels elle avait échappé si péniblement ; elle fit signe à Paquita de rester ; mais elle était si émue qu'elle ne put parler, et qu'elle dût s'asseoir sur le sofa.

La négresse lui offrit un de ces sorbets que les Arabes excellent à préparer.

Elle fit si bien, que la jeune femme se remit un peu de son trouble.

— Va! dit-elle. Parle, Nanouss. Aussi bien, je vois que je suis destinée à mourir de ma main même pour échapper au sort qui m'attend et que je prévois.

— Maîtresse, dit Nanouss, calme-toi. Tu es, il est vrai, au pouvoir de Soliman, comme tu fus autrefois aux mains de Saïda ; mais les deux hommes sont différents l'un de l'autre.

« Saïda était un Beni-Snassenn grossier. Soliman est un Arabe bien élevé.

« Saïda était un chef, mais d'une autorité bornée ; celui que j'ai nourri de mon lait aura un grand royaume et une fortune incalculable. Il veut ton amour. Il veut le gagner. Il veut faire de si grandes, de si belles choses, que tu l'aimes sans contrainte. »

La marquise doutait. Paquita intervint.

— Madame, dit-elle, Lara, que j'ai questionné, m'a parlé de même. Soliman vous respectera.

L'espoir renaissait pour Ritta.

— Je te supplie, dit la négresse, de faire bon accueil à mon enfant chéri.

« Tu verras quel beau lion il fait ; comme il est fort et bon.

« Il serait mal à toi d'être dure pour lui ; il ne le mérite pas. Il saura si bien attendre. »

Et la vieille continua de plaider éloquemment la cause de Soliman.

Ritta se dit que, peut-être, le salut viendrait, si elle avait du temps devant elle.

Elle avait ouï-dire que quand les Arabes se mettent en frais de délicatesse, ils poussent les scrupules fort loin et se montrent chevaleresques, comme les Sarrasins d'Espagne, leurs ancêtres. Elle résolut de ruser.

— Nanouss, dit-elle, nul n'est maître de soi, de son cœur, de ses sentiments.

« Mais la douceur est un bon moyen de plaire à une Européenne.

Pauvre Ritta. Elle avait honte de ce mot menteur, qui laissait entrevoir une possibilité sacrilége ; mais pour se sauver du bordj, elle eût commis toutes les hypocrisies sans hésiter. Elle demanda :

— Ton maître est-il ici?

— Non! dit Nanouss.

« Nous ignorons où il est.

« Nous ne savons ce qu'il fait.

— En sorte que tu ne peux me dire quand je le verrai?

— Bientôt sans doute.

Ritta frissonna. Elle en savait assez.

— J'ai sommeil, dit-elle. Paquita, conduis-moi à ma chambre.

Elle tendit sa main à la vieille, qui baisa les doigts de sa maîtresse avec tendresse ; Ritta avait le don de se faire adorer.

Les deux jeunes femmes se retirèrent dans leurs chambres, que la marquise demanda contiguës, ce qui fut accordé sans observation.

Là, Ritta se prit à pleurer. Paquita la consola.

— Madame, dit-elle, j'ai espoir, moi, nos maris nous aiment tant.

« Jean fera tout pour nous délivrer. Vous ne doutez pas de M. d'Obigny ?

— Puisque tu as foi dans ton mari, fit la marquise, pourquoi l'avoir trompé ?

Paquita eut une excuse adorable.

— Madame, dit-elle, convaincue et sincère, c'est plus fort que moi ; quand je vois un joli garçon, comme Paul ou Lara, me faire la cour, la tête m'en tourne, et je ne peux pas me défendre. Le bon Dieu seul est coupable de m'avoir faite de la sorte.

Que répondre à cela ? Rien. C'est ce que fit Ritta.

Elle était épuisée de fatigue ; elle s'endormit bientôt et rêva délivrance.

XXIX

Le prisonnier.

Depuis que Soliman avait vu Ritta, il était sous le poids d'un ardent désir.

Nous autres gens d'Europe, triturés dès l'enfance par les questions d'intérêt, ou préoccupés sans cesse d'études que l'on nous fait faire en serre chaude, à la vapeur, ou distraits par des plaisirs violents et faciles auxquels nous nous adonnons dès l'adolescence, pris bientôt dans l'engrenage de quelque grande machine industrielle, nous ne savons plus aimer.

Héloïse et Abeilard nous semblent ridicules, Roland furieux et Angélique nous paraissent fous et impossibles, Pétrarque et Laure nous semblent prétentieux.

Nous appelons la puissante, la vraie passion, le grand tra la la de l'amour.

Nous ne sommes plus chevaliers à mourir pour notre belle, comme jadis. Une femme, c'est une affaire.

— Je suis bien marié. Bonne affaire.

— Je suis mal marié. Mauvaise affaire.

— Je me suis séparé. Bonne affaire ! Tout est affaire.

Nous ne savons trop comment le lecteur prendra les chapitres qui vont suivre.

Lorsque nous nous sommes décidé à écrire ce drame, ce qui nous a surtout frappé, c'est d'abord l'étrange fascination que Ritta exerçait sur les indigènes, fascination telle, que tous ceux qui la voyaient allaient en redire merveille sous les tentes.

Mais ce qui nous a particulièrement paru extraordinaire, c'est l'admirable peinture que font les chansons arabes composées sur ce sujet, de l'amour éprouvé par Soliman pour cette jeune femme.

Nous allons essayer de peindre les phases par lesquelles cette passion se développa, jusqu'à son dénouement terrible et sanglant.

Que, si l'on trouvait notre étude exagérée, nous répondrions qu'il n'appartient pas à nos cœurs blasés d'éprouver ces sentiments.

Il s'agit d'un homme qui vécut, seul, dans un silo, avec sa pensée, près d'un immense trésor, et dont l'imagination avait été démesurément développée par l'isolement qu'il avait subi.

Il s'agit d'un Arabe au cœur chaud, à la tête volcanique, aux sens subtils.

Il y avait dans Soliman quelque chose de l'illuminé d'Orient, presque fou, souvent égaré, mais sublime à ses heures.

Depuis son engagement dans la troupe des djouads de Mécaoud, Soliman, après sa visite à Ousda, n'avait plus qu'à attendre.

Attendre que la révolte éclatât.

Attendre que la troupe s'assemblât.

Et, en attendant, il caressait ses rêves.

Mais lui qui s'était cru fort, qui s'était jugé ambitieux avant tout, qui avait déclaré qu'un homme fort ne se laissait pas détourner de son but par une femme, lui qui avait juré de ne pas voir Ritta avant la conquête du trésor, voilà qu'il était épris au point d'oublier tout pour elle.

Il s'était choisi un compagnon.

C'était un jeune homme, un adolescent, qui remplissait près de lui ces fonctions de kodja (secrétaire et écuyer), qui font que l'on est lié à la vie du grand seigneur auquel on s'attache, et que l'on devient le confident de toutes ses pensées.

Le kodja se nommait Oualleh.

Discret, dévoué, intelligent, plein d'espoir d'une grande fortune, il était l'ombre de son maître, que, du reste, il admirait.

Soliman avait une certaine grandeur d'âme, des élans, une intelligence hors ligne et une grâce qui exerçait une attraction irrésistible.

Or, un jour que Oualleh et lui erraient par les tribus pour préparer le mouvement de révolte, il arriva que Soliman reçut un courrier.

Envoyé à sa recherche par Nmer, qui avait les renseignements sur l'itinéraire suivi par son maître, un Arabe remit une lettre au jeune homme, qui était sur le point d'atteindre un douar.

Il lut. C'était la nouvelle de l'enlèvement de Ritta.

Soliman se sentit envahi par une joie telle qu'il faillit tomber de cheval.

La selle arabe et les étriers plats lui permirent de se soutenir.

Pour un homme qui voulait conquérir un empire, c'était une faiblesse.

Dissimuler et se dominer, est le fond de la politique, en Orient surtout.

Soliman rougit, vis-à-vis de lui-même, de cette défaillance, et dit au courrier :

— Retourne. Je remercie Nmer. Je continue mes voyages.

« Que la chrétienne soit bien traitée. Qu'on se souvienne qu'elle sera sultane. »

Le courrier s'inclina et partit.

Quand il fut éloigné, Soliman éprouva le besoin de le rappeler. Il eût voulu le questionner.

Que faisait la marquise? Que disait-elle? Comment l'avait-on enlevée?

Au fond, il voulait s'occuper de la femme aimée et caresser sa passion.

Il se retourna. Le courrier était loin. Soliman poussa un soupir.

— Tant mieux! fit-il. Le rappeler, c'était déjà faire une concession à mon serment d'honneur.

« Je ne dois pas m'occuper d'elle plus que si elle n'existait pas. Oualleh, ne m'en parle jamais.

— Bien, maître.

On entra dans le village. C'était le centre d'une importante tribu; il y avait un marché. Soliman se présenta.

On commençait à le connaître comme un agitateur, non comme frère du caïd d'Ousda. Ce qu'il prêchait surtout, c'était la guerre contre les Français.

Il apparut, riche, éblouissant, sur son coursier de race, et jeta à la foule les mots consacrés pour l'appeler autour de lui :

— Aie el salut (Venez au salut).

On s'empressa autour de lui.

Orateur habile et enthousiaste, il développa sa thèse ordinaire.

Il montra qu'aux soldats français, il fallait opposer des soldats disciplinés à l'européenne, avec des canons et des armes perfectionnées.

Il prouva la possibilité, en fomentant la révolte partout à la fois, de disséminer les forces françaises et de porter ensuite sur un point déterminé des coups terribles avec une force bien organisée.

Il était alors dans tout le feu de son improvisation, et on l'aurait cru loin de ess amours, emporté par l'ardeur de la conquête.

Mais tout à coup, au milieu des grandes perspectives qu'il faisait dérouler devant les yeux des Arabes, haletants sous sa parole, une radieuse figure surgit, qui l'emporta dans un autre ordre d'idées.

Il apercevait Ritta, agitant devant lui les plis de sa jupe andalouse, lui souriant et le conviant aux fêtes du cœur.

Alors il fit une brusque interruption; on eût dit qu'un souffle nouveau l'animait, et qu'il en subissait rudement le choc irrésistible.

Ces coups sont familiers aux orateurs arabes, qui sont les plus nerveux du monde.

Lorsque l'un d'eux reçoit cette brusque atteinte qui suspend son discours, on s'attend à quelque chose d'extraordinaire, à quelque bond prodigieux de son esprit.

Il en advint ainsi de Soliman.

Il se prit à dire tout à coup :

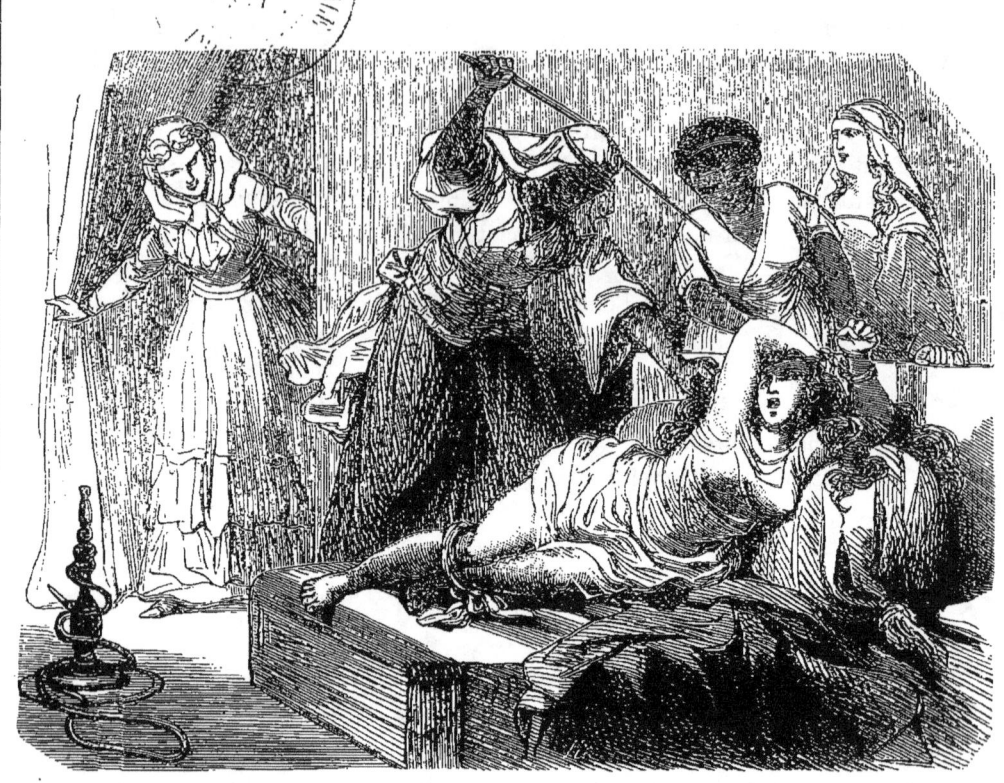

Paquita poussa des cris perçants. La vieille redoubla. (Page 131.)

— Le but !
« Où est le but de la révolte ?
« Où est la récompense ?
« C'est la femme. La femme d'Europe.
« C'est cette créature bénie, enchanteresse, qui est le génie divin de la volupté et de l'amour, qui a une âme qui vibre sous la main de l'homme comme une lyre, qui est passionnée de la tête et du cœur en même temps que des sens, qui a toutes les beautés, et de plus la grâce ; qui est l'incarnation du bonheur, l'inestimable perle de la création, c'est cette femme que chacun de nous doit conquérir. »

Et il se prit à peindre la femme telle que nous l'avons faite, avec une magie de style, une élévation de langage qui tinrent la foule suspendue à ses lèvres.

Ce qu'il fit flotter de robes, ce qu'il montra de gorges blanches et de regards tendres à ces Arabes, ce qu'il leur dépeignit de lèvres roses et de hanches provocantes, ce qu'enfin il leur versa d'amour dans l'âme, produisit un effet électrique tel, que cette masse s'agita comme en démence, hurlant la guerre pour conquérir des femmes.

Il y eut des scènes de désordre inouïes, et toute la contrée retentit de l'écho de ce discours, le plus étrange qu'eût jamais prononcé un Arabe.

Il attaquait cependant dans l'âme des indigènes la corde sensible par excellence.

La femme, le harem est le fond de la vie orientale et le but de tout effort.

Richesse se traduit par un harem bien fourni de beautés diverses.

Combattre, c'est faire razzias des troupeaux pour acheter des esclaves.

Aussi le retentissement qu'obtint la parole de Soliman n'a-t-il rien d'étonnant.

En sortant de ce marché, où il avait donné un libre cours à son exaltation, Soliman s'éloigna comme un fou, poussant son cheval à toute bride.

Il fut suivi très-difficilement par Ouallah, son kodja, qui n'était pas accoutumé à voir son maître aussi excentrique ; nous nous servons de ce mot à dessein.

Exalté, Soliman s'était toujours montré tel ; mais il avait la logique de l'exaltation.

En ce moment, il commettait un acte qui sortait du cadre ordinaire de la vie arabe.

Il courait, ensanglantant le ventre de son coursier et poussant des cris farouches.

Son buveur d'air, quoique coursier de haute race, finit par se lasser.

Ouallah parvint à rattraper son maître, car il avait ménagé sa monture avec art.

Il trouva Soliman descendu de selle et assis au pied d'un arbre.

Le jeune homme était sombre, et laissait errer sur la campagne un regard éperdu.

Ouallah se souvint qu'étant captif, Soliman avait passé pour fou.

Il pensa : Peut-être l'est-il encore !

Et il demeura immobile, attendant que cet accès de noire mélancolie fût passé. Mais les minutes s'écoulaient.

Toujours perdu dans sa préoccupation muette, Soliman rêvait des pensées noires.

— Maître, demanda enfin le kodja, que t'est-il advenu, je te prie ? Ton serviteur est navré.

Soliman sembla s'arracher à ses rêves par un effort violent, et dit :

— L'homme est un roseau sans forces. J'ai juré à mes compagnons, je me suis juré à moi-même de ne pas voir Ritta avant que mes desseins d'ambition aient réussi. Je sens que je faiblis, cette femme m'attire.

« Il me semble que de mon bordj, où elle est, l'air m'apporte le souffle embrasé de son haleine, qui me calcine jusqu'aux moelles.

« Si je pouvais la voir seulement l'espace d'une minute, effleurer de mes lèvres les tresses blondes de sa chevelure d'or ;

« Si j'entendais de ses lèvres tomber un seul mot d'espoir !

« Je serais calme. »

Ouallah baissait la tête.

— Maître, fit-il, garde à toi. Allah t'envoie la tentation.

« Comme Aïssa (Jésus), tu es sur la montagne, et le démon te tente. Mahomet t'abandonnera. »

Soliman haussa les épaules.

— Mahomet, Allah, Aïssa, fit-il, que m'importent tous ces noms qui sonnent vide ? J'ai lu les livres secrets.

« Il n'y a qu'un Dieu : le Destin !

« Il n'y a qu'un devoir : être heureux !

« Seulement, vois-tu, mon serment me pèse parce que je suis orgueilleux de ma volonté, qui fut énergique et immuable jusqu'à cette heure fatale.

« Cette femme me brise. Je suis sans force. Je voudrais lutter pour conserver le droit de m'estimer moi-même. » Et avec découragement :

— C'est impossible !

Les incrédules sont rares parmi les Arabes ; mais il est cependant parmi eux toute une classe de sceptiques : ce sont les affiliés d'une société secrète qui a conservé les traditions cabalistiques et le seul culte de la fatalité.

Soliman était de ces sectaires. Son kodja demeurait épouvanté.

— Pas de Dieu ! murmurait-il. Pas de religion ! Maître, tu vas être frappé.

Soliman leva vers le ciel un front superbe de défi, et dit en souriant :

— O mystérieux Destin, si tu n'étais pas aveugle et sourd aux appels des hommes, si tes lois éternelles n'étaient pas l'essence même des choses, si tu n'étais qu'un grand être immense, puissant et créateur, comme tu rirais quand, par hasard, un fétu humain, une poussière animée comme mon kodja attirerait ton attention pour une seconde, et que tu entendrais cet avorton émettre la prétention qu'on t'offense en se parjurant, parce que l'on cède à l'irrésistible torrent de la passion !

Puis, sautant à cheval :

— Ami, dit-il à son serviteur, bannis toute crainte et suis-moi. Mon seul châtiment est en moi.

« Ma fierté me punira de ma lâcheté. Ce sera mon tourment.

« Mais je renonce à l'ambition pour l'amour. »

Il éperonna sa monture.

Dès cette minute, la mort de Ritta n'était plus qu'une question d'heure, car de survivre à un outrage, elle était incapable, et la violence était le terme rapproché de cette passion fatale qui dominait Soliman.

XXX

La guérite.

La journée s'était passée au bordj sans incident, depuis la correction infligée à Paquita.

Celle-ci s'était ingéniée à plaire à la vieille Nanouss, et elle était presque parvenue à lui faire oublier de récents et graves griefs.

Nanouss, du reste, répétait sans cesse à Paquita, qui protestait du rang élevé qu'elle occupait dans le monde et de la noblesse de son époux :

— Petite, je veux te croire. Mais une jument de race fuit le cheval grossier du bédouin, et ne répond qu'au hennissement d'appel d'un cheval de race, honneur des haras.

« D'où vient que tu es sans vergogne ? Non, tu n'es pas noble. »

Et la vieille continuait une série de comparaisons que nous nous abstiendrons de reproduire ; elle ne sortait point de là.

Toutes deux discouraient sur une terrasse, quand, tout à coup, un galop retentit ; on entendit la sentinelle appeler le poste qui prit les armes.

Mais bientôt le cavalier qui arrivait cria son nom, et les gardes rentrèrent.

Ouallah parut. Il remit un mot à Nanouss.

Celle-ci lut péniblement, puis elle dit à Paquita, curieuse comme toute femme :

— Petite, rentre. Oh ! la belle capture !

« Prie la dame de ne point sortir. Je viens de recevoir un ordre. »

Paquita obéit. Elle savait ce qu'il en coûtait de résister à la vieille nourrice.

Elle vint prévenir Ritta.

— Madame, lui dit-elle, du nouveau. La duègne a reçu un message.

« C'est de son maître. Il a fait une prise. Je ne sais laquelle. il va venir. »

Ritta devint fort pâle.

— La lutte va commencer ! dit-elle. Ma vie et mon honneur sont en jeu.

Puis, avec un vague espoir :

— Qui t'a dit que cet homme venait ? Est-ce Nanouss elle-même ?

— Madame, elle avait l'air trop joyeux pour que ce ne fût pas l'arrivée prochaine de son fils adoptif qui lui donna le tremblement d'émotion qu'elle éprouvait.

En ce moment Nanouss vint.

Elle vit l'effet que Paquita avait produit, et elle devina tout.

— Tiens ! fit-elle, fuis, vipère. Tu ne fais que du mal.

« Voilà que tu as commenté la lettre que j'ai reçue, et que tu as tourmenté ma maîtresse. »

Paquita baissa la tête.

— Mais sauve-toi donc ! dit la vieille.

Ritta s'interposa :

— Laissez-la moi ! fit-elle.

« Je vous assure, Nanouss, que cette pauvre Paquita ne m'a pas dit quoi que ce soit de désagréable contre vous. »

Nanouss s'apaisa ; mais à la façon d'un chien grondeur qui grogne même après que le visiteur lui a été imposé par la voix du maître. Elle dit à Ritta :

— Ce bordj est une place de guerre. Promets-moi, maîtresse, de ne pas chercher à savoir ce qui va advenir d'ici à une heure et je ne te surveillerai pas, confiante en toi.

— Est-ce que l'on va se battre? fit Ritta.

— Non pas! dit Nanouss. Il n'y a aucun péril prochain.

« Mais il est des choses que tu ne dois pas voir ; veux-tu promettre ?

— Soit. Je ne regarderai pas dehors.

— Maîtresse, tu es un ange de bonté. Merci. Je tâcherai de te revaloir cela.

Paquita était fort intriguée par ce qui allait advenir : elle voulait percer le mystère et, au besoin, pour cela, elle se fût exposée aux plus grands dangers.

Elle n'avait rien juré.

Du reste, eût-elle promis qu'elle n'aurait rien tenu ; elle s'était solennellement engagée à ne jamais tromper Jean Casse-Tête, et pourtant...

On sait comment les femmes tiennent leurs serments, quels qu'ils soient.

Aussitôt que la Nanouss se fût éloignée, Paquita dit à la marquise :

— C'est fort heureux, madame, que cette vieille ne vous ait pas fait jurer de me retenir près de vous ; il eût fallu rester ici.

— Tu comptes donc monter sur la terrasse ?

— Oui, madame.

— Comment, tu oserais...

— Je me ferais rouer de coups pour deviner ce que l'on veut me cacher.

— Mais, malheureuse enfant, prends-y garde, qui sait ce qui t'arrivera ?

— Des coups de verges. Mais vous interviendrez.

— Et si l'on ne m'écoute pas ?

— Eh bien ! je serai battue.

Et Paquita, héroïquement, sortit.

La marquise était trop femme pour ne pas mourir d'envie de savoir, elle aussi, quelle prise avait été faite par les Arabes.

Elle n'insista pas pour empêcher Paquita de s'exposer.

A vrai dire, n'eût été sa dignité, sa promesse, la bizarrerie de sa situation, elle eût risqué beaucoup aussi pour deviner ce mystère.

Paquita se glissa comme une couleuvre dans les couloirs en cherchant deux choses :

D'abord un coin obscur. Ensuite une fenêtre.

Elle voulait tout entendre, tout observer sans qu'on la découvrît.

Nanouss, trop confiante, avait cru naïvement que la marquise jurait pour deux.

Paquita trouva son affaire. Elle entrevit sur le rempart en pisé une espèce de guérite abandonnée.

C'était comme une niche de pierre dans laquelle s'abritait la sentinelle ; mais, pour y arriver, il fallait descendre dans la cour, remonter sur la muraille et se blottir dans la guérite. Tout cela était assez difficile.

Paquita avait expérimenté que les Arabes font bonne garde.

Cependant, la fine mouche remarqua que le poste était préoccupé.

Tout le monde, sorti dehors, courait à la porte du bordj et regardait dans la plaine avec une très-vive animation.

Paquita espéra que l'attention de tous serait distraite.

En conséquence, se coulant presque contre le sol, elle ne fit qu'un bond de la porte du pavillon d'habitation à la guérite.

Le factionnaire, un vieillard, compère de Nmer, laid comme lui, édenté, couturé de cicatrices, eut un mouvement imperceptible que la jeune femme remarqua, car elle se mit à trembler d'être découverte.

Mais le vieux guerrier ne bougea pas de sa place et ne dit mot à personne.

Seulement Paquita remarqua qu'il glissait vers la guérite des regards furtifs.

Néanmoins, piquée du démon de la curiosité, elle regarda, par les meurtrières de son observatoire ; elle reconnut que, ce qui attirait l'attention des Arabes, c'était un groupe de cavaliers escortant un homme à pied qu'on frappait souvent.

— Quelles brutes ! pensa Paquita. Ils frappent comme des brutes.

Et elle se tâtait les hanches, que la vieille Nanouss avait mises en bel état.

Le groupe se rapprochait.

A mesure que la distance devenait plus courte, Paquita voyait d'abord que le prisonnier avait un burnous sur le corps, et qu'il avait les mains garottées ; les pieds seuls étaient libres.

De plus près elle reconnut que le capuchon était rabattu sur la tête.

Impossible de savoir si cet homme était un Français ou un indigène.

Pourtant Paquita releva un indice : elle vit des chaussures françaises aux pieds de ce malheureux ; il est vrai que ce n'était pas une preuve certaine de son origine, car les indigènes se chaussent à l'européenne quand ils trouvent des souliers à bon compte soit près des colons, soit près de nos soldats.

L'homme était bâillonné sans doute ; il ne criait pas sous le bâton. Cependant on le criblait de coups.

Il est vrai qu'il était rétif comme un âne, et qu'à chaque pas il refusait d'avancer.

Deux cavaliers tenaient chacun un des bouts de la corde par laquelle on l'avait garrotté ; il ne pouvait fuir ni courir.

Les guerriers étaient au nombre de sept ; mais deux d'entre eux se tenaient en arrière.

C'étaient Soliman et Ouallah.

Paquita devina le maître du bordj aux honneurs qu'on lui rendit.

Chaque Arabe vint baiser le pan de son burnous avec respect.

Paquita ne distingua bien la figure du jeune homme que quand il eut dépassé la porte du bordj ; elle se prit alors à l'admirer.

— Oh ! sainte mère de Dieu, fit-elle, que voilà un beau garçon !

« Quelle mine ! Quelle tête de prince ! Lara n'est rien près de lui. »

Puis, soupirant :

— Ah ! si j'étais marquise d'Obigny et que ce grand seigneur eût un faible pour moi, comme je serais heureuse d'être enlevée par lui !

« Décidément je n'ai pas de chance. Pourquoi elle et non moi ? »

Toute son attention se concentra sur Soliman, qui, réellement, était un type magnifique de la beauté arabe ; elle le dévorait des yeux.

Pendant que le jeune homme se laissait embrasser par sa nourrice, on s'occupait du prisonnier.

Un silo fut ouvert.

On souleva ce pauvre diable, malgré sa résistance, et on le descendit dans le puits, où il fut abandonné à son malheureux sort.

Toutefois, Paquita entendant des rugissements très-assourdis par la distance et peu distincts, elle en conclut que l'homme avait été débâillonné et probablement dégarrotté par ceux qui l'avaient jeté dans le silo.

Soliman était rentré.

Le poste s'était abrité dans la cabane qui servait de corps de garde. Le calme était revenu.

Paquita se dit :

— Vite ! Tâchons de rentrer. Si je pouvais me faire voir !

« Peut-être lui plairais-je ?

« Dieu que certaines femmes ont de chance, et qu'elles en profitent mal ! »

Elle jeta sur la sentinelle un coup d'œil, espérant ne pas être observée.

Le vieux guerrier avait fait demi-tour et fixait la guérite avec obstination.

Paquita enragea de ce contre-temps.

— Evidemment, dit-elle, il ne se doute de rien, sans quoi il appellerait.

« Il se tient ainsi par hasard. Est-il laid, ce monstre ! »

En fait, l'homme était affreux, et formait avec Soliman un contraste parfait.

Il ne bronchait pas, marmottant un chant, il se tenait immobile, accroupi ; son œil de chat fixe, dilaté, couvait la guérite comme un serpent couve un nid d'oiseau du regard.

Paquita souffrait de toutes les angoisses de l'incertitude et de l'impatience.

Enfin elle eut un moment d'espoir. L'heure de faction étant terminée, un factionnaire succéda au vieillard.

— Bon ! pensa-t-elle. Celui-là ne se tournera peut-être pas précisément vers la guérite.

En effet, le soldat prit une position opposée à celle de son camarade.

Paquita respira. Mais voilà que le vieux, une fois libre, monta sur le rempart.

Paquita trembla. Il se dirigea vers la guérite.

Paquita frémit. Il s'en approcha. Paquita s'évanouit de peur.

L'homme, du reste, était hideux ; il avait un sourire plein de cruelles convoitises.

Il se tint un instant près de la guérite, psalmodia un air, alluma une cigarette, et se mit à fumer en regardant la campagne.

Paquita, revenue à elle, était comme la souris sous la griffe du chat.

L'autre Arabe, à quelques reprises, observa son compagnon, se demandant peut-être ce qu'il faisait sur le rempart et quelle fantaisie le prenait.

Le vieux roué se doutait de la chose, et ne voulait pas donner l'éveil à son compagnon.

Il demeura un bon quart d'heure assis sur le mur, les jambes pendantes.

La sentinelle finit par ne plus s'occuper du fumeur, et le vieux, qui avait fini sa chibouque, se releva et fit le tour de la guérite, dans laquelle il entra.

Paquita, terrifiée, les mains jointes, se tenait à genoux, suppliante.

Le vieux riait.

— Gazoul gazelle, dit-il. je t'ai vue.

« Tu es ici comme en un piége.

« Il faut te rendre à merci.

— Grâce ! fit-elle.

— Grâce de la vie, oui.

« Grâce des coups, oui.

« Grâce d'un baiser, non ! »

Rêver Soliman et voir se dresser, en réalité, ce vieux coquin, c'était jouer de malheur.

Paquita ferma les yeux.

Malgré elle, son imagination lui retraça, et les coutures de petite vérole, et les trous de balle et les balafres de ce soldat brutal qui empoisonnait le tabac et qui sentait à plein nez cette odeur de bouc particulière aux indigènes de bas étage, peu soucieux des ablutions sérieuses.

Elle eût voulu se défendre.

Elle fit mine de crier.

— Ma jolie tourterelle, dit l'Arabe, pas un appel, ou je te coupe le cou.

« Ordre de tuer celle des deux captives qui voudrait s'approcher du rempart. »

Puis, avec une expression de cynisme inimitable, il reprit en dénouant les cheveux de la belle :

— Par Allah ! nous autres pauvres vieux guerriers nous sommes mal vus des dames.

« On ne nous regarde, dans les escortes, que pour faire des observations désagréables.

« Aussi, tu comprends bien que quand vient l'occasion de croquer une poulette comme toi, les vieux chacals de mon poil ne la manquent pas.

« Si tu es rebelle, tu vas voir comment coupe mon yatagan, ma petite. »

JEAN CASSE-TÊTE 145

C'était un groupe de cavaliers escortant un homme à pied qu'on frappait (Page 142.)

Et il fallut se résigner...
Quand il eut pris le baiser, Paquita crut qu'il allait protéger sa retraite.
— Maintenant, dit-elle en rajustant ses coiffes, vous allez me conduire au pavillon?
L'Arabe se prit à rire.
— Non pas! fit-il. Tu es bien là, restes-y. Vais-je me compromettre pour toi?
Et il s'en alla.
Paquita enrageait.

La sentinelle, qui avait sans doute entendu quelque chose, se tenait en ce moment tournée du côté de la maudite guérite ; elle regardait.

La pauvre Paquita dut attendre longtemps ; elle finit par craindre un second baiser de cette seconde sentinelle : à ce compte, il n'y avait pas de raison pour que cela finît avant la nuit.

Heureusement, le soldat fut distrait par des hurlements partant du silo. Le prisonnier y menait une vie de démon.

Paquita profita d'un instant de répit pour regagner la maison.

Entre temps, Nmer racontait à Soliman comment il avait pu s'emparer de Jean Casse-Tête, et, profitant de l'occasion, il ne manquait pas de rappeler à Soliman ses serments de ne pas parler à la chrétienne, dont il était amoureux fou, ni même de la voir avant d'être maître d'Ousda.

Soliman promit à Nmer toutes les belles choses possibles, afin que le vieil entêté le laissât tranquillement s'occuper de ce qui lui importait plus que la prise d'Ousda, la conquête du cœur ou de la personne aimée.

XXXI

La fantasia.

Après Nmer, il fallait également triompher des appréhensions de la nourrice Nanouss qui lui disait :

— Tu ne pars donc pas ! Tu ne vas donc pas où l'honneur et le devoir t'appellent ?

La nourrice s'attendait à voir le jeune homme s'éloigner ; elle lui dit :

— Tu ne pars donc pas ?

— Non ! dit-il. Il faut que je voie la Française.

— Malheureux enfant ! Tu mentais à Nmer.

— Il le fallait.

« En somme, nourrice, je vais jouer ma vie dans la lutte, tu le sais. Or, si je meurs sans avoir eu l'ineffable joie de posséder cette femme, juge quelle amère agonie sera la mienne, et quels regrets à mes derniers moments ! Qu'au contraire j'aie pu une fois, une seule, être aimé d'elle l'espace d'une nuit, et je ne crains plus rien au monde, pas même le trépas.

Et il fit si bien, il fut si éloquent, que Nanouss céda. Il la convainquit.

— Soit ! dit-elle en soupirant. Mais si elle te repousse ?

Il se prit à sourire.

— On me dit beau et élégant, dit-il. J'ai grande envie de me montrer à elle dans les splendeurs d'une fantasia ; peut-être me trouvera-t-elle mieux que ce d'Obigny, qui n'est, après tout, pas si bien que moi.

— Essaie ! fit Nanouss.

Tous deux avaient une certaine naïveté particulière aux races primitives.

Soliman appela ses esclaves. Il se fit une toilette splendide.

On lui prépara son plus beau cheval de guerre et ses armes les plus riches.

Il fit aussi revêtir à ses guerriers leurs plus somptueux costumes, et trente cavaliers d'élite se tinrent prêts à figurer dans la joute.

La fantasia arabe est un tournoi qui simule les jeux de la guerre.

Elle est dans le tempérament arabe ; on fait fantasia en Algérie à propos de tout.

Ritta ne pouvait pas être surprise à l'annonce d'une fantasia.

La capture du prisonnier justifiait cette fête plus qu'amplement.

— Nanouss, avait dit Soliman, tu t'arrangeras de bonne façon, je pense.

« Si cette femme supposait que je me suis paré et que je donne le carrousel pour la séduire, j'aurais peut-être l'air ridicule. Tâche qu'elle n'ait pas cette idée. »

La vieille était fine.

— Ami, dit-elle, compte sur moi. Et Nanouss s'en fut par les couloirs.

Déjà Paquita se trémoussait pour savoir ce qui allait arriver. Nanouss la rencontra.

— Aoh ! fit-elle. Dehors de ta chambre ! Tu vas être battue. N'avais-je pas commandé de ne point sortir ?

— Puisque c'est fini ! dit Paquita. Le prisonnier est enfermé.

— Qui te l'a dit ?

— Ne crie-t-il pas dans le silo ?

« Il ne faut vraiment pas être très-fine pour deviner que l'on a fait un captif.

— N'importe. Heureusement pour toi c'est fête.

« A cause de la fantasia qui va avoir lieu pour célébrer l'heureuse prise qu'on a faite, je te pardonne ; mais n'y reviens pas.

— On pourra voir ce spectacle ?

— Oui, certes.

— Je cours avertir ma maîtresse.

— Tu pourras monter sur la terrasse. Je vous y rejoindrai.

Paquita s'empressa d'aller avertir la marquise, qui resta froide à cette nouvelle. Peu lui importait ces jeux.

Mais ce n'était pas le compte de Paquita, qui sut trouver le moyen d'y intéresser sa maîtresse.

— Madame, dit-elle, à votre place, je monterais sur la terrasse pour voir ce Soliman.

— Je trouve cela peu digne.

— Madame, vous ne calculez pas que la figure d'un ennemi est bonne à étudier. Vous allez avoir à lutter contre cet homme avec les armes féminines : la ruse, la dissimulation, la coquetterie, il nous faut vaincre.

« Nous étudierons le fort et le faible de cet Arabe dans la fantasia. Il va se laisser emporter, comme tous ses compatriotes, et son caractère apparaîtra.

Et la rouée fit si bien que la marquise accepta, non sans répugnance. Elle monta sur la terrasse; mais elle se voila et sut sauver sa dignité. Elle dit à Nanouss :

— Ma chère Nanouss, vous m'êtes si dévouée que je n'ai pas voulu vous peiner.

« Paquita m'a affirmé que vous désiriez vivement me voir près de vous. Me voici. Mais croyez que je n'assiste qu'à regret à cette fête bruyante que vous donnez.

Nanouss pensa :

— Cette folle de Paquita a du bon. Et elle baisa la main de la marquise avec reconnaissance.

Celle-ci s'assit derrière le mur qui bordait la terrasse, en face d'une meurtrière.

Elle jeta un regard distrait sur la cour, pleine de tumulte et de monde.

Les femmes, les enfants étaient accourus des douars voisins du bordj qui était élevé au milieu des vingt villages soumis à Soliman.

Les guerriers qui ne prenaient pas part au combat se pressaient sur les murailles. On eût dit d'un cirque.

Plus de six mille personnes se pressaient dans cette enceinte.

Ritta ne s'attendait pas à cet aspect imposant, à ce déploiement de forces.

Les Arabes, en marche, ont un cachet tout particulier d'originalité. Leurs longs manteaux, leurs chichias rouges et blanches, leurs poses dramatiques, leurs longs fusils d'argent et leurs yatagans recourbés, font d'eux des foules pittoresques.

Les femmes, avec leurs voiles blancs et leurs haïques flottants, les enfants demi-nus et charmants, les groupes aux allures patriarcales produisent un effet très-poétique.

Ritta ne put retenir un cri de surprise.

— Que de monde! dit-elle.

Et Nanouss, qui l'épiait, lui dit :

— Ce peuple est à Soliman. Il est l'âme de cette tribu.

« Sur un signe, hommes, femmes, enfants, se feraient tuer à son service, car il est bon. Tu vas le voir. »

Ritta détourna la tête pour ne pas paraître désirer connaître le jeune chef. Elle protesta contre ce qu'avait dit Nanouss.

— Ton maître, bon! fit-elle amèrement. Oh! non!

« C'est un homme violent et injuste comme tous les Arabes, ne sachant que punir, piller, tuer, voler.

— Que dis-tu là?

— La vérité.

— Soliman est la générosité même.

« On dit de lui qu'il ne sait rien garder. On l'appelle la Main-Ouverte.

— Mais, chère Nanouss, je suis la preuve vivante que ton maître est un saracq (voleur). Il m'a enlevée à mon mari.

— Par amour.

— Vos Arabes ne savent pas aimer. Ils veulent une femme comme ils convoitent une jument ou des esclaves. Quand on n'aime, on ne torture pas.

Nanouss était fort embarrassée.

Heureusement pour elle, des cris frénétiques saluèrent l'apparition de Soliman. Il sortait du pavillon.

Ritta ne le pouvait voir; mais il y avait tant de fièvre d'enthousiasme parmi la foule, qu'elle se sentit comme imprégnée de fluide magnétique. Elle tressaillait.

La masse du peuple saluait son chef par des acclamations qui montaient chaudes et pleines d'effluves vers le ciel; cet homme était réellement aimé.

Tout à coup il apparut à Ritta. Ce fut comme un éblouissement.

L'or resplendissait en broderies éblouissantes sur le harnachement du coursier que montait le jeune homme; les pierreries ruisselaient sur la selle; il se dégageait comme un flamboiement des armes qu'il portait.

Il était enveloppé d'un burnous blanc qui tombait en plis soyeux, et qui faisait ressortir son admirable tête brune et ses yeux noirs.

Paquita ne put se contenir :

— Par la Vierge, cet homme ferait damner une sainte ! dit-elle en pâlissant.

Et Nanouss, toute fière :

— Que penses-tu, demanda-t-elle à Ritta, de mon seigneur ? N'est-ce pas un diamant parmi la verroterie ? Que sont les autres près de lui ?

Ritta ne dit mot. Elle songeait.

Soliman fut se placer en tête d'un goum de trois cents cavaliers qui étaient la fleur de ses guerriers, puis il éleva la main. On fit un silence solennel. Il adressa à son peuple le poétique salut des chefs arabes, souhaitant à tous le bonheur et la joie, puis il étendit la main sur la foule. Tous les fronts se courbèrent.

Après quoi un vivat arabe éclata, et Ritta vit la foule houleuse se précipiter vers cette idole pour parvenir à toucher ses vêtements, au moins son cheval, dans la naïve croyance que cela devait porter bonheur; c'était une scène touchante.

Mais le jeune homme fit signe que les jeux allaient commencer.

Le torrent humain s'écoula en vagues obéissantes, et les groupes reprirent place sur les remparts du bordj.

La fantasia envahit la cour. Décrire ce jeu est impossible.

Qu'on s'imagine un enchevêtrement incroyable de cavaliers qui simule une mêlée; des chevaux qui se cabrent, hennissent, bondissent, des hommes qui s'enlacent, s'étreignent et se désarçonnent; des cris rauques et des clameurs stridentes; des coups de feu et des éclairs de lames d'acier; des voltes vertigineuses; des fuites et des poursuites échevelées; des fusils qui tournoient dans les airs, des pistolets sillonnant l'espace et recueillis par les mains qui les ont lancés; un tourbillon enfin qui se déchaîne au milieu d'un nuage de poussière et de fumée à demi transparent, et au milieu de ce désordre fougueux, une chaîne dramatique d'incidents qui se déroulent avec un art de mise en scène inouï, donnant l'intérêt de l'unité à tous les détails.

C'est un poëme en action; une épopée vivante qui se développe dans la flamme et le fer sous les yeux du spectateur émerveillé.

Nul ne peut résister à la magie de cette scène, et l'on s'enthousiasme malgré soi.

Aussi lorsque, au tableau final, les cavaliers vinrent rendre l'hommage à Soliman, Ritta fut-elle saisie d'un étrange mouvement; elle se sentit comme poussée, avec le reste de la foule, à se lever.

C'était s'associer à la manifestation générale.

Mais un regard de Soliman, qui la vit debout, vint lui rappeler la situation.

Elle s'assit brusquement.

Le front du jeune homme se rembrunit.

Ritta crut même devoir se retirer. Elle fit un signe à Paquita, et toutes deux quittèrent la terrasse. Nanouss en fut navrée.

— Ma chère enfant, dit Ritta à sa compagne de captivité, j'ai commis une maladresse.

Paquita n'avait rien remarqué.

— Qu'avez-vous fait?

— Je me sentais au milieu de cette fête imposante comme dans une cérémonie. De même que l'on se lève à l'église à certains moments, je me suis levée; mais j'ai compris bien vite que j'avais eu tort. Cela avait l'air d'un hommage à Soliman.

— Ah! madame, vous ne lui auriez rendu que l'honneur qu'il mérite.

— Paquita, tu m'indignes. Tu aimes à tort et à travers.

— Vous en parlez à votre aise.

« Vous avez, madame, le plus beau garçon de l'armée française pour mari...

Nanouss vint interrompre ce dialogue; elle avait prétexte pour entrer.

— Maîtresse, dit-elle à Ritta, je suis venue t'avertir de ne pas t'émouvoir.

Ritta pâlit. Elle crut à la visite immédiate de Soliman. Elle demanda en frémissant:

— Qu'y a-t-il? De quoi suis-je menacée?

— Oh! dit Nanouss, de rien. D'un grand bruit, voilà tout.

« L'on va tirer une salve générale de tous les fusils en l'honneur du maître. »

Et, en effet, la décharge eut lieu, suivie de milliers de cris qui firent trembler le bordj.

— Maintenant, dit Nanouss, c'est fini. La tribu s'en va. T'es-tu amusée?

— Comment peux-tu me demander cela? Je suis en prison.

« Est-il une joie pour un captif?

— Aime Soliman. L'amour rend l'esclavage léger. Ton cœur est-il donc de marbre? Ce beau garçon ne t'a-t-il pas plu?

— Nanouss, je vais te haïr aussi. Sache que rien ne m'est odieux comme de me parler de la passion de ton maître. Sache qu'au premier pas qu'il fera vers moi, je me tuerai sur-le-champ. Sache que jamais je ne serai à lui. »

Puis, à la vieille et à Paquita :

— Laissez-moi! fit-elle. Le chagrin m'étouffe. Je veux être seule.

On la laissa, selon sa volonté.

XXXII

Le prisonnier.

La vieille, seule avec Paquita, l'accabla de caresses félines et d'amitiés.

Elle l'emmena dans une petite salle très-jolie, où une collation était servie.

Paquita eut bientôt le secret de ce revirement de la vieille à son sujet.

Après avoir dégusté des friandises, Nanouss regarda tendrement Paquita et lui dit :

— Petite, tu me parais moins hautaine, moins dédaigneuse que la marquise. Tu es coquette. Tu es infidèle. Mais tu sais apprécier un homme de la valeur de mon seigneur Soliman.

— C'est un admirable cavalier! fit madame Jean Casse-Tête en hochant la tête.

— Je suis sûre que s'il t'aimait...

— Oh! je le lui rendrais!

Et madame Casse-Tête soupira.

La vieille reprit avec finesse :

— Il y a peut-être moyen de te faire regarder d'un œil favorable.

— Tu crois?

— Les hommes se ressemblent tous.

« Fous d'une femme tant qu'ils ne la possèdent pas, ils s'en lassent plus ou moins vite.

« Qui sait! Le jour où Soliman aurait tout obtenu de la marquise, il en viendrait peut-être, probablement même, à te vouloir pour seconde femme. »

Cette perspective enchanta Paquita.

— On nous dit volages, fit-elle. Mais les hommes... ce sont des monstres d'infidélité.

— En France, oui. Mais nos maris ont cela de bon, que, s'ils prennent une seconde, une troisième femme, ils ne délaissent pas la première qu'ils ont aimée.

« Et comme au harem on vit très-heureuse, on a toujours son heure d'amour soit dans la semaine, à tout le moins dans le mois... »

Et la vieille fit une peinture séduisante du sérail à Paquita.

Celle-ci était toute à l'idée qu'un jour elle serait aimée de Soliman, et que, pour cela, il fallait tâcher d'en finir avec la passion de celui-ci pour Ritta.

Elle admettait très-bien la théorie de Nanouss. Elle lui promit de lui aider.

Nanouss, femme de sens et surtout de pratique, ne perdait pas de vue son projet ; elle avait compris que Soliman avait raison.

En amour, il n'y a que le premier pas qui coûte ; entré dans une voie, on la suit ; telle femme qui avait horreur de son futur et ne l'épousait que par obéissance, se transforme au lendemain de son mariage et aime son mari.

Donc, Nanouss se disait que si Soliman réalisait son idée de posséder la marquise, ne fût-ce qu'une fois, on aurait surmonté le grand obstacle et préparé l'avenir.

— Petite, dit-elle à Paquita, il s'agit d'être fine.

« Le maître a une grande entreprise en vue et la néglige. Il ne pense qu'à la marquise. Il m'a juré que si, une fois, il avait eu le bonheur d'être aimé, le calme lui reviendrait ; il se lancerait dans la lutte.

« Une fois... C'est si peu. Ne pourrais-tu représenter cela à la marquise, avec des raisons à l'appui ?

« Je tremble en le disant, mais Soliman a bien des chances d'être tué. Donc, ma belle, si ce malheur arrivait, elle serait libre et reverrait son marquis.

« Qu'est-ce qu'une seule petite infidélité forcée, dis-le-moi ? Rien. Ce n'est pas toi qui trouverais cela grave, ma gentille tourterelle ? »

Paquita resta sérieuse. Elle méditait. Un plan surgissait dans sa tête.

— Nanouss, dit-elle, nous réussirons.

« Je sais un moyen de décider la marquise.

— Ah ! chère créature. Viens que je t'embrasse !

Et Nanouss courut à un coffre, elle en rapporta un superbe collier.

— A toi ! fit-elle. Voilà des perles superbes. Pare-toi.

Puis la poussant par les épaules :

— Vite ! dit-elle. A la besogne, séduis la marquise.

Et Paquita courut, enchantée du don qu'elle avait reçu, enivrée d'espoir.

XXXIII

Le consentement.

Une demi-heure après, la fine mouche revenait, avec un air mi-figue, mi-raisin.

Nanouss était sur les épines.

— Eh ! fit la vieille.

Paquita fit la moue.

— Tu as échoué ?

Soliman à la tête de son goum de cavaliers.

— Oui et non, dit la jeune femme.
— Elle accepte? Parle donc. Ah! corneille, tu sais te taire parfois.
— Elle consent, à de certaines conditions.

Nanouss rayonna. Paquita reprit:
— Conditions très-dures.
— Bast!
— Très-bizarres.
— Qu'importe!
— La marquise a été frappée surtout par cette idée, qui plaît aux femmes, que

personne ne le saurait si Soliman mourait. J'ai exagéré les chances de trépas.

— Tu as bien fait.

— Elle s'est dit : Avec cette faute d'une nuit, elle sauve sa vie et son amour ; car elle aime d'Obigny.

« Je ne te cache pas que ce sera un marbre que Soliman trouvera en elle.

— Il tâchera de l'animer. On raconte qu'un de nos Arabes, ayant trouvé dans les ruines de Carthage une déesse de pierre, en devint éperdument amoureux, et que sa passion fut telle qu'il donna la vie à cette statue. Soliman fera de même. Mais ces conditions... Voyons, que veut-elle ?

— Voici :

« 1° Elle veut ne recevoir Soliman que la nuit prochaine ; c'est un caprice à elle.

— Il attendra.

— 2° Elle exige de lui le secret absolu.

— Il a des raisons pour se taire. Nmer ne doit rien savoir.

— 3° Elle ne veut pas de lumière chez elle, et elle veut le fuir avant le jour.

— Pourquoi ?

— Ceci est difficile à comprendre pour une Arabe ; cependant, je vais te l'expliquer de mon mieux.

« D'abord, elle est mue par un sentiment de pudeur à deviner. Vous autres ne savez pas ce que c'est que la pudeur ; nous, nous sommes très-chastes.

— Oh ! la bonne farce ! Comment, nous allons voilées, et nous avons peur de montrer notre visage, et tu nous trouves peu modestes, alors que vous allez le sein à demi nu, les joues sans voiles ! Petite, tu m'amuses.

— Enfin, la marquise a honte. Et puis, elle ne veut pas qu'une lumière, allumée chez elle, fasse rien soupçonner. Les gens d'ici doivent tout ignorer.

— Ceci plaira à Soliman. Il avait juré de ne pas parler à la prisonnière avant la prise de... mais il...

Paquita demanda :

— La prise de quoi ?

— Ceci ne te regarde pas. Allah ! qu'elle est curieuse ! Et elle reprit :

— Ainsi, c'est entendu ?

— Oui.

— La marquise sera fidèle au rendez-vous ?

— Elle attendra Soliman.

— Et toi ?

— Je me tiendrai enfermée dans ma chambre.

— Tout est bien. Je veux te récompenser.

Et Nanouss recourut au fameux coffre, qui fit à Paquita l'effet d'être inépuisable.

La vieille revint avec un bracelet.
— A toi! fit-elle.
Paquita, ravie, s'en alla en sautillant.

XXXIV

L'amour aveugle.

Un instant après, Soliman était chez sa nourrice, mandé par elle sur-le-champ. Il venait sans espoir.

A la vue de Nanouss radieuse, il sentit la joie monter à ses yeux.

— Tu sembles heureuse, dit-il. Que s'est-il passé?

— Enfant, dit Nanouss, ceci est bien, cela est mal; on n'a jamais tout.

Soliman demanda haletant :

— Consent-elle?

— Avec restrictions. Écoute sans parler:

« C'est une femme qui est délicate, peureuse, pudique, comme dit Paquita. Elle veut la nuit. Elle veut l'ombre. Puis elle exige ton départ avant l'aube.

— Et c'est tout ce qu'elle réclame de moi? qui jetterais à ses pieds mon poignard teint du sang de mon cœur pour être aimé.

— Comme je la comprends! Elle a les scrupules les plus gracieux. Ce qu'elle veut, c'est le mystère. La nuit est un voile.

« Ces Européennes ont d'adorables pudeurs. »

Ce pauvre Soliman était en plein paradis. L'amour est aveugle.

XXXV

Dans le trou.

Cependant, maître Jean était dans son silo, comme une bête fauve en un trou. Il y avait rugi à l'aise.

Jamais lions, hyènes, panthères, loups, tigres en cage ne firent plus de bonds, plus de cris, plus de bacchanal; mais le puits assourdissait le tapage.

Jean se roula sur le sol, gratta la terre avec ses ongles, la mordit. Il écuma. Il fut fou pendant plus de deux heures.

Cependant les forces humaines ont des bornes, et Jean se calma. C'est-à-dire qu'il tomba, abruti, sur une pierre formant siége. C'était le seul meuble du silo.

Il demeura longtemps dans une prostration complète, puis il s'entendit appeler.

Un Arabe lui apportait sa nourriture.

Jean l'accabla d'injures.

— Alouf-el-Raboa (cochon des forêts). Chadi-bel-chadi (singe, fils de singe). Voleur, assassin, juif, etc.

Tout le vocabulaire des injures arabes y passa. Ce fut complet.

L'Arabe attendit furieux, mais patient.

Quand Jean eut fini, il lui dit :

— Je t'apportais ton dîner et j'allais le descendre ; on t'avait servi en homme. Tu aboies comme un chien, mange en chien.

Et l'Arabe lui lança d'en haut le plat de couscoussou sur la tête.

Jean reçut le tout, contenant et contenu, et en fut presque assommé.

Il tomba étourdi, mais cela ne dura pas longtemps ; il reprit ses esprits assez à temps pour entendre les ricanements de l'Arabe qui s'éloignait.

Il lui envoya une bordée de jurons. Mais Jean avait faim.

Le fond du silo n'était pas très-propre ; mais, heureusement, la galette qui sert de pain aux Arabes n'était point salie, et, sauf quelques écornures qu'il jeta et quelques taches de malpropreté qu'il enleva, Jean put manger un peu de cet azyme ou pâte sans levain.

Quand il eut mangé, il songea.

Tout prisonnier ne songe qu'à une chose : s'évader ! C'est l'idée fixe qui vous prend en entrant dans la prison et qui ne vous quitte plus. Jean se disait :

— Ils m'ont pris, ils vont me torturer ; je connais ces gaillards-là : pas de pitié !

« Il faudrait fuir ! Et son œil mesura le silo. Pas d'escalade possible !

Il est vrai que le mur était fait de pierres assez mal liées par de la terre blanche, qui est une espèce de chaux cuite par le soleil.

Jean essaya de gratter ce mortier avec ses ongles, et le trouva friable.

— Si j'avais seulement un couteau ! se dit-il ; je gratterais ce mortier. Mais rien, rien ! Ces chiens m'ont dépouillé de tout. »

Et, en disant cela, il frappa le sol du pied avec rage ; mais il se blessa.

Un fragment du plat en poterie, qui s'était brisé, coupa le soulier de maître Jean, et entama la chair assez vigoureusement pour que le sang coulât.

Et Jean déchira un peu de son mouchoir pour panser son pied et arrêter le sang et tout à coup une réflexion lui vint :

— Ah ça ! se dit-il, est-ce que ce Don-Quichotte dont j'ai lu l'histoire aurait raison quand il dit que d'un malheur un homme sage et avisé peut faire un bonheur ; ce fou-là n'était, ma foi, pas si sot !

« Voilà que ce tesson va me sauver. Il m'a coupé la peau comme un couteau ; il peut remplacer ce couteau que je réclamais tout à l'heure ; essayons voir un peu si je réussirai. »

Et il attaqua le mortier. Le tesson fit merveille.

Jean se mit à fredonner tout bas ; il se sentait pousser des ailes pour voler par-dessus le silo ; mais il résolut d'attendre que la nuit vînt. Elle ne tarda pas.

Il occupa ses loisirs à dresser ses plans, murmurant toujours ses idées à mesure qu'elles lui venaient, et caressant son rêve de liberté.

— Voyons, se dit-il, ce silo a quatre mètres de haut ; ce n'est pas une affaire ; mais Jean n'était pas homme à s'engager, quand il en avait le temps, dans une entreprise difficile sans l'envisager sous toutes ses faces.

— Voyons, se dit-il, sortir, ce sera facile ; le travail demandera deux heures environ.

« Mais que ferai-je ? Si ma femme allait être ici !

« Ma foi, je devrais tâcher de la sauver ; j'y aviserai, et quand je serai au faîte du silo, j'examinerai les lieux, et avant de sortir tout à fait de ce cul-de-basse fosse, je verrai à me décider pour un parti ou l'autre.

« Une arme ! Voilà ce qu'il me faudrait. »

Il examina le plat cassé.

Un tesson lui parut capable de jouer, tant bien que mal, le rôle de poignard.

— Voilà, dit-il, un morceau de pot triangulaire que je pourrais arranger de façon à m'en faire un couteau assez solide en m'y prenant bien.

De ce qui lui restait de son mouchoir, il enveloppa le plus gros bout de l'éclat, et il assura sa main sur ce manche improvisé.

— Ça va ! fit-il. A la pointe, maintenant.

Et il aiguisa cette pointe sur une pierre, si bien que se piquant la peau avec, il fut fort stupéfait et que sa figure s'illumina.

— Avec cela, pensa-t-il, si je parviens à surprendre une sentinelle, en l'abordant par derrière, je suis sûr de l'envoyer voir dans l'autre monde si j'y suis ; je lui planterai cela dans l'attache du cou et de l'épaule.

Jean savait par expérience que l'on tue très-prestement un homme sans qu'il ait le temps de dire : Ouf ! en l'attaquant là.

Jean, ayant pris toutes ses précautions, vit venir la nuit et se prépara.

Le vieux chasseur se mit à l'ouvrage, et la besogne marcha vite sous sa main preste. Deux ou trois fois plusieurs pierres se détachèrent à la fois. Il prévit la chute, évita le choc et attendit, craignant que le bruit n'attirât du monde ; mais il n'en fut rien, heureusement. Les Arabes ne s'imaginaient pas qu'un prisonnier pouvait démolir le mur.

Le franchir sans échelle était impossible ; les gardes ne se préoccupaient pas de Jean et pensaient bien plus aux deux prisonnières.

Mais il faut dire que la surveillance sur celles-ci était moins vigilante.

On avait vu Ritta sur la terrasse, on l'avait aussi vue se lever comme pour saluer Soliman ; le bruit avait couru qu'elle était gagnée au jeune chef, et qu'elle consentait à l'épouser de plein gré.

C'était pour Jean, autant de circonstances favorables pour le succès.

Il avait très-intelligemment entassé les pierres pour l'escalade ; il se mit nu comme un ver, prit son poignard de poterie et monta au sommet du silo.

Il ne sortit d'abord que sa tête.

Dès qu'il vit, malgré la nuit sans lune, les bâtiments du bordj, il sut où il était ; c'était un vieux routier.

Jean remarqua que le pavillon était placé de telle sorte qu'il pouvait se mettre à l'abri derrière ses murailles et être invisible de là aux gens du poste ; il y avait bien les sentinelles.

Mais Jean pensait qu'il pourrait en surprendre une, la tuer et fuir.

Une pensée lui vint. Monologuant toujours, il se dit :

— Les murs, je les connais ; ils sont très-hauts, et je me casserais les pattes en tombant ; il me faudrait une corde, où en trouver une ? Là était le nœud de l'évasion.

C'était un homme hardi que maître Jean ; il ne s'effrayait pas d'une difficulté ; il se dit que le principal était de tuer la sentinelle, de prendre ses vêtements et ses armes, de déchirer le haïque, la chemise de laine du mort, et que ces lambeaux, tordus et ajoutés à la tresse en poils de chameau qui retient la coiffure, formeraient une manière de câble suffisant pour risquer le saut.

En conséquence, Jean, couvert du burnous dont on l'avait affublé, s'avança en *boule*.

Il procédait à la façon arabe.

Rien de plus étonnant que la façon dont un voleur indigène s'approche, la nuit, d'une maison ou d'une tente ; il est devant vous, sur un terrain nu, et vous vous demandez ce que c'est que l'objet informe que vous apercevez.

Dans l'ombre, un corps, pelotonné d'une certaine façon, présente l'aspect d'un paquet de n'importe quoi ; les Arabes et les chasseurs excellent à s'enrouler sur eux-mêmes, de façon à ce qu'on a peine à deviner à quoi l'on a affaire.

Ils mettent leur tête entre leurs jambes ; plient les jarrets ; font le gros dos.

Recroquevillés ainsi, ils forment boule, et l'on ne distingue rien de saillant.

Alors, par un mouvement d'oscillation insensible, et déplaçant le centre de gravité, ils roulent vers le but qu'ils veulent atteindre.

Jean se mit donc à *rouler*. Il parvint à son but, c'est-à-dire qu'il atteignit l'angle du pavillon.

Mais là, il reconnut qu'un danger grave, immédiat, le menaçait dans la personne d'un factionnaire placé sur le rempart et tourné vers la maison.

Maître Jean n'osa franchir cet angle de mur qui l'abritait et filer sous l'œil de la sentinelle ; mais, d'autre part, longer le pavillon dans l'autre sens, c'était se risquer beaucoup, car le poste était en face.

En ce moment, au milieu de ses perplexités, Jean se vit tout à coup perdu ; quelqu'un sortait du poste même et se dirigeait vers le pavillon. Ce quelqu'un, c'était Soliman.

Que faire ? Que devenir ? Jean se dit :

— J'ai un burnous, la nuit est noire, si j'entrais carrément dans la maison ?

Comme il n'avait pas le choix, il se décida pour ce parti risqué. Se levant doucement, il longea le mur, et tournant une porte, il l'ouvrit, entra, disparut.

La sentinelle le vit bien ; mais elle ne se défiait que des deux prisonnières ; elle supposa que cet homme était un serviteur allant demander quelque ordre à Nanouss ou lui faire quelque commission de la part de quelqu'un.

C'est ainsi que les choses les plus aventureuses sont souvent celles qui réussissent le mieux.

Jean se trouva dans une espèce de vestibule qui donnait accès sur plusieurs séries d'appartements. Où entrer ? Où se cacher ?

Jean n'avait pas beaucoup de temps à perdre ; il vit un coffre qui était déposé dans un coin et qu'il supposa destiné à recevoir de la braise.

En effet, en l'ouvrant, il le trouva à demi rempli par des résidus de foyer.

— Je vais être plus noir qu'un nègre, se dit Jean, mais je m'en moque. Et il se plaça résolûment dans le coffre, dont il laissa retomber le couvercle sur lui.

Il était temps. Soliman entra.

Jean, lui, avait pris les plus grandes précautions pour ne faire aucun bruit ; aussi ne l'avait-on pas entendu, et n'avait-il pas donné l'éveil dans la maison.

Tout au contraire, Soliman ouvrit et ferma bruyamment la porte, ce qui amena Nanouss, sans lumière, et pour cause.

La vieille l'arrêta un instant dans le vestibule, et l'entretint à voix basse. Mais Jean entendait.

Ce chasseur avait l'oreille fine d'un chasseur accoutumé à distinguer tous les bruits.

— Mon enfant, dit-elle à Soliman, elle est prête ; elle t'attend dans la chambre en face.

— Allah soit loué ! fit le jeune homme et il disparut. Nanouss était enchantée.

— Les jeunes amours ragaillardissent les vieux cœurs, disait-elle ; où est le temps où j'avais un jeune mari !

Elle n'avait nulle envie de dormir :

— Si Soliman, fit-elle, allait s'oublier et rester trop longtemps près d'elle, tout le bordj, puis la tribu, puis Nmer, sauraient ce qui s'est passé ici. Il a fait serment, et on le sait, de ne pas voir la petite avant le succès de ses plans. On le mépriserait trop, si l'on surprenait le secret de cette faiblesse de jeune homme. Je vais veiller.

La vieille eut un léger frisson.

— Il fait frais ! dit-elle. Prenons de la braise.

On juge de l'effet que le mot fit sur maître Jean, tapi au fond du coffre.

Le vieille prit à tâtons une espèce de panier avec lequel on portait la braise dans les chambres, et elle se dirigea vers le coffre, qu'elle ouvrit.

Mais Jean n'était pas homme à se laisser prendre au dépourvu par une femme.

Le vieux chasseur étendit les deux mains vers le cou de la bonne femme, qu'il tint étranglée sous sa puissante étreinte; il se dressa sur son séant sans lâcher sa proie; puis, la serrant toujours d'une main à la gorge, il arracha de l'autre le mouchoir qui enturbannait la tête de la vieille, et la bâillonna vigoureusement.

Après quoi il se servit de lambeaux de haïque pour la garrotter solidement.

— Ouf! fit-il tout bas, quelle besogne!

Il mit la pauvre Nanouss dans le coffre, puis il se plaça près d'elle, et il laissa retomber le couvercle sur lui-même; il avait besoin de réfléchir, et trouvait prudent de faire ses réflexions à l'abri des surprises.

Qu'on juge de l'ahurissement de Nanouss, qui réclamait un mari un instant auparavant, et qui se trouvait côte à côte, sur un lit de braise, avec un inconnu.

Jean, comme toujours, monologua :

— En voilà une salée! fit-il.

« La marquise qui devait se tuer donne des rendez-vous à Soliman. Je suis sûr que Paquita se conduit admirablement; tandis que Ritta... C'est du joli! Si je pouvais enlever ma femme!

Il combina ses moyens.

— Ce Soliman est là, dans une chambre, sans lumière, amoureux et point défiant; si je le tuais? Ça me sourit.

« Laissons-le s'abrutir dans son tête-à-tête et oublier toute prudence.

Une chose l'arrêtait. Comment ouvrir la porte? Il y songea.

Son poignard en poterie ne pouvait guère lui servir; il ne pouvait enfoncer la porte.

Tout bruit de lutte eût attiré trop de monde; il fallait tuer Soliman en sourdine.

Maître Jean se souvint fort à propos que, dans les maisons mauresques, les maîtresses de la *casa* ont un volumineux trousseau de petits instruments et de clefs.

Couteaux, ciseaux, aiguilles, etc., sont enfermés dans un petit sachet, et Jean se dit que la vieille Nanouss devait avoir, elle aussi, tous ces ustensiles précieux sur elle. Il avait entendu un bruit de ferraille.

En conséquence, il fouilla la vieille, qui dut frémir, car elle supposa tout autre chose.

Jean trouva le sac suspendu à la ceinture de Nanouss, et il en tira doucement différents ustensiles, avec lesquels il comptait bien crocheter la porte sans bruit. Il se leva.

Il allait engager une lutte dangereuse; mais il était mieux armé qu'il ne l'eût espéré.

Dans la poche aux outils de Nanouss, il avait trouvé un couteau enfermé dans sa gaîne, et c'était un poignard supérieur à son tesson de poterie.

Maître Jean vint à la porte. Surprise agréable!

La clef était restée dessus, et cela simplifiait encore les choses : il n'y avait qu'à entrer.

Soliman était debout, fort pâle, confus. (Page 162.)

L'amoureux Soliman, dans sa hâte, n'avait pas retiré cette clef, et il se livrait ainsi à son ennemi.

Jean ouvrit. Il pénétra dans une salle assez petite, qu'il devina devoir être l'antichambre de l'appartement occupé par les prisonnières; il entendit des bruits de baisers dans la pièce suivante, et cela le mit dans une fureur sincère.

Il pensait :

— Canaille de femmes! Comme on s'y trompe! Cette Ritta, qui avait l'air d'une sainte nitouche, se conduit en courtisane. Quand d'Obigny le saura, il en rabattra, lui qui comptait tant sur sa femme. Le pauvre garçon!

Il s'approcha de la porte de communication, faible obstacle qui le séparait encore de Soliman.

Celui-ci prodiguait les plus doux noms, les plus douces caresses à sa maîtresse.

Jean se contenait à peine.

— Pour un rien, pensait-il, je tuerais cette Ritta. Mais ça regarde d'Obigny.

Il tâta la porte.

Elle fermait au pêne. Il se décida.

Il fit une légère pesée sur la gâche, et il réussit à pénétrer dans la chambre.

Par malheur, les gonds crièrent assez vigoureusement pour attirer l'attention de Soliman et l'arracher aux caresses qu'il prodiguait à sa maîtresse.

Le jeune homme crut que c'était Nanouss ou quelque autre qui entrait, il se leva furieux, indigné d'être ainsi troublé ; mais Jean bondit sur lui.

Soliman avait une faculté particulière aux gens qui ont vécu longtemps dans une prison sombre ; il avait les sens très-développés.

Malgré l'obscurité presque complète qui régnait dans la salle, le jeune homme avait remarqué une forme masculine qui semblait prête à s'élancer ; il avait conçu un prompt soupçon, et il s'était mis en défense.

Saisissant un coussin du divan, il l'opposa comme un bouclier aux coups de son adversaire, et celui-ci vint heurter une masse molle, dans laquelle il planta son couteau ; il ne perça que du crin et de la laine...

Jean n'avait pas remarqué l'adresse avec laquelle Soliman avait soudain opposé le coussin au coup dont il était menacé ; il perdit le bénéfice de son attaque.

En même temps, de dessus le canapé, s'échappèrent des cris de femme affolée.

Jean entendit du monde venir précipitamment : il fit une tentative désespérée pour en finir avec son adversaire et mourir vengé.

Il ne doutait point qu'on ne le tuât dans quelques instants, et il voulait avoir la consolation d'éventrer le chef de ses ennemis.

Contre son habitude, il ne criait pas ; les dents serrées, il poursuivait dans la chambre Soliman, qui fuyait en lui glissant en quelque sorte dans les mains. Le jeune homme était d'une agilité désespérante ; on eût dit d'un serpent.

Mais aux cris d'appel, toute une bande d'hommes et de femmes accourut. Un flot de serviteurs fit irruption dans la chambre, et en même temps un flot de lumière.

Le premier qui entra portait une lampe, celle du poste, toujours allumée.

Jean, essoufflé de la chasse qu'il venait de donner, se tenait au coin de la chambre le plus rapproché du canapé ; Soliman était debout, fort pâle, confus, mais très-irrité et très-intrigué.

Qui l'avait attaqué ? Il était curieux de le savoir.

Tous les assistants étaient stupéfaits.

Après un engagement aussi vif que celui qui avait eu lieu entre les deux hommes, une trêve était imposée, à eux, par la limite de leurs forces, aux autres par la stupéfaction d'une pareille scène.

Le temps de repos fut court.

Jean allait s'élancer, quand tout à coup la femme couchée sur le canapé, évanouie, en proie à une peur indicible, reprit tout à coup ses sens, se dressa debout sur le canapé, vit Jean, poussa un cri strident et reperdit connaissance.

Mais le chasseur faillit lui-même tomber à la renverse, tant il fut étonné. Cette femme... c'était Paquita.

Les Arabes profitèrent du moment d'hésitation que cette complication produisait sur le redoutable chasseur; ils se jetèrent sur lui, le désarmèrent et le garrottèrent. Ce fut rapide comme la pensée.

Mais Soliman n'était pas moins décontenancé que maître Jean; il considérait Paquita, et avait l'attitude d'un homme qui a cru trouver la pie au nid et qui s'est trompé; il fut, lui aussi, quelques instants à se remettre.

Jean, exaspéré, criait à tue-tête; il accablait Paquita d'injures et la menaçait vainement.

Soliman, assourdi, fit un signe, et l'on bâillonna le pauvre mari trompé.

Les Arabes riaient. Que leur maître prît Paquita, cela leur allait fort: ils étaient enchantés.

Tout à coup la scène se compliqua; une femme méconnaissable apparut; on eût dit une de ces créatures démoniaques que le moyen âge a créées; elle avait la tête étrangement saupoudrée de poussière noire, qui s'étalait sur ses joues en couches épaisses et irrégulières; ses vêtements étaient en lambeaux, et son corps nu apparaissait dessous; ses cheveux en coup de vent et ses bras levés en l'air lui donnaient une apparence fantastique; elle clamait des choses incompréhensibles.

Au premier abord, on ne la reconnut point; enfin, l'on finit, à la voix, par découvrir que c'était Nanouss qui sortait de son coffre à braise.

— Où est ce scélérat? cria-t-elle. Je veux lui arracher les yeux!

Et apercevant Jean:

— C'est lui, n'est-ce pas?

Elle se jeta sur le prisonnier, et, le mordant avec fureur, elle lui enleva un morceau de la paume de la main. On l'arracha de dessus Jean par ordre de Soliman, qui voulait savoir ce qui était advenu.

Il obtint non sans peine, de Nanouss, des explications données d'une voix haletante.

Les assistants se mirent à rire de plus belle, disposés déjà à la belle humeur par tous ces incidents grotesques; cela mit Nanouss en rage.

Soliman ne l'apaisa qu'en lui promettant, pour Jean, un supplice affreux.

Il brûlait d'interroger Paquita et d'avertir Nanouss de la substitution qui avait eu lieu; il fit sortir tout le monde; l'on emmena Jean en lieu sûr.

Seul avec Nanouss, en face de Paquita, il la secoua rudement, et la força à sortir de son évanouissement, infiniment trop prolongé pour être sérieux.

Paquita n'ouvrit les yeux que pour répandre un torrent de larmes.

Les pleurs sont pour les femmes une suprême ressource ; elles en abusent, du reste, et savent s'en servir contre nous d'une façon remarquable.

Soliman, pourtant, était trop courroucé pour s'apaiser devant ce chagrin, il dit durement :

— Madame, vous m'avez indignement trompé.

Et Nanouss, qui comprenait ce qui était arrivé, se montrait déjà très-hostile à Paquita ; la vieille nourrice n'était pas d'humeur charmante en ce moment.

— La gueuse ! fit-elle. Elle est perfide comme une panthère. Elle nous a pris au piége.

Mais Paquita était fine, et ne perdait jamais complétement la tête.

Elle savait qu'un homme est toujours flatté de l'amour qu'il inspire, et elle se mit à caresser adroitement la vanité du jeune chef.

— Soliman, dit-elle, tu as le droit de me faire périr sous le bâton. Je m'y attends. Fais-le.

Elle prit une pose dramatique.

— Je puis mourir ! dit-elle. Puis s'attendrissant :

— Il est triste de périr par l'ordre de l'homme que l'on aime, mais comme j'aurais payé de tout mon sang l'heure que je viens de passer, je ne dois rien regretter, et je saurai subir sans me plaindre le supplice qu'on m'infligera.

— Tu m'aimes donc ? fit Soliman, que cette sirène commençait à charmer.

— Comment peux-tu en douter ? N'en as-tu pas eu la preuve ?

Nanouss n'était pas femme à s'attendrir pour si peu ; elle protesta.

— Mon fils, dit-elle, cette petite guenon aime tout le monde ; ne l'écoute pas.

Paquita ne se déconcerta point.

— J'ai un mari que je hais, dit-elle ; je l'ai trompé parce qu'il m'est odieux. Jusqu'ici, je ne savais pas ce que c'était qu'une passion vraie et profonde.

Il eût été bien difficile que qui que ce fût eût résisté à ces déclarations.

Soliman était ému de l'attitude de Paquita ; mais s'il lui pardonnait en son for intérieur, il n'était pas moins très-froissé d'avoir été trompé, et il voulait faire, lui-même, à Ritta, de vifs reproches.

Il dit à Nanouss :

— Cette femme est folle ; l'amour lui a fait faire cette substitution ; mais l'autre ? Ritta se joue de moi. Où est-elle ?

— Je l'ai laissée dans sa chambre, dit Paquita ; elle doit y être encore.

Soliman avait des éclairs dans le regard ; son attitude était déterminée.

Il méditait de se venger par la violence de la perfidie dont il avait été victime.

Rien ne pouvait plus l'arrêter.

Il dit à Nanouss :

— Ma mère, un homme de mon rang ne peut se laisser jouer par une captive. Je vais lui donner à choisir entre l'amour ou la mort.

Nanouss pensa que la marquise n'hésiterait pas et préférerait les baisers aux coups de yatagan ; mais elle ne savait pas quelle conduite tenir avec Paquita.

— Que faire de celle-ci? fit-elle.

Soliman fit un geste d'indifférence.

— Ce que tu voudras, dit-il. La vieille emmena madame Jean.

Soliman, au moment de franchir le seuil de la porte de Ritta, éprouva un frémissement ; quand on aime une femme, si décidé que l'on soit à en finir avec sa résistance, l'on est toujours intimidé à l'idée de l'affronter.

Enfin il entra.

La lampe qu'il portait éclaira la chambre de la jeune femme ; Soliman chercha la marquise du regard ; il ne la trouva point, et vit la fenêtre ouverte.

Ritta avait fui.

Profitant du trouble causé par la scène que nous avons décrite, la marquise avait sans doute sauté dans la cour, puis s'était échappée.

Le jeune chef sentit le plus furieux désespoir s'emparer de lui.

Il se lança dehors, et ses cris mirent tout le monde sur pied de nouveau ; le bordj fut illuminé par la lumière des torches, qu'on s'empressa d'allumer.

— La prisonnière a fui ! criait Soliman. Cherchez et trouvez-la. Malheur à vous qui l'avez laissée s'échapper !

On fouilla le fort sans rien apercevoir ; aucune trace sur le sol battu, qui ne recevait pas d'empreintes ; impossible de découvrir un indice.

Soliman monta à cheval et dispersa ses guerriers dans toutes les directions ; on battit le pays jusqu'au jour ; mais on ne vit absolument rien.

A l'aube, Nmer, de retour d'Ousda, se présenta devant son maître et lui dit d'un air narquois :

— Tu as, paraît-il, tenu ton serment malgré toi ; tu voulais trahir ta promesse, mais tu n'as réussi qu'à faire évader cette jeune femme.

Soliman proféra des menaces :

— Chien, dit-il, tu oses me parler ainsi. Ta tête va sauter.

— A ton aise ! fit Nmer. Tue-moi. Mais qui te reprendra la marquise ?

La colère de Soliman tomba.

— Tu espères donc l'enlever encore ? fit-il.

— Certainement, je l'espère.

— Vite, mets-toi en quête de savoir ce qu'elle est devenue et ramène-la moi.

— Pas tant de hâte. Je m'engage à te rendre ta maîtresse ; mais à une condition expresse.

— Dis vite, laquelle ?

— C'est que tu vas de ce pas quitter le bordj et te rendre à Ousda, où l'on t'attend.

« La révolte est prête. Réussis, et je t'amènerai l'Espagnole. »

Soliman n'osa pas insister.

— C'est bien ! dit-il. Je pars. Mais je te laisse le soin de punir les sentinelles qui ont mal veillé. Tu leur feras couper le cou.

— Compte sur moi. De ce pas, j'irai me rendre au lieu du rendez-vous fixé par Mécaoud pour réunir les cavaliers.

— Et si ce d'Obigny avait des vues sur Ousda, tu me le ferais savoir.

Il s'éloigna au galop de son cheval.

XXXVI

Le souterrain secret.

Quand il fut dehors, Nmer se frotta les mains et dit d'un ton railleur :

— Eh ! eh ! ces jeunes gens ! Comme on les trompe. Il ne soupçonne rien.

Un chef s'avança.

— Sidi Nmer, dit-il, en passant devant moi qui commande le poste, Soliman m'a recommandé de faire couper la tête aux sentinelles coupables de négligence. Je viens prendre tes instructions.

Nmer parut embarrassé.

— Couper les têtes ! fit-il. Comme il y va !

« D'abord cela produirait très-mauvais effet : c'est très-tyrannique, et la tribu murmurerait.

Le chef était très-étonné. Nmer indulgent ! cela ne s'était jamais vu.

— Sidi, fit le chef, il en sera ce que tu voudras ; désobéir à Soliman me paraît grave..

— Bast ! on l'apaisera. Il est exaspéré ; mais il ne se pardonnerait pas d'avoir livré au chaouc (bourreau) des serviteurs coupables seulement d'une minute d'inattention causée, du reste, par un événement extraordinaire.

— Soit ! fit le chef. Tu prends tout sur toi?

— Oui.

Et Nmer le congédia.

Puis il s'en alla trouver Nanouss.

— Mera (femme), lui dit-il, tu sais que le vieux Nmer a bien des ruses en son sac.

Nanouss n'en doutait point.

— Tu es un fin renard, dit-elle.

— Eh bien, cadoura (chère), il faut m'obéir à la lettre dans ce que je vais te commander.

« Je te prie de mettre en un coffre tout ce qu'il faut pour faire vivre une personne pendant un mois au besoin : des galettes, du couscoussou cuit, des pâtes, des raisins secs ; bref, de quoi manger confortablement pendant fort longtemps.

— Et pourquoi cela?

— Curieuse !

« Je ne puis le dire. »

Nanouss n'insista pas.

Elle regardait le vieux guerrier comme la prudence même et le courage personnifié ; ses ordres étaient des oracles ; elle n'y contredisait jamais, et avait la discrétion d'obéir sans comprendre, sachant que Nmer préférait garder seul un secret que de le confier à qui que ce fût ; aussi ne chercha-t-elle pas à en savoir plus long.

Nmer reprit :

— Dans un autre coffre, tu placeras tout ce qui convient à la toilette d'une femme.

La vieille sourit.

— Ah ! dit Nmer, tu devines.

— Je le suppose, du moins.

— Tu te dis que ces coffres sont destinés à la marquise ; tu ne te trompes pas, cadoura.

« J'ai un plan en tête. »

Et il fit des recommandations précises à la vieille.

Puis il reprit encore :

— Tu placeras ces deux coffres à ma disposition, dans le vestibule ; je viendrai les prendre pendant la nuit prochaine.

Nanouss promit que tout serait prêt.

Nmer s'en alla.

Il fit à peu près quinze cents pas hors du bordj, et il atteignit une petite colline.

Elle était formée de rochers sauvages, sur lesquels croissaient en abondance le lierre et les lianes.

Nmer regarda tout autour de lui, s'assura qu'il n'était pas suivi, et se mit à soulever un rideau épais de ronces, qui tombait sur un entassement de pierres moussues, dont l'une, large et plate, formait une dalle grossière.

Le vieil Arabe, avec la pointe de son couteau, gratta cette pierre à un certain endroit, et mit à découvert une espèce de plaque de bois large comme la main.

Il leva cette plaque.

Dessous était une serrure.

Nmer tira une clef de sa poche, fit jouer les ressorts, leva la dalle et se trouva à l'entrée d'un souterrain.

Il s'engagea dans un escalier, referma la dalle sur lui, et battit le briquet pour allumer un bout de torche qu'il avait apporté dans le capuchon de son burnous.

Il trouva devant lui une espèce de corridor long et étroit ; il s'y engagea.

La construction datait de loin.

Elle était cimentée de telle sorte que l'on y reconnaissait la main des Romains.

Autrefois, sur l'emplacement du bordj, avait existé une citadelle, bâtie par les légions de Pisan, proconsul qui gouvernait la Mauritanie sous Vitellius.

Dans la suite des temps, cette construction s'était écroulée : mais la tribu de Soliman, ayant trouvé des restes de rempart encore solides, n'avait eu que peu d'efforts à faire pour établir, avec les matériaux des ruines, le bordj actuel.

Pendant près d'un siècle, les caïds de cette peuplade avaient occupé le fort sans se douter de l'existence d'un souterrain en parfait état de conservation, dont les voûtes étaient faites de ce ciment romain que rien ne pouvait détruire, et qui donnait sur la campagne.

L'ancêtre de Soliman qui avait découvert cette précieuse voie de communication, avait jugé qu'elle ne pouvait être utile qu'à la condition de n'être connue que du chef de tribu ; il avait donc gardé son secret.

A son lit de mort, il l'avait légué à son fils aîné, et celui-ci, plus tard, avait fait de même ; lorsque l'enfant qui devait hériter du pouvoir était trop jeune, on confiait la révélation à quelque vieux serviteur.

Celui-ci ne devait le divulguer qu'à sa dernière heure, afin qu'un seul homme eût à porter la responsabilité de ce secret.

Nmer en avait reçu le dépôt.

Selon l'usage, tant qu'il s'était senti vigoureux et sain, il n'avait rien dit sur le souterrain, pas plus au caïd d'Ousda qu'à Soliman.

Le vieux guerrier parvint jusqu'à une espèce de salle, placée sous le bordj, et qui formait une cave absolument sombre ; elle était vaste et assez sèche pour ne pas être malsaine ; des conduits d'air nombreux, mais étroits, permettaient de respirer librement, et communiquaient avec l'atmosphère extérieure par des orifices ménagés dans le revêtement extérieur des remparts.

Dans cette salle se trouvait la marquise, tristement assise sur le sol nu.

Nmer lui apparut tout à coup.

Elle poussa un cri de terreur à son aspect.

— Là, ma fille, dit Nmer, calme-toi.

« Je ne te veux pas de mal.

Et il la vit armée du poignard que Paquita lui avait précédemment donné.

— Pas un pas ! dit-elle.

« Si vous avancez, je me tue !

— Point de folie ! s'écria Nmer.

« Du reste, je ne t'approcherai pas.

Il se tint à distance, s'accroupit à la mode arabe, planta sa torche en terre et dit :

— Ça, causons.

La marquise reconnut bien le vieil Arabe pour celui qui l'avait enlevée aux Figuiers ; mais elle ne savait rien de ses desseins et se défiait de lui.

— Petite marquise, dit Nmer, tu es ici sans savoir comment tu y es venue.

« Je dois d'abord t'expliquer cela.

Nimer.

« Imagine-toi que, dans la nuit, je revenais d'Ousda, où Soliman, mon maître, m'avait envoyé pour se débarrasser de ma surveillance ennuyeuse.

« Il faut te dire que, pour moi, tu es à la fois un danger et une aide puissante.

« Tu es le stimulant de l'ambition de Soliman, qui, pour toi, fera des merveilles.

« Tu peux aussi devenir pour lui une cause d'amollissement et de paresse.

« Quand je t'ai prise aux Figuiers, il m'avait juré qu'il ne te verrait qu'après s'être rendu maître d'Ousda et y avoir assis son pouvoir.

« Or, il ne sut pas tenir son serment, et il allait y manquer quand ta Paquita l'a trompé, se substituant à toi dans un rendez-vous.

« Jean, le mari de ton amie, était survenu, de là cette bagarre qui t'a tant fait peur.

« Je t'ai trouvée sans connaissance.

« Pour en finir avec les tentatives de Soliman, qui ne songeait qu'à toi, et qui eût négligé ses devoirs, je t'ai emportée ici; mais pas par le chemin que je viens de suivre; dans le trouble où le monde était, j'ai pu me servir d'une entrée qui donne dans le bordj même.

« Voilà ce qui s'est passé.

« De moi, ne crains rien.

« Tu dois être la femme de mon chef, de mon seigneur, que j'aime comme un fils.

« Je suis sans enfant, et je n'ai au monde que Soliman, qui est tout pour moi.

« Ne me crains donc pas.

— Mais vous me livrerez à lui?

— Eh! par Allah, ce n'est pas une éventualité si redoutable, petite marquise charmante.

« C'est un beau garçon.

« Il aura une belle ville et d'immenses richesses avec lesquelles il deviendra sultan.

« Tu règneras. »

Ritta poussa un soupir.

Nmer était très-fin; il savait que l'espoir assouplit les plus fiers caractères.

— Tu as, du reste, dit-il, des chances pour être rendue à ton mari quelque jour.

La jeune femme se laissa prendre à cet horizon que lui ouvrait le vieil Arabe.

— Que dis-tu là? fit-elle.

— La simple vérité.

« Mon maître peut rencontrer une balle.

— Et si cela arrivait?...

— Je te rendrais à ton mari.

— Nous vous ferions riche.

« Nous vous donnerions tout ce que vous pourriez souhaiter.

— Je ne demanderais qu'une chose à d'Obigny : c'est de jurer d'oublier le passé.

« Au fond, ta grâce m'a touché.

« Je suis un vieux homme qui n'a pas eu d'enfants, et qui aime la jeunesse.

« J'ai des faiblesses de père pour toi.

« Tu as un regard si doux et l'air si bon, que je serais heureux de te rendre à d'Obigny.

— Oh! faites cela.

— Jamais! à moins que Soliman ne soit plus; mais compte sur la liberté s'il est frappé de mort.

« Beaucoup de temps s'écoulera d'ici au jour où je viendrai te chercher ici.

— Je vais être seule.

— Je t'apporterai des toilettes.

— Qu'en ferai-je ?

— Les femmes s'amusent à des colifichets.

Ritta soupira.

— Je vais avoir peur de la solitude, dit-elle.

Nmer réfléchit.

— Je puis, dit-il, te donner une compagne qui te sera très-agréable ; je te l'amènerai.

— Je te remercie ! fit Ritta.

L'isolement lui faisait peur.

— Cette Paquita, dit le vieux guerrier, sera bien mieux ici que dans le bordj.

« C'est une intrigante.

« Peut-être ferait-elle sauver Jean.

— C'est Paquita qui va venir ?

— Oui.

« Te déplairait-elle ?

— Non, certes.

« Cependant, je te supplie de me donner Nanouss ou quelque autre à sa place pour compagne.

— Pourquoi donc ?

— Je ne veux pas que Paquita soit privée de la demi-liberté dont elle jouit.

— Voilà un scrupule qui montre combien tu es bonne ; mais rassure-toi, marquise.

« Paquita aurait été enfermée.

« Ici ou ailleurs, que lui importe.

— Telle était votre volonté ?

— Oui, petite gazelle.

— Alors, je consens.

Nmer se prit à rire.

— Que tu feras une jolie sultane, dit-il ; comme le trône était fait pour toi !

« Tu commandes royalement.

« Voilà que tu es en mon pouvoir, que tu ne peux avoir de volonté, et tu me dis : « Je consens ! » comme si j'avais besoin de ton acquiescement pour agir.

« C'est très-bien, cela !

« Voilà comment une jolie femme me plaît.

Ritta était un peu confuse.

Au fond, il y avait un air de bonhomie chez Nmer qui la rassurait ; tout coquin, bandit terrible qu'il fût, elle sentait que cet homme ne mentait pas en se disant touché par elle, et qu'il la délivrerait si Soliman mourait.

— Nmer, dit la jeune femme, quoi qu'il arrive, je vous remercie de vos bons procédés.

« Vous m'avez enlevée sans me connaître, pour obéir à votre maître ; mais je vous pardonne.

« Je vois que vous êtes, comme Nanouss, une brave nature, et que si ce n'était Soliman, vous me seriez dévoué ; je vous en suis et vous en serai toujours reconnaissante.

Elle lui donna sa main à baiser.

Le vieux saracq y mit les lèvres.

Il était gagné.

— Allah ! allah ! fit-il.

« Ce que c'est que de nous !

« Je ne m'étonne pas que Soliman est fou à lier ; vous tournez toutes les têtes.

Et gracieusement, tout laid qu'il fût, tout brusque qu'il parût, il dit à Ritta :

— Je vous tuerais plutôt que de ne pas vous conserver à mon maître tant qu'il vivra ; mais en dehors de cela, demandez-moi ce que vous voudrez, je vous le donnerai.

« Voyons ensemble.

« Qu'est-ce qui pourrait adoucir votre position ?

« Que souhaitez-vous ?

Et il lui proposa tout ce qui pouvait lui plaire.

Elle lui répondit en souriant :

— Faites pour le mieux.

« Puisqu'il faut que Paquita soit enfermée, **comme** elle préférera ma compagnie à la solitude, amenez-la moi.

— Dans quelques heures, elle sera ici.

« J'attends la nuit.

« Au revoir, petite sultane.

« Je te salue du cœur (1).

Et il s'en alla comme à regret.

En chemin, il murmurait entre ses dents :

— Je n'y comprends rien.

« Ces Européennes ont une puissance extraordinaire ; je ne suis plus moi-même.

« Voilà que je donnerais beaucoup pour qu'elle me prît en affection.

« Quand elle sera la femme de Soliman, je veux qu'elle soit comme une fille pour moi, et je vais me gagner son cœur.

« Mais il faut qu'elle l'aime !

« Comment m'y prendre ?

« J'y rêverai.

Et le vieux rusé se promit de trouver quelque moyen d'arriver à ses fins.

---

(1) Nos lecteurs ont dû remarquer que tantôt les Arabes tutoient, tantôt disent vous. Ceci tient à ce fait qu'ils suivent les deux coutumes européenne ou indigène tour à tour, selon l'inspiration du moment.

Avec son puissant cerveau, il eût peut-être été capable de réussir, si l'amour de Ritta pour d'Obigny n'eût pas été aussi absolu.

XXXVIII

Explications.

Nmer était à peine revenu au bordj, qu'il alla s'enquérir près de Nanouss au sujet des coffres.

— De ce côté, lui dit la vieille, tout va bien; mais je suis tourmentée par Paquita.

— Que veut-elle?

— Voir son mari.

— Drôle d'idée!

« Elle l'a trompé.

— Et le trompera encore.

« Mais elle veut lui faire voir des djenouns bleus (mot qui équivaut à celui : faire voir des couleurs).

— Quelle petite femme rusée!

« Elle va lui en conter...

— Elle a peur de lui.

« Un jour, il peut être libre. »

Nmer fit un geste expressif et dit :

— Ce jour-là, il lui couperait le cou.

— Aussi veut-elle prendre ses précautions.

« Elle désire avoir un entretien avec lui.

« Est-ce possible?

— A une condition.

« Il faut qu'il y ait là un tiers.

— Moi, par exemple.

— Tu ferais bien l'affaire.

« Il s'agit qu'elle ne lui parle que de ses petites affaires, et non des nôtres.

— Devant moi, elle n'oserait trahir nos intérêts ; tu peux te fier à ma vigilance.

— Je compte donc sur toi.

« Mais, dis-moi, voilà que tu prends le parti de cette petite, que tu détestais.

— D'abord, sache qu'elle aime sincèrement notre Soliman, et cela me touche beaucoup.

« Et puis, elle est si originale.

« Rien ne m'amuse comme ses petites perfidies, et je suis curieuse de voir comment elle va retourner son mari; pour nous autres femmes, c'est un plaisir que d'assister à ces scènes, où notre habileté triomphe de votre force brutale.

— Vous êtes toutes des coquines.

« Au revoir. »

Et Nmer s'en alla s'occuper de mille petits riens destinés à adoucir la captivité de Ritta.

Pendant qu'il se livrait à ces soins, que l'on n'eût pas attendu de ce vieux guerrier, par ordre de Nanouss, l'on remontait maître Jean de son silo.

Avant de l'introduire, Paquita s'entretint avec Nanouss, et lui demanda son aide.

— Songe, lui dit-elle, que c'est la cause de toutes les femmes que je défends.

« Voici mon histoire.

« Voici mon excuse.

« Je me suis donnée, sage et vierge, à un drôle charmant que j'adorais.

« Il s'appelle Paul.

« Il m'a bel et bien abandonnée.

— Vos Français sont tous ainsi.

— J'ai dû épouser Jean Casse-Tête; dans ma situation, je n'avais pas de choix à faire.

« *Mais le cœur n'était pas dans la main,* le jour où le prêtre nous unit.

« Aussi, je proteste contre la loi barbare qui fait de nous les esclaves des hommes.

« Je ne me regarde pas comme engagée par des serments que ma bouche seule a proférés.

« Aujourd'hui, ce monstre d'homme se croit trompé...

— Entre nous, il l'est.

— Soit, il l'est.

« C'est pain bénit.

« On n'est ni plus sot, ni plus brutal que lui; j'espérais qu'il se formerait un peu.

« Ah bien, ouiche !

« Je n'ai jamais pu policer ce sanglier. »

Et Paquita continua sur ce thème familier aux femmes adultères; bref, elle prouva, clair comme le jour, à Nanouss, que tous les torts étaient à Jean.

Nanouss, tournée à l'indulgence depuis qu'elle se sentait fière de la tendresse ardente de cette petite Européenne pour Soliman, Nanouss, très-femme au fond, promit d'aider à la comédie qui allait se jouer.

Elle avait, du reste, une dent féroce contre Jean, qui l'avait fourrée dans un coffre.

Le rendre ridicule lui plaisait fort.

On fit entrer Jean, c'est-à-dire qu'on le porta sur un coussin; il était garrotté.

On ne lui avait pas encore ôté son bâillon, et on l'en débarrassa sur un signe de Paquita.

Les Arabes qui avaient amené le chasseur furent épouvantés de l'explosion de colère par laquelle il salua la faveur qu'on lui accordait de pouvoir parler.

Il hurla comme un démon.

Un des Arabes demanda :

— Faut-il le faire taire ?

Nanouss hésitait.

Paquita fit signe qu'on le laissât.

— Laissons-le s'épuiser, dit-elle à Nanouss ; il vaut mieux qu'il vomisse sa bile.

« Dans un instant, il sera épuisé. »

Au train dont Jean y allait, ce ne fut pas long ; il attrapa une extinction de voix.

Les Arabes s'étaient retirés.

Quand le chasseur eut longtemps insulté sa femme, Nanouss, Soliman, Nmer, il finit par interpeller Paquita, dont la tranquillité l'offusquait, et il lui dit :

Triple carogne ! répondras-tu ?

« Qu'as-tu à dire ? »

Et il attendit la réponse.

— Monsieur, dit Paquita, depuis un quart-d'heure, voilà la première fois que vous me donnez le loisir de répondre.

— Eh bien, parle !

« Avoue que tu es une chienne immonde ! »

Paquita usa d'un grand moyen.

— Tenez, monsieur, dit-elle, vous me faites pitié.

« Vous parlez comme un rien du tout, et je n'aurais pas cru qu'un noble, un gentilhomme, pût se livrer à de pareilles brutalités envers sa femme ; c'est à croire qu'au lieu d'être le fils naturel d'un grand seigneur, comme vous le prétendez, vous avez eu pour père un portefaix, pour mère une marchande d'oranges.

« Comment voulez-vous, monsieur, que l'on me traite ici comme l'égale de Ritta, ce qui serait flatteur pour vous, si vous me manquez de respect comme vous faites ? »

Jean se trouvait abasourdi.

Noble, gentilhomme, fils de grand seigneur, tous ces mots tintaient agréablement à son oreille.

Mais quoique le coup fût sensible, quoique déjà il baissât le ton, il était toujours furieux.

— Enfin, *madame*, dit-il, il n'en est pas moins vrai que vous m'avez trompé.

— Moi, monsieur !

« En quoi donc ?

— Vous avez le toupet de le demander ?

— Encore un mot grossier.

« Ne pouvez-vous employer une autre expression que celle de *toupet* pour me parler?

« Sachez que vous êtes, comme toujours, injuste, stupide, peu clairvoyant, mal élevé.

— Mais, tonnerre de Dieu! j'ai vu ce que j'ai vu; j'ai entendu aussi!

— D'abord, monsieur, sachez-le, un homme fort comme vous, qui laisse enlever une faible femme, qui ne sait pas la délivrer, qui l'abandonne, mérite... tout.

« Au lieu de me défendre, de sauver, comme je l'ai fait, mon honneur et le vôtre, j'aurais dû, monsieur, me laisser conter fleurette par ce Soliman, un vrai grand seigneur.

— Un Arabe...

— Sait-on seulement si vous êtes chrétien, juif ou Turc, vous, l'homme dédaigneux?

« Mais je vous ai juré fidélité.

« Je ne veux penser ni à votre laideur, ni à votre déplorable éducation, ni à vos autres défauts.

« Je ne songe qu'à mes serments.

« Et vous m'accablez d'injures. Oh! c'est affreux!

Elle se mit à fondre en larmes.

Nanouss la caressa, la consola, essuya ses pleurs, et dit d'un air féroce à Jean:

— Fi! le monstre! Fi! l'affreux chacal!

Jean s'en intimida. Qu'est-ce que cela voulait dire?

Et Paquita reprit avec componction:

— Comment, j'invente une ruse vraiment étonnante pour me sauver et sauver mon amie; je prépare un piège où tombe ce pauvre Soliman, et vous venez me le reprocher. Vous avez la bêtise de vous jeter en travers de notre plan de salut, et vous vous plaignez.

— Mais... madame...

— Tenez, Jean, vous êtes cause que, à cette heure, je n'ai pas réussi à fuir comme Ritta.

— Elle s'est sauvée?

— Oui, mon ami. Et je serais avec elle, courant la plaine, cherchant le chemin des Figuiers, le foyer conjugal, si vous n'aviez eu la niaiserie de vous faire prendre, et celle plus grande encore de faire le tapage qui a empêché mon plan de réussir complétement.

Jean ne savait que dire.

Entortillé dans ce flux habile de paroles, enguirlandé, embrouillé dans ces fils dont on l'enveloppait, il se creusait la tête pour tâcher de comprendre, et ne comprenait rien.

Paquita, le voyant au point où elle le voulait, lui dit:

— Quand vous roulerez des yeux féroces, quand vous mâchonnerez tout bas

Paquita resta comme galvanisée. (Page 87.)

des paroles que nous n'entendons pas, cela ne nous expliquera pas ce qui est arrivé.

— Eh bien, mille tonnerres! faites-moi donc voir clair dans toute cette aventure, Paquita. Je ne demande pas mieux que de vous trouver honnête, moi; c'est mon intérêt. Mais je doute fort...

— Je ne veux plus discuter avec un homme qui a un parti pris contre moi.

Et Nanouss acheva la déroute de Jean en disant :

— Viens, Paquita. Laisse ce tigre. Tu en as déjà trop fait pour lui.

Jean se récria, mais il n'était pas de taille à joûter avec une sirène comme Paquita.

Elle le tenait.

— Sachez, dit-elle, que, dans la tribu, si l'on voit d'un bon œil la prise de Ritta et de moi, si l'on est enchanté de nous voir esclaves au harem de Soliman, l'on n'en est pas moins très-préoccupé d'une chose de la plus haute importance. Soliman a des projets et il a fait serment à ceux qui sont conjurés avec lui de ne pas se laisser détourner de sa voie par l'amour, et de ne pas nous épouser avant d'avoir réussi.

— Bon, fit Jean.

« Je commence à comprendre ; Soliman voulait se parjurer ?

— Il est amoureux.

— Mais ce rendez-vous ?

— J'y arrive.

— Paquita, vous aurez bien du mal de me convaincre, bien, mais là, bien du mal.

— Alors, je me tais. Du moment où vous êtes résolu à ne rien entendre et à conserver vos soupçons farouches.

— J'ai vu, pourtant...

— Vous l'avez déjà dit.

Elle se leva.

— Adieu, monsieur.

— Sacrebleu ! reste donc !

« Puisque je te l'ai dit, je ne demande que des preuves de ta vertu, donne-les ; je voudrais déjà les voir.

— Ah ! monsieur, que de mal avec vous !

« Je reviens à mes explications. Soliman nous tourmentait, mais en secret, il n'osait pas nous faire la cour ouvertement.

« Les Arabes redoutent de s'attirer le mépris public par un manque de foi dans leurs vœux à Dieu.

« Eh bien ! monsieur, j'avertis Nanouss. »

Et la vieille de dire :

« Tu fis bien, pauvre colombe !... Moi, j'avertis Nmer.

« Et, fit Paquita, nous combinâmes un plan qui eût réussi sans votre intervention fâcheuse.

« Nmer ne demandait qu'une occasion de prendre son maître en flagrant délit, de tentative de séduction contre moi ou contre Ritta, afin de lui imposer un départ subit et de l'obliger à pousser la conjuration qui se fait en ce moment.

« Il fut convenu qu'un rendez-vous serait donné et que Soliman y viendrait sans lumière.

« On voulait qu'il ne se doutât pas que Nmer et d'autres l'espionnaient pour paraître au bon moment.

« On devait le surprendre aux genoux de Ritta.

— Et pourquoi était-il aux vôtres ?

— Parce que Ritta est si poltronne, sait si peu se tirer d'affaires, qu'au dernier moment elle m'a suppliée, et Nmer avec elle, de me substituer à elle.

— Où donc était ce Nmer ?

— Dans la chambre de la marquise. Une seconde de plus, et il paraissait à votre place ; mais vous avez tout brusqué.

— Cré matin ! Ai-je été bête !

— Vous l'avouez, c'est heureux.

— C'est donc pour cela que, tout aussitôt, il est venu tant de monde avec des torches ?

Le vieux chasseur était en plein dans le collet, et il y était pris, étranglé ; il ne fit plus l'ombre d'une résistance, au contraire, il trouva mille raisons de croire à la véracité de sa femme, tous ces détails lui apparurent sous un jour nouveau.

— Tiens, tiens, tiens, faisait-il. C'est pour cela que la vieille Nanouss ne voulait pas se coucher ; et moi qui la coffrais ! Mais Ritta s'est sauvée ?

— Oui, monsieur. Nous n'avions pas mis Nmer dans le secret ; mais Nanouss le savait, elle ; car, sachez-le, elle ne voit pas le mariage d'un bon œil, ayant une autre fiancée en vue pour Soliman.

— Comme on se trompe ! fit Jean. Cependant, Paquita, il t'embrassait... cet homme ?

— Monsieur, c'était nécessaire. Il fallait bien que l'on entendît ses protestations d'amour, et qu'il m'embrassât.

— C'est juste, c'est juste.

« Ma petite, j'ai bien des torts.

— Et dire que vous m'avez injuriée !

« Hi ! hi ! hi ! »

Elle se mit à repleurer abondamment ; mais elle avait tellement envie de rire, de se gausser de Jean, qu'elle rompit l'entretien en s'écriant :

— C'en est assez. Il faut rentrer dans ton silo, et maintenant que tu sais quelle femme tu as, tâche de l'honorer et de lui être reconnaissant.

Elle se leva pour appeler les Arabes.

Mais voilà que, pendant qu'elle était sortie, Jean, d'un air grotesque de sanglier qui veut se rendre aimable, dit à Paquita, qui guettait ce moment :

— Chérie, ma chérie, ma petite poule, viens donc m'embrasser ; je suis comme sur un gril, à cause de ces cordes ; je voudrais bien te sauter au cou.

Paquita fit la moue, des mines, des manières, puis, d'un air de chatte, vint présenter ses joues.

Jean y mit deux plantureux baisers.

Comme on venait le chercher, il roula de gros yeux amoureux à sa femme, qui lui sourit tant qu'il la regarda, et lui tira la langue dès qu'on lui eût tourné le dos, car les Arabes l'empoignèrent et l'emportèrent.

Tout à coup, il pensa, en traversant la chambre, à demander précipitamment :
— Ah çà ! qu'est-ce qu'on va donc faire de moi ?

Nanouss fit signe à Paquita de se taire.

— Tu es, dit-elle à Jean, un ôtage entre nos mains, si tu te tiens tranquille, tu seras bien nourri, bien traité ; l'on aura des égards pour toi.

« Si tu fais le fou, comme jusqu'ici, ta captivité sera très-dure et très-douloureuse. »

Puis aux porteurs :
— Emmenez-le.

Et Jean, retourné, confondu, abasourdi, attendri, trompé et content, s'en alla, grommelant entre ses dents :
— Pour une femme, c'est une femme, une vraie femme, une femme comme il n'y en a jamais eu, la crème, la perle, le diamant des femmes !

« Quel idiot je fais.

« A l'avenir, tout ce qu'elle dira sera bien dit, et tout ce qu'elle fera sera bien fait. »

Et Paquita, en ce moment, ayant tiré ses castagnettes, dansait un boléro frénétique devant Nanouss, en s'accompagnant de ces castagnettes.

Nmer vint mettre fin à cette joie.
— Eh ! eh ! fit-il. Que s'est-il passé ?

« Le vieux Jean, en s'en allant, avait les larmes aux yeux, ce qui m'a fait rire. »

On lui conta l'affaire. Il s'en donna à en mourir.

XXXIX

Dans la souricière.

Dans la journée, Paquita remarqua que l'on faisait de grands préparatifs de guerre ; elle passa la journée à observer tout, et se convainquit qu'une migration se préparait.

La nuit vint, et cependant rien de nouveau, si ce n'est que Nanouss avait déposé quatre coffres au lieu d'un dans le vestibule.

Elle s'endormit vers les dix heures ; Nmer guettait ce moment pour agir.

Il emporta les quatre coffres l'un après l'autre dans un caveau, ouvrit une porte secrète cachée dans une muraille, et porta à cent marches plus bas, dans la cave où était Ritta, les coffres fort lourds, admirablement aménagés, du reste, par la négresse.

A Ritta, qui le questionnait, il dit :

— Voici les vivres.

« Encore un voyage pour vous apporter une bonne provision d'eau conservée dans des outres goudronnées, elle ne changera pas de goût et restera limpide.

— Vous serez donc bien longtemps sans revenir ?

— Peut-être un mois ; puis il remonta et s'en fut frapper à la porte de Paquita endormie.

— Qui est là ? fit-elle.

Le vieux, à voix basse :

— Moi ! Soliman ! Ouvre, ma colombe.

Paquita, heureuse, crut au retour du beau djouad, se jeta à bas du canapé où elle dormait, et vint tomber dans les bras de maître Nmer, qu'elle embrassa.

— Là ! là ! fit celui-ci. Poulette, un peu de calme. C'est moi, Nmer.

Paquita se jeta en arrière, et, malgré l'ombre, Nmer la vit lever les bras en l'air avec dépit ; il en rit ; l'étreinte de la jolie fille lui avait fait plaisir ; mais comme il avait conscience de sa laideur, la répulsion qu'elle affichait pour lui ne l'offensait pas.

— Tu sais que je te le rendrai si tu veux, ce baiser ; en veux-tu dix, des baisers ; en veux-tu cent ?

— Assez de plaisanteries, Nmer. Que me voulez-vous ?

— Te prier de me suivre.

— Où ?

— Écoute, fillette, si Soliman n'est pas ici, il n'est pas loin ; viens au-devant de lui.

— Vous plaisantez, Nmer ?

— Ma foi non. Le souvenir de la nuit qu'il a passée dans cette chambre lui est agréable. Il aime Ritta, mais il t'apprécie.

Paquita voulut allumer une lampe, faire un peu de toilette ; Nmer s'y opposa.

— Viens donc ! dit-il. Vas-tu le faire attendre ?

Elle se précipita sur ses pas

Elle vit qu'il descendait dans une cave, et elle hésitait un peu, mais il l'encouragea.

— N'espères-tu pas, dit-il, que Soliman va se montrer dans la maison ? On le croit parti. Il s'est échappé pour une nuit seulement ; il a crevé un cheval pour venir, il en crèvera un pour retourner, et il sera, au jour, là où on l'attend.

Il l'endormit ainsi de paroles et de gestes, la fascinant, l'entraînant. Elle vit filtrer bientôt une lumière ; c'était la lampe qui éclairait Ritta.

— Il est là ? dit Nmer.

Et il ouvrit la porte. Paquita entra et poussa un cri : elle avait aperçu la marquise.

Nmer se frottait les mains et ricanait.

— Voilà ma petite perdrix rouge qui est prise, dit-il ; le piège était bon. Mes colombes ! bonsoir et au revoir.

« Moi seul au monde sait que vous êtes ici ; nul ne connaît le secret du souterrain ; dans un mois, je reviendrai vous donner la liberté, ou vous conduire au harem de Soliman, sultan d'Ousda, de Fez et de Kiss.

— Bonne nuit. Et il se retira avant que Paquita, suffoquée de surprise, lui eût adressé des reproches.

XXXX

Sous terre.

Les deux jeunes femmes, demeurées seules, sentirent comme un pressentiment sinistre s'abattre sur elles.

— As-tu entendu ? fit Ritta. Cet homme a dit que seul il connaissait l'existence de ce souterrain, que seul il nous y savait enfermées.

— Madame, cela me fait trembler. S'il allait mourir...

— Nous sommes perdues, Madame, dit Paquita, du courage. Deux femmes avec de l'énergie peuvent faire bien des choses, même au fond d'un souterrain. Cherchons à nous évader.

— Et nous irons prévenir d'Obigny.

— Il délivrerait Jean.

— Mon enfant, tu as plus d'énergie que moi, et tu es plus intelligente ; dis-moi ce qu'il faut faire.

— D'abord visiter ce cachot.

Les deux jeunes femmes se mirent à l'œuvre.

— Prenez la lampe, dit Paquita. Je vais sonder les murs.

— Avec quel instrument ?

Paquita releva prestement sa jarretière.

— Paquita, ta manie de porter une arme à ton jarret me semblait fort ridicule autrefois. Je la bénis aujourd'hui. Du reste, j'ai aussi une arme.

Et Ritta montra le stylet qui ne l'avait pas quittée depuis que sa compagne le lui avait cédé.

Paquita gratta le mur.

Elle le trouva d'une dureté telle qu'elle dit :

— Madame, ceci est du ciment. Je crois que nous sommes ici dans une de ces constructions romaines comme il en existe à Tlemcen et j'ai ouï dire que le pic même ne peut rien sur elles.

Ritta poussa un soupir de découragement.

— Et les portes ? fit-elle.

Madame Jean sonda les portes.

— Elles sont de bois, recouvertes en plaques de bronze, dit-elle ; il n'y a rien à faire là.

— Nous sommes bien enfermées. Et Ritta posa sa lampe à terre.

— Sais-tu, dit-elle, ce que je vois au bout de tout cela : la mort ou le déshonneur.

— Au lieu d'attendre l'une ou l'autre, j'aime mieux en finir de suite. Elle était sombre et résolue.

Paquita préférait vivre.

— Je vous en prie, dit-elle, pas de folie. Jusqu'ici nous avons échappé au danger.

Et elle fit si bien, qu'elle ranima l'espérance et le courage de la marquise.

— Madame, dit-elle, ne nous laissons pas abattre ; tâchons de trouver une idée.

— J'ai lu des histoires de prisonniers qui s'évadaient dans des circonstances plus embarrassantes que celles où nous sommes ; témoin Latude.

— Il y mit vingt ans.

— Nous avons moins à faire que lui.

— Il ne s'agirait que de forcer une porte.

« Et tenez, voyez ce que c'est que de chercher ; on trouve : l'Évangile l'a dit :

« Si le ciment est dur, la terre ne l'est pas ; creusons donc la terre sous une porte.

Paquita se mit à attaquer le sol avec la pointe de son poignard, et reconnut qu'avec beaucoup de mal on arriverait à l'entamer ; c'était une sorte de marne.

— A la besogne ! dit-elle.

« Nous ne sommes pas grosses.

« Nous allons passer par-dessous une porte. »

— Je crains que nous ne trouvions du roc ou de la pierre maçonnée, dit Ritta.

« Ces voûtes si solides, ces portes de fer prouvent que les constructeurs ont tout prévu.

« Ils n'auraient pas laissé à des prisonniers la possibilité de s'enfuir comme des rats en creusant sous ces battants garnis de bronze et capables de résister à la hache.

— Madame, ce souterrain n'était pas destiné à garder des captifs.

« Il conduisait hors d'une citadelle la garnison le jour où elle ne pouvait plus résister ; c'est pour cela que les portes sont de chêne et de métal.

« Elles devaient empêcher la poursuite.

« Mais on n'a pas prévu le cas où le souterrain deviendrait une prison. »

Et, continuant intelligemment ses perquisitions, Paquita se rendit compte de tout.

— L'espèce de salle où nous sommes, dit-elle, était un corps-de-garde.

« Mettons-nous au travail. Il me semble certain que Nmer ne reviendra que dans un mois, comme il l'a dit. Donc, pas de visites à craindre. Travaillons. »

De leurs doigts roses, elles se mirent à l'œuvre, et c'eût été un curieux spectacle que de voir ces jolies créatures, frêles et délicates, s'attaquer au tuf et le gratter d'une lame de poignard.

Après une heure d'efforts, elles se reposèrent ; le sol était creusé sur une coudée de large et une profondeur de vingt centimètres environ ; elles étaient fières de leur travail.

— Nous réussirons ! dit Paquita. Mais j'ai faim ! Soupons !

Et elles mangèrent de bon appétit, se promettant de travailler sans relâche.

XXXXI

Rencontre inattendue.

Cette captivité des deux jeunes femmes et leur long travail d'évasion constituent certainement la partie la plus intéressante des récits que font de ce drame les conteurs arabes sous les tentes, pendant les veillées d'hiver, autour des feux du bivac.

Ils s'étendent avec mille détails sur la faiblesse des deux femmes, sur leur énergie, et surtout sur l'épisode final qui est si bizarre.

Ritta, qui de sa vie n'avait travaillé, était moins forte que sa petite compagne ; ce fut elle qui, de ses mains, d'abord, retirait du trou la terre que grattait madame Jean.

Peu à peu elles s'organisèrent.

— Madame, dit Paquita, ne travaillons pas à l'aveuglette, et tâchons de nous organiser.

Elle avait fouillé le coffre aux vivres, et elle y avait trouvé des plats, de la vaisselle d'étain.

Elle prit une assiette.

— Tenez, dit-elle, ceci vous servira de pelle.

« Cela vaudra mieux que de vous abîmer les mains. »

Elle avisa un instrument, indispensable dans les campements, que Nanouss avait placé au fond de la caisse, parce qu'elle croyait que Nmer serait obligé de voyager avec la marquise.

Cet instrument est une sorte de maillet de fer avec un bout de pioche, qui permet de creuser des fossés autour des tentes ; c'était tout ce que les jeunes femmes pouvaient espérer de mieux.

Quand, en fouillant le coffre, Paquita vit ce bienheureux maillet, elle dit à Ritta :

— Voilà qui va abréger notre besogne.

Et elle ne put résister au désir de lui montrer sur-le-champ combien le travail avancerait.

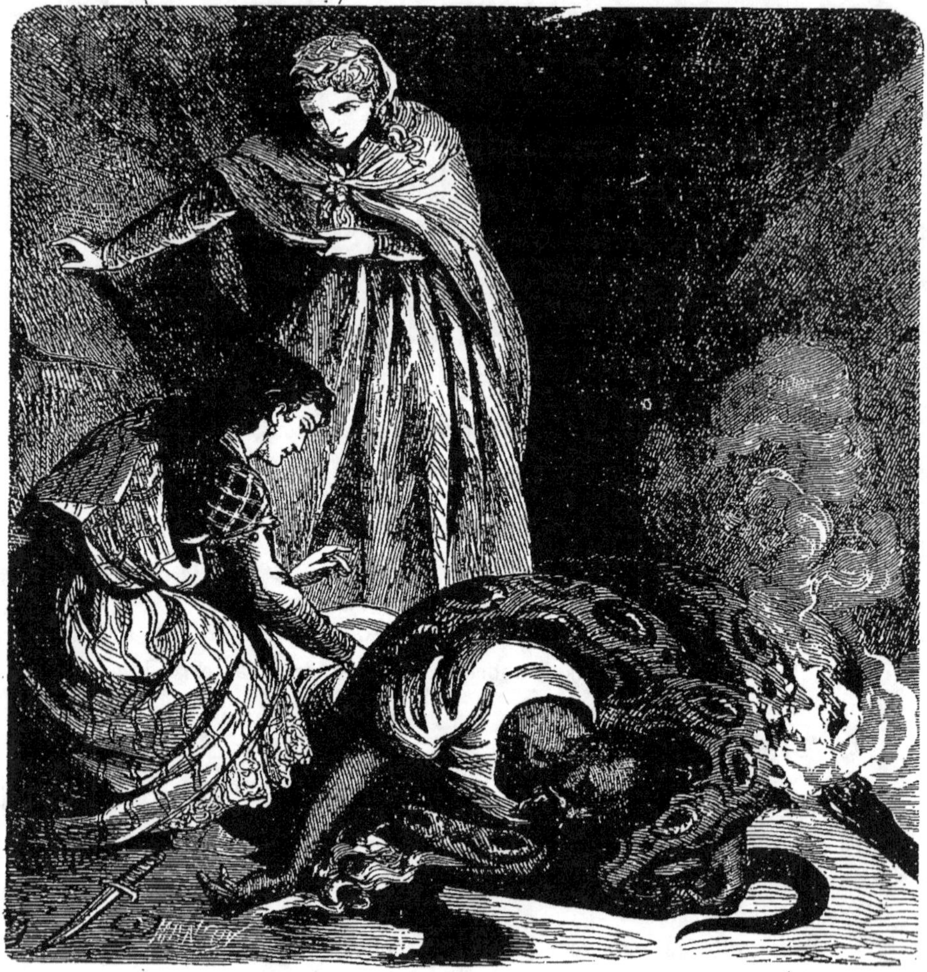

Elle regarda sur le théâtre de la lutte. (Page 196.)

Elle fit voler la marne par éclats.

Cette petite femme n'était pas trop maladroite ; domestique, elle s'était souvent intéressée aux travaux des colons, et avait vu comment on maniait les outils.

Se sentant plus sûres de réussir, elles se remirent à leur repas, qu'elles terminèrent presque gaiement.

Et, à l'œuvre !

Toutes deux s'escrimèrent et creusèrent un trou, vertical d'abord, puis horizontal.

Mais Paquita reconnut bientôt que les difficultés étaient plus grandes qu'elle ne l'eût cru : il fallut faire le trou assez large pour travailler et l'agrandir.

Plus elle avançait, plus la tâche devenait difficile ; mais plus aussi elle prenait d'expérience.

Le scellement de la porte la gênait.

Au lieu de passer dessous, il fallait qu'elle se résignât à attaquer cette maçonnerie.

Elle le fit.

Les deux jeunes femmes passèrent ainsi onze jours et onze nuits, sans se laisser distraire par d'autres soins que celui de se nourrir et de dormir, se reposant le moins possible ; car les femmes mettent à ce qu'elles font une ardeur inouïe.

Il advint que, après onze fois vingt-quatre heures, le scellement tomba, et, en un jour, le passage se trouva être assez grand pour que les jeunes femmes pussent passer dans le couloir et quitter le corps-de-garde qui leur servait de prison.

Car Paquita avait deviné juste.

Elles étaient réellement dans un réduit servant de poste aux soldats chargés de la garde du souterrain.

Pour le prisonnier, il y a une inexprimable satisfaction à agrandir les limites de son cachot ; ne ferait-il que s'adjoindre une prison à la sienne, qu'il éprouve déjà une grande joie ; ce fut ce qui advint aux deux jeunes femmes.

Certes, ce n'était pas la liberté qu'elles venaient de conquérir ; le couloir s'allongeait sombre devant elles ; mais elles y marchaient avec une joie extrême.

Paquita, en avant, tenait la lampe, et Ritta, plus timide, suivait sa compagne.

Celle-ci fit une remarque :

— C'est étrange ! dit-elle.

« On sent une odeur bizarre. »

En effet, le conduit empoisonnait le musc ; non pas ce musc que l'on tire de la civette ; mais celui qui s'exhale du corps des reptiles, et qui est mêlé à une senteur extrêmement désagréable de chair humide qui se putréfie.

Plus on avançait, plus l'air se chargeait de ces miasmes ; les deux jeunes femmes se sentaient incommodées, et Ritta suffoquait au point de dire :

— Je ne puis aller plus loin.

Dans les grands périls, l'on éprouve comme un pressentiment de ce dont on est menacé ; Paquita, elle-même, malgré son audace, se troublait.

Elle avançait à pas lents.

Elle dit à Ritta à voix basse :

— Je crois qu'il se passe quelque chose d'extraordinaire ; cela n'est pas naturel.

Et presqu'au même moment, elle vit une masse noire ressemblant à un cordage enroulé.

Elle s'arrêta tremblante.

En ce moment, elle se souvint d'avoir senti dans une ménagerie de reptiles l'odeur qui la suffoquait, et elle comprit qu'elle était en présence d'un serpent.

C'était un de ces énormes pythons, comme il s'en trouve encore en Algérie,

Après vingt siècles, nos armées, comme celles de Marius, ont retrouvé sur cette vieille terre d'Afrique ces monstres gigantesques, à l'espèce desquelles appartient le boa; au camp des Scorpions, en 1836, on en tua un qui mesurait onze mètres de long.

On conçoit quel effroi un reptile de cette taille devait causer à deux femmes, puisque celui dont nous parlons mit en fuite le détachement qui l'aperçut.

Ritta s'appuya défaillante contre le mur, et Paquita resta pétrifiée et debout.

Il y a certainement, et quoi qu'en aient pu dire certains naturalistes, un pouvoir magnétique et fascinateur dans le regard des serpents; ceux qui font de l'histoire naturelle dans leur cabinet, sur des animaux empaillés, nient très à leur aise certains faits qui leur paraissent des fables.

Mais il est incontestable que les couleuvres, qui tiennent des grenouilles sous le magique rayonnement de leurs prunelles noires, parviennent à les immobiliser.

Qu'on demande aux bûcherons, aux gardes, aux artistes qui avoisinent la forêt de Fontainebleau, s'ils n'ont pas vu souvent le spectacle d'une vipère fascinant un oiseau?

Toujours est-il que, soit frayeur, soit toute autre cause, Paquita resta comme galvanisée.

Le serpent avait dressé sa tête plate sur son corps énorme, et peu à peu il déroulait ses anneaux; tout à coup il s'allongea brusquement, et son souffle infect vint empoisonner l'air autour des deux prisonnières, sur lesquelles il dardait ses yeux de diamants noirs d'une profondeur de reflets inouïe.

Il était arrivé au bord du cercle de lumière que la lampe formait autour des jeunes femmes; mais au lieu de se précipiter, il hésita.

Evidemment la flamme lui faisait peur.

En règle générale, les reptiles n'aiment pas le jour, ils cherchent l'obscurité; mais en Afrique, où les incendies sont très-fréquents, la lumière les effraye plus que partout ailleurs.

A chaque instant, les broussailles desséchées s'enflamment à la moindre étincelle; des étendues de pays immenses sont envahies par des torrents de feu.

Alors tout ce qui est gibier, fauves, reptiles, fuient le fléau, qui souvent les atteint.

Les lions eux-mêmes s'inquiètent dès que quelque grande lueur brille.

Eux, que rien ne trouble, ils redoutent le feu qui détruit tout, et ils respectent le douar qui sait se ceindre d'un cercle de foyers bien entretenus.

Le python se dressa, fit passer en courbe tout l'avant du corps au-dessus de la limite marquée par le rayonnement de la lampe, et l'on eût dit qu'il calculait s'il ne pourrait pas atteindre sa proie sans s'engager sur le sol resplendissant de l'éclat de la lumière, qui faisait étinceler les paillettes humides du salpêtre dont le souterrain était imprégné.

Un instant il resta ainsi, balançant sa gueule effroyablement ouverte, lançant sa langue fourchue, rouge, pareille à un fouet à deux lanières et sifflant avec fureur, en même temps que sa queue battait le terrain ; mais il n'osa pas se *lover*.

Il se retira lentement d'abord, puis, renonçant tout à coup à l'attaque, il se replia sur lui-même et s'enfuit vers le fond du souterrain.

A mesure que le reptile s'éloignait, Paquita sentait cesser le charme qui pesait sur elle; elle reprenait sa volonté et sa raison.

Mais cette force bizarre qui la galvanisait était tombée ; elle sentait la défaillance venir en même temps que la conscience de la situation ; elle fut forcée de s'appuyer, elle aussi, à la muraille pour ne pas choir.

Mais Ritta, saisie d'une terreur folle, n'avait en ce moment qu'une pensée : fuir !

— Paquita, dit-elle, je t'en prie, soutiens-moi et regagnons la prison.

Madame Jean, qui avait une énergie virile, fit un appel à ses forces et offrit son bras à son ancienne maîtresse ; elles coururent vers la porte de leur cachot.

— Passez devant, dit généreusement Paquita à la marquise, qui obéit machinalement.

Et ce qu'elle faisait là n'était pas sans danger ; bientôt une forme longue serpenta dans le couloir ; c'était le python qui revenait en voyant la lumière s'éloigner.

Paquita tremblait de tous ses membres, et ses dents claquetaient comme si elle eût eu la fièvre ; elle redoutait de sentir une fois encore ce terrible regard qui l'avait tenue clouée sous l'empire d'une fascination effroyable.

Heureusement, le python se tint, qu'on nous passe ce mot, sournoisement à distance.

Il vint une pensée à la jeune femme, qui d'abord trouvait inexplicables les hésitations du reptile ; elle se dit que, sans doute, il avait peur du feu.

Dès lors, elle éprouva une certaine espérance ; l'huile ne lui manquait pas.

Elle posa fort intelligemment la lampe devant elle, et se glissa dans le passage.

Le serpent resta en observation.

Quand elle fut engagée dans le trou creusé sous la porte, elle retira peu à peu la lampe, et fit ainsi très-savamment sa retraite ; mais elle faillit tout perdre.

Quand le python ne vit plus la lumière, il crut la partie gagnée pour lui ; il poussa un sifflement strident qui produisit sur Paquita un tel effet, qu'elle laissa tomber la lampe à la sortie du trou, du côté du cachot ; par bonheur, la mèche continua à brûler à terre, au milieu d'une mare d'huile répandue.

— Vite ! cria la jeune femme à la marquise.

« Vite ! vite ! madame.

« De l'huile et une autre mèche, ou nous sommes perdues ; le serpent va venir. »

Mais Ritta n'avait aucune énergie dans certains cas ; c'était une nature nerveuse et tendre, capable de mourir, hors d'état de lutter avec quelque courage contre le péril.

Elle voulut courir.

Impossible...

Ses jambes lui refusèrent tout service.

Et Paquita criait :

— Madame, en grâce, agissez !

« Madame, hâtez-vous ! »

Elle relevait adroitement la mèche et la tenait dans ses doigts, soulevée au-dessus de l'huile qui menaçait de noyer la flamme ; mais la marquise ne parvenait pas à dominer sa faiblesse.

Alors Paquita comprit qu'il n'y avait à compter que sur soi-même pour cela.

Il y avait à terre des débris provenant de la fouille ; elle en fit un petit tas d'une main et posa la mèche dessus ; puis elle ramena autour d'elle de la terre imbibée d'huile, pour nourrir la flamme ; tout cela à l'entrée du trou.

Cela fait, elle courut aux coffres, et rapporta les mèches et une jarre pleine d'huile.

Au moment où elle voulut ramasser la lampe tout près de la porte, elle vit briller à l'orifice de l'excavation les yeux du serpent, et le trouble l'envahit aussitôt ; mais elle ferma vivement les yeux, et échappa ainsi à la fascination ; puis elle courut prendre cette espèce d'instrument arabe qui lui avait si bien servi déjà pour entamer le sol, et avec le manche, en évitant les regards du python, elle attira la lampe.

Alors elle remplit celle-ci, l'alluma à la mèche qui brûlait toujours, et la posa près de cette dernière.

Désormais, elle était sûre que le serpent avait trop peur du feu pour avancer.

Elle s'occupa de Ritta.

Celle-ci était en proie à une crise nerveuse, qui la secouait comme le vent de rafale secoue un arbuste ; la pauvre petite femme faisait pitié.

Paquita lui fit boire un peu d'eau, et chercha à la rassurer en raisonnant.

— Madame, lui disait-elle, nous sommes sauvées ; *il* ne viendra pas ici, je vous le jure.

« Tenez, il n'ose dépasser le haut du trou, *c'est un gros peureux;* vous avez tort d'en avoir peur.

Et faisant la vaillante :

— Si vous saviez comme c'est bête, ces animaux-là ; je me moque bien de *lui*, allez !

Elle lui montra la lampe.

— Il se figure que les rayons de cette lumière sont du feu et qu'ils brûlent. Il n'avancera pas.

Ritta se remit petit à petit.

— Mon Dieu, dit-elle, que je voudrais être morte! C'est trop souffrir.

Elle mit la main sur sa poitrine; les battements précipités de son cœur soulevaient ses doigts.

— Il me semble, dit-elle, que jamais je ne pourrai plus respirer; j'étouffe.

— Du courage! dit Paquita. Il faut m'aider. Voyons, levez-vous un peu.

Et la brave petite madame Jean mit madame d'Obigny debout, la soutint, lui fit faire quelques pas.

— Vous voyez bien, dit-elle, que vous marchez. Vous allez me seconder.

— Que veux-tu faire?

— Fermer le trou.

— Avec quoi?

— Avec les coffres.

— C'est trop lourd. Nous ne pourrons les porter.

— Que si, que si.

« Ils sont pleins, vidons-les.

— Mais, alors, ils seront trop légers.

— Nous remettrons dedans la terre que nous avons sortie du trou. Venez.

Elle montra un coffre à la marquise.

— A vous celui-ci, dit-elle. A moi l'autre.

Et, prestement, elle déballa les objets que Nanouss avait soigneusement emballés dans les deux caisses.

Ritta fit de même. Mais elle frissonnait toujours.

De temps à autre, elle regardait vers l'excavation et frémissait de plus belle.

— Prenez garde! dit Paquita. Si ce gros monstre-là vous tient sous son œil, vous serez fascinée comme je l'ai été. Là! Êtes-vous prête?

— Oui, dit la marquise.

— Alors, prenez le bout du coffre et moi l'autre; portons cela sur le trou.

— Ma chère enfant, tout mon sang se glace à l'idée de m'approcher de cet animal.

— Il n'y a pas à hésiter. Il le faut. Du cœur, madame.

Ritta, stimulée ainsi, se décida.

Le coffre fut amené près du trou, non sans soupirs d'angoisse poussés par la marquise; elle laissa tomber plutôt qu'elle posa son bout sur le sol.

A peine le coffre était-il placé qu'il fut soulevé par le python, arc-bouté dans l'excavation.

On refuse l'intelligence aux animaux; on leur attribue une faculté inférieure : l'instinct.

Distinction subtile.

Ce reptile comprenait parfaitement que l'on voulait lui barrer le chemin, et il protestait à sa façon; faisait-il ou ne faisait-il pas un raisonnement?

Toujours est-il qu'il agissait comme un homme eût fait en son lieu et place.

Paquita vit donc la caisse céder facilement sous la pression du python ; elle eut l'ingénieuse idée d'enjamber par-dessus les bords du coffre et de s'asseoir au fond.

— Nous allons voir, dit-elle, s'il pourra me faire bouger ; je suis très-lourde.

Déjà elle s'était familiarisée avec cette étrange aventure au milieu de laquelle elle se trouvait ; du moment où elle n'avait pas été mangée du premier coup, elle reprenait tout son sang-froid, voire même sa gaieté.

— Madame, dit-elle à Ritta, je sens que ce *gros imbécile* s'agite, mais sans réussir. Nous sommes sauvées.

La marquise leva les mains au ciel.

— Dieu t'entende ! dit-elle.

— Vous allez vous mettre à ma place.

— Dans ce coffre ?

— Eh oui ! Ne faut-il pas que je travaille.

— Que vas-tu faire ?

— Jeter dans cette caisse tous les débris de pierre ; nous ne pouvons servir de lest ; ce serait ennuyeux.

« Allons, enjambez ! La marquise obéit.

Paquita en était venue à commander.

Elle se fit remplacer ainsi, travailla, chargea le coffre d'éclats de marne, et montra tant d'activité qu'en un quart-d'heure il fut rempli jusqu'au bord.

La marquise avait monté à mesure que cela était devenu nécessaire.

Quand la besogne fut terminée, Paquita dit avec satisfaction à madame d'Obigny :

— Nous voilà tranquilles. Jamais ce monstre-là ne pourra pousser une pareille charge avec sa tête.

La marquise eut honte d'elle-même devant cette vaillante nature que rien n'abattait.

— Paquita, dit-elle, tu as raison.

« Nous recommencerons à travailler.

« Après tout, nous pouvons peut-être réussir.

— A table, madame. Si seulement nous avions du champagne !

Depuis son mariage, Paquita avait appris à dîner à la française, avec de bons vins.

Elle adorait l'aï mousseux.

— Ah ! fit-elle, comme je ferai sauter les bouchons, si jamais nous sortons d'ici.

— Assez de folies, supplia la marquise. N'offensons pas Dieu.

Les deux jeunes femmes firent leurs repas.

Mais le sommeil vint.

— Madame, dit Paquita, j'ai grande envie de dormir ; mes paupières s'alourdissent. Êtes-vous comme moi ?

— Ma chère enfant, fit la marquise, je suis comme toi; mais je lutterai contre le sommeil.

— Pourquoi donc?

— Ne faut-il pas veiller à tour de rôle? Si le serpent allait venir.

— Il n'y a pas de danger.

« Par où passerait-il?

— Il peut parvenir à renverser le coffre.

— Je l'en défie bien.

« Il n'a que sa tête.

« Du reste, il n'est pas à son aise dans ce trou, et il ne peut prendre appui.

— N'importe, je vais veiller.

— Mais, madame, c'est parfaitement inutile; du reste, je vais complètement vous rassurer.

Paquita se leva, rabattit le couvercle du coffre, mit des coussins dessus et se fit un lit.

— Je vais dormir là-dessus, dit-elle; s'il fait quelque tentative, je serai réveillée à la moindre secousse.

— Comme tu es ingénieuse! Je voudrais bien être comme toi.

« Mais, à dire vrai, je ne suis pas encore absolument tranquille; *il* peut se faire un passage.

— C'est une erreur. Ces bêtes-là n'ont pas de pattes.

« Cela entre dans des anfractuosités de roches, dans des trous de chacals qu'ils chassent.

« Quant à fouiller la terre eux-mêmes, ceci leur est défendu par leur conformation.

— Tu finiras par me tranquilliser.

— Si vous étiez plus raisonnable, vous seriez déjà couchée, madame; je vous souhaite le bonsoir.

Et elle s'endormit aussitôt.

Quant à la marquise, elle lutta longtemps contre le sommeil et finit par s'assoupir.

XXXXII

Encore le monstre.

Quelques heures plus tard, les jeunes femmes se réveillèrent délassées; toutes deux avaient rêvé serpent. Mais quels songes différents!

— Bonjour, madame, dit Paquita. Avez-vous bien dormi?

— Non, ma fille. J'ai eu le cauchemar.

« Je me suis crue entre les anneaux du serpent et broyée par lui comme par un étau. »

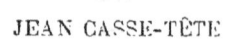

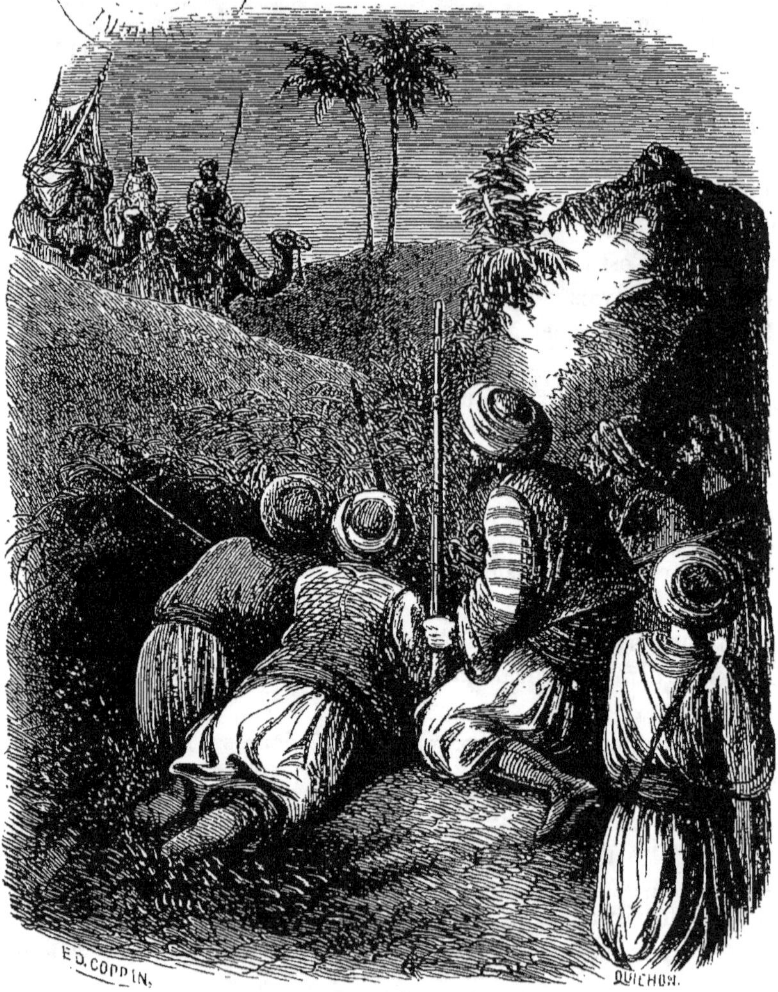

Saracqs (voleurs), qui courent la plaine. (Page 200).

— Moi, madame, j'ai eu un rêve plus agréable qui se rapporte à la Bible et au paradis.

« Je m'imaginais que j'étais Ève et que Jean était Adam ; nous vivions dans l'Éden. Je m'ennuais à mourir.

« Mais voilà qu'un beau matin le serpent vint et me tenta avec la pomme. Je la croquai. Ah ! madame, quelles délices !

— Et le châtiment?

— Je me suis réveillée avant que d'en arriver là.

« Travaillons, voulez-vous? »

Elles se mirent à l'œuvre toutes deux, et recommencèrent la difficile besogne qu'elles avaient précédemment entreprise sous la première porte.

Mais voilà que dans le couloir où était le serpent, un bruit attira leur attention.

— Entendez-vous ? dit Paquita. Une porte qui s'ouvre.

— En effet !

— On dirait que quelqu'un entre par l'issue qui donne sur la campagne. Comme ce souterrain est retentissant !

— Voici des pas.

— C'est Nmer.

— Il vient nous délivrer.

— Le serpent va le dévorer, dit Paquita.

— Prévenons-le ! s'écria la marquise.

Paquita ne voulut pas.

— Madame, dit-elle, n'en faites rien. Que le serpent et lui s'arrangent. Écoutez.

Haletantes, elles prêtèrent l'oreille.

Le serpent avait dû entendre du bruit aussi ; il s'était mis à siffler, mais très-doucement.

C'était comme des petits cris d'inquiétude.

Les jeunes femmes l'entendaient glisser sur le sol et aller vers le nouveau venu.

Au bout d'un instant, une lutte s'engagea entre l'homme et le reptile. C'était bien Nmer.

Il apportait tout, un coussin sur sa tête ; de l'autre main il portait la torche.

Le serpent allait se trouver entre un ennemi et une impasse infranchissable.

La situation, pour un spectateur, eût été particulièrement intéressante en ceci : Le python, cette fois, allait-il braver le feu et s'aventurer dans la lumière ?

Nmer, en avançant, entendit bientôt les sifflements qui devenaient plus forts.

— Qu'est cela ? pensa-t-il.

Il mit son coussin à terre.

— Voilà qui est singulier ! murmurait-il.

Et, prenant ses pistolets, il se mit en état de défense ; mais il ne s'attendait pas à avoir affaire à un monstre pareil, et quand il l'aperçut, il se troubla.

Le reptile se dressa, terrible, gigantesque.

Nmer, à tout hasard, visa et tira. La balle atteignit le monstre.

Celui-ci, blessé, poussa une sorte de râle, et, selon l'expression de Ritta, on eût dit le bruit d'une immense clarinette dans laquelle on eût soufflé à l'envers.

Le python, furieux, sans s'inquiéter de la torche et du feu, se jeta sur l'Arabe.

Nmer avait eu le temps de tirer son yatagan ; il se défendit avec vigueur.

La torche, tombée de sa main, brûlait à terre et éclairait cette scène de ses reflets rougeâtres ; c'était un spectacle magique qui eût glacé d'épouvante qui l'eût vu.

L'Arabe, atteint, enlacé, fut étreint de telle façon qu'il perdit connaissance.
Les jeunes femmes remarquèrent qu'il n'appela pas, qu'il ne se plaignit pas.
Il périt en brave.
Le python broya sa victime ; mais il ne la dévore pas ; il était blessé à mort.
Il s'étala sur le sol, se débattit un instant et expira auprès de Nmer.
Il avait été presque séparé en plusieurs tronçons, et ses efforts pour broyer sa victime avaient aggravé ses blessures ; il avait deux vertèbres hachées.

XXXXIII

Il est mort.

Pendant cette lutte assez courte, les deux jeunes femmes avaient gardé le silence.

Bientôt, tout bruit cessa.

— Madame, dit Paquita, voila qu'il le dévore.

— Qu'allons-nous faire ?

— Attendons une heure. Il faut bien une heure au python pour avaler sa proie ; Nmer était grand.

— Et puis... après ?

— J'irai voir ce qui se passe.

— Paquita, tu me fais frémir.

« Quel courage tu as !

« Comment, tu vas t'exposer ainsi ? »

— Ma foi, oui !

« Je suis bien sûre que les reptiles dorment quand ils ont dîné ; ainsi je me risque.

« Voyez-vous, avec ma lampe, je ne crains rien. Si le monstre ne dormait pas, je l'arrêterais.

Au bout du temps qu'elle avait fixé, elle se dirigea vers l'orifice et vida le coffre.

Et elle se glissa par le trou, ayant soin de pousser la lampe devant elle en avançant.

A peine sortie de l'excavation, elle vit le serpent immobile près de Nmer méconnaissable.

La marquise était hors du trou, elle regardait aussi ; mais elle ne jugeait pas froidement les choses.

— Rentrons vite, dit-elle tout bas.

« *Il* ne le mange pas.

— Je crois bien ! fit Paquita.

« *Il* est mort.

— Tu penses ?

— Jugez-en.

Et la jeune femme montrait la torche qui flambait tout près du serpent.

La peau de celui-ci touchait presque à la lumière, et l'odeur des chairs grillées prenait à la gorge.

— S'il vivait, dit Paquita, il ne se laisserait pas rôtir ainsi, soyez-en sûre.

« Venez. »

Paquita s'avança hardiment.

Elle s'approcha, prit d'abord le yatagan de Nmer, et coupa la tête au reptile.

C'était une précaution sûre, mais inutile; elle fit cette besogne avec un beau sang-froid.

La marquise, peu rassurée encore, s'appuyait sur les parois du souterrain.

— C'est fait! dit Paquita. « Voyez donc comme ce brave Nmer s'est défendu; il a massacré le serpent. »

Elle montrait les blessures béantes.

Elle fouilla, chercha dans les vêtements couverts de bave une clef quelconque.

Elle ne trouva rien.

Elle regarda sur le théâtre de la lutte; mais pas l'ombre d'une clef.

— Madame, dit-elle, il n'y a pas de serrure, sans doute, à la porte de sortie.

« On l'ouvre par quelque secret. Pourvu que nous le trouvions.

« Allons voir. »

La marquise dut enjamber par-dessus les deux cadavres, ce qu'elle ne fit pas sans horreur.

On arriva à la porte. Là, grand embarras.

Paquita vit une espèce de dalle au bout d'un escalier, dalle placée presque perpendiculairement; mais pas d'apparence de serrure ou de bouton.

— Ma fille, dit la marquise, notre sort est terrible; plus ta bravoure triomphe des obstacles, moins nous réussissons; c'est une chose désespérante; j'en suis navrée.

— Mais, madame, nous avons des vivres.

— Mais, Paquita, cette dalle est une pierre dure.

— Et si je trouve le secret!

— Et si tu ne le trouves pas?

— Reste l'autre porte.

« Le bordj est toujours ouvert pour nous.

« Laissez-moi faire. »

Elle fit l'inspection minutieuse de la dalle, y cherchant quelque joint.

Elle ne trouva absolument rien.

— Tu vois, fit la marquise.

— Mais, madame, encore une fois, nous avons l'autre issue; nous allons nous y remettre.

Paquita, en passant, prit à Nmer sa cartouchière, tombée dans la lutte, ses pistolets, son fusil, tout ce qui était arme ou outil.

Elle ramassa le coussin.

— Aidez-moi, dit-elle à la marquise.

« Il nous apportait des provisions. »

Ritta prit machinalement une anse du panier d'alpha, et aida à le porter ; mais elle était tout affaissée.

Paquita, elle, avait tout son entrain.

La marquise rentra dans le cachot ; Paquita aussi, traînant le coussin derrière elle.

XXXXIV

L'explosion.

Le coussin de maître Nmer était bourré de choses excellentes : couscoussou frais, volailles rôties ; gigots de mouton aux olives et fruits de toutes espèces.

Le brave homme avait fait de son mieux.

Paquita, très-gaie, fit honneur aux provisions ; elle eut mille peines à dérider la marquise.

Elle lui montrait les armes :

— Madame, disait-elle, nous sommes riches.

« Comptons un peu.

« Un fusil pour moi.

« Deux pistolets.

« Je vous en donnerai un. »

— Qu'en ferai-je ?

« Je ne sais pas me servir de cela, dit la marquise.

— Est-ce donc si difficile ?

« Tenez, prenez-le en main. »

Et elle mit l'arme dans les mains de la marquise, lui montrant la manœuvre de la batterie.

— A bout portant, dit-elle, on ne vise pas.

« Vous étendez le bras, et paf, l'homme est mort. »

— Où as-tu donc appris à te servir de ces armes ? On dirait que tu as été chasseur.

— Madame, j'ai eu la fantaisie d'accompagner Jean plusieurs fois à l'affût.

Et, caressant la cartouchière de Nmer :

— Voilà qui va nous servir.

— Eh ! madame, quelle idée !

« Avec un peu de poudre, nous pouvons faire sauter la porte de sortie. Moi qui n'y avais pas songé ! »

Elle se leva enchantée.

— Venez! dit-elle. Nous allons fuir.

— Et tu sauras faire cette mine?

— Je pense que oui.

« On ne peut creuser le roc, mais nous allons porter les deux coffres sous la porte, qui est presque une trappe, comme vous avez pu le voir vous-même.

« Nous mettrons de la terre dans le premier coffre, pour faire résistance à la décharge.

« Le second coffre au-dessus du premier, et au-dessous de la dalle qui fait obstacle, sera rempli presque entièrement de débris de pierres, que nous porterons là-bas dans le coussin ; tout en haut, nous placerons de la poudre dans une de nos outres en peau de bouc, avec une mèche que nous allumerons, et nous nous sauverons.

« Après l'explosion, nous trouverons pour le moins la dalle ébranlée. »

Cette fois, l'espoir vint vif au cœur de la marquise, qui se leva joyeuse et embrassa Paquita.

— Ma chère enfant, dit-elle, tu es un ange. Tu vas nous sauver.

— A la bonne heure! fit madame Jean, j'aime à vous voir ainsi. Au travail!

En six heures, à peu près, elles eurent terminé leurs préparatifs, et la mèche fut posée.

Paquita, avec un grand calme, dit à la marquise, qui frémissait d'impatience :

— Il faut absolument prendre des forces. Fuyons, nous dînerons plus tard. Nous emporterons le coussin ! Il nous faut vivre en route.

Et elle prit des bandes d'étoffes dans les coffres de Nanouss pour attacher les outres, de façon à ce qu'on pût les porter en sautoir, comme font les soldats avec leur bidon.

— Voilà votre équipement, dit Paquita. Je vais m'occuper du mien.

« Il faut arranger le coussin comme un havre-sac : c'est plus commode à porter.

Et elle fit, pour cela, les agencements nécessaires ; elle eut bientôt terminé.

— Tout est prêt ! dit-elle. A la mine !

Elle prit la lampe et marcha vers la porte de sortie, suivie de la marquise, émue, mais résolue.

Paquita mit bravement le feu à la mine, et, avec sa compagne, se retira en courant.

Cinq minutes s'écoulèrent...

Tout à coup une explosion formidable retentit ; le souterrain fut violemment secoué.

Çà et là quelques fragments de ciment se détachèrent et jonchèrent le sol de débris.

Les deux jeunes femmes étaient tombées, renversées par la secousse ; elles se crurent perdues; mais au bout d'un instant, elles se relevèrent sans aucune blessure; la lampe s'était éteinte en tombant des mains de Paquita.

Celle-ci s'était bien gardée d'oublier le briquet, dont Nmer avait eu soin de garnir les coffres; elle ralluma la mèche, et les deux prisonnières coururent vers la mine.

Les combinaisons de Paquita avaient en partie réussi; la dalle était brisée.

Au milieu d'un amoncellement de pierres, de terre, de branches d'arbres déracinés, Ritta vit filtrer des rayons de jour; l'air de la liberté arrivait par des interstices mal comblés.

— Où est ton outil? demanda la marquise à Paquita avec un emportement furieux.

— Le voici! dit la jeune femme.

Ritta, ardente, se mit à déblayer avec une espèce de frénésie; mais ses forces la trahirent.

— Là! fit Paquita. « Vous voilà lasse. Passez-moi la pioche. »

Plus calme, plus méthodique, avançant plus rapidement par conséquent, Paquita attaqua les quartiers de pierre, les faisant rouler l'un après l'autre au fond de la galerie.

Tout à coup elle s'arrêta :

— Eh bien! fit la marquise.

— Chut! dit Paquita, « Écoutez! »

On entendait un bruit sourd.

— On dirait des cavaliers qui viennent! fit madame Jean. En effet, c'était un galop de chevaux.

Les jeunes femmes prêtèrent l'oreille.

Au bout d'un instant, Paquita dit :

— Ce sont des Arabes du bordj.

« Ils ont entendu l'explosion; ils accourent.

« Voilà ce que nous n'avions pas prévu.

— Nous allons être découvertes.

— Peut-être.

— Ils voudront savoir ce qui a causé la détonation, et ils creuseront le terrain.

— Eh bien! s'ils nous trouvent, du moins ne mourrons-nous pas de faim, comme nous en avons été menacées; c'est déjà quelque chose que de sortir de cet affreux souterrain.

« Et puis, qui sait?

« Il peut se faire qu'ils ne fouillent pas le terrain, ils n'ont pas d'outils avec eux. »

Les cavaliers arrivèrent.

Les jeunes femmes entendirent d'abord des cris et des appels bruyants de l'un à l'autre.

— Aoh ! « Ici. Je vois la trace d'une mine. »

Un chef ordonna :

— Fouillez les environs. « Peut-être y a-t-il une troupe près d'ici. »

Les cavaliers partirent dans toutes les directions, et ils revinrent en déclarant que rien de suspect n'apparaissait aux alentours.

Le chef avait réfléchi.

— Enfants, dit-il, je vois ce qui s'est passé.

« Ce lieu était une espèce de grotte, connue sans aucun doute des saracqs (voleurs) qui courent la plaine.

« Un saracq, ou un mendiant, ou un chasseur s'est arrêté dans cette grotte. »

Il montra les traces de pas laissées par Nmer.

Il reprit :

— Avant cet homme, d'autres s'étaient fait, pour la nuit, un refuge de la grotte.

« Mendiants, saracqs (voleurs) et chasseurs ont des secrètes retraites qu'ils s'indiquent.

« Vous savez que, trop chargés de provisions, ces gens-là laissent ce qu'ils ont de superflu et de gênant dans les lieux pareils à cette grotte.

« Leurs camarades trouvent cela.

« Or, un chasseur aura laissé de la poudre cachée sous une couche de terre.

« Un autre aura fait du feu sur l'endroit où se trouvait la poudre, et sera parti en laissant le feu allumé ce matin ; les braises ont continué à brûler.

« Le sol échauffé aura communiqué à la poudre assez de chaleur pour l'enflammer.

« Et voilà comment il se fait qu'une explosion a eu lieu, mes enfants.

« Vous voyez bien que les djenouns ne sont pour rien dans cette affaire très-simple. »

On rit et l'on plaisanta.

Le chef fut complimenté.

Personne ne voulut reconnaître qu'il avait ajouté foi à l'histoire du djenoun.

Enfin, on monta à cheval et l'on partit...

Les jeunes femmes tombèrent dans les bras l'une de l'autre en pleurant de joie.

— Vous voyez bien ! disait Paquita. Nous voilà sauvées !

— Ma chère enfant, tu avais raison.

« Maintenant, j'espérerai toujours. »

Elles se remirent à piocher.

Mais quand Paquita vit qu'il n'y avait plus que quelques pierres à enlever, elle dit :

— Patience ! Il faut s'arrêter.

— Pourquoi donc ? fit la marquise.

— Il fait jour. Attendons la nuit.

Sortez! fit-elle, ou j'appelle! (Page 210.)

Ritta soupira et se résigna.

Elle vint plusieurs fois respirer l'air du dehors avec délices, et elle tâtait de ses mains la pierre qui seule encore la séparait de la liberté.

Paquita, pour tuer le temps, faisait son itinéraire et calculait sa marche pour aller aux Figuiers.

— Nous avons deux nuits à marcher; dit-elle.

— Comment nous guiderons-nous? demanda la marquise.

— Aux étoiles.

« On s'oriente assez facilement dans les solitudes ; il nous faut aller vers l'ouest en tirant sur le nord.

« La première nuit nous atteindrons la rivière du Kiss, et là nous trouverons une forêt.

« Nous dormirons à l'abri.

— Mais les lions ?

— A tout hasard !

« Nous essayerons de nous défendre, même contre les lions ; j'ai mon fusil, madame.

« Et puis, à la grâce de Dieu ; si nous sommes mangées, tant pis ; j'aime encore mieux périr sous la dent d'une bête fauve que d'attraper la petite vérole. »

Elle babilla ainsi jusqu'au soir.

Quand la nuit vint, ce que les jeunes femmes reconnurent aux rayons affaiblis de la lumière filtrant par les trous, elles firent crouler la pierre qui faisait obstacle et dégagèrent la terre qui les gênait encore.

« Elles étaient libres...

Elles se virent hors le souterrain en pleine solitude ; l'espace était devant elles.

Alors Ritta se mit à genoux et pria...

Quant à Paquita, elle regardait du côté du bordj, et, en se relevant, la marquise la surprit envoyant des baisers de côté ; madame Jean rougit fort.

— Que fais-tu donc là ? demanda Ritta.

« Tu as perdu la raison.

— Non pas, madame.

« On empêcherait une rivière de couler sans comprimer les élans de mon cœur. Je suis passionnée ; je suis née ainsi, et je me sens un volcan dans la poitrine.

— Je désespère, fit Ritta. Partons.

Elles se mirent en marche à travers la nuit.

XXXXV

Maître Jean en caniche.

Cependant, Jean était resté dans le bordj.

Selon les ordres de Soliman, on avait fait fabriquer par le maréchal ferrant de la tribu deux bons anneaux qu'on avait scellés dans le mur, en plein air.

Le même ouvrier avait fabriqué une ceinture de fer avec deux anneaux, et l'on avait mis à Jean cette ceinture, puis on l'avait attaché à la muraille par deux chaînes.

Nous renonçons à peindre les rages du vieux chasseur pendant cette opération assez longue.

Les Arabes lui riaient au nez.

Le pauvre homme eut beau dire, beau faire, beau protester, il fut enchaîné comme un chien.

Il était là depuis deux jours, réfléchissant mélancoliquement à son triste sort, pensant à Paquita, et s'attendrissant à l'idée d'avoir une femme si vertueuse, il avait subi deux fois vingt-quatre heures les humiliations les plus dures, quand il survint un incident dans le bordj.

Jean était réduit à l'état de mâtin. On le menait *promener* en laisse.

Le matin, à midi, et le soir, deux Arabes prenaient chacun le bout d'une des chaînes, et un autre, fusil chargé, les accompagnait, gardant maître Jean.

Celui-ci s'en allait avec ses amis vers un petit bois voisin, et là on l'attachait à un arbre avec de forts cadenas passés aux chaînes.

Un soir que l'on conduisait Jean à la source, il arriva que lui, ses gardes et l'Arabe au fusil chargé, se trouvèrent en présence d'un beau lion qui, assis sur son train de derrière, les regardait de son œil clair.

Les Arabes ont grand peur du lion.

L'animal était là, distant de vingt pas au plus, se reposant près de la fontaine et ruminant peut-être au chemin qu'il prendrait bientôt pour sa chasse.

Jean saisit l'occasion au vol.

Profitant de l'ahurissement des deux gardiens, il prit son élan, et les chaînes glissèrent des mains qui les maintenaient; le chasseur bondit sous bois.

Le soldat armé, troublé, mit en joue le fuyard, et il tira au hasard dans sa direction.

Dans l'état de stupeur où ces hommes étaient plongés ces choses se passèrent brusquement, machinalement; les nerfs agirent beaucoup plus que la raison.

Le lion, au coup de feu, se dressa et rugit, irrité par ce bruit insolite.

A cette démonstration, les Arabes s'enfuirent; mais le terrible fauve, en deux bonds, atteignit l'homme au fusil, et le terrassa d'un coup de patte.

Puis il se mit en devoir de le dévorer.

Mais les vêtements de laine sont un objet de dégoût pour le lion ; celui-ci se contenta d'écharper son adversaire, il lui broya le crâne, et s'en alla après avoir uriné sur le cadavre.

On l'entendit bientôt s'éloigner en rugissant sous les taillis pour célébrer sa victoire.

— Jean était revenu.

Il s'était emparé des armes du mort et de sa cartouchière, puis il avait fui.

Les gardiens n'osaient reparaître.

Jean, une fois hors des mains de ces hommes, n'était pas assez novice pour se laisser reprendre.

Il perdit ses traces en marchant dans des ruisseaux, puis il chercha à se débarrasser de ses chaînes ; mais, sans outil, il ne put jamais y parvenir.

Alors il se résigna à marcher avec elles.

Il arriva aux Figuiers en dix-sept heures.

On juge de l'étonnement qu'il causa.

D'Obigny était là.

— Toi ! fit-il. Avec ces chaînes !

— Ah ! mon ami, dit Jean. Quelle aventure.

« Ces Arabes ! enchaîner comme un chien un noble comme moi, c'est de la dernière infamie.

« Mais... patience. A propos, le courrier a eu le temps d'arriver. »

— Quel courrier ?

— Celui de France. A-t-il apporté mes titres ?

D'Obigny, malgré sa tristesse, ne put s'empêcher d'admirer Jean et de sourire de sa préoccupation.

— Il n'y a que toi, dit-il, pour songer ainsi à un titre dans une circonstance pareille. Le Saint-Père n'a pas encore répondu.

« Mais conte-moi ce qui t'est arrivé. »

Jean mourait de faim.

— Permets que je mange ! dit-il.

On le servit.

Tant qu'il n'eut pas dévoré le cuissot de gazelle qu'on avait mis devant lui, il ne dit mot ; mais lorsque le café fut servi, il alluma sa pipe, se mit à l'aise, congédia tous les serviteurs, et dit à d'Obigny :

— Tu n'imagines pas le plaisir qu'on éprouve à fumer une bonne pipe après avoir été, comme un caniche, à l'attache et conduit en *laisse* à la promenade.

Et il reprit :

— Ce qui me console, c'est que Paquita est vertueuse comme un ange du ciel.

« Si tu savais... Et Jean conta son affaire.

D'Obigny écouta, froid et réfléchi.

Il devina tout.

Quand Jean en vint au moment où il avait trouvé Soliman chez Paquita, le marquis contint à peine son envie de rire ; Jean eût donné des accès d'hilarité à un condamné à mort avec les airs qu'il prenait.

D'Obigny vit bien que Paquita s'était ingénieusement substituée à Ritta. Il se prit de quelque espoir.

— Mon cher, dit-il, il faut aller enlever ce bordj, et faire promptement.

— Mais, mon ami, nos femmes n'y sont plus. Sache que Nmer, un gredin que je te recommande, a mené nos femmes on ne sait où.

— Nous les retrouverons.

— Ce Soliman tente une entreprise difficile ; tu as compris qu'il a juré de ne posséder ta femme qu'après qu'il aura réussi ; et Nmer lui cache Ritta.

— Bien ! dit d'Obigny. Nous arriverons à nos fins.

« Ce Soliman veut Ousda. »
— Comme nous.
— Il ne sait pas qu'un trésor existe ?
— Je crois bien que si.
— A quoi l'as-tu supposé ?
— A mille choses.

« Les Arabes parlent de richesses fabuleuses à conquérir ; ils disent que leur maître fait du diamant.

— Le problème se complique, dit d'Obigny.

« Dors deux heures. »

Au bout de deux heures, Jean était debout.

D'Obigny avait eu le temps d'étudier la situation ; il eut avec son ami un entretien sur la voie à suivre pour délivrer les jeunes femmes.

— Mon cher, dit d'Obigny, je crois que le meilleur, le seul parti à prendre, c'est de nous tenir, avec des hommes résolus, dans Ousda même, le jour où la révolte éclatera.

— Mais il faudra connaître ce jour-là.

— Nous enverrons des chouafs.

« Impossible qu'une conspiration qui veut faire appel à l'émeute soit si secrète que l'on n'en ait pas quelques indices ; nous aurons à Ousda des gens habiles.

« Puis, au fait, j'irai moi-même. »

— Prends garde !

— Je serai déguisé.

— Défie-toi, mon cher. Il y a une police à Ousda.

— Et quand je serais découvert... Suis-je un ennemi déclaré du caïd ? La France est-elle en guerre avec lui ?

— Tu as peut-être raison. Si je t'accompagnais ?

— Viens si tu veux.

— En quoi serons-nous déguisés ?

— Moi, en marabout. Toi, en serviteur.

— Et tu comptes apprendre quelque chose ?

— J'espère savoir tout.

— Après, que ferons-nous ?

— Nous irons chercher des hommes sûrs pour le jour de l'émeute ; nous amènerons beaucoup de gens à nous dans la ville et sur le marché ; nous nous mêlerons au peuple et nous frapperons sur les deux partis à la fois ; nous parviendrons de la sorte à être les maîtres, et à nous débarrasser du caïd et de Soliman.

— Je crois que l'important sera d'entrer dans la casbah, et je m'en charge.

— Nous avons Paul, là-bas.

— Il nous aidera.

— Et nos femmes ?

— Mon cher, Soliman mort, tout se passera très-bien, et nous reverrons les prisonnières.

« Je lancerai une proclamation promettant cent mille francs à celui qui nous ramènera Ritta et Paquita.. Nmer, ou tout autre qui en aura le pouvoir, ramènera de suite ma femme et la tienne : on ne résiste pas à l'appât de l'or. »

Jean se frotta les mains.

— Tout va bien ! dit-il.

« Je pourrai donc bientôt embrasser cette chère Paquita et la complimenter.

« Ah ! mon ami, quelle touchante vertu ! quelle sagesse et quelle énergie ! »

Jean essuya une larme. D'Obigny déguisa un sourire.

Les choses étant arrêtées ainsi, les deux chasseurs allèrent à Nemours, chez un juif, chercher de quoi opérer leur transformation, puis ils s'acheminèrent sur Ousda.

Le marquis, comme il convient à un marabout de haute volée, était monté sur un magnifique cheval qu'il avait pris dans les écuries de son beau-père ; Jean suivait sur une bête de moins d'apparence.

Il va sans dire que le faux marabout était muni de tous les parchemins nécessaires ; d'Obigny, qui avait tant couru les tribus, ne manquait de rien de ce qui peut parfaire un déguisement.

Pendant que les deux chasseurs marchaient sur Ousda, il se passait dans cette ville un drame dont Paul était le héros ; ce dont il se fût bien passé.

Jamais Parisien ne se trouva à pareille fête que lui ; jamais non plus à pareil réveil.

XXXXVI

Départ pour la chasse.

Au harem, où nous avons laissé Paul, les fêtes succédaient aux fêtes nuit et jour.

Paul, nous l'avons dit, avait obtenu de partager la chambre de la petite Aïda. L'enfant avait été charmante pour lui.

Le lendemain, au réveil, Paul avait dit à la jolie mulâtresse, entre deux baisers :

— Tu sauras te taire, n'est-ce pas ? Un mot ferait tout découvrir.

— Ne serais-je pas perdue comme toi ! dit la petite. Sois rassuré. On est dissimulée entre femmes.

— Tu n'as pas d'amie ?

— Aucune.

— Je compte sur ton silence.

Et, sur une caresse, ils sortirent.

Le caïd, l'eunuque, tous les serviteurs de la casbah attendaient le réveil de Paul.

On avait organisé une partie de chasse.

Paul, comme Européenne, pouvait y prendre part; mais aucune femme indigène n'y devait paraître.

Il déclara que, dans ce cas, le caïd chasserait seul.

On le supplia. Il refusa.

Les femmes l'approuvèrent fort.

Que faire ?

Le caïd se lamentait.

— Une idée ! dit Paul.

« Qui t'empêche de déguiser tes femmes en hommes ; ce sera très-amusant pour toi et pour elles.

« Personne ne le saura dans la ville.

» Tu vas renvoyer tes serviteurs, tu diras que la partie est remise à huitaine.

« Puis, par la porte de la casbah qui donne sur la campagne, nous sortirons toutes habillées en cavaliers avec toi et quelques hommes sûrs : tu as bien deux ou trois serviteurs d'une discrétion à toute épreuve ?

— Oui, dit le caïd.

— Eh bien ! préviens-les.

— Mais...

— Oh ! des difficultés.

« Et tu dis que tu es galant ! »

Paul eut un sourire dédaigneux.

Le caïd céda.

Ce fut, dans le camp des femmes, un délire de joie ; toutes voulaient embrasser Paul, et celui-ci se laissait faire ; chacune voulut le consulter.

— En quoi m'habiller ? disait l'une.

« Andalouse, un conseil. »

Et une autre :

— Perle d'Espagne, faut-il me vêtir en Maure ; crois-tu que la sadria m'irait bien ?

« Viens dans ma chambre. Tu me donneras ton avis. »

Et une troisième :

— Mon cœur, ne penses-tu pas que, grande comme je suis, je ferais un beau chaouch ?

Et toutes l'entourèrent.

— Mesdames, dit Paul, faites à votre guise ; moi, je reste vêtue en femme ; c'est mon droit.

« Je suis une Européenne.

« Je puis suivre une chasse.

« Les dévots d'Ousda ne crieront pas au scandale.

« Vous autres, empruntez les habits que bon vous semblera ; j'irai d'une chambre à l'autre.

« Je dirai mon goût. »

— Merci, charmante !

— Mille grâces, djenoun enchanteur.

— A toi cent baisers.

Et, comme une volée de perdrix, les femmes se dispersèrent, appelant les esclaves.

Le harem fut mis en l'air.

Cependant, Paul se disait :

— Aïda est jolie, mais les autres ont chacune une beauté particulière, un attrait spécial. Puisque je puis choisir, choisissons.

Et il s'en alla, heureux mortel, ici et là, voyant des épaules charmantes, et donnant sur des gorges adorables des baisers que les Mauresques croyaient innocents.

Il arriva ainsi chez la favorite, comme un papillon qui, de fleur en fleur, finit par se poser sur une rose ; Nerédine, la femme en titre du caïd, était, nous l'avons dit, un admirable type de beauté fière.

Elle avait le port altier et élégant, des traits majestueux et des yeux ardents, resplendissant des feux de la passion et de l'orgueil ; c'était une royale créature, faite pour aimer avec frénésie et pour dominer.

Paul reçut d'elle, en entrant, un sourire bienveillant ; il la trouva aux mains de deux esclaves, sortant de recevoir des lotions d'eau froide, dont elle usait fréquemment, et sa chair, ferme comme un bronze antique, ruisselait encore des perles de la rosée que l'on avait répandue sur elle.

XXXXVII

La chasse.

Jamais Paul n'avait soupçonné que la réalité dépassât à ce point les promesses que faisaient les contours de ce corps splendide sous le large costume des femmes arabes ; il fut fasciné, ébloui.

Il demeura immobile et muet.

— Qu'as-tu, mignonne ? fit Nerédine.

— Je suis étonnée, dit la fausse Paquita, je ne te croyais pas si belle.

Le jeune homme fixait sur elle de tels regards qu'elle se sentit rougir, et dit aux esclaves :

— Habillez-moi.

Puis à Paul :

— Ainsi, ma chérie, tu me trouves jolie ?

Jules Gérard le « *seigneur tueur de lions* ». (Page 211.)

— J'ai dit : belle.
— Sais-tu que je ne suis plus jeune. Paul se mit à rire.
— Quelle plaisanterie ! fit-il. Tu as toutes les splendeurs de l'été !
— Tu serais homme, me préférerais-tu à Aïda, la mulâtresse ? Sois franche..., tu vas dire oui pour me plaire... Ne réponds pas, cela vaudra mieux.

Paul n'y tenait plus. Il était grisé par ce qu'il avait vu.

Comme un fou qui se jette tête basse dans le danger, il fit signe à Nerédine de s'approcher d'une fenêtre, et il lui dit pour justifier son appel :

— Approche donc. Je veux te voir au grand jour. Je te dirai ensuite la vérité.

La favorite vint, tremblante; elle avait comme un pressentiment que quelque chose d'étrange allait se passer entre elle et cette femme singulière.

Paul fit semblant de l'admirer, puis tout à coup l'embrassa avec une effusion impudente, et lui dit très-bas, mais très-vite, d'une voix étranglée par l'émotion :

— Nerédine, je suis un homme, et je t'aime!

A cette révélation, la jeune femme s'évanouit.

Grand émoi. On appela du secours. On vint de tous côtés. Le caïd parut.

L'eunuque amena une espèce de charlatan qui se faisait passer pour toubib (médecin), qu'on nourrissait à la casbah et qui était un âne bâté.

On le laissa opérer.

Il déclara gravement que la favorite venait d'éprouver un éblouissement causé par l'invasion subite d'un certain djenoun qui aimait les beaux corps nus.

Et d'une grande boîte il tira un certain parchemin qu'il déplia avec respect.

— Qu'est cela? fit Paul,

— Une prière du saint marabout Bel-Cassel, qui est mort l'an de l'hégire 307, dit le médecin.

Cette espèce d'esprit auquel nous avons affaire, ne résiste jamais à l'application de ce parchemin. »

Et le toubib fit des singeries. Nerédine ne s'éveillait pas.

Alors Paul, qui redoutait un éclat et qui voulait se trouver seul avec la favorite, dit :

— Qu'on me laisse avec elle. Je vais la guérir, moi.

Il congédia tout le monde.

Quand il ne resta plus personne, il jeta quelques gouttes d'eau à la figure de la jeune femme.

Celle-ci sortit de son évanouissement.

Paul s'était mis à genoux devant elle, suppliant, et il attendait anxieux.

La jeune femme, dès qu'elle fut remise, fronça le sourcil, et dit précipitamment à Paul :

— Sortez d'ici, malheureux!

Il joignit les mains.

— Sortez, fit-elle, ou j'appelle!

Il n'y avait pas à désobéir.

Paul quitta la chambre, et dit au caïd qu'il trouva près de la porte :

— Ta femme est guérie! Je crois qu'elle a encore l'esprit un peu troublé; ne prends pas garde à ce qu'elle dira.

Il se tint prêt à fuir.

Déjà il lorgnait un bon cheval tout harnaché dans la cour, au milieu des autres coursiers préparés pour la chasse ; il s'approcha de cette monture qui pouvait être le salut pour lui, et la flatta doucement, préparé à l'enfourcher. Ce fut inutile.

Nerédine, avec mauvaise humeur, dit au caïd, quand elle le vit entrer chez elle :

— J'ai eu une défaillance. Ce n'est rien.

— Ma tourterelle, fit le caïd, renonce à cette partie de chasse, soigne-toi bien.

Nerédine se leva vivement.

« Pourquoi me laisser ici?

« Est-ce au moment où j'ai besoin d'air, de mouvement, que vous allez m'enfermer !

— Ne te fâche pas.

« Je n'ai pas l'intention de te retenir à la maison malgré toi, tout au contraire.

Nerédine rappela ses femmes et congédia son mari.

— Je serai bientôt prête ! dit-elle.

— Faut-il envoyer Paquita?

— Non, dit-elle d'une voix sourde.

Et elle acheva de se vêtir d'une façon fébrile, en murmurant des mots sans suite.

Paul vit venir à lui le caïd, et il s'apprêtait à sauter en selle pour s'échapper, mais le chef avait une mine si peu menaçante que le jeune homme resta.

— Eh ! chère Paquita, fit le caïd, tu es donc un très-grand toubib?

« Nerédine est de méchante humeur. On dirait que ce cheval te plaît?

— Il me paraît très-beau.

— Veux-tu le monter?

— Volontiers.

— Prends-le. Les femmes accoururent.

— En selle ! dit le caïd.

Le départ est plein d'entrain. L'Arabe, toujours grave dans tous les actes de sa vie, laisse voir dans ce moment-là une partie de la passion qui l'entraîne.

Il est aussi grand chasseur que dévot musulman. Et quoique Mahomet soit toujours pour lui le prophète des prophètes, depuis que Jules Gérard le *Seigneur* tueur de lions, lui a apparu avec ses trophées de lions et de panthères, il est tout prêt à jurer que lui aussi est un prophète.

Enfin, tous se mettent en marche en invoquant le nom de Dieu.

La troupe joyeuse se mit à cheval, et l'on sortit par la porte qui donnait sur la campagne.

On fut bientôt loin. Peu de gens dans la plaine.

Ceux qui virent passer la chasse, comme un tourbillon, ne soupçonnèrent point qu'elle se composait surtout d'amazones, et le caïd fut très-heureux de la tournure que prenaient les choses ; il échappait ainsi au scandale des commérages.

Nerédine, très-pâle, avait d'abord pris la tête, puis elle avait retardé l'élan de sa bête, et avait, d'un regard impérieux, fait signe à la petite Aïda de laisser la troupe gagner du terrain ; la mulâtresse obéit à l'impérieuse favorite.

Celle-ci profita d'un moment d'isolement pour toiser la pauvre Aïda et l'écraser d'un regard.

— Cette nuit, dit-elle, tu as fait un crime, Aïda ; un crime qui fait tomber les têtes. Tu as reçu un homme.

— Moi ! fit Aïda.

— Ne nie pas. Je sais tout.

La petite se troubla.

— Cette femme est un jeune homme, dit Nerédine en montrant Paul avec colère.

— Allah ! fit la mulâtresse. Il est perdu.

— Tu l'aimes donc bien ?

— Nerédine, perds-moi, mais sauve-le.

— Nous verrons ! dit-elle d'un ton farouche.

« Je te défends de lui parler, de le regarder, de... penser à lui ; je veux qu'il n'existe pas pour toi !

— Mais s'il vient à moi ?

— Il ne viendra pas. En tout cas, tu le chasserais. Le jures-tu ?

— Oui, dit la pauvre enfant.

Elle dévora une larme.

Nerédine piqua des deux. Paul écoutait les divagations du caïd.

— Mon ami, dit la favorite, je te prie de prendre les devants avec les fauconniers.

« Nous ne voulons pas nous aventurer ainsi sans que vous ayez battu la plaine. »

— Que crains-tu, ma colombe ?

— Tout ! dit la favorite avec impatience.

Le chef rassembla son monde, donna ses ordres, et l'on fouilla la campagne.

De tous, après le caïd, Nerédine et Paul étaient les mieux montés de la chasse.

— Devançons ces outardes ! dit la favorite.

C'étaient ses compagnes qu'elle désignait ainsi ; l'orgueilleuse sultane avait le mépris facile.

En un temps de galop, Paul et Nerédine furent hors de portée d'être entendus.

Alors la jeune femme, d'une voix entrecoupée, en proie à des sentiments divers où dominait la colère, dit à Paul :

— Tu vas fuir.

Paul voulut répondre.

— Silence ! dit-elle ; toute parole est inutile. Je devine à ton regard, tu regrettes Aïda, elle mourra ce soir.

« Si tu lui parles, si tu essayes de l'enlever, tu es perdu ; tiens-toi le pour dit. »

En ce moment le caïd revenait.

Paul dit précipitamment :

— Nerédine, fais ce que tu voudras.

« Jamais je ne consentirai à fuir que le sort d'Aïda ne soit assuré ; j'aime mieux mourir que de commettre une lâcheté ; tu te montres féroce, et je te hais.

— Ah ! tu ne veux pas l'abandonner !

« Attends. »

Elle piqua vers le caïd. Paul hésitait.

Tout à coup, Nerédine tourna bride, et, ne donnant pas suite à ce premier mouvement, elle retourna, sombre, au milieu des femmes étonnées.

La chasse commençait (1).

« Les fauconniers furent placés au centre comme d'habitude. — Chaque oiseau était porté individuellement ; les biâzes et les aides-fauconniers, afin de pouvoir les mettre tous en action simultanément si on le jugeait à propos. On se mit en marche, après avoir pris des points de direction et être convenus du pays que nous allions parcourir.

« Le traque en ligne par des cavaliers ayant le faucon sur le poing, et montés sur de beaux chevaux que la chasse anime, a un grand effet d'originalité qui constitue déjà un spectacle intéressant.

« Les interpellations, les cris des chasseurs, les apostrophes adressées aux lièvres qui gardent le gîte, maintiennent hommes, chevaux et oiseaux dans un éveil surexcité.

« — Hé ! un tel, fouille ces touffes à ta gauche. — Mohammed, retiens ton cheval. — Avance-toi, Lakhdar ! — Il n'y a donc plus de lièvres ? — Par Sidi-Aïssa, le saint de Dieu, je n'ai jamais vu un pays aussi vide ! — Où se cachent-ils ? — Haou ! haou ! — Brr ! brr ! — Hé ! fils du péché, levez-vous ! — Votre jour est arrivé !... — Vous devez finir entre les sabots de nos chevaux et les serres de nos oiseaux.

« On marchait ainsi depuis un quart d'heure, battant l'halfa, le drinn et le chihh, lorsque deux lièvres débusquèrent en avant des fauconniers.

« Aux cris de : Le voilà ! lièvre ! lièvre ! les biâzes déchaperonnèrent d'abord deux, — quatre, — puis six faucons.

« C'était un magnifique lancer. — L'halfa était assez fourni pour offrir des refuges momentanés aux lièvres et dérouter les faucons. Ces braves oiseaux faisaient merveilles, excités par les cris de leurs maîtres et une ardeur longtemps contenue. Ils s'élevaient dans le ciel avec la rapidité d'une flèche, puis fondaient, comme des aigles, sur les lièvres qui, ayant perdu la tête, couraient en tous sens, cherchant à percer le cercle mouvant qui les entourait, et à se dérober à la poursuite acharnée des oiseaux.

« Il faut voir l'animation d'un pareil courre, ou mieux, d'un pareil vol.

« Cavaliers, lièvres, oiseaux, se croisent, se coupent, se heurtent à toute al-

---

(1) Le récit qui suit est tiré mot pour mot de l'œuvre du général Marguerite, qui a décrit précisément cette chasse, ce dont nous sommes fort heureux.

lure, à toute vitesse ; — c'est un tourbillon, une course échevelée, accomplie par des possédés qui hurlent, crient, gesticulent, appellent sur tous les tons.

« Dans ce brouhaha domine le rappel aigu des fauconniers, pour les oiseaux qui s'égarent : « Ouihh ! ouihh ! » et les exclamations de joie quand ils frappent bien :

— Oui ! — Oui ! — Force ! — Vigueur à mon oiseau, mon oiseau bleu !... Tu es mon fils chéri ! — En voilà un beau coup ! — C'est le mien qui l'a frappé ! — Non, tu mens, c'est le mien ! — Si ! — Non ! — C'est Mahiddine, te dis-je. — C'est Kouider, le rouge ! — Non, c'est LE COMMANDANT, c'est l'oiseau marin que rien n'effraye ! — Hein ! comme il pleut sur le lièvre, dont la destinée est accomplie ! — El-Mokhtar, rappelle donc tes chiens qui s'égarent. — Tu mens ! ce sont les tiens qui sont aveugles et ont besoin que tu aboies pour leur annoncer la curée ! — Ici, mes fils, — c'est le jour de la vérité !... — Que les braves se montrent ! — Ouihh ! ouihh ! — Haou ! haou !... — Vous n'êtes donc plus mes enfants !... Ah ! si, par Dieu ! je vous reconnais à ce coup !... Haou ! haou ! — Il l'a pris, il l'a pris, mon oiseau ! c'est mon oiseau ! Tu ris ? c'est le mien qui l'a assommé ! — Non ! c'est Mahiddine qui le tient par la tête ! — Menteur ! — Chien !... au large, au large !... » Et les biâzes et les aides-fauconniers se gourment entre eux pour se convaincre réciproquement.

« Nos deux lièvres s'étaient fait chasser six ou huit minutes ; — ils vinrent plusieurs fois chercher refuge contre les faucons jusque sous le ventre de nos chevaux.

« Nous étions alors obligés de les pousser du bâton pour les relancer, car l'effroi qu'ils ont des oiseaux est plus grand que celui de l'homme et des autres animaux.

« Ils furent pris presque au même moment : un par les faucons de Mahiddine, et l'autre par ceux de Kouider.

« Le plaisir est d'autant plus grand que les oiseaux chassent longtemps.

« C'est un spectacle qui exalte au possible, que celui de plusieurs faucons qui fondent en cascade, l'un après l'autre, sur le lièvre.

« Quelquefois celui-ci est tué du premier coup, le plus souvent après plusieurs passes de haut en bas.

« Il arrive aussi que le lièvre est pris de bas vol par un faucon qui rase terre, et qui, s'accrochant de la serre à la tête, roule avec lui par la force d'impulsion.

« Les autres faucons arrivent alors à la rescousse, se cramponnent à la malheureuse bête, qui pousse des cris plaintifs ; ils forment avec elle une pelote mouvante dans laquelle on ne distingue plus qu'un fouillis d'ailes, de pattes, de plumes et de poils. — Puis arrivent les fauconniers qui séparent les combattants, car les faucons, animés par la poursuite, s'attaquent souvent entre eux et se déchirent à coups de bec et à étreintes de serres. — Chacun alors reprend le sien et le chaperonne.

« Le faucon qui a tué ou pris le lièvre obtient une petite curée, c'est-à-dire qu'on lui donne une ou deux becquées de chair chaude et saignante, pour le récompenser et le tenir en haleine.

« Quand, ce qui est rare, le lièvre parvient à s'échapper, on rappelle les faucons par les cris prolongés et aigus de : *ouihh! ouihh!* et en leur montrant ou en leur jetant le leurre, sur lequel ils viennent presque toujours se poser quand ils sont bien dressés.

« Pendant la chasse, si un aigle apparaît, quelque éloigné qu'il soit du théâtre de l'action, on rappelle les faucons et on les chaperonne, parce que l'effroi qu'ils ont de l'aigle les fait fuir et les rend sourds, la plupart du temps, aux cris de rappel.

« Aussi l'aigle est-il l'ennemi intime de tous les fauconniers. Combien de fois ceux-ci m'ont-ils prié de tirer sur ceux qui venaient à portée de fusil. — Quand j'en tuais un, il était mangé avec avidité par les biâzes, qui l'injuriaient encore après sa mort : « Voleur, fils du péché ! tu voulais manger mes enfants ! — c'est moi qui te mangerai grillé sur le feu ! »

La première partie de la chasse avait été très-animée.

On prit quelque répit, puis, après avoir rappelé les faucons fatigués, on se prépara à en lancer d'autres.

Pendant que l'on décoiffait les faucons, Nerédine, voyant Paul triste et soucieux, s'approcha et lui dit :

— Mais fuis donc ? J'ai juré ta mort si tu restes.

— Je resterai ! fit le jeune homme. D'abord, je t'aime trop pour partir.

« Puis je ne veux pas qu'il soit dit que j'ai laissé Aïda mourir seule, je partagerai son sort. »

Au mot « je t'aime, » le visage de Nerédine s'était enflammé ; mais il s'assombrit soudain.

Ces conversations entre elle et Paul étaient courtes et nécessairement interrompues par des incidents.

Un lièvre, poursuivi par un faucon, vint se jeter précisément sous le cheval de la jeune femme.

Celui-ci se cabra.

Il y eut un grand trouble.

Toute la chasse se précipitait de ce côté, et les cavaliers firent partir le lièvre poltron.

Il faut que ces pauvres bêtes à longues oreilles aient une bien grande terreur du faucon pour venir chercher ainsi un abri entre les jambes d'un cheval.

Le lièvre partit.

Le faucon recommença sa poursuite.

Nerédine s'était tenue seule à l'écart de la chasse, et elle songeait, en proie à des sentiments tumultueux.

Depuis la révélation de Paul, elle ne voyait pas clair elle-même dans son âme.

C'est une tâche difficile que d'essayer d'analyser un cœur de femme ; pourtant nous allons l'essayer.

La conduite de Nerédine a dû paraître inexplicable au lecteur ; Paul lui-même n'y comprenait rien.

D'abord, cet évanouissement subit l'avait surpris ; cette faiblesse n'était point jouée.

Il faut exposer d'abord au lecteur que les femmes musulmanes ont une pudeur extrême.

Définissons le mot : pudeur.

Il n'entraîne ni la moralité, ni la chasteté, ni aucune vertu ; en général la pudeur peut se définir ainsi :

L'appréhension de se montrer à nu.

Un jeune homme, accoutumé à se couvrir, éprouve un sentiment de répulsion à se déshabiller, même entre camarades, sentiment que l'amour-propre, le désir de ne pas paraître ridicule, finit par faire disparaître plus vite chez l'homme que chez la femme.

Il est convenu qu'un monsieur pudique qui rougit aux bains froids est une poule mouillée.

Cependant, si chaque lecteur veut se rappeler sa jeunesse, il retrouvera, dans ses souvenirs, que sa nudité et celle des autres lui causaient un certain embarras.

Chez la femme, ce sentiment s'enracine par l'éducation ; chez la musulmane, il est poussé à l'extrême.

L'habitude du voile, même pour la figure, est une seconde nature ; tout contribue à développer chez la femme arabe l'horreur de se montrer à découvert.

Dans l'évanouissement de Nerédine, il y avait eu beaucoup de saisissement à l'idée de ces regards d'homme qui avaient pesé sur elle ; elle avait eu un frisson de froid.

Puis, Nerédine était favorite, et, par conséquent, très-heureuse avec le caïd, qu'elle aimait, en somme.

Jamais l'idée de l'adultère ne lui était venue, et, comme toute femme vertueuse, elle se faisait une haute idée du devoir ; l'audace de Paul l'avait suffoquée.

Mais, d'autre part, à son insu, une invincible passion s'était emparée d'elle.

Quand elle avait su que cette femme, qu'elle croyait aimer d'amitié, était un homme, que cet homme avait passé la nuit chez Aïda, une révolution s'était faite en elle.

Tout à coup la jalousie l'avait mordue au cœur ; elle avait été offusquée par cette nuit de Paul chez Aïda plus qu'on ne saurait dire.

Elle enrageait d'envie.

Mais elle ignorait la nature de sa rancune.

Fatime contemplait Paul dans une rêverie amoureuse. (Page 231.)

Elle croyait que c'était la voix du devoir qui parlait en elle; elle se trompait : c'était la jalousie.

Au fond, son âme se déchirait à l'idée d'une séparation; pourtant le temps pressait.

Seule, elle songeait tout haut :

— Il me dit m'aimer! fit-elle. Il ment.

« Et puis, s'il m'aimait, je ne l'aime pas.

« Je ne suis pas une Aïda, moi!

« Je suis une femme honnête, fidèle et fière.

« Certainement je serais libre, je voudrais être à lui; mais Nérédine ne faillira pas.

« Je voudrais être sûre qu'il m'aime. Ah! un moyen.

« En lui disant que je me tairai, qu'Aïda ne mourra pas, qu'il peut partir, s'il part, c'est qu'il ne m'aimera pas. Essayons. »

Elle lança son cheval vers Paul. Celui-ci l'attendit.

Il craignait quelque esclandre.

Nérédine, le sourire aux lèvres pour donner confiance au jeune homme, lui dit en l'abordant :

— Je ne veux pas que tu me haïsses. Tu m'as appelée cruelle. Je serais clémente.

— Tu pardonnes à Aïda?

— Oui.

Paul, de la main, esquissa un baiser de remerciement plein d'amoureuse désinvolture.

— Je donnerais beaucoup pour te prouver ma gratitude à genoux! fit-il.

Nérédine n'osait faire une question qui se pressait sur ses lèvres; elle le trouvait si charmant garçon, qu'elle redoutait qu'il ne partît et qu'elle ne le perdît à jamais.

Elle eût voulu qu'il s'en allât; mais s'il n'était point resté, elle en eût beaucoup souffert.

Elle se demandait :

— Va-t-il au moins, avant de fuir, me faire quelque protestation d'amour comme ce matin?

Paul semblait regarder l'incident comme terminé; il ne faisait pas mine de partir.

Le caïd, apportant à Nérédine et à lui les outardes prises par le faucon, vint rompre l'entretien de la favorite avec le jeune homme.

On se remit à traquer le gibier; on fit au moins une demi-lieue de battue sans rien trouver; puis une bande de perdrix rouges s'envola.

Nérédine profita de la circonstance pour se rapprocher de Paul encore une fois.

Elle avait pris une détermination.

— Tu vas fuir, n'est-ce pas ? dit-elle.

— Non pas! fit Paul. Je reste.

— C'est que tu aimes toujours Aïda?

— Je reste, mais point pour Aïda. »

Un flot de sang monta à la figure de la jeune femme; ses tempes tintèrent la joie à ses oreilles ; elle triomphait; elle était éblouie d'orgueil et de plaisir.

Mais les femmes ont une force inouïe pour dominer leurs émotions. Nérédine dissimula.

Déterminée à ne pas succomber, heureuse cependant d'être aimée, d'en être sûre, elle se tint pour satisfaite, et, coûte que coûte, voulut rompre avec le danger d'une lutte périlleuse.

— Mon cher enfant, dit-elle, au rouge qui me monte au front, tu dois voir que tu m'offenses; à cause de ton extrême jeunesse, j'oublie l'injure que tu viens de m'infliger; mais je t'ordonne de partir avant la fin de la chasse.

Paul courba la tête. Il était dépité.

Nerédine avait très-bien pris le ton d'une femme vertueuse à qui une passion illégitime ne peut inspirer qu'un froid dédain.

Le jeune homme y fut pris.

L'évanouissement de la matinée, du reste, semblait provenir d'un sentiment d'indignation fort vif; le Parisien en conjectura que le mieux était de filer.

— Adieu, Nerédine, fit-il. Jamais tu n'auras été aimée autant. Adieu!

« Mais souviens-toi que la tête sous le yatagan du chaouck, j'aurais cru ma vie payée d'un baiser de toi. »

Il fut se perdre parmi les chasseurs et les femmes qui excitaient les faucons.

Nerédine le vit partir avec un serrement de cœur qui amena des larmes à ses yeux.

Le devoir luttait en elle énergiquement encore contre la passion ardente et de plus en plus vive, qui prenait son cours impétueux et commençait à s'imposer avec la toute-puissance du torrent débordé, battant les digues à demi rompues.

Cependant, Paul prenait ses dispositions.

Pour faire du bruit, chasser les lièvres, taper sur les buissons, chacun avait un bâton; le jeune homme s'était armé, comme les autres, d'un bon matragne.

Il avait calculé que, pour fuir avec chance de succès, il fallait que son cheval eût l'air de s'emporter; mais que, d'autre part, celui du caïd ne pût le poursuivre; car Paul ne craignait que celui-là.

Nerédine ne chercherait pas à l'atteindre.

Toutes les autres montures étaient inférieures.

Il rumina son plan, et, profitant d'un moment où l'on redoublait de cris et de sauts vagabonds dans les broussailles, il joignit le caïd, eut l'air de taper sur un buisson, et, sans que le chef s'en aperçût, il allongea un coup sec et fort sur un tendon de la jambe du buveur d'air dont il redoutait la poursuite.

La noble bête bondit.

Le caïd faillit être désarçonné; mais, excellent cavalier, il parvint à dompter son cheval.

Celui-ci, toutefois, boita légèrement.

Paul le vit, et se dit :

— L'affaire est faite.

Alors il se donna à la chasse avec une apparente fureur, excitant son cheval, qui prit les devants ; puis il lui fit très-bien jouer le rôle de la bête qui va s'embarder, parut ne pas pouvoir le retenir et le laissa courir.

Toute la chasse vit cette scène.

— A vous ! cria le caïd. « Elle va se tuer. Sauvons-la. »

Il piqua des deux.

Tout le monde se précipita.

Mais Paul, qui dirigeait admirablement la course vertigineuse de sa monture, disparut bientôt dans une succession de collines où on le perdit de vue.

Le caïd fut fort étonné de se voir distancé par le cheval de Nerédine, qui, seul fit le jeu de celui de Paul et maintint sa distance, si bien que Nerédine fut bientôt hors de vue aussi dans les monticules boisés.

C'était une singulière aventure. Aïda ne savait qu'en penser.

La pauvre petite eût bien voulu suivre Paul ; mais sa petite jument ne pouvait fournir une allure suffisante ; l'enfant demeura donc craintive parmi les femmes.

Le caïd — car la nuit approchait — voulut continuer la poursuite ; il tenait à retrouver la fausse Paquita et Nerédine ; il se tourmentait à l'idée qu'elles se perdraient.

Il fit battre toutes les collines. Le crépuscule tomba. Pas de traces des fugitives. Et le pauvre caïd de se lamenter.

— Que vont-elles devenir ? « Elles ne connaissent point le pays. »

« La nuit, elles peuvent rencontrer des saracqs. »

L'eunuque entendait.

— Maître, dit-il, ne crains pas trop d'aventures fâcheuses pour la senora Paquita.

« Si tu l'avais vue au feu comme moi, tu plaindrais les saracqs qui s'attaqueraient à elle.

« Quelle femme ! Elle vaut dix hommes. »

— Et Nerédine ?

— Seigneur, son cheval vaut celui de la senora ; si elles se perdent, ce sera toutes deux ensemble.

— Et le lion ? Et la panthère ? »

— J'ai entendu dire, seigneur, à la senora, que les bêtes fauves ne lui faisaient pas peur ; son père était un chasseur fameux qui lui a appris comment on tue les plus redoutables animaux ; tu peux être calme, maître.

« J'ose même te donner un conseil. Rentrons.

Les abandonner !

— Il en est temps. Je ne crois pas bon que tu restes plus longtemps dehors avec tes femmes, la nuit close.

— Pourquoi ?

— Maître, tu dois me comprendre.

« Les femmes sont si capricieuses. Ton sérail est difficile à garder.

— Je comprends. Mais je pense à Nerédine, Si elle allait...
— Seigneur, n'en crains rien. Nerédine est favorite.
« Une favorite ne cherche pas d'aventures; elle a ce qui lui faut à la maison.
— Je vais laisser des cavaliers dehors toute la nuit; on tâchera de les retrouver.
Le caïd donna ses ordres, et il rentra très-désolé dans sa casbah.

XXXXVIII

L'amour en forêt.

Pendant que le brave caïd se désespérait, Nerédine courait la montagne après Paul.

Celui-ci, entendant un galop, crut que son coup de bâton avait été mal appliqué
— Ouais! se dit-il.

Dès ce moment, il ménagea bien sa bête et tâcha de lui conserver son avance, sans user son fond; il réussit pendant une demi-heure environ.

Le soir était venu.

Paul suivait un profond ravin, et la nuit, dans les fonds, devance son heure.

Peu à peu, pourtant, Nerédine gagnait du terrain, et Paul ne la reconnaissait pas.

— Pardieu, se dit-il, ce caïd m'ennuie. Je vais l'attendre. S'il veut me ramener de force, je lui dirai deux mots avec mon pistolet.

Car il va sans dire que Paul était bien armé, jouant jusqu'au bout le rôle de belliqueuse Amazone qu'il avait pris dès le début avec le caïd.

Bientôt il s'entendit appeler.

— Tiens, se dit-il, voilà qui est singulier. C'est une voix de femme. Un instant après, Nerédine était près de lui.

La jeune femme, quand elle avait vu partir Paul, avait éprouvé une sensation de froid qui lui avait paru mortelle; elle l'avait suivi des yeux, comme un mourant suit d'un œil morne le dernier rayon de son dernier jour.

Tout à coup, la chasse entière s'était mise à la poursuite du fugitif.

Elle avait machinalement imité les autres.

Puis, sans raisonner, elle avait d'abord laissé aller sa monture et, peu à peu, l'avait excitée; puis, enfin, emportée par l'entraînement de la poursuite, elle s'était mise à désirer avec frénésie d'atteindre le jeune homme.

C'était fait...

Et, maintenant qu'elle était devant lui, que lui dire !

Elle le regardait tendrement, mais avec un embarras, une confusion qui furent pour Paul une révélation.

— Oh! oh! pensa-t-il. On m'adore et dire que je ne m'en doutais pas!

Ne se pensant pas encore suffisamment loin du caïd et des gardes, ils continuèrent leur galop vertigineux.

Une heure durant l'on courut.

Enfin, arrivés près d'une forêt, Paul commanda à Nerédine de s'arrêter ; ce qu'elle fit.

Le jeune homme avait entendu un bruit de ruisseau, et il se mourait de soif.

Il trouva une jolie source, sous bois, en remontant un peu, et il dit à Nerédine :

— Attachons nos chevaux.

— Qu'allons-nous faire? demanda-t-elle.

— Dormir ici ! répondit-il.

— J'ai peur.

— Avec moi? Nerédine, ne crains personne au monde quand tu te trouves sous ma protection.

Il avait son idée.

Il prit son poignard, abattit des branches d'arbres, forma une espèce de toit et le couvrit de feuillage, puis il se mit à chercher des herbes sèches et en fit un lit.

Nerédine le regardait agir. Quand elle voulait parler, il lui faisait signe de se taire ; elle n'osait continuer.

Elle tremblait fort.

Paul fit un petit bûcher devant l'entrée du gourbi, et à Nerédine qui s'étonnait, il dit :

— Si des saracqs viennent, sois tranquille, je sais que leur dire.

« Tu vas prendre mes habits de femme. Moi, je prendrai tes habits d'homme. Entre voleurs on se protége. Je me donnerai comme un rénégat français, passé aux Beni-Snassenn, et l'on me croira grand. Je dirai que je t'ai enlevée.

« D'autre part, les bêtes fauves ont peur du feu, et elles ne viendront pas rôder ici.

« Enfin, les arbres cachent ce foyer, et ceux qui nous cherchent, par ordre du caïd, ne viendront pas ici. »

Avec un peu de poudre et une capsule, il fit prendre le feu qui flamba.

— Nous allons dîner ! dit-il.

— Avec quoi?

— Et l'outarde !

Il la pluma dans un tour de main, l'apprêta et fit une petite rôtisserie avec deux fourches de bois et une forte baguette passée à travers le corps de l'outarde.

La bête rôtit doucement.

Nerédine pleurait lentement. Pourquoi? elle était femme.

Alors, Paul la fit asseoir sur le lit de mousse et d'herbes folles, lui prit les mains et lui dit un peu brutalement : pourquoi m'as-tu suivi ?

— Parce que, dit-elle, mon cœur volait derrière toi ; parce que je t'aime, parce que je suis à toi.

Et cette belle fille éprise, jetant ses bras autour du cou du jeune homme, lui donna l'âme la plus impérieuse de la régence dans le plus beau corps que portait la terre musulmane.

Le don Juan le plus difficile n'aurait pu souhaiter ni plus désirable femme, ni conditions de bonne fortune plus pittoresques et plus poétiques.

La nuit, avec ses grandes ombres, enveloppait la forêt de mystère, et jetait sur les splendeurs d'un site sauvage le charme des choses voilées ; les mille bruissements qui s'élèvent de l'herbe, qui tombent du haut des arbres et qui se confondent avec les murmures du vent, formaient une harmonie douce dont l'âme se pénétrait délicieusement ; l'air était saturé du parfum des fleurs et de ces senteurs exquises qui embaument les solitudes algériennes.

Le gourbi rustique qui abritait les deux amants avait la grâce un peu rude de ces grands nids dont l'œil aime à caresser les contours irréguliers ; sous cette jonchée de branches, on devait s'aimer d'une façon particulièrement ardente, avec plus d'abandon et d'élan ; l'amour est la fusion de deux êtres ; mais en pleine forêt, l'extase de la possession est plus complète, et l'on semble entrer en communion avec la nature entière.

Les grands chênes séculaires qui rejoignaient complaisamment leurs rameaux immenses au-dessus de la petite cabane sentirent des baisers courir en longs frémissements à travers leur feuillage, et les oiseaux s'éveillèrent au souffle tiède des soupirs qui glissaient dans la ramée.

Peu à peu le feu s'éteignit devant le petit gourbi, et le sommeil vint avec ses langueurs clore les paupières alourdies des amants ; ils s'endormaient sous la caresse de la brise qui chantait aux grandes cimes des futaies, pendant que les susurements de la source berçaient leurs rêves...

Le lendemain, l'aube glissait des lueurs furtives à travers le feuillage quand Nerédine s'éveilla.

Elle sortit de la verte cabane, élégamment drapée dans les plis de son haïque, livrant aux baisers de la lumière son sein de bronze, doré dans son cadre de laine blanche par les premiers rayons du jour ; les lianes souples s'enguirlandaient autour d'elle, et sa main légère, en les écartant pour glisser au milieu de leurs entrelacements, en faisait tomber la rosée par cascades de perles.

Les fauvettes pépiaient, la saluant au passage, et le rosignol lança un dernier et sonore refrain à cette adorable apparition.

Elle s'aventura au bord de la fontaine, dont le bassin naturel, bordé de lierre, était couvert des tièdes vapeurs qui s'élèvent au-dessus des ruisseaux quand l'aurore empourpre le ciel ; elle laissa tomber ses voiles, et apparut merveilleuse dans son étincelante nudité, sa chevelure soyeuse ondoyant de ses épaules au sol, dont elle courbait les fleurettes à peine épanouies.

Elle descendit dans l'onde claire, et quand elle se releva, inondée et superbe sous le ruissellement, elle réalisait dans son idéale perfection ce type rêvé par la Grèce antique de la Vénus émergeant des flots.

Paul dormait...

Elle revint à lui, et l'éveilla en effleurant son front de ses lèvres fraîches.

— Debout! mon joli paresseux, dit-elle. Il est temps d'aviser.

Paul fut ébloui par cette belle fille plus encore que par l'éclat du soleil, qui s'était levé et qui illuminait gaiement la clairière; il voulut embrasser Nerédine, qui s'enfuit.

— Viens! dit-elle. Assez de folies.

Et elle l'emmena près d'un tronc noueux, au pied duquel elle s'assit, le faisant choir près d'elle en riant et saisissant ses deux mains en lui disant :

— Causons.

Et il exigea un baiser. Elle le donna.

— Et maintenant, dit-elle, qu'allons-nous faire?

— Retourner à Ousda! dit-il.

— Sera-ce sage?

— Où aller?

— Je te suivrai partout.

— Puisqu'il en est ainsi, cher ange, commençons par déjeuner.

Les deux amoureux firent en riant un repas agreste, l'entrecoupant de baisers.

Ils buvaient tour à tour à la source, et Paul vit à plusieurs reprises le cristal de l'eau refléter Nerédine, agaçante, penchée sur ses bords.

Tous deux prolongèrent cette fête, faisant naître à l'envi des incidents qui retardaient le départ ; mais l'heure s'écoulait, et les chevaux, sous les chênes, piaffaient d'impatience.

— En selle! dit Paul.

« Rentrons à Ousda. »

Et, après un regard d'adieu au gourbi témoin de leurs amours, les jeunes gens s'éloignèrent au galop, non sans avoir changé de costume.

Paul redevint Espagnole.

Nerédine portait son burnous de cavalier.

Ils étaient à peine sortis de la forêt, qu'ils aperçurent un groupe d'Arabes.

C'était un parti d'Ousdiens, envoyés par le caïd à la découverte de la fausse Paquita.

Du plus loin que les cavaliers aperçurent Nerédine, ils poussèrent des cris de joie si bruyants, que Paul dit :

— Le caïd doit avoir promis une forte récompense à ces gens-là pour qu'ils crient ainsi à notre aspect.

— Mon mari est à la fois avare et généreux, dit la jeune femme ; désespéré de ne pas nous retrouver, il aura semé l'or à pleines mains.

« Demain, il lésinera d'autant. »

— Nous y mettrons bon ordre, dit Paul en riant.

Une tribu d'Arabes attendant les ordres de Soliman.

Les cavaliers entourèrent Nerédine et sa fausse compagne, les saluant avec respect.

— Merci à vous, dit Paul.

« C'est fort bien d'être venus à notre rencontre de si bon matin.

« Nous étions perdues. »

— Et vous avez passé la nuit dehors? fit-on.

— Oui.

« Là, sous la forêt, vous verrez l'abri que nous nous étions construit pour dormir.

— Comme vous avez dû avoir peur?

— Nerédine, oui. Moi, point. »

Les Arabes admirèrent le courage de Paul, et se rangèrent pour faire l'escorte.

On arriva vers Ousda.

Le caïd, prévenu par un cavalier parti à toutes brides, vint au-devant de Nerédine.

Il était dans une joie exagérée.

— Mon ami, lui dit Nerédine, modérez-vous.

« Il ne faut pas manquer de gravité devant vos Arabes.

« A la casbah, vous ferez ce que bon vous semblera. »

On rentra sans bruit par la petite porte, et les cavaliers reçurent la récompense promise.

C'étaient des fidèles.

— Silence sur tout cela! avait dit le chaouch du caïd en distribuant l'argent.

Tous jurèrent de se taire.

Une heure après, les femmes de ces messieurs savaient l'aventure et en caquetaient.

Dans leurs visites à leurs amies, elles répandirent le bruit dans tous les harems de ce qui s'était passé; des harems la nouvelle courut dans Ousda.

On y murmura beaucoup.

Les ullemahs accusèrent le caïd d'être un infâme sacripant, sans pudeur et sans foi.

Déguiser ses femmes en hommes.

Quelle infamie!

Et Paul y récolta, sous le faux nom de Paquita, une très-belle impopularité.

Les femmes juraient de l'écharper un jour.

Pure jalousie!

XXXXIX

L'opium.

Nous ne dirons rien du récit de sa nuit, que Nerédine fit à son mari émerveillé.

Il va sans dire qu'elle vanta le courage de sa compagne, qu'elle affirma n'avoir jamais vu une femme si brave et si avisée; bref, Paul gagna encore en prestige.

Aïda, dans la journée, essaya de causer avec Paul; mais Nerédine avait accaparé celui-ci.

Elle était d'une jalousie de panthère.

Elle s'enferma avec lui pour faire une sieste infiniment prolongée; ce qui n'étonna personne.

On les supposait très-fatiguées.

Au repas du soir, Paul fut près d'elle, et la nuit il l'accompagna dans sa chambre.

Le caïd ne pouvait et ne songeait pas à y trouver à redire; bien au contraire... Mais la petite Aïda n'était pas contente.

L'enfant avait sa nourrice avec elle; une de ces bonnes négresses dévouées qui s'attachent à ceux qu'elles ont nourris au point de s'en croire les mères.

Le cœur gonflé par le chagrin, Aïda appela près d'elle, pour la nuit, la vieille Salomé, et lui fit ses confidences.

— Salomé, dit-elle en pleurant, je meurs de chagrin et de jalousie ; conseille-moi, aide-moi.

Elle conta tout.

La négresse avait du sens, comme toutes les vieilles femmes, ses pareilles, qui ont beaucoup vu.

— Maîtresse, dit-elle, ne pleure plus. Je suis sûre qu'il t'aime encore.

— Il est avec elle.

— Peut-il faire autrement? Songe, petite, que Nerédine a son secret.

« Elle l'a forcé à l'aimer.

— Elle est si belle!

« Il n'avait pas besoin d'être obligé par elle ; crois bien qu'elle ne l'a pas menacé beaucoup.

— C'est possible.

« Pourtant, ma fille, il t'a choisie avant elle ; tu as eu son premier baiser, mignonne.

— Parce que je suis jeune et ignorante, et qu'il a bien compté me séduire facilement.

« Ecoute, Salomé, il faut qu'il revienne à moi.

— Il n'y manquera pas.

— Tu lui parleras?

— Sois tranquille.

— Dès demain?

— Sans faute.

Dans sa petite volonté, Aïda était très-déterminée à agir ; elle dit avec fermeté :

— Si Nerédine, qui est coupable aussi, le veut pour elle seule, je la perds avec moi.

— Aïda, pas de folies.

— Tant pis, j'en ferai. Du reste je suis raisonnable.

« Nerédine l'aura une nuit, moi l'autre.

— C'est trop juste. Je réponds qu'il y consentira.

Le lecteur trouvera ce partage bizarre ; mais qu'il se souvienne qu'en Algérie les femmes admettent fort bien de n'avoir qu'un mari pour quatre.

Salomé fit tout son possible pour calmer la petite mulâtresse, mais elle n'y parvint qu'à moitié.

Aïda resta fermement résolue à dénoncer tout au caïd, plutôt que de céder ses droits.

Le lendemain, Paul, dans un couloir, rencontra Salomé, qui lui posa l'ultimatum de la petite mulâtresse ; il fut fort embarrassé ; Nerédine sortait de lui faire une scène de jalousie sans cause.

Il avait eu l'air distrait. Cela avait suffi.

Tout n'est pas rose dans les bonnes fortunes, et Paul s'en apercevait bien.

Il risquait sa tête. Il fallait calmer Aïda.

— Très-adroit, il s'en fut vers le caïd, et lui dit d'un air mystérieux et important :

— Caïd, Nerédine, qui était déjà malade hier, a reçu une telle commotion par les événements de la nuit dernière, qu'elle a grand besoin de soins et d'égards; je voudrais voir le toubib. Nous nous entendrions ensemble.

Le caïd fit mander le médecin.

— Toubib, dit Paul, Nerédine est nerveuse.

« Elle a une maladie que, nous autres Européennes, connaissons fort bien; il faut la guérir avec l'opium. Avise-toi de préparer quelques gouttes de cette liqueur qu'on lui versera dans son café.

« Elle reposera pendant la sieste, après avoir pris cette potion calmante qui est nécessaire.

— Je te l'apporte dans une heure.

— Très-bien.

Paul s'en alla se promener, espérant rencontrer la négresse, qui, en effet, l'espionnait.

Elle vint, toute effarée, lui dire :

— Aïda est en larmes. Elle va faire un malheur. Il faut que tu lui parles.

— Va, lui dit Paul, annoncer à cette pauvre petite que je passerai toute la sieste avec elle.

Salomé courut porter la bonne nouvelle.

Paul avait si bien préparé les choses, qu'il n'eut pas de peine à réussir.

Après la collation, Nerédine s'endormit promptement, et Paul, libre, courut vers la mulâtresse.

Celle-ci oublia tout en le voyant.

— Enfin, dit-elle, te voilà. Ingrat, qui m'avais abandonnée.

— Quelle erreur! fit Paul. Je n'aime que toi.

Et il continua la chanson connue des amants qui ont deux maîtresses; il persuada la petite.

Il la quitta ravie en se disant :

— Tout va bien. On dit les femmes très-fines; moi, je les trompe facilement; il ne faut qu'un peu d'audace et d'adresse.

Paul se trompait. La femme est une chatte qu'on peut endormir, mais qui a des réveils inattendus.

Le jeune homme eut soin de se trouver près de Nerédine à son réveil.

Elle fut enchantée de le voir là. Point de soupçons.

On passa le reste du jour en jeux dans la cour de la casbah, on dîna, on soupa.

Le lendemain, on devait faire une bonne partie; toutes les femmes avaient imaginé d'aller ensemble aux bains d'eau chaude, situés à une lieue d'Ousda.

Il y a là un grand bassin naturel au fond duquel jaillit une eau thermale qui a trente degrés de chaleur.

L'on partit sous bonne escorte, en palanquin.

Le caïd n'était pas de la fête.

Paul engagea Nerédine à lui inspirer des craintes sur l'état d'Ousda, afin de se débarrasser de sa présence ; si bien que l'on put folâtrer plus à l'aise.

La favorite ne manqua pas de dire au caïd que les esprits étaient très-exaltés, que l'on complotait, et elle réussit sans peine à faire naître chez son mari des craintes qui lui inspirèrent la résolution de ne pas quitter Ousda et de doubler sa garde.

La bande joyeuse n'eut donc pour surveillants que l'eunuque et cinq guerriers.

Paul se promettait liesse.

On fit la route, à travers la rosée, le plus gaiement du monde, par une belle matinée, à travers les lauriers-roses, les palmiers et les tamarins, au milieu d'un concert de chant d'oiseaux qui saluaient les jolies voyageuses au passage.

Les palanquins étaient occupés par deux femmes qui riaient et s'interpellaient.

Rien de charmant comme une caravane de belles filles disposées à rire.

Les palanquins sont d'élégantes petites tentes posées sur le dos des dromadaires, soutenues par des baguettes de bois légères, et fermées de rideaux de soie de couleurs éclatantes.

Quand les voiles s'ouvrent, et qu'une tête charmante apparaît, elle s'encadre admirablement.

Paul était dans le palanquin de Nerédine, qui lutinait, et qui était d'humeur folâtre.

Aïda était piquée au vif.

Elle partageait le palanquin de Fatime, et la Mauresque, indolente, s'étonnait des signes d'impatience que donnait la jeune fille à chaque instant.

Tantôt Aïda, dépitée, soulevait les rideaux, plongeait un regard furtif vers le palanquin de Nerédine, poussait une exclamation sourde, puis se mordait les lèvres jusqu'au sang.

Tantôt elle s'essuyait les yeux, d'où les larmes jaillissaient malgré elle ; d'autres fois elle soupirait profondément.

— Qu'as-tu donc ? dit Fatime.

— Rien ! fit Aïda d'un air sombre.

Fatime était la meilleure fille du monde, douce comme une gazelle, bonne et aimée de ses compagnes.

Lorsque la petite Aïda avait été amenée au harem, la première, Fatime lui avait fait bon accueil.

Complaisante pour toutes, peu soucieuse d'accaparer le caïd, tenant avant tout à vivre mollement, en fumant les cigarettes ambrées et en savourant des sorbets, elle avait montré toujours peu de jalousie et beaucoup d'amitié pour ses amies.

Mais toute insouciante qu'elle fût, elle était curieuse, et le manége d'Aïda la tourmentait.

— Pourquoi mens-tu, ma belle? dit-elle. Tu me caches la vérité.
— Non, te dis-je.

La mauresque eut l'air de se payer de cette monnaie, et ne dit plus mot; mais elle observa.

A un rire plus strident de Nerédine, elle vit Aïda froncer le sourcil, puis briser son éventail par un mouvement nerveux ; elle en conclut que cette joie de la favorite était en corrélation avec le chagrin de la petite.

Une fois sur la voie elle soupçonna, sinon la vérité, du moins quelque chose qui en approchait.

— Ah! fit-elle, j'ai deviné. Tu es jalouse.

Ce mot jalouse, dans la pensée de Fatime, n'avait pas la portée que lui donna Aïda; la Mauresque pensait seulement que la petite était dépitée de ne pas être aussi souvent qu'autrefois en compagnie de Paquita, laquelle lui avait d'abord témoigné une très-vive sympathie ; mais Aïda crut à une autre interprétation.

Elle pâlit.

— Comment! fit-elle. Tu sais tout?
— Comme c'est difficile à comprendre !

Aïda saisit les mains de la Mauresque.

— Tu ne diras rien, n'est-ce pas? fit-elle. Tu ne voudrais pas nous perdre.

« Je lui en veux un peu, mais *il* ne peut faire autrement ; c'est moi qu'*il* aime le mieux. »

Ces *il* répétés éclairèrent Fatime.

Elle fut prise d'une très-vive émotion, rougit, pâlit, puis après un long silence :

— C'est donc un homme? fit-elle.
— Allah! tu l'ignorais!

Et Aïda, le premier aveu étant fait, conta tout.

Fatime, derrière son éventail, nonchalamment étendue sur les coussins du palanquin, écoutait, cachant le vif intérêt qu'elle prenait à ce récit, et jouant l'indifférence la plus complète.

Mais elle sentait pour la première fois de sa vie la passion l'étreindre et secouer sa torpeur.

Ces Mauresques sont ainsi faites.

D'ordinaire pleines de langueur, incapables d'un élan en apparence, paresseuses à ne pas marcher de tout un jour ; mais qu'une irritation, un caprice les anime, et ce sont des lionnes; elles vont, viennent, bondissent avec une ardeur inouïe.

Pendant que les confidences s'échangeaient, Fatime se représentait la fausse Paquita en homme, avec ses cheveux blonds, son air hardi et fin, ses yeux pleins de malice, et elle se sentait agacée par ce type parisien plus qu'on ne saurait dire.

Mais elle dissimula. On arrivait.

Les cavaliers, à distance de deux cents mètres, firent cercle pour empêcher les indiscrets d'approcher ; chaque femme se déshabilla dans son palanquin, et sortit vêtue d'une tunique de laine écourtée.

Ce fut une adorable descente à l'eau.

Paul eut un coup d'œil féerique.

Qu'on se représente une vingtaine de femmes, dont trois idéalement belles, dont toutes avaient quelque attrait, et qui représentaient une diversité de types inouïs, avec tous ces tons de chair les plus nuancés.

Les négresses tranchaient sur les Mauresques, comme l'aile blanche de la pie sur son corps noir ; et l'ambre des mulâtresses se mariait harmonieusement au bronze des Arabes de race pure.

Tout ce monde jouait, se jetait de l'eau au visage, nageait, plongeait, et faisait retentir les échos des bains de petits cris effarouchés qui sonnaient comme du cristal.

Et Paul, qui avait déclaré, — pour cause, — que le bain chaud lui était désagréable, voyait toutes ces naïades s'ébattre devant lui, il s'amusait à leur jeter des oranges, qu'elles se disputaient dans l'eau avec force bousculades.

Nerédine était au milieu de toute cette troupe féminine, et, sûre d'être aimée, se laissait aller à une joie enfantine ; Aïda, qui avait de l'eau jusqu'au cou, — tant elle était petite, — faisait tout ce qui dépendait d'elle pour attirer l'attention de Paul ; celui-ci n'avait pas l'air de s'occuper de la pauvre enfant ; mais, comme elle désespérait, il profita d'un moment où Nerédine plongeait pour envoyer à la jolie mulâtresse une orange avec son meilleur sourire.

Et Aïda, ravie, esquissa un baiser.

Mais l'attention de Paul fut tout à coup distraite ; il aperçut Fatime, qui, trop paresseuse pour se mêler à ces jeux, s'était étendue sous un palmier, après s'être à peine plongée dans le bain ; elle avait enroulé autour de ses épaules un burnous de cachemire très-léger, qui dessinait les opulences de son sein et les richesses de sa taille ; elle parut à Paul blanche comme un lys, car les Mauresques le disputent aux Anglaises pour le blond et le satiné de la peau, ayant, comme piquant contraste, des cheveux et des sourcils d'un noir bleuâtre dont la nuance est merveilleuse.

Étendue sur un tapis de Perse, sa douce et belle tête reposée sur un petit coussin soutaché d'or, Fatime contemplait Paul dans une rêverie amoureuse.

Celui-ci, jusqu'alors préoccupé des deux rivales de la Mauresque, n'avait pas prêté attention à celle-ci ; ces types sont moins en relief que les autres ; leur morbidesse, leur apparente apathie n'encouragent pas le désir ; mais l'amour transforme singulièrement ces femmes, que l'on croirait incapables d'un entraînement.

Fatime n'était plus la même ; tout en elle s'épanouissait au grand soleil de la passion ; chaque geste était une révélation ; tout son être frissonnait, et le léger mouvement de sa main, agitant l'éventail, montrait un bras éblouissant, troué de fossettes au poignet, au-dessus du coude, à l'attache de l'épaule, ceint du triple collier de Vénus, perfection si rare chez les mieux faites ; et ce bras de déesse, à peine soulevé par l'agitation des doigts, faisait onduler la gorge sous la laine qui en accusait les radieux contours.

Le pied rose, ravissamment petit, chaussait à demi une babouche de velours argenté, et, tout mignon, recélait des trésors de promesses.

Les regards de Paul rencontrèrent ceux de Fatime, et le jeune homme fut incendié par ces yeux brûlants et profonds, dont le rayonnement, ardent et tendre à la fois, filtrait à travers des cils soyeux, dont la courbe allongée était d'une grâce adorable.

Paul fut ébloui.

— Dieu, que cette Fatime est jolie ! se dit-il. Et moi qui ne l'avais pas remarquée.

Il s'entendit appeler.

C'était Nerédine qui attirait son attention ; il fallut bien s'arracher à la contemplation de Fatime.

Paul vit le sourcil hautain de la favorite contracté ; il comprit qu'il avait fait une faute ; pour la réparer, il recommença le jeu des oranges ; mais sa pensée était ailleurs.

A chaque instant il envoyait une œillade à la Mauresque, qui souriait de la façon la plus engageante.

Le jeune homme voulut parler à sa nouvelle conquête ; il calcula qu'il avait des chances d'y arriver à la sortie du bain, et dès lors il ne s'étudia plus qu'à tromper Nerédine par de feintes agaceries.

Après de longs ébats, les femmes sortirent de l'eau et remontèrent, une à une, dans les palanquins pour s'y vêtir, après avoir enlevé la tunique mouillée.

Elles s'aidaient tour à tour.

Paul donna la main à Nerédine jusqu'au palanquin qui lui appartenait, et lui tint le pied pour la hisser jusqu'à lui ; puis il s'esquiva.

Tournant habilement au milieu des chameaux, il parvint à se dissimuler dans le troupeau, et aborda Fatime, qui s'était écartée en le voyant manœuvrer.

La Mauresque n'était pas pour les circonlocutions.

— Que me veux-tu, jeune homme ? fit-elle en riant.

« Tu sembles vouloir me parler.

— Tu sais donc tout ? fit Paul.

— Oui, mon ange.

— Sais-tu que je t'aime ?

— Tes yeux me l'ont dit.

La belle tête de Nerédine roula sur le tapis. (Page 245.)

— Dans une heure tu m'appartiendras.

Fatime fit un geste d'étonnement.

Une heure... C'était un délai bien court.

L

Les Belles aux bains dormant.

Paul avait son moyen.

Dans le rôle qu'il jouait, il importait qu'il fût toujours muni de ses armes défensives et offensives; il avait accoutumé les Arabes, toute prétendue femme qu'il fût, à voir son fusil en travers de la selle de son cheval, ses pistolets dans les fontes, un stylet à la jarretière, en bonne Catalane.

Mais ce surtout à quoi il tenait, c'était la précieuse bouteille de laudanum qui endormait Nerédine ; grâce à une goutte de cette liqueur, il assoupissait la jalouse favorite et se débarrassait d'une gênante surveillance.

Pas de bains agréables sans une collation : on avait apporté des provisions.

Déjà les femmes, leur toilette terminée, descendaient des palanquins et hélaient les cavaliers.

Ceux-ci amenaient le chameau portefaix qui était chargé des coussins bourrés de comestibles.

Les esclaves mirent le couvert.

Nous avons déjà décrit le luxe des services orientaux : nous avons dit la splendeur des coupes d'argent ciselé, la richesse de la vaisselle plate, l'art infini avec lequel toutes les pièces étaient ciselées d'arabesques merveilleuses.

Bientôt, sur les nattes, les viandes froides et les fruits s'amoncelèrent dans les plats d'or.

On fit cercle. Paul s'assit entre Nerédine et Fatime.

Il eut soin de dire rapidement à celle-ci :

— Ne bois pas de café !

Et il lui fit un signe d'intelligence. Elle comprit.

Le repas fut gai, quoique Nerédine et Aïda fussent toutes deux inquiètes et sombres.

On vit — chose rare — Fatime afficher par éclats stridents une joie folle ; elle se montra sous un jour inattendu, pleine de verve, d'entrain, de séduction provocante.

La collation fut des plus animées, mais l'exaltation générale cessa au moment de la sieste. — Paul n'avait point oublié la ressource de la potion calmante.

Les femmes se laissaient aller une à une au sommeil, surprises par l'effet de la potion, elles s'accoudaient, et leurs paupières se fermaient lentement.

Nerédine, Aïda qui ne s'attendaient à rien, toutes et tous finirent, après avoir plus ou moins lutté, par s'assoupir profondément dans les postures les plus singulières.

Bientôt on eût dit que la fable de la Belle-au-Bois-Dormant se réalisait en plein air.

La journée était brûlante.

L'heure de la sieste était venue.

Chevaux et chameaux se couchèrent à l'ombre et s'endormirent aussi, accablés par la chaleur.

Celui qui eût passé par là aurait vu un spectacle bizarre : une caravane de jolies femmes et une escorte de cavaliers élégants se trouvaient sans mouvement sur le sol, comme si la baguette d'une fée les eût frappés d'immobilité ; au milieu d'eux, Paul et Fatime se promenaient en riant, secouant chacun à tour de rôle, et s'assurant que toutes les imaginations s'étaient bien envolées vers le pays des songes.

Alors, Paul se tourna vers Fatime et lui dit :

— A eux le sommeil. A nous l'amour.

Avec des tentures de palanquin, ils improvisèrent un très-joli pavillon sous un beau chêne, et ils amoncelèrent des tapis pour s'en faire un lit moelleux.

Paul, ensuite, monta à cheval, fit dans les environs un circuit rapide et revint, n'ayant rien vu de suspect, se jeter dans les bras de Fatime.

LI

Les deux Gaspard.

L'impatience est mauvaise conseillère.

Paul, troublé par la joie, avait mal fait sa revue des alentours ; il s'était trop hâté.

Le pauvre garçon n'avait pas vu, au milieu d'un bouquet d'arbres, deux juifs causant d'affaires en cassant une croûte, — nous disons une croûte à bon droit ; jamais galette ne fut plus dure que celle dont ils se partageaient les morceaux.

Ces juifs de la régence, — on sait au point où en étaient leurs pères au moyen âge chez nous ; — ils simulent toujours la misère quand on peut les voir.

Chez eux, ils ont le confortable, qu'ils se gardent d'afficher, du reste.

En route, au dehors, les plus riches semblent des mendiants auxquels on donnerait deux sous.

Toujours prudents, du reste. Quand un juif peut se cacher, il se cache même sans motif : et il a raison.

Tout voyageur qui passe l'insulte.

Donc, le juif Jacob, de Nemours et le juif Samuel, d'Ousda mangeaient et causaient.

Ils revenaient tous deux du Maroc.

Tous deux associés, ils avaient fait un voyage fructueux et ils allaient se quitter. Il fallait partager.

La route d'Ousda eût éloigné Jacob de quatre lieues, et il n'était pas homme à perdre son temps.

Après quelques bouchées, il avait dit à Samuel :

— Ça, vieux Samuel, faisons nos comptes.

— C'est juste ! fit l'autre.

Et ainsi ils firent en additionnant douros sur douros. Tout à coup :

— Chut ! dit Jacob.

Et il fit un signe expressif.

Samuel se tut.

On entendait le bruit d'un galop de cheval ; Jacob vit passer Paul qui fouillait le terrain.

En bon juif, il se cacha. Samuel fit de même.

Et Paul passa.

Mais, par malheur pour lui, il jeta un regard scrutateur sur le buisson où les deux juifs se trouvaient, et ce fut la perte du jeune homme.

Il disparut, et Jacob le vit retourner vers les bains.

— Aoh ! fit-il. Ai-je la berlue ? Que viens-je de voir ?

— Une femme ! fit Samuel. Une Espagnole.

— Tu la connais ?

— Oui.

— Qui est-elle ?

— Une aventurière. C'est une coquine qui est en train de devenir la favorite de notre pauvre caïd. Mais voilà qui est étrange.

« Comment cette fille est-elle venue ici ? ».

Le vieux juif donna à son ami à peu près tous les renseignements que le lecteur connaît.

— Ouf ! fit Jacob. après avoir réfléchi. J'y vois clair.

« Le drôle s'est habillé en femme.

« Ah ! pauvre caïd.

— Que dis-tu là, Seigneur Dieu d'Israël. Ce serait un jeune homme.

— Et un luron.

Les deux gaillards se regardèrent en riant, mais des lèvres et sans bruit, Samuel demanda :

— Qu'allons-nous faire ?

— Le faire pendre.

— Tu lui en veux ?

— Il m'a fait bâtonner.

— Et tu vas lui payer ses coups de matragne ?

— Avec usure.

— Sais-tu que voilà une bonne affaire. Le caïd payera bien. Mais cela ne vaudra pas encore le plaisir que j'éprouverai à voir pendre mon drôle.

— Mais, es-tu sûr de ton affaire ?

— Je suis certain d'avoir reconnu le drôle ; mais nous pouvons vérifier la chose. Allons vers le bain.

Les deux juifs se dirigèrent vers les bains, et ils s'aperçurent que tous dormaient.

Ils crurent que tout le monde faisait simplement la sieste ; mais après examen, ils eurent soupçon de la vérité ; l'abattement de tout ce monde était visible.

Samuel, qui connaissait deux de ces cavaliers, les secoua vainement.

— Décidément, dit-il tout bas, il y a quelque chose ; ce Paul les a empoisonnés.

Mais Jacob ne fut pas de cet avis.

Il montra le pavillon fait de voiles de palanquin et s'éloigna rapidement.

Samuel le suivit.

Une fois à l'abri derrière des arbres, Jacob dit à son compagnon :

— Mon gaillard est avec une femme dans la tente ; je le gagerais.

— Tu as raison.

— C'est Fatime. Je ne l'ai pas vue dehors.

— Et il a endormi le harem.

— Quel rusé gaillard !

— Oh ! c'est un malin chacal !

— Je trouve ce petit bonhomme intéressant ; n'étaient tes coups, je l'épargnerais.

— Et les douros ?

— Je les lui ferais payer à lui, sois tranquille. Mais du moment où tu as une haine à satisfaire, tout est dit : pendu le petit ! Partons-nous ?

— Un instant ! Voyons ce qui va se passer. Il faut que je dévisage encore ce gaillard-là.

— Nous serons très-bien dans ce petit buisson de jujubiers sur le bord du chemin. De là, nous pourrons voir passer la caravane sans que personne ne vous voie.

— Tu as raison.

Allons nous embusquer.

Et, pendant que l'on tramait sa perte, Paul conjuguait le verbe aimer avec la Mauresque.

Cinq heures durant, l'escorte et le harem dormirent, et l'opium tint tout ce monde assoupi.

Enfin, Paul se dit qu'il fallait partir.

— Ma chère, dit-il à Fatime, si nous nous attardions trop, on dirait que si longue sieste n'est pas naturelle ; tâchons de mettre tous ces gens-là sur pied.

— Il reste du café. Préparons-en ! fit la Mauresque. Le café combat l'opium.

Ils se hâtèrent.

Avec beaucoup de peine, Paul éveilla hommes et femmes ; on leur fit avaler le café chaud.

— Quelle sieste ! disaient-ils tous. Quelle journée étouffante ! Le soleil est déjà sur midi.

Et l'on s'extasiait d'avoir sommeillé si longtemps.

Mais Nerédine se jugea trahie. Elle comprit, cette fois, qu'on la jouait.

De son côté, Aïda, furieuse, vit bien qu'elle avait une nouvelle rivale dans Fatime.

Elle vint à Nerédine. D'un seul regard elles se comprirent.

— Tu te doutes bien, dit la jeune femme à la favorite, de ce que ce monstre a fait?

— Il nous a endormies.

— Et il aime Fatime.

— C'est ta punition.

« Je suis heureuse qu'à ton tour tu éprouves les tourments de la jalousie.

« Tu m'as fait trop souffrir.

— Aïda, ne récriminons pas. Unissons-nous, et vengeons-nous ; en attendant suivons nos compagnes.

On partait.

Paul ne vit malheureusement pas les deux juifs cachés dans la broussaille.

A peine la caravane eut-elle défilé, que Jacob dit à son ami :

— Ah! c'est lui. Plus de doute.

— Vite à Ousda.

— Et de là chez le caïd. Ah! mes reins! vous avez été moulus ; mais quel baume pour vous quand ce scélérat sera pendu!

Et ils forcèrent le pas. Un juif qui a un intérêt devant lui, file avec une rapidité inouie.

Les deux fils d'Israël arrivèrent à Ousda avant la caravane.

LII

Un marché!

Le caïd avait trouvé la promenade de ses femmes un peu longue; mais il n'avait rien dit, au contraire, il avait complimenté ses femmes, puis il était rentré dans sa salle de réception.

On l'y avait mandé. Il y trouva Samuel.

— Que veux-tu? fit le caïd. Je n'achète rien.

— Seigneur, fit le juif, tu me connais.

— Sans doute, vieux coquin.

— Si nous débutons ainsi, chef, je me retire. T'ai-je trompé? Enfin, seigneur caïd, il s'agit de savoir si tu me crois capable de dévouement pour toi?

— Heuh! heuh!

— Ne t'ai-je pas donné de bons avis?

— Tu me les as fait payer.

— Soit! Mais les avis étaient excellents.

— J'en conviens! Arrive donc au but.

— Que penserais-tu de l'homme qui, sachant que l'on te trompe, se tairait?

— Je penserais que je lui ferais couper la tête, maître Samuel; et si tu as à parler, parle.

« Foi de caïd, mon yatagan s'ennuie au fourreau. Qui me trompe, voyons ?

— Tes femmes.

Le caïd pâlit. Les Arabes ne plaisantent guère sur l'adultère ; un caïd moins qu'un autre.

— Samuel, prends-y garde. Tu as des preuves ?

— Un de mes amis en a.

— Où est-il ? Pourquoi n'est-il pas avec toi ?

— Seigneur, il ne veut pas venir.

— Parce que... Ah ! maître fourbe, prends garde à toi. J'étouffe de rage.

Le caïd suait à grosses gouttes.

— De qui s'agit-il ? Est-ce Nerédine ? Est-ce ?...

— Patience, seigneur. Laisse-moi te dire que mon ami veut que tu délies sa langue avec la clef d'or. Il demande cent douros.

— Va le chercher.

— Tu donneras les douros ?

— Oui, si cet homme dit vrai ; mais je veux des preuves.

— Oh ! il en a.

Le caïd appela son chaouch.

Samuel s'inquiéta.

— Voici un drôle, dit le caïd, qui a les preuves que mes femmes me trahissent. Fais-le parler.

Samuel, effaré, protesta.

— Ce n'est pas moi qui sais la chose, disait-il ; c'est mon ami Jacob.

Le chaouch ne se payait pas de cette monnaie.

Il saisit Samuel, séance tenante, et le garrotta.

— Faut-il le battre ici ? demanda-t-il.

— Oui, dit le caïd.

Le chaouch, inséparable de son bâton, administra au vieillard, couché sur les dalles, un, deux, trois, dix coups ; mais Samuel fut héroïque.

Il n'avoua pas.

— Je ne sais rien, disait-il. Mon ami a le secret.

Et, à part lui, quoique bleu et meurtri, il se disait qu'il irait jusqu'au bout.

Tant de constance fut récompensée. Le caïd crut aux dires du bonhomme.

— Allons, fit-il au chaouch, cesse.

Et à Jacob, qui se lamentait :

— Je donnerai cent vingt douros. Je te croyais de mauvaise foi. Amène ton ami.

Mais Samuel se lamentait.

— Aïe ! Mes pauvres reins ! Aïe ! aïe ! Mes fesses !

Le caïd avait trop pratiqué les juifs pour ne pas connaître un baume souverain.

— Tais-toi ! dit-il. Je te donne dix douros de plus.

Mais Samuel de hurler plus fort.

Alors le caïd, impatienté, le saisit brutalement à la gorge, et lui dit :

— Brigand ! tu cries pour que je paye ; tu n'auras pas un boudjou de plus. Si tu ne te tais pas, ce sera un douro de moins par plainte que tu pousseras.

Jacob se tut et tendit la main.

— Que veux-tu ? fit le caïd.

— L'argent.

— Il faut te payer d'avance ?

— Si mon ami ne voit pas les pièces d'argent, il ne parlera pas et fuira.

Le caïd ouvrit le coffre qui lui servait de caisse, et compta la somme.

— Voilà ! dit-il. C'est de l'or. Que ta promesse soit bonne comme ce métal.

— Seigneur, je cours et reviens.

Le caïd se promena avec agitation, en attendant le retour de maître Samuel.

Il avait l'air d'un tigre en cage.

Son chaouch avait tiré son yatagan, et, accroupi, il en repassait la lame sur une pierre qui ne le quittait jamais et qu'il portait dans un étui.

Le brave homme comptait bien avoir à faire une exécution ou deux prochainement.

— Oui, Bel-Omana, affile ton sabre, disait le caïd ; tu vas avoir des cous à scier.

« Ah ! l'on me trompe !... »

En ce moment les juifs rentraient.

Jacob salua cérémonieusement pendant qu'on le présentait au caïd, qui lui dit :

— Parle.

Et le chef le regarda dans les yeux.

Mais Jacob était homme à supporter les plus terribles regards ; il en avait vu d'autres.

— Seigneur, dit-il, un seul mot. Je désire que le coupable, qui est mon ennemi, périsse d'une certaine façon.

Le caïd prévit un raffinement de supplice, et cela lui sourit ; il dit à Jacob :

— Voyons la mort que tu veux pour l'homme ?

— C'est la pendaison.

— Souffre-t-on ?

— C'est probable. Mais celui dont il s'agit a horreur de ce genre de mort, comme tous les Français.

— Quoi ! C'est un Français ?

— Oui, sidi.

— Tu es fou. Il n'y a pas de Français ici. Serait-ce un renégat ?

Paul fut pendu. (Page 245.)

— Accorde-moi sa pendaison, et tu sauras son nom.
— Tu dis qu'il craint cette mort?
— Il a exprimé un soir, devant moi, son opinion, disant qu'il préférerait être fusillé vingt fois que pendu, et je me suis promis, si l'occasion se présentait, de le faire accrocher à un arbre ; du reste, ce supplice a du bon. On voit gigotter le patient.
— Eh bien! il sera fait comme tu l'entends. Parleras-tu, enfin?
— Oui, seigneur, le coupable est dans ta maison.
— Ce Français?
— Seigneur, il se fait passer pour une Espagnole.
Le caïd devint livide.
— Paquita! fit-il.
« Elle!... lui!... Ah! je suis joué! Je comprends tout. »
Il fit signe à son chaouch.
Celui-ci comprit.
Un instant après, Paul, pieds et poings liés, était traîné devant le caïd.

Le jeune homme se sentit perdu, et dès lors il envisagea son sort avec l'insouciance gouailleuse des Parisiens qui sont devant la mort.

— Salut, caïd, dit-il en entrant. Il paraît que je suis reconnu. Et voyant Jacob :

— C'est ce vieux filou qui m'a dénoncé. Très-bien. Il me le payera !

— Tu vas mourir, fit Jacob.

— Et mes amis !

Le juif eut un frisson.

Paul reprit :

— Tu peux être sûr que d'Obigny, Jean et Akmet te feront passer un fâcheux quart d'heure.

— Qui leur dira que je t'ai accusé ?

— Le chaouch.

Et au chaouch étonné :

— Ami, tu avertiras d'Obigny, le tueur de panthères, et tu lui réclameras cent douros. Tu lui diras que c'est ma dernière volonté.

— Bien ! dit le chaouch.

— Comment, bien ! s'écria le juif. Caïd, entends-tu ? Ton chaouch prend parti pour cet homme.

Le caïd qui, muet, contemplait Paul depuis un instant, imposa silence à tous. Puis il dit à Paul :

— Toi qui m'as trompé, tu vas mourir.

— Parbleu ! fit Paul. Après avoir été sot en te laissant entortiller par moi, il faudrait que tu fusses plus bête qu'une outarde pour ne pas te venger ; je m'y attendais.

Et au chaouch :

— Tu vas me trancher le cou proprement, j'espère ; une, deux, trois, par principes.

Jacob ricana.

— Tu ris, vieux singe.

« Tu verras comment un Parisien sait mourir.

— Ne fais pas tant le fanfaron, dit le juif. On te pend.

Paul fit la grimace.

— Ah ! ah ! ça t'ennuie ! dit Jacob. Ça t'apprendra à me donner des coups de bâton.

Paul reprit son assurance.

— Mourir d'une façon ou d'une autre, cela m'est égal, dit-il ; puis, ça mettra de la corde de pendu dans ma famille, et l'on dit que cela porte bonheur. Va pour le nœud coulant.

— Assez de paroles, dit le caïd. On va amener les femmes, — toutes les femmes, — dans la cour de la casbah, et on les décapitera devant cet homme, après quoi, on l'attachera à un sycomore, et nous verrons qui rira le dernier de nous deux.

— Bon ! fit Paul, tu fais de l'esprit. Ça ne te va guère, mon pauvre caïd.

On l'emporta.

Mais pendant que le chaouch l'enlevait sur ses épaules, il disait en ricanant :

— Caïd, une prédiction : Tu ne riras pas longtemps ; avant dix jours, tu seras mort.

« Jacob, un conseil : Fais ton testament. D'Obigny ne laissera pas chômer sa vengeance. »

Et il sifflota un air de France.

LIII

L'exécution.

Une heure après, la ville se pressait aux abords de la casbah avec curiosité.

La nouvelle avait circulé. Le caïd faisait décapiter toutes ses femmes.

L'ullemah, averti, courut trouver le mari outragé pour lui faire des représentations.

Le rusé marabout avait déjà fait circuler par la ville un mot d'ordre.

On disait que le caïd condamnait tout son harem, quand quelques femmes seulement étaient coupables, et comme il y avait déjà beaucoup de mécontentement, on clabauda fort contre la résolution cruelle du chef d'Ousda.

Le marabout, pour donner corps à ce mécontentement, voulut présenter officiellement des réclamations, au nom de la religion et de la justice divine.

Le finaud colorait ainsi son jeu politique.

— Seigneur, dit-il au caïd, très-sombre et très-résolu, je viens t'avertir que les croyants, tes sujets, sont fort inquiets du supplice général que tu infliges à tes femmes. Il est impossible que toutes aient péché.

— Au djenoun (au diable) ! fit le caïd. Que viens-tu m'importuner... Suis-je le maître ?

— Tu es maître de par Dieu.

« Je suis le représentant d'Allah ! Il m'inspire mes paroles.

« Il est écrit que celui-là pèche qui juge avec colère et précipitation. »

— Ainsi, tu as la prétention d'être plus que moi ?

— Je suis un humble serviteur du prophète ; mais les ullemahs ont des devoirs. Le plus sacré est d'empêcher l'injustice.

— Eh bien ! je suis juste.

« Le Coran dit que celui qui peut empêcher le mal et ne le fait pas, mérite la punition, comme celui qui commet le crime ; tu ne nieras pas cela, j'espère... »

« Or, toutes mes femmes savaient la vérité.

« Aucune ne m'a prévenu. Toutes ont donc failli. Là-dessus, va-t'en. Pour un rien, je te ferais expédier au paradis, où tu trouveras une bonne place, en ta qualité de marabout. »

Et le caïd donna des ordres.

— Qu'on double la garde, dit-il. Qu'on bâtonne ceux qui crieront.

« Si ça ne suffit pas, qu'on en assomme quelques-uns, et, s'il le faut, qu'on tire. »

Puis avec une irritation très-vive :

— J'ai trois canons. Si Ousda bouge, je la bombarde.

L'ullemah jugea prudent de se retirer.

Le caïd descendit dans la cour. On l'attendait.

Tout le harem, entouré de soldats, sabre nu, était placé sur une ligne.

Paul, en homme cette fois, était en face des malheureuses femmes, qui pleuraient.

C'était une scène émouvante.

Nerédine seule faisait bonne contenance.

Elle envoya audacieusement un baiser au jeune homme, qui lui sourit.

Nous voudrions bien changer le triste dénouement de cette aventure ; mais il est historique, et il faut bien le conter tel qu'il est arrivé.

Le caïd s'assit froidement, gravement, majestueusement sur un tapis, ayant à ses côtés son kodja et son kalifat ; on eût dit qu'il s'agissait d'un spectacle fort simple.

Son négrillon lui apporta son chibouque, et un autre esclave servit devant le maître un plateau garni de petites tasses à café pleines de liqueur brûlante.

Le caïd huma une bouffée de tabac, but une gorgée de café et fit un signe de tête.

Le chaouch se fit amener une femme à la place choisie pour l'exécution, c'est-à-dire à trois pas du maître, impassible ; la malheureuse créature qui allait payer les fredaines de Paul fit un geste inutile de supplication.

Le caïd leva un doigt.

Alors le chaouch fit faire un tour à son yatagan, qui s'abattit en sifflant.

La tête de la victime tomba au bord du tapis, qu'elle mouilla d'un peu de sang.

Le comble de l'adresse c'est, pour l'exécuteur, de lancer ainsi la tête coupée.

Le corps de la décapitée s'affaissa vers le caïd, mais, du revers de son arme, le chaouch le fit dévier à gauche, et des esclaves l'emportèrent.

Pas un cri.

Pas un murmure dans la cour.

Toute la garnison de la casbah était muette, fort insoucieuse, du reste.

Ainsi sont les Arabes.

Jamais peuple ne fut plus cruel et plus stoïque ; le sang ne lui répugne pas.

Le chaouch consulta le maître, qui fit un second signe, et le supplice continua.

Un Européen n'aurait pu supporter cette scène de meurtre sans protester ; le sang coulait à flots au dixième cadavre ; les petites babouches des femmes piétinaient sur les caillots ; elles enfonçaient jusqu'à la cheville.

Le caïd, par raffinement, réservait ses favorites pour la fin. Quand elles ne furent plus qu'elles trois, il eut un sourire de tigre alléché.

Aïda mourut. Puis ce fut Fatime.

Enfin, la belle tête de Nerédine roula sur le tapis ; Paul laissa tomber sur ses joues une larme brûlante ; il avait hâte de mourir. Son tour était venu.

Jacob, très-indifférent pour les femmes, couvait des yeux sa victime avec une joie peu dissimulée.

Le chaouch ne savait pas pendre.

Pourtant, comme ce n'est pas chose fort difficile que de faire un nœud coulant, le digne bourreau pensa qu'il se tirerait d'affaire avec honneur.

Il fit placer Paul sous un sycomore, choisit une branche solide, lança la corde par-dessus et reçut l'extrémité d'une main, de l'autre il engagea le nœud coulant au cou du jeune homme.

Celui-ci fit très-belle contenance.

Le caïd l'observait.

— Le chien meurt bien ! dit-il. Ces Français sont braves.

Et il donna le signal.

Le chaouch tira la corde, aidé de deux soldats, et Paul fut pendu.

En ce moment, deux cavaliers entraient dans la cour de la casbah.

L'un était un grand et beau vieillard vêtu comme le sont les pèlerins.

L'autre était un vieux aussi, mais assez laid.

Le premier montait un magnifique cheval ; le second une mule vigoureuse.

Jamais marabout d'aspect plus imposant ne parcourut l'Algérie, suivi d'un serviteur d'un aspect plus ingrat et plus rechigné.

Ce dernier devança son maître, et se mit à crier d'une voix de stentor :

— Tous à genoux ! Mon seigneur Sidi-el-Hadj-Bel-Ibrahim-Bou-Cassel va vous bénir et appeler sur vous la prospérité et le bonheur que le Prophète ne refuse jamais à ses prières, car il possède le talisman sacré de la Mecque et un éclat de la pierre noire de Médine ; mouslems (musulmans), courbez vos têtes !

Et tout le monde, même le caïd, obéit.

Ce grand vieillard exerçait une sorte de prestigieuse fascination ; il avait un air si noble que l'on se sentait dominé dès qu'il paraissait.

Il bénit la garnison, les cadavres, le caïd, le pendu, dont la corde fut lâchée par les soldats, si bien que le corps du pauvre Paul tomba et joncha le sol.

Le marabout, d'une voix retentissante, dit la prière, et la foule répéta les répons.

Tout en psalmodiant, le vieillard jetait autour de lui un regard scrutateur, son œil se fixait particulièrement sur le pendu, on eût dit qu'il lui portait intérêt.

Quand il eut terminé, il dit à son serviteur :

— Va-t'en en mon nom, et au nom d'Allah, réclamer le corps du supplicié au chaouch.

« Tu lui demanderas depuis quand les mouslems ont pris l'habitude d'imiter les bourreaux d'Europe ?

« Tu lui demanderas pourquoi, lui, un chaouch de *tradition*, il se sert d'une ignoble corde, au lieu de son sabre ?

« Tu emporteras le cadavre à la mosquée, car, pour apaiser la colère du Prophète, il faut purifier cette créature humaine de la souillure que la corde lui inflige.

« Il ne plaît pas à Allah que l'on traite les humains, même infidèles, comme de vils chiens.

« Va. »

Mais tout bas, et très-rapidement :

— Tu le saigneras et tu lui frictionneras les pieds, après lui avoir soufflé de l'air dans la gorge.

Et le serviteur tout haut :

— La volonté du seigneur Sidi-el-Hadj-Bel-Ibrahim soit faite, car c'est celle de Dieu.

Et bas à son tour :

— Défie-toi. Voilà le juif Jacob qui te dévisage.

Le marabout, ou plutôt d'Obigny, — car c'était lui, — étendit la main vers Jacob.

— Enfants du Prophète, dit-il, regardez ce chien que voilà, ce juif immonde ; saisissez-le. Toi, chaouch, décapite-le.

« Jamais œuvre n'aura paru si méritoire aux yeux du seigneur Mahomet.

« Ce mécréant a souillé d'immondices une couba vénérée, je l'ai su par l'ullemah de Nedramah. »

On sait la haine des Arabes contre les juifs, qui ont, du reste, le malheur de se faire exécrer partout ; d'Obigny savait qu'il prononçait la mort de Jacob.

Il n'hésita pas. Dans le péril où il était, il fallait ou tuer ou se faire tuer ; point de milieu. Jacob l'eut dénoncé.

Et d'Obigny estimait infiniment plus sa peau que celle de ce maître fourbe.

Puis le marquis ne doutait pas que le pauvre Paul n'eût été vendu par ce vieux Judas.

En un tour de main, les soldats se jetèrent sur Jacob avec des cris de fureur, l'exterminèrent à coups de yatagan ; le misérable fut haché en morceaux.

Le caïd n'osait s'opposer à rien.

Croyant, superstitieux, homme de sa race et de sa caste, il subissait l'influence des marabouts, tout en les détestant ; il les redoutait fort, et son ullemah lui-même lui faisait souvent échec : il n'échappait que par fougades à son autorité.

Il ne s'opposa à rien.

Il demeurait consterné et stupéfié sur son tapis, sauvant sa dignité par son silence et son immobilité ; il sentait, du reste, qu'en ce moment jouer contre le marabout c'était risquer de perdre.

D'Obigny vit qu'après avoir massacré Jacob, les soldats allaient se jeter sur Samuel.

— Enfants, dit-il, épargnez celui-là. Il n'est pas méchant.

« Allah distingue un chien d'un chien, un juif d'un juif ; celui-là ne mérite pas la mort. Qu'il passe. »

On laissa partir Samuel.

Le vieux bonhomme, dans sa reconnaissance, vint baiser le pied du marabout et s'éloigna.

Déjà le corps de Paul était enlevé.

D'Obigny, qui s'était jeté dans cette aventure sans trop savoir comment elle tournerait, pressé qu'il était de sauver Paul, termina habilement l'incident.

Il s'avança vers le caïd, qui se leva pour le recevoir ; mais le marquis le tint à distance d'un geste.

— Je venais, dit-il, demander l'hospitalité au chef de cette ville d'Ousda, cité sainte sous l'œil du Prophète ; mais je ne puis demeurer dans cette casbah maudite.

« Ici, du sang innocent a coulé.

« Ici, des femmes non coupables sont mortes par la faute d'un homme que l'orgueil aveuglait.

« Que le caïd s'humilie.. Qu'il prie et jeûne. Qu'il fasse l'aumône.

« Si un remords éclatant, des bonnes œuvres nombreuses ne réparent pas son crime, malheur à lui !

« De sa casbah pas une pierre ne restera debout, et l'on sèmera le sel sur les débris.

« De sa chair, on ne retrouvera pas les cendres, emportées par le simoun brûlant.

« J'atteste la cité entière que j'ai adjuré le caïd au nom de Dieu.

« Qu'il soit responsable des malheurs qui planent sur Ousda, sa ville dont il corrompt les mœurs. »

Et le marabout, faisant volter son cheval, se retira, laissant le caïd atterré par ce coup.

Le malheureux chef vit sa garnison sombre et inquiète ; au dehors, il entendit acclamer le pèlerin. La foule lui faisait une ovation.

C'est ainsi qu'il se rendit à la mosquée, au milieu d'un cortège immense et enthousiaste.

Les ullemahs attendaient leur confrère, réunis en collège et vêtus de leurs plus beaux burnous.

Ce fut une cérémonie imposante.

D'Obigny, avec l'aplomb d'un homme qui connaissait admirablement la vie arabe, entra dans la mosquée, rendit louange à Allah, au Prophète, à Fatma, sa fille, puis il fit à la foule assemblée un long discours.

Il déclara que les princes et les grands de la terre devaient gouverner selon le cœur de Dieu ; que ceux qui ne respectaient pas la religion étaient renversés, et que les peuples devaient abattre les sultans qui bravaient les ullemahs.

Et la foule frémissait à cette parole vibrante et chaude qui lui soufflait la révolte.

Le sermon se termina par la prière, à la suite de laquelle le peuple sortit, en proie à une très-vive exaltation et mûr pour l'émeute prochaine.

D'Obigny avait fait merveille sur l'esprit du chef des ullemahs d'Ousda. Celui-ci, quand la mosquée fut vide, vint se jeter au cou de son prétendu collègue.

— Ah ! seigneur, dit-il, quel orateur tu es, et comme tu sais fanatiser le peuple.

On sait que deux augures ne peuvent se regarder sans rire ; deux marabouts sentent trop qu'ils jouent la comédie pour être sérieux l'un en face de l'autre.

D'Obigny savait cela. Il jeta son masque d'austérité.

— Mon cher confrère, dit-il, tu me flattes.

— Non, certes.

« Tu es l'éloquence même. «

— Peuh ! N'exagère pas.

« Si tu entendais le schériff de la Mecque.

« Voilà un grand prêcheur !

« Quand il parle aux cent mille pèlerins qui s'assemblent autour du tombeau de Mahomet, il passe sur cette multitude comme des frissons de feu. Ah ! mon ami est un grand maître.

D'Obigny glissa ce mot ami, dont il attendait un grand effet, et il le produisit Ce schériff est le pape musulman.

Il reprit :

— J'ai des lettres de ce cher et vénéré Abdallah pour tous les marabouts et croyants. Prends-en connaissance.

L'ullemah lut les parchemins scellés et paraphés que lui tendait le marquis ; jamais pèlerin n'avait été plus chaudement recommandé ; le schériff traitait le porteur de ses lettres de père, d'oint de Dieu, de saint.

Il enjoignait de lui obéir en tout.

A partir de ce moment, le respect de l'ullemah devint encore plus humble. Il fut convaincu qu'il avait affaire à un personnage de la plus haute distinction.

D'Obigny pria le marabout de le conduire chez lui, pour lui parler de sa mission.

L'ullemah l'emmena dans un joli pavillon qu'il habitait aux portes mêmes de la mosquée.

Au jour fixé, tous les contingents promis. (Page 255.)

Là, d'Obigny dit mystérieusement à son prétendu confrère :

— Je viens de la Mecque et je parcours l'Algérie pour prêcher la guerre sainte. Il faut en finir avec les Français.

« Un plan immense est préparé. Quelles sont les dispositions des Ousdiens ?

L'ullemah tomba dans le piége.

— Mon père, dit-il, tu arrives à propos.

« Je te confie que nous organisons la révolte contre le caïd, qui est un impie.

— Et qui le remplacera ?

— Son frère.

L'ullemah donna sur Soliman tous les renseignements désirables, et il ajouta :

— Ce jeune homme est pieux. Il a, paraît-il, le secret de faire du diamant.

« Il veut chasser les Français. Ce sera un grand chef. Nous en ferons le sultan d'Alger.

— Mais quel jour prend-on les armes ?

— Le onzième à partir de celui-ci.

— C'est très-bien ! J'espère que vous réussirez. Que comptez-vous faire ?

— Surprendre la casbah.

« Il importe que l'on se rende maître des canons, sans quoi le caïd nous ferait payer cher notre attaque.

« Nous aurons trois ou quatre cents hommes bien armés, cachés dans les maisons voisines de la casbah, avec des échelles et prêts pour l'escalade.

— Très-bien. Dis-moi maintenant où est mon serviteur ?

— Ici près, avec le pendu.

— Ce jeune homme est-il mort ?

— Je ne sais.

— Tâchons de le sauver. J'en ferai la conversion. Il me sera utile...

— Il est bien difficile de faire un musulman d'un chrétien, surtout d'un Français.

— Confrère, je crois que tu seras surpris de la facilité avec laquelle ce jeune homme se rendra à mes raisons ; je crois devoir vous avertir que j'ai des procédés particuliers pour séduire les infidèles.

— Mon père, je serai heureux de recevoir une leçon.

— Aoh ! mon frère, je n'ai pas la prétention de t'en donner ; mais j'ai quelque expérience. Viens avec moi.

L'ullemah montra le chemin au pèlerin.

Ils trouvèrent Jean fort occupé de frictionner le pauvre Paul, qui respirait encore, mais dont le corps était toujours froid ; la circulation ne se rétablissait pas.

Il avait été pendu peu de temps, mais assez, toutefois, pour être fort malade.

Sans la saignée, il était flambé.

D'Obigny dit au marabout :

— Procure-nous des orties.

L'ullemah fut en cueillir le long des murs de la mosquée exposés au nord.

Il en rapporta un paquet.

D'Obigny dit à Jean :

— Flagelle-le avec ceci.

Un instant après, Paul, rouge comme un homard cuit, se grattait à outrance.

Il ne savait où il était.

Le caractère parisien prit le dessus aussitôt.

— Cré mâtin ! fit-il, j'étais donc couché au milieu de cent mille punaises ! Quelle démangeaison ! Vingt dieux ! que ça me cuit !

Et aux marabouts :

— Qu'est-ce que vous m'avez donc fait ? A propos, j'étais pendu.

Il se mit à rire.

— Serais-je en enfer, et seriez-vous des diables ?

« En ai-je fait une vie pendant huit jours ! »

Il se souvint du massacre.

— C'est égal. Ça s'est mal terminé.

« Pauvres petites ! Qui est-ce qui m'a dépendu ? »

Il se grattait toujours.

L'ullemah dit bas à d'Obigny :

— Drôle de petit bonhomme ! Est-ce que tous les Français sont comme ça ?

— Il y en a beaucoup. Mais ! confrère, veuillez donc aller chercher du lait.

Le marabout y courut. Alors d'Obigny dit rapidement à Paul :

— Gamin, as-tu la tête à toi ?

— Oui ! fit Paul. Ah ça, je vous connais, vous...

« Non d'un chien, c'est M. d'Obigny ! Et voilà Jean ! Bonjour, mon vieux Jean.

— Chut ! fit le chasseur. Assez causé. Nage dans nos eaux.

— Oui, dit d'Obigny. Devine nos désirs ; observe bien, et pas d'étourderies surtout, mon cher Paul.

— Soyez tranquille. On est malin.

— Nous n'avons pas le temps de causer ; sache seulement que tu vas te faire musulman.

— Bon ! Ça m'est égal. Je changerais de religion tous les jours que ça ne me gênerait pas.

— Silence !

Le marabout revenait.

D'Obigny dit à Jean de laver Paul avec le lait, ce qui apaisa sa démangeaison.

On put causer.

— Mon ami, dit d'Obigny avec un grand sérieux, je t'ai sauvé la vie.

Paul avec hypocrisie :

— C'est un fameux service que vous m'avez rendu ; qu'est-ce qu'il faut faire pour vous être agréable ?

— Je ne veux t'obliger à rien. Toutefois, puisque tu sembles adorer les jolies femmes, il me semble que tu devrais te faire musulman et avoir un harem à toi.

— Tiens, c'est une idée ! Mais... de l'argent ?

— En me rendant des services, tu en gagnerais.

— Alors, je me fais ce que vous voudrez, juif s'il le faut ; pour les femmes, voyez-vous, je suis capable de tout !

D'Obigny poussa le coude de l'ullemah.

— Tu vois ? fit-il.

Et l'autre :

— A l'occasion, je me souviendrai de la façon d'attirer les infidèles dans le chemin de la vérité.

D'Obigny à Paul :

— Ainsi, tu te décides ?

— Puisque je vous le dis.

— Tu me suivras ?

— Au bout du monde, si vous me donnez le harem.

D'Obigny se tourna vers le marabout :

— Mon frère, dit-il, fais préparer la diffa, qu'on soigne mon cheval, dans deux heures, je pars.

« Je ne puis m'arrêter longtemps dans chaque ville, ayant à parcourir un long chemin.

« Je vais demeurer auprès de cet enfant, pour lui enseigner notre foi. »

Le marabout se retira.

Cependant, d'Obigny et Jean, restés avec Paul, lui racontaient comment ils étaient venus.

— Mais qui vous amenait ?

— On voulait savoir quel jour devait éclater la révolte contre le caïd d'Ousda.

— Il y aura révolte ?

— Avant peu.

— J'en serai. Je lui apprendrai, à ce cuistre-là, à me faire pendre.

« A propos, et Jacob ? C'est lui qui m'a dénoncé.

— Il a vécu ! fit d'Obigny.

— Ça me fait plaisir. En voilà un gredin ! Qu'allons-nous faire maintenant ?

— Partir ! dit d'Obigny. La ville est malsaine pour nous.

— Et nous irons ?

— A la grotte.

— Les troupes y sont arrivées ?

— Elles y seront ce soir.

— Et à quand la danse ?

— Dans onze jours.

Paul se frotta les mains.

Le marabout vint avertir ses hôtes que le repas les attendait ; Paul n'eut pas le temps de demander des nouvelles de Ritta et de Paquita.

D'Obigny présenta son néophyte.

— Ce jeune homme, dit-il, accepte. Il sera notre espion.

« Il a eu beaucoup à se plaindre de ses compatriotes, et il nous sera dévoué.

— A la vie, à la mort ! dit Paul.

Nous ne décrirons pas la diffa.

Qu'il nous suffise de dire que partout les prêtres font bonne et grande chère.

Le repas terminé, d'Obigny prit son hôte à part, lui fit maintes recommandations, lui promit de l'appuyer de son crédit à la Mecque pour lui obtenir un permis du schériff qui donnerait à la mosquée d'Ousda un grand relief, et il partit, laissant son confrère ravi.

La foule fit cortége au pèlerin.

Paul, lui-même, dont on connaissait la résolution de se convertir, fut acclamé.

C'est ainsi qu'il quitta Ousda, en vainqueur des belles et en Benjamin de la ville.

Une fois dehors, il respira bruyamment.

— Ouf! fit-il. Ça fait du bien de se sentir au grand air.

— Ah! mon gaillard, dit Jean, on ne t'y repincera plus dans les sérails ; chat échaudé craint l'eau froide.

« Voilà ce que c'est que de se fourrer dans les nids des autres, mon petit!

— Bast! fit le jeune homme. On s'en tire. Tantôt c'est par sa propre adresse, tantôt par celle des amis, souvent par hasard.

« Je suis né chanceux.

« Si je savais où retrouver une Nerédine, une Aïda, une Fatime, je me risquerais encore.

— Eh bien, dit d'Obigny, tu as raison. La vie est si triste, qu'il faut s'égayer.

Il soupira.

— Qu'avez-vous donc? demanda Paul.

— Il y a, dit Jean, que nos femmes sont enlevées.

Et il conta ce qui était arrivé.

— Ah ça! dit Paul, nous allons délivrer ces dames?

— Mon ami, dit d'Obigny qui ignorait la fuite des jeunes femmes, il nous faut prendre Ousda.

« Le jour de l'émeute, nous enlèverons la casbah et nous nous emparerons de Soliman. Je le ferai décapiter.

« Alors j'annoncerai que qui me ramènera ma femme et celle de Jean aura cent mille douros. Et nous reverrons la marquise.

Sur cet espoir, les trois chasseurs piquèrent leurs chevaux pour se rendre à la grotte.

LIV

L'armée.

Au jour fixé, tous les contingents promis se trouvaient rendus au point fixé.

Bien des gens furent étonnés de se trouver réunis dans la gorge immense qui servait de rendez-vous.

Dès le matin, les plus pressés débouchèrent un à un, deux à deux, par groupes quelquefois.

Le ravin se remplit de bruit.

Les cavaliers trouvaient Mécaoud, allaient le saluer, et attachaient leurs chevaux à des arbres, puis s'occupaient de chercher leurs amis et connaissances parmi ceux qui étaient arrivés.

Les fantassins kabyles levés par Akmet débouchaient par petites troupes, — gens de même village, — ils allaient se ranger en bon ordre, par tribu, autour de leur chef.

Autant les Arabes faisaient de tapage, de fantasias, de folies, autant les montagnards étaient paisibles.

Ils rangeaient symétriquement leurs armes, tiraient leur pain noir du bissac et quelques figues sèches, faisaient leur repas modeste et se couchaient pour fumer.

Vers midi les chasseurs parurent avec leurs gens.

Maître Jean en avait d'abord racolé une trentaine, et il leur avait donné mission d'en aller chercher d'autres, qui accouraient à la date fixée.

Ces chasseurs sont les plus singuliers types de l'Algérie ; disséminés partout, on en rencontre un ici, un autre là ; on ne se douterait jamais qu'ils sont nombreux.

Il y en a bien deux ou trois mille en Algérie.

Ils vivent bizarrement.

Dans certaines saisons, ils se bâtissent des gourbis le long du littoral, tuant du gibier pour leur consommation et faisant sécher des peaux de chacal.

En été, ils se rendent au désert pour y poursuivre l'autruche, et c'est alors qu'ils gagnent beaucoup d'argent.

Ces hommes tuent un lion avec autant d'aisance et moins de prétention que Jules Gérard.

L'un d'eux, Larer, établi à la Baraque-aux-Cochons, entre Oran et Tlemcen, a eu l'audace de tuer une lionne avec une balle ronde glissée par-dessus sa charge de plomb.

Cette bête, blessée, se rua sur lui.

On retrouva la lionne morte avec dix-sept coups de couteau dans le ventre.

Larer ne valait guère mieux. Il s'en tira pourtant.

On peut s'imaginer quels soldats de pareils hommes font quand ils s'en mêlent.

Ils se connaissent presque tous. Une sorte de franc-maçonnerie les lie les uns aux autres ; ils se soutiennent énergiquement.

Si un chasseur est tué par les Arabes, tous les autres chasseurs des environs accourent le venger, et quand ils sont réunis, dix ou douze cents Arabes ne leur font pas peur ; ils en viennent à bout presque toujours.

Tireurs étonnants, braves à outrance, rusés et rompus au métier, ils savent surprendre un village, l'enlever, l'incendier, massacrer la population avec une foudroyante rapidité ; du reste, ils sont aussi aimés que redoutés.

Les secours qu'ils rendent en tuant les bêtes fauves leur donnent un grand prestige.

Ces gens-là sont de toutes races, de toutes religions, de toutes castes.

Il y a des Arabes, des Français, des Kabyles, des juifs, des Maltais, des Mozabites, des Italiens, des Touaregs, des Espagnols, des nègres.

Nous avons connu parmi eux un Anglais, gentleman de distinction, qui était venu au désert pour chasser le moufflon et qui ne quitta plus le Sahara.

Les Kabyles ne s'attendaient pas à voir des Arabes, ceux-ci s'étonnaient de voir des Kabyles, et les deux troupes étaient aussi surprises que charmées d'avoir avec elles des chasseurs, car la réputation de ceux-ci était telle qu'ils inspiraient une grande confiance.

Le camp présenta bientôt une animation extraordinaire et très-pittoresque.

Pendant que tous s'entretenaient de la prochaine expédition, trois Arabes, à l'écart, causaient entre eux.

Ils avaient l'air de fumer indifféremment et d'échanger des réflexions anodines; mais ils tramaient la perte de cette petite armée.

C'étaient des serviteurs de Soliman.

Ils étaient placés fort habilement pour qu'on ne pût s'approcher sans qu'ils le vissent.

Ils s'étaient mis en éventail, tête contre tête, se parlant couchés, sans se voir, mais voyant tout autour d'eux. Ils causaient bas, du reste.

L'un, nommé El-Arbi, disait aux autres :

— Nmer ne vient pas. Qu'est-il devenu?

— Jean l'aura tué.

— Ce Jean s'est échappé. Au bordj, ils ont fait mauvaise garde.

— Crois-tu, fit un certain kouffi, forgeron de son état, mais le chouaf le plus expert de sa tribu, un coquin fini, du reste, crois-tu que Jean nous connaît?

— Il ne m'a jamais vu.

— Moi non plus.

— Ni moi, fit le troisième.

— Pourquoi nous soupçonnerait-on ?

— Ce d'Obigny est très-fin.

— Inutile de nous fourrer sous ses yeux. N'ayons, autant que possible, affaire qu'à Mécaoud, qui est un bon enfant.

En ce moment, d'Obigny arrivait avec ses deux amis.

Il avait eu soin de changer de costume, et, à son aspect, ceux qui le connaissaient le désignèrent aux autres ; si bien que la petite armée vint l'entourer.

Il salua les chefs.

— Nous allons agir bientôt. Il faut beaucoup d'ordre.

« Les chasseurs vont se former par escouades de huit hommes et par compagnies de cinquante.

« Les Kabyles, qui sont quatre ou cinq par villages, resteront par bandes de gens du même pays.

« Ils se choisiront un amin par cent hommes environ, et cet amin sera à cheval.

« Avec ceux qui sont en retard, cela fera environ quatre bandes qui agiront isolément ou de concert, selon les circonstances, et qui apprendront quelques mouvements nécessaires.

« Quant aux Arabes, on en fera quatre goums, commandés par des kalifats de Mécaoud ; chaque goum sera subdivisé en tournas de vingt-cinq hommes.

« Les parts de prises seront fixées d'après le grade et fidèlement distribuées.

« Rappelez-vous que le moins que l'on puisse toucher c'est mille douros par homme. »

Le chiffre parut énorme. L'enthousiasme déborda.

On cria : vivat, aoou, eviva, hourrah, bravo, dans toutes les langues du littoral méditerranéen.

D'Obigny calma son monde et reprit :

— L'on va, par troupe, élire, en dehors des chefs, un conseil de guerre, que je présiderai.

« Toute faute sera jugée et punie. La peine de mort sera souvent appliquée.

« Tout homme qui lâchera pied sera fusillé impitoyablement et séance tenante.

« Organisez-vous. Quand vous serez prêts, vous me le ferez savoir, je vous passerai en revue. Après quoi je vous casernerai. »

D'Obigny sourit en disant cela, et les hommes comprirent qu'ils allaient avoir un singulier casernement.

Il se fit un grand brouhaha ; les chefs groupèrent leur monde ; peu à peu l'ordre se fit.

Les Kabyles furent les premiers prêts. Leur organisation était très-simple, puisqu'ils se réunissaient par village et tribu.

Les chasseurs ne tardèrent pas à se constituer et à se former en bataille. —

Quant aux Arabes, autre chanson : tous voulaient commander. Personne ne consentait à obéir.

D'Obigny connaissait le caractère de cette noblesse ; il savait qu'ils n'en finiraient pas de disputer.

Il prit un bon moyen. Il fit former le cercle à tous ces cavaliers, et il leur dit en peu de mot :

— Pour la guerre que nous allons faire, les titres de noblesse ne sont rien. Il faut des hommes, non des parchemins.

« Mécaoud est votre chef, ceci est admis, je pense que personne n'oserait lui disputer cette place.

— Personne !

— Alors vous allez faire passer les Kabyles. Vous allez voter.

« Mettez-vous par goums, et que, dans chaque goum, chacun vote pour un chef. On mettra deux noms par bulletin.

« Est-ce bien ainsi ?

— Oui, dit-on.

Chaonch d'Ousda.

« C'est le moyen le plus juste et le plus sûr. »
Mécaoud demanda à d'Obigny :
— Pourquoi deux noms ?
« Un seul suffirait.
— Mon cher, dit d'Obigny, chacun de tes djouads va d'abord voter pour lui-même.
« Ensuite il votera pour le plus digne.
« Avec un seul nom, chaque homme aurait une voix ; avec deux noms nous aurons une majorité. »

Les choses se passèrent exactement comme l'avait prévu d'Obigny, et les Arabes eux-mêmes rirent beaucoup en voyant que chacun d'eux s'était donné sa voix d'abord, puis son second vote au plus capable de chaque goum.

Tout étant réglé, d'Obigny passa sa revue, renvoya trois Arabes mal montés, deux dont les têtes lui paraissaient suspectes, et parmi ces deux l'un des traîtres.

Il donna cent francs d'indemnité à chacun de ces hommes, et leur jura qu'ils seraient accrochés à des chênes si on les trouvait rôdant autour de l'armée.

Parmi les chasseurs il ne trouva que des amis; parmi les Kabyles que de braves gens.

Paul n'avait pas manqué de se placer parmi les montagnards avec Akmet.

On l'avait nommé kalifat.

Du reste, il avait sa part assurée, comme promoteur de l'entreprise, avec les quatre autres chefs.

La revue terminée, d'Obigny fit défiler son monde vers la grotte; les hommes y entrèrent, ébahis de trouver cet immense souterrain muni de tout.

Quand tous furent casés sous les voûtes, Jean fit mettre un poste à la porte avec ordre absolu de ne laisser sortir qui que ce fût sans l'ordre de d'Obigny.

Cette mesure ne pouvait plaire à maître kouffi, pas plus qu'à El-Arbi.

Ils se virent furtivement.

El-Arbi dit au forgeron :

— Evidemment, il s'agit d'Ousda.

« Cette grotte, à portée de la ville, n'a pas été choisie pour rien et approvisionnée ainsi.

« D'Obigny attendra ici une occasion.

— Et nous ne pouvons sortir?

— Il y a un poste.

— Peut-être enverra-t-on des éclaireurs.

« Tâchons d'en être. Il faut que le maître soit prévenu.

Et ils se séparèrent sur la promesse de faire tous leurs efforts pour réussir.

Cependant l'on procédait à l'installation.

Les souterrains présentaient un féerique aspect; les torches allumées éclairaient fantastiquement la scène, et c'était chose pittoresque et curieuse que ces galeries avec leurs piliers naturels et leurs voûtes irrégulières et immenses, pleines de chevaux, d'hommes et d'armes, avec des feux flambants dont la fumée se perdait dans les fissures du roc.

Bientôt une odeur agréable de cuisine se répandit dans les souterrains, qui se déroulaient à perte de vue, et où chaque escouade préparait son repas à sa fantaisie.

Couscoussou arabe, rôti kabyle, ragoûts de chasseurs, soupes à la française, tout cela mijotait sur les charbons au milieu des chants et des cris joyeux.

D'Obigny s'était assuré que du dehors on n'entendait rien, et il avait permis à ses hommes de prendre leurs aises et de causer librement entre eux.

Paul contait à Akmet ses aventures.

Akmet, lui, parlait de sa marchande d'oranges.

— J'ai revu la mignonne ! disait-il.

« Elle m'a bien accueilli ; elle m'aimera.

— Parbleu ! fit Paul, avec de l'argent... »

Akmet était pratique.

— Qu'importe ! fit-il. Que je sois aimé pour de l'or ou pour autre chose, pourvu que je le sois, cela suffit.

— Hum ! fit Paul. Tu te contentes de peu.

« Moi, je ne me soucierais guère de l'amour payé ; on n'a que le corps d'une femme.

— Mais, dit Akmet, que veux-tu autre chose ?

— Son âme.

— Elles n'ont point d'âme ! se récria le Kabyle.

« Le Coran affirme qu'elles n'ont pas d'âme.

— Mon vieux, le Coran radote. Que tu appelles cela âme, cœur, intelligence, esprit, cela ne fait rien à la chose.

« Mais, vois-tu, il y a chez la femme une chose exquise, qui est la tendresse, et qui fait que son baiser, son regard, un pressement de sa main a un prix inestimable. Et cela on ne l'a pas pour de l'argent. »

Akmet roulait sa cigarette.

Il ne comprenait rien à l'amour autre que celui des sens.

— Ami, dit-il, les regards, les pressements de mains, les petits riens du tout dont tu parles, je ne m'en soucie pas ; c'est comme si tu me disais que la vue et l'odeur d'un fricot suffisent pour rassasier un affamé.

« Ce que je veux, moi, c'est manger le rôti. »

Paul haussa les épaules.

— Tiens, fit-il, tu n'es qu'un sauvage ! Causons d'autre chose.

Et il lui parla d'Ousda.

Il est certain qu'entre un Européen, un Français surtout, et un Kabyle, parler de femmes, c'est s'exposer à des malentendus sur la façon de les aimer.

Où Akmet et Paul s'entendirent à merveille, ce fut quand il s'agit de manger un agneau.

Le jeune homme décida même le Kabyle à boire du vin, et Akmet se grisa quelque peu.

Peu à peu, tout le monde s'endormit, et le silence se fit profond dans la grotte.

LV

La perspicacité de Soliman.

Pendant que d'Obigny organisait son armée, Soliman lui-même se rendait audacieusement à Ousda.

Il allait s'entendre définitivement avec l'ullemah, chez lequel il arriva le soir même du jour où d'Obigny sauvait Paul; Soliman trouva la ville très-fébrile.

Il vit bien qu'il s'était passé du nouveau.

Par prudence il ne questionna personne; mais en arrivant chez l'ullemah, il lui demanda aussitôt :

— Qu'ont donc les Ousdiens? Ils sont très-agités.

— Mon fils, dit le marabout, un accident heureux est survenu; plus que jamais la ville est à nous.

Et il conta l'affaire. Soliman la trouva excellente.

Néanmoins il trouvait assez étrange la sollicitude du pèlerin pour Paul. Un soupçon lui traversa l'esprit.

Quand on est intelligent comme l'était ce jeune chef, et que l'on a été mûri par de longues années de silo, l'on acquiert une faculté précieuse : la réflexion.

De plus, Soliman avait le don de la pénétration qui, chez certains hommes, se développe merveilleusement, et que l'on pourrait qualifier : le flair de l'intelligence.

Ce marabout venant à point, sauvant un Français, ayant une mission, paraissant à Ousda, nulle part ailleurs, cela lui parut supect, et il dit à l'ullemah :

— Prenons garde. Il y a du louche en cette affaire.

« Cet homme t'a demandé quel jour on se révoltait?

— Oui.

— Et il s'en est allé?

— Après avoir pris son repas.

— Et il ne t'a pas dit où il allait?

— Il continue son voyage.

— C'est bien vague.

« On dirait d'un homme pressé de fuir. Marabout, il faut envoyer des courriers.

« Que huit ou dix hommes partent sur-le-champ dans toutes les directions et fassent dix lieues en rayon autour d'Ousda; qu'ils s'informent de ce marabout? qu'on trouve sa trace.

« Un pèlerin de cette importance laisse souvenir de lui dans les villages et les villes.

— Que crains-tu?

— Tout. Quand on conjure il faut être défiant.

— Mais cet homme est des nôtres?
— Qui sait? C'est peut-être un envoyé de sidi d'Obigny.

« Car une armée, aujourd'hui même, s'assemble à une journée de marche d'ici.

« Cette armée marchera peut-être contre Ousda.

« Envoie tes émissaires.

L'ullemah donna ses ordres...

Le lendemain, vers midi, les espions revinrent; l'un d'eux avait des nouvelles.

— On a vu, dit-il, le marabout à une demi-lieue d'ici; puis plus de traces de lui.

« Mais un pâtre d'un douar des Juled-Sidi-Check a vu passer trois hommes.

— Ah! ah!

— L'un était un chasseur de grande taille.

« L'autre, Jean Casse-Tête, que le pâtre connaît, ayant été battu par lui autrefois. Le troisième était un jeune homme.

— Tu vois! fit Soliman à l'ullemeh.

Et l'espion congédié, il dit :

— La vérité est que d'Obigny veut s'emparer de la ville le jour de l'émeute. Il se mêlera à nous. Je devine son plan.

« C'était ce d'Obigny lui-même, déguisé en pèlerin, que tu as reçu, maître. Il a sauvé son ami.

— Impossible! Je me connais en marabouts. Je ne puis être trompé.

— Mon pauvre ullemah, d'Obigny est fort habile; tout déguisement lui est bon.

— Mais il sait donc le Coran?

— Mieux que toi.

— Mais il prêche à ravir.

— C'est un homme fort éloquent.

— Mais...

— Crois-moi, c'est lui.

— Que faire? Avancer l'émeute d'un jour?

— Non pas. Il faut faire d'une balle deux coups.

« La troupe qui doit s'emparer de la casbah sera plus rapprochée d'elle que les partisans de d'Obigny; sitôt qu'elle aura escaladé les murailles, on les retournera contre les gens du chef français, qui seront mitraillés.

« Pendant ce temps, d'autres troupes à moi cerneront nos ennemis et les massacreront.

« On en finira avec eux. C'est hardi, mais je suis pour les grands moyens.

« Nos hommes se reconnaîtront en mettant, au dernier moment, une branche verte d'olivier à leur coiffure.

L'ullemah était stupéfait.

— Etre dupé ainsi par un Français! fit-il. C'est inouï!

— Bah! tout est au mieux. C'est le Français qui sera pris à son propre piége; c'est toi qui riras de lui.

Et Soliman se mit à régler toutes les dispositions nécessaires avec l'ullemah.

Avec une lucidité qui, plus tard, éclata contre nous-mêmes de façon à étonner nos généraux, Soliman prit des mesures excellentes pour triompher.

Il prit les plus minutieuses précautions.

L'attaque devait avoir lieu à la fin du marché, à une heure, au moment du repas.

Presque tous les gardes de la casba hétaient mariés et mangeaient dans leurs logements, disséminés à travers le grand bâtiment; l'on pouvait escalader les murailles avant qu'ils eussent pris les armes et se fussent reconnus.

Il y avait cent cinquante soldats réguliers seulement à la solde du caïd.

Un tiers environ devait faire la police du marché; c'était donc à cent hommes seulement que l'on aurait affaire, et ils seraient surpris.

Soliman jugea que quatre cents hommes déterminés suffiraient à l'enlèvement de la forteresse, et il promit sur ce chiffre que cent guerriers des plus résolus de sa tribu, envoyés un à un, et cachés dans les maisons avoisinantes, feraient de cette troupe une élite d'une audace extraordinaire.

Les échelles étaient déjà chez les conjurés qui avoisinaient les murailles en pisé de la casbah.

Parmi les cent hommes, Soliman devait envoyer une dizaine de renégats sachant manier les canons et tirés des tribus beni-snassen, où les déserteurs français et espagnols sont très-nombreux et résolus à toutes aventures.

Tout étant bien convenu, Soliman s'en alla pour attendre des nouvelles.

Il était inquiet. De Nmer pas de nouvelles.

De Ritta pas plus. Nanouss ne savait rien.

Pour faire trève à ses préoccupations, Soliman se mit à travailler fébrilement.

Il occupa les onze jours qui le séparaient de la révolte à visiter ses partisans.

Une chose surtout lui semblait singulière : de l'armée de d'Obigny, pas de nouvelles.

Il importait fort à Soliman de savoir ce qu'elle était devenue.

Ses espions ne lui envoyaient point d'avis ; ce, pour cause; le poste faisait bonne garde à l'issue de la grotte, et nul ne sortait.

On savait, dans la contrée, que beaucoup d'hommes armés s'étaient réunis; mais après leur centralisation, ils avaient subitement disparu.

En vain Soliman avait-il poussé ses investigations partout; nul n'avait pu l'éclairer.

Mais il flairait le péril. Pour lui, d'Obigny n'était pas loin, et il s'attendait à le voir paraître le jour de l'émeute; il ne se trompait point.

LVI

La bataille.

Ce onzième jour, si impatiemment attendu par tous, arriva enfin.

Dès le matin, le marché d'Ousda fut envahi par une foule inaccoutumée ; il est vrai que ce marché était le plus important de l'année, et que l'on y accourait de très-loin acheter et vendre des chevaux, des tissus et des grains.

Les cinquante gardes du caïd et les miliciens d'Ousda faisaient la police.

Ils ne s'étonnaient pas de voir tant de gens, tous armés, comme c'est la coutume arabe.

Une cinquantaine de chasseurs d'autruches se trouvaient épars dans la foule. Beaucoup d'autres, déguisés en Arabes, étaient entrés dans la ville.

Parmi ceux-là, d'Obigny et Jean.

Les Kabyles d'Akmet étaient dispersés en apparence, mais rapprochés des portes.

Quant aux cavaliers de Mécaoud, ils n'avaient pas à pénétrer dans les rues, et ils se promenaient, caracolant de ci de là, marchandant ceci, marchandant cela, et faisant de l'œil aux femmes, à la grande fureur des maris.

Ils attendaient le moment de charger si cela devenait nécessaire.

Jean d'un côté, d'Obigny de l'autre, se tenaient à portée de la casbah, tenant leur monde sous l'œil, distribuant adroitement les groupes pour que l'on ne remarquât rien d'insolite ; du reste, la foule était compacte.

Partout du monde.

Les petites rues d'Ousda étaient littéralement encombrées, non-seulement de gens, mais de bêtes de somme et de marchandises.

A peine pouvait-on circuler.

Les voies d'une ville arabe sont très-étroites, très-irrégulières, très-entrelacées ; d'une maison à l'autre, les étages supérieurs vont presque se rejoindre, le premier débordant sur le rez-de-chaussée, et le second sur le premier.

Aussi l'aspect des rues est-il des plus original ; qu'on s'imagine cela un jour de marché.

Pour les initiés, il se passait une série de faits qui annonçaient un plan suivi dans la façon dont certains encombrements se produisaient.

Un observateur aurait remarqué que çà et là un bon bourgeois d'Ousda, sans mission pourtant, par simple amour de l'ordre ou du désordre, abordait des files de chameliers, et leur conseillait de déposer leurs charges tantôt ici, tantôt ailleurs, de telle façon que, sur un point, une barricade se trouvait en quelque sorte formée.

Et ce bourgeois était scrupuleusement écouté, chose assez étonnante, vu le profond mépris des Arabes de la campagne pour ceux des villes.

De plus, les chameliers, qui n'avaient cependant rien à faire une fois les marchandises déposées, s'empressaient de mettre leurs chameaux à l'abri.

Ce soin pris, ils revenaient s'asseoir sur les ballots, et ils visitaient leurs armes.

Tout autour de la casbah il se forma de la sorte une ceinture de barricades que l'on pouvait ouvrir ou fermer avec quelques ballots.

Les gens du caïd, ses partisans, — il en avait, — un tiers environ de la ville tenait pour lui, — ses agents, ses proches même, ne s'apercevaient de rien.

Des chaouchs s'exaspéraient en voyant les rues encombrées, et donnaient brutalement des ordres pour que la voie fût déblayée ; on avait l'air d'obéir.

Mais à peine l'homme de police était-il passé, que l'amas de coussins se reformait.

Ainsi partout.

Et stupide, — comme toute police, du reste, car il n'y a jamais eu de police bien faite, — celle du caïd ne se doutait pas qu'un plan d'ensemble s'exécutait.

La vue des chasseurs eux-mêmes n'ouvrit les yeux à personne, sinon à Soliman.

Celui-ci, admirablement déguisé en vieux pauvre, se glissait partout et veillait sur tout.

La sagacité extraordinaire de ce jeune homme et son activité dévorante l'annonçaient déjà ; plus tard, nos troupes le virent à l'œuvre à leur détriment.

Quand il eut constaté la présence et le but des chasseurs, il s'en fut à la mosquée.

Il eut avec l'ullemah un conciliabule.

— Les gens de d'Obigny sont ici ! dit-il. Je les ai vus.

« Des chasseurs, gens intrépides, se tiennent à portée de la casbah ; il importe de les arrêter.

« Dans ce but, voici ce que j'ai imaginé :

« Une troupe qu'on fusille par derrière s'arrête, si vaillante qu'elle soit.

« Il faudra laisser dans les maisons qui bordent le fort une centaine de tireurs. Dès que les chasseurs chercheront à escalader les murs derrière les nôtres, on fera feu.

« Cette attaque, qui les prendra en queue, les arrêtera dans leur élan.

« Nos hommes auront alors le temps de charger les canons et de mitrailler leurs adversaires. »

Cette combinaison était fort dangereuse.

En ce moment, un jeune homme entra dans la mosquée et demanda l'ullemah. Celui-ci se présenta.

— Voici, dit l'émissaire en présentant une lettre, ce que les gens de Soliman m'ont remis.

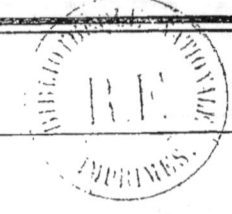

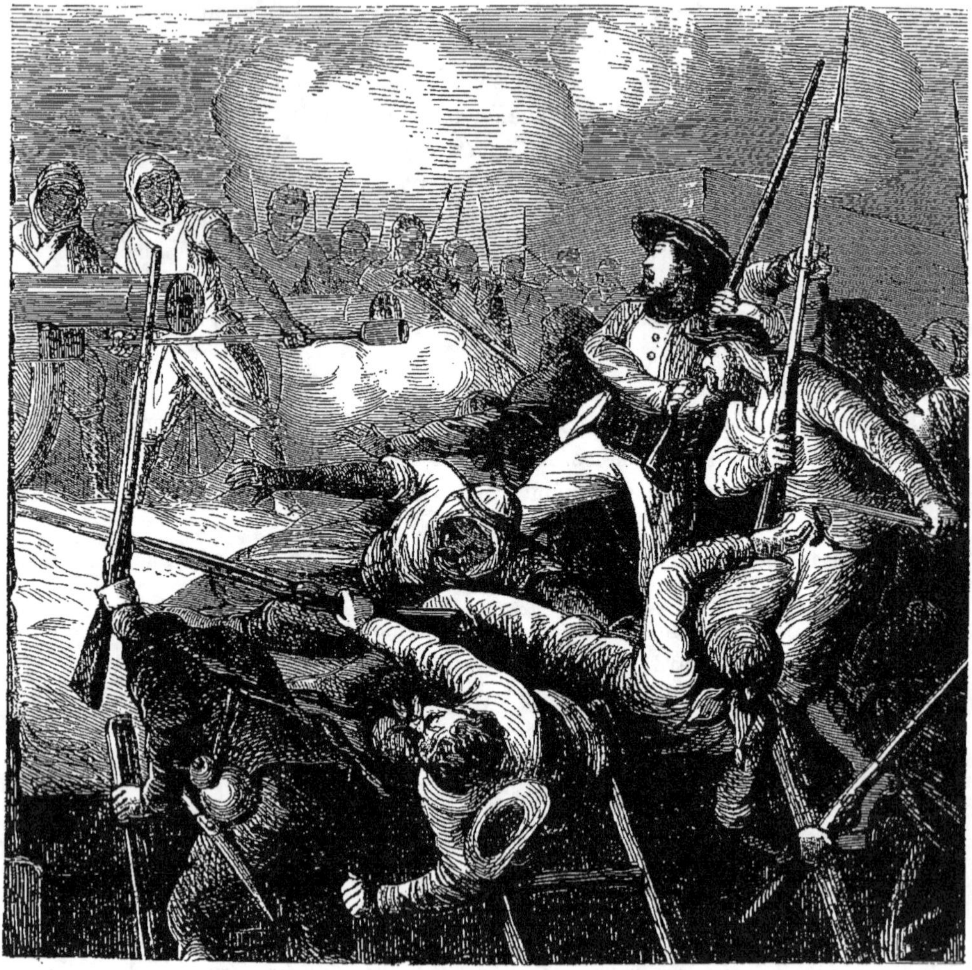

Comme ils débouchaient sur la muraille un coup de mitraille les balaya. (Page 268.)

Soliman lut l'avis qu'on lui envoyait ; il provenait des deux traîtres introduits chez d'Obigny.

On lui indiquait rapidement les dispositions générales prises contre lui, et aussi le point où se trouvait la grotte servant de refuge à l'armée du marquis.

— Il paraît, dit Soliman à l'ullemah, que ce d'Obigny a un souterrain dans les montagnes, et qu'il s'y enferme avec tout son monde. Il dispose d'environ mille hommes.

« J'avais deviné juste quant à la casbah ; ses chasseurs veulent l'enlever.

« Mais un autre danger nous menace.

« Les Kabyles vont essayer de faire irruption dans la ville ; il faut les arrêter. Les Ousdiens ne sont pas très-aguerris.

— Ils sont très-exaltés.

— Défions-nous de ces enthousiasmes de citadins efféminés ; ces gens-là, après un coup de tête, lâchent pied facilement ; aussi faut-il les mettre à l'abri.

« Fais donner l'ordre d'élever des barricades contre les attaques du dehors. Il faut que nos partisans se trouvent entre deux retranchements ; l'un contre la casbah, l'autre contre les Kabyles.

— Et la grotte ?

— J'irai la voir par curiosité, car je doute fort, après les dispositions que j'ai prises, que jamais d'Obigny sorte vivant de cette ville. Encore, si je voyais Nmer.

« Mais j'espère que ce vieux va m'amener ce soir même Ritta, quand la victoire sera assurée. »

Et Soliman donna ses dernières instructions avec une agitation fébrile et un trouble extrême.

L'idée que Ritta pouvait être perdue l'affolait ; il avait alors de sombres découragements.

Cependant l'heure avançait.

D'Obigny ne se doutait pas qu'il était surveillé, que la retraite lui serait coupée.

Il ne savait pas, et ne pouvait savoir, qu'un esprit pénétrant avait deviné son but.

Il ne pensait guère qu'au lieu de surprendre, il allait être surpris. Il avait confiance.

Il songeait, avant tout, au trésor.

Il disait à Paul :

— Toi qui, nourri dans le sérail en connais les détours, tu nous guideras. Il faut beaucoup de coup d'œil pour réussir et ne pas porter nos coups à faux. »

Paul promettait de montrer les meilleurs passages ; mais il se jurait surtout de s'emparer du caïd.

Le pendre était son rêve.

La situation promettait d'être bizarre et compliquée d'incidents curieux.

A la casbah, la lutte devait prendre un caractère tout baroque, car d'une part le caïd, de l'autre Soliman, et enfin d'Obigny, allaient être aux prises, ennemis les uns des autres, et renfermés dans un étroit espace.

Dans la ville, bataille des gens de l'émeute contre ceux du chef attaqué, avec intervention des Kabyles d'Akmet tombant sur tout le monde.

Dehors, sur le marché, massacre des janissaires par les cavaliers de Soliman.

Mêlée entre ceux-ci et le goum de Mécaoud.

La lutte devait être sanglante, acharnée, et elle devait se poursuivre à travers des péripéties dramatiques.

Les conjurés attendaient le signal du faîte du minaret qui dominait Ousda.
De temps à autre, les têtes se tournaient vers la tour ; mais elle restait déserte.
Enfin, à une heure, la silhouette de l'ullemah se découpa sur le ciel et apparut.
Il y eut comme un long bruissement dans l'air, et la foule s'agita houleuse, et la voix de l'ullemah se fit entendre tout à coup.
Le marabout cria :
— Louange à Dieu ! L'heure de la justice a sonné.
« Le caïd doit succomber et céder la place à son frère Soliman, sauvé par miracle. Que les bons musulmans courent sus à la casbah et s'en emparent. »
Aux premiers mots, les partisans de Soliman se précipitèrent hors des maisons, avec leurs échelles, et se jetèrent sur les murailles, qu'ils escaladèrent.
Ce fut un élan sans pareil, accompagné de clameurs sauvages et d'un ruissellement d'armes étincelant au soleil ; sous les brusques secousses du brandissement, les détonations crépitèrent de toutes parts, et leurs lueurs sinistres serpentèrent en torrents de flammes.
Visées par des tireurs postés dans les machicoulis des maisons voisines, les sentinelles tombèrent de la crête des murs en décrivant dans l'air des pirouettes lugubres ; ceux qui n'étaient pas encore aux échelles achevaient ces malheureux avec la férocité impatiente particulière aux Arabes.
Des grappes d'hommes se suspendaient aux échelles, se poussaient avec frénésie en se ruant à cet assaut avec une passion, une fougue qui furent irrésistibles.
Soliman avait su galvaniser ses partisans ; c'était un don qu'il avait reçu de la nature, et dont nous fîmes plus tard la triste expérience quand il mena contre nous cette célèbre campagne du sud où il nous donna tant de soucis.
Les murailles disparurent un instant sous les masses qui les escaladaient ; on voyait, du marché, les remparts gris cachés sous les nuées noires des assaillants, et le mouvement des points rouges formés par les chichias permettait de suivre la marche de la lutte.
Les premières têtes apparurent sur le faîte des murs avant que l'ullemah eût fini sa prière.
La voix claire du prêtre, retentissant aux quatre coins du minaret, allumait partout la flamme de la révolte et sonnait dans l'air comme un clairon.
Mille cris lui répondaient.
La ville et le marché parurent s'embraser aux accents de cette parole.
Les chasseurs, qui n'avaient pas osé s'approcher trop près de la casbah, et qui n'avaient point voulu, non plus, se tenir trop massés, firent une concentration rapide en deux groupes, comme il était convenu.
Jean, du côté le plus rapproché de la campagne, d'Obigny du côté de la ville, donnèrent leur signal, et leurs compagnons accoururent autour d'eux.
Mais des flots humains, remontant l'escarpe, les avaient devancés sur les murailles.

Elles furent enlevées en un instant.

D'Obigny ne s'attendait pas à une irruption si brusque ; il fut émerveillé ; mais il n'était pas homme à rester sous le coup de l'étonnement.

Il lança ses chasseurs.

Ceux-ci, quelle que fût l'ardeur des Arabes, étaient encore plus ardents et plus intrépides qu'eux ; ils bondirent avec une vigueur incomparable, bousculèrent ceux des assaillants qui se pressaient au pied des échelles, les écartèrent à coup de couteau ou les écrasèrent, et ils se mirent à grimper avec une agilité féline, arrachant des échelons et jetant ceux des Ousdiens qui se trouvaient devant eux.

Dans la casbah, les coups de feu retentissaient déjà, et les cris de combat s'élevaient au-dessus des terrasses ; les chasseurs y mêlèrent leurs cris.

Les balles les hachèrent.

Mais tout à coup ils furent salués de décharges meurtrières qui partaient des maisons en arrière d'eux et aussi des barricades.

Une lutte effroyable s'engagea sur ce point ; les chasseurs, avec furie, firent voler en éclats les portes et les meurtrières ; ils pénétrèrent dans les maisons.

Le sang coula bientôt à flots.

D'Obigny, qui, le premier de tous, avait atteint la crête, appelait à lui ses compagnons ; il croyait l'attaque s'égarer mal à propos.

Le plus grand nombre se retourna contre les adversaires inopinés et se jeta sur les fenêtres d'où les coups partaient.

Une cinquantaine d'hommes seulement le suivirent à l'assaut ; mais comme ils débouchaient sur la muraille, un coup de mitraille les balaya.

Une dizaine de chasseurs tombèrent.

Trois canons étaient déjà disposés de façon à balayer les terre-pleins des remparts, et les artilleurs abaissaient les mèches sur les lumières.

Deux autres coups partirent successivement ; mais l'instinct de la conservation et de la guerre sauva les chasseurs.

Reculer, en redescendant les pentes, était impossible.

Des terrasses voisines des maisons où les gens de Soliman tenaient ferme, des barricades partait un feu si intense que, plus tard, un juif paria qu'il serait impossible de placer un douro sur un point des remparts, de ce côté, sans qu'il couvrît la trace d'une balle ; le pisé fut en quelque sorte blindé de plomb.

Pas un homme n'eût atteint vivant le bas de la casbah, et il fallait pousser de l'avant.

Mais les gueules de bronze des canons vomissaient le fer et la flamme ; ces décharges poussaient les chasseurs à chercher un refuge dans la casbah même.

D'Obigny les entraîna vers un refuge.

Se sentant sous le feu des pièces braquées contre lui, il se jeta dans une cour intérieure pour s'abriter, et d'Obigny, qui comprit de suite que l'affaire était manquée, jugea que la seule ressource était de s'emparer d'un bâtiment et de s'y retrancher.

Car de redescendre sous le feu des canons, il le vit bien, il ne fallait pas y songer ; on eût été tué jusqu'au dernier.

A peine entré dans la maison, il groupa son monde aux fenêtres et sur les terrasses ; il n'avait pas quarante hommes.

Près de deux cents Ousdiens se tenaient autour des pièces, dont deux tiraient sur les chasseurs restés aux prises, en bas des murs, avec ceux qui occupaient les maisons.

Ces braves gens, écrasés, durent plier et chercher refuge dans les rues.

Ils vinrent battre les barricades, où on leur opposa des flots de monde ; ils se lancèrent tête basse au milieu de cette population en armes, qui accourait de toutes parts au massacre.

Jean, de son côté, parut un instant sur les murs, par les derrières du fort ; mais il fut rejeté en bas avec son monde ; il dut se replier sous une crachée de mitraille, qui coucha plus de trente des siens à bas, et le laissa seul de sa tête de colonne debout, comme par miracle.

Dans la ville, la lutte s'était engagée terrible, et aussi sur le marché.

Partout on se battait.

Les chasseurs, que les gens de Soliman avaient voulu enfermer entre les murailles et les barricades, s'étaient aperçus du péril, et, au nombre de cent cinquante environ, ils avaient fait ce qu'ils appellent la charge du sanglier.

Chacun assujettit son couteau dans sa main, et, groupée en une masse épaisse, la troupe se lança tête basse contre tout obstacle.

Ces braves gens prirent une barricade ainsi, et leur petite troupe se taillait, à coups de coutelas, une brèche dans les murs de chair et d'os qui se dressaient devant elle et se renouvelaient sans cesse.

De chaque coin de rue débouchaient de nouveaux combattants.

Du haut des maisons, on accablait les chasseurs de projectiles et de débris de meubles ; ils ripostaient avec une fureur désespérée.

Dans la casbah, autre guerre.

D'Obigny était cerné dans une espèce de pavillon, où il se retrancha.

La situation était singulière.

D'une part, les gens de Soliman occupant les murs et deux pavillons.

D'une autre, d'Obigny et sa poignée de chasseurs.

Enfin, entre lui et l'ennemi, un troisième parti : les soldats du caïd.

Ceux-ci s'étaient trouvés surpris dans une espèce de caserne, divisée en logements à eux affectés.

C'était là qu'étaient la poudre et les munitions de toutes sortes ; là aussi des vivres en abondance.

Les soldats, assaillis par l'ennemi, s'étaient réfugiés dans ce réduit solide, en voyant grossir la vague d'hommes qui arrivait sur eux et menaçait de les engloutir; car à chaque instant de nouveaux flots de gens arrivaient sur la crête des murs, depuis que les chasseurs s'étaient engagés dans une retraite périlleuse à travers la ville et laissaient libres les échelles.

— Pardieu, dit d'Obigny, voilà qu'il va falloir faire de la diplomatie.

« Il faut nous allier aussi le caïd.

« Deux faibles contre un fort.

— Mais, demanda Paul, comment s'entendre avec cet homme?

« Il nous croit ses ennemis.

— Tirons sur les Ousdiens.

« Ne ripostons pas sur les gardes. Ceux-ci finiront bien par s'apercevoir que ce n'est pas à eux que nous en voulons. »

Et les chasseurs dirigèrent une fusillade bien nourrie sur les gens de Soliman.

Le caïd, au milieu des siens, les excitait et les encourageait; il ne perdait point la tête.

Cet homme était peu intelligent, mais point lâche; il était résolu à une résistance désespérée.

Il s'aperçut tout à coup que la troupe de d'Obigny faisait feu sur Soliman.

— Amis, dit-il aux siens, du cœur. « Voici du renfort. »

Et il montrait le pavillon en disant :

— Ce sont des amis. « Ils tirent sur les révoltés. »

Il regardait du côté de d'Obigny, fort étonné du secours qui lui arrivait, ne doutant pas que ce n'en fût un, car les Ousdiens ripostaient avec une précipitation enragée.

Le caïd était perplexe. Quels étaient ces hommes?

Pourquoi des chasseurs, en si grand nombre, prenaient-ils ainsi parti pour sa cause?

On pouvait, par une galerie demi-couverte, formée de colonnades légères à double étage, communiquer d'un pavillon à l'autre, et le caïd résolut d'y envoyer quelqu'un.

Il appela un chaouch.

— Il faut, lui dit-il bas, aller à ces gens. « Je ne sais qui ils sont. Je voudrais connaître leurs intentions.

Le chaouch, aveuglément dévoué à son maître, se mit à ramper dans la galerie, et, sans être vu, il arriva vers le pavillon, dans lequel on l'accueillit amicalement.

— Tu viens sans doute, dit d'Obigny, nous proposer alliance de la part du caïd?

— Oui, dit le chaouch. « Mais qui êtes-vous? »

D'Obigny était diplomate comme pas un; il ne voulut pas dévoiler ses plans au chaouch.

« Ami, dit-il, je suis chasseur.

« Des amis et moi avons fait partie pour aller razzier la tribu de Soliman. On nous y a tué un homme, un ami. Nous voulons le venger.

« Nous avons trouvé cette tribu décampée, et nous avons suivi sa trace jusqu'ici. Nous sommes arrivés au moment de l'émeute.

« Nécessairement, nous sommes les alliés de ton maître, va lui dire d'avoir confiance en nous. »

Le chaouch retourna porter cette parole.

Le caïd crut à cette fable, qui avait toute l'apparence de la vérité, et il résolut de voir lui-même d'Obigny pour s'entendre avec lui; la position devenait critique.

Il y avait, comme cela arrive souvent dans les constructions mauresques, une galerie couverte sous le sol, courant parallèlement à l'autre; le caïd la fit ouvrir.

Dès lors, une communication sûre fut établie entre les deux troupes momentanément alliées.

Le caïd vint lui-même vers les chasseurs.

D'Obigny le reçut avec cordialité.

— Salut, caïd, lui dit-il. « Sois le bienvenu ici.

« Ton chaouch t'a dit, sans doute, comment nous sommes forcés de combattre côte à côte?

« — Oui, dit le caïd. Je bénis le Prophète de cette nécessité. Mais nous sauverons-nous?

« — En tout cas, dit d'Obigny, nous serons morts noyés dans le sang de nos adversaires. Viens voir. »

Et le marquis conduisit son allié à une meurtrière d'où l'on voyait distinctement l'ennemi, en plongeant sur le rempart; aux meurtrières voisines étaient des chasseurs.

Paul en occupait une.

Les gens de Soliman étaient broyés sous les balles, admirablement dirigées.

De la caserne, on ne pouvait juger des ravages que les chasseurs faisaient parmi les Ousdiens.

Nous avons dit l'adresse de ces hommes; tout ce qu'ils visent tombe foudroyé; déjà plus d'une centaine de cadavres encombraient les pièces, qui avaient du sang jusqu'au moyeu; il fallait que les Ousdiens fussent sans cesse secourus par de nouveaux renforts pour tenir ainsi à découvert.

— Comme vous tirez juste! dit le caïd. « Oh! vous êtes des hommes de poudre, vous autres; je reprends espoir.

— Pas d'illusion, dit d'Obigny.

« Tout ce que nous pouvons espérer, c'est de tenir la casbah et de reprendre les canons.

« De faire retraite ou de reprendre la ville, n'y compte pas, caïd.
— Et tes amis?
— Regarde.

Le caïd promena sur sa ville un long regard chargé de menaces et de haine.

Il vit la flamme s'élever de partout, couronner les toits et former une mer de feu, au milieu de laquelle apparaissaient, comme des îles, les quartiers non encore atteints par l'incendie; c'était grandiose et superbe.

La mêlée se tordait dans les rues à travers la fumée, et l'on entendait monter des plaintes de mourants vers le ciel.

— Mes chasseurs, dit d'Obigny, vont parvenir à se rallier à un parti kabyle qui est avec nous.
— Tu as des montagnards?
— J'en avais levé quatre cents.
« La tribu de Soliman est puissante.
« Nous voulons venger un ami très-aimé de tous.
— Je sais cela.
« Ces Kabyles, tu les payais donc?
— Non.
« Mais le butin les attirait.
« Soliman a plus de six mille bêtes sur pied.
« N'est-ce pas une belle razzia?
— Magnifique.
« Tu avais une armée, sidi d'Obigny.
« Ah! voilà qu'on se bat au marché.
— Ce sont quatre cents cavaliers de Mécaoud, mon kalifat, qui chargent les gens de Soliman.
— Quoi!
« Quatre cents cavaliers!
— Des gens d'élite.
« J'ai fait recruter ces guerriers par Mécaoud, en leur promettant un pillage lucratif.
— Quel malheur que tu n'aies pas rencontré et rasé cette armée damnée de mon frère.
« Je serais bien tranquille à cette heure.
— Mais tes gens vont tenter de nous aider
— Impossible.
« Heureux s'ils peuvent battre en retraite.
« Le coup est manqué.
« Cependant, ils sont nombreux.
— Ah! caïd, plus nombreux sont tes ennemis.

D'Obigny fit remettre sabre au fourreau à son hôte. (Page 274.)

Et d'Obigny lui démontra les tribus qui avaient envoyé des contingents contre lui.

Le caïd n'en revenait pas.

— Comment, dit-il, tant d'adversaires! « Qu'ai-je donc fait? »

Une bêtise gouvernementale, dit une voix.

Le caïd se retourna et poussa un cri d'étonnement; il avait reconnu maître Paul.

— Salut, caïd, dit celui-ci.

Le caïd était fort pâle.

Il se tourna vers d'Obigny.

— Comment ce garçon est-il avec toi? fit-il.

D'Obigny eut l'air de ne pas savoir ce qui s'était passé, et il dit au caïd :

— Ce jeune homme était à la suite d'un vieux marabout fanatique que nous avons trouvé en train de prêcher dans une tribu près de laquelle nous passions.

« Ce petit aventurier s'ennuyait. Il m'a demandé à être des nôtres, et comme il est très-adroit, j'ai accepté.

— Veux-tu permettre ? dit le caïd.

Il tirait son yatagan. Paul se mit à rire.

— Là, là, caïd, fit-il.

« Quelle rancune ! Du calme, que diable ! Tu as besoin de défenseurs. »

D'Obigny fit remettre sabre au fourreau à son hôte, et lui demanda d'un air curieux :

— Qu'as-tu donc ?

— Si tu savais... fit le caïd avec un soupir. Ce garçon est un bandit. Il m'a...

— Chut ! fit Paul. On ne dit pas ces choses-là ! Ça a fait assez de bruit.

Et il pirouetta.

D'Obigny prit le caïd à part, se fit conter brièvement ce qu'il savait tout au long.

Paul s'était remis à son créneau, en compagnie d'un chasseur nommé Catanelli.

Ce chasseur était, certes, le plus drôle de corps qui fût au monde ; il était cyclope.

Une balle, en lui labourant le front, lui avait crevé un œil et dérangé si bien, ou plutôt si mal, l'arcade sourcilière de l'autre et l'os frontal, que l'œil qui restait s'était trouvé rejeté sur le nez ; cela produisait un effet vraiment extraordinaire, et l'on pouvait se croire en face de Vulcain, car le borgne boitait d'une autre blessure.

C'était un garçon très-jovial, dont la large bouche se fendait d'un énorme sourire, et dont le petit œil vrillonnant brillait comme celui des porcs.

Il adorait les femmes, et, chose remarquable, il n'en chômait pas ; ce Vulcain eut plus d'une Vénus, et des plus jolies ; la gent féminine s'engouait de lui en raison de sa bonne humeur, et peut-être aussi de la bizarrerie de sa personne.

La femme est ainsi faite, que l'extraordinaire la fascine et l'attire invinciblement ; un garçon ordinaire, ni laid, ni beau, a moins de chance de plaire qu'un homme affreux qui attire l'attention par une laideur extrême.

Paul avait avec Catanelli des affinités de nature, et ils s'étaient compris.

Cependant, le caïd et d'Obigny arrêtaient ce qu'ils avaient à faire.

— A ton idée, dit le caïd, quelle conduite devons-nous tenir en cette circonstance ?

— Prendre la casbah et écraser les Ousdiens sous un tel feu, qu'ils ne puissent se servir des canons.

« S'ils parvenaient à charger les pièces à boulets, nous serions perdus sans ressources.

— Mais ces gens vont se retirer dans les bâtiments et s'y mettre à l'abri de nos balles.

— J'y compte bien.

— Que feras-tu pour les débusquer ?

Un masque.

— Qu'est-ce que cela?

— Un engin de guerre européen. Envoie-moi seulement cinquante hommes, avec tout ce que tu pourras réunir de burnous, de chemises, de coussins propres à contenir de la terre.

« Tâche aussi d'avoir une seria (1).

« Dans les ménages de tes gardes, on doit avoir de ces instruments-là, qui vont nous être précieux.

— Je te fournirai tout cela! dit le caïd.

Le caïd se retira presque joyeux.

D'Obigny vint à Paul et lui dit :

— Le caïd vient de me jurer de te respecter.

— Bon! fit Paul. Des paroles d'Arabes, on sait ce que ça vaut. Méfiance! méfiance!

— C'est mon avis. Tâche seulement de pouvoir me prouver qu'il machine quelque chose contre toi.

« Je serais heureux de le prendre en flagrant délit de fourberie et de mensonge.

« J'ai besoin de constater une trahison de sa part pour me défaire de lui.

— Avant dix minutes, dit Paul, il aura fait tirer sur moi, j'en mettrais ma main au feu.

Le jeune homme pensait juste, on le verra plus tard.

Le caïd, à peine rentré, dit à ses hommes que le salut était assuré s'ils se battaient bien.

Il leur promit à chacun cent douros s'ils étaient braves et fermes à leur poste. Aucun, du reste, n'avait envie de plier, car la mort était au bout de la défaite; ces hommes se savaient exécrés par la population haineuse.

Le caïd envoya cinquante de ses plus braves à d'Obigny, avec tout ce qu'il avait demandé.

Tout cela se passait au milieu d'une fusillade enragée et de cris furieux; l'horreur était à son comble dans la ville, où l'on s'égorgeait aux cris de : vive Soliman! vive le caïd, à mort les Ousdiens!

Les trois partis faisaient rage.

Dans la casbah, Soliman essayait en vain de faire tenir ses Arabes sous les balles meurtrières des chasseurs; il n'y réussissait pas, et s'en irritait.

Deux fois il s'élança vers les canons abandonnés, deux fois on le retint de vive force.

Lui mort, tout était perdu.

De guerre lasse, le jeune homme se résigna à transformer le siége des pavillons en blocus, espérant que les chasseurs et les gardes du caïd useraient leurs munitions.

---

(1) La seria est l'instrument arabe par excellence, il sert de pelle, de pioche et de marteau à la fois.

Il n'en fut rien.

D'Obigny n'eut pas à recommander aux siens de ménager leur poudre; ses hommes ne tiraient qu'à coup sûr, quand ils tenaient bien en joue leurs adversaires.

Le marquis, s'apercevant que les soldats n'imitaient pas cette sage réserve, il leur envoya invitation d'être plus circonspects, et même de cesser le feu tout à fait, sauf le cas où les gens de Soliman se montreraient hors des pavillons.

Après avoir pris ces mesures, profitant de l'espèce de trêve qui en résulta, il engagea les cinquante soldats qu'on lui avait prêtés à confectionner des espèces de sacs à terre, et il leur expliqua qu'en les entassant les uns sur les autres on en formait un retranchement presque instantané.

Les travailleurs se mirent à l'œuvre.

Soliman, dépité du sang-froid de d'Obigny, qui empêchait de tirer inutilement, résolut de tenter une sortie; il obtint de ses Arabes qu'ils tenteraient l'assaut des pavillons; mais on y faisait bonne garde, et la fusillade, à la première démonstration, recommença si nourrie qu'il fallut battre en retraite.

Ce fut le seul incident qui troubla les préparatifs de l'entreprise méditée par d'Obigny.

En même temps qu'il faisait fabriquer des sacs à terre, il avait fait abattre une cloison, sur laquelle on attachait des coussins pour la doubler d'un matelas.

On obtint ainsi une espèce de bouclier haut de trois mètres, large de dix, qui pouvait abriter beaucoup de monde, et que dix hommes portaient sans trop de peine.

Quand tout fut prêt, le marquis dit aux soldats du caïd qu'il fallait se charger des sacs à terre et marcher aux canons derrière le bouclier, qui était un abri excellent.

— Je serai avec vous! dit-il.

« La moitié de mes chasseurs restera à ses créneaux, et si les gens de Soliman sortent, on les criblera.

« Ils n'arriveront pas à vous.

« Vous pouvez donc travailler à votre aise.

« Quand nous aurons les canons, nous aurons la casbah, et nous aurons fini notre besogne quand mon cigare sera à bout. »

Il alluma un cigare et fit signe à une vingtaine des siens de prendre ce bouclier et de marcher immédiatement derrière, prêts à soutenir un choc de l'ennemi.

Les soldats du caïd, gens de métier, du reste, et bons troupiers, admiraient le sang-froid de d'Obigny; ils l'auraient suivi jusqu'au bout du monde.

L'Arabe se passionne vite pour un chef.

L'on se mit en marche.

L'on sortit le bouclier derrière le pavillon, et l'on s'y rangea, sous sa protection, sans aucun trouble, puisque l'ennemi ne pouvait encore tirer.

D'Obigny fit bien masser ses pionniers, et leur enjoignit de mettre leurs sacs à terre sur leurs têtes en se serrant; de telle sorte que le feu des terrasses s'amortît sur cette espèce de tortue, semblable à celle que formaient les légions romaines.

L'on déboucha en tournant le pavillon.

A l'aspect de cette étrange machine de guerre qui s'avançait, Soliman devina qu'il s'agissait d'une de ces combinaisons ingénieuses dont d'Obigny s'était servi en maintes circonstances critiques, et qui lui avaient valu une réputation de ruse chez les Arabes.

Le jeune chef voulut charger.

Il faut renverser ces gens-là ou fuir, dit-il à ses hommes; choisissez la honte ou le succès.

Il parvint à les entraîner.

Pendant que, du haut des étages élevés et des toits, ses tireurs essayaient d'entamer la tortue ou le bouclier, il s'élança avec une masse des siens.

Mais il était balayé de front et de flanc par les feux des gardes, que le caïd dirigeait avec assez de sang-froid, et par celui des chasseurs restés dans l'autre pavillon; en quelques secondes sa troupe fut décimée et lui blessé.

On l'enleva, la tentative avortait.

D'Obigny et son monde avançaient impertubablement et touchaient aux pièces.

On s'arrêta là.

Le marquis fit maintenir le masque et entasser les sacs à terre, de façon à former les parapets d'une batterie pour une pièce seulement, cela suffisait.

Il était, d'autre part, inutile que le retranchement fût épais, puisque l'on ne craignait que les balles.

En vingt minutes l'ouvrage fut terminé, et la pièce se trouva chargée avec un des boulets trouvés entassés près d'elle, braquée par une embrasure, prête à tirer.

On poussa le bouclier cloisonné qui tomba, démasquant l'embrasure.

Le coup de canon partit.

Le boulet fit tomber un large pan de mur, et l'on entendit les clameurs des Ousdiens effrayés.

Le canon fait grand peur aux Arabes.

En quatre coups, le pavillon fut tellement ébranlé que les Arabes l'évacuèrent, et en même temps toute la casbah.

On salua leur fuite d'une volée de mitraille et d'une huée chaleureuse.

D'Obigny avait fini son cigare.

Un colonel français disait un jour au général Pélissier, en lui racontant ce fait d'armes :

— Je ne crois pas que jamais officier, dans une pareille situation, s'en soit tiré aussi brillamment que d'Obigny.

LVII

Délivrance.

On conçoit quelle joie délirante s'empara de la garnison en se voyant délivrée si gaillardement.

Les soldats étaient comme fous.

Avec l'exagération ordinaire aux Arabes, ils vinrent baiser les mains de d'Obigny et embrasser ses genoux ; les femmes, les enfants des soldats, cachés dans la caverne, accoururent et voulurent recevoir l'imposition des mains du héros, devenu un Dieu pour eux.

La figure du caïd en jaunit. Il comprit que le marquis s'emparait de l'esprit des gardes, et que le maître, c'était lui.

Il échangea rapidement ses impressions avec son eunuque et son chaouch, qui étaient ses fidèles.

— Voilà, leur dit-il, cet homme, cet aventurier, qui est tombé on ne sait d'où, dont je ne connais pas l'arrière-pensée, voilà ce Français qui est entouré de mes gardes. Dans une heure, il les aura conquis, si je le laisse faire ; il faut m'en débarrasser.

« Prenez Taumy et Salanek, qui me sont particulièrement attachés, et, à vous quatre, tuez-moi ce d'Obigny.

« En même temps, finissez-en avec l'autre. »

Les deux serviteurs pensaient comme le maître.

Les Arabes, capables de faire essuyer des pertes à un corps massé, sont tireurs maladroits sur un homme isolé ; il y avait chance qu'ils manquassent d'Obigny.

Ce fut ce qui arriva.

Déjà de nombreux soldats avaient couru garnir les remparts, sur l'ordre du marquis.

Ils tiraient dans l'axe des rues sur les Ousdiens et les gens de Soliman, en pleine déroute.

Les assassins profitèrent du bruit pour noyer leur fusillade dans un pareil vacarme.

Mais d'Obigny avait l'oreille fine.

Il entendit les balles siffler autour de lui et en constata la direction ; il jugea que le caïd trahissait.

— Mon cher, dit-il à Paul, retirons-nous sans affectation derrière ce pan de mur. On nous canarde.

— Je viens de m'en apercevoir ! dit le jeune homme. Qu'allons-nous faire ?

— Tu vas voir.

Et d'Obigny appela un soldat.

— Cadour, lui dit-il, va donc chercher ton caïd.

« Dis-lui que j'ai besoin de renseignements, et qu'il faut qu'il m'indique certaines choses. »

Mais déjà le caïd accourait. L'envoi d'un messager était inutile.

— Le voici, dit le marquis. Il a compris que ne pas venir, tant tarder, ce serait suspect; il accourt.

En effet, le chef venait, avec le meilleur sourire des Orientaux, pour complimenter d'Obigny.

Celui-ci avait fait signe à deux solides chasseurs : ils vinrent sans affectation se ranger près de leur chef.

Le caïd tendit la main à d'Obigny, qui repoussa dédaigneusement cette hypocrite étreinte.

— Assez, fourbe, lui dit-il. Tu as fait tirer sur nous.

Et comme le caïd essayait de s'échapper, se sentant deviné, Paul lui donna un croc-en-jambe.

Il tomba.

— Là, fit le jeune homme. Assieds-toi, caïd. On est mieux comme ça pour causer.

Deux mains vigoureuses s'appuyaient sur les épaules du chef et l'empêchaient de se lever.

Les soldats accoururent.

— Mes enfants, dit d'Obigny, vous avez là pour chef un homme qui ne mérite pas de vous commander.

« Pendant que je vous sauvais, il me faisait assassiner ; je vous demande s'il ne mérite pas la mort, et si vous ne me préférez pas à lui comme caïd ? »

Quelques soldats hésitaient.

Le plus grand nombre se décida pour d'Obigny, et l'acclama avec un grand plaisir.

Alors le marquis leur jeta sa bourse largement garnie d'or, ce qui mit au comble l'enthousiasme.

Et Paul au caïd affaissé :

— Quand je le disais ! Je vais te pendre.

Il préparait la corde.

On la passa au cou de ce misérable, et il fut hissé haut et court à l'arbre même où Paul avait fait si triste figure pendant quelques secondes.

Puis on amena le chaouch et l'eunuque.

Ces deux personnages étaient odieux aux soldats, qu'ils tyrannisaient et qu'ils faisaient souvent châtier.

Le caïd eut bientôt un serviteur accroché à sa droite et à sa gauche. Paul s'était bronzé. Il dit à Catanelli, surnommé Vulcain :

— Je lui avais pardonné ma pendaison, à ce caïd ; c'était son droit de me punir.

« Mais il a violé son serment, et j'éprouve un plaisir de roi à le voir se tortiller.

Et Vulcain de rire à gueule ouverte, en se dandinant sur sa bonne jambe.

— On dirait des anguilles au bout d'une ligne et se tordant pour se décrocher! fit-il.

Chaque contorsion des victimes fut saluée par des lazzis et des rires de la part des chasseurs.

Si un peintre de la valeur de Regnault, le martyr de Buzenval, eût vu ce drame, il lui eût inspiré un tableau d'une ampleur et d'une puissance extrêmes.

Qu'on s'imagine cette ville mauresque, ensevelie sous des berceaux d'orangers et de citronniers, noyée sous les frais ombrages des platanes et des grenadiers, immaculée dans sa blancheur éblouissante, tout à coup transformée en fournaise ; les rues devenues des fleuves de salpêtre embrasé ; les maisons vomissant fumée, éclairs et mort, comme autant de cratères.

L'orage d'une lutte échevelée se déchaînait dans l'enceinte et battait les murailles : le sang fumait, séché par les flammes, et une odeur âcre de chair carbonisée montait dans l'air.

La casbah, géant de briques, se détachait au-dessus de l'incendie qui mugissait à ses pieds.

Un vieux chêne décharné, sur le terre-plein des remparts, à l'endroit le plus élevé, portait trois cadavres que le vent balançait dans l'espace.

Et bientôt la grande voix du canon vint dominer tous les bruits de la bataille.

C'était d'un effet saisissant.

LVIII

Un expédient de guerre.

Soliman, redescendu dans la ville, sentait la partie très-compromise.

Il cernait la garnison de la casbah ; mais il devenait difficile de reprendre celle-ci.

Soliman parcourut les barricades, encouragea son monde, laissa partout des postes solides et suffisants ; puis il réunit environ trois ou quatre mille individus pour les conduire au combat, contre les chasseurs et les Kabyles.

Maître Jean avait pris le commandement.

Il avait autour de lui environ trois cents Kabyles ; le reste était mort ou mourant ; plus, une centaine de chasseurs ; c'était tout ce qui avait survécu au massacre.

Jean, comptant sur le concours de Mécaoud pour assurer sa retraite, tenait ferme.

Mauresque d'Ousda.

Il jugeait d'Obigny perdu.

Toutefois, tant qu'il n'en avait pas acquis la certitude, il ne voulait pas reculer, pour être à même de lui prêter appui, si le marquis tentait une trouée.

Jean occupait tout le quartier qui avoisinait la porte, et il l'avait mis en défense.

Akmet et lui avaient tenu conseil.

Le Kabyle avait été surpris que Jean n'eût pas pénétré dans la casbah.

Le chasseur lui expliqua que l'assaut n'avait pu réussir à cause des canons.

— Ces chiens-là, dit-il, se doutaient de nos intentions ; ils avaient braqué les pièces contre nous ; nous avons eu la figure brûlée par trois décharges.

« Nous sommes retombés au bas des murs ; d'Obigny, de son côté, n'a pas pénétré avec plus de quarante hommes.

« Moi, et le peu de monde qui nous restait, nous avons été canardés des barricades, et c'est étonnant que nous ayons pu faire une trouée et venir à toi.

— On se bat toujours à la casbah ?

— Oui, dit Jean. « D'Obigny doit se défendre avec la bravoure que tu lui connais ; mais il succombera. »

Tout à coup le canon gronda.

Jean vit que les boulets tombaient sur les barricades, et il espéra que d'Obigny était vainqueur.

— C'est singulier! s'écria-t-il. « Voilà que de la casbah on bombarde la ville. « D'Obigny aurait-il chassé Soliman? »

On envoya un espion se mêler à la foule; il revint, annonçant la bonne nouvelle.

— Allons, dit Jean joyeux, tout va mieux que nous n'osions l'espérer, d'Obigny s'est allié à la garnison pour battre Soliman, et le voilà maître là-haut. Le trésor est à nous!

— Comptes-tu donc, Jean, demanda Akmet, que nous pourrons prendre la ville avec si peu de monde?

— Non, fit le chasseur.

« Je crois seulement que d'Obigny peut tenir fort longtemps, pendant que nous lèverons des partisans.

« Battons en retraite. Nous ferons ensuite des levées.

« En racontant que d'Obigny tient la casbah, et en promettant belle solde, nous aurons du monde autant que nous en voudrons, et nous reviendrons assiéger maître Soliman. »

Akmet pesa l'avis, le trouva bon, et la retraite fut décidée sur-le-champ.

C'était le plus sage. Mécaoud, prévenu, se tint prêt.

Les Kabyles et les chasseurs, en bon ordre, se replièrent sur le marché, où un engagement terrible avait eu lieu entre les goums de d'Obigny et la cavalerie de Soliman, qui avait été écrasée, sabrée et dispersée.

Mécaoud avait été admirable.

Lorsque Soliman vit que ses adversaires reculaient, il commit la faute de les poursuivre.

Mais les chasseurs et les Kabyles, instruits à former des colonnes par d'Obigny, manœuvraient peu régulièrement, il est vrai, mais suffisamment pour être très-supérieurs à l'ennemi; ils ne se laissèrent pas entamer.

Mécaoud laissa les Ousdiens inonder la plaine et se développer en tiraillant, pour entourer les chasseurs; alors il chargea ces fantassins épars et en fit grand massacre.

Il ramena le troupeau jusqu'à la ville.

Pendant ce temps, Jean et les siens gagnaient une hauteur et filaient par les crêtes, hors de toute atteinte; Mécaoud revint les rejoindre en leur apportant une bonne nouvelle.

D'Obigny avait fait flotter, en guise de drapeau, un lambeau d'étoffe rose, la couleur favorite de Ritta, et avait donné à ses amis ce signe certain qu'il était maître de la forteresse; malgré ses pertes, sa petite armée se retirait allègrement; elle sentait que le plus difficile était fait.

Par malheur, elle ignorait que le secret de sa retraite était trahi.

Le combat était terminé.

Dans la ville, les partisans du caïd, très-décimés, se tenaient cois dans leurs demeures.

Partout on s'occupait d'éteindre le feu. Il y avait trêve.

Soliman en profita pour organiser un blocus sévère, et, sur-le-champ, il fit chercher Samuel.

Le vieux juif, tremblant, fut amené par des estafiers, qui l'avaient trouvé blotti chez lui.

Soliman rassura le bonhomme.

— Je sais, lui dit-il, que tu es un commerçant actif, fin et très-intelligent. Veux-tu gagner beaucoup?

— Seigneur, je suis prêt à te servir, fit Samuel.

— Il s'agit de m'avoir des canons.

— Je sais où il y en a. « Je viens du Maroc.

« L'empereur a voulu armer un fort; il a commandé des pièces à des marchands anglais.

« Ces pièces sont à Gibraltar. Mais on ne veut pas les livrer. — L'empereur ne peut les payer encore.

— Et tu pourrais avoir ces canons?

— En offrant comptant une somme plus forte que celle convenue avec l'empereur.

— Dans combien de jours serais-tu revenu?

— Dans cinq jours. « Dans cinq jours. « Nous sommes près de Gibraltar, et les canons sont à bord d'un navire, qui fera rapidement le trajet, si je le fais remorquer par un bateau à vapeur. »

Soliman rayonnait. Il donna à Samuel deux diamants énormes qui lui venaient du trésor.

— Prends ceci! dit-il. « Tu vas partir avec deux hommes à moi dévoués.

« Reviens, et tu auras pour bénéfice le surplus de la vente de ces deux brillants. De plus, je te payerai une prime généreuse. »

Samuel vit qu'il aurait un diamant de bénéfice, c'est-à-dire une fortune.

Il partit flanqué de ses deux acolytes.

Soliman monta sur le minaret, et regarda longtemps la casbah avec des yeux d'amant.

Il pensait à un double trésor : Ritta et les richesses enfouies dans le souterrain.

Quant à d'Obigny, qui se croyait sûr de braver longtemps les attaques, il était dévoré du désir de voir enfin le fameux amoncellement de pierres précieuses et d'or que promettait le mystérieux parchemin du vieux chasseur.

LIX

Encore le trésor.

D'Obigny, avec Paul, était le seul qui, dans la casbah, connût l'existence du trésor.

Le marquis ordonna aux chasseurs de réunir les gardes et de les diviser de façon à ce que chacun eût une escouade de ces soldats sous ses ordres, et il forma deux compagnies.

Il fut convenu que l'une veillerait quand l'autre se reposerait; et des postes de combat furent assignés à chacun.

Grâce à cette organisation, l'ordre régna promptement dans la citadelle.

S'étant mis à l'abri de toute surprise, d'Obigny s'occupa du fameux trésor.

Il fit appeler Paul, mit une sentinelle à la porte du pavillon du caïd, qu'il occupa, défendit qu'on le dérangeât sans nécessité absolue, et s'enferma avec le Parisien.

Le jeune homme grillait, lui aussi, de visiter les tonnes d'or du caveau.

Le marquis déroula ses plans, qu'il avait apportés, et les étudia avec soin.

Paul battait du tambour contre une vitre, pendant les recherches de d'Obigny.

Celui-ci sourit.

— Tu meurs d'envie de descendre sous la salle des gardes, n'est-ce pas? fit-il.

« Eh bien ! conduis-moi. »

Chacun d'eux prit un outil, dont Paul avait eu soin de se munir, car il avait de la prévision.

On arriva à la salle, le marquis trouva la dalle, les torches furent allumées...

On descendit.

L'or était dans ses compartiments.

Les pierres rutilaient dans leurs casiers.

Paul poussait des cris émerveillés, d'Obigny, de beaucoup plus calme, examinait et évaluait ces richesses.

Il était digne de la fortune, car il se possédait admirablement, là où tant d'autres eussent été éblouis.

— Mon cher, dit-il à Paul, il s'agit de nous préparer à toute éventualité.

« Nous pouvons être obligés d'évacuer la casbah, et nous ferions bien, je crois, de prévoir cela.

— Jamais nous ne pourrons emporter le trésor.

— C'est vrai.

« Cependant, nous pouvons en enlever une bonne partie; les pierres ne pèsent pas lourd.

— Vous avez raison.

— Le caïd a de bons chevaux.

— Et ils sont restés aux écuries.

— Je vois que tu saisis mon idée.

« Emplissons des peaux de boucs avec les diamants et les rubis ; nous accrocherons ces peaux à la selle du cheval que nous monterons, s'il fallait fuir, et nous serions nantis de plusieurs millions.

— Ce qui n'est pas à mépriser.

« Qui m'eût dit que je serais capitaliste un jour ! »

Et, avec une joie d'enfant, Paul faisait ruisseler les pierres fines en jouant avec elles.

Le marquis l'envoya se procurer des peaux cousues en outre, comme il s'en trouve beaucoup chez les Arabes ; le jeune homme revint avec les objets demandés.

Tous deux travaillèrent à remplir ces sacs de peaux.

A écouter Paul, on aurait tout emporté.

— Mon cher, dit d'Obigny, il faut savoir se borner ; si nous chargeons trop nos chevaux, ils crèveront.

« Modérons-nous. »

Et tous deux sortirent du souterrain, chargés chacun de peaux pleines.

Le marquis referma avec soin la dalle, revint à son appartement, et commanda son repas.

Il dit à Paul :

— Je te constitue gardien de nos diamants.

« J'annoncerai que tu es malade.

« Tu dormiras sur ce coussin, ayant tes pistolets près de toi, et les pierres dessous.

— Je garderai le tout comme la prunelle de mes yeux, répondit le jeune homme.

« Mais comment cela se terminera-t-il ?

« Ferons-nous une trouée ?

— Non, à moins d'y être obligés.

« Je doute que l'on nous force à en arriver là.

— Jean va s'occuper de nous.

— Sans doute.

« Il va lever une armée.

— C'est que ce serait drôle, monsieur le marquis, d'être enfermés longtemps ici, avec tant d'or sous les pieds, et l'impossibilité d'en jouir.

— Mon cher enfant, ce serait le supplice de Tantale.

« Mais je donnerais tout pour retrouver Ritta. »

Le front de d'Obigny s'assombrit, et, pour oublier, il sortit, afin de se donner du mouvement.

Paul, en enfant qu'il était, se mit à dénouer les sacs et à compter les pierres. Il ne se lassait pas de les voir.

Cette passion naïve pour ses diamants devait amener de graves conséquences. Mais n'anticipons pas.

Il nous faut revenir sur nos pas.

Dans ce drame étrange, les événements s'entremêlent et se heurtent.

Impossible de lui donner de l'unité.

Nous l'avons essayé en vain, et nous avons cru ne pouvoir faire mieux que de suivre le récit dans l'ordre où le met la légende arabe, dont nous ne faisons que donner la paraphrase, d'après les renseignements pris sur les lieux, pendant notre long séjour en Algérie.

LX

Le feu dans les grottes.

Tout dépendait de Samuel.

Allait-il ou n'allait-il pas fournir les canons nécessaires pour la prise de la casbah?

Or, il devait advenir que Samuel devait lancer ce drame dans une voie nouvelle.

Nous verrons plus tard comment il comprenait les missions commerciales.

En attendant son retour, Soliman résolut d'exterminer Jean dans une grotte. Il tint conseil avec ses kalifats.

— Le danger, dit-il, est dans ce groupe de chasseurs qui nous a échappé.

« Ces gens, avec les Kabyles et les Arabes qui les soutiennent, forment une force capable de devenir le noyau d'une armée; il faut les disperser.

« Si nous les laissons faire, ils vont lever partout des contingents et nous assaillir dans Nedramah. »

C'était parler d'or.

En conséquence, Soliman dicta ses ordres.

— On laissera, dit-il, dix de mes guerriers par barricade pour donner du courage aux miliciens.

« Ceux-ci sont de mauvais soldats efféminés.

« J'emmènerai néanmoins tous ceux d'entre eux qui se présenteront comme volontaires.

« Les armes et les munitions des ennemis forment un beau butin; cela excitera les Ousdiens qui m'accompagneront à la grotte à se bien battre.

« De plus, après l'affaire, je donnerai une prime de cinquante douros à ceux se seront distingués.

« Avec les forces de ma tribu et celles des douars qui m'appuient, j'aurai quatre mille hommes.

« C'est plus qu'il n'en faut.

— Et tu nous rapporteras les têtes de tous les chefs! dit le doux ullemah.

— Que l'un d'eux, un certain Jean Casse-Tête, soit tué, et le principal de l'affaire sera fait.

« Cet homme est le bras droit de d'Obigny. »

Pauvre Jean!

Il ne se doutait pas de l'orage qui allait fondre sur lui et ses compagnons.

Pour rentrer dans la grotte, il avait pris mille précautions, cachant ses traces.

Il avait fait battre le terrain par des cavaliers, formé autour du ravin un cercle de sentinelles, et sa troupe n'était rentrée dans le souterrain qu'à la nuit noire.

Les sentinelles s'étaient repliées une à une, en rampant, sans que les curieux pussent savoir à quel moment elles avaient quitté leur poste.

Du reste, la région était déserte.

Mais les deux chouafs de Soliman avaient profité du combat pour fuir.

Tous deux, revenus près de leur maître, lui avaient donné des renseignements précieux et devaient le guider droit à son but en assurant ses coups.

Le surlendemain de la retraite, Jean fut prévenu par la sentinelle que l'on apercevait des têtes d'Arabes derrière des broussailles sur les crêtes.

Jean s'en inquiéta.

Mais il se garda de se montrer.

Depuis ce moment, on fut aux écoutes.

Prendre la grotte, ce n'était pas facile; l'on ne pouvait l'aborder que par une étroite ouverture.

Les chasseurs avaient des vivres et des munitions pour un long siége.

Mais Soliman avait des moyens de combat contre lesquels il allait être difficile de lutter.

Jean, perplexe, se demandait avant tout si, oui ou non, les Arabes avaient le secret de son repaire, quand il en eut bientôt la preuve certaine.

Une salve d'une centaine de coups de fusil, tirés à la fois, vint battre la petite ouverture du souterrain, et sa situation était si bien indiquée, que cinq ou six hommes furent tués ou blessés.

— Les gredins! s'écria Jean.

« Ils ont le secret.

« Nous avons été trahis! »

Et il se fit dans le souterrain un grand tumulte; chacun prit les armes.

Jean appela les chefs :

— Pas tant de bruit! dit-il.

« Pas tant de monde.

« Vingt hommes ici, derrière une barricade d'un pied, empêcheront cent mille hommes de passer.

« Il ne faut pas s'effarer ainsi. »

Et il fit prendre des outils à quelques chasseurs pour former un retranchement à hauteur de tir devant l'issue du souterrain ; il commanda à une cinquantaine des siens de se tenir prêts à toute éventualité, et il dit à Mécaoud ainsi qu'à Akmet :

— Nous avons des vivres pour plus de deux mois.

« Je doute que les Arabes nous bloquent aussi longtemps ; ils se lasseront avant dix jours.

— En tout cas, dit Mécaoud, nous essayerons de faire une trouée de nuit.

— Et nous passerons ! dit Akmet.

Mais voilà qu'un kalifat, chef de poste, vint annoncer que des fascines tombaient sur la plate-forme en grande quantité et menaçaient d'en boucher l'entrée.

— Ils veulent nous enfermer, dit Akmet, sous un amoncellement de branchages, et s'avancer derrière ce masque.

— Que non ! fit Jean.

« Ils cherchent à nous asphyxier. »

Tel était, en effet, le but de Soliman (1).

---

(1) Toute l'Algérie connaissait, comme lui, le moyen sauvage employé par le maréchal Pélissier, alors général, pour châtier les Arabes du Daara, jusqu'alors inexpugnables.

Ces tribus, à proximité d'une montagne, dans laquelle il existait des grottes immenses, trouvaient dans ces retraites un refuge qu'elles croyaient assuré.

Le général savait qu'à diverses reprises nos troupes avaient eu maille à partir avec les Daaras, et que ceux-ci étaient restés hors de toute atteinte.

Pélissier, opérant de ce côté, avait absolument besoin de passer par le défilé dont les grottes commandent la gorge ; il offrit aux Daaras de traiter.

Ceux-ci acceptèrent.

Le général traversa la montagne.

A peine fut-il de l'autre côté, que les Daaras violèrent la foi jurée.

Ils se retranchèrent dans leurs grottes, et lorsque Pélissier, après une audacieuse razzia, voulut reprendre le chemin du défilé, on le lui ferma insolemment.

Il comptait sur cette route pour faire retraite, et faillit être égorgé, lui et sa colonne, par les forces supérieures auxquelles il comptait échapper par cette route.

Avec son énergie habituelle, Pélissier se dégagea et gagna un autre chemin.

Dix jours plus tard, il revenait pour punir les gens du Daara de leur parjure.

Il les somma de se rendre ; ils refusèrent.

Alors le général fit jeter des fagots de broussailles à l'entrée de leurs grottes, et il y mit le feu avec des fusées incendiaires ; les Arabes riaient de ce procédé de guerre.

Mais bientôt l'épaisse fumée, attirée par l'air humide de la grotte, les suffoqua.

Il y eut une scène horrible.

Cette tribu était là, avec tous ses bœufs, ses moutons, ses chameaux et ses bagages.

Les bêtes prirent peur.

Dans les premiers moments, sentant l'air manquer, elles bondirent furieusement et foulèrent aux pieds ou tuèrent à coups de corne tous ceux qu'elles rencontrèrent.

On trouva une vache morte au pied d'un roc, sur lequel elle avait cloué un enfant d'un coup de corne ; la mère était renversée à quelques pas de là.

Dans le procès-verbal de cette épouvantable affaire, on relata cent épisodes aussi horribles.

On conçoit quelle impression produisit cette exécution sur les populations arabes.

Elles craignaient Pélissier comme le feu.

Quand, en 1854, il prit le commandement de l'Algérie, on craignit une révolte.

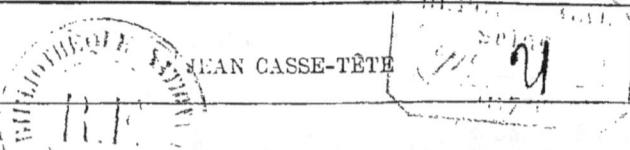

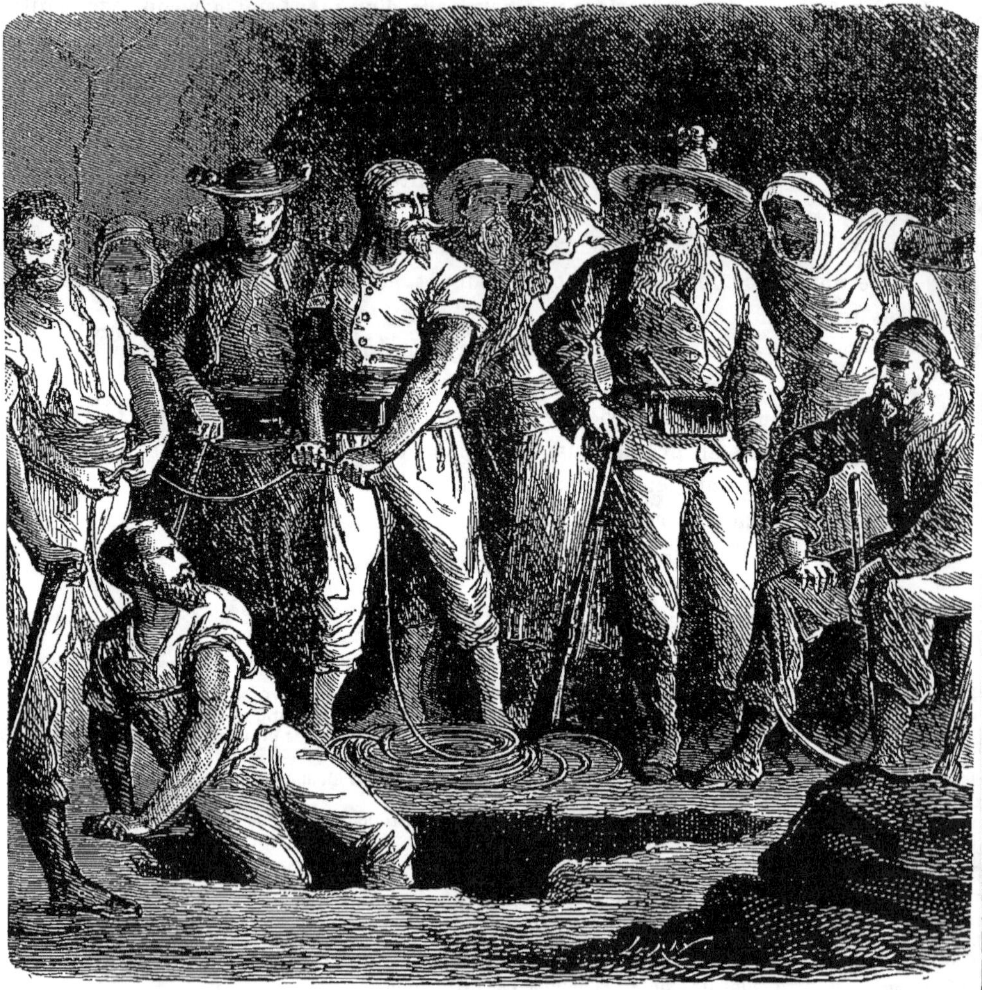

Déjà un chasseur s'était passé une corde sous les bras. (Page 293.)

— Allons-nous être enfumés ici, comme les gens du Daara, par sidi Pélissier ? dit Akmet.

« Faisons plutôt une sortie.

— Inutile, dit Jean.

« Nous ne sommes pas au Daara.

Il lança une proclamation qui commençait par ces mots, que les Arabes lisaient en tremblant :
« *C'est moi, Pélissier, qui vous commande et vous me connaissez...* »
Elle finissait ainsi :
« *Souvenez-vous du Daara !...* »
Les Arabes ne bougèrent point.

« Notre grotte ne peut être enfumée. »

Et il donna l'ordre au poste de se retirer dans la seconde grotte, dont la première ne formait, en quelque sorte, que le vestibule, nos lecteurs s'en souviennent.

Jean fit fermer avec soin la porte de communication, et dit à Akmet :

— Jusqu'ici Soliman ne me paraît pas fort ; ce n'est pas ainsi qu'il viendra à bout de nous.

En effet, le feu fut mis aux fagots, mais la fumée ne pénétra pas dans la grande grotte.

Quand le feu eut cessé de brûler, Soliman, espérant avoir réussi, envoya des hommes en reconnaissance.

Ceux-ci pénétrèrent dans le premier souterrain ; mais, tout à coup, une porte s'ouvrit.

Des chasseurs se précipitèrent et firent une exécution sommaire des éclaireurs. Un seul se sauva.

Soliman en reçut des renseignements qui le firent renoncer à l'espoir d'enfumer Jean.

— Allons, dit-il aux siens, il faut prendre un grand parti : user de la mine.

Et il prit ses dispositions pour faire attaquer le roc par le pic et la mine.

— Il nous faudra trois jours, dit-il à l'ullemah qui l'avait suivi dans son expédition.

« Nous allons charger un fourneau de mine et le faire sauter avec cent livres de poudre ; nous ouvrirons dans la grotte un passage par le sommet.

« C'est un moyen sûr.

— Mais lent, dit l'ullemah.

— Il faut bien s'y résigner.

Soliman fit appeler des gens du Sahara qui savaient manœuvrer les outils des mineurs, car on fait des puits au désert, et l'on y conduit les sièges à coups de mine.

En vue de l'éventualité qui se présentait, le jeune chef avait enrôlé dans sa troupe des Mozabites de passage dans le caravansérail d'Ousda.

Ces hommes étaient fort habiles.

Le général Daumas compare les puisatiers du désert à nos meilleurs mineurs.

Le travail marcha sûrement, lentement, jour et nuit ; bientôt des coups sourds avertirent les assiégés.

Le soir, Jean, que l'on avait prévenu, assembla les chefs au nombre de vingt environ.

— Mes camarades, leur dit-il, on nous joue en ce moment une très-mauvaise farce.

« On nous mine.

« Qu'en pensez-vous ?

« Avisons. »

Il recueillit les opinions.

— Il faut contre-miner, dirent les uns.

— Il faut faire une trouée, dirent les autres.

Et le conseil fut partagé en deux avis.

— Contre-miner, dit Jean, serait difficile.

« A quoi cela aboutirait-il ?

« On ferait sauter les travailleurs de la mine actuelle, mais on ouvrirait une brèche.

« Elle serait moins large, il est vrai, que celle qu'ils préparent, mais ce serait une brèche.

« La sortie me plairait mieux. »

Et, de fait, le vieux chasseur, jugeait très-sainement les choses ; il n'était ridicule qu'en amour et à la ville ; une fois sur le terrain, c'était un monsieur fort redoutable, avec lequel il fallait compter, qui que l'on fût.

On renonça donc à l'idée de la contre-mine.

Pour la trouée, admise en principe, Jean imagina un plan excellent.

— Avec mes chasseurs, dit-il, je vais sortir, car nous allons agir de suite.

« Mieux vaut tôt que tard.

« A la nuit noire, nous brusquons l'attaque.

« Avec mes chasseurs donc, je vais descendre dans le ravin et remonter la pente qui est devant nous.

« Là sont les Arabes.

« Les Kabyles nous soutiendront.

« Alors les cavaliers de Mécaoud se lanceront à toute bride sur la droite, et feront une charge qui ouvrira le passage de côté ; nous les suivrons au pas de course.

« Nous aurons servi à détourner l'attention de l'ennemi sur nous et à attirer ses forces sur les crêtes ; en échange, Mécaoud, la première trouée faite, reviendra sur ses pas et retombera sur les Arabes pour nous aider à passer à notre tour.

« Si cela vous va, marchons. »

On accepta.

Il faisait une nuit sans lune.

Le ravin était rempli de bruits légers produits par la présence des sentinelles. Sur les hauteurs, des feux nombreux attestaient que l'on faisait bonne garde.

Jean et ses chasseurs, Akmet et ses Kabyles, bravement, honnêtement, se jetèrent hors la grotte, culbutèrent les sentinelles et les petits postes, franchirent le défilé et remontèrent du côté opposé où un feu terrible les salua.

Ils s'éparpillèrent en tirailleurs et ripostèrent au hasard à cause de la nuit.

Cette fusillade ne fit de mal à personne, quoique très-vive et très-nourrie ; la nuit empêchait les coups de porter, et ni les Arabes, ni les chasseurs ne souffrirent beaucoup.

Tout à coup Mécaoud, avec ses cavaliers, fila sans bruit derrière la ligne d'infanterie qui les protégeait ; puis il vint donner brusquement sur une grande barricade qui bouchait la sortie du défilé.

Il enleva ses cavaliers sur les flancs du retranchement, sabra tout et passa.

Mais, derrière lui, la voie se referma, et les djouards eurent à combattre une masse énorme de cavaliers devant eux ; ceux-ci, accourus au bruit, enveloppèrent Mécaoud, et il y eut une mêlée qui dura plus d'une demi-heure.

Pendant ce temps, plus de sept à huit cents hommes avaient réoccupé la barricade et ses abords, si bien que les chasseurs et les Kabyles se heurtèrent à un invincible obstacle quand ils arrivèrent là.

De derrière le retranchement ils étaient noyés sous un fleuve de plomb.

Il fallut reculer.

Une voix, celle d'Akmet, cria :

— Vite à la grotte.

» Ils cherchent à y rentrer. »

Le vigilant Kabyle avait remarqué, en effet, que les Arabes descendaient les pentes pour venir occuper les souterrains abandonnés par leurs adversaires.

En ce péril soudain, la troupe, renonçant à enfoncer la barricade, fit volte-face et se rejeta avec fureur sur ceux qui cherchaient à lui disputer son dernier refuge ; il y eut aux abords du souterrain un carnage sanglant.

Les Ousdiens furent écrasés d'abord.

En bons miliciens pillards, ils avaient couru là où ils soupçonnaient qu'il y avait plus de profits et moins de danger ; les chasseurs les hachèrent.

Mais Soliman les assaillit avec une bonne troupe à lui qu'il tenait sous sa main.

Il chargea lui-même.

Ce fut un choc vigoureux.

Les Kabyles furent en partie séparés, et beaucoup d'entre eux se trouvèrent cernés.

Ils se défendirent jusqu'à la mort.

Le reste de la troupe reprit possession de la grotte avec Jean et Akmet.

On se réinstalla et l'on se compta : il restait cent soixante-sept hommes en tout.

Jean, imperturbable, dit à tous ses compagnons réunis pour prendre une résolution.

— Mes enfants, à moins de miracle, nous sommes f...lambés !

« Il faut tâcher de mourir proprement.

« J'ai idée que se bien venger de ces sales Bédoins de Soliman, cela nous mettrait un baume sur le cœur.

« Faisons un trou et bourrons-le de toute notre poudre ; à côté du trou, et cachés avec les tonnes de poudre dans une excavation que nous allons fabriquer, on placera deux bons bougres qui attendront le bon moment pour faire sauter la grotte.

« Les autres se feront tuer en tuant le plus d'Arabes possible quand ces gredins-là voudront entrer par la brèche qu'ils sont en train de fabriquer sur nos têtes.

Et Jean montrait les voûtes.

On entendait le bruit des pics.

— Si l'on veut, dit-il, moi et Akmet, nous nous réservons de mettre le feu à notre mine.

Tous les assiégés acceptèrent avec un sombre enthousiasme cette proposition.

A l'œuvre, alors, dit Jean.

L'on prit des outils dont d'Obigny avait eu soin de garnir plusieurs coussins en prévision d'un siége possible, et l'on travailla à l'excavation.

Jean dirigeait les ouvriers.

Tout à coup, un roc étant défoncé, on aperçut un vide que cachait ce bloc.

— Tiens, dit Jean, un trou!

« C'est quelques creux entre deux rochers mal joints; voilà qui épargne de la peine. »

Il regarda avec sa torche...

Pas de fond à cette excavation.

C'était comme un vaste puits naturel qui s'était formé lors du cataclysme auquel on devait la constitution bizarre de cette série de souterrains.

— Ah ça! dit Jean, voilà une bonne affaire!

« On peut se cacher beaucoup de monde là-dedans.

« Qu'en pensez-vous, camarades? »

Deja un chasseur s'était passé une corde sous les bras et on le glissait dans le puits.

— On va te dire cela, fit-il.

Et il se fit descendre.

— Allez toujours! criait-il.

On lui lâcha plus de cent mètres de cordes, enfin, sa voix affaiblie cria:

— Je suis arrivé.

« Attendez! »

Cet homme détacha sa corde et examina le fond du puits sur lequel il reposait.

C'était un sol sablonneux un peu humide.

Il se trouvait au milieu d'une très-vaste excavation qu'il visita en tous sens; il crut apercevoir une lueur filtrer à l'une des extrémités.

Il se réserva de vérifier le fait plus tard et vint se faire remonter.

Il raconta ce qu'il avait vu.

— Mes enfants, dit Jean, tout est bien.

« Ou nous serons sauvés tous ensemble, ou nous périrons tous ensemble.

« On va descendre toute la poudre là-dedans et une partie de nos provisions.

« On disposera un roc pour le faire retomber, en coupant une corde, sur la tête du dernier de nous qui sera descendu dans cette espèce de cave.

« Puis nous attendrons.

» Mais nous ferons bien de préparer une échelle de corde pour remonter à notre guise.

« Cela peut servir. »

Les Arabes manœuvraient toujours le pic, et il fallait se hâter ; on y mit de l'empressement.

Bientôt tout fut prêt.

Un roc, bien adapté, fut monté sur des leviers en forme de trébuchet.

En tirant sur une corde, on le faisait tomber sur l'orifice du puits.

D'autre part, l'échelle que Jean réclamait fut installée le long des parois du trou.

Le déménagement s'opéra rondement ; à l'aide de fortes cordes on descendit dans l'excavation tout ce dont on supposait avoir besoin ; puis chacun se laissa glisser dans le puits, et le dernier fit tomber la pierre énorme qui formait comme une trappe.

Le tour était joué.

Cependant, Soliman croyait tenir les assiégés et pensait à venger ses morts, car il avait subi des pertes si considérables qu'il était exaspéré.

Plus de sept cents des siens avaient été couchés à terre dans cette nuit terrible.

Les Ousdiens étaient consternés.

Heureusement la tribu de Soliman, fanatisée, restait inébranlable et acharnée.

Les mineurs menèrent à bien leur travail ; leur fourneau de mine fut chargé jusqu'à deux cents livres.

C'était le troisième jour de travail.

Toutes les troupes de Soliman, frémissantes d'espoir, attendirent le moment de l'explosion, impatientes de se jeter par la brèche énorme qui allait s'ouvrir.

Tout à coup la détonation eut lieu.

Une gerbe de feu montant vers le ciel, vint se résoudre en fumée blanche et ondoyante.

Des masses énormes sillonnèrent l'espace, déchirant l'air de leurs aspérités ; une pluie de terre et de pierres retomba après s'être élevée, et, si loin qu'ils fussent par prudence, des hommes furent tués dans les groupes arabes.

Ceux-ci saluèrent l'explosion par un immense cri et bondirent vers l'ouverture.

Elle avait une largeur de plus de cent mètres...

La montagne s'était fendue comme éventrée par un volcan, et montrait, béante, un précipice abrupt ; les gens de Soliman s'y engouffrèrent en hurlant les cris de guerre.

Au premier rang, le chef.

Tout d'abord, au fond de la grotte, rien que de la fumée et de la poussière humide.

On alluma de la poudre roulée dans des lambeaux d'étoffe, et l'on ne vit personne.

Des provisions éparses, toutes les apparences d'une retraite; mais pas u seul chasseur.

— Ils sont cachés! s'écria Soliman.

« Cherchez. »

Comme une meute, l'avant-garde des plus braves se rua de tous côtés, mais en vain.

Rien, absolument rien.

Soliman était trop intelligent pour ne pas deviner qu'il se préparait quelque chose de grave.

Or, il voulait, comme bien des chefs, mener à fin son entreprise et ne pas mourir avant.

En conséquence, il laissa les Ousdiens chercher et piller, et il remonta hors de la grotte, faisant circuler parmi les siens le mystérieux mot d'ordre de revenir.

Ils évacuèrent sans bruit le souterrain.

Leur chef les groupa à distance.

L'ullemah s'inquiétait.

— Que fais-tu donc? demanda-t-il.

« Pourquoi cette retraite? »

— Je crains une ruse, dit Soliman.

« Je quitte la grotte.

« Je crois que les chasseurs se sont réfugiés dans quelque coin et vont tout faire sauter.

— Mais... les miliciens.

— Les Ousdiens?

— Eh oui!

« Ils vont périr. »

Soliman eut un sourire railleur.

— J'y compte bien! dit-il.

— Que dis-tu là?

— La chose du monde la plus naturelle.

« Ces Ousdiens me sont étrangers, en somme.

« Ce sont des citadins en révolte contre le caïd; ils me prennent pour chef faute de mieux.

« Mais ils se révolteraient peut-être contre moi avant peu, si un prétendant se présentait.

« Je ne vois qu'avantage à détruire pareille vermine. »

C'était d'un profond politique.

Ce Machiavel reprit (historique) :

— Je vais remplacer ces morts, — s'il y en a, — par de bons serviteurs à moi qui seront gens sûrs.

« Alors la ville sera bien à moi. »

L'ullemah n'osait trop se récrier, cependant le jeune chef vit bien que ce plan n'était pas de son goût.

— Marabout, lui dit-il, je te croyais plus fort.

« Que t'importe Ousda ?

« Il s'agit pour moi d'une immense conquête, et pour toi d'être schériff de mes Etats.

« Tu t'inquiètes du sort de quelques centaines de drôles qui seraient les premiers à crier contre ton élévation ! »

L'argument toucha le marabout.

— Tu as peut-être raison ! dit-il.

« Mais permets-moi de m'éloigner ?

« Plus tard on me reprocherait peut-être de ne pas avoir protesté contre l'abandon où tu laisses ces hommes.

— Ecarte-toi, si tu veux.

« J'ai une excuse.

« J'ai fait crier de remonter ; mais les Ousdiens, pillards, se sont acharnés à rester en bas.

« Tant pis pour eux. »

Le marabout ne s'en alla pas moins à l'écart pour se mettre à l'abri de tous reproches.

Pendant ce temps, les chasseurs agissaient.

Dès qu'ils avaient été ensevelis dans le puits, des gens inventifs avaient avisé à la situation.

L'un d'eux, le premier qui avait descendu, vint avertir Jean de ce qu'il avait cru voir.

— J'ai, dit-il, entrevu une lueur.

« On eût dit celle de l'air extérieur.

« Peut-être sommes-nous à la base de la montagne, et y a-t-il une fissure dans notre puits ?

— Voilà qui serait fameux ! dit Jean.

« Où cette fissure.

— Par là ! dit le chasseur.

« Mais on ne la voit plus. »

Le vieux chasseur ordonna d'éteindre toutes les torches et tous les feux.

Déjà les chasseurs en avaient allumé pour cuire leurs aliments.

On obéit.

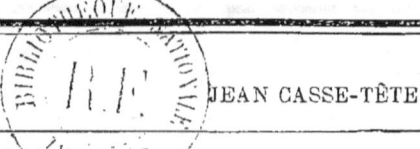

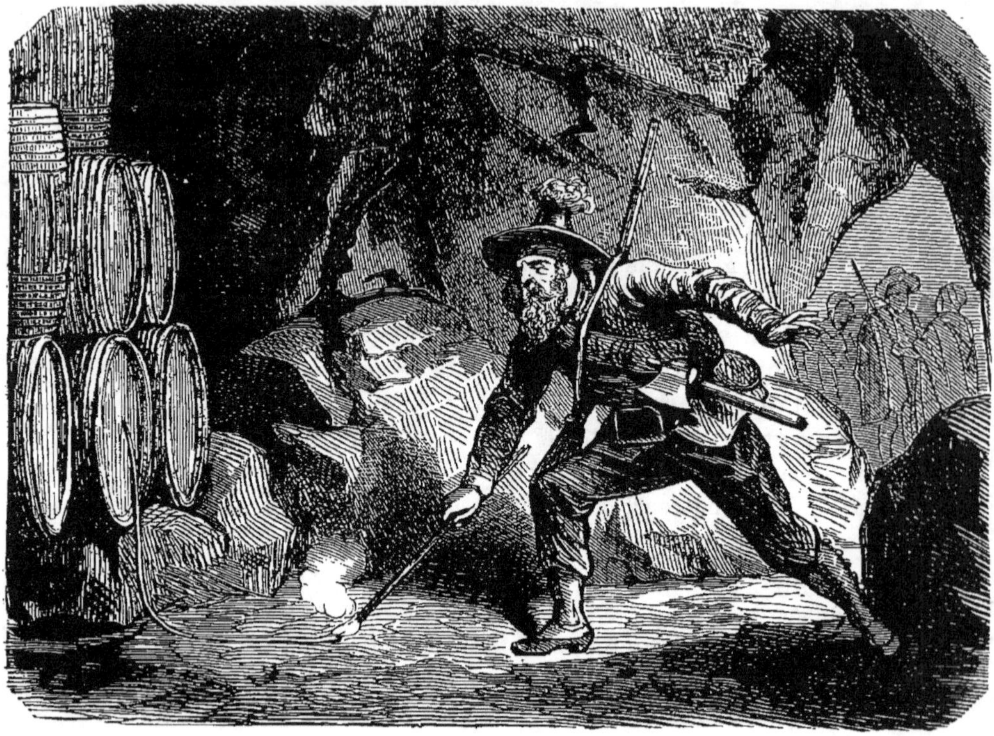

Lui-même mit le feu à une mèche. (Page 299.)

Bientôt l'obscurité s'étant faite à l'intérieur, la lumière fut visible à l'extérieur de la grotte.

Jean vit la fissure.

— Mes enfants, dit-il, nous sommes sauvés.

« Au travail. »

On se mit aux outils.

L'œuvre était rude.

Cependant l'on élargit la fente peu à peu, et l'on finit par voir plus distinctement.

Jean, à un certain bouquet de palmiers, indiqua la position où l'on se trouvait.

— Mes camarades, dit-il, nous avons de la chance.

« Au lieu d'être du côté du défilé, le passage va se trouver sur le versant opposé de la montagne.

« De ce côté là, pas d'Arabes.

« Ces gens-là ne s'imaginent pas sans doute que nous travaillons ici à la façon des taupes.

« Ils n'ont pas de sentinelles devant ce trou.

« Bûchez ferme. »

Et les outils frappèrent le sol avec plus d'ardeur que jamais ; les travailleurs se remplaçaient d'heure en heure et ne ménageaient pas leur peine.

Bientôt l'on eut pratiqué une sortie où un homme pouvait s'engager.

Jean envoya un rôdeur.

Celui-ci revint annoncer que le pays était entièrement dégarni d'Arabes.

— Alors, dit le vieux chasseur, la veine est pour nous ; on va voir quelque chose de joli.

Déjà des Kabyles se préparaient à partir.

— Minute ! dit Jean.

« Que faites-vous ?

« Une bêtise !

« Une lâcheté !

« Une bêtise, puisque vous pouvez, somme toute, être aperçus, dénoncés aux cavaliers de maître Soliman, atteints en route et taillés en pièces avant d'avoir gagné l'espace.

« Il suffirait d'un pâtre, d'un rôdeur pour vous dénoncer et vous faire massacrer.

« Attendons au moins la nuit.

« Mais j'ai une autre idée.

« Restons jusqu'à l'explosion de la mine de maître Soliman, qui doit être prête.

— Pourquoi attendre jusque-là ? dit-on.

« Passe pour la nuit.

« Mais rester plus longtemps serait imprudent.

— Écoutez donc, dit le vieux sanglier.

« Il faut se venger.

« J'ai dit que ceux qui partiraient seraient des lâches, et je maintiens mon opinion sur leur compte.

« Nous pouvons anéantir ces gredins.

« Nous avons plus de dix mille livres de poudre ici, et nous n'avons besoin, chacun, que de dix livres.

« Reste une jolie provision.

« Quand les Arabes auront envahi la grotte, nous sortirons et nous mettrons le feu aux barils.

« Vous jugez de la flambée.

« De plus, cette explosion mettra un tel désordre parmi les Ousdiens, que l'on ne nous poursuivra pas. »

Le plan était bon.

Tous l'acceptèrent.

Donc Jean et Akmet attendirent l'explosion avec tout leur monde ; elle eut lieu.

Alors Jean monta à l'échelle, et, sous le roc servant de trappe, il écouta attentivement.

Il entendit le bruit que faisaient les Ousdiens pillant tout, en quête des chasseurs.

Il redescendit.

— Filons! dit-il.

Il fit sortir tout son monde.

Lui-même mit le feu à une mèche préparée d'avance et il se retira lestement.

Avec sa bande, — le soleil allait se coucher, — il courut se poster sur une colline à un kilomètre de la grotte, et bientôt les poudres flambèrent.

Ce fut une explosion plus terrible que la première, car la montagne fut arrachée sur sa base et en quelque sorte renversée dans le défilé...

Pas un de ceux qui étaient dans le repaire trouvé par d'Obigny ne survécut.

Aujourd'hui le voyageur qui passe par là regarde ces ruines avec étonnement.

Un vieil anachorète musulman, un marabout, lui explique ce qui s'est passé.

On appelle ce lieu :

La Trace du doigt de sidi Kasstèt.

. . . .

Soliman, qui avait suivi sa tribu, crut que les chasseurs étaient enfouis sous les décombres.

— C'en est fait! dit-il.

« Tout est mort. »

Et, en ce moment, le *doigt de Jean*, comme dit la légende arabe, s'étendait vers lui.

— Il est là, le serpent, dit le vieux chasseur montrant le jeune homme à ses amis.

« Il s'était douté du coup.

« Mais je jure que je le poignarderai de ma main. »

Et il tint parole dix ans plus tard, débarrassant la France d'un ennemi redoutable.

LXI

Le bois sacré.

Ainsi, d'une part, Jean était libre.

D'autre part, d'Obigny se trouvait, dans sa casbah, sinon en sûreté, du moins en bonne position pour se défendre.

Nos lecteurs nous permettront sans doute de ne plus nous occuper de nos deux héros, pour leur dire ce qu'il était advenu de nos deux héroïnes, qu'attendait un sort étrange.

Les deux jeunes femmes marchèrent toute la nuit dans la direction de l'ouest ; à l'aube, elles avaient gagné une petite forêt située sur une montagne rocheuse.

— Entrons dans ce bois, fit Paquita.

« Nous y passerons la journée.

« Nous serons presque sûres que personne ne viendra nous déranger, si nous nous enfonçons un peu avant. »

— Les Arabes ne vont donc pas dans les bois ? demanda Ritta un peu rassurée.

— Ils ne sont pas bûcherons.

« Ils n'ont que faire des forêts.

« Pas de maisons, pas de charpentes. »

— Et leurs feux ?

— Les femmes vont ramasser des chardons, des herbes sèches, des fagots de broussailles.

« Ce peuple est trop paresseux pour manier volontiers la cognée et la scie.

« Et puis, je crois que c'est un bois sacré. »

— Qu'est-ce que cela veut dire ?

— Mais, madame, vous ne savez donc rien de la vie arabe ; ce que c'est que de vivre en demoiselle.

« Moi, je courais les champs.

« J'ai appris bien des choses.

« Un bois sacré, c'est un lieu saint qui entoure le tombeau de quelque marabout fameux.

« Défense à qui que ce soit de rien enlever dans le terrain déclaré sacré.

« On y laisse le bois mort, même pourrir sur place et les fruits tomber sur la terre. »

— A quoi reconnais-tu que ce bois entoure le tombeau d'un saint de ce pays ?

— Mais, madame, à l'aspect sauvage de cette forêt ; on voit que jamais personne n'y pénètre.

— Tu dois avoir raison.

« J'ai peur, Paquita. »

— Pourquoi donc ?

— Ce passage a quelque chose de sinistre.

— Il est un peu sombre.

« Mais, madame, tant mieux.

« Nous cherchons la solitude. »

— Paquita, j'ai des pressentiments tristes.

— Madame, vous êtes poltronne.

« Les pressentiments sont des bêtises. »

Pourtant, la crainte de Rita, crainte vague, mais intense, était justifiée.

Le bois s'escarpait sur une sorte d'amphithéâtre de rocs noirs et d'aspect ingulier, qui prenaient des formes vraiment extraordinaires, selon qu'on les envisageait d'un point ou d'un autre ; beaucoup semblaient avoir été taillés grossièrement par le ciseau géant et fantasque de quelque Titan ; ils semblaient des statues d'animaux monstrueux posées sur des piédestaux immenses.

Les Arabes appellent cet endroit la Tour des Lions.

Cinq de ces blocs, en effet, vus du centre de l'amphithéâtre, ont positivement l'air de lions accroupis, qui vous regardent tous et guettent le moment de s'élancer.

L'un d'eux, celui du fond, a la patte levée, la gueule ouverte, et produit l'effet le plus bizarre.

La légende du lieu affirme que le marabout Sidi-el-Hadj-Bel-Zebedou, qui est enterré là, avait reçu de Dieu le don d'apprivoiser les bêtes fauves.

Il ne marchait qu'avec une escorte de cinq lions, lesquels, à sa mort, furent changés en pierre.

Les essences qui croissent dans les anfractuosités des entassements de granit sont de celles qui donnent à ce site un caractère sévère ; les ombres épaisses s'étendaient, impénétrables, autour de la *couba* (tombe) du saint, qu'elles enveloppaient d'un voile impénétrable à l'œil.

Une petite cascade descend du sommet de la colline et tombe dans une crevasse profonde, avec un roulement sourd qui éveille des échos souterrains.

Enfin, des nuées de corbeaux ont fait élection de domicile dans ce bois.

Rien de mortuaire comme ces oiseaux noirs, de tournure funèbre, d'attitude sybilline, mélancoliquement posés sur les cyprès, et jetant des croassements qui retentissent, lugubres, sous les voûtes de feuillage.

Le cœur de Ritta se serrait.

Elle jetait sur cette scène des regards furtifs, et, si elle eût écouté les avertissements secrets de son cœur, elle eût fui cette retraite consacrée à la mort.

Elle aurait eu raison.

On foule aux pieds, comme un préjugé, le pressentiment, et l'on se croit très-fort en n'en tenant aucun compte ; la plupart du temps, on regrette de n'avoir pas prêté plus d'attention à la voix secrète qui avertissait du danger.

Le pressentiment n'est pas autre chose que le flair subtil des facultés inconnues de l'être humain, qui a les sens beaucoup plus développés qu'il ne le croit, l'intelligence plus subtile qu'il ne se l'imagine.

Les cordes secrètes vibrent.

Parce que le raisonnement ne peut agir que sur des faits palpables, et que l'homme agit par raisonnement, on ne veut pas étudier les impressions vagues que l'on ressent, on les traite de chimères, et l'on court au danger.

Si l'on se rendait compte des appréhensions qui se sont emparées de soi avant un malheur, on verrait qu'elles étaient fondées sur des indices imperceptibles, mais presque sûrs.

Paquita ressentait, malgré elle, un certain trouble ; mais elle avait pris un rôle et une attitude.

Les femmes ont cela de particulier, qu'elles jouent jusqu'au bout les comédies commencées.

Donc, d'un air brave, elle entra sous bois.

— Venez donc, disait-elle.

« Ici, c'est chez nous.

« Nous n'y trouverons personne. »

Et elle entraînait Ritta vers la cascade.

— J'ai soif ! dit-elle.

« Nous allons boire. »

Mais le ruisseau qui formait la chute d'eau coulait sous les rameaux d'un vert foncé, d'énormes lauriers-roses, dont les racines trempaient dans la fange ; quand les jeunes femmes voulurent se baisser pour boire, des milliers d'animaux répugnants s'agitèrent.

On n'imagine pas que d'immondes reptiles vivent dans les eaux bourbeuses des ruisseaux sacrés.

Des salamandres mesurant plus d'un pied, des milliers de couleuvres de marais, des crapauds pustuleux, des sangsues et des larves sans nombre s'enfuirent à l'approche des jeunes femmes, et tout ce monde ignoble de bêtes dont on redoute le contact s'agita et grouilla.

L'eau, du reste, était d'une odeur insupportable ; les racines de lauriers l'empoisonnaient, et elle exhalait la forte odeur de musc des tortues d'eau, qui nageaient par bandes dans les flots jaunâtres de cette petite rivière mortellement fétide.

En suivant son cours, les deux jeunes femmes arrivèrent à la chute et furent effrayées.

Il se produisait là un phénomène qui devait leur donner quelque effroi, par le mystère qui le couvrait.

La rivière se jetait tout d'un bloc dans un précipice insondable, sans que l'on vît le fond de l'abîme dans lequel ses eaux disparaissaient ; elles ne sortaient nulle part.

L'imagination suivait invinciblement le cours dans les entrailles de la terre, et évoquait les fantômes des suppositions les plus étranges ; ces disparitions d'eau dans les profondeurs donnent toujours à rêver.

Les jeunes femmes restaient muettes, et Paquita avait bonne envie de quitter ce bois.

Tout à coup elle aperçut le tombeau.

C'était un vaste bâtiment fabriqué de briques vernies et bleuâtres ; tout était silencieux dans cette demeure, habitée pourtant, car autour d'elle on apercevait des traces de culture.

Il croissait çà et là dans des coins de terre, dessinés d'une façon voulue, mais bizarre, formant des figures cabalistiques ; il croissait, disons-nous, des plantes extraordinaires.

Évidemment, la main qui les avait semées était celle de quelque personnage ami du fantasque.

Sur la même tige, trois fleurs différentes.

Des arbustes se tordaient en courbes, figurant les symboles de la magie orientale.

Enfin, toutes ces végétations exotiques ou tourmentées étaient hantées par des caméléons qui semblaient privés, et qui, par groupe, se tenaient cois sous des feuilles, dont ils reflétaient les couleurs.

— C'est drôle ici, dit Paquita.

— Il y a quelqu'un dans ce bâtiment ! dit Ritta.

« Retirons-nous vite, ma chère amie. »

Elles s'éloignèrent.

Mais à peine avaient-elles disparu sous les arbres, qu'un homme parut dehors.

Les jeunes femmes s'arrêtèrent ; elles craignaient de faire du bruit en fuyant à travers bois.

L'homme était un vieux nègre à cheveux blancs et à barbe de neige d'un aspect vénérable ; il était évidemment de race abyssinienne, et portait le costume des santons.

Peu de choses.

Une culotte rouge.

Autour des reins, une ceinture qui retombait sur les mollets et sur les genoux.

Pas de chaussures.

Pas de burnous.

— Madame, dit Paquita, c'est le marabout vivant qui garde le marabout mort.

« Ils appellent cela un santon.

« C'est un nom d'Abyssinie.

« Ces hommes-là sont des devins, des sorciers ; ils lisent dans l'avenir et disent le passé.

« Ils font de la magie. »

Les renseignements que donnait Paquita étaient justes, mais elle ne disait pas tout.

Il y a dans tous les États barbaresques des nègres d'Abyssinie qui forment une mystérieuse corporation.

Dans nos possessions françaises, ils n'osent se livrer à toutes leurs pratiques ; mais au Maroc, à Tunis, à Tripoli, ils ont pour eux l'assentiment public et la crainte des maléfices.

On ne se mêle jamais de leurs affaires.

Il se passe des choses horribles dans leurs assemblées.

Ces nègres sont, comme les Mozabites, les derniers représentants d'un culte perdu venu d'Orient.

Ils ont adopté l'islamisme en apparence, mais, au fond, ils ont un culte qui remonte à la plus haute antiquité, et qui est, croit-on, celui de Baal, ce dieu de la guerre que Carthage et Tyr adoraient.

Or, ce dieu exige des sacrifices sanglants.

Comme les prêtres antiques, ces nègres égorgent des victimes et en font brûler la chair.

Ils lisent les augures dans les entrailles fumantes.

On les laisse, en Algérie, tuer les béliers noirs, les poules blanches ; dire le passé et l'avenir.

Mais on les surveille minutieusement.

On sait qu'ils passent pour pratiquer les sacrifices humains, et l'on en a les preuves irrécusables.

A de certaines époques, tous ces Abyssiniens, les uns errants en pèlerins, de tribus en tribus, très-respectés, très-redoutés, toujours bien accueillis ; les autres, généralement des vieillards, établis dans les coubas et vivant de la charité des dévots, tous, disons-nous, s'assemblent près du sanctuaire le plus vénéré de la région où ils sont.

Là, ils accomplissent des rites secrets.

C'est alors qu'ils sacrifient à Baal les victimes humaines, quand ils le peuvent.

Voici ce que raconte à ce sujet le voyageur anglais Williams Raynolds, qui, le premier, a attiré l'attention sur les abominables coutumes de ces nègres.

« Ces Abyssiniens, dit-il, n'ont rien de commun avec les autres nègres des côtes barbaresques ; ils viennent libres de l'ouest et traversent librement tous les États musulmans.

« ... Ils ont conservé les traditions puniques, et brûlent, en l'honneur de Baal, des hommes et des femmes dans des mannequins d'osier représentant un animal monstrueux.

« Pour se procurer des holocaustes humains, tous moyens leur sont bons ; mais le plus simple consiste pour eux à acheter des esclaves et à les emmener à leurs réunions.

« On les emprisonne dans quelque couba ou mosquée secrètement dévouée à leurs pratiques, et, après avoir purifié ces malheureux, on les égorge ou on les brûle vivants... »

Et l'écrivain appuie ses assertions de témoignages qui ont toujours paru certains.

On le voit, Ritta et sa compagne couraient un danger grave ; elles en eurent conscience.

Le vieillard leur inspira une terreur profonde, par les évocations auxquelles il se livra.

Le nègre, debout sur le seuil de la porte. (Page 305.)

Tous ces hommes sont fanatiques.

Tous croient fermement à leur Dieu.

Le nègre, debout sur le seuil de sa porte, salua avec des gestes magiques le lever du soleil, puis sa voix grave chanta, dans une langue gutturale, un salut à l'astre rayonnant ; les notes résonnèrent magistralement sous la forêt ; mais cette hymne était d'un rithme qui portait la désolation dans l'âme.

Le vieillard avait à peine terminé son chant, que deux jeunes hommes, ses enfants sans doute, parurent, apportant une poule dans une cage de forme ovoïdale.

Le nègre se dirigea vers une pierre noire, qui était la table du sacrifice.

Avec des paroles et de l'eau, il purifia cet autel, dit quelques versets d'une bible écrite en langue punique et écrite sur des papyrus, que déroulaient ses aides.

Ensuite, le vieillard égorgea la poule.

Les jeunes femmes virent le sang tomber en filet pourpre et arroser la pierre.

Ritta s'épouvanta.

— Sauvons-nous, dit-elle.

« Je ne puis demeurer ici. »

Elle se leva et courut à travers bois.

Paquita la suivit.

Ce fut pour les jeunes femmes un malheur que cette course folle à laquelle elles se livrèrent; la forêt était pleine de sonorité, et les nègres entendirent du bruit.

Aussitôt les jeunes gens, sur un signe de leur père, se jetèrent à la poursuite des deux femmes, qu'ils aperçurent bientôt et qu'ils atteignirent rapidement toutes deux.

Paquita voulait se défendre.

— Ne tue pas! dit la marquise.

« Peut-être ne nous veulent-ils pas de mal.

Les deux jeunes gens saisirent les fugitives, et parurent très-étonnés de la façon dont elles étaient vêtues.

— Qui êtes-vous? demanda celui qui semblait être l'aîné, et pouvait avoir dix-neuf ans.

Paquita répondit :

— Nous sommes des aventurières.

« Ma compagne et moi avons quitté Nemours pour chasser, et nous nous sommes perdues.

— Mais vous êtes des femmes?

— Sans doute.

— Et vous chassez seules?

— Oui.

Les jeunes gens secouèrent la tête.

Ritta vit bien qu'ils n'étaient pas dupes.

On conduisit les prisonnières au vieillard, qui les reçut sans surprise, avec calme.

Il considéra un instant les deux femmes, puis leur dit:

— Je vous attendais.

Il leur montra les entrailles fumantes de la poule, étalées sur la pierre du sacrifice.

— Le cœur de la victime, dit-il, annonçait votre arrivée ; vous êtes les bienvenues.

— Père, dit le jeune homme qui avait interrogé Paquita, elles prétendent être de Nemours.

— C'est vrai ! dit le nègre.

— Elles disent qu'elles chassaient.

— Elles mentent.

« Elles étaient prisonnières d'un chef arabe.

« Elles se sont évadées. »

Ritta pâlit.

Paquita rougit.

Le nègre reprit :

— En ce moment, amis et ennemis des deux hôtesses que Dieu nous envoie sont aux prises et se battent.

« La lutte est indécise.

« Une ville en est l'enjeu. »

Le vieillard consultait toujours les entrailles de la poule, et semblait y lire ce qu'il disait.

Paquita était stupéfaite.

— C'est là-dedans, fit-elle, que vous avez appris tout cela ?

— Oui, dit-il.

« Et j'y découvre beaucoup d'autres choses.

« Toi, ma fille, tu es Espagnole.

« Tu as un mari grand chasseur, devant Dieu et devant les hommes, comme Nemrod, notre premier prêtre de Baal.

« Tu n'aimes pas Jean Casse-Tête. »

A ce nom, les deux femmes se regardèrent.

Paquita, en vraie bohême du sentiment, était excessivement portée à certaines superstitions ; Ritta n'avait pas assez d'énergie dans le caractère pour réagir contre certaines impressions ; le lieu où elles se trouvaient, leur situation mystérieusement compliquée, les manières de cet ascète, tout contribuait à frapper l'esprit des jeunes femmes.

Le vieillard continua :

— Toi, rose des Espagnes, tu es mariée à un djouad français, sidi d'Obigny, le tueur de panthères.

« Ton mari, à cette heure, est dans Ousda.

« Il se bat.

« Tu l'aimes.

« Vous vous êtes échappées des mains de Soliman. »

Le vieillard jouit de la stupéfaction qu'il causait, puis il reprit d'un air solennel :

— Le destin vous a conduites ici.

« La main de Baal est sur vous.

« Vous lui êtes vouées.

« Vous êtes siennes.

— Vous allez nous retenir ? fit Paquita.

— Oui, mes filles.

« Mais, rassurez-vous. »

Le vieillard échangea un étrange regard avec ses deux fils, qui sourirent singulièrement.

Il reprit :

— Dans peu, c'est la fête de Baal.

« Dans peu, nous célébrons nos rites.

« Je ne vous retiendrai que jusque-là.

— Et après ? fit Paquita.

— Vous serez libres.

Ici encore les jeunes gens sourirent.

Paquita inquiète :

— Que ferons-nous dans ces fêtes ?

« A quoi sommes-nous bonnes ?

« Nous ne connaissons pas cette religion.

— Cela est parfaitement inutile.

« Il suffit que vous soyez femmes et jolies, et de race européenne surtout, pour être agréables au Dieu.

« Menez ces femmes au harem ! dit-il à ses fils. »

Ceux-ci firent entrer Ritta et Paquita dans le bâtiment, et les remirent à une négresse.

L'esclave les introduisit dans un vaste appartement, où cinq ou six femmes étaient réunies.

Les unes étaient vieilles, d'autres jeunes.

Toutes se levèrent pour entourer les prisonnières et pour les questionner ; Paquita répondit.

Il n'y avait pas de raison pour cacher la vérité.

On fit assez bon accueil aux nouvelles venues, et l'on parut même s'apitoyer sur leur sort.

Vers le soir, les connaissances étaient faites, avec cette rapidité que comportent certaines positions ; certaines sympathies s'étaient établies déjà ; une petite jeune femme de quinze ans environ avait semblé prendre Paquita en vive affection.

Vers la nuit, elle lui offrit de partager sa natte, ce que Paquita accepta volontiers.

On causa.

Chaque fois que Paquita avait voulu aborder certaines questions, on avait éludé sa réponse ; mais Cora, ainsi se nommait la jeune femme, fit des révélations.

— Écoute, lui dit-elle.

« Je vais parler bas.

« Ne dis mot à personne de ceci.

« Un grand danger te menace.

— Jésus Dieu !

« De quoi s'agit-il ?

— C'est une question de mort.

La jeune femme expliqua à Paquita ce que c'était que les prêtres Abyssiniens. Elle lui dit enfin :

— Venue ici esclave, comme toi, voici ce qui m'a sauvée du couteau du sacrificateur.

« L'un de ses fils m'a aimée.

« Or, il faut que, l'espace d'un mois, la femme qu'ils offrent à Baal n'ait eu aucune relation avec les hommes ; sans quoi le sacrifice est nuisible.

« L'aîné des enfants de Zeboth, le samton, m'a trouvée belle, et cela a rendu le meurtre impossible.

« Fais-toi aimer.

— Bon ! dit Paquita.

« Du reste, ils ne sont pas mal, ces jeunes gens.

— Tu trouves ?

« Je les hais, moi.

« Je m'ennuie.

« Si je pouvais fuir !

— Après avoir évité le sacrifice, comme tu dis, nous verrons à nous sauver ensemble.

— C'est bien difficile.

— Peuh ! fit Paquita.

« Ce que femme veut, Dieu le veut.

Et, plus tranquille, elle s'endormit sur cet aphorisme, ou du moins fit semblant de dormir, car la matrone imposa silence aux deux jolies causeuses.

Nous avons oublié de dire que Cora était charmante.

LXII

Complots.

Le lendemain, dès l'aube, selon la matinale habitude des femmes arabes, tout le monde fut debout au harem.

Le premier soin de Paquita fut de faire des révélations à la marquise.

— Madame, lui dit-elle, je sais ce qu'on nous veut.

« Ne vous troublez pas trop.

— Ah! sainte madone, dit Ritta, tu m'épouvantes!

« Moi qui espérais.

« Cet homme avait dit que nous serions libres.

— Il l'entendait d'une drôle de façon.

« La liberté, c'était la mort.

— On va nous tuer?

— Oui, madame.

— Et pourquoi?

— Pour la fête de leur Baal.

« Ces gens sont des nécromans.

— J'avais déjà entendu parler de cela.

« Paquita, c'est fini.

— Non, madame.

— Il y a des moyens de salut.

— Oh! je suis résignée.

« La lutte me pèse.

« Je ne veux plus fuir.

— Madame, en se faisant épouser par un de ces hommes, on peut éviter le sacrifice.

— Jamais je ne ferai cela.

— Mais, madame...

— Assez, ma fille.

« Quand cette fête?

— Bientôt, paraît-il.

— Tâche d'en connaître le jour précis.

— Je cours m'informer.

Paquita fut trouver Cora.

Celle-ci, en vraie femme de la nature, toute aux premières impressions, embrassa la jeune prisonnière.

— Je suis aise de te voir, dit-elle.

« Imagine-toi que mon mari m'a parlé de toi.

— Qu'a-t-il dit?

— Il m'a questionnée.

« J'ai répondu que tu étais une ravissante personne.

« Tu seras sauvée. »

— Ainsi, je lui plais?

— A la façon dont il m'interrogeait, j'ai vu que tu l'as mis sous le joug.

— Mais toi?

— Eh bien; quoi donc?

« Qu'entends-tu par moi. »

— Tu n'es pas jalouse?

— De ce nègre?

Cora se prit à rire.

— Oh! non, dit-elle.

« Je lui souhaite cent femmes, pourvu que je ne sois pas dans le *troupeau* (textuel) de ce bélier. »

Paquita rit à son tour.

— Le mot est charmant, dit-elle.

« Bélier est l'expression vraie ; ce garçon-là a, en effet, une tête moutonnière. »

— Et bête!

« Si tu savais...

« Il ne dit pas deux mots sensés.

« Sa religion lui trouble la cervelle.

« Il ne me parle que de Baal.

« Baal! je ne le connais pas.

« Je suis bonne musulmane, moi.

« Un jour, je lui ai dit que son dieu ne m'inspirait aucune espèce de confiance.

« — Pourquoi? fit-il.

« Parce que, dis-je, il n'a pas de meilleur fidèle que toi, et ne comble pas tes vœux, à toi, qui désires un fils, et qui donnerais un œil pour en avoir un. »

« Depuis ce temps, il n'ose plus me parler de la toute-puissance de ce Baal.

— A propos, à quand cette fête?

— Sous six jours.

« Prends donc ce collier. »

Elle lui jeta la parure au cou.

— Comme cela te va! fit-elle

» Dis donc, petite, est-on heureuse chez les Français? »

— Très-heureuse.

« Là-bas, nous menons les hommes.

— Comme cela doit vous amuser.

« M'emmèneras-tu à Nemours? »

— Certainement.

Cora bondit de joie.

— Petite, nous nous évaderons bientôt.

— La Vierge t'entende.

— Quelle vierge?

— Marie, la mère de Jésus.

— Tu veux dire Meriem, mère d'Aïssa.

« C'est une sainte de vous autres ? »
— Oui.
— Ta patronne ?
— Non pas,
« Moi, je me suis vouée à Madeleine.
« Cette sainte-là me protége, et je la préfère à toutes les autres. »
— Pour quelles raisons ?
— Parce que c'est à elle que le Christ a beaucoup pardonné, parce qu'elle a beaucoup aimé.
— Tiens, votre religion est indulgente.
— Très-indulgente.
— Si je me faisais chrétienne ?
— Tu n'aurais pas tort.
« Je te quitte. »
— Prends donc ce bracelet.
— Je te remercie.

Paquita se passa le bracelet au poignet, puis vint donner à Ritta la nouvelle. Celle-ci la reçut presque indifféremment.

Paquita dit, étonnée :
— Vous semblez moins triste ?
— Je suis moins accablée, en effet.
« J'ai pris, vois-tu, mon parti de cette situation. »
— Ah! ah! vous ne voulez pas être brûlée.

Ritta frissonna.
— Ma fille, dit-elle, j'éviterai cette torture.

Madame Jean fut enchantée de cette décision.

Elle encouragea la marquise, qui ne répondit pas grand'chose à ses caquetages.

Paquita quitta sa compagne en lui disant :
— J'ai mes vues sur l'aîné des fils.
« Quant à vous, madame, le cadet ferait votre affaire.
« Je vais mettre Cora dans vos intérêts. »

Elle parla à son amie en ce sens.
— Tu feras bien quelque chose pour madame d'Obigny ? lui dit-elle ; il faut la sauver.
— Si cela te plaît.
— Je te serais reconnaissante.
— Alors, je tâcherai.
« On a, du reste, une esclave prête pour le bûcher. »
— Mais je croyais que ton amie préférait mourir qu'être femme de ce nègre.
— Elle a peur du feu.
« Elle est capable de se faire tuer ; mais rôtir dans un panier d'osier... brou...

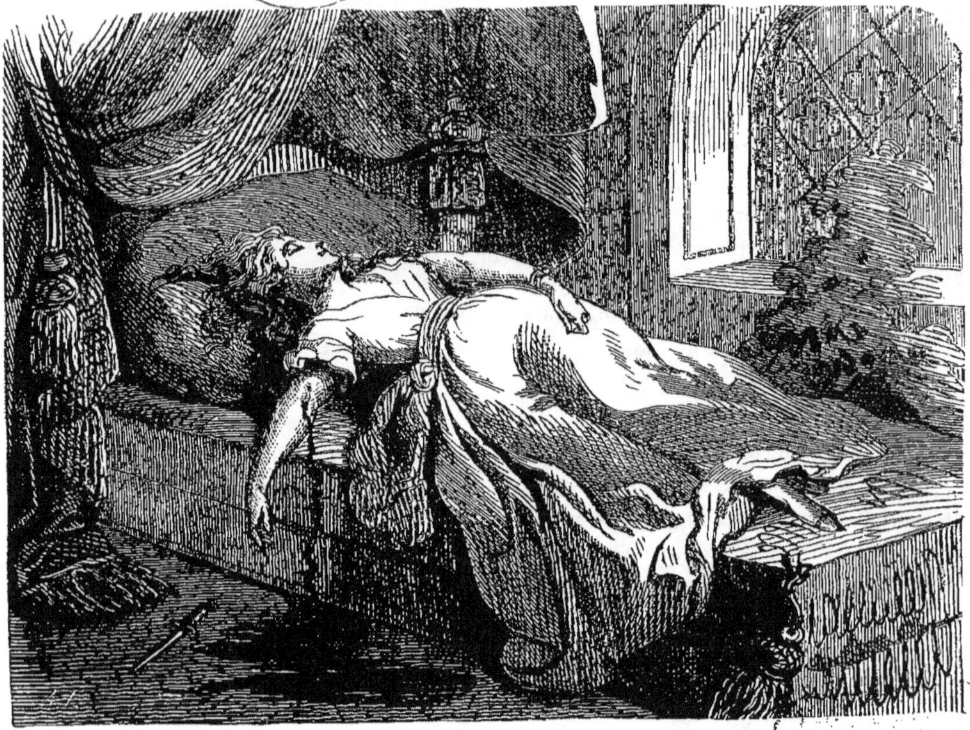

Elle ferma les yeux pour ne pas voir son sang (Page 316.)

— Cela donne la chair de poule.

« Je suis sûre que, sans la menace de ce genre de mort, madame Ritta eût résisté ; seulement, les charbons ardents lui font une peur bien naturelle.

« Ah ! voici ton mari. »

— Je vous laisse.

Le jeune nègre, qui se nommait Amalek, s'adressa gauchement à Paquita :

— Salut, femme ! dit-il.

« N'as-tu pas vu ma mère ? »

— Non, sidi.

Sur ce non! la conversation tomba à plat.

Pourtant, le nègre avait bonne envie de parler ; il tournait niaisement ses pouces l'un contre l'autre, et ne savait trop que dire.

Paquita vit bien que si elle ne l'encourageait pas, cet amoureux ne dirait mot.

— Savez-vous, sidi Amalek, que vous montez joliment bien à cheval ! fit-elle.

— Tu trouves ? fit le nègre.

Il rayonnait.

— Je vous ai vu ce matin.

« Vrai, vous êtes beau cavalier. »

Le sauvage était dans la jubilation ; il regarda furtivement autour de lui, ne vit personne, et tout à coup, bêtement, il se jeta à genoux.

— Écoute, écoute, dit-il, écoute, colombe d'au-delà des mers, une voie de salut.

— Relevez-vous ! fit Paquita.

« Si l'on vous voyait..... »

Le nègre se leva.

— Il ne faut pas qu'on me surprenne à tes pieds, dit-il d'un air bête.

« Tu parles très-bien, jeune femme.

« Mon père serait furieux.

« Veux-tu convenir d'une chose ? »

— Laquelle ? sidi.

« C'est que je suis censé à genoux.

— Bon ! c'est entendu.

« Cependant, pourquoi être à genoux ? »

— On m'a dit, à Ousda, des marchands qui se moquaient des Français, qu'ils ne parlaient aux jeunes filles qu'ils aimaient qu'en se mettant dans cette posture.

« Comme je t'aime, je me suis mis à tes pieds ; mais je me relève, pour que l'on ne me fasse pas de querelles à ce sujet et qu'on ne plaisante pas.

« Car, vois-tu, je me suis bien moqué des Européens, quand on m'a conté leur manière d'aimer ; mais, maintenant je vois que leurs femmes ont tant d'attraits et de puissance, qu'elles les courbent sous leur volonté. »

Il poussait des soupirs à faire voltiger un haïque de laine.

Paquita semblait un peu confuse.

— Tu ne me réponds pas ? fit le nègre.

— Vous ne m'avez pas interrogée.

— Aoh ! c'est vrai.

« Je voulais te demander si tu m'épouserais ? »

— Sidi, c'est grave cela.

« A peine je te connais.

— Décide-toi vite.

« Il faut m'aimer ou mourir. »

Et le jeune homme dévoila tout.

— Si c'est ainsi, dit Paquita, je consens.

Le pauvre Amalek, tout niais qu'il fût, demanda timidement :

— Est-ce donc seulement par crainte du supplice que tu acceptes ?

— Mon ami, fit Paquita minaudant, je croyais vous avoir avoué que vous étiez un cavalier de belle mine.

Amalek, ivre de joie, tomba une seconde fois sur ses genoux, baisa les mains qu'on lui tendait, et se sauva en mugissant de bonheur.

— J'ai vu bien des imbéciles en Europe, se dit Paquita, mais jamais de ce calibre-là !

Elle s'en alla pour conter cette bonne aventure à la marquise, afin de l'égayer un peu.

Elle trouva porte close.

LXIII

Un sacrifice.

Ritta profita du départ des femmes pour la fontaine où elles avaient coutume d'aller puiser l'eau et de prendre leur bain dans un bassin établi près de la source, la marquise s'était enfermée dans une chambre dont elle avait barricadé la porte.

Calme et triste, elle avait pris un poignard que Paquita lui avait donné, et, avec son aide, elle avait déchiré à sa gorgerette une bande d'étoffe blanche faite d'un lin très-fin.

Elle s'était assise sur un coussin, avait placé devant elle un coffre de toilette faisant pupitre, puis elle s'était mise à regarder sa main avec attention.

Elle cherchait du regard une des jolies veines bleues qui couraient sous sa peau fine.

Quand elle en eut choisi une, elle la piqua résolûment de son poignard.

Le sang jaillt en gouttes rosées.

La marquise trempa la pointe de son stylet dans une de ces gouttelettes et écrivit sur la toile :

« Ma chère Paquita,

« Voici mes dernières volontés :

« J'exige de ta bonne amitié et de ton dévouement que tu annonces à mon mari que je meurs d'une fluxion de poitrine contractée dans une course, à la suite de laquelle j'avais voulu boire à une source ; invente la fable qu'il faudra.

« Je me fie à ton intelligence.

« Mon but est d'empêcher d'Obigny de se suicider en apprenant que je me suis tuée.

« Tu sais que, du caractère dont il est, il se croirait obligé de me rendre sacrifice pour sacrifice.

« S'il me croit morte par accident, il souffrira moins d'abord, et ce ne sera plus pour lui un devoir de me suivre au tombeau.

« J'espère qu'il sera heureux.

« Pour cela, il faut qu'il retrouve une Ritta ; mais beau, chevaleresque, intrépide comme il l'est, il ne saurait manquer d'inspirer des passions et, avec le goût délicat qui est en lui, il choisira une femme digne de me remplacer.

« C'est une chère consolation pour moi de penser en mourant que je sauvegarde et son honneur et son bonheur.

« Je lui envoie mon suprême baiser.

« RITTA. »

Quand la jeune femme eut écrit cette lettre, une grosse larme tomba de ses yeux et effaça à demi sa signature ; elle mit ses lèvres ardentes au bas de son adieu, puis elle se coucha sur un canapé et releva ses manches.

Cette frêle et craintive petite femme se coupa résolûment une veine et attendit la mort.

Elle ferma les yeux pour ne pas voir son sang, et s'endormit, sans agonie, dans un rêve dont elle se berçait; elle avait évoqué l'image de d'Obigny que, dans le délire tranquille causé par la faiblesse de la dernière minute, elle crut voir auprès d'elle lui souriant doucement...

. . . .

Sans cesse les femmes parlent d'amour sincère.

Sans cesse elles vous reprochent des infidélités.

Elles exigent des soins, une admiration, un culte excessifs et exclusifs ; elles imposent l'abnégation.

Or, combien sont dignes d'être aimées de la sorte ?

Celles-là seulement qui sont assez dévouées pour mourir comme mourait la marquise d'Obigny.

En bonne conscience, je ne crois pas que sur mille femmes il y en ait une capable de ce beau dévouement.

Par jalousie, par coup de tête, on entend parler d'une petite folle qui a enjambé les ponts et s'est jetée à la Seine sans trop savoir ce qu'elle faisait; il est vrai que, repêchée, elle jure devant le commissaire de ne pas recommencer et tient parole.

Il y a aussi le boisseau de charbon allumé un soir parce qu'Arthur a été vu au bras d'Euphrasie.

Mais c'est le suicide par amour-propre et non pas par amour.

Quant à se tuer pour éviter le déshonneur à son mari, c'est d'un rare, si rare, que l'on n'en entend presque jamais parler, et les cas cités sont douteux.

L'amour vrai, absolu, idéal, se rencontre une fois en un siècle.

Aussi n'est-ce pas sans une forte envie de rire qu'on lit les protestations d'un amoureux écrites en fumant un londrès s'il est riche, une cigarette s'il est pauvre ; on y trouve des mots retentissants, des phrases à effet, trouvées en cherchant beaucoup.

C'est le *tam-tam* de la tendresse.

Et les femmes!

Leurs réponses :

« Mon cher ange.

« Tu demandes l'impossible. »

A leur femme de chambre :

— Jeanne, vous me coiffez déplorablement.

La lettre continue :

« Tu me demandes l'impossible. »

— Jeanne, avez-vous songé à demander ma capote bleue pour demain ?

La lettre :

« Je suis prête à tant de sacrifices; mais ma position, le monde, mon mari, mes enfants… »

— Ma fille, vous ne faites attention à rien.

La lettre :

— Ce soir aux Champs-Elysées.

— Jeanne, ma robe marron.

Observation de Jeanne.

— Madame, votre robe est bien défraîchie pour sortir.

— Cela ne fait rien; il ne s'agit que d'une sortie d'un instant; j'ai une amie à voir.

Et à part :

— Je ne ferai certainement pas la sottise de risquer une robe neuve pour un homme que je n'aime plus…

Et voilà comment ça se passe.

Et elles ont la prétention d'être adorées sérieusement.

Plus souvent…

L'amour, du reste, s'en va grand train.

Pauvre Ritta!

Elle savait aimer, elle!

LXIV

Évasion.

Paquita était venue frapper à la porte de la marquise.

La jeune femme pensa que son ancienne maîtresse reposait; elle s'éloigna.

Les femmes revinrent de la source.

L'une d'elles voulut entrer dans la chambre où se trouvait madame d'Obigny, et s'étonna de la trouver fermée.

La matronne prévenue, femme d'autorité qui n'aimait pas qu'on en prît à son aise, ordonna de frapper dur.

On cogna.

Pas de réponse.

Paquitta accourut.

— Attendez! fit-elle.

« Je vais appeler. »

Oh! vains appels!

Alors un pressentiment sinistre vint à l'esprit de madame Jean, qui dit aux autres femmes :

— Je crois que la marquise s'est suicidée.

Et elle fondit en larmes.

Cora la consola.

On alla chercher les hommes.

Le vieux nègre Zeboth était allé, avec son plus jeune fils, à la recherche de certaines plantes.

Seul, Amalek était là.

— Sidi, lui dit Paquita, ouvrez cette porte.

« Madame la marquise doit être. »

Amalek, très-troublé, enfonça la porte.

On se précipita...

Ritta, qui n'avait plus de sang dans les veines, était comme endormie, mais d'une pâleur de lys.

Paquita se jeta à son cou, l'embrassa en pleurant; mais ne ramena pas la vie dans ce corps glacé.

La marquise ne respirait plus.

A tout hasard, Amalek prit une ceinture de femme et ferma la veine qui versait encore quelques gouttes de sang; mais après avoir écouté vers la région du cœur, il déclara que tout était fini et que la mort était venue.

Tout le monde demeura consterné.

Paquita aperçut le lambeau d'étoffe sur lequel la marquise avait écrit son testament.

La jeune femme le lut et le cacha soigneusement dans son sein comme une relique.

La matrone voulut prendre ce souvenir; mais Paquita s'y opposa énergiquement.

Amalek intervint.

— Mère, dit-il, laissez.

« Que feriez-vous de ceci? »

Et il fit signe à Paquita de le suivre.

— Écoute, lui dit-il, voilà qui change tout.

— Nous ne nous marions plus?...

— Plus que jamais.

« Que dis-tu là ?

« Je t'aimerai toujours.

— Alors qu'y a-t-il de changé ?

— Il se trouve que mon père, enchanté d'avoir une victime européenne, ne consentira pas maintenant à ce que tu sois ma femme, l'autre prisonnière étant morte.

« De deux, m'en donner une, soit !

« Mais te voilà seule.

« On te sacrifierait au dieu Baal.

— Fuyons, alors ?

— J'allais te le proposer.

— Il faut emmener Cora.

— Ma femme ?

— Vas-tu la laisser ?

— Je n'aime que toi.

— Je veux Cora.

— Je comprends.

« Tu as besoin d'une servante.

« Cora sera ton esclave. »

Paquita jugea inutile de s'expliquer là-dessus.

— Tâche, lui dit-elle, de me procurer des armes.

— Tu t'en servirais ?

— Mieux que toi, peut-être.

Maître Amalek ne se doutait pas de quelle gaillarde il se faisait l'amoureux.

— Mon père est loin, dit-il.

« Il est vers l'ouest, à six lieues d'ici.

« Tout à l'heure j'enfermerai adroitement toutes les femmes, sauf Cora, et nous partirons.

— Mon ami, il faut songer à tout.

« Emportez quelque argent.

— Sois tranquille.

« Je charge un cheval de tout l'or que mon père possède et de tous les bijoux du harem. »

Paquita se dit :

— Tout bête qu'il est, il pense au principal.

Un quart d'heure après, on entendait les femmes se démener dans leur appartement.

— Vite ! disait Amalek.

« Fuyons ! »

Et Cora accourait entraînant Paquita.

Les deux femmes montèrent à cheval; leur cavalier était déjà en selle.

La petite troupe partit au galop.

Paquita regarda la sacoche accrochée à la selle de maître Amalek

— Bon! se dit-elle.

« Elle est très-pansue!

« Nous ne manquerons de rien. »

L'on galopa pendant une demi-heure.

Au bout de ce temps l'on était loin de la forêt, car le santon avait de bons chevaux.

Ces anachorètes, en général, sont bien pourvus de tout, et la piété des fidèles est généreuse.

L'on était arrivé non loin d'une tribu; Amalek l'évita; on passa à distance des tentes.

Après avoir longé ce douar, l'on se remit en course, mais au trot relevé.

Il ne fallait pas éreinter les chevaux.

Après une course de quatre heures, l'on avait fait douze bonnes lieues.

On fit souffler les bêtes.

— Crois-tu, demanda Paquita à Amalek, que nous soyions hors d'atteinte?

— A n'en pas douter! dit le nègre.

« Mon père était fort loin.

« A cette heure même il n'est pas revenu. »

La figure de la jeune femme s'illumina.

Amalek avait des soins à prendre; il alla couper de l'alpha pour les chevaux.

— Ma chère, dit Paquita à son amie, ton mari serait bien ennuyeux pour nous.

« Il faut s'en débarrasser.

— Comment?

— Tâchons de gagner la terre française.

« Là on nous protégera.

« Je puis faire arrêter Amalek.

« Le mieux serait de le laisser en route.

— Si l'on profitait de son sommeil?

— C'est une idée.

L'on se remit en marche.

Vers quatre heures la frontière était franchie.

— Mon cher, dit Paquita au nègre, il faut maintenant gagner un douar d'Arabes français.

« En connais-tu un?

— Il y a une tribu près d'ici.

— Allons-y.

« Tu seras bien reçu. »

On se présenta à un douar.

L'hospitalité est un devoir en Algérie; Les fugitifs furent bien reçus.

On s'arrêta, comme de coutume, à distance; Amalek cria qu'il venait comme *hôte de Dieu*. Le caïd vint recevoir les voyageurs.

Paquita prit la parole, annonça qu'elle était femme de Jean Casse-Tête.

— Prisonnières des Marocains, dit-elle, nous devons le salut à ce brave jeune homme.

« Mon mari sera reconnaissant de ce que l'on fera pour notre sauveur et nous. »

Au nom de Jean, le caïd se montra empressé.

— Je connais le vieux tueur de fauves, dit-il; c'est mon ami; soyez les bienvenus.

Cette aventure avait mis le douar en émoi; on fit une superbe diffa.

Le soir, Amalek, fatigué et enchanté, s'endormit sous une tente, partagée, selon l'usage, en deux parties, dont l'une réservée aux fugitives.

Vers minuit, tout le monde dormait.

— Voilà le moment, dit Paquita. Introduis-toi chez ton mari, prends la sacoche adroitement; montons à cheval et fuyons.

— Mais les chiens?

— J'ai de quoi les faire taire! dit Paquita en souriant.

Elle tira, de dessous son burnous deux poules rôties qu'elle avait soustraites du repas.

« Pendant qu'ils se disputeront ces carcasses, nous fuirons.

Cora, avec une adresse féline, fit le larcin, et les jeunes femmes purent sortir heureusement du douar.

Les chevaux s'étaient reposés. En cinq heures on atteignit Nedramah.

Paquita, au lieu d'aller à Nemours, résolut de gagner Tlemcen, puis Oran.

— Pourquoi, demanda Cora, ne retournes-tu pas aux Figuiers où tu étais établie?

— J'ai mon idée, fit la jeune femme. Nous sommes riches. Mon mari est peu agréable. La liberté est une bonne chose. Profitons-en. Plus tard il sera toujours temps de rentrer au bercail; mais vive l'indépendance quand elle est dorée! Je vais attendre les événements. Puis, cet Amalek ira à Nemours. Sa rencontre me serait peu agréable.

Et la fine mouche fit cheminer pour les Traras.

On laissa reposer les chevaux à un caravansérail kabyle.

A la nuit, après plusieurs heures de marche, les deux fugitives étaient en sûreté à Tlemcen.

FIN DU TRÉSOR D'OUSDA

Avec sa verve inépuisable Louis NOIR a continué l'odyssée de la plupart des héros de son drame anecdotique.

Nous espérons bien pouvoir avant peu le prouver à nos lecteurs.

(Note de l'Editeur.)

Dans le prochain feuilleton de la LECTURE ILLUSTRÉE (n° 89) commencera la publication de la grande et très-intéressante œuvre d'Armand Durantin

LES COULISSES RELIGIEUSES :

I. L'Excommunié. — II. Un Jésuite de robe courte. —
III. Le Dompteur de la mort (L'Halluciné).

Œuvre capitale à tous égards et qui prouvera à nos lecteurs que nous ne reculons devant aucun sacrifice pour témoigner notre reconnaissance à ceux qui ont fait le succès de la LECTURE ILLUSTRÉE.

L'Éditeur.

LES COULISSES RELIGIEUSES
L'EXCOMMUNIÉ

I

ARMAND DURANTIN

DEUX Livraisons A **5** centimes PAR SEMAINE

DEUX Séries **25** centimes PAR MOIS

L'Excommunié

HISTOIRE VRAIE

EN VENTE
Chez tous les Libraires et Marchands de Journaux

L'EXCOMMUNIÉ

Le succès de « l'EXCOMMUNIÉ » égalera, s'il ne dépasse pas, celui des « *Borgia* » et des « *Mémoires d'une Religieuse* », dont le retentissement a été si grand et si légitime.

La vente de ces deux Publications est toujours et, partout, permanente

LES BORGIA **LE COUVENT** **LA DÉFROQUÉE**
13 séries à 25 c. 5 séries à 25 c. 5 séries à 25 c.

L'EXCOMMUNIÉ

C'est non le roman, mais bien l'histoire vraie d'un Prêtre, honnête homme, profondément attaché à ses devoirs que, cependant, dans un moment d'égarement, il a oubliés. . . . .

Si le prêtre Urbain a la honte et le désespoir de la faute commise, il n'en a pas l'hypocrisie. Il veut rendre l'honneur à celle qui a partagé sa faute; il veut donner un père légitime à son enfant; il veut que ces êtres aimés vivent honnêtement du produit de son intelligence et de son travail.

Hélas! hélas!! il comptait sans la « Légion » toujours et partout acharnée contre tout ce qui ne lui est pas dévoué corps et âme ou qui ne rampe pas à ses pieds.

Lecteurs, vous frémiriez de pitié et d'indignation en voyant les tortures, les combats, les luttes de cette âme d'élite contre des ennemis impitoyables, dignes fils et trop habiles émules de Loyola ; êtres à doubles face, sans famille et sans patrie, qui pactisent onctueusement avec les crimes hypocrites des *Monsignori* du Vésinet et martyrisent l'humble et digne abbé Urbain.

Bien des fois votre cœur saignera, mais allez jusqu'au bout : pour être complétement cautérisées, certaines plaies doivent être fouillées à fond. Du reste, l'éloquence passionnée de l'auteur, tout en réhabilitant noblement et grandement le pauvre martyr, ne manque pas de flageller sans pitié ses sinistres assassins et de clouer leur mémoire au pilori de l'humanité.

www.ingramcontent.com/pod-product-compliance
Lightning Source LLC
Chambersburg PA
CBHW061955300426
44117CB00010B/1343